Wechselordnung

und

Wechselstempelgesetz.

Wechselordnung.

Kommentar

von

Justizrat Dr. J. Stranz und Dr. M. Stranz.

Zehnte Auflage.

Wechselstempelgesetz

vom 15. Juli 1909.

Von

P. Loeck.

Zehnte vermehrte Auflage.

Berlin 1909.

J. Guttentag, Verlagsbuchhandlung,

G. m. b. H.

Guttentag'sche Sammlung
Nr. 5. Deutscher Reichsgesetze. Nr. 5.
Text-Ausgaben mit Anmerkungen.

Wechselordnung

in der

Fassung der Bekanntmachung vom 3. Juni 1908.

Kommentar

von

Justizrat Dr. J. Stranz, und Dr. M. Stranz,
Rechtsanwalt am Landgericht I Berlin
Rechtsanwalt am Kammergericht.

Zehnte Auflage.

Dritte Auflage der Neubearbeitung.

Berlin 1909.
J. Guttentag, Verlagsbuchhandlung,
G. m. b. H.

Vorwort zur ersten Auflage der Neubearbeitung.

Der 1. Januar 1900 bedeutete für die Mehrzahl der reichs- und landesrechtlichen Kodifikationen des Privatrechts einen kritischen Tag erster Ordnung. Was alt geworden war und unpraktisch, verfiel mit dem Erscheinen des BGB. dem Untergang. Selbst das Handelsgesetzbuch mußte seinen Tribut dem neuen Herrn zahlen. Kaum die Umfassungsmauern blieben, und intra muros wurde gestützt nicht nur, sondern auch eingerissen und neugebaut. Nur die Wechselordnung hielt dem Andringen der gesetzgeberischen Hochflut Stand: ein zwingender Beweis für ihre feste und haltbare Struktur.

Soweit jedoch die Normen der Wechselordnung auf das allgemeine bürgerliche Recht zurückreichen, mit ihm in Verbindung stehen und von ihm beeinflußt werden, änderte sich nicht die Wechselordnung selbst, aber der Grund und Boden, in dem auch sie wurzelt. Die Änderungen, die das neue bürgerliche Recht auf dem Gebiete des materiellen Wechselrechts hervorbrachte, ließen bereits mannigfache Umarbeitungen notwendig erscheinen. Auch die vorliegende Ausgabe der Wechselordnung mußte in der neuen Ära eine Neubearbeitung erfahren, deren nächster Zweck die Einfügung der WO. in den Rahmen des neuen Reichsrechts ist. Auf Schritt und Tritt galt es, dieser Aufgabe unter Lösung der vielfachen Zweifelsfragen gerecht zu werden.

Aber aus der Bearbeitung gestaltete sich uns, nach sorgfältigem Prüfen und Erwägen, eine völlige Umwandlung der bisherigen, von den früheren Herausgebern Borchardt und Ball angewandten Methode. Bisher war der Hauptwert auf die Mitteilung der oberstrichterlichen Entscheidungen gelegt worden. Nunmehr erscheint die durchweg neu aufgebaute Arbeit in der Form des Kommentars: bei möglichster Kürze, wie sie durch Zweck und Gestalt dieses Buches geboten ist, sind die Erläuterungen in gegliedertem Zusammenhang gegeben. Keine Bearbeitung der Wechselordnung darf vorübergehen an dem reichen Kranz von Früchten, den um das Gerüst ihrer 100 Artikel Theorie und Praxis im ernsten Mühen eines halben Jahrhunderts gewunden haben. Die Hauptwerke der Literatur, vom Altmeister Thöl ab, haben in allen wichtigen Fragen Berücksichtigung gefunden. Nicht minder die oberstrichterliche Rechtsprechung, für die uns die Arbeit Balls wesentliche Dienste leistete: neben den Entscheidungen des früheren preuß. Obertribunals und den noch immer maßgebenden Urteilen des Reichsoberhandelsgerichts sind die des Reichsgerichts (bis zum 48. Bande einschließlich) eingehend, aber in sorgsamer Auswahl benutzt.

Die Bestimmungen des Auslandsrechts konnte der Kommentar bei der internationalen Bedeutung des Wechselverkehrs nicht ganz unbeachtet lassen; sie sind daher gedrängt, und zwar immer abschnittweise gleich beim ersten Artikel der verschiedenen Abschnitte, in ihren hauptsächlichen abweichenden Regelungen herangezogen. Den veränderten zivilprozessualischen Vorschriften bezüglich des Urkunden- und Wechselprozesses ist im Anhang Rechnung getragen.

Kann ein Kommentar zur Wechselordnung, diesem reich bearbeiteten Gebiet, nicht original sein — „hat doch die Vorwelt schon vor uns gedacht!" —, so muß er doch selbständig sein. Diese Selbständigkeit ist erstrebt. Möge der Kommentar in seiner neuen Gestalt zu den alten Freunden neue erwerben!

Vorwort zur zweiten Auflage der Neubearbeitung.

Die neue Auflage des Kommentars ist im wesentlichen unverändert geblieben. Vollständig berücksichtigt ist die seit 1902 bekannt gewordene Judikatur. Insbesondere konnten noch die Reichsgerichtsentscheidungen des eben vorliegenden 59. Bandes eingefügt werden. Die Literatur wurde in den durch den Zweck dieses Kommentars gebotenen Grenzen herangezogen.

Vorwort zur dritten Auflage der Neubearbeitung.

Tiefeingreifende Änderungen hat das Protestgesetz für die Wechselordnung gebracht. Ihr Text ist revidiert; sie führt jetzt den amtlichen Titel: „Wechselordnung". Die Neuerungen sind im vorliegenden Buch durch Sperrdruck gekennzeichnet. Im Anhange ist auch das Protestgesetz abgedruckt. Literatur und Rechtsprechung sind bis in die neueste Zeit berücksichtigt.

Dem Buche möge der bisherige Erfolg treu bleiben.

Berlin, April/Mai 1909.

Die Verfasser.

Inhaltsverzeichnis.

Einführungsgesetz.

Seite

Bundesgesetz, betreffend die Einführung der Allgemeinen Deutschen Wechselordnung, der Nürnberger Wechselnovellen und des Allgemeinen Deutschen Handelsgesetzbuches als Bundesgesetze. Vom 5. Juni 1869 16

Wechselordnung.

Erster Abschnitt. Von der Wechselfähigkeit. Art. 1—3 19

Zweiter Abschnitt. Von gezogenen Wechseln:

I. Erfordernisse eines gezogenen Wechsels. Art. 4—7 25

II. Verpflichtungen des Ausstellers. Art. 8 51

III. Indossament. Art. 9—17 53

IV. Präsentation zur Annahme. Art. 18—20 79

V. Annahme (Akzeptation). Art. 21—24 86

VI. Regreß auf Sicherstellung:

1. Wegen nicht erhaltener Annahme. Art. 25—28 108

2. Wegen Unsicherheit des Akzeptanten. Art. 29 113

VII. Erfüllung der Wechselverbindlichkeit:

1. Zahlungstag. Art. 30—35 . . . 116

2. Zahlung. Art. 36—40 123

		Seite
VIII.	Regreß mangels Zahlung. Art. 41—55	137
IX.	Intervention:	
	1. Ehrenannahme. Art. 56—61 . .	167
	2. Ehrenzahlung. Art. 62—65 . . .	178
X.	Vervielfältigung eines Wechsels:	
	1. Wechselduplikate. Art. 66—69 . .	187
	2. Wechselkopien. Art. 70—72 . . .	193
XI.	Abhanden gekommene Wechsel. Art. 73—74	196
XII.	Falsche Wechsel. Art. 75—76 . . .	202
XIII.	Wechselverjährung. Art. 77—79 . .	214
XIV.	Klagerecht des Wechselgläubigers. Art. 81—83	220
XV.	Ausländische Gesetzgebung. Art. 84—86	294
XVI.	Protest. Art. 87—90.	302
XVII.	Ort und Zeit für die Präsentation und andere im Wechselverkehre vorkommende Handlungen. Art. 91—93	338
XVIII.	Mangelhafte Unterschriften. Art. 94—95	353
Dritter Abschnitt.	Von eigenen Wechseln. Art. 96—100.	360

Anhang.

I.	Gesetz, betreffend die Erleichterung des Wechselprotestes. Vom 30. Mai 1908	373
II.	Bekanntmachung, betreffend die Erhebung von Wechsel- und Scheckprotesten durch Postbeamte	382
III.	Der Wechselprozeß. (§§ 592—605 ZPO.)	384
Sachregister	. . . .	399

Abkürzungen*).

A. = Anm. Auch die hochgestellte Ziffer hinter Artikel bedeutet Anmerkung, z. B. Art. 1² = Art. 1 Anm. 2.

a. M. = anderer Meinung.

Apt = Scheckgesetz, Textausgabe mit Anmerkungen von Professor Dr. Apt, Berlin 1908.

Bernstein = Dr. Wilhelm Bernstein, Allgemeine Deutsche Wechselordnung, 1896.

Bernstein Studien = Studien zur Wechselordnung.

Bolze = Die Praxis des Reichsgerichts in Zivilsachen, bearbeitet von A. Bolze.

Borchardt WO. = Die Allgemeine Deutsche Wechselordnung mit Kommentar von Dr. S. Borchardt, 8. Aufl., 1882.

Borchardt-Ball = Allgemeine Deutsche Wechselordnung, Textausgabe mit Anmerkungen von Dr. S. Borchardt, 7. Aufl. bearbeitet von Dr. E. Ball, Berlin 1897.

Canstein = Lehrbuch des Wechselrechts, Berlin 1890.

---

*) Die Zitiermethode richtet sich im wesentlichen nach den Vorschlägen des Deutschen Juristentages (Guttentag, 1905).

Cohn = Wechsel- und Scheckrecht von Georg Cohn (Zürich) in Holtzendorffs Enzyklopädie, 6. Aufl., 1904.

Cosack = Lehrbuch des Handelsrechts, 6. Aufl., 1903.

Dernburg = Das bürgerliche Recht des Deutschen Reichs und Preußens, Bd. II, Abt. 2.

DJZ. = Deutsche Juristen-Zeitung.

EG. = Einführungsgesetz zum BGB.

FG. = Reichsgesetz über die Angelegenheiten der freiw. Gerichtsbarkeit.

Goldschmidt = System des Handelsrechts, 4. Aufl.

Gruchot = Beiträge zur Erläuterung des Deutschen Rechts usw., begründet von Dr. J. A. Gruchot.

Grünhut = Lehrbuch des Wechselrechts, 1900.

Grünhut Hdb. = Wechselrecht, Bd. I u. II, 1897.

JW. = Juristische Wochenschrift und = RG. in Jur. Woch.

Kaufmann = Handelsrechtliche Rechtsprechung usw., von Rechtsanwalt Emil Kaufmann, Hannover.

KG. = Kammergericht.

KGBl. = Blätter für Rechtspflege im Bezirk des Kammergerichts, herausgegeben von Perl und Wreschner.

Korn = Justizrat Dr. Alfred Korn, Berlin, Wechselordnung, Berlin 1909 (erschien erst während des Druckes des vorl. Buches).

Lehmann = Lehrbuch des Deutschen Wechselrechts von Heinrich Otto Lehmann, 1886.

Meyer = Weltwechselrecht, von Dr. Felix Meyer, Kammergerichtsrat, Berlin 1906.

OTr. = Entscheidungen des Obertribunals.

Planck = Bürgerl. Gesetzbuch, erläutert von Dr. G. Planck usw., 3. Aufl.

Rehbein-Mansfeld = Allgemeine Deutsche Wechselordnung von Rehbein, 8. Aufl. 1908, bearbeitet von Reichsgerichtsrat Dr. Mansfeld.

RG. = Entscheidungen des Reichsgerichts in Zivilsachen, herausgegeben von den Mitgliedern des Gerichtshofs.

ROH. = Entscheidungen des Reichsoberhandelsgerichts, herausgegeben von den Räten des Gerichtshofs.

Späing = Französisches, Belgisches und Englisches Wechselrecht im Anschluß an die Allgemeine Deutsche Wechselordnung. Von W. Späing, 1890.

Staub = Staub, Kommentar zur Wechselordnung. Vierte Auflage, Berlin 1901.

Staub-Stranz = Staub-Stranz, Kommentar zur Wechselordnung. Sechste, neubearbeitete Auflage, Berlin 1909.

Stranz-Gerhard = Kommentar zum Preuß. Ausf.-Ges. z. BGB., 1900.

StrA. = Striethorst Archiv.

Thöl = Das Wechselrecht, 4. Aufl., 1878.

Volkmar-Loewy = Die Deutsche Wechselordnung, 1862.

Walter = Der Wechselprotest, 1892.

Weißler = Das Notariat der Preußischen Monarchie, 1896.

ZHR. = Zeitschrift für das gesamte Handelsrecht, begründet von Goldschmidt, herausgegeben von Keyßner und Lehmann.

Einführungsgesetz.

Bundesgesetz, betreffend die Einführung der Allgemeinen Deutschen Wechsel-Ordnung, der Nürnberger Wechsel-Novellen und des Allgemeinen Deutschen Handelsgesetzbuches als Bundesgesetze.

Vom 5. Juni 1869.

(BGBl. 1869 S. 379—381.)

§ 1.

Die Allgemeine Deutsche Wechsel-Ordnung (Anlage A) nebst den die Ergänzung und Erläuterung derselben betreffenden sogenannten Nürnberger Novellen (Anlage B), sowie das Allgemeine Deutsche Handelsgesetzbuch (Anlage C) werden zu Bundesgesetzen*) erklärt und als solche in das gesammte

*) Reichsgesetze nach § 2 des Gesetzes betr. die Verfassung des Deutschen Reichs, vom 16. April 71 (BGBl. S. 63). Vgl. Art. 80 der Verfassung des „Deutschen Bundes“ (BGBl. 70 S. 647, Baden und Hessen), Vertr. v. 25. Nov. 70 (BGBl. 654, Württemberg), Ges. v. 22. April 71

Bundesgebiet eingeführt, jedoch unbeschadet der Vorschriften des Bundesgesetzes .... über die Aufhebung der Schuldhaft vom 29. Mai 1868 (Bundes-Gesetzbl. S. 237).

§ 2.

Die bei oder nach der Einführung der Wechsel-Ordnung, der Nürnberger Novellen und des Handelsgesetzbuches in die einzelnen Bundesstaaten oder deren Landestheile im Wege der Landesgesetzgebung erlassenen Vorschriften bleiben als landesgesetzliche Vorschriften insoweit in Kraft, als sie nur eine Ergänzung und nicht eine Abänderung einer Bestimmung der Wechsel-Ordnung, der Nürnberger Novellen oder des Handelsgesetzbuches enthalten.

§ 3.

Insbesondere bleiben folgende auf die Einführung der Wechsel-Ordnung und des Handelsgesetzbuches sich beziehende landesgesetzliche Vorschriften in Kraft:

A. in Ansehung der Wechsel-Ordnung:

die Vorschriften der §§ 5 bis 7 der für die freie und Hansestadt Hamburg am 5. März 1849 in bezug auf die Einführung der Allgemeinen Deutschen Wechsel-Ordnung publizirten Verordnung und der entsprechenden

---

(BGBl. 87, Bayern). — Vgl. ferner Ges. v. 19. Juni 72 (DRAnz. Nr. 155, Elsaß-Lothringen); Verordn. v. 22. März 91 (RGBl. 21, Helgoland).

§§ 8 bis 10 der Königlich Preußischen Verordnung, betreffend die Einführung der Allgemeinen Deutschen Wechsel-Ordnung in die Herzogthümer Holstein und Schleswig, vom 13. Mai 1867;

B. in Ansehung des Handelsgesetzbuches . . . .

§ 6.

Dieses Gesetz tritt am 1. Januar 1870 in Kraft.

Wechselordnung*)

in der Fassung der Bekanntmachung
vom 3. Juni 1908.

(RGBl. 1908 S. 327—348.)

Erster Abschnitt.

Von der Wechselfähigkeit.

Art. 1. Wechselfähig ist jeder, welcher sich durch Verträge verpflichten kann.

1. Wechselfähigkeit bedeutet hier passive Wechselfähigkeit, d. h. die Fähigkeit, durch Wechselerklärungen sich zu verpflichten. Fähigkeit, durch Wechsel Rechte zu erwerben, aktive Wechselfähigkeit, ist in der WO. nicht behandelt; sie bestimmt sich nach dem bürgerlichen Recht (s. a. Art. 84[a]). Der Art. 1 behandelt nur die Wechselfähigkeit der Inländer, d. h. Deutscher. A. 1.

*) Die Veröffentlichung des neuen Textes ist durch die Bekanntmachung des Reichskanzlers vom 3. Juni 1908 erfolgt. In Kraft trat die Wechselordnung in der neuen Fassung am 1. Oktober 1908. Die gegenüber der früheren Fassung eingetretenen Änderungen sind durch gesperrten Druck hervorgehoben. — Über die Geschichte der WO. s. Staub-Stranz Allgemeine Einleitung S. 1ff.

A. 2. 2. **Örtlich** entscheidet über die Wechselfähigkeit:
a) bei **Inländern** das Deutsche Recht, gleichviel, ob sie im Inland oder Ausland ihre Verpflichtungen übernehmen. EG. Art. 7 Abs. 1.
A. 3. b) bei **Ausländern** der Regel nach das Recht ihres Staates. Näheres Art. 84. Für Personen ohne Staatsangehörigkeit vgl. EG. Art. 29.
A. 4. 3. **Zeitlich** entscheidet über die Wechselfähigkeit das Gesetz zur Zeit der Verpflichtungsübernahme aus der erfolgten Wechselschrift, also für die Regel die Zeit der Begebung. Hat der Aussteller auch giriert, so ist für die Gültigkeit der Ausstellerunterschrift die Zeit der Ausstellung, für die des Giros die Zeit des Giros maßgebend (ROH. 3, 179; s. auch Art. 95[5] über die Unterschrift des Bevollmächtigten). Bei Hingabe eines Blankoakzepts entscheidet die Zeit der Akzeptation und Übergabe, nicht der Ausfüllung des Blanketts oder das Wechseldatum (RG. 11, 8). Bei Wechselschriften vor dem 1. Jan. 00 richtet sich die Wechselfähigkeit nach den damals geltenden Gesetzen. EG. Art. 170.
A. 5. 4. Wechselfähig (A. 1) **ist jeder, der sich durch Verträge verpflichten kann.** **Vertragsfähigkeit** und **Geschäftsfähigkeit** fallen nach BGB. zusammen. Die nach BGB. unbeschränkt Geschäftsfähigen sind unbeschränkt vertragsfähig und daher unbeschränkt wechselfähig. Die Geschäftsunfähigen sind weder vertrags- noch wechselfähig.
A. 6. a) **Geschäftsunfähig** und damit auch wechselunfähig sind die im § 104 BGB. bezeichneten Personenkategorien.
A. 7. b) **Beschränkt geschäftsfähig** sind die Minderjährigen vom vollendeten 7. bis zum vollendeten 21. Lebensjahr (BGB. § 106). Sie bedürfen zur wirksamen Wechselverpflichtung der Einwilligung des gesetzlichen Vertreters. Durch nachträgliche Genehmigung des gesetzlichen Vertreters oder des geschäftsfähig Gewordenen wird die ursprüngliche Unwirksamkeit geheilt (§ 108 Abs. 2, 3). Der nach § 112 zum selbständigen Betrieb eines Erwerbs-

geschäfts Ermächtigte ist auch nicht im Umfang dieses Geschäftskreises wechselfähig. Denn er ist nicht geschäftsfähig für jene Rechtsgeschäfte, zu denen der Vertreter die Genehmigung des Vormundschaftsgerichts braucht; dazu gehört nach § 1822 Nr. 9, § 1643 Abs. 1 die Eingehung von Wechselverbindlichkeiten.

c) **Entmündigung wegen Geistesschwäche, Verschwendung, Trunksucht und die vorläufige Vormundschaft** des § 1906 BGB. stehen nach § 114 BGB. der Minderjährigkeit gleich. Bezüglich des Beginns der Entmündigung s. ZPO. § 661, bezüglich der Anfechtung §§ 664 ff. und der Rückwirkung § 115 BGB. A. 8.

5. Das BGB. kennt nicht mehr die frühere beschränkte Wechselfähigkeit A. 9.

a) **des Großjährigen in väterlicher Gewalt**, da die väterliche (elterliche) Gewalt nach § 1626 mit der Volljährigkeit und der Volljährigkeitserklärung aufhört;

b) **der Ehefrau.** Die minderjährige Ehefrau hat die gleiche Stellung wie jede andere Minderjährige, die volljährige Ehefrau wie jede andere Volljährige (§§ 1633 ff.). A. 10.
Nur nach der Richtung der *Haftbarkeit des Eheguts* für die von der Frau übernommene Verbindlichkeit ist die Genehmigung des Ehemanns von Bedeutung (§§ 1395 ff., 1399, 1404, 1459 ff., 1530 ff., 1549). Daß die Ehefrau das Handels- oder ein sonstiges Gewerbe betreibt, ist für die Wechselfähigkeit nicht mehr erheblich (Art. 6 – 9 HGB. sind gefallen). Ebenso ist auch Abs. 2 des § 11 GewO. durch Art. 36 EG. beseitigt. Für bestehende Ehen gilt EG. Art. 200 Abs. 1 und 3. Danach bleiben für den Güterstand einer beim Inkrafttreten des BGB. bestehenden Ehe die *bisherigen* Gesetze maßgebend, und soweit nach diesen Gesetzen die Ehefrau infolge des Güterstandes oder der Ehe in der Geschäftsfähigkeit beschränkt ist, bleibt diese Beschränkung in Kraft, solange der bisherige Güterstand besteht. Für Preußen ist durch das AG. z. BGB. (Art. 44—67) eine Änderung des Güterstandes und eine

Überleitung in die entsprechenden Systeme des BGB. eingetreten, vorausgesetzt, daß der Ehewohnsitz sich am 1. Jan. 1900 in Preußen befand. Damit fällt in Gemäßheit des Schlußsatzes Art. 200 EG. auch die Beschränkung der Geschäftsfähigkeit bei übergeleiteten Ehen fort, und zwar gilt dieser Grundsatz für alle übergeleiteten Systeme (Stranz-Gerhard: Vorbem. zu den Art. 44 bis 67 [3], [26] ff.).

Die Genehmigung einer Wechselerklärung der Ehefrau enthält nicht zugleich auch die Genehmigung der dem Wechselzuge zugrunde liegenden Abreden (RG. in JW. 02, 545 [12]).

A. 11. **6. Blinde, Taube, Stumme, Taubstumme, Analphabeten** waren nach gem. und preuß. Rechte wechselfähig, wie sie es nach BGB. sind.

A. 12. 7. **Über den Rechtszustand vor dem 1. Jan. 00** vgl. Rehbein-Mansfeld A. 9.

A. 13. **8. Muß die Wechselfähigkeit aus dem Wechsel ersichtlich sein?** Nein, ebensowenig die Einwilligung, Genehmigung, Ermächtigung (§§ 182 ff., 1825 BGB.). Diese Akte sind auch formlos gültig. (Ebenso im früheren preuß. und gem. Recht, RG. in JW. 02, 26 [18]). Auch stillschweigend kann Einwilligung und Genehmigung erteilt werden, z. B. dadurch, daß der Vater eine Tratte des Sohnes akzeptiert oder umgekehrt (ROH. 3, 51).

9. Beweislast.

A. 14. Der Wechselunfähige muß, obwohl er die Entstehung der Wechselverpflichtung leugnet, also eine negative Litiskontestation vorliegt, nach der herrschenden Ansicht die mangelnde Wechselfähigkeit beweisen (ROH. 19, 319 u. 20, 108). A. M. Grünhut I § 32; s. a. Art. 21 [14]. Ermächtigung, Einwilligung, Genehmigung ist von dem zu beweisen, der aus der Wechselschrift Rechte herleitet (RG. 23, 296).

A. 15. 10. Der von einem **Wechselunfähigen** unterzeichnete Wechsel ist nichtig, der von einem **beschränkt Wechselfähigen** kann durch nachfolgende Genehmigung oder Anerkenntnis des zur unbeschränkten Wechselfähigkeit Gelangten gültig werden.

Nichtigkeit und Unwirksamkeit können als Einreden aus dem Wechselrecht jedem, auch dem gutgläubigen Wechselberechtigten, entgegengesetzt werden. Aber der Wechsel wird nur partiell ungültig (Art. 82[14]). Die Wechselfähigkeit jedes einzelnen Wechselverpflichteten ist kein Erfordernis des Wechsels (Art. 3).

Das zugrunde liegende Rechtsgeschäft wird von der Nichtigkeit oder Unwirksamkeit des Wechsels nicht getroffen, insoweit es nur selbst den gesetzlichen Erfordernissen genügt. Über die Rückforderung des auf Grund eines ungültigen Wechsels Gegebenen vgl. §§ 812ff. BGB. und RG. 32, 319.

11. **Juristische Personen**, d. h. „jedes Rechtsgebilde, dem die Rechtsfähigkeit zuerkannt ist, außer den natürlichen Personen", sind wechselfähig. Über die juristische Person vgl. §§ 21ff., §§ 80ff., § 89 BGB. Ein nicht rechtsfähiger Verein kann sich als solcher nicht wechselmäßig verpflichten. Doch entsteht eine Wechselverpflichtung der Zeichner (Staub-Stranz A. 2; § 54 BGB.). A. 16.

Als juristische Personen des Reichsrechts neben dem BGB. kommen in Betracht die Genossenschaften, Aktiengesellschaften, Kommanditgesellschaften auf Aktien, die Gesellschaft mit beschränkter Haftung, die Kolonialgesellschaften, die Innung usw.

12. Die offene Handelsgesellschaft (§ 124 HGB.), die Kommanditgesellschaft (§ 161) sind wechselfähig, dagegen nicht die stille Gesellschaft (§ 335 HGB.) und die Gesellschaft des Bürgerlichen Rechts (§§ 705ff. BGB., ROH. 21, 27). A. 17.

Art. 2. Nach § 5 der Protestnovelle ist der Art. 2 auch formell weggefallen.

Von seinem Inhalt war auch vor der Protestnovelle nur noch folgendes bestehen geblieben:

Der Wechselschuldner haftet für die Erfüllung der übernommenen Wechselverbindlichkeit mit .... seinem Vermögen.

A. 1. 1. Früher hatte der Text noch die Worte „mit seiner Person und ....“ Diese Worte sowie der weitere frühere Inhalt dieses Artikels sind durch das Ges. v. 29. Mai 68, betr. die Aufhebung der Schuldhaft als Exekutionsmittel ungültig geworden. Der persönliche Sicherheitsarrest ist nach § 918 ZPO. als Zwangsvollstreckungsmaßregel unter gewissen Voraussetzungen gestattet.

A. 2. 2. Bezüglich der Haftung des Wechselschuldners sei noch folgendes bemerkt: Der Wechselschuldner, nur dieser und sein Universalrechtsnachfolger, sein Erbe, und wer sonst in das Vermögen sukzediert, haften. So tritt wechselmäßige Verpflichtung ein durch Fortführung einer Handlungsfirma gemäß § 25 HGB. (vgl. für das frühere Recht ROH. 3, 182; 12, 159), durch Fortführung eines zum Nachlaß gehörenden Handelsgeschäfts gemäß § 27, durch Eintritt in das Geschäft eines Einzelkaufmanns gemäß § 28 HGB., durch vertragsmäßige Vermögensübernahme gemäß § 419 BGB., durch Erbschaftskauf gemäß §§ 2382 ff. BGB., durch Fusion einer Aktiengesellschaft gemäß § 305 HGB.

Wechselschuldner sind auch die Mitglieder einer offenen Handelsgesellschaft, wenn ein vertretungsberechtigter Gesellschafter die Firma gezeichnet hat (§ 128 HGB., Bolze 9 Nr. 469). Das Urteil gegen die offene Handelsgesellschaft ist aber gegen den einzelnen Gesellschafter nicht vollstreckbar (HGB. § 124 Abs. 2, § 129 Abs. 4; ZPO. § 736; RG. 3, 57; 5, 55; 17, 867).

A. 3. 3. Der Wechselschuldner haftet mit seinem Vermögen. Diese Haftung hat auch bezüglich der Zwangsvollstreckung keine Besonderheiten.

Das durch § 777 ZPO. jetzt allgemein eingeführte

beneficium excussionis realis steht auch dem Wechselschuldner zu.

4. Durch die Wechselzeichnung wird zunächst nur die wechselmäßige Haftung aus dem Wechsel begründet. Eine danebenhergehende zivilrechtliche Verpflichtung kann nicht aus dem Wechsel geltend gemacht werden; sie bedarf eines besonderen Nachweises durch Darlegung der sie begründenden Tatsachen (JW. 04, 497[28]). A. 4.

Art. 3. **Finden sich auf einem Wechsel Unterschriften von Personen, welche eine Wechselverbindlichkeit überhaupt nicht oder nicht mit vollem Erfolg eingehen können, so hat dies auf die Verbindlichkeit der übrigen Wechselverpflichteten keinen Einfluß.**

1. Die Nichtigkeit oder Unwirksamkeit der Wechselschrift wirkt nur partiell. Der Akzeptant haftet aus dem Akzept, auch wenn der Aussteller wechselunfähig, der Aussteller bleibt den Nachmännern verpflichtet, auch wenn der Akzeptant wechselunfähig ist (ROH. 23, 357). A. 1.

2. Analog sind die Bestimmungen der Art. 75, 76. A. 2.

3. Die Worte: „oder nicht mit vollem Erfolge eingehen können" hängen mit dem Rechtszustand bei der früheren Schuldhaft zusammen und sind bedeutungslos geworden (Staub-Stranz A. 1). A. 3.

Zweiter Abschnitt.

Von gezogenen Wechseln.

I. Erfordernisse eines gezogenen Wechsels.

Art. 4. **Die wesentlichen Erfordernisse eines gezogenen Wechsels sind:**

1. **die in den Wechsel selbst aufzunehmende Bezeichnung als Wechsel oder, wenn der Wechsel**

in einer fremden Sprache ausgestellt ist, ein jener Bezeichnung entsprechender Ausdruck in der fremden Sprache;

2. die Angabe der zu zahlenden Geldsumme;

3. der Name der Person oder die Firma, an welche oder an deren Order gezahlt werden soll (des Remittenten);

4. die Angabe der Zeit, zu welcher gezahlt werden soll; die Zahlungszeit kann für die gesamte Geldsumme nur eine und dieselbe sein und nur festgesetzt werden
   auf einen bestimmten Tag,
   auf Sicht (Vorzeigung, a vista usw.) oder auf eine bestimmte Zeit nach Sicht,
   auf eine bestimmte Zeit nach dem Tage der Ausstellung (nach dato),
   auf eine Messe oder einen Markt (Meß- oder Marktwechsel);

5. die Unterschrift des Ausstellers (Trassanten) mit seinem Namen oder seiner Firma;

6. die Angabe des Ortes, Monatstags und Jahres der Ausstellung;

7. der Name der Person oder die Firma, welche die Zahlung leisten soll (des Bezogenen oder Trassaten);

8. die Angabe des Ortes, wo die Zahlung geschehen soll; der bei dem Namen oder der Firma des Bezogenen angegebene Ort gilt

für den Wechsel, insofern nicht ein eigener Zahlungsort angegeben ist, als Zahlungsort und zugleich als Wohnort des Bezogenen.

Vorbemerkung:

a) Die sämtlichen Vorschriften dieses Artikels beziehen A. 1.
sich auf **Formerfordernisse** im Gegensatz zu dem Erfordernis materieller Art, der Wechselfähigkeit, die der Art. 1 behandelt. Wesentlicher Unterschied in der Wirkung: Mangel der Wechselfähigkeit wirkt nur partiell, während Mangel auch nur in bezug auf eine einzige der in Art. 4 gegebenen Formvorschriften den Wechsel total, seinem ganzen Inhalt nach, ungültig macht (vgl. Art. 7; ROH. 4, 267; Art. 82[9]).

b) **Gezogener** Wechsel: Gegensatz **eigener** Wechsel (Art. A. 2.
96 ff.). Der gezogene Wechsel hat die Form einer Anweisung. Der Zahlungsauftrag muß daher drei Personen aufführen: den Trassanten (Aussteller), den Trassaten (Bezogenen) und den Remittenten (Nehmer). Über die Möglichkeit der Identität einzelner Wechselpersonen s. unten Anm. 15 und Art. 6 u. 7.

A. Erfordernisse des gezogenen Wechsels nach der Wechselordnung.

Zu 1. Die Bezeichnung als Wechsel.

a) Sie muß im Wechsel selbst enthalten sein; s. A. 3.
auch A. 50—52 (vgl. RG. 48, 225).

b) Statt der Bezeichnung „Wechsel" kann auch eine A. 4.
zweifellos gleichbedeutende: Solawechsel (Art. 66), Primawechsel, Wechselbrief, Wechselurkunde, Wechselversprechen, Wechselverschreibung gewählt werden (ROH. 18, 208). Dagegen genügen nicht: Wechselanweisung (a. M. Grünhut § 11), Tratte, Brief, Papier, Rimesse, Prima, Mandat, Versprechen der Zahlung nach Wechselrecht oder Wechselstrenge (ROH. 2, 147; 18, 208).

A. 5. c) **In fremder Sprache** geschriebene Wechsel müssen die dieser Sprache entsprechende Wechselzeichnung tragen: lettre de change, bill of exchange, lettera di cambio, Wisselbrief; „Wechsel" genügt hier nicht. Art. 4 Nr. 1 bezieht sich aber nur auf im Inland ausgestellte Wechsel (Anm. 55).

In fremder Sprache ausgestellte Wechsel können nicht durch Postbeamte protestiert werden nach der auf Grund des Protestgesetzes § 3 erfolgten Anordnung des Reichskanzlers (vgl. Anhang II).

Zu 2. Summenangabe.

A. 6. a) **Geldsumme**: es muß eine bestimmte Geldsumme sein, certa pecunia. Unbestimmt und den Wechsel entkräftend ist die Angabe: „Zahlen Sie bis zu 50 M." oder „zwischen 50 und 100 M." Wechsel auf Waren, Wertpapiere oder andere fungible Gegenstände sind ungültig.

A. 7. b) Die Summe braucht nicht im Kontext zu stehen. Die in der rechten oberen Ecke des Wechsels stehende vollständige Summenangabe genügt, wenn auch die Zahl im Wechseltext selbst fehlt (RG. 2, 101).

A. 8. c) Der Betrag muß in einer bestimmten Münzart (Mark, Gulden, Frank, Lire) angegeben sein. Rechnungswährung, nicht mehr im Gebrauch befindliche Münzsorten, ebenso außer Kurs gesetzte sind zulässig (Art. 37). Über Rubel polnisch RG. 23, 111. Die Formel „OW." (oder Wert oder Kurs) bringt zum Ausdruck, daß der Schuldner die Wahl der Umrechnung in eine andere Münzsorte haben soll, und macht den Wechsel nicht ungültig, während sonst alternative Angaben einer Ersatzleistung den Wechsel ungültig machen.

A. 9. d) Die Summe kann in Buchstaben oder Zahlen geschrieben sein (vgl. Art. 5).

Zu 3. Name des Remittenten.

a) Der Wechsel muß den Namen der Person oder die Firma, an welche oder an deren **Order** gezahlt werden soll, bezeichnen. Das ist die für die rechtliche Natur des Wechsels charakteristische Bestimmung; sie bringt zum Ausdruck, daß der Wechsel ein **Orderpapier** ist. Der Wechsel ist es selbst dann, wenn er nicht ausdrücklich an Order lautet (ebenso bei der Namensaktie, im Gegensatz zu den handelsrechtlichen Orderpapieren des § 363 HGB., die an Order lauten müssen). Ein Wechsel auf den Inhaber, au porteur, ist ungültig (ROH. 1, 98). A. 10.

b) Als Remittent muß eine **Person**, natürliche oder juristische, oder eine Firma, also ein zum Erwerbe von Rechten fähiges Rechtssubjekt, ausdrücklich genannt sein. Der Bezogene kann nicht Remittent sein (Art. 6 u. 7; dagegen Grünhut § 13). A. 11.

α) Der Name oder die Firma müssen bestimmt angegeben sein. Umschreibungen anstatt dieser Angaben sind unzulässig, selbst wenn sie zur Kenntlichmachung des Remittenten ausreichen: „an die Witwe und Erben des Herrn A.“, „an meine Ehefrau“, „an meine Tochter“, „an die Herren les directeurs du club de la noblesse“ (ROH. 20, 83). (Anders Lehmann § 92 S. 346 und wohl auch Dernburg § 255[5].) Aus gleichem Grunde kann der nur mit seinem Pseudonym oder seinem üblichen Schriftsteller- oder Künstlernamen, z. B. Nikolaus Lenau für Freiherr von Niembsch-Strehlenau, Bezeichnete keine Remittentenrechte geltend machen.

β) Nichtexistenz der Person macht den Wechsel nicht ungültig (ROH. 23, 52; RG. in ZHR. 29, 195), ebensowenig das Noch-nicht-Bestehen der juristischen Person, wenn sie nur zur Zeit der angestellten Klage existent ist (ROH. 3, 301). A. 11a.

γ) Die Bezeichnung der Firma des Handelsnamens muß mit den handelsrechtlichen Bestimmungen in Übereinstimmung stehen (RG. 14, 17; HGB. §§ 17 ff.; EG. A. 12.

z. HGB. Art. 22). Ob die Firma eingetragen ist oder nicht, ist unwesentlich (ROH. 21, 27; 23, 51). Die Firma muß vollständig gezeichnet sein (ROH. 12, 173). Aber die Namenszeichnung einer Gesellschaftsfirma unter Fortlassung des sachlichen Teils (statt „Oberfränkische Fenster- und Maschinenfabrik J. C. Rahn & Schmidt" nur „J. C. Rahn & Schmidt") ist ausreichend, da der Wille, die Gesellschaftsfirma zu zeichnen, nach den konkreten Umständen in der Unterschrift genügend zum Ausdruck gelangt ist (JW. 02, 636[19]; anders ROH. 12, 172). Die Gesetzmäßigkeit einer Firma ist so lange vorauszusetzen, bis die Unzulässigkeit der Firma nachgewiesen wird (RG. 41, 21: ist „Messinggewerkschaft" eine für eine offene Handelsgesellschaft zulässige Firma?). — Unzulässige Firmenbezeichnungen sind z. B. die Bezeichnung des Remittenten mit einer dem Gegenstand einer Unternehmung entlehnten Firma, deren sich die Teilhaber einer gemeinrechtlichen Sozietät im Verkehr mit Dritten bedient haben (z. B. mit den Worten: „an die Generalentreprise der Saale-Unstrutbahn", ROH. 21, 28); ferner die Veränderung oder Abkürzung der Firma einer Aktiengesellschaft als Remittentin, auch wenn die abgekürzte Bezeichnung die ortsübliche ist, z. B. „die Administration des Kursaales in W." statt „Gesellschaft zum Betriebe des Kuretablissements in den Badeorten W. u. E." ROH. 9, 328).

A. 13. δ) Für juristische Personen ist die den Gesetzen entsprechende Bezeichnung anzuwenden. Auch eine fiskalische Station, z. B. Hauptsteueramt, kann als Remittent genannt werden (ROH. 15, 317). Der nicht rechtsfähige Verein kann zwar gültig als Remittent bezeichnet werden, falls seine Bezeichnung als Firma möglich erscheint, indessen werden weder der Verein noch seine Mitglieder Remittentenrechte aus dem Wechsel herleiten können (Staub-Stranz A. 11).

A. 13a. ε) Unwesentliche Abweichungen sind unschädlich (ROH. 15, 283; 18, 420).

c) **Irrtümliche** Bezeichnung des Remittenten ist nicht schädlich, nur muß dann die Identität zwischen dem genannten und dem gewollten Remittenten besonders nachgewiesen werden (ROH. 3, 271; 15, 283; 23, 52). A. 14.

d) Die Formeln zur Bezeichnung des Remittenten können lauten: A. 15.

an Herrn N.N.,
an die Order des Herrn N.N.,
an Herrn N.N. oder dessen Order,

und, weil sich der Aussteller auch als Remittenten bezeichnen kann,

an mich selbst,
an Order eigene,
an die Order von mir selbst,
an die Order von uns selbst,

wobei Irrtümer im Singular oder Plural ohne Erheblichkeit sind (ROH. 8, 88; 17, 231; StrA. 52, 12). Zweifelhaft ist die Gültigkeit der Formel:

an Herrn N.N. oder Inhaber (dafür Staub § 10).

Ungültig sind die Formeln: A. 16.

an Order,
von . . . . . . selbst.
von selbst,

weil das Erfordernis der Deutlichkeit mangelt:

nicht an N., aber an die Order des N.,

weil der Name der Person, an die gezahlt werden soll, nicht genannt ist (Grünhut § 12);

von Ihnen selbst,
an Ihre eigene Order,

weil der Trassat und Remittent nicht identisch sein dürfen (RG. 19, 95). — Genügend ist die Wendung „an eigene", da das Wort Order hinzugedacht wird (vgl. Kaufmann 5, 305; abweichend KG. in ROLG. 14, 408).

Über den Vermerk: an N., **aber nicht an Order** (Rektaklausel) vgl. Art. 9 Abs. 2.

A. 17. e) Die Angabe **mehrerer** Remittenten ist nicht unzulässig, und zwar weder die kumulative, an X. und Y., noch die alternative, an X. **oder** Y. Im ersteren Falle sind X. und Y. Gesamtgläubiger im Sinne des § 420 BGB., weil die Natur des Wechsels gegen die Vermutung des § 420 streitet (Grünhut § 13). Im letzteren Falle kann jeder gleichfalls die ganze Wechselsumme fordern, aber auch allein den Wechsel indossieren. Dagegen ist der Wechsel ungültig, wenn *zwei* Ausstellerunterschriften vorhanden sind, und im Wechselkontext die Wendung „Zahlen Sie *mir*" gebraucht ist (vgl. RG. in JW. 07, 369[18]).

Zu 4. Zahlungszeit.

A. 18. a) Der Wechsel muß enthalten die Angabe der Zeit, zu welcher gezahlt werden soll. Das ist der im Wechsel angegebene **Verfalltag** im Gegensatz zum **Zahlungstag**, d. h. dem Tage, an dem erst Zahlung gefordert werden kann, wenn dieser sich ausnahmsweise hinausschiebt (Art. 92 und Art. 77[2,4]). Die Terminologie der WO. ist schwankend (vgl. Art. 30). Art. 4 handelt nur von der Verfallzeit, dem Verfalltag. Der Verfalltag wirkt zugunsten sowohl des Gläubigers als auch des Schuldners (Art. 38[2]).

A. 19. b) Die Verfallzeit muß **bestimmt** und **deutlich** sein. Sie muß im Wechsel selbst angegeben sein. Eine Randnotiz genügt nicht (ROH. 25, 237), ebensowenig ein Zusatz beim Akzept durch den Bezogenen (Art. 22). Wechsel ohne Verfallzeit sind nichtig. Ein *unmöglicher* Verfalltag, z. B. 31. Febr., 31. April, macht den Wechsel ungültig, ebenso die Angabe eines früheren Verfalltags, als es der Ausstellungstag ist (ROH. 1, 55). Fehlt die *Jahreszahl*, so wird sie nach der Jahreszahl des Ausstellungstages ergänzt, wenn dies möglich und zweifellos beabsichtigt ist (ROH. 16, 289; Bolze 2 Nr. 802). Beispiel: Ein am 1. Febr. 93 ausgestellter Wechsel pr. 13. Okt. ist am 13. Okt. 93 fällig; ein am 1. März 95 per 1. Nov. J. laufender Wechsel ist ungültig, weil zweifelhaft, welches Jahr das der Fälligkeit sein soll (ROH. 24, 122). Zulässig ist die Angabe cr., d. J., k. J., huius, d. M. (ROH. 1, 187). Der Zahlungstag kann auch auf den Ausstellungstag festgesetzt werden. (OTr. 22, 404). An der erforderlichen Bestimmtheit fehlt es bei folgender Fassung nicht: „Am 1. Oktober 1902 zahlen Sie mit dem Rechte der Prolongation". Verfalltag bleibt hier der 1. Okt. 02. Der Zusatz „mit dem Recht auf Prolongation" weist nur auf ein Prolongationsabkommen hin, das eine Einrede geben kann (Art. 82 60; anders das Kammergericht in Sachen Limbach c/a Weißenburg).

Unbestimmt und darum ungültig ist die Angabe einer Verfallzeit, die von dem Eintritt eines ungewissen (dies incertus an) oder eines zeitlich unbestimmten Ereignisses (dies incertus quando) abhängig gemacht wird; z. B. zahlbar bei Großjährigkeit, bei Hochzeit, am Todestage des N., oder eine bestimmte Zeit nach dem Tode des N. Ein dies incertus quando liegt auch beim Sichtwechsel vor, der aber vermöge positiver gesetzlicher Vorschrift (Art. 24) gültig ist. — Ein Wechsel, in dem an einer Stelle Zahlung „bei Sicht", an einer anderen Stelle Zahlung „zur Verfallzeit ohne vorgängige Präsentation" versprochen wird, entbehrt der erforderlichen Bestimmtheit der Zahlungszeit (RG. 20, 185). A. 20.

Über Usowechsel vgl. Staub § 20.

c) Die Zahlungszeit muß einheitlich für die gesamte Geldsumme bestimmt sein. Ratenwechsel: „Am 1. Januar zahlen Sie 300 M. und am 1. April 300 M." sind ungültig (ROH. 2, 365). Alternativ rücksichtlich der Zahlungszeit ausgestellte Wechsel („Am 1. Januar 1868 oder 30 Tage nach Kündigung zahlen Sie") sind ungültig (ROH. 4, 214). Ebenso ungültig ist eine kumulativ ausgedrückte Verfallzeit; z. B. „am 4. und 5. Mai". A. 21.

A. 22. d) **Prolongation** (vgl. Grünhut § 62). Stundung, die im Wechselverkehr häufig ist, geschieht zunächst in der Weise, daß ein neuer Wechsel gegeben wird: Prolongationswechsel. Dieser ist maßgebend. Indes wird durch den neuen Wechsel in der Regel das materielle Schuldverhältnis unter den Beteiligten nicht noviert. Der animus novandi muß, wenn auch nicht mit ausdrücklichen Worten erklärt, so doch deutlich erkennbar gemacht sein (RG. 9, 65). Der Wechselschuldner kann sich daher regelmäßig aller Einreden aus dem zugrunde liegenden Rechtsgeschäft, die er dem ursprünglichen Wechsel entgegensetzen kann, auch gegenüber der Klage aus dem Prolongationswechsel bedienen (JW. 03, 187[47]; vgl. Art. 82[36] für die Stellung des Wechselgläubigers beim Prolongationswechsel). — Der Wechselnehmer darf einen Prolongationswechsel nicht in einem anderen Sinne und mit einer anderen Bestimmung, als er gegeben wurde, behalten (RG. 41, 23). — Über das Verbot von Zinseszinsen vermittelst Prolongationswechsel JW. 03, 433[8].

Sodann kann die Prolongation auch durch einen Prolongationsvermerk auf dem alten Wechsel erfolgen: prolongierter Wechsel. Der Verfalltag des Wechsels wird durch den Prolongationsvermerk nicht geändert (a. M. Bernstein 37), noch weniger durch eine mündliche vereinbarte Prolongation: nur die Zahlungszeit wird hinausgeschoben. Wo der Verfalltag entscheidet, z. B. für die Protestfrist, die Verjährung, hat die Prolongation keine Bedeutung (ROH. 1, 288; 25, 26). Die Prolongation steht nicht der Gültigkeit des Protestes entgegen. Das RG. meint (Bd. 61, 183), wir hätten eine solche Annahme vertreten. Unser Standpunkt ist nur der, daß die Prolongationsabrede mit dem Akzeptanten regelmäßig auch zugunsten der Regreßverpflichteten wirke (vgl. Art. 82[35 a]).

Die Prolongation gibt eine Einrede (Art. 82[33]). Vgl. ferner über den Beginn der Hemmung, Unterbrechung der Verjährung im Falle der Prolongation Art. 77[5], Vorbem. vor Art. 77[8 und 14].

e) **Die Verfallzeit kann nur festgesetzt werden:** A. 23.

α) auf einen bestimmten Tag: Tagwechsel.

Die Angabe des Verfalltages auf eine bestimmte Stunde oder den Teil eines Tages macht den Wechsel ungültig. „Weihnachten, Ostern, Pfingsten" sind als Verfallzeit unzulässig, weil sie mehr als einen Tag umfassen. Zulässig aber ist: 3 Tage nach Weihnachten usw., weil hier vom Ende des Weihnachtsfestes an zu rechnen ist. Michaelis, Johannis, Trinitatis sind bestimmte Kalendertage, nicht Martini, der auf den 11. oder 12. November gerechnet wird. Anfang (Primo), Mitte (Medio), Ende (Ultimo), auch „Ende des Jahres", oder „am Montag nach dem 1. Mai", oder „zwei Tage nach dem 1. Mai" sind gültige Verfalltage, da sie unzweideutig den Tag bezeichnen. Ebenso „Ende Juni den 23.", da hierdurch laut Parteiabsicht der 23. als Verfalltag gelten soll (Dernburg 256[3]). — Gültig ist endlich die allgemein übliche Abkürzung 04 statt 1904.

Fristwechsel: „bis zum 16. Juni 1873 zahlen Sie" sind ungültig (ROH. 11, 170; RG. in Gruch. 24, 1104).

β) auf Sicht: Sichtwechsel (vgl. Art. 31 und oben A. 20). Der Verfalltag tritt ein, sobald der Wechsel beim Verpflichteten zur Zahlung präsentiert wird. Bezeichnungen: Nach Sicht, auf Sicht, gegen Sicht, auf Vorzeigung, auf Wiedersicht, a vista, auch dato nach Sicht (d. h. von der Ausstellung, von heute an auf Sicht) sind zulässig (ROH. 6, 240). Der Wechsel a piacere, auf Verlangen, auf jedesmaliges Verlangen, nach Belieben, nach Kündigung (ROH. 2, 361) ist ungültig, weil die vom Gesetz betonte Vorzeigung des Wechsels in diesen Formeln nicht zum Ausdruck kommt (dagegen, abgesehen vom Kündigungswechsel, Staub § 23). A. 24.

Als fällig auf eine bestimmte Zeit nach Sicht: Nach-Sichtwechsel, kann der Wechsel nach Art. 4 auch ausgestellt werden. Gebräuchlich ist die Klausel: acht Tage nach Sicht vgl. Art. 19, 20, 21, 32.

A. 25. γ) Auf eine bestimmte Zeit nach dem Tage der Ausstellung (nach dato): Datowechsel.

Formeln: drei Monat a dato, drei Monat dato, dato drei Monat, heut nach acht Tagen, nach dato in drei Monaten, sind gültig (ROH. 5, 245). Zweifelhaft ist, ob die Formel: „in drei Monaten", oder „nach drei Monaten zahlen Sie" ohne ausdrückliche Bezugnahme auf den Ausstellungstag gültig ist (dafür mit Recht ROH. 2, 148; 19, 329). — (Über die Berechnung der Fristen vgl. Art. 32, 34).

A. 26. δ) Auf eine Messe oder einen Markt: Meß- oder Marktwechsel. Vgl. Art. 35.

Zu Nr. 5. Ausstellerunterschrift.

A. 27. Es können auch mehrere als Aussteller unterzeichnen (ROH. 19, 311; JW. 02, 135[48]; vgl. Art. 81[2ff.]).

a) Platz der Ausstellerunterschrift. Sie muß da stehen, wo der Wechsel endigt (ROH. 19, 89; 25, 238; — RG. 12, 120; 30, 25). Da die Wechselunterschrift erkennen lassen muß, daß der unterschriebene Wechselinhalt gewollt ist, darf sie weder auf der Rückseite noch quer über dem Wechsel stehen (ROH. 9, 422). Dagegen Thöl (§ 33[18]), dem die Namensschrift am Anfang: „Ich, Albert Müller, beauftrage Sie, zu zahlen usw." genügt.

A. 28. b) Natur der Unterschrift.

Es muß Schrift sein; Druck, Stempel, Faksimile oder sonstige mechanische Herstellung genügen nicht. Bei einer aus Sach- und Personenbezeichnung zusammengesetzten Firma genügt es, wenn die Sachbezeichnung gestempelt bzw. gedruckt und die Personenbezeichnung als der wesentliche Teil geschrieben ist, z. B. bei der Firma einer Kommanditgesellschaft: „Papier- und Pappenfabrik

Sadowa, Moriz A. & Co." ist es ausreichend, wenn die Worte Moriz A. & Co. von dem einzigen Komplementar geschrieben sind und der übrige Teil durch Stempeldruck hergestellt ist (RG. 47, 165, dagegen Staub A. 8d zu Art. 95). Ferner reicht, wenn ein Vertreter handelt, grundsätzlich seine Namensunterschrift aus, selbst wenn die Firmenzeichnung ganz unterstempelt ist; es ist also zulässig, daß der vertretungsberechtigte Prokurist oder Handlungsbevollmächtigte oder der Vorstand einer Aktiengesellschaft unter den Firmenaufdruck seinen Namen schreibt. Nach ROH. 14, 317 ist ein Vollzugsvermerk:

„Flachsgarnspinnerei Hermannseifen.
Adolf Freiherr von Silberstein.
per pa M. Lechner".

gültig, wenn die ersten beiden Zeilen gedruckt sind und der Prokurist Lechner nur seinen Namen eigenhändig geschrieben hat.

Nicht genügend sind bloße Federstriche ohne erkennbare Buchstaben; die Buchstabenschrift ist erforderlich, freilich nicht Leserlichkeit (ROH. 22, 407).

c) Form der Unterschrift. A. 29.

Vor dem 1. Jan. 1900 galten für die Namensunterschriften der Blinden, Taubstummen und Analphabeten komplizierte Vorschriften. Jetzt sind die §§ 126 ff. BGB. maßgebend. Danach genügt eigenhändige Unterschrift oder beglaubigtes Handzeichen (gerichtlich oder notariell) in allen Fällen. Wer überhaupt nicht zu schreiben in der Lage ist, nicht einmal ein Handzeichen, für den kommt hinsichtlich der Wechselzeichnung auch nicht der durch § 126 Abs. 3 BGB. vorgesehene Ersatz der schriftlichen Form durch die gerichtliche oder notarielle Beurkundung in Frage, weil die Urschrift der gerichtlichen oder notariellen Beurkundung bei dem instrumentierenden Beamten bleibt und die Verbindung der Ausfertigung mit einem Wechsel oder die Erteilung der Ausfertigung als Wechsel der Natur und Bestimmung des Wechsels als Verkehrpapieres widerspricht (Art. 91 2 und 3).

A. 30. d) **Wer muß unterschreiben?**

α) Die Übernahme der Wechselverpflichtung durch Wechselzeichnung kann nach BGB., wie früher, auch durch einen Dritten, gesetzlichen Vertreter oder gewählten Bevollmächtigten, erfolgen. Über Wechselzeichnung ohne Vollmacht vgl. Art. 95. Im § 167 BGB. ist eine Form für die Vollmacht überhaupt nicht mehr vorgeschrieben, auch eine mündliche Vollmacht ist ausreichend. Auch für die nachträgliche Genehmigung der von einem Unbefugten bewirkten Wechselzeichnung bedarf es keiner Form (JW. 02, 26[18]).

A. 30a. β) Der Vertretene wird zweifelsohne verpflichtet, wenn der Stellvertreter (gesetzlicher Vertreter oder freier Bevollmächtigter) seinen, **des Stellvertreters, Namen** mit einem das Vertretungsverhältnis klarstellenden Zusatz unterschreibt, so beispielsweise: „Max Braun für Otto Schwarz"; gleich wirksam auch „Otto Schwarz durch seinen Bevollmächtigten Max Braun". Bei Vermeidung eigener Haftbarkeit hat der Stellvertreter zum Ausdruck zu bringen, für wen er zeichnet (ROH. 20, 91).

Die Frage, ob der Machtgeber wechselrechtlich verpflichtet wird, wenn der bevollmächtigte Vertreter den Wechsel nur mit dem **Namen des Machtgebers** unterschreibt, ist sehr streitig. Die WO. selbst enthält keine Vorschriften darüber, wie Bevollmächtigte zu unterzeichnen haben, und will in dieser Beziehung die allgemeinen Grundsätze des Zivil- und Handelsrechts gelten lassen (vgl. Prot. zu Art. 94; ROH. 5, 267). Nach der Rechtsprechung vor dem 1. Jan. 00 wurde der Vertretene wechselrechtlich verpflichtet, wenn der Stellvertreter den Wechsel mit dem Namen des Vertretenen unterzeichnete (ROH. 30, 405, die Wechselunterschrift: „H . . . F." war vom Generalbevollmächtigten August F. ohne Zusatz geschrieben).

Jetzt entscheidet der § 126 BGB., wonach die Urkunde, wenn durch das Gesetz schriftliche Form vorgeschrieben ist, von dem **Aussteller eigenhändig** durch Namensunterschrift oder mittelst gerichtlich oder notariell beglaubigter Handzeichen unterzeichnet werden muß.

Hinsichtlich der Unterschrift, die ein Vertreter leistet, hat die Judikatur anfänglich in der Auslegung des § 126 geschwankt (in der Literatur gehen die Ansichten noch immer auseinander, vgl. Planck § 176²). Das RG. (50, 51) hat sich auf den für die Praxis maßgebenden Standpunkt gestellt, daß der Vertreter auch bei gesetzlich vorgeschriebener Schriftform rechtswirksam mit dem Namen (oder der Firma) des Vertretenen allein unterschreiben dürfe; damit sei in diesem Falle das Erfordernis der Eigenhändigkeit — eigenhändig vom Vertreter geschrieben — gewahrt.

γ) Besonderheiten gelten auf dem Gebiet des Handelsrechts. Der Vertreter, der nach dem HGB. das Recht zur Vertretung der Firma hat, z. B. der Prokurist, der Handlungsbevollmächtigte, zeichnet für sie grundsätzlich wirksam auch dann, wenn er ihr **keinen** die Vertretung andeutenden Zusatz beifügt. Die Bestimmungen über die Beifügung der das Vertretungsverhältnis andeutenden Zusätze in den §§ 51, 57, 108 Abs. 2, 153, 161, 232, 320 HGB. sind nur **Ordnungsvorschriften**, und für die **Gültigkeit** der Zeichnung unerheblich. Dies ist durch § 126 BGB. nicht geändert worden. — Über Firmenzeichnung durch den vertretungsberechtigten Gesellschafter vgl. §§ 105, 115, 123, 126 HGB.; bezüglich der Zeichnung durch Gewerkschaften und Genossenschaften ROH. 14, 244; 5, 209. A. 31.

δ) Schreiben auf Diktat enthält keine Stellvertretung; der Schreibende dient gleichsam als Werkzeug (ROH. 7, 315). Während die Frage früher streitig war, erklärt das RG. (58, 387) eine solche auf Diktat oder in bloßer Dienstleistung hergestellte Wechselunterschrift als nicht A. 32.

rechtsverbindlich im Hinblick auf § 126 Abs. 1 BGB. – Über Schreiben mit fremder Beihilfe s. Art. 94.

A. 33. ε) Die Grundsätze zu α–δ gelten auch für andere verpflichtende Wechselzeichnungen: das Indossament, Akzept, die Avalverpflichtung.

A. 34. e) Unrichtigkeit der Unterschrift (über Fälschungen vgl. Art. 75, 76). Divergenzen zwischen Unterschrift und Wirklichkeit berühren die Gültigkeit des Wechsels nicht. Irgend ein Name als Unterschrift des Ausstellers genügt (ROH. 23, 51: „Die Fr. Schmetzerschen Erben", weil dies eine Firma sein kann). Unwesentliche Abweichungen und Unvollständigkeiten im Namen oder der Firma schaden nicht (ROH. 18, 418; z. B. „Dux-Bodenbacher Eisenbahn" statt „Kaiserlich Königlich privilegierte Dux usw."). Vorname ist nicht erforderlich. Der Familienname muß direkt aus der Unterschrift zweifellos hervorgehen (ROH. 11, 213: die beim Akzeptvermerk: „Selig Fuchs & Sohn Benno" gegen Benno Fuchs angestrengte Klage wurde abgewiesen). Im übrigen sind die Ausführungen über die Bezeichnungen des Remittenten analog hier anwendbar (vgl. zu 3).

A. 35. f) Zusätze zur Unterschrift: „als Bürge", „als Zeuge" machen die Wechselunterschrift ungültig (RG. 10, 1 ff.). Der Zusatz „als Selbstschuldner" ist unschädlich (RG. 30, 25), ebenso „Angenommen" (RG. 46, 48); „ohne Gewähr", „ohne Obligo" macht als Zusatz den Wechsel nichtig. Vgl. Art. 8[6].

A. 36. g) Die Durchstreichung der Ausstellerunterschrift tilgt die Existenz des Wechsels, selbst wenn sie durch Zufall, aus Versehen oder widerrechtlich erfolgt ist (ROH. 19, 271. Vgl. Art. 75, 76[9]). Die Durchstreichung einer Ausstellerunterschrift hebt die Gültigkeit der unversehrt gebliebenen Unterschrift eines zweiten Ausstellers nicht auf (ROH. 18, 367).

Zu 6. Ort und Zeit der Ausstellung. Wechseldatum. A. 37.

Das Fehlen des Ausstellungsdatums kann nicht durch das Datum des Akzeptes ersetzt werden.

a) **Ortsangabe.** Es muß eine Ortschaft, d. h. eine wirklich existierende politische Gemeinde angegeben sein. Ungenauigkeiten schaden nichts. Die Ortsangabe „Königsberg" z. B. genügt trotz der Existenz verschiedener Orte dieses Namens (ROH. 9, 192; s. a. A. 45). Dagegen macht die Angabe nur einer Straße ohne Hinzufügung der Stadt den Wechsel ungültig.

b) **Zeitangabe.** A. 38.

Ein bestimmter Monatstag und ein bestimmtes Jahr müssen angegeben sein. Auch Angabe des Monats in Ziffern (4. 5. 99) ist zulässig. Johanni 1894, Neujahr 1895 genügen, da Tag und Monat bestimmt sind (dagegen Staub § 39). Ein unzulässiges Datum ist: Markt oder Messe 1895 (vgl. im übrigen wegen Unbestimmtheit, Unmöglichkeit der Zeitangabe usw. die A. 19).

c) Orts- und Zeitangabe brauchen der Wirklichkeit nicht zu entsprechen, denn sie sind als Willenserklärungen, nicht als Tatsachen aufzufassen. Der Einwand der Unrichtigkeit des Wechseldatums ist daher unerheblich (RG. 32, 117). Dagegen ist es für die Erfordernisse des Wechsels erheblich, ob der tatsächliche Ausstellungsort im Ausland sich befindet (vgl. Art. 85 2). A. 39.

Über das Recht, das örtlich und zeitlich hinsichtlich der Wechselfähigkeit entscheidet, s. Art. 1 2, 3 und Art. 84 1 ff.

d) Aus einer Urkunde, die mehrere verschiedene Orte und Zeiten der Ausstellung enthält, entsteht keine Wechselverpflichtung. RG. 11, 165. A. 40.

e) Der Ort, von dem ein gezogener Wechsel datiert ist, gilt wechselrechtlich nicht als Wohnort des Ausstellers (RG. 25, 59); für den eigenen Wechsel s. Art. 97. A. 40a.

A. 41. **Zu 7. Name oder Firma des Bezogenen: Die Adresse.**

a) **Platz** der Adresse: gleichgültig, ob der Bezogene am unteren Ende links, gewöhnliche Stelle der Adresse, oder über dem Wechsel oder im Wechselkontext bezeichnet wird. Jedenfalls muß die Adresse auf der Vorderseite stehen (nicht mehr, wie ursprünglich, auf der Rückseite).

A. 42. b) **Form** der Adresse: „Herrn Albert Müller". Doch ist auch gültig der Ausdruck: „Gegen diesen Wechsel zahlt Albert Müller 500 M.", oder „Albert Müller wird beauftragt, gegen diesen Wechsel 500 M., zu zahlen".

A. 43. c) **Inhalt** der Adresse: Name oder Firma. Daher nicht genügend die Wechseladresse „Herren les directeurs du club de la noblesse in N.N." (ROH. 20, 85); ebensowenig an die „Tiroler Kohlengesellschaft Koessen in Groß-Lichterfelde bei Berlin", da diese Angabe weder einen persönlichen Namen noch eine zulässige Firma enthält, (RG. 63, 380). Es gilt das gleiche, was für den Namen oder Firma des Remittenten und Ausstellers gesagt ist (s. A. 11 u. 29). Wohnort ist nur erforderlich, wenn kein Zahlungsort angegeben (s. Nr. 8), und beim Domizilwechsel (s. Art. 24). Unerheblich ist, ob der Bezogene existiert. Kellerwechsel, bei denen nicht existierende Personen als Bezogene figurieren, sind gültig (vgl. auch Art. 75, 76[5]; ZHR. 29, 206).

Irrtümer, Undeutlichkeiten und Ungenauigkeiten werden, wenn sie die Identität des Bezogenen und des Akzeptanten in Frage stellen, erheblich: eine Verschiedenheit in der Angabe des Vornamens braucht diese Identität nicht zu beseitigen (ROH. 3, 271; RG. 14, 19. Vgl. noch A. 15 u. 34).

A. 44. Ein auf mehrere gezogener Wechsel ist gültig: überzeugend dargelegt in der Plen.-Entsch. des RG. 46, 132, die sich gegen die Ansicht des II. Senats in RG. 43, 87ff. wendet. Unzulässig kann jedoch die Benennung mehrerer Bezogenen, weil mit anderen Bestimmungen des Art. 4 in Widerspruch stehend, sein, z. B. bei mehreren alternativ oder sukzessiv Bezogenen, ferner bei Sichtwechseln und in den Fällen, wo die Bezogenen verschiedene Wohnorte haben und kein einheitliches Domizil bestimmt ist.

Aussteller und Bezogener können dieselbe Person sein (vgl. Art. 6 Abs. 2: trassiert-eigener Wechsel).

Zu 8. Zahlungsort.

a) Ort = Ortschaft (ROH. 9, 262; RG. 32, 113, s. a. oben A. 37). Der Zahlungsort muß aus dem Wechsel erhellen. Eine bestimmte Stelle für seine Angabe ist nicht vorgeschrieben; im Kontext oder in einem besonderen Vermerke kann der Zahlungsort angegeben sein (ROH. 22, 405). Bei gleichnamigen Orten (z. B. Frankfurt) ist Angabe des Unterscheidungszeichens nicht erforderlich; als gewollter Zahlungsort gilt unter gleichnamigen in der Regel der Ort, an dem der Inhaber präsentiert und Protest erheben läßt. Gegenbeweis ist unstatthaft, abgesehen von dolosem Verhalten des Inhabers, wenn dieser z. B. an einem anderen als an dem, auch ihm erkennbar, vom Aussteller gewollten Ort präsentiert (ROH. 9, 194 u. 197). A. 45.

b) Mehrere Zahlungsorte in demselben Wechsel, kumulativ oder alternativ („zahlbar beim Aussteller oder der Realkreditbank in Berlin") angegeben, machen ihn ungültig (ROH. 9, 194; RG. 25, 61); das ist auch durch die Protestnovelle nicht geändert (vgl. A. 47 Abs. 3; s. Art. 24⁹ über mehrere Domiziliaten). Die Klausel „zahlbar hier und allerorten" oder „zahlbar allerorten" ist (auch beim eigenen Wechsel) unschädlich, wenn sie einem bestimmten Zahlungsort hinzugefügt wird, weil sie dann nur die prozessuale Bedeutung hat, daß der Aussteller sich der Klage an jedem beliebigen Ort unterwirft (ROH. 4, 261 ff. und 387; ob auch genügend nach § 38 A. 46.

ZPO.?). Dagegen ersetzt diese Klausel die Angabe des Zahlungsorts nicht. — Bei folgender Adresse:

„Herrn M. N.
140 Hauptstraße Schöneberg,
Berlin"

hat das LG. I Berlin (KGBl. 03, 95) angenommen, das Aussehen des Wechsels — dieses ist entscheidend, und nicht die Willensmeinung des Ausstellers — spreche für Berlin als Zahlungsort. (Bedenklich.)

A. 47. c) Der Adreßort gilt als Wechselzahlungsort und wechselmäßiger Wohnort des Bezogenen (für Präsentation, Notifikation usw.), ohne Unterschied, ob der Adreßort der wirkliche bürgerliche Wohnort des Bezogenen war oder ist (ROH. 14, 119).

A. 47a. d) Auf den Art. 4 Nr. 8 ist die Protestnovelle ohne Einfluß geblieben. Es gibt nur einen Zahlungsort im Sinne der Zahlungsortschaft. Die Vorschrift des Art. 91a erklärt nur eine in dem Geschäftslokal oder in der Wohnung eines Beteiligten vorgenommene Handlung auch dann für gültig, wenn anstatt des Ortes (Ortschaft), wo Geschäftslokal oder Wohnung liegen, ein (vom Bundesrat bestimmter) benachbarter Ort in dem Wechsel angegeben ist, z. B. an Stelle von Schöneberg Nollendorfstr. 20, im Wechsel Berlin Nollendorfstr. 20 genannt ist. Hier konnte nach der früher herrschenden Meinung der Protest nicht in dem wirklichen Geschäftslokal zu Schöneberg aufgenommen werden, sondern nur Windprotest in Berlin. Das RG. (32, 110) erklärte den Protest in Schöneberg auch für gültig. Die Novelle folgt der Meinung des RG. (vgl. auch 60, 430). — Über die Möglichkeit, mit beiderseitigem Einverständnis auch in anderen Fällen die bei einem Beteiligten vorzunehmenden Handlungen auch an einem Orte erfolgen zu lassen, der dem im Wechsel angegebenen Orte benachbart ist, vgl. Art. 91a Abs. 1 Satz 2 und die Erläuterungen dazu.

e) **Ist ein Ort in mehrere Gerichtsbezirke geteilt** (z. B. Berlin seit der am 1. Juni 06 in Kraft getretenen Gerichtsorganisation), dann ist für Wechselklagen jedes Gericht zuständig, zu dem dieser Ort oder ein Teil dieses Ortes gehört. Entgegengesetzter Meinung sind das KG. und das RG. (Urteil des RG. vom 9. Dez. 07 in KGBl. 08, 13 ff.). Beide Gerichte nehmen an, der allgemeine Gerichtsstand des Beklagten sowohl, wie der Gerichtsstand des Erfüllungsorts für die von ihm geschuldete Leistung sei bei demjenigen der drei Landgerichtsbezirke in Berlin begründet, in dessen Bezirk der Beklagte seinen Wohnsitz, seine ständige Niederlassung hat und (§ 269 BGB.) zur Zeit der Entstehung des Schuldverhältnisses hatte (näheres: Staub-Stranz A. 48 a). A. 47 b.

f) Der Zahlungsort kann nur vom A u s s t e l l e r, nicht vom Akzeptanten, Remittenten oder Indossatar bestimmt werden (ROH. 9, 261). A. 48.

g) Ist weder ein Zahlungsort noch ein Adreßort vorhanden, so ist der Wechsel nichtig. Der Ausstellungsort der Tratte gilt nicht als Zahlungsort. Über domizilierte Wechsel s. Art. 24. A. 49.

B. Weitere Erfordernisse der Tratte nach allgemeinen Grundsätzen.

1. Die Bezeichnung als Wechsel muß im K o n t e x t und im Z u s a m m e n h a n g d e s W e c h s e l s a t z e s ausgesprochen sein; a. M. Staub §§ 52, 53. Ferner muß aus dem Zusammenhang die Verpflichtungsklausel (meist „zahlen Sie") sich ergeben. A. 50.

2. Der Wechsel muß sich auch ä u ß e r l i c h als schriftliche Urkunde darstellen; ein auf einer Haustür geschriebener Wechsel ist kein Wechsel. Sonst ist es unerheblich, ob die Wechselurkunde aus Papier, Pergament oder einem sonstigen Stoffe besteht, ferner ob Tinte oder Bleistift benutzt ist. Ebenso ist es unerheblich, ob eine lebende oder tote Sprache oder deren Schriftzeichen ge- A. 51.

braucht sind. Der Wechsel braucht nicht geschrieben zu sein. In der Regel werden Teile seines Inhalts durch mechanische Vervielfältigung: Stich, Druck, Lithographie hergestellt. Ein stenographisch geschriebener Wechsel ist gültig (a. M. Grünhut § 10). Die verpflichtenden Unterschriften müssen in allen Fällen geschrieben sein.

Bleistiftzusätze auf einem vollständigen, mit dauerhaften Schriftzeichen hergestellten Wechsel (z. B. der Bleistiftvermerk „Lankwitz" hinter der mit Tinte geschriebenen Adresse: „Herrn A. L. in Gr.-Lichterfelde, Luisenstr. 23") bezwecken einer Vermutung nach keine Abänderung des Wechselinhalts, sind vielmehr im Zweifel unverbindliche Notizen (JW. 05, 404[33]).

C. Zusätze zum Wechsel.

A. 52. 1. Unschädliche: Die Bezeichnung als Prima-, Sekunda-, Tertiawechsel, die Protesterlaßklausel, die Avisklausel (laut Bericht, ohne Bericht), die Valutaklausel (Wert erhalten, ROH. 18, 39).

A. 53. 2. Zusätze, die als nicht geschrieben gelten: Zinsversprechen, Übernahme der Haftung für Stempel, Stempelstrafen und Kosten (ROH. 6, 364). Ebenso macht ein Zusatz, wonach der Wechselverjährung entsagt wird, den Wechsel nicht formell ungültig (ROH. a. a. O.), wenn auch die Entsagung nach § 225 BGB. unwirksam ist.

A. 54. 3. Zusätze, die den Wechsel nichtig machen: solche, die gegen das Wesen des Wechsels verstoßen, z. B. „zahlen Sie gegen diesen Wechsel laut Vertrag" (vgl. ROH. 21, 169 u. 170). Der beim Scheck zulässige Vermerk „Nur zur Verrechnung" würde den Wechsel nichtig machen.

Näheres über Zusätze vgl. bei Staub-Stranz A. 55 bis 69.

A. 55. **D. Fremde Rechte.** Vgl. Späing 15 ff. Erwähnt mag werden, daß nach engl. und franz. Recht die Bezeichnung als Wechsel nicht erforderlich ist. Das im

Art. 4 Nr. 1 für fremdsprachige Wechsel vorgesehene Erfordernis bezieht sich nur auf im Inlande ausgestellte Wechsel (Bolze 8 Nr. 17; Art. 85[1]). Das Bekenntnis der empfangenen Valuta ist in Frankreich (nicht in Belgien), Rußland, Polen, Holland, Spanien erforderlich. Die englische Wechselordnung gestattet Wechsel au porteur.

Art. 5. Ist die zu zahlende Geldsumme (Artikel 4 Nr. 2) in Buchstaben und in Ziffern ausgedrückt, so gilt bei Abweichungen die in Buchstaben ausgedrückte Summe.

Ist die Summe mehrmals mit Buchstaben oder mehrmals mit Ziffern geschrieben, so gilt bei Abweichungen die geringere Summe.

1. Die Auslegungsvorschrift des Abs. 1 betrifft nicht das Hauptwort, das die Geldsorte bezeichnet, sondern das Zahlwort der Geldsumme. Enthält also der Wechsel über die Geldsorte, worin die Wechselsumme ausgedrückt ist, verschiedene Angaben (z. B. in der Überschrift: „746 Mark", im Kontext: „siebenhundertsechsundvierzig Pfennige"), so ist der Wechsel wegen Unbestimmtheit der Wechselsumme ungültig. Diese Unbestimmtheit wird auch nicht durch eine neben dem Wechsel errichtete Urkunde beseitigt (ROH. 20, 160). A. 1.

Verschiedenheiten in der Währungsart, z. B. Rubel und Mark, machen den Wechsel ungültig, weil dadurch die Bestimmtheit bezüglich der Wechselsumme verloren geht.

2. Die Auslegungsvorschrift des Abs. 2 ist auch entscheidend, wenn die Wechselsumme mehrmals mit Buchstaben und mehrmals mit Ziffern geschrieben ist. Die geringere Summe gilt. A. 2.

3. Art. 5 bezieht sich auch auf eigene Wechsel (Art. 98 Nr. 1). A. 3.

Art. 6. Der Aussteller kann sich selbst als Remittenten (Artikel 4 Nr. 3) bezeichnen (Wechsel an eigene Order).

Desgleichen kann der Aussteller sich selbst als Bezogenen (Artikel 4 Nr. 7) bezeichnen, sofern die Zahlung an einem anderen Orte als dem der Ausstellung geschehen soll (trassiert-eigene Wechsel).

A. 1. **1. (Absatz 1.) Wechsel an eigene Order (häufigste Form des Wechsels).**

a) Trassant und Remittent sind identisch. Formeln: Zahlen Sie an meine Order, an Order eigene, an Order meines Giro, von mir selbst, an mich selbst. Ungültige Formeln sind: an Order, an Order von . . . selbst, von selbst (vgl. Art. 4[15]). Identität der Namen schafft nur dann den Wechsel an eigene Order, falls Identität der Personen vorliegt.

A. 2. b) Der Wechsel an eigene Order ist ein fertiger Wechsel schon im Moment der Ausstellung, nicht erst durch Beifügung des ersten Indossaments. Der Akzeptant eines solchen Wechsels haftet daher dem Aussteller, auch wenn dieser den Wechsel nicht begeben hat (RG. 18, 113). Das erste Indossament darf ein Blanko-Indossament sein (Gruchot 34, 1217).

A. 3. c) Der Aussteller haftet auch hier wechselmäßig (Art. 8). Der Zusatz „ohne Obligo" zum Ausstellervermerk macht den Wechsel nichtig, a. M. das RG. (näheres Art. 8[6]). Macht der Aussteller den Zusatz zu seinem Indossament, so haftet er als Aussteller, nicht aber als Indossant (RG. 18, 113; s. auch Art. 14[2]).

A. 4. **(Absatz 2). 2. Trassiert-eigener Wechsel: Kommanditwechsel.**

a) Aussteller und Trassat sind identisch. Ausstellungsort und Zahlungsort müssen dagegen verschieden sein. Gebräuchlich wurde und ist diese Form im Geschäftsverkehr, um von der Hauptniederlassung auf die an einem anderen Ort befindliche Zweigniederlassung Wechsel zu ziehen.

b) Wann liegt distantia loci vor? Die Orte müssen verschieden sein. Ort gleich Ortschaft (Art. 4[45]); auch nach der Protestnovelle (Art. 4[47a]). A. 5.

c) Der Aussteller muß sich selbst als Bezogenen im Wechsel erkennbar bezeichnen. Beispiel: Berlin, . . . Gegen diesen Wechsel zahlen Sie an Order von Schwarz 100 Mark. A. 6.

Müller & Co.

An uns selbst in Berlin
zahlbar bei Müller & Co., Breslau.

Bloße Identität der Namen, auch reale Identität des Ausstellers und des Bezogenen, macht hier den Wechsel nicht zum trassiert eigenen, wenn nicht die Identität aus dem Wechsel selbst deutlich hervorgeht, in ihm selber erklärt ist (ROH. 18, 140; JW. 01, 82[11]).

d) Zur Erhaltung des Wechselrechts gegen den Trassanten ist Protest am Zahlungsort beim Trassaten erforderlich, da der trassiert-eigene Wechsel den Regeln der gewöhnlichen Tratte folgt (ROH. 19, 203). A. 7.

3. Remittent und Trassat dürfen nicht identisch sein (RG. 19, 93 ff.; a. M. Lehmann § 92). Jedoch kann der trassiert-eigene Wechsel an eigene Order ausgestellt werden (ROH. 7, 194), weil durch die distantia loci Verschiedenheit zwischen der Rechtspersönlichkeit des Trassanten und Trassaten verbürgt wird. A. 8.

Art. 7. Aus einer Schrift, welcher eines der wesentlichen Erfordernisse eines Wechsels (Artikel 4) fehlt, entsteht keine wechselmäßige Verbindlichkeit. Auch haben die auf eine solche Schrift gesetzten Erklärungen (Indossament, Akzept, Aval) keine Wechsel-

kraft. Das in einem Wechsel enthaltene Zinsversprechen gilt als nicht geschrieben.

A. 1. 1. Der Art. 7 gilt auch für eigene Wechsel (Art. 95). Satz 1 und 2.

A. 2. 2. Beide Sätze, der erste für den Grundwechsel, der zweite für alle anderen Wechselskripturakte, sprechen die sinngemäße Folge des Fehlens eines in Gemäßheit des Art. 4 wesentlichen Erfordernisses aus: der Grundwechsel und die auf einen solchen gesetzten übrigen Wechselerklärungen sind ungültig (unvollständige Wechsel). Das Akzept z. B. oder der Aval auf einer mit der Unterschrift des Ausstellers nicht versehenen Tratte haben keine Wechselkraft (ROH. 17, 232). Die aus Art. 7 sich herleitende Einrede ist eine absolute (Art. 82[8]).

A. 3. 3. Ein Erfordernis fehlt, sei es, daß

a) der Wechsel aus Irrtum, oder

b) aus Absicht unvollständig gelassen ist (RG. 32, 70), oder

c) daß ein vorhanden gewesener wesentlicher Bestandteil äußerlich und dauernd entfernt wird (vgl. im übrigen über die Einwirkung von Rasuren, Streichungen, Korrekturen — vitiose Wechsel — Art. 75, 76 A. zu II).

A. 4. 4. Der Art. 7 bezieht sich nur auf unvollständige Wechsel, deren Vervollständigung nicht beabsichtigt wird (RG. 32, 70), dagegen nicht auf die sogenannten Blankowechsel, die zur Vervollständigung bestimmt sind; letztere sind gültig (Art. 82[44] ff.).

A. 5. 5. Fälschung eines wesentlichen Teiles des Wechsels steht der Haftung aus den echten Unterschriften nicht entgegen (vgl. Art. 75, 76[1]).

A. 6. 6. Über die Bedeutung einer als Wechsel ungültigen Urkunde als Anweisung oder Schuldschein s. Art. 83[6].

A. 7. 7. Satz 3. Das Zinsversprechen im Wechsel gilt pro non scripto. Ebenso zusätzliche Versprechungen

(Versprechen einer Provision), welche die übrigen Wechselerklärungen nicht aufheben oder unsicher machen (ROH. 6, 364; RG. 20, 184). Über andere Zusätze Art. 4[52] ff.

8. **Fremde Rechte.** In Österreich macht das Zinsversprechen den Wechsel ungültig. Das englische Recht läßt das Zinsversprechen zu, ebenso das franz. und belgische (Späing 34). — Vgl. noch Meyer 35 ff. A. 8.

II. Verpflichtungen des Ausstellers.

Art. 8. Der Aussteller eines Wechsels haftet für dessen Annahme und Zahlung wechselmäßig.

1. Über die Ausstellerunterschrift als Voraussetzung der Tratte vgl. Art. 4 Nr. 5[27] ff. A. 1.

2. **Beginn der Ausstellerhaftung.** Er ist von der Theorie verschiedenfach bestimmt: A. 2.

a) Die **Kreations-Theorie** (Theorie des einseitigen Aktes) läßt die Aussteller-Verpflichtung mit der bloßen Unterschrift, der einseitigen Willenserklärung, ins Leben treten (Kuntze in Endemanns Handbuch § 14).

b) Die **Redlichkeitstheorie** nimmt ihren Ausgangspunkt von der Theorie zu a mit der Maßgabe, daß die Bedingung der Wirksamkeit des einseitigen Schriftaktes die Redlichkeit des Erwerbes der Urkunde sei. Hauptvertreter dieser Theorie ist Grünhut (Hdbch. I S. 274 und im Lehrbuch § 6). A. 3.

c) Die **Vertrags-, Begebungs-Theorie** läßt die Verpflichtung erst durch die in der Absicht der Wechselhaftung erfolgte Begebung des Wechsels, durch Abschluß des Wechselvertrages (pactum cambii im Gegensatz zum pactum de cambiando, dem vorbereitenden Wechselschluß) entstehen (so Thöl §§ 54—61, 116; Goldschmidt in ZHR. 23, 306; 28, 124 u. 597; RG. 5, 83; 14, 22; 23, 24; ähnlich auch ROH. 19 S. 31, 33). A. 4.

d) Die **Aushändigungs- oder Zirkulations-Theorie** nimmt einen vermittelnden Standpunkt ein. Nach ihr entsteht A. 5.

die Ausstellerverbindlichkeit mit der Unterschrift des Ausstellers, vorausgesetzt, daß die Aushändigung des Wechsels erfolgt oder daß der Wechsel in die Hände eines gutgläubigen Dritten gelangt ist (so anscheinend Rehbein Art. 8[2]).

A. 6. Die **Vertragstheorie** wird, als der Rechtslogik und den Erfordernissen des Wechselverkehrs am meisten entsprechend (vgl. Art. 82[16ff.]), zu akzeptieren sein. Die gleichen Theorien kommen auch für die Entstehung der Indossament- und der Akzeptverbindlichkeit, sowie der Wechselobligation beim Blankett in Betracht (vgl. Art. 9[6]; Art. 21[1]; Art. 82[44, 46]).

Fehlt es an einem Begebungsvertrage, so kann der Mangel gegen jeden Wechselkläger, auch gegen den gutgläubigen Dritten vorgeschützt werden. (Näheres Art. 82[16ff.]; vgl. auch Art. 9[6]).

A. 7. **3. Inhalt und Umfang der Ausstellerhaftung.**

a) Sie ist eine **primäre**, unmittelbare, unabhängig davon, daß der Bezogene akzeptiert. Ausschließung der Ausstellerhaftung durch die Worte „ohne Obligo", „ohne Gewähr" usw. macht die Tratte (auch den eigenen Wechsel) ungültig (vgl. Grünhut § 32 S. 123; entgegengesetzter Ansicht RG. 37, 145; bei Gruchot 40, 840; Rehbein S. 40 und gegen seine frühere Meinung auch Staub 4. Aufl. Art. 4 § 67). — Über den Wechsel an eigene Order s. Art. 6[3]. — Ausschluß der Ausstellerhaftung kann außerhalb des Wechsels vereinbart werden und begründet eine exceptio in personam (ROH. 1, 100).

A. 8. b) Der Aussteller haftet dem Remittenten und allen Nachmännern desselben primär dafür, daß der **Trassat annimmt und bezogenermaßen Zahlung leistet** (**Regreßschuld**, Art. 25[1]). Er verspricht Zahlung für den Fall, daß der Bezogene nicht nach dem Inhalt der Tratte erfüllt. Dies gilt namentlich auch vom Fälligkeitstermin (RG. 36, 128). Aus dem primären Charakter der Ausstellerhaftung folgt, daß sie nicht etwa erst mit der Nichterfüllung seitens des Akzeptanten anfängt, vielmehr hört sie mit der Zahlung seitens des Akzeptanten auf. Die von dem Aussteller eines gezogenen Wechsels vor dem Verfalltage vorgenommene Einlösung des Wechsels ist daher nicht als unentgeltliche Verfügung des Ausstellers nach § 32 KO. anfechtbar (RG. 50, 134 ff.). Die Haftung des Ausstellers gegenüber dem Wechselinhaber ist neben derjenigen der anderen Wechselverpflichteten eine gesamtschuldnerische (Näheres Art. 81 14).

Über das Verhältnis zwischen dem Aussteller zu anderen Wechselverpflichteten ebendort A. 15. — Über die Rechte des Gläubigers im Konkurse Art. 81 16. — Über die Zulässigkeit der Konkurskompensation §§ 54, 55 KO. und ROH. 24, 1.

c) Bei mehreren Ausstellern bestehen so viele selbständige Wechselverpflichtungen, als wechselmäßige Skripturakte bestehen. Das aus dieser Mehrheit von Wechselverpflichtungen sich ergebende Gesamtschuldverhältnis ist, weil auf selbständigen Rechtsgründen ruhend, kein Korrealverhältnis, sondern ein Solidarverhältnis im Sinne des gemeinrechtlichen Sprachgebrauchs. Dies gilt auch hinsichtlich der mehreren Mitzeichner sonstiger Wechselerklärungen (RG. 51, 25). — Über ihr Verhältnis untereinander RG. 51, 23 ff. (vgl. Art. 81 15). A. 9.

4. Die Wechselfähigkeit des Ausstellers (Art. 1) richtet sich nach der Zeit der Begebung, nicht der Ausstellung des Wechsels (ROH. 3, 179). A. 10

5. Der Aussteller kann den Auftrag, zu akzeptieren und zu zahlen, bis zur Akzeptation zurückziehen. A. 11

III. Indossament.

Art. 9. **Der Remittent kann den Wechsel an einen anderen durch Indossament (Giro) übertragen.**

Hat jedoch der Aussteller die Übertragung im Wechsel durch die Worte „nicht an Order" oder

durch einen gleichbedeutenden Ausdruck untersagt, so hat das Indossament keine wechselrechtliche Wirkung.

I. Der indossable Wechsel.

A. 1. 1. Die Vorschriften über das Indossament (Art. 9 bis 17) gelten auch für den eigenen Wechsel.

A. 2. 2. **Natur des Indossaments.** Das Indossament (Giro) ist eine schriftliche auf den Wechsel (Kopie oder Allonge) gesetzte Erklärung, durch welche der Wechselgläubiger — Indossant — an seine Stelle einen neuen Wechselgläubiger, den Indossatar, treten läßt; ein Indossament auf den Indossanten ist unwirksam. Das Indossament bewirkt — in aktiver Richtung — die Übertragung des Wechselrechts und zwar in der Weise, daß der Indossant nicht seine Rechte, sondern **das Recht aus dem Wechsel** nach Maßgabe des Inhalts der Wechselurkunde als originäres, nicht vom Indossatar abgeleitetes Recht überträgt. Zugleich tritt der Indossant — passive Wirkung des Indossaments — durch seine Unterschrift in den Kreis der Wechselverpflichteten ein (s. Art. 14).

A. 3. 3. **Indossieren kann:** der Remittent, auch im Falle des Wechsels an eigene Order (Art. 6 Abs. 1), und jeder Indossatar (Art. 10).

A. 4. 4. **Platz des Indossaments.** Seinen Namen hat das Indossament dadurch erlangt, daß es ursprünglich auf der Rückseite des Papiers stand (in dorso). Das ist aber jetzt nicht mehr notwendig, vielmehr kann es jetzt auch auf der Vorderseite stehen (Art. 11), wenn es sich nur durch klare Zusätze (z. B. indossiert für mich an . . .) als Indossament zu erkennen gibt (OTr. 27, 439). Über den Platz des Blankoindossaments s. Art. 12.

A. 5. 5. **Form des Indossaments.** Das Indossament ist ein Schriftakt. Es gibt ebensowenig ein mündliches Indossament wie einen mündlichen Wechsel. Als Formeln sind üblich: „für mich an die Order des Herrn Otto

Müller", oder „an die Order des Herrn Otto Müller", oder „an Herrn Otto Müller"; die häufige Valutaklausel ist überflüssig. Bezüglich der Unterschrift des Indossanten gilt das gleiche, wie für die Unterschrift des Ausstellers (s. Art. 4 27 ff.). Für die Abgabe eines Indossaments seitens einer preußischen Landgemeinde sind, da für die Form der Wechselerklärungen die Vorschriften der WO. gelten, nicht die Bestimmungen im § 88 der LdGemO. v. 3. Juli 91 maßgebend, sondern es genügt die Unterschrift des Gemeindevorstehers (ohne Schöffen; RG. 50, 23 ff.).

Eine Datierung des Indossaments ist nicht notwendig; eine unrichtige Datierung ist ebenso unschädlich, wie ein unmögliches Datum. Eine Abkürzung der Firma oder des Namens des Indossatars macht das Indossament nicht unwirksam, ebensowenig unwesentliche Abweichungen vom Namen des Klägers, wenn nur die Identität dadurch nicht in Frage gestellt ist.

6. **Die Wirksamkeit des Indossaments** tritt nicht etwa schon durch die bloße Unterschrift ein, obwohl der Wortlaut des Abs. 1 einer solchen Vermutung Raum geben könnte. Vielmehr muß (ähnlich wie bei der Ausstellerunterschrift, s. Art. 8 2—6) zur Übertragung des Wechsels noch der **Begebungsvertrag** hinzukommen. Das Indossament wird erst durch die Aushändigung des Wechsels auf Grund eines Vertrages über Geben und Nehmen wirksam (ROH. 25, 66; — RG. 5, 82; 35, 76; 2, 89). Fehlt es an einem Begebungsvertrage, z. B. wenn ein mit einem Blankogiro versehener Wechsel gestohlen wird, oder ist derselbe nichtig (RG. 35, 77), so kann der Mangel des Begebungsvertrages gegen jeden Wechselkläger, auch den gutgläubigen Dritten, in dessen Hände der Wechsel gelangt ist, vorgeschützt werden. Näheres s. bei Art. 82 18 ff.; a. M. bezüglich des gutgläubigen Dritten Rehbein-Mansfeld A. 1 und Staub 4. Aufl § 3. A. 6.

A. 7. **7. Teilindossament**, d. h. Übertragung eines Teiles der Wechselsumme an den Indossatar, während der Rest dem Indossanten verbleibt, oder Übertragung von Teilen der Wechselsumme an mehrere verschiedene Personen ist unzulässig (RG. 11, 148; 41, 115). Zulässig ist dagegen die Übertragung des noch validierenden Restbetrages. — Über die Wirkung eines Vollindossaments, welches erteilt ist, damit der Indossatar einen Teil der Wechselsumme für eigene Rechnung, den anderen Teil für Rechnung des Indossanten beitreibe, s. die nicht unbedenkliche Entsch. RG. 41, 114.

A. 8. 8. Indossament des gesamten Wechsels an mehrere ist zulässig (Staub-Stranz A. 5).

II. Rektawechsel.

A. 9. 1. Wirkung.

a) Der Vermerk: „nicht an Order" nimmt dem Indossament seine wechselrechtliche Wirkung, wenn er vom Aussteller herrührt. Durch einen solchen Vermerk des Ausstellers, negative Orderklausel, wird der Wechsel zum Rektawechsel. Der Wechsel wird endgültig nicht indossabel. Setzt der Remittent trotzdem ein Indossament auf den Wechsel, so hat dies keine wechselrechtliche Wirkung, ebensowenig weitere Indossamente. Jedoch kann dieses wechselrechtlich unwirksame Indossament als Anweisung (Thöl § 123), als Zession (Bernstein S. 78) oder als Vollmacht zivilrechtlich Geltung behalten.

Eine Begebung des Rektawechsels durch Prokuraindossament ist zulässig.

A. 10. b) Auch der Indossant kann seinem Indossament die negative Orderklausel beifügen: Rektaindossament (s. Art. 15).

A. 11. 2. **Platz.** Der Vermerk muß im Wechsel selbst stehen, d. h. im Kontexte desselben (ROH. 2, 408). Findet sich der Rektavermerk auf der Rückseite des Wechsels, so ist ihm die Wirkung versagt (ROH. 2, 409; a. M. Staub, 4. Aufl. § 7).

3. **Form.** Außer dem Ausdruck „nicht an Order" A. 12.
können gleichbedeutende: „ohne Giro", „ohne Abtretung", „nur an Herrn ...." gewählt werden. Dagegen ist weder die Beifügung von „selbst" zum Namen des Remittenten, noch das Durchstreichen der Worte „an Order" oder die Bezeichnung „Depotwechsel", „Kautionswechsel", „zum Depot bestimmt" ausreichend; diese Bezeichnungen hindern die Indossierung nicht (ROH. 6, 437; 13, 236 und 412; 17, 281).

Über den Kautionswechsel vgl. Art. 82[39].

4. Das mündliche oder außerhalb des Wechsels schriftlich erteilte **Versprechen**, den Wechsel nicht zu indossieren, kann inter partes die Einrede wegen vertragswidriger Begebung begründen (Grünhut § 40[5]). A. 13.

5. Fügt der **Akzeptant** den Vermerk: „nicht an Order" seinem Akzept bei, so liegt darin nur eine Beschränkung des Akzepts, die für den Umfang der Haftbarkeit des Akzeptanten bestimmend ist. Er haftet dem Indossatar nicht (ROH. 14, 61). A. 14.

III. Andere Übertragungsarten des Wechsels.

1. **Die Abtretung.** Während das Indossament das Recht aus dem Wechsel mit wechselrechtlicher Wirkung überträgt, wird durch Zession nur das persönliche Recht des Wechselgläubigers ohne wechselrechtliche Wirkung übertragen (RG. 3, 329; 33, 144). Der Zessionar ist bloßer Rechtsnachfolger des Zedenten, er hat nicht mehr und nicht weniger Rechte. Dem Zessionar können daher, abweichend vom Art. 82, alle Einwendungen entgegengesetzt werden, die gegen seinen Zedenten zur Zeit der Abtretung bestehen (RG. 33, 147). A. 15.

Die Form, sowie die Rechtswirkungen der Zession richten sich nach bürgerlichem Recht (§§ 398ff. BGB.). Die Zession braucht nicht auf dem Wechsel erklärt zu werden. Auch mündliche Zession ist wirksam. Es kann aber eine Zession des Wechselrechts wirksam nur A. 16.

erfolgen, solange ein Wechselrecht besteht. Zur wirksamen Zession gehört die Übergabe des Wechsels. Ohne den Wechsel hat der Zessionar kein Klagerecht gegen den Wechselschuldner, der nur gegen Aushändigung des Wechsels zu zahlen verpflichtet ist, dagegen ein Recht gegen den Zedenten auf die Auslieferung des Wechsels (ROH. 11, 253; RG. 27, 377; § 402 BGB.).

A. 17. Ist jedoch die Zession dem Wechselschuldner gehörig angezeigt (§ 409 BGB.) oder kennt er sie (§ 407 BGB.), so kann er dem Zedenten nicht ohne Gefahr zahlen, da er weiß, daß ihm die materielle Legitimation fehlt. Der Zessionar kann sogar von dem Schuldner nochmalige Zahlung fordern (RG. 26, 100; 27, 377). — Selbst dem im Besitze von Protest und Wechsel klagenden Zedenten kann der Wechselschuldner entgegenhalten, die Forderung sei nach Protest abgetreten und er sei hiervon benachrichtigt (RG. 26, 99). Der Mangel der Legitimation wird aber durch Rückzession auch im Laufe des Rechtsstreits geheilt, ohne daß dadurch etwa ein neuer unzulässiger Klagegrund, selbst im Wechselprozeß, geschaffen wird.

A. 18. Im Unterschiede zum Indossatar hat der Zessionar die Echtheit der Unterschrift des Zedenten darzulegen; er darf ferner nicht indossieren (dafür aber Bernstein 81), sondern nur weiter zedieren. Eine Teilzession ist ebenso zulässig, wie eine Zession der Rechte gegen nur einen Wechselschuldner; die Zession des Wechselregreßrechts gegen den Aussteller enthält nicht zugleich die Abtretung des Rechts gegen den Akzeptanten (ROH. 9, 64).

Die Artikel 17, 36, 74 sind auf den Zessionar nicht anwendbar.

Über die Kollisionen bei mehrmaligen Übertragungen entscheidet das bürgerliche Recht (§ 408 BGB.), ebenso über die Haftung des Zedenten gegenüber dem Zessionar.

2. Pfändung und Überweisung. Sie richtet sich nach den §§ 831, 835 ZPO. (nicht nach den §§ 821 ff.; RG. 35, 75). Der Pfändungsgläubiger ist auch zum Wechselprozeß berechtigt. Erfolgte bei einem in der Zwangsvollstreckung versteigerten Wechsel die erforderliche Mitwirkung des Vollstreckungsgerichts durch ein örtlich unzuständiges Gericht, so steht dies der Geltendmachung des Wechsels durch den Ersteher nicht entgegen, wenn er in betreff der Zuständigkeit in gutem Glauben war (RG. in JW. 05, 691[15]). A. 19.

3. Bloße Übergabe des Wechsels beim vorhandenen Blankoindossament. Vgl. Art. 12, 13. A. 20.

4. Zahlung der Wechselschuld durch einen Dritten (vgl. §§ 268, 774, 125, 126 BGB.; § 441 HGB.; RG. in JW. 07, 745[16]). A. 20a.

5. Übergang von Todes wegen auf Grund gesetzlicher Erbfolge oder letztwilliger Verfügung. Jedoch begründet das Vermächtnis auf Grund des BGB. (§ 2174) keine Rechtsnachfolge in den vermachten Gegenstand, sondern lediglich den persönlichen Anspruch, vom Beschwerten die Leistung des vermachten Gegenstandes zu fordern. A. 21.

IV. Fremde Rechte (zu Art. 9—15).

In Frankreich muß der Wechsel an Order lauten, um begebbar zu sein. Das Indossament muß datiert sein, auch das Valutabekenntnis enthalten. Nach französischem Wechselrecht enthält der durch Indossament vollzogene Begebungsvertrag zugleich eine stillschweigend vereinbarte Übertragung der zugrunde liegenden Forderung (RG. 65, 359). In England kann die Indossabilität ausgeschlossen werden (Späing 58). A. 22.

Das Blankoindossament ist nach französischem Recht unzulässig (Späing 49).

In Frankreich und Belgien ist die Orderklausel wesentlich für die Gültigkeit des Indossaments. In England nimmt die Hinzufügung der Rektaklausel zu einem Indossament dem Wechsel seine Begebbarkeit.

Art. 10. Durch das Indossament gehen alle Rechte aus dem Wechsel auf den Indossatar über, insbesondere auch die Befugnis, den Wechsel weiter zu indossieren. Auch an den Aussteller, Bezogenen, Akzeptanten oder einen früheren Indossanten kann der Wechsel gültig indossiert und von denselben weiter indossiert werden.

Satz 1.

A. 1. **1. Wirkung des Indossaments zwischen dem Indossatar und dem Wechselschuldner.** Das Indossament überträgt auf den Indossatar **alle Rechte aus dem Wechsel** in der Weise, als ob der Indossatar der erste Nehmer des Wechsels wäre. Das Recht des Indossatars ist ein eigenes, originäres, von der Person des Indossanten unabhängiges. Alle Wechselschuldner sind ihm unmittelbar verpflichtet.

A. 2. **2. Zwischen Indossant und Indossatar** nach innen muß ein gültiger Begebungsvertrag vorliegen. Über die Einreden aus dem mangelnden oder mangelhaften Begebungsvertrage und inwieweit die dem dritten gutgläubigen Erwerber entgegenstehen, vgl. Art. 82 [18] ff. sowie Art. 8 [6] und Art. 9 [6].

A. 3. **3.** Nur ein **ordnungsmäßiges** Indossament, d. h. ein innerhalb des Zusammenhanges der gesamten Indossamentenkette stehendes (Art. 36), ist fähig, das Recht aus dem Wechsel zu übertragen. Ein außer der Reihe befindliches Indossament begründet weder Rechte noch Pflichten. Wechselrechtlich legitimiert ist nur der durch das letzte Indossament v o r der Lücke berechtigte Inhaber. Der Indossant nach der Lücke haftet nicht, auch nicht den Nachmännern (ROH. 15, 168; 18, 139).

A. 4. **4.** Die Wirkungen des Art. 10 werden nur durch das **Eigentums-, das Normalindossament,** wie es diesseits genannt werden soll, erreicht. Bezüglich des Prokura- und Inkasso-Indossaments siehe Art. 17.

5. Die Rechte aus dem Wechsel gehen über, daher A. 5.
nicht: a) Das Recht des Ausstellers auf die beim Trassaten
befindliche Deckung, wenn der Trassat nicht akzeptiert
oder dessen Verbindlichkeit erloschen ist (ROH. 18, 189;
19, 170; — RG. 39, 371).

b) Rechte aus einer Bürgschaft. Durch besondere A. 6.
Zession kann der indossierende Wechselgläubiger die Rechte
aus der Bürgschaft abtreten. Der § 401 BGB. zessiert
beim Indossament (RG. 41, 171).

c) Der Bereicherungsanspruch (Art. 83) aus dem A. 7.
verjährten oder präjudizierten Wechsel (ROH. 12, 124).

d) Die Rechte aus besonderen Vertragsverhältnissen, A. 8.
welche zwischen den Vormännern persönlich in bezug auf
den Wechsel bestehen; z. B. geht die dem ersten Nehmer
durch besonderes Abkommen übertragene Befugnis,
den Wechsel nicht zu protestieren, auf den späteren Wechsel-
inhaber nicht über (ROH. 23, 218).

6. Der Indossatar hat die Befugnis, weiter zu in- A. 9.
dossieren. Macht er von ihr Gebrauch, so scheidet er
doch nicht aus dem Wechselnexus aus. Trotz des etwas
inkorrekten Ausdrucks: „die Rechte gehen über" bleibt
der Indossant Wechselgläubiger. Nur ist die Geltend-
machung seines Rechts durch die Wiedereinlösung suspensiv
bedingt. Durch diese Wiedereinlösung wird nicht etwa
erst sein Wechselanspruch gegen seine Vormänner und
den Akzeptanten aus dem Gesichtspunkt eines neuen
Geschäfts oder des Erwerbs der Forderung des Nach-
mannes neugeschaffen (Plen.-Entsch. ROH. 24, 1 ff.;
RG. 21, 401). Wichtig ist dies insbesondere auch in
der Beziehung, ob der einlösende Indossant im Konkurse
des Akzeptanten mit dieser Forderung aufrechnen kann,
obwohl er zur Zeit der Einlösung wußte, daß der
Akzeptant seine Zahlungen eingestellt hat. KO. §§ 54, 55
Nr. 2, 3.

Über die Stellung des Indossanten im Konkurse des
Wechselschuldners, insbesondere auch im Falle des Zwangs-

vergleichs, solange der Indossatar Inhaber des Wechsels ist, vgl. §§ 67, 154, 168 KO. (RG. 9, 76; Plen.-Entsch. 14, 174; 42, 37).

Satz 2.

A. 10. 7. Das Indossament kann auch an eine **bereits im Wechselverbande stehende Person lauten (Rückindossament)** (Grünhut § 50). Indossiert werden kann auch, abgesehen von den im Satz 2 genannten Personen, an den Notadressaten, Ehrenakzeptanten, Domiziliaten, Avalisten (ROH. 5, 126; 10, 286).

A. 11. 8. Der Trassant oder Indossant, welcher den Wechsel durch Indossament gemäß Art. 10 wieder erwirbt, hat gegen die Zwischenindossanten keinen Regreß; denn niemand ist zur Erhebung eines Anspruchs befugt, wegen dessen er dem in Anspruch Genommenen Gewähr oder Ersatz zu leisten schuldig ist (ROH. 18, 413). Wird an einen von mehreren Ausstellern indossiert, so erlangt dieser volles Recht gegen die übrigen Aussteller (ROH. 14, 405; Bolze 5 Nr. 721).

A. 12. 9 Ein Indossament auf den Trassaten, bevor er akzeptiert hat, ist vollgültig. Bis zum Akzept erscheint er dem Wechsel gegenüber wie jeder Dritte, muß daher auch gegen sich selbst Protest erheben lassen. Hat der Trassat akzeptiert und wird nach dem Akzept an ihn indossiert, so kann er keinerlei Rechte gegen die Vormänner erwerben, deren Schuldner er ist, da diese Rechte durch Konfusion erlöschen (ROH. 25, 18).

A. 13. Über die **Abtretung** an den Akzeptanten nach Verfall des Wechsels vgl. RG. 65, 128 und Staub-Stranz A. 7.

Art. 11. Das Indossament muß auf den Wechsel, eine Kopie desselben oder ein mit dem Wechsel oder der Kopie verbundenes Blatt (Allonge) geschrieben werden.

Vgl. Art. 9², sowie über die Form A. 5.

Art. 12. **Ein Indossament ist gültig, wenn der Indossant auch nur seinen Namen oder seine Firma auf die Rückseite des Wechsels oder der Kopie oder auf die Allonge schreibt (Blanko-Indossament).**

1. **Begriff.** Das Blankoindossament ist ein In- A. 1.
dossament, bei dem der Indossant nur seinen Namen oder seine Firma zeichnet, ohne den Indossatar zu nennen; es macht den Wechsel nicht zum Inhaberpapier. Diese erleichterte Übertragungsform ist für den Wechselverkehr von großer Bedeutung, da jeder Erwerber das Indossament mit seinem Namen ausfüllen oder benutzen kann (Art. 13). Der Begebungsvertrag darf nicht fehlen (Art. 9[6]).

2. **Platz.** Das Gesetz weist diesem Indossament eine A. 2.
bestimmte Stelle, nämlich auf der Rückseite des Wechsels, nur für den Fall an, daß die knappste Form (siehe A. 3) gewählt wird. Mit der herrschenden Meinung ist aber auch die Möglichkeit eines Blankoindossaments auf der Vorderseite anzunehmen, wenn das Indossament sich deutlich als solches kundgibt (a. A. OTr. in StA. 26, 338).

3. **Form.** Gültig ist außer der knappsten Form, A. 3.
nämlich der Unterzeichnung des bloßen Namens bzw. der Firma des Indossanten, auch die Formel:

„Für mich an die Order von . . . . . .
B. Meyer",

oder eine datierte Formel. Nur darf der Name des Indossatars nicht genannt sein. Ein Indossament an den Indossanten ist unwirksam (Art. 9[2]) und steht auch nicht einem Blankogiro gleich.

Die Formel:

„an den Inhaber"

mit Blankoindossament versehen, ist gültig, da sie den Wechsel nicht zu einem Inhaberpapier umgestaltet, sondern nichts weiter ausdrückt, als daß der Inhaber wie bei jedem Blankoindossament zur Verfügung berechtigt ist (ebenso Staub 4. Aufl. § 2; a. M. Grünhut § 41). Die Hinzufügung: „Angenommen" beseitigt den Charakter des Blankoindossaments nicht (RG. 46, 46).

A. 4. 4. **Umwandlung des Voll- in ein Blankoindossament:**

a) Ein Vollindossament kann nicht von dem legitimierten Wechselinhaber dadurch zu einem gültigen Blankoindossament gemacht werden, daß er den Namen des Indossatars durchstreicht (ROH. 16, 142). Dagegen kann dies der Indossant oder ein anderer mit seiner Genehmigung vor der Begebung wirksam vornehmen (ROH. 17, 412; Rehbein A. 7; a. M. Staub 4. Aufl. § 2). Über den Einfluß, den auf die Legitimation im Wechselprozeß und auf die Beweislast selbst ein berechtigtes Durchstreichen ausübt, vgl. RG. 41, 412.

A. 5. b) Andere unterschriebene Erklärungen, z. B. Quittungen, werden nicht durch Ausstreichung zum Blankoindossament (a. M. Dernburg § 265).

A. 6. c) Ein wegen eines wesentlichen Mangels, z. B. ungenügender Bezeichnung des Indossatars, ungültiges Vollindossament kann nicht als Blankoindossament aufrechterhalten werden (ROH. 18, 419).

Art. 13. Jeder Inhaber eines Wechsels ist befugt, die auf demselben befindlichen Blanko-Indossamente auszufüllen; er kann den Wechsel aber auch ohne diese Ausfüllung weiter indossieren.

A. 1. 1. Der Wechselinhaber kann mit dem Blankoindossament in vierfacher Weise verfahren:

a) er kann es ausfüllen mit seinem Namen als Indossatar, oder

b) mit dem Namen des Wechselnehmers,

oder er kann ohne Ausfüllung

c) den Wechsel durch Indossament, volles oder in blanko, girieren, oder

d) den Wechsel einfach weiter übertragen.

Der Art. 13 normiert also nicht eine Pflicht, sondern nur ein Recht zur Ausfüllung des Blankoindossaments. Die Ausfüllung ist weder zur Klage noch zu den im Wechselverkehr vorzunehmenden Akten (Art. 91) erforderlich. Das eigene Blankoindossament legitimiert gleichfalls (Bolze 3 Nr. 542). Auch der Umstand, daß der Wechsel nach dem Verfalltag erworben ist, steht der Benutzung des vor dem Verfalltag auf den Wechsel gesetzten Blankoindossaments nicht entgegen (JW. 04, 152[28]).

2. Der Wechselinhaber kann sämtliche auf dem Wechsel befindlichen Blankoindossamente, nicht bloß das letzte, ausfüllen. A. 2.

3. Die Ausfüllung des Blankoindossaments darf nicht die Verpflichtung des Indossanten schwerer machen. Die Ausfüllungsbefugnis erstreckt sich nur auf den regelmäßigen normalen Inhalt des Indossaments. Daher sind Zusätze, wie „ohne Protest“, oder die eine längere Präsentationsfrist bestimmen, als der Aussteller angegeben hat, unzulässig (ROH. 17, 267: Zusatz: „ohne Kosten“). Zulässig dagegen Zusätze, wie „ohne Obligo“, „nicht an Order“, „in Prokura“. Die erschwerende Ausfüllung begründet aber nur eine exc. in personam die dem gutgläubigen Inhaber nicht entgegensteht. A. 3.

4. Ein Blankoindossatar, der ohne Ausfüllung des Indossaments und ohne eigene Indossierung den Wechsel einfach durch Tradition weitergibt, scheidet aus dem Wechselnexus aus. Jedoch kann er zivilrechtlich gegenüber seinem Nehmer haften, z. B. nach den Grundsätzen der Abtretung (RG. 33, 145). A. 4.

Art. 14. **Der Indossant haftet jedem späteren Inhaber des Wechsels für dessen Annahme und Zahlung wechselmäßig. Hat er aber dem Indossamente die Bemerkung „ohne Gewährleistung“, „ohne Obligo“**

oder einen gleichbedeutenden Vorbehalt hinzugefügt, so ist er von der Verbindlichkeit aus seinem Indossamente befreit.

A. 1. 1. **Die Haftung des Indossanten.** Art. 14 regelt die **Verpflichtungen** aus dem Indossament (Passivseite des Indossaments).

Der Indossant haftet analog dem Aussteller (Art. 8) für Annahme und Zahlung des Wechsels gemäß dem Wechselinhalt zur Zeit seines Giros. Der rechtliche Charakter der Indossantenverbindlichkeit ist der einer **Regreßpflicht**, die unabhängig vom Akzept ist (Art. 25[1]; ROH. 3, 127). Das Indossament muß sich aber innerhalb der gehörigen Reihenfolge befinden (Art. 36, ROH. 15, 169); das Indossament nach der Lücke begründet keine wechselmäßige Haftung gegenüber den folgenden Indossataren. Zahlt der Akzeptant, so wird der Indossant frei (Art. 82[73] ff.). Der Zwangsvergleich des Akzeptanten hat aber auf die Verpflichtung des Indossanten keinen Einfluß (KO. § 193).

A. 2. 2. **Ausschluß der Haftung (Klausel: ohne Obligo).** Satz 2 bringt den Gegensatz in der rechtlichen Natur der Aussteller- und der Indossantenhaftung zum Ausdruck. Die Ausstellerhaftung ist wesentlich (s. Art. 8[6] und die dort zit. entgegengesetzte Entsch. des RG.). Die Indossantenhaftung ist akzidentell und kann ausgeschlossen werden (RG. 18, 112). Beim Wechsel an eigene Order s. Art. 6[3].

A. 3. 3. **Formeln des Haftungsausschlusses:** „ohne Gewährleistung", „ohne Obligo", „ohne Garantie", „ohne mein Präjudiz", „unter Ausschluß des Delkredere", „ohne Vertretung" und andere deutliche Vorbehalte. Nicht genügend: „ohne Gewähr für den Akzeptanten", „o. Vertr.", „s. o.", weil undeutlich (OTr. 32, 437).

A. 4. 4. Ipso jure scheidet aus der Indossantenhaftung der Blankotradent (Art. 13[4]) aus. Seine Haftung, wenn er den Wechsel verkauft, ist nach den zivilrechtlichen Vorschriften über kaufweise abgetretene Forderungen zu beurteilen (ROH. 17, 404).

Art. 15. Ist in dem Indossamente die Weiterbegebung durch die Worte „nicht an Order" oder durch einen gleichbedeutenden Ausdruck verboten, so haben diejenigen, an welche der Wechsel aus der Hand des Indossatars gelangt, gegen den Indossanten keinen Regreß.

1. **Rektaindossament.** Der Indossant kann durch die Klausel: „nicht an Order" seine Haftung begrenzen auf den eigenen unmittelbaren Indossatar. Der rechtliche Charakter der allgemeinen Rektaklausel des Ausstellers (s. Art. 9 9 ff.) und des Rektaindossaments ist ein durchaus gegensätzlicher. Im letzteren Falle bleibt der Wechsel indossabel; der Rektaindossatar kann nicht nur per Prokura indossieren und zedieren, er kann auch Vollindossament und Blankoindossament auf den Wechsel setzen; nur eben mit der Beschränkung, daß der Rektaindossant lediglich ihm, nicht aber den Nachmännern des Rektaindossatars haftet. (Über die Formeln s. Art. 9 12). Der Platz der Klausel ist in dem Indossament, also im Kontext oder im unmittelbaren Anschluß an die Unterschrift und durch sie gedeckt. An einer anderen Stelle ist die Klausel wechselrechtlich ohne Wirkung. A. 1.

2. **„Aus der Hand des Indossatars"** — bedeutet nicht nur unmittelbar aus der Hand des Rektaindossatars, sondern auch den späteren Erwerb der folgenden Nachmänner. A. 2.

Art. 16. Wenn ein Wechsel indossiert wird, nachdem die für die Protesterhebung mangels Zahlung bestimmte Frist abgelaufen ist, so erlangt der Indossatar die Rechte aus dem etwa vorhandenen Akzepte gegen den Bezogenen und Regreßrechte gegen diejenigen, welche den Wechsel nach Ablauf dieser Frist indossiert haben.

Ist aber der Wechsel vor dem Indossamente bereits mangels Zahlung protestiert worden, so hat der Indossatar nur die Rechte seines Indossanten gegen den Akzeptanten, den Aussteller und diejenigen, welche den Wechsel bis zur Protesterhebung indossiert haben. Auch ist in einem solchen Falle der Indossant nicht wechselmäßig verpflichtet.

A. 1. I. Der Art. 16 behandelt das **Nachindossament**, d. h. das Indossament nach der für die Protesterhebung mangels Zahlung bestimmten Frist, sei es, daß überhaupt kein Protest erhoben (Abs. 1), sei es, daß der Wechsel bereits protestiert war (Abs. 2). Im Zweifel gilt jedes Indossament für ein Vorindossament, da es das regelmäßige ist, es sei denn, daß das Gegenteil bewiesen wird.

A. 2. II. **Absatz. 1. Nachindossament des nicht protestierten präjudizierten Wechsels.**

1. **Voraussetzungen.** a) Der Wechsel muß verfallen und nicht innerhalb der Protestfrist mangels Zahlung (Art. 41) protestiert sein. Liegt das Indossament zwischen Verfalltag (Art. 4 Nr. 4) und dem Ablauf der Protestfrist, so steht es jedem Vorindossament (Indossament vor Verfall) gleich. Verspätet oder fehlerhaft protestierte Wechsel gelten als nicht protestierte (RG. 1, 294). Ein nach Aufnahme des Protestes, wenn auch innerhalb der Protestfrist, auf den Wechsel gesetztes Indossament gilt als Nachindossament eines protestierten Wechsels.

A. 3. b) Der Wechsel darf nicht verjährt sein, da sonst die Wechselschuld erloschen ist (ROH. 7, 318).

A. 4. 2. **Form.** a) Wie beim Normalindossament (Art. 9).

A. 5. b) Zur Begebung des präjudizierten Wechsels kann auch ein vor oder nach Verfall auf den Wechsel gesetztes

Blankoindossament benutzt werden (RG. 33, 145). Anders beim protestierten Wechsel, s. unten A. 14.

3. Wirkungen. a) Der Nachindossatar erlangt selbständige ursprüngliche Wechselrechte: A. 6.

α) aus dem alten Wechselbestand, soweit sie durch den unterlassenen Protest nicht zerstört sind, also gegen den Bezogenen aus dem etwa vorhandenen Akzept bei der Tratte, bzw. gegen den Aussteller des eigenen Wechsels (ROH. 7, 317).

Keine Rechte erlangt der Indossatar gegen den Aussteller und die Indossanten; sie sind durch den unterlassenen Protest frei geworden. Da das Recht des Nachindossatars kein abgeleitetes ist, können ihm vom Akzeptanten nicht Einreden entgegengesetzt werden, die gegen einen Vormann gehen, z. B. er habe den Wechsel erworben, nachdem sein Vormann rechtskräftig abgewiesen worden sei (ROH. 12, 154; 16, 365).

β) aus den neuen Indossamenten Regreßrechte gegen die Nachindossanten, wie beim Vorindossament. Ebenso wird auch der Nachindossant verhaftet, und zwar gemäß Art. 14, wie der Vorindossant. A. 7.

b) Das Nachindossament eines präjudizierten Wechsels gibt demselben die Natur eines Sichtwechsels (ROH. 6, 100). Die zur Erhaltung des Wechselregresses erforderliche Präsentation und Protestaufnahme innerhalb zwei Tagen seit Verfall ist beim Nachindossament begrifflich ausgeschlossen. Es erscheint daher angebracht, die Analogie des Sichtwechsels heranzuziehen, da der Wechsel für die Nachindossanten einen Verfalltag nicht hat und jederzeit dem Bezogenen zur Zahlung vorgelegt werden kann. Dies die herrschende Meinung, während Bernstein S. 106 (wo auch eingehende Literaturnachweise) Präsentation und Protest bis zum Ablauf der gegen den Akzeptanten laufenden dreijährigen Verjährungsfrist zuläßt. A. 8.

Aus der Natur des Sichtwechsels folgt: Die Präsentation zur Zahlung muß binnen zwei Jahren und der Protest mangels Zahlung binnen zwei Tagen nach der Präsentation, welche die Verfallzeit fixiert, erfolgen, selbstredend aber innerhalb der Verjährungsfrist (A. 3). Unterbleibt der rechtzeitige Protest, so ist der Wechsel abermals präjudiziert; die Nachindossatare sind frei (ROH. 6, 99).

A. 9. Der Beginn der zweijährigen Präsentationsfrist ist auf den Tag des ersten Nachindossaments festzusetzen, weil dieses den Wechsel zum Sichtwechsel macht, nicht aber für jedes Nachindossament besonders auf den Tag seiner Ausstellung. Gerechnet wird vom Tage der tatsächlichen Übertragung, nicht der Datierung (Lehmann S. 498), wenn letztere auch eine Vermutung für den Tag der Übertragung begründet (Staub § 6).

A. 10. III. Absatz 2. Nachindossament des protestierten Wechsels. Der protestierte Wechsel stellt kein Zirkulationspapier mehr dar. Der Protest beendet den Lebenslauf des Wechsels. Nicht mehr der Wechsel, sondern die durch den Protest festgelegten Rechte des Indossanten sind Gegenstand der Übertragung. Darum kann der Wechselaussteller, der den protestierten Wechsel von seinem unmittelbaren Hintermann, nachdem dieser ihn im Regreßwege eingelöst hat, zurückerhalten hat, diesem durch einfache Rückgabe des Wechsels nebst Protest ohne Nachindossament die wechselrechtliche Legitimation nicht verschaffen (RG. 55, 323 und JW. 07, 745[16]).

A. 11. 1. Voraussetzungen. a) Der Wechsel muß protestiert sein und zwar rechtzeitig und ordnungsmäßig (RG. 1, 294[2]); Einklagung genügt nicht.

A. 12. b) Der Wechsel muß nach Protest durch Indossament übertragen sein. Art. 16 Abs. 2 findet somit auf die im Regreßwege erfolgte Einlösung des mangels Zahlung protestierten Wechsels keine Anwendung; denn für diesen Einlöser leben seine Wechselrechte wieder auf. Ihm können daher nicht die Einreden gegen die Nachindossatare entgegengesetzt werden, selbst wenn er sich zum Überfluß ein nachprotestliches Giro hat erteilen lassen (Bolze 2

Nr. 806), z. B. nicht vom beklagten Akzeptanten der Einwand, daß der Nachindossatar, von welchem der Regreßkläger den Wechsel eingelöst hat, rechtskräftig abgewiesen worden sei (ROH. v. 22. Juni 77 in Sachen Krimnitz ./. Pritzing). Der Indossatar dieses Einlösenden ist in der gleichen Rechtsposition wie der Einlösende selbst (ROH. 7, 123). Anders, wenn der Aussteller als Notadresse den Wechsel einlöst und an einen früheren Indossatar zurückgibt: dies ist eine neue nachprotestliche Begebung (ROH. 6, 164).

2. **Die Form des Nachprotestindossaments.** A. 13.

a) Sie ist mit der des Vorindossaments identisch. Voll- und Blankoindossament sind zulässig.

b) Ein Blankoindossament, welches vor dem Protest auf den Wechsel gesetzt ist, kann nach dem Protest zur Weiterbegebung und zur Herstellung der Legitimation nicht benutzt werden (Plen.-Entsch. des RG. 2, 75; 33, 148 gegen die entgegengesetzte Judikatur des ROH. 18, 4; 23, 36; s. a. Art. 36 [8]). Die Auffassung des RG. herrscht auch in der Literatur: Staub 4. Aufl. § 13; Bernstein 103). Anders beim Blankoindossament des präjudizierten Wechsels, s. A. 5. A. 14.

c) Die Blankotradition. Begebung auf Grund nachprotestlichen Blankoindossaments (ROH. 23, 36). A. 15.

3. **Wirkungen.** a) Das Nachprotestindossament wirkt nach Art einer Abtretung (ist aber keine Abtretung, A. 17). Der Nachindossatar erlangt kein originäres Wechselrecht, sondern gleich einem Zessionar nur die Rechte seines Indossanten in dem Umfange, wie sie dieser hatte, also auch kein Recht auf eigene Provision (RG. 14, 105). Dem Indossatar können alle Einreden entgegengehalten werden, die dem Verklagten, insbesondere auch dem beklagten Akzeptanten, gegen den Indossanten zustehen, z. B. die Einrede der rechtskräftig entschiedenen Sache und der Rechtshängigkeit (ROH. 8, 169; RG. 1, 194; 33, 147; Art. 82 [101]), alle Einreden auch aus der Person A. 16.

eines Zwischenindossanten nach Protest (RG. 14, 109; 66, 201), endlich auch eines solchen Zwischenerwerbers, der bei Benutzung eines nachprotestlichen Blankogiros aus dem Wechsel nicht ersichtlich ist (ROH. 23, 37; aber 39). Ebenso kann sich der Nachindossatar auf die von seinem Rechtsvorgänger bewirkte Unterbrechung der Regreßverjährung berufen (ROH. 23, 406).

A. 17. b) Der Nachindossant haftet nicht wechselrechtlich (ROH. 23, 36). Auch nicht als Zedent, da das Nachindossament keine Zession ist, sondern nur zessionsähnliche Wirkungen hat (A. 16). Gewährleistung muß also besonders vereinbart werden, es sei denn, daß sie sich aus dem, dem Wechselzuge zugrunde liegenden Rechtsgeschäft ergibt. Der Aussteller an eigene Order, wenn er nach Protest den im Regreßwege eingelösten Wechsel indossiert, haftet auch nicht als Aussteller, da zur Zeit des Indossaments durch Konfusion seine Ausstellerhaftung untergegangen war (ROH. 21, 273).

A. 18. c) Das nach Protest gegebene Indossament ist zwar in seiner Wirkung (A. 16) beschränkt, hat aber für die Legitimation die Bedeutung eines Indossaments und nicht einer Zession (RG. 23, 50).

A. 19. 4. **Das Nachindossament bei Protesterlaß.** Die Wirkungen des Nachindossaments eines protestierten Wechsels treten auch dann ein, wenn der Protest vom Aussteller oder einem Indossanten erlassen ist. Nur muß die Präsentation zur Zahlung rechtzeitig erfolgen (Art. 42). Der Wechsel ist nicht präjudiziert, wenn ein Regreß auch nur gegen einen einzigen Vorindossanten erfolgen kann. Wenn aber der Wechsel nicht präjudiziert ist, hat das Nachindossament (s. Grünhut § 53) die Wirkungen des Art. 16 Abs. 2, als ob es das Nachindossament eines protestierten Wechsels wäre; der Nachindossatar erlangt daher die Rechte seines Indossanten gegen jenen Vormann, der den Protest erlassen hat, und gegen den Akzeptanten.

Art. 17. Ist dem Indossamente die Bemerkung „zur Einkassierung“, „in Prokura“ oder eine andere die Bevollmächtigung ausdrückende Formel beigefügt worden, so überträgt das Indossament das Eigentum an dem Wechsel nicht, ermächtigt aber den Indossatar zur Einziehung der Wechselforderung, Protesterhebung und Benachrichtigung des Vormanns seines Indossanten von der unterbliebenen Zahlung (Artikel 45) sowie zur Einklagung der nicht bezahlten und zur Erhebung der deponierten Wechselschuld. Ein solcher Indossatar ist auch berechtigt, diese Befugnis durch ein weiteres Prokura-Indossament einem anderen zu übertragen. Dagegen ist derselbe zur weiteren Begebung durch eigentliches Indossament selbst dann nicht befugt, wenn dem Prokura-Indossamente der Zusatz „oder Order“ hinzugefügt ist.

I. Prokuraindossament.

1. Begriff. Das Prokuraindossament, das nicht das Eigentum am Wechsel überträgt, ist eine in der wechselmäßigen Form des Indossaments erteilte Vollmacht zur Vertretung des Indossanten mit bestimmten wechselmäßigen Wirkungen (*offenes* Prokuraindossament). Zu unterscheiden: vom eigentlichen Indossament (Art. 10⁴) und dem Inkassomandat-Indossament. A. 1.

2. Form. Neben den Formeln „zur Einkassierung“, „in Prokura“, welche das Gesetz angibt A. 2.

(Herrn Gustav Horn zur Einkassierung.
August Müller),

sind auch gleichbedeutende „zum Inkasso“, „zur Vollmacht“, „für meine Rechnung“, „Wert einzusenden“ zulässig. Die

Formeln: „Wert in Rechnung", „Wert in mir selbst", welche die Bevollmächtigung nicht deutlich ausdrücken, genügen nicht. (Vgl. über einen nicht ausreichenden Zusatz „Generalbevollmächtigter des X." ROH. 22, 254).

Auch dem Blankoindossament kann die Bemerkung „in Prokura" beigefügt werden; dann wird jeder Inhaber Prokuraindossatar.

A. 3. 3. Das Verhältnis zwischen Prokura-Indossanten und -Indossatar nach innen bestimmt sich nach dem zugrunde liegenden konkreten Auftragsverhältnis. Die Parteien können auch vereinbaren, das Prokuraindossament solle dem Indossanten gegenüber als Normalindossament gelten. (RG. 27, 128). Im einzelnen hat der Prokuraindossatar seinem Indossanten gegenüber die Pflicht zur Protesterhebung, nicht dagegen ohne weiteres die Pflicht der Einklagung (RG. bei Gruchot 25, 112). Wird dem Wechselinhaber durch den unterlassenen Protest der Regreß entzogen, so ist damit ein Schadensanspruch begründet und zwar auf Höhe der Regreßsumme; der Belangte kann Abtretung der Ansprüche aus dem Wechsel verlangen (ROH. 12, 316). Der Prokuraindossatar hat sich zu exkulpieren (ROH. 17, 415).

A. 4. Das Erlöschen der Vollmacht richtet sich jetzt nach den §§ 168 ff. BGB., mit der Maßgabe jedoch, daß dem Prokuraindossatar in gewissen Fällen, entgegen der Bestimmung des § 175 BGB., ein Zurückbehaltungsrecht zustehen wird. Auch der § 176 BGB. über die Kraftloserklärung der Vollmachtsurkunde findet naturgemäß keine Anwendung auf den Wechsel (vgl. auch Art. 95). Über den Einfluß des Konkurses auf das Prokuraindossament s. § 23 KO.

A. 5. 4. Die Stellung des Prokuraindossatars nach außen ist im Art. 17 in allen ihren Befugnissen und Ausstrahlungen erschöpfend geregelt. Der Prokuraindossatar kann auch im Prozeßwege nur als Bevollmächtigter des Prokuraindossanten in dessen Namen auftreten (RG. 27, 128). Der Prokuraindossant ist Prozeßpartei. Er steht als Partei im Rubrum. Er hat die Eide zu leisten (ROH. 22, 176). Dem Prokuraindossatar stehen alle Einreden entgegen, die gegen den Prokuraindossanten zulässig sind (ROH. 22, 176). Auch wenn nach innen das Prokuraindossament den Charakter eines Normalindossaments haben soll, bleibt nach außen der Prokuraindossatar ein Bevollmächtigter (RG. 27, 129). Der Prokuraindossatar kann eigentliche Indossamente nicht erteilen, sondern immer nur weitere Prokuraindossamente. Seine Indossamente, sowie die darauf folgenden, sind Prokuraindossamente, selbst dann, wenn sie in der Gestalt von Normalindossamenten auftreten. Der Prokuraindossatar darf nicht zedieren, prolongieren oder verzichten.

Das RG. nimmt (32, 79) irrigerweise an, der Prokuraindossatar sei ausschließlich legitimiert, die ihm im Art. 17 erteilten Befugnisse geltend zu machen, insbes. den Protest zu erheben. Der Prokuraindossant kann vielmehr als Eigentümer des Wechsels auch ohne Ausstreichung des Prokuraindossaments alle wechselrechtlichen Handlungen des Art. 17 neben dem Prokuraindossatar vornehmen. Er hat sich seiner Rechte nicht begeben, sondern nur einen anderen „ermächtigt" (so auch Bernstein 111; s. Art. 36³).

II. Inkassomandat-Indossament (verdecktes Prokuraindossament).

1. **Begriff.** Nach außen liegt ein Normalindossament vor, nach innen aber ist nur die Wirkung eines Prokuraindossaments (A. 1 ff.) vereinbart. Der Indossatar soll zwar im eigenen Namen, aber nur im Auftrage und für Rechnung des Indossanten vorgehen können. Diese im Wechselverkehr sehr häufige Vereinbarung, z. B. Giro an einen Bankier, der den Wechsel gegen Provision einziehen soll, oder an einen Geschäftsfreund, der am Orte des Bezogenen wohnt, ist in der Wechselordnung nicht besonders behandelt. Trotzdem ist die Gültigkeit einer solchen mit A. 6.

Recht bejaht (RG. 36, 55). Ist es doch auch sonst im Rechtsverkehr üblich und zulässig, zur Verwirklichung eines wirtschaftlichen Zweckes eine Rechtsform als Mittel zu wählen, welche über die nächsten Absichten der Parteien hinausgeht, z. B. Kaufvertrag und Übergabe zu Eigentum zur Erreichung einer Pfandsicherheit (RG. 13, 200). Die Konstruktion des stillen Prokuraindossaments ist in Theorie und Praxis eine überaus streitige (Bernstein 114).

Wenn der Kläger von einem Vormanne die Wechselsumme bereits erhalten hat, folgt hieraus nicht notwendig, daß der Kläger Inkassomandatar des Vormannes sei; denn der Vormann kann unter dem Vorbehalt, daß von den anderen Wechselschuldnern die Zahlung nicht zu erlangen sei, gezahlt haben (RG. 23, 124).

2. **Form.** Die Form ist natürlich die des Normalindossaments (Art. 9). Auch durch Blankotradition können die Wirkungen des Inkassomandats erreicht werden. Beim Rekta-Wechsel (Art. 9 Abs. 2) ist das Normalindossament, also auch das versteckte Prokuraindossament, unzulässig.

A. 7. 3. Das Verhältnis zwischen Inkassomandanten und Inkassomandatar nach innen richtet sich nach den zugrunde liegenden materiellen Vereinbarungen. Regelmäßig steht der Inkassomandatar einem Bevollmächtigten gleich. Er hat Protest zu erheben (ROH. 17, 413), den Wechselbetrag einzuziehen und abzuliefern. Zur Wechselklage gegen den Indossanten ist er trotz seines formellen Eigentums nicht berechtigt, selbst dann nicht, wenn bei einem ursprünglich als bloße Vollmacht gemeinten Indossamente später, insbesondere nach Protest, die Abrede getroffen ist, er solle sich aus dem Wechsel wegen seiner Forderung gegen den Indossanten bezahlt machen (ROH. 1, 95; 10, 325). Die Wechselklage steht ihm nicht einmal wegen desjenigen Betrages zu, den ihm der Indossant aus dem Auftragsverhältnis schuldet.

A. 8. 4. **Stellung des Inkassomandatars nach außen.**

a) Dem Inkassomandatar stehen alle Einreden entgegen, wie dem Indossanten, ohne Unterschied, ob der Mandatar sie vor Erhebung der Klage oder erst nachher erfahren hat. Denn er klagt zwar formell aus eigenem Recht, übt aber in Wirklichkeit das fremde Recht des Indossanten aus (Staub-Stranz A. 8; s. auch Art. 82[100]). Aus der Natur des Inkassomandats folgt also die Zulässigkeit dieser in ständiger Praxis der Untergerichte anerkannten Einreden, ohne daß es erst des Gesichtspunktes des dolus bedürfte, den das Reichsgericht, das fast durchgängig auf dem gleichen Standpunkt steht, zur Begründung heranzieht (RG. 23, 125; 36, 55; 41, 115; anders scheinbar RG. 27, 130). Das ROH. (6, 44) stand auf entgegengesetztem Standpunkt, weil das Inkassomandat nach außen ein Eigentumsindossament darstelle und daher auch in bezug auf die Einwendungen wie ein solches zu behandeln sei. Allein es übersah, daß ein die Eigentumsübertragung herbeiführender Begebungsvertrag nicht vorliegt. Ohne ihn tritt zwar der Mandatar nach außen als Eigentümer auf, materiell aber bleibt der Indossant Eigentümer (eine Art gespaltenen Eigentums).

b) Der Wechselschuldner kann durch die Einrede des Inkassomandats allein die Klage nicht abschneiden (RG. 11, 9). Nur dadurch, daß er weitere, gegen den Indossanten wirksame und durchgreifende Einreden vorbringt, kann er Klageabweisung erzielen. Die Beweislast liegt ihm ob (über die prozessuale Behandlung Art. 82[100]). A. 9.

c) Gegensatz zum Prokuraindossament (s. A. 5): A. 10.

α) Der Indossatar muß sich Einreden gegen seine Person gefallen lassen. Dies deswegen, weil nach außen ein Eigentumsindossament vorliegt.

β) Vergleiche, Stundungen, Verzichte des Inkassomandatars binden den Indossanten, es sei denn, daß Kollusion vorliegt (ROH. 21, 119). A. 11.

γ) Die Klageabweisung, die der Schuldner gegen den Inkassomandatar erstritten hat, wirkt gegen den Indossanten, selbst wenn im Prozeß zur Verhütung dieser A. 12.

Wirkung der Inkassomandatar seine Maske gelüftet hat (RG. 27, 128; 36, 54; 43, 42).

A. 13. δ) Der Inkassomandatar ist Prozeßpartei, hat als solche Eide zu leisten, auf ihn geht das Urteil, und der Inkassomandant muß, wenn er Rechte aus diesem Urteil herleiten will, sich diese Rechte abtreten lassen (ROH. 10, 156; RG. 11, 9).

A. 14. ε) Der Inkassomandatar kann mit wechselrechtlicher Wirkung durch Normalindossament den Wechsel weiter begeben, und zwar nur er, nicht der Indossant.

A. 15. ζ) Im Konkurs des Inkassoindossatars ist der Indossant hinsichtlich des Wechsels oder des nach der Konkurseröffnung eingegangenen Betrages aussonderungsberechtigt (§ 43 KO.; Bernstein 113; a. M. Grünhut § 47[4]).

III. Fiduziarisches Indossament.

A. 16. 1. Während beim Inkassoindossament — gleichfalls einer Abart des fiduziarischen — die Übertragung nur Vollmachtszwecke verfolgt und für Rechnung des Indossanten geschieht (A. 6), kann das fiduziarische Indossament auch im gleichzeitigen Interesse des Indossanten und Indossatars erfolgen, z. B. behufs Bestellung eines Pfandrechts am Wechsel (§ 1294 BGB.) oder zur Einziehung teils für Rechnung des Indossanten, teils für die des Indossatars (RG. 41, 114; Rehbein A. 29). Der Fall des Indossaments zum Zwecke der anderweiten Diskontierung ist aber ein Inkassomandat. In jenen Fällen liegt ein wirkliches Eigentumsindossament vor, das zwar nach innen den Beschränkungen der Parteiabrede unterliegt, bei welchem aber der Indossatar nicht bloß fremde Rechte ausübt (A. 9). Er unterliegt daher in diesem Falle nicht allen Einreden aus der Person des Indossanten, vielmehr greifen die allgemeinen Regeln des Art. 82 Platz. Ebensowenig kann der Fiduziarindossant im Konkurse des Indossatars den Wechsel kondizieren (anders beim Inkassomandat, A. 16).

2. Vom fiduziarischen Indossament (einschließlich des verdeckten Prokuraind.) ist das Scheinindossament scharf zu unterscheiden. Beim ersteren ist das Indossament gewollt, wenn auch zu beschränkteren Zwecken, beim letzteren nicht gewollt (§ 117 BGB.), vielmehr vereinbart, daß trotz des Indossaments der Indossant selbst Eigentümer bleibe. Der Scheinindossatar, dem z. B. der Indossant den Wechsel giriert, um ihn seinen Gläubigern zu entziehen, ist überhaupt nicht Wechselgläubiger geworden (über die ihm entgegenstehenden Einreden s. Art. 82 25). A. 17.

IV. Präsentation zur Annahme.

Art. 18. Der Inhaber eines Wechsels ist berechtigt, den Wechsel dem Bezogenen sofort zur Annahme zu präsentieren und in Ermangelung der Annahme Protest erheben zu lassen. Eine entgegenstehende Übereinkunft hat keine wechselrechtliche Wirkung.

Nur bei Meß- oder Marktwechseln findet eine Ausnahme dahin statt, daß solche Wechsel erst in der an dem Meß- oder Marktorte gesetzlich bestimmten Präsentationszeit zur Annahme präsentiert und in Ermangelung derselben protestiert werden können. Der bloße Besitz des Wechsels ermächtigt zur Präsentation des Wechsels und zur Erhebung des Protestes mangels Annahme.

1. Die Art. 18—20 behandeln nur die Präsentation zur Annahme und regeln gewisse Besonderheiten derselben. Der Art. 18 findet auf eigene Wechsel keine Anwendung, die Art. 19 und 20 mit der Maßgabe, daß die Präsentation dem Aussteller geschehen muß (Art. 98 Nr. 3 und A. 3). Über die regelmäßigen Folgen der unterlassenen A. 1.

oder nicht gehörigen Präsentation s. Art. 91[1]; über den Ort (Lokalität) und die Zeit der Präsentation s. Art. 91 u. 92 u. die Erl. dort.

A. 2. 2. **Recht zur Präsentation.** Eine Pflicht besteht nicht. Die Ausübung der Befugnis ist in das Belieben des Wechselinhabers gestellt. Die Unterlassung ändert nichts an dem Recht des Wechselinhabers, wenn er nur später gehörig Protest mangels Zahlung erhebt, Regreß mangels Zahlung zu nehmen. Ausnahmsweise besteht eine Pflicht zur Präsentation nur beim befristeten Sichtwechsel (Art. 19) und beim Domizilwechsel (Art. 24 Abs 2).

A. 3. 3. **Wer kann präsentieren?** Jeder Inhaber des Wechsels. Auch der Detentor, nicht nur der legitimierte Inhaber. Satz 2 des Abs. 2 wiederholt dies noch einmal. Die Präsentation zur Annahme kann auch durch die Post im Wege des Postauftrags vermittelt werden (PostO. v. 20. März 00 § 18; über die Haftung der Post § 18 XX der PostO. und RG. 19, 101). Das Protestgesetz änderte nichts hieran. Die Post kann nur beim Vorliegen eines Auftrags auch die Protesterhebung bewirken und zwar innerhalb der Schranken, die sich aus § 3 ProtestG., aus der Bekanntmachung des Reichskanzlers vom 5. Aug. 08 und dem neu in die PostO. gelangten § 18a ergeben.

A. 4. 4. Präsentiert wird **„dem Bezogenen"** (Präsentat); über die Fälle, in denen der Präsentat in Konkurs geraten, gestorben oder handlungsunfähig geworden, s. Art. 88[10—12].

A. 5. 5. **Ort der Präsentation** (im Sinne von Ortschaft; über die Lokalität innerhalb der Ortschaft s. Art. 91[4] ff.) ist der im Wechsel (Adresse) angegebene Wohnort des Bezogenen (ROH. 11, 187), nicht der davon etwa abweichende Zahlungsort. Der Domizilvermerk bezieht sich nur auf die Zahlung, nicht auch auf anderweitige Wechselakte (ROH. 3, 295; 10, 50 und RG. 8, 68 aus Anlaß des eigenen befristeten Sichtwechsels). Ist jedoch im Wechsel ein besonderer Präsentationsort vorgeschrieben, so ist dort zu präsentieren; beim Einverständnis des Bezogenen genügt diesem gegenüber aber auch dann die Präsentation in seinem Wohnorte (ROH. 3, 298; vgl. auch RG. 5, 78).

Für Orte, die der Bundesrat als **benachbarte** erklärt, wirkt der Art. 91a ein.

6. Frist der Präsentation. Sie kann sofort erfolgen, aber auch später bis zum Verfalltag und darüber hinaus während der Protestfrist. Eine spätere wahrt nicht die Regreßansprüche, aber kann selbstredend versucht werden, um das Akzept zu erzielen. Eine begrenzte Präsentationszeit zur Annahme ist nur bei Meß- und Marktwechseln in gewissem Falle statuiert (A. 9). A. 6.

Die Vorschriften aus Art. 92 bezüglich der Zeit der Präsentation gelten auch hier, ebenso die Bestimmungen über die Protestzeit. A. 7.

7. Satz 2 des Abs. 1 bedeutet zweierlei: der Ausschluß des sofortigen Präsentationsrechts hat keine wechselrechtliche Wirkung, ebensowenig die Abrede der Pflicht sofortiger Präsentation. Beide Abreden wirken nur zwischen den Kontrahenten (ROH. 4, 403). A. 8.

8. Für **Meß- und Marktwechsel** (Art. 35) gilt folgende Ausnahme: Es bestehen für bestimmte Märkte und Messen gesetzliche Präsentationsfristen (Aufzählung bei Rehbein-Mansfeld A. 1). Wo derartige gesetzliche Präsentationszeiten bestehen, ist auf sie die Präsentation zur Annahme für Meß- oder Marktwechsel begrenzt. Wo die Präsentationszeit nicht gesetzlich bestimmt ist, läßt Rehbein (a. a. O.) die Ortsgewohnheit entscheiden, während Lehmann (456), ebenso Staub die allgemeine Regel entscheiden lassen. A. 9.

9. Die **Kosten** der Präsentation und des Protestes hat der Wechselverpflichtete zu erstatten. A. 10.

Art. 19. Eine Verpflichtung des Inhabers, den Wechsel zur Annahme zu präsentieren, findet nur bei Wechseln statt, welche auf eine bestimmte Zeit nach

Sicht lauten. Solche Wechsel müssen bei Verlust des wechselmäßigen Anspruchs gegen die Indossanten und den Aussteller nach Maßgabe der besonderen im Wechsel enthaltenen Bestimmung und in Ermangelung derselben binnen zwei Jahren nach der Ausstellung zur Annahme präsentiert werden. Hat ein Indossant auf einem Wechsel dieser Art seinem Indossament eine besondere Präsentationsfrist hinzugefügt, so erlischt seine wechselmäßige Verpflichtung, wenn der Wechsel nicht innerhalb dieser Frist zur Annahme präsentiert worden ist.

Erläutert gleichzeitig mit Art. 20.

Art. 20. Wenn die Annahme eines auf bestimmte Zeit nach Sicht gestellten Wechsels nicht zu erhalten ist oder der Bezogene die Datierung seines Akzepts verweigert, so muß der Inhaber bei Verlust des wechselmäßigen Anspruchs gegen die Indossanten und den Aussteller die rechtzeitige Präsentation des Wechsels durch einen innerhalb der Präsentationsfrist (Artikel 19) erhobenen Protest feststellen lassen.

Der Protesttag gilt in diesem Falle für den Tag der Präsentation.

Ist die Protesterhebung unterblieben, so wird gegen den Akzeptanten, welcher die Datierung seines Akzepts unterlassen hat, die Verfallzeit des Wechsels vom letzten Tage der Präsentationsfrist an gerechnet.

A. 1. 1. Die Art. 19 und 20 gehören zusammen. Sie gelten auch für den eigenen Wechsel (vgl. Art. 98³ und die Maßgabe dort).

2. **Eine Präsentationspflicht** im Gegensatz zum Präsentationsrecht des Art. 18 (dort A. 2) schreiben die Art. 19 u. 20 bei Wechseln vor, die auf eine bestimmte Zeit nach Sicht (Nach-Sichtwechsel), Art. 4 Nr. 4 A. 24) lauten. Sie beruht darauf, daß für diese Wechsel ein bestimmter Fälligkeitstag erst geschaffen werden muß. Im Interesse des Verkehrs darf die Fälligkeit nicht ad calendas graecas vertagt werden. Vielmehr muß, da diese Wechsel auf eine bestimmte Zeit nach Sicht lauten, zunächst binnen bestimmter Frist eine Sicht erfolgen als Voraussetzung für die dann innerhalb einer bestimmten Frist nach Sicht eintretende Fälligkeit. A. 2.

3. **Inhalt der Präsentation.** Sie muß sowohl zur Sicht als auch zur Annahme erfolgen. Ist aber der Wechsel bereits akzeptiert, z. B. vorher in Blanko, so braucht selbstredend die Präsentation nur noch zur Sicht zu erfolgen (ROH. 16, 348). Eine Präsentation zur Sicht anstatt zur Annahme reicht nicht aus. Der Wortlaut des Art. 19 Satz 1, der eine Verpflichtung des Inhabers „zur Annahme zu präsentieren" festsetzt, ergibt klar, daß die Sicht ohne die Annahme nicht genügend ist. Ebenso wie das Akzept ohne Sicht (Datierung), ist auch die Sicht ohne Akzept nicht geeignet, den Ausgangspunkt der Verfallfrist gehörig zu fixieren (Staub 4. Aufl. § 2). Indes wird vielfach angenommen, daß bloße Präsentation zur Sicht genügt (ROH. 16, 348). Beim eigenen Nach-Sichtwechsel kann selbstverständlich die Präsentation nicht zur Annahme, sondern nur zur Datierung der Sicht behufs Fixierung des Verfalltages erfolgen. Bei Weigerung des Ausstellers des eigenen Wechsels, die erfolgte Sicht auf dem Wechsel zu vermerken und mit Datum zu versehen, kann der Inhaber Protest erheben (Art. 98 [3]). A. 3.

4. Über den Präsentanten, Präsentaten und den Ort der Präsentation gilt das gleiche, was in Art. 18 [3] ff. ausgeführt ist mit der dort in A. 5 für benachbarte Orte erwähnten Maßgabe. A. 4.

A. 5. **5. Frist für die Präsentation.** Sie beträgt zwei Jahre vom Tage der Ausstellung ab. Der Aussteller kann aber im Wechsel eine beliebige längere — z. B. auf 20 Jahre — oder kürzere Präsentationsfrist bestimmen, jedoch immer nur eine Frist, nicht einen bestimmten Präsentationstag (ROH. 3, 298; RG. 5, 77). Das ist dann für alle Wechselinhaber bindend. Auch der Indossant kann eine besondere Präsentationsfrist hinzufügen; doch berührt deren Innehaltung nur seine eigene, nicht die Verpflichtung der anderen. Der Art. 92 über die Zeit der Präsentation gilt auch hier, ebenso die Bestimmungen über die Protestzeit.

A. 6. **6. Ausübung der Präsentationspflicht.**

a) Erfolgt auf die Präsentation vom Trassaten Annahme und Datierung des Akzeptes, so liegen die ordnungsmäßigen Voraussetzungen für den nunmehr eintretenden Beginn der Verfallfrist vor.

A. 7. b) Ist die Annahme nicht zu erhalten wegen Weigerung des Bezogenen (ein beschränktes Akzept gilt nicht als verweigert) oder aus anderen Gründen, oder verweigert der Bezogene die Datierung des Akzepts, so muß der Inhaber als Bescheinigung und zugleich als Ersatz der nicht erhaltenen Annahme oder Datierung Protest erheben. Der Protest ist demnach entweder: „Protest mangels Annahme" oder „ein Protest mangels Datierung des Akzepts". Ein Protest mangels Zahlung genügt nicht (StrA. 68, 360; a. M. Bernstein 122 und für den eigenen Nach-Sichtwechsel RG. in Bl. Annal. Nr. 7, 160). Der Protesttag gilt für den Tag der Präsentation. Vom Protesttag an wird die Verfallfrist berechnet (s. Art. 20 Abs. 2 u. Art. 32).

A. 8. **7. Folgen der unterbliebenen rechtzeitigen Präsentation bzw. des unterbliebenen rechtzeitigen Protestes.**

a) Gegenüber Aussteller und Indossanten: der Regreßanspruch geht verloren. Die Klagezustellung an den Bezogenen ersetzt hier nicht den Protest (ROH. 20, 173).

b) Gegenüber dem Akzeptanten: der Akzeptant bleibt verhaftet (ROH. 16, 348). Die Verfallzeit des Wechsels wird vom letzten Tage der Präsentationsfrist an gerechnet. Der Wechsel wird also fällig mit Ablauf zweier Jahre (bzw. der im Wechsel vorgeschriebenen Präsentationsfrist) und der im Wechsel bestimmten Nachsichtfrist (ROH. 16, 346). A. 9.

Der Nachweis, daß die Präsentation zu anderer Zeit als am letzten Tage der Präsentationsfrist stattgefunden habe, ist wirkungslos (ROH. 20, 173; abweichend beim einfachen Sichtwechsel Art. 31).

Der Tag der Klagezustellung gilt jedoch dem Akzeptanten gegenüber — a. M. Bernstein (122) — wie die Präsentation (ROH. 3, 300; RG. 8, 69); ebenso gegenüber dem Aussteller des eigenen Nach-Sichtwechsels (Art. 98 Nr. 3). Nach Ablauf der Präsentations- und Nach-Sichtfrist beginnt dann die wechselmäßige dreijährige Verjährung gegen den Akzeptanten, selbst dann, wenn eine frühere Präsentation zur Sicht überhaupt nicht stattgefunden hat (ROH. 16, 346; RG. 8, 70).

8. **Protestform für die Art. 19, 20 nach dem Protestgesetz.** A. 10.
Für die Protesturkunde ist Art. 88 b maßgebend, da es sich um keinen Protest mangels Zahlung handelt. Der Protestbeamte hat eine beglaubigte Abschrift zurückzubehalten; es ist ein Vermerk über den Wechselinhalt aufzunehmen (Art. 90 Abs. 2 der jetzigen Fassung). Der Reichskanzler hat gemäß der im § 3 des Protestgesetzes ihm erteilten Befugnis ausgesprochen, daß diese Proteste der Postverwaltung entzogen sind (vgl. Verordnung im Anhang II).

9. **Im Nachverfahren** ist bei rechtskräftiger Verurteilung im Wechselprozeß der Einwand der Ungültigkeit des Wechselprotestes nicht mehr zulässig (RG. 62, 93). A. 11.

V. Annahme (Akzeptation).

Art. 21. Die Annahme des Wechsels muß auf dem Wechsel schriftlich geschehen.

Jede auf den Wechsel geschriebene und von dem Bezogenen unterschriebene Erklärung gilt für eine unbeschränkte Annahme, sofern nicht in derselben ausdrücklich ausgesprochen ist, daß der Bezogene entweder überhaupt nicht oder nur unter gewissen Einschränkungen annehmen wolle.

Gleichergestalt gilt es für eine unbeschränkte Annahme, wenn der Bezogene ohne weiteren Beisatz seinen Namen oder seine Firma auf die Vorderseite des Wechsels schreibt.

Die einmal erfolgte Annahme kann nicht wieder zurückgenommen werden.

A. 1. **1. Die Akzepthaftung.** Die Art. 21--28, die von der Annahme handeln, finden auf den eigenen Wechsel naturgemäß keine Anwendung. Das Akzept des eigenen Wechsels ist wirkungslos (über den Zusatz: „angenommen" zur Ausstellerunterschrift Art. 96²).

Die Verpflichtung des Bezogenen entsteht nicht durch die Niederschrift des Akzeptes allein (Kreationstheorie, s. Art. 8²; Grünhut [§ 6] mit der in Art. 8³ hervorgehobenen Modifikation). Vielmehr ist weitere Voraussetzung behufs Entstehung der Verpflichtung hier, wie bei der Verpflichtung des Ausstellers und des Indossanten (Art. 8²ff., Art. 9⁶), ein **Begebungs- (Akzeptations-) Vertrag.** Dieser Vertrag kommt in der Regel so zustande, daß das Angebot in der Präsentation seitens des Wechselinhabers besteht und die Annahme in der Niederschrift des Akzeptes, die somit den Vollendungsakt des Vertrages bildet (Goldschmidt in ZHR. 28, 84; Bernstein 129; Dernburg § 263[4]). In diesem Regelfalle ist daher eine Aushändigung des akzeptierten Wechsels zur Perfektion des Vertrages nicht nötig. Mit der diesseitigen Auffassung steht der Abs. 4 unseres Artikels im Einklange, der dahin auszulegen ist: die einmal „wirksam", d. h. gemäß einem Begebungsvertrag erfolgte Annahme könne nicht wieder zurückgenommen werden (unten A. 5).

In selteneren Fällen kommt der Begebungsvertrag A. 2. auch in folgender Weise zustande: Der Akzeptant setzt sein Akzept auf den Wechsel — es wird meist ein Blanko-, kann aber auch ein sonst fertiger Wechsel, z. B. der trassiert-eigene Wechsel (Art. 6 Abs. 2), sein — und schließt auf Grund dieses Akzeptes einen Wechselvertrag. Hier liegt die Vollendung, der Schlußakt des Wechselvertrages meist in der Aushändigung des Akzeptes.

Gegen diese Vertragstheorie wird der Einwurf er- A. 3. hoben (z. B. von Lehmann 237), es könne der Gesichtspunkt des Vertrages deswegen nicht aufrechterhalten werden, weil die Akzeptation auch eingeschränkt erfolgen könne (Art. 22). Indes wird übersehen, daß für das Akzept die sonst im Rechtsverkehr geltende Regel nicht Platz greift, nach welcher die Einschränkung bei einer Annahme gleichsteht einer Ablehnung in Verbindung mit einer neuen Offerte. Die Wechselordnung bestimmt eben im Art. 22 ausdrücklich, die Annahme seitens des Bezogenen könne in der dort vorgeschriebenen Weise beschränkt werden, sie bleibe aber trotzdem Annahme (Abs. 1 für Teilakzept), sie bewirke nach ihrem Inhalt wechselmäßige Haftung (Abs. 2 für sonstige Einschränkungen).

Die gegnerische Rechtsanschauung, die schon mit der A. 4. bloßen Niederschrift die Obligation des Akzeptanten entstehen läßt, baut sich auf folgender Konstruktion auf. Das Akzept sei die Vervollständigung einer fremden Urkunde, so daß sich der Akzeptant die für den Eigentümer der Urkunde aus dem Akzept ergebende höhere Bedeutung gefallen lassen müsse. Diese nicht recht schlüssige Konstruktion scheitert schon an dem oben (A. 2) hervorgehobenen Falle, in dem eine fremde Urkunde nicht in Frage steht, vielmehr die Urkunde dem Akzeptanten noch gehört, und könnte nur für den Akzeptanten eines fertigen, nicht für den eines Blankowechsels gelten.

Das Reichsgericht schwankt. Es steht für die Entstehung der Akzeptverbindlichkeit auf dem Boden der Vertragstheorie, die Geben und Nehmen erfordert, in Bd. 2, 91; 14, 23 u. 24; 9, 57 (letztere zu Unrecht von den Gegnern für sich zitiert, sie steht vielmehr im Einklange mit dem in A. 1 behandelten Regelfalle); widersprechend aber 24, 90; Bolze 11, 269. Weiteres vgl. Art. 82[16]ff.; dort auch über die Einrede des mangelnden Wechselvertrages, insbesondere auch gegenüber dem gutgläubigen Dritten.

A. 5. **2. Unwiderruflichkeit der Annahme-Erklärung.** Sie ist im Abs. 4 ausgesprochen und in Übereinstimmung mit der oben (A. 1) entwickelten Auffassung dahin auszulegen, daß eine „wirksam", d. h. gemäß einem Begebungsvertrage erfolgte Annahme nicht zurückgenommen werden kann (RG. 9, 59): das „wieder" in Abs. 4 ist überflüssig. Dies gilt auch für das Akzept eines an eigene Order gezogenen und noch nicht indossierten Wechsels (RG. bei Gruchot 35, 1143). Anders beim Blankoakzept (A. 2; RG. 2, 91).

A. 6. Durchstreicht der Akzeptant vor der Aushändigung sein Akzept, so hört für den Regelfall seine Verbindlichkeit nicht auf, da schon mit der Niederschrift die Annahmeerklärung (der Akzeptationsvertrag) wirksam geworden ist. Ein solcher Wechsel kann allerdings nicht im Wechselprozeß eingeklagt werden. Dagegen ist Klage auf Wiederherstellung des Akzeptes zulässig (ROH. 1, 274).

A. 7. Das Verbot der Akzeptzurücknahme im Abs. 4 setzt natürlich voraus, daß es zur Zeit der Zurücknahme einen Berechtigten gibt, der aus der Akzeptation Rechte herleiten kann. Ist ein solcher Berechtigter nicht oder nicht mehr vorhanden, z. B. nach Tilgung der Wechselverbindlichkeit durch den Akzeptanten, so kann die Durchstreichung des Akzeptes wirksam erfolgen.

3. **Platz.** Auf dem Wechsel muß die Akzeptation geschehen. Es genügt nicht Akzeptation auf der Kopie (s. Art. 70²; a. M. Grünhut § 57⁷). Die Ehrenannahme kann auch auf der Kopie erfolgen (Art. 62, Art. 60²), ebenso ein Aval des Akzepts, wenn das Akzept auf dem Original selbst gegeben ist (Art. 81). Das Akzept auf dem Duplikat ist gültig: werden mehrere Duplikate mit dem Akzept versehen, so haftet der Akzeptant aus jedem Exemplar (Art. 66³, Art. 67³). Unwirksam ist das außerhalb des Wechsels in einer Urkunde selbst vor dem Notar erklärte Akzept, auch wenn sie angeheftet wäre (ROH. 22, 213). A. 8.

Der Akzeptvermerk braucht nicht quer auf der Vorderseite zu stehen, wo er allerdings gewöhnlich seinen Platz hat (RG. 12, 120). Er kann auch auf der Rückseite sich befinden; nur muß dann der Namenszeichnung eine Erklärung, aus welcher das Akzept sich ergibt, beigefügt sein (arg. e contr. aus Abs. 3), weil die Unterschrift allein als Avalerklärung aufgefaßt werden könnte. Ist das Akzept auf der Vorderseite erfolgt, so kann es nicht durch Erklärungen auf der Rückseite des Wechsels wieder beseitigt werden (StrA. 30, 342). A. 9.

4. **Form.** A. 10.

a) Die Zeichnung des Namens oder der Firma des Akzeptanten muß schriftlich (verbis „geschriebene, unterschriebene Erklärung") erfolgen, nicht durch Druck, Stempel, Faksimile oder sonstige mechanische Herstellung (s. Art. 4²⁸). Vgl. ebendort für den Fall einer aus Sach- und Personenbezeichnung zusammengesetzten Firma (RG. 47, 165). Der die Annahmeerklärung enthaltende Zusatz kann aber mechanisch hergestellt sein. Eine bloß mündliche Erklärung, den Wechsel bei Verfall zahlen zu wollen, ist wechselmäßig unwirksam (ROH. 22, 213). Ebensowenig entsteht aus der mündlichen Genehmigung eines falschen oder mangelhaften Akzepts eine Wechselpflicht, vielmehr ist hier ein nur durch Zession übertragbares Recht auf Erfüllung der mündlich übernommenen Verpflichtung begründet (ROH. 21, 165).

A. 11. b) Eine bestimmte Form für die Annahmeerklärung besteht nicht; vielmehr gilt jede auf den Wechsel geschriebene und von dem Bezogenen unterschriebene Erklärung für eine unbeschränkte Annahme, sofern nicht in derselben ausdrücklich ausgesprochen ist, daß der Bezogene entweder überhaupt nicht oder nur unter gewissen Einschränkungen annehmen wolle. Übliche Formeln: „akzeptiert", „angenommen", „ich verspreche zu zahlen", „ich werde die Ehre haben", „ich werde einlösen", „gesehen", „werde honorieren", „gut für". Es ist aber nicht einmal erforderlich, daß der Inhalt der Erklärung ein ausdrückliches oder stillschweigendes Einverständnis wiedergebe; vielmehr ist es unerheblich, welchen Inhalt die Erklärung hat, sofern sie nur nicht das Gegenteil der Annahme oder ihre Einschränkung ausdrückt. Wirksam sind sonach: „Prolongiert" (ROH. 14, 268), „Hurra Sedan" mit der Unterschrift.

Formeln, die eine Ablehnung enthalten: „Gesehen, aber nicht angenommen", „zurückgewiesen". Der Zusatz „bis zum . . . . zu zahlen" gilt pro non scripto (ROH. v. 15. Jan. 78 in Sachen Levin ./. Rosenstein). Dagegen hält das Kammergericht (KGBl. 98, 30) das Akzept in einem solchen Fall für ungültig. Der Zusatz des Bezogenen: „angenommen per aval" macht das Akzept nicht unwirksam (RG. 50, 12ff.).

A. 12. Kürzeste Form: Unterschrift des Namens oder der Firma des Bezogenen auf der Vorderseite des Wechsels (Abs. 2).

A. 13. Was für die Ausstellerunterschrift zu Art. 4 Nr. 5 ausgeführt ist, gilt auch für die des Akzeptanten; also bei Unterschrift durch einen Vertreter Art. 4[28] u. 31, durch einen Bevollmächtigten Art. 4 30 a, für die Namensschrift der Blinden, Taubstummen und Analphabeten Art. 4 29, für das Schreiben auf Diktat Art. 4 32. Der Trassant kann für den Trassaten unterzeichnen (RG. 24, 87). Der Universalrechtsnachfolger (Art. 2 2), insbesondere der Erbe kann akzeptieren (s. A. 15). Der Familienname muß aus dem Akzept deutlich hervorgehen; daher ungültiges Akzept des Benno Fuchs: „Selig Fuchs und Sohn Benno" (ROH. 11, 213).

5. **Zeit.** Das Akzept braucht nicht datiert zu sein (ROH. 19, 319). Daher auch ein unmögliches Datum (31. April) unschädlich. (Über Datierung der Wechsel nach Sicht s. Art. 20). Wann das Akzept auf den Wechsel zu setzen ist, wird vom Gesetz nicht bestimmt. Es ist auch nach Verfall, aber nicht nach Eintritt der Verjährung wirksam (a. M. Bernstein 126). Keine Vermutung, daß die undadierte Annahme am Tage der Wechselausstellung erfolgt sei (ROH. 20, 100), eher für das Gegenteil (s. indes RG. 11, 7). Wer Rechte daraus ableitet, daß die undatierte Annahme zu einer bestimmten Zeit erfolgt sei, muß das Datum nachweisen (ROH. 6, 336); also der Kläger, daß der akzeptierende Sozius einer offenen Handelsgesellschaft zur Zeit des Akzepts vertretungsberechtigt war. Dagegen ist der Akzeptant, wenn er seine Wechselunfähigkeit zur Zeit des Akzepts behauptet, nach herrschender Ansicht beweispflichtig (ROH. 20, 100; Art. 1 14). A. 14.

6. **Materielle und formelle Übereinstimmung zwischen der Bezeichnung des Trassaten und dem Akzept** ist für die Wirksamkeit des Akzepts erforderlich (s. indes ROH. 3, 271). Indes sind Abweichungen unwesentlich, falls sich Identitätszweifel trotzdem aus der Urkunde nicht ergeben (OLG. Karlsruhe in DJZ. 02, 464: Firma hieß „Molz & Lorenz", gezogen war auf „Friedr. Molz und Lorenz", Molz akzeptierte „Fr. Molz und Lorenz"). **Unwesentlich** sind also Schreibfehler, Ungenauigkeiten, erkennbare Abkürzungen, Fehlen des Vornamens im A. 15.

Akzept oder in der Adresse, Anwendung des fremdsprachigen Vornamens für den deutschen (William statt Wilhelm). Im Zweifel liegt im Akzept das Anerkenntnis, der Akzeptant sehe sich als den gemeinten Bezogenen an (ROH. 14, 172; 21, 416). Auch Abweichungen zwischen „Herr" und „Frau", z. B. „Herrn E. Schulze" wird von „Frau E. Schulze" akzeptiert, oder Bezeichnung einer Firma oder Handelsgesellschaft in der Adresse als „Herr", schaden nicht. Denn das meist vorgedruckte Wort „Herr" wird als Höflichkeitsformel im Wechselverkehr zur Bezeichnung von Männern, Frauen und Firmen gebraucht (Bolze 17 Nr. 305, wo auf Herrn P. Kl. gezogen war, während P. Kl. eine offene Handelsgesellschaft war; die Inhaber der offenen Handelsgesellschaft wurden verurteilt; dagegen ROH. 21, 416).

Lautet die Adresse auf den bürgerlichen Namen und akzeptiert der Alleininhaber unter seiner von dem bürgerlichen Namen verschiedenen Firma („Herrn Georg Schultze" — „Angenommen Ernst Schultze & Co.", deren Alleininhaber Georg Schultze ist) oder umgekehrt, so ist das Akzept unwirksam, weil die Identität nicht aus der Urkunde erhellt. Dagegen ist die Identität wechselurkundlich vorhanden, wenn gezogen ist auf „Ernst Otto Schwarze & Co." und „Ernst Otto Schwarze in Firma Ernst Otto Schwarze & Co." akzeptiert, denn es liegt eine Firmenzeichnung vor, nicht bloß eine Namensunterschrift mit Kennzeichnung. (Vgl. auch JW. 02, 636[19], Art. 4[11]; dagegen ROH. 12, 172; 20, 262 und Staub 4. Aufl. § 5). Es genügt aber nicht, wenn bei der Tratte auf eine offene Handelsgesellschaft ein Mitinhaber mit seinem bürgerlichen Namen akzeptiert (ROH. 20, 262), wie überhaupt der als Vertreter des Bezogenen Akzeptierende (Vorstand, Prokurist) dies ausdrücklich tun muß. Wer als Rechtsnachfolger des Bezogenen das Akzept zeichnet, muß die Rechtsnachfolge ausdrücklich hervorheben (s. oben A. 13 und RG. 35, 38, wo dies nicht geschehen war, vielmehr das Akzept einer Aktiengesellschaft P. & Co. limited vorlag, während der Wechsel auf eine Handelsgesellschaft P. & Co. gezogen war, die das Handelsgeschäft auf die Aktiengesellschaft übertragen hatte). Bei Veräußerung eines Geschäftes mit Firmenrecht darf der Veräußerer den auf die Firma lautenden Wechsel nicht akzeptieren, dagegen der neue Erwerber (a. M. Staub 4. Aufl. § 4 u. Bernstein 124 bezüglich des Erwerbers).

7. **Allein-Akzept des Nichtbezogenen.** a) Die von einem Dritten (Nichtbezogenen) auf den (nicht notleidenden) Wechsel gesetzte Akzeptationserklärung begründet keine wechselmäßige Verhaftung des Dritten, auch wenn für seine Rechnung das dem Wechsel zugrunde liegende Geschäft läuft. Ist jedoch ein formell gültiges Akzept des Bezogenen hinzugekommen, so haftet der Dritte als Avalist, es liegt dann eine gültige Mitannahme vor (ROH. 18, 141; — RG. 14, 18; 35, 43; vgl. Art. 81 6). Der Protest ist beim Bezogenen zu erheben. A. 16.

Falls der Wechsel Not gelitten hat, kann die Ehrenannahme seitens der Notadresse oder auch eines jeden Dritten erfolgen (Art. 56, 57).

b) Wenn ein Vormund in Angelegenheiten seines Mündels auf seinen eigenen Namen ohne Zusatz eines Vertretungsverhältnisses ziehen läßt und demnächst als Vertreter seines Mündels akzeptiert, so entsteht aus dem Akzepte weder eine Wechselverbindlichkeit des Mündels, noch eine solche des Vormundes (RG. 35, 43).

8. **Blankoakzept** vgl. Art. 82 43 ff., **Gefälligkeitsakzept** Art. 82 36. A. 17.

9. Über Verpflichtung zur Annahme s. Art. 23 1. A. 18.

10. **Fremde Rechte zu Art. 21—24.** In Frankreich, England und Belgien muß die Annahme auf dem Wechsel stehen und unterzeichnet werden. Das Teilakzept (Art. 22) wird nur in Frankreich und Belgien zugelassen, während andere Modifikationen den Wechsel dort ungültig machen; über englisches Recht Späing 86. — S. a. Meyer 66 ff. A. 19.

Art. 22. Der Bezogene kann die Annahme auf einen Teil der im Wechsel verschriebenen Summe beschränken.

Werden dem Akzept andere Einschränkungen beigefügt, so wird der Wechsel einem solchen gleichgeachtet, dessen Annahme gänzlich verweigert worden ist, der Akzeptant haftet aber nach dem Inhalte seines Akzepts wechselmäßig.

A. 1. **1. (Abs. 1) Teilakzept.**

a) Die Beschränkung auf einen Teil der im Wechsel verschriebenen Summe muß sich der Wechselinhaber gefallen lassen; sie ist auch dem Aussteller und dem Indossanten gegenüber wirksam (näheres Art. 21[3]). Ein Mehrakzept ist in Höhe des überschießenden Teils unwirksam. Lehmann läßt (S. 452) den Akzeptanten für den Überschuß haften; ebenso Thöl § 81 II, wenn das Akzept ein Orts- und Zeitdatum hat.

A. 2. b) Weist der Inhaber das Teilakzept zurück, so verliert er im Umfange desselben den Regreß auf Sicherstellung wegen nicht erhaltener Annahme (Art. 25). Nur um sich das Recht auf den Rest zu erhalten, muß er Protest als Voraussetzung des Kautionsregresses erheben (Grünhut § 59).

A. 3. **2. (Abs. 2) Andere Einschränkungen.**

a) Einschränkungen des Akzepts, welche sich nicht auf die Summe beziehen, können erfolgen bezüglich der Zahlungszeit (ROH. 21, 150); des Zahlungsorts (ROH. 25, 123); des Orderverbots: „angenommen für usw. jedoch nicht an Order" (ROH. 14, 62); der Zahlungsbedingungen.

A. 4. b) **Wirkung:**

α) Bezüglich des Akzeptanten. Er haftet wechselmäßig nach dem Inhalt seines Akzepts.

β) Bezüglich der Regreßschuldner (Aussteller

und Indossanten) Ihnen gegenüber liegt Akzeptverweigerung vor. Für ihre Regreßpflicht bleibt der Inhalt des Wechsels, nicht des Akzeptes maßgebend; ob auch denjenigen Indossanten gegenüber, welche den Wechsel erst nach dem eingeschränkten Akzept begeben haben, ließ ROH. 21, 151 dahingestellt. Der präsentierende Inhaber muß, um sich den Kautionsregreß zu erhalten (Art. 25) Protest erheben. Der Wechsel muß bei Verlust des Zahlungsregresses am wechselmäßigen Verfalltag und Zahlungsort dem Bezogenen gegenüber protestiert werden (ROH. 21, 151). Auch im übrigen ist für die Regreßschuldner der Wechselinhalt maßgebend, also sein Zahlungstag für die Verfallzeit und Verjährung, sein Zahlungsort für die Wechselhandlungen usw. (ROH a. a. O.).

3. Einzelne Einschränkungen. A. 5.

a) Hinausschiebung oder Zurückdatierung der Zahlungszeit. Gegen den Akzeptanten beginnt die Verjährung nicht mit der von ihm angegebenen Zahlungszeit, sondern mit dem ursprünglichen Verfalltag (a. M. Grünhut § 59; vgl Art. 77). Die Protestzeit richtet sich nach dem wechselmäßigen Verfalltag (s. Art. 41[9]).

b) Abänderung des Zahlungsorts (ohne Genehmigung des Ausstellers) macht den Wechsel nicht zum Domizilwechsel (ROH. 25, 123). Protest im Domizil war hier dem Aussteller und den Indossanten gegenüber schon vor der Protestnovelle unwirksam, auch dem Akzeptanten gegenüber nicht notwendig, jetzt nach der neuen Fassung der Art. 43, 44 sicher nicht. Der domizilierte Wechsel behält den Charakter eines solchen, auch wenn der Trassat seinem Akzept den Zusatz beifügt, an seinem Wohnsitz zahlen zu wollen; doch war schon vor der Protestnovelle in diesem Falle die Haftung des Akzeptanten unabhängig von der Protesterhebung, jetzt sicher nach der Fassung der Art. 43, 44 (Staub-Stranz A. 9). A. 6.

c) „Nicht an Order“, dem Akzept als Zusatz beigefügt, bewirkt, daß der Akzeptant dem späteren Indossatar nicht haftet (ROH. 14, 62). A. 7.

A. 8. d) **Die Bedingungen**, soweit sie den Wechsel ungültig machen, heben auch die Wirksamkeit des Akzepts auf (streitig; s. Bernstein S. 131).

Unter den Zusatz: „angenommen per aval" vgl. Art. 21[11].

A. 9. 4. Räumliche Trennung von Akzept und Modifikation (Abs. 1 u. 2) macht den Einschränkungsvermerk wirkungslos (StrA. 30 S. 344; a. M. Bernstein S. 132).

Art. 23. Der Bezogene wird durch die Annahme wechselmäßig verpflichtet, die von ihm akzeptierte Summe zur Verfallzeit zu zahlen.

Auch dem Aussteller haftet der Bezogene aus dem Akzepte wechselmäßig.

Dagegen steht dem Bezogenen kein Wechselrecht gegen den Aussteller zu.

I. Die Wechselhaftung des Akzeptanten.

A. 1. 1. Über den Entstehungsgrund der Verpflichtung s. Art. 21[1ff]. Sie beruht nicht auf der Annahme allein, erfordert vielmehr noch den Begebungsvertrag. Eine **Verbindlichkeit zur Annahme** besteht wechselrechtlich nicht. Vielmehr richtet sie sich nach dem zugrunde liegenden Verhältnis; nach ihm ist auch die Verpflichtung des Trassaten zur Zahlung der Protestkosten zu beurteilen.

A. 2. 2. **Allen Wechselberechtigten**, dem Aussteller und dem Wechselnehmer, haftet der Akzeptant. Nach Abs. 2 haftet er dem Aussteller wechselmäßig, also nicht nur dann, wenn der Aussteller an eigene Order gezogen hat oder Indossatar (Art. 10 Satz 2) ist, sondern auch dann, wenn der Aussteller an fremde Order gezogen hat. Im Falle der Einlösung entsteht nicht etwa sein Recht durch sie, es lebt vielmehr wieder auf (Art. 10[9]). Den Beweis der Einlösung erbringt der Aussteller durch Vorlegung von Wechsel und Protest. Er braucht nicht etwa

Zahlung zu beweisen. Einlösungsart ist gleichgültig (ROH. 14, 327). Auch den präjudizierten Wechsel kann der Aussteller einlösen und vom Akzeptanten Zahlung verlangen, da die Akzeptantenhaftung durch die Präjudizierung nicht berührt wird.

3. Der Akzeptant ist der Wechselhauptschuldner (Gegensatz: Wechselregreßschuldner, das sind Aussteller und Indossanten, Art. 41 ff.). Durch Zahlung oder anderweite Schuldtilgung seitens des Akzeptanten erlischt die Wechselverbindlichkeit (näheres Art. 82 12, 72 ff.). A. 3.

4. Die Präsentation. Die Vorlegung des fälligen, mit Quittung versehenen Wechsels am Zahlungsort ist dem Bezogenen gegenüber erforderlich (beim domizilierten Wechsel genügt die Präsentation beim Domiziliaten — s. Staub-Stranz Art. 40 11, 12; hinsichtlich des Regreßpflichtigen vgl. Art. 23 4); die Wechselschuld ist ihrer Natur nach eine Holschuld (BGB. § 295), weil der Schuldner nicht wissen kann, wo der Wechsel steckt, und erst durch die Präsentation von der Person des Wechselgläubigers Kenntnis erlangt. Nur ist die Erhaltung des Wechselrechts gegen den Akzeptanten von der Präsentation nicht abhängig, seit der Protestnovelle auch nicht beim domizilierten Wechsel mit benanntem Domiziliaten (Art. 44 neuer Fassung). Wird ohne vorgängige Präsentation geklagt, so kann nach der in Praxis und Theorie herrschenden Meinung die Klage nicht abgewiesen werden, weil die Präsentation den Wechselanspruch nicht begründet, sondern notwendig ist, um den nicht schon durch Verfall des Wechsels eintretenden Verzug des Bezogenen herbeizuführen (ROH. 14, 31; — RG. 8, 66; a. M. Bernstein 136). Erst von der Präsentation ab, es sei denn, daß sie im Wechsel oder außerhalb desselben erlassen ist (ROH. 19, 130), laufen Verzugszinsen; bei nicht erfolgter Präsentation von der Klagezustellung an, es sei denn, daß der Schuldner sofort anerkennt (§§ 284 ff. BGB.); im letzteren Falle treffen A. 4.

ihn auch nicht die Prozeßkosten (§. 93 ZPO.). Während vor der Protestnovelle beim domizilierten Wechsel der Akzeptant Verzugszinsen erst vom Protesttage an zu zahlen hatte, ist dies infolge der Neufassung des Art. 44 weggefallen. Im Wechselprozeß ist bezüglich der Präsentation nicht bloß Urkundenbeweis, sondern auch Eideszuschiebung zulässig (§ 605 ZPO.). Die Präsentation kann auch erlassen werden.

Über den Ort der Präsentation vgl. Art. 91.

Diese Präsentation, die an keine Frist und kein besonders geartetes Beweismittel gebunden ist, muß von der Präsentation und dem Protest zwecks Erhaltung und Sicherung des Regreßanspruchs (Art. 41 ff.) geschieden werden; der Regreß geht, falls dem Hauptwechselschuldner nicht rechtzeitig präsentiert wird, verloren, es sei denn, daß die Präsentationspflicht erlassen ist (Art. 42).

A. 5. 5. **Umfang der Akzeptantenhaftung.** Der Akzeptant schuldet in allen Fällen die von ihm akzeptierte Summe. Im übrigen ist zu unterscheiden:

a) Der Wechsel wird rechtzeitig (vgl. A. 4) honoriert: der Akzeptant hat nur die akzeptierte Summe zu zahlen. Er kann sich unter Umständen durch Hinterlegung befreien (Art. 40, Art. 98 Ziffer 5).

b) Der nicht rechtzeitig honorierte Wechsel wird protestiert, und es haftet ein Regreßschuldner neben dem Akzeptanten: nach Art. 81 steht der Akzeptant für alles ein, was der Wechselinhaber wegen Nichterfüllung der Wechselverbindlichkeit zu fordern hat. Der Akzeptant hat daher zu zahlen:

A. 6. α) dem protestierenden Inhaber (Art. 50):
die Wechselsumme,
6 Prozent Zinsen hiervon seit dem Verfalltage,
die Protestkosten und andere Auslagen,
eine Provision von 1/3 Prozent,

A. 7. β) dem Indossanten, welcher den Wechsel im

Regreßwege eingelöst hat (Art. 51):
die gezahlte Summe,
6 Prozent Zinsen hiervon seit dem Tage der Zahlung,
die ihm entstandenen Kosten,
eine Provision von 1/3 Prozent.

c) Der Wechsel wird nicht rechtzeitig honoriert und es haftet kein Regreßschuldner neben dem Akzeptanten, entweder A. 8.

α) wenn nicht, bzw. nicht gehörig protestiert ist, oder

β) wenn der Aussteller direkt seinen Anspruch gegen den Akzeptanten geltend machte.

Die Wechselordnung gibt über die dem Akzeptanten außer der Zahlung der akzeptierten Summe noch obliegenden Nebenleistungen keine ausdrückliche Bestimmung.

Der Akzeptant hat zu zahlen:

zu α) Wechselsumme nebst 6 Prozent Zinsen seit dem Verzuge (ROH. 14, 31; 22, 305). Die Höhe der Verzugszinsen bestimmt sich nach einem Wechselgewohnheitsrecht auf 6 Prozent. Auch fernere Unkosten, die etwa aus dem Verzuge entstanden sind, hat der Akzeptant nach allgemeinen Grundsätzen zu tragen, aber keine Provision (RG. 41, 127);

zu β) dem Aussteller die im Art. 50 verzeichneten Beträge, wenn der Aussteller den Wechsel selbst hat protestieren lassen, oder die des Art. 51, wenn der Aussteller den Wechsel im Regreßwege eingelöst hat (A. 6 u. 7), jedoch in beiden Fällen nach der herrschenden zutreffenden Meinung keine Provision (RG. 41, 127; vgl. Näheres Staub-Stranz Art. 50 §§. 11 ff. und Art. 51 § 13).

Nach einer anfechtbaren Entscheidung des OLG. Dresden (ROLG. 14, 411) können die Kosten eines Protestes, der gegen den in Konkurs geratenen Akzeptanten nach Konkurserhebung erhoben ist, nicht als Konkursforderung angemeldet werden.

Im übrigen vgl. bezüglich der Zahlungspflicht Art. 36, bezüglich der Einreden des Akzeptanten Art. 82.

A. 9. **II. Das Rechtsverhältnis des Bezogenen gegen den Aussteller (Revalierungsanspruch).**

Der Anspruch besteht wechselrechtlich nicht (Abs. 3) und kann nur zivilrechtlich begründet werden.

1. Grund des Anspruchs. Der Bezogene muß, um seinen Anspruch wirksam geltend zu machen, das dem Wechselzuge zugrunde liegende Geschäft, das eine solche Verpflichtung in sich schließen soll, darlegen und nachweisen, daß er ein Recht auf Deckung bzw. Ersatz der von ihm aufgewendeten Leistung (Revalierung) hatte (ROH. 10, 110 u. 287; Bolze 71, Nr. 419). Dies die herrschende Meinung. Die gegenteilige, vom RG. (JW. 02, 545[12]) ausdrücklich reprobierte Auffassung, die dem Akzeptanten schon auf Grund der eingelösten und vorzulegenden Tratte ein Recht auf Revalierung gibt (vgl. Grünhut § 68), ohne daß es eines weiteren Beweises bedürfte, weil die Tratte („Zahlen Sie") einen Zahlungsauftrag enthalte und der Akzeptant durch deren Vorlegung die Erfüllung des Zahlungsauftrags bewiesen habe, ist irrig. Sie gibt dem Bezogenen ein Recht aus dem Wechsel allein, das ihm gerade abgesprochen ist. Und sie nimmt den rein formellen Ausdruck: „zahlen Sie", der ein Mantel für die verschiedenartigsten Rechtsverhältnisse sein kann, zu wörtlich.

Beispielsweise wird der Akzeptant das Vorliegen eines Gefälligkeitsakzepts zu behaupten und zu beweisen haben (Art. 82[36—38]). Der Anspruch auf Deckung ist ferner begründet, wenn der Bezogene beweist, daß er im Auftrage des Ausstellers, welcher sich dadurch Barmittel verschaffte, das Akzept gegeben hat (Bolze 1 Nr. 833). Den eingelösten Wechsel braucht der Akzeptant nicht vorzulegen, wenn er in anderer Weise die Zahlung des Wechsels dartun kann (ROH. in Sachen Edel·/.Lewin v. 1. Mai 77).

2. Der Zeitpunkt der Entstehung des Revalierungsanspruchs ist Tatfrage und richtet sich nach dem unterliegenden Verhältnis. Falls weiter nichts als ein Auftrag vorliegt, so entsteht der Anspruch mit der Akzeptierung und Ausreichung des Wechsels seitens des Bezogenen, nicht erst mit der Einlösung. Er ist nur bis dahin betagt (ROH. 18, 66). A. 10.

Folgen: Vorschußrecht des Akzeptanten gemäß § 669 BGB.; Zahlung des Ausstellers an den Akzeptanten zwecks Deckung, schon vor Verfall, kann im Konkurs des Ausstellers von dessen Gläubigern gegen den Akzeptanten nicht angefochten werden (RG. 35, 26). Tritt nach erfolgtem und ausgehändigtem Akzept ein Dritter in die Firma des Ausstellers als Sozius ein, so besteht gegen diesen kein Revalierungsanspruch (ROH. zitiert A. 9).

3. Umfang. Der Deckungsanspruch umfaßt in der Regel nur die vom Bezogenen gezahlte Wechselsumme, also nicht ohne weiteres die vom Bezogenen gezahlten Protest- und Prozeßkosten (ROH. 21, 323), es sei denn, daß ein Gefälligkeitsakzept vorliegt. Provision kann der Bezogene nur auf Grund einer Abrede, als Kaufmann nur auf Grund des § 354 HGB. verlangen. Hat der Bezogene mit dem Wechselgläubiger akkordiert, so kann er nur die Akkordsumme vom Trassanten beanspruchen (RG. 4, 78). In der Plenar-Entsch. v. 15. Febr. 86 (RG. 14, 172, gegen die Entsch. des I. Sen. in Bd. 7, 81) ist der Grundsatz aufgestellt, daß neben dem Gläubiger, der Konkursdividende erhält, nicht auch der Mitverpflichtete, der einen selbständigen Regreßanspruch geltend macht, Konkursdividende beanspruchen kann. Dieser, auch für den Fall des Zwangsvergleichs festgehaltene Grundsatz ist weiter gebilligt in den Urt. RG. 32, 84; 42, 37. Die zitierten Entscheidungen erörtern auch die Rechtsverhältnisse zwischen beiden Konkursmassen, wenn der Trassant und der Bezogene in Konkurs verfallen sind und jeder die Akkordrate an den Wechselgläubiger gezahlt hat. A. 11.

A. 12. 4. Der Anspruch fällt fort, wenn der Trassant den Zahlungsauftrag zurückzieht. Er kann die gewährte Deckung zurückfordern (ROH. 6, 335; RG. 4, 79).

Art. 24. Ist in dem Wechsel ein vom Wohnorte des Bezogenen verschiedener Zahlungsort (Artikel 4 Nr. 8) angegeben (Domizilwechsel), so ist, insofern der Wechsel nicht schon ergibt, durch wen die Zahlung am Zahlungsort erfolgen soll, dies vom Bezogenen bei der Annahme auf dem Wechsel zu bemerken. Ist dies nicht geschehen, so wird angenommen, daß der Bezogene selbst die Zahlung am Zahlungsorte leisten wolle.

Der Aussteller eines Domizilwechsels kann in demselben die Präsentation zur Annahme vorschreiben. Die Nichtbeobachtung dieser Vorschrift hat den Verlust des Regresses gegen den Aussteller und die Indossanten zur Folge.

A. 1. **Natur des Domizilwechsels.** Der Domizilwechsel (Gegensatz: Platzwechsel) ist aus dem Bedürfnis entstanden, Wechseln, bei denen der Wohnort des Bezogenen ein entlegener Nebenplatz war oder im Ausland sich befand, eine leichtere Begebbarkeit zu verleihen. Der Wechsel bekommt einen Sonderzahlungsort, ein Domizil. Über den Begriff des Domizilwechsels und des Domiziliaten wird in dem vorl. Artikel gehandelt, über die Wirkungen der Domizilierung verhält sich der Art. 43. **Die Notwendigkeit des Protestes für Domizilwechsel mit benanntem Domiziliaten zur Erhaltung der Wechselrechte gegen den Akzeptanten ist infolge der Protestnovelle fortgefallen** (Art. 44).

Nach der gesetzlichen Definition des Art. 24 ist der Domizilwechsel ein solcher, in welchem ein vom Wohnort des Bezogenen (Art. 4 Nr. 8) verschiedener Zahlungsort angegeben ist. Diese Verschiedenheit muß aus dem Wechsel deutlich hervorgehen: z. B. „Herrn August Müller in Berlin, zahlbar (bei Ernst Schulze) in Breslau". Es genügt also nicht, daß im Prozesse, sei es durch Zugeständnisse oder durch anderen Beweis, Umstände festgestellt werden, die auf die Absicht der Domizilierung schließen lassen (RG. 15, 113). Jedoch kommt es nur auf die wechselmäßige (urkundliche) Verschiedenheit, nicht auf die tatsächliche, zwischen dem wirklichen Wohnort des Trassaten und dem im Wechsel angegebenen Zahlungsort an. Ort auch hier Ortschaft, politische Gemeinde; die Protestnovelle hat hieran nichts geändert (ROH. 18, 147; vgl. Art. 4 Nr. 8: über Angaben wie Berlin—Nollendorfstraße s. Art. 4 47 u. 47a).

1. **Kein Domizilwechsel:** A. 2.

a) Wenn im Wechsel nur eine Zahlstelle in der gleichen Ortschaft oder ebendort eine andere Zahlungsperson angegeben ist: uneigentlicher, unechter Domizilwechsel (vgl. Art. 43 Abs. 2; ROH. 17, 53; 25, 108; RG. bei Gruchot 33, 1064). Über den Protestaten und über das Lokal der Protesterhebung in diesem Falle s. die Erläuterungen bei Art. 43 Abs. 2 u. Art. 88 9 u. 15 ff.

b) Wenn nur der Vermerk: „zahlbar beim Aussteller" beigefügt ist (ROH. 3, 6; 17, 53; RG. 25, 60).

c) Wenn der Vermerk zahlbar bei einer bestimmten Person, z. B. „zahlbar bei Kaufmann M.", ohne weitere Ortsangabe beigefügt ist, selbst wenn diese Person tatsächlich an einem anderen Orte, als der Bezogene, wohnt (ROH. 25, 108; RG. 14, 198; 15, 113).

d) Wenn die Ortsverschiedenheit nicht deutlich aus dem Wechsel hervorgeht (Einem auf K. in Vordamm gezogenen Wechsel war der Vermerk: „zahlbar im Kassenlokal der Driesener Spar- und Vorschußkasse" beigefügt. Kein Domizilvermerk, weil diese Vorschußkasse auch ein Kassenlokal in Vordamm haben könnte, ROH. 2, 230).

A. 3. 2. **Wer kann domizilieren?** Der herrschenden Ansicht nach nur der **Aussteller**, weil dieser den Inhalt des Wechsels und daher auch den Zahlungsort bestimmt (RG. 3, 62). Der Aussteller braucht es nicht persönlich zu tun, sondern kann die Domizilierung einem anderen, auch dem Akzeptanten, entweder ausdrücklich oder stillschweigend gestatten (RG. 18, 115). Der Aussteller kann einseitig und vor dem Akzept domizilieren (ROH. 6, 24). Die nach dem Akzept ohne Wissen des Akzeptanten erfolgte Domizilierung berührt den Akzeptanten nicht. Der Domizilvermerk gilt hier pro non scripto; gegenüber dem Aussteller und dem Indossanten bedarf es dann nicht des Protestes am Domizil (RG. 28, 122; 32, 38).

A. 4. **Nachträgliche Beifügung durch einen Unbefugten.** Sie ist eine — ungemein oft vorkommende — Fälschung. Der Wechsel bleibt gültig, zumal der Domizilvermerk kein wesentlicher Bestandteil des Wechsels ist. Es greift der allgemeine, auch sonst bei Fälschungen herrschende Grundsatz Platz, jeden einzelnen Unterzeichner nach Maßgabe desjenigen Inhalts haften zu lassen, den der Wechsel zur Zeit der Abgabe seiner Unterschrift, bzw. seiner späteren Genehmigung hatte. Der Wechsel ist sonach rücksichtlich derjenigen Verpflichteten, ohne deren Wissen und Willen der Domizilvermerk beigefügt worden ist, wie ein nicht domizilierter zu behandeln (RG. 82, 38; s. a. Art. 75, 76[11]). So kann z. B. der Indossant, der bei Indossierung noch einen Domizilvermerk auf den Wechsel gesetzt hat, nicht dem späteren Wechselinhaber gegenüber, der an diesem Domizil hat protestieren lassen, geltend machen, der Wechsel sei am unrichtigen Orte protestiert (RG. 32, 38). Die Einrede der unbefugten Domizilierung des Wechsels kann gegen jeden Wechselinhaber, auch den redlichen, erhoben werden (Art. 75, 76[12]; RG. in JW. 06, 765[37]); anders bei abredewidriger Domizilierung eines Blanketts (s. Art. 82[54f.]).

Über die Beweislast s. Art. 75[13]. Hiernach muß

z. B. der verklagte Aussteller, der behauptet, daß der Domizilvermerk „ohne sein Wissen und Wollen" nachträglich beigefügt sei, für die Regel dies beweisen (ROH. 11, 30); aber anders RG. in JW. 03, 186[46]; der Beklagte braucht nicht zu beweisen, daß die Hinzufügung des Domizils ohne seine Zustimmung erfolgt sei. — Die Eideszuschiebung über das Wissen von der nachträglichen Hinzufügung ist unzulässig (RG. eodem)

Ein Domizilvermerk des Akzeptanten ohne Genehmigung des Ausstellers (z. B. Angenommen . . . zahlbar bei Herrn L. in B.) ist ein beschränktes Akzept (Art. 22), kein Domizilwechsel; es ist kein Protest im Domizil (Art. 43) nötig. Diese Beschränkung muß formell einen Bestandteil der Akzepterklärung bilden. — Über den Fall des Domizilvermerks durch den Akzeptanten mit Genehmigung des Ausstellers vgl. A. 3 und ROH. 25, 122. A. 5.

Die Durchstreichung des Domizilvermerks hebt, wenn berechtigt, z. B. vor dem Akzept vorgenommen, den Domizilcharakter des Wechsels auf. Sie kann aber den Wechsel für den Wechselprozeß untauglich machen (s. a. Art. 75, 76[11], [14], [21]). Ist sie eine unberechtigte, so bleibt der Wechsel für die bisherigen Wechselzeichner domiziliert; die späteren haften nach Maßgabe des von ihnen unterzeichneten Wechselinhalts (A. 4). Die Durchstreichung eines von mehreren Domizilvermerken läßt erkennen, daß nur der eine stehengebliebene Domizilvermerk gelten solle (JW. 04, 152[29]). A. 6.

3. **Platz und Form.** Es ist ohne Belang, wo der Domizilvermerk steht, ob im Kontext des Wechsels oder neben der Adresse. Meist steht er unter der Adresse (vgl. Art. 99[1]; RG. 15, 112). A. 7.

Die Form ist nicht vorgeschrieben. In der Regel lautet der Domizilvermerk: „zahlbar in . . . bei . . ." oder „zahlbar durch . . ." ohne Unterschrift des Ausstellers (ROH. 5, 126; — RG. 25, 56 u. 62; 28, 103). Aber der Vermerk muß einen Teil des Wechselinhalts bilden. Fügt ihn der Akzeptant der Akzepterklärung bei, so ist der Domizilvermerk, selbst wenn der Akzeptant vom Aussteller die Ermächtigung zur Beifügung eines Domizilvermerks hatte, unwirksam (ROH. 25, 123; oben A. 3 und 5). — Die Klausel „Domizil offen" ist nach Handelsgebrauch so auszulegen, daß der Empfänger befugt ist, das Domizil beizufügen (KG. im Recht 07, 520).

A. 8. 4. **Die Bezeichnung des Domiziliaten** kann erfolgen:

a) positiv durch Benennung einer vom Trassaten verschiedenen Person: benannter Domiziliat, oder kurzweg: Domiziliat,

α) seitens des Ausstellers, was die Regel ist,

β) seitens des Akzeptanten, wenn der Aussteller den Domiziliaten nicht benannt hat, bei der Annahme, aber nicht später.

Der Aussteller eines Domizilwechsels kann in ihm Präsentation zur Annahme bei Verlust des Regresses gegen den Aussteller und die Indossanten vorschreiben (Art. 24 Abs. 2; ROH. 3, 291; — einziger Fall für die Notwendigkeit der Präsentation zur Annahme),

b) oder negativ. Wenn weder der Aussteller noch der Akzeptant einen Domiziliaten benannt hat, so wird angenommen, der Bezogene wolle selbst die Zahlung am Zahlungsorte leisten.

A. 9. 5. **Die Person des Domiziliaten** muß bestimmt sein und Rechtspersönlichkeit (Wechselfähigkeit) haben. Unerhebliche Ungenauigkeiten schaden auch hier nicht (Bank à Pirna für Pirnaer Bank zu Pirna, ROH. 12, 243). Ungenügend: „Sekretariat des Stadtgerichts Berlin" (ROH. 3, 292; 4, 57), „zahlbar auf dem Kontor des Vorschußvereins zu . . .", „beim Portier Goldgießerstr. 3", „in München Hotel Reichshof", weil damit nicht eine Person, sondern lediglich ein Gasthof bezeichnet ist. In derartigen Fällen liegen höchstens Zahlstellen vor (RG. 28, 103; 48, 139).

Als genügend wird dagegen angenommen: „zahlbar an

der Gewerbekasse in L.", weil dies dahin ausgelegt wurde: „zahlbar an dieser Kasse durch den hierzu berufenen Vertreter oder Angestellten derselben" (RG. 1, 17, vgl. aber die u. E. zutreffende Entsch. RG. 28, 103). Auch Trassant, Remittent und Indossant können als Domiziliaten benannt werden — in solchen Fällen kann die Wechselschuld in eine Bringschuld verwandelt sein (RG. 28, 104), — dagegen nicht der Trassat bzw. der Aussteller des eigenen Wechsels (ROH. 15, 36; RG. 15, 14).

Die Benennung mehrerer Domiziliaten alternativ ist unzulässig (RG. 25, 62; vgl. Art. 7[46]).

6. **Die Rechtsstellung des Domiziliaten.** Er ist weder aktiv noch passiv aus dem Wechsel legitimiert. Er ist nur solutionis causa adiectus, wechselmäßiger Zahlungsleister, Zahlungsperson als Vertreter des Bezogenen, wie der Domizilvermerk überhaupt lediglich die Zahlung betrifft, nicht auch auf anderweitige Wechselakte, z. B. die Akzeptation, sich bezieht (ROH. 3, 295). Die Funktion des Domiziliaten besteht in der Zahlung, und mit ihr ist sie auch erloschen (ROH. 11, 305; Bolze 4 Nr. 555). Zeichnet der Domiziliat den Wechsel, so ist dies wechselrechtlich ohne Wirkung; dagegen kann er in der Form des Avals (Art. 81) neben dem Bezogenen eine wechselmäßige Zahlungsverpflichtung auf sich nehmen (Bernstein 152; a. M. Thöl § 162 Nr. 4). Seine Rechte gegen den Akzeptanten und den Aussteller bestimmen sich nach dem zugrunde liegenden zivilrechtlichen Verhältnis. A. 10.

Über die wechselmäßige Wirkung der Zahlung seitens des Domiziliaten vgl. Art. 82[76].

7. Über die Notwendigkeit der **Zahlungspräsentation** und **des Protestes** beim domizilierten Wechsel vgl. Art. 43. A. 11.

8. Über den eigenen domizilierten Wechsel vgl. Art. 99. A. 12.

VI. Regreß auf Sicherstellung.

1. Wegen nicht erhaltener Annahme.

Art. 25. Wenn die Annahme eines Wechsels überhaupt nicht oder unter Einschränkungen oder nur auf eine geringere Summe erfolgt ist, so sind die Indossanten und der Aussteller wechselmäßig verpflichtet, gegen Aushändigung des mangels Annahme aufgenommenen Protestes genügende Sicherheit dahin zu leisten, daß die Bezahlung der im Wechsel verschriebenen Summe oder des nicht angenommenen Betrags sowie die Erstattung der durch die Nichtannahme veranlaßten Kosten am Verfalltag erfolgen werde.

Jedoch sind diese Personen auch befugt, auf ihre Kosten die schuldige Summe bei Gericht oder bei einer anderen zur Annahme von Depositen ermächtigten Behörde oder Anstalt niederzulegen.

Vorbemerkung.

A. 1. a) **Allgemeines über den Regreß.** Im Bereich Wechselschuldner sind zu unterscheiden:

α) **Der Wechselhauptschuldner:** Akzeptant bzw. Aussteller des eigenen Wechsels (vgl. Art. 23[3]).

β) **Die Wechselregreßschuldner:** Trassant und Indossanten, letztere beim gezogenen wie beim eigenen Wechsel.

Der Wechselhauptschuldner verspricht seine eigene Leistung und nimmt die direkte Wechselverbindlichkeit auf sich (ROH. 3, 186; RG. 3, 7), während die Regreßschuldner die Leistung durch einen Dritten, den Hauptschuldner, versprechen und Haftung für diese Leistungen übernehmen (Art. 8[6 ff.] über den Inhalt der Trassantenhaftung u. Art. 14[1] über den der Indossantenhaftung). Die einzelnen Arten des Regresses sind: der Sicherstellungs-(Kautions-) Regreß (Art. 25—29) und der Zahlungsregreß (Art. 41—55).

b) **Über den Regreß auf Sicherstellung insbesondere** A. 2.
handeln die Art. 25—29, und zwar regeln die Art. 25 bis 28 den Regreß wegen nicht erhaltener Annahme — sie finden daher naturgemäß auf den eigenen Wechsel keine Anwendung —, der Art. 29 den wegen Unsicherheit des Akzeptanten. Nichtannahme und Unsicherheit des Akzeptanten vermindern die Aussicht auf prompte Einlösung und die Zuversicht in den Kredit des Trassanten. Art. 25—29 geben die Mittel zur Verstärkung der Sicherheit aus dem Wechsel schon vor Verfall. Die Art. 25 u. 26 sind insofern umgekehrt gruppiert, als in Art. 25 zuerst die Regreßpflichtigen, in Art. 26 dann die Regreßberechtigten behandelt sind.

1. **Voraussetzungen der Regreßpflicht wegen Nicht-** A. 3.
annahme:

a) ein formgültiger Wechsel,

b) ein Nichtakzept, ein eingeschränktes oder beschränktes Akzept:

α) Nichtakzept, verweigertes Akzept ist anzunehmen, wenn das Akzept nicht oder nicht wirksam gegeben wird (Art. 21[1 ff.]),

β) eingeschränktes Akzept gilt dem verweigerten gleich und enthält andere als Einschränkungen auf die Summe (Art. 22 Abs. 2),

γ) beschränktes (Minder-) Akzept bezieht sich nur auf die Summe (Art. 22 Abs. 1).

Bei mehreren Bezogenen oder mehreren Erben eines Bezogenen liegt in der nicht erhaltenen Annahme seitens eines derselben Akzeptweigerung, und der Inhaber kann Regreß nehmen (Dernburg § 227[1]; RG. 46, 140). Befindet sich eine auf den Zahlungsort lautende Notadresse auf dem Wechsel, so muß, ehe Sicherstellung verlangt werden kann, die Annahme von der Notadresse gefordert werden (Art. 56).

c) Protest mangels Annahme.

Über die Form des Protestes mangels Annahme und den zuständigen Protestbeamten gemäß der Protestnovelle vgl. Art. 20[10]. — Über den Ort des Protestes vgl. Art. 20[4].

A. 4. 2. **Kreis der Regreßpflichtigen:** Indossanten und Trassant, sowie deren Avalisten. Außerhalb der Regreßhaftung bleiben die Indossanten „ohne Obligo".

A. 5. 3. **Pflichten der Regreßschuldner.**

a) Leistung genügender Sicherheit. Was eine genügende Sicherheit ist, bestimmt sich jetzt nach den Vorschriften des BGB. § 232 (Rehbein A. 5). Anderweitig werden die Anschauungen des Handelsverkehrs für maßgebend erklärt (vgl. Dernburg § 272 A. 7; Grünhut § 75 A. 9). Die bestellte Sicherheit haftet den Regreßnehmern als Pfand (BGB. § 233).

A. 6. b) Die Sicherungspflicht erstreckt sich nicht nur auf den Betrag des verweigerten Akzepts, sondern auch auf die Protest- und sonstigen durch die Nichtannahme veranlaßten Kosten.

A. 7. c) Der Abs. 2 des Art. 25 gestattet dem Schuldner auch Hinterlegung, wozu er gemäß § 232 BGB. jetzt schon an sich ohne weiteres befugt wäre. Die Hinterlegung hat bei der Behörde desjenigen Ortes zu erfolgen, an dem die Regreßpflicht zu erfüllen ist, nicht am Wechselzahlungsort. In Preußen bestimmt über die Behörden und die Art der Hinterlegung die Hinterlegungsordnung v. 14. März 79 in der durch Art. 84 des Preußischen Ausführungsgesetzes zum BGB. geänderten Fassung (vgl. §§. 1—6 der HO. u. unten Art. 73[5]).

A. 8. Der Regreßschuldner hat ein Recht auf Aushändigung des Protestes. Der Regreßnehmer muß also im Besitz des Protestes sein. Dagegen braucht er weder mehr

Wechselgläubiger zu sein, noch den Wechsel zu besitzen (Art. 26 Abs. 3). Der Regreßschuldner kann sich aller Einreden bedienen, die er gegen den Wechselanspruch haben würde.

Art. 26. Der Remittent sowie jeder Indossatar wird durch den Besitz des mangels Annahme aufgenommenen Protestes ermächtigt, von dem Aussteller und den übrigen Vormännern Sicherheit zu fordern und im Wege des Wechselprozesses darauf zu klagen.

Der Regreßnehmer ist hierbei an die Folgeordnung der Indossamente und die einmal getroffene Wahl nicht gebunden.

Der Beibringung des Wechsels und des Nachweises, daß der Regreßnehmer seinen Nachmännern selbst Sicherheit bestellt habe, bedarf es nicht.

1. **Die Regreßberechtigten,** Regreßnehmer, sind der Remittent sowie jeder Indossatar, nicht der Aussteller, der keinen Vormann hat, der auch selbst der letzte Regreßpflichtige wäre. A. 1.

a) Sie können Sicherheit verlangen von allen Regreßschuldnern zugleich, die ihnen als Gesamtschuldner haften, oder von jedem einzeln. Es steht ihnen auch der Sprungregreß zu, und sie sind an die einmal getroffene Wahl nicht gebunden (Art. 26 Abs. 2; Art. 49).

b) Sie brauchen nicht selbst wegen Sicherheitsleistung in Anspruch genommen (Art. 26 Abs. 3) und nicht im Besitz des Wechsels zu sein (Art. 25⁸). A. 2.

2. **Der Wechselprozeß** ist statthaft (in Kraft geblieben neben § 602 ZPO., s. § 13 EG. z. ZPO.). Der Klageantrag darf nicht allgemein auf „genügende Sicherheitsleistung" gehen, sondern muß die Art und Höhe der Sicherheit (Pfänder, Bürgen, Barhinterlegung) genau angeben (s. aber Beschl. d. Kammerger., KGBl. 99, 20). Ebenso muß auch das Urteil bestimmt lauten (RG. 13, A. 3.

340). Geht es allgemein auf genügende Sicherheitsleistung, so muß der Regreßnehmer die Zwangsvollstreckungsanträge gemäß § 887 (Erwirkung von Handlungen) stellen. Geht das Urteil auf Hinterlegung von Geld, so greift nicht § 887 ZPO. Platz, sondern die gewöhnliche Zwangsvollstreckung tritt ein, wie bei Ansprüchen auf Zahlung (a. M. Staub 4. Aufl. § 10).

Art. 27. Die bestellte Sicherheit haftet nicht bloß dem Regreßnehmer, sondern auch allen übrigen Nachmännern des Bestellers, insofern sie gegen ihn den Regreß auf Sicherstellung nehmen. Dieselben sind weitere Sicherheit zu verlangen nur in dem Falle berechtigt, wenn sie gegen die Art oder Größe der bestellten Sicherheit Einwendungen zu begründen vermögen.

A. 1. 1. Die Sicherheit haftet zunächst dem ursprünglichen Regreßnehmer allein, den anderen Regreßberechtigten nur, wenn auch sie gegen den Besteller vorgehen.

A. 2. 2. Der Regreßschuldner kann alle Regreßnehmer auf die von ihm ein für allemal bestellte Sicherheit verweisen, es sei denn, daß gegen Art und Größe dieser Sicherheit begründete Einwendungen zu erheben sind.

Art. 28. Die bestellte Sicherheit muß zurückgegeben werden:

1. sobald die vollständige Annahme des Wechsels nachträglich erfolgt ist;
2. wenn gegen den Regreßpflichtigen, welcher sie bestellt hat, binnen Jahresfrist, vom Verfalltage des Wechsels an gerechnet, auf Zahlung aus dem Wechsel nicht geklagt worden ist;

3. wenn die Zahlung des Wechsels erfolgt oder die Wechselkraft desselben erloschen ist.

Zu Ziff. 1. Auch nach Protest mangels Annahme kann der Regreßnehmer im Klageweg angehalten werden, nachträglich ordentliche oder auch Ehrenannahme zuzulassen. Jedoch muß der Akzeptant sofort die Kosten des Protestes erstatten. A. 1.

Zu Ziff. 2. Die Frist ist eine Präklusivfrist. Der Verfalltag wird nicht mitgerechnet. Die außerprozessuale Aufforderung genügt nicht. Anerkennung der Regreßpflicht ist bedeutungslos. A. 2.

2. Wegen Unsicherheit des Akzeptanten.

Art. 29. Ist ein Wechsel ganz oder teilweise angenommen worden, so kann in betreff der akzeptierten Summe Sicherheit nur gefordert werden:

1. wenn über das Vermögen des Akzeptanten der Konkurs eröffnet worden ist oder der Akzeptant auch nur seine Zahlungen eingestellt hat;
2. wenn nach Ausstellung des Wechsels eine Exekution in das Vermögen des Akzeptanten fruchtlos ausgefallen ist.

Wenn in diesen Fällen die Sicherheit von dem Akzeptanten nicht geleistet und dieserhalb Protest gegen denselben erhoben wird, auch von den auf dem Wechsel etwa benannten Notadressen die Annahme nach Ausweis des Protestes nicht zu erhalten ist, so kann der Inhaber des Wechsels und jeder Indossatar gegen Auslieferung des Protestes von seinen Vormännern Sicherstellung fordern (Artikel 25 bis 28). Der bloße Besitz des Wechsels vertritt die Stelle einer Vollmacht, in den Nr. 1 und 2 genannten Fällen von dem Akzeptanten Sicherheitsbestellung zu fordern und, wenn solche nicht zu erhalten ist, Protest erheben zu lassen. Der Wechselinhaber ist berechtigt, in den Nr. 1 und 2 genannten Fällen auch von dem Akzeptanten im Wege des Wechselprozesses Sicherheitsbestellung zu fordern.

Einl. Bei der Neufassung des Textes (§ 5 des Protestges.; s. Anh. I) sind im Abs. 1 Nr. 1 und Nr. 2 einige, inzwischen veraltete Worte weggelassen worden.

A. 1. 1. **Voraussetzungen:**

a) Ein akzeptierter, noch nicht fälliger Wechsel; bei Fälligkeit des Wechsels ist der Zahlungsanspruch existent.

b) α) Konkurs oder Zahlungseinstellung des Akzeptanten (auch des Akzeptanten der Notadresse, wenn dies auch nicht im Gesetz ausdrücklich hervorgehoben ist), und zwar nicht nur nach, sondern auch vor Ausstellung des Wechsels. Zahlungseinstellung ist anzunehmen, wenn in erkennbarer Weise fällige Geldverbindlichkeiten im allgemeinen wegen eines dauernden Mangels an Zahlungsmitteln nicht erfüllt werden. Sie ist von der vorübergehenden Zahlungsstockung zu unterscheiden, ebenso von einem Unterbleiben der Zahlung aus anderen Gründen, als aus Zahlungsunfähigkeit, z. B. wegen bösen Willens. Wann sie vorliegt, ist Tatfrage (RG. 6, 96; 21, 23).

β) Fruchtlose Zwangsvollstreckung (Personalarrest ist fortgefallen) nach Ausstellung des Wechsels.

Die verschiedene Behandlung bezüglich des Zeitpunktes der die Sicherheit vermindernden Tatsache (zu α und β) geht aus dem Gesetz hervor, da in Ziffer 1 die Worte „nach Ausstellung des Wechsels" fehlen (s. a. Grünhut § 76, dagegen Dernburg § 272).

Kenntnis des Regreßnehmers von der Unsicherheit schließt den Regreß aus.

2. **Sicherheitsverpflichtete sind:** A. 2.

a) alle Vormänner, wenn der Inhaber

α) Protest gegen den Akzeptanten mangels Sicherheit hat aufnehmen lassen,

β) bei den etwa vorhandenen Notadressen das Akzept zur Annahme vorgelegt und bei nicht erfolgter Annahme den Protest hat einlegen lassen.

Näheres Art. 26[1].

b) Auch der Akzeptant (oder Aussteller des eigenen Wechsels) ohne vorhergegangenen Protest (ROH. vom 10. Jan. 78 i. S. Oestreich ./. Wohlfahrt). Unsicherheit eines von mehreren Mitakzeptanten gibt gleichfalls das Regreßrecht (RG. 46, 140; a. M. Lehmann 525). Aber wer aus Gefälligkeit akzeptiert hat, hat eine durchgreifende Einrede gegen den Sicherheitsanspruch. A. 3.

3. **Regreßgläubiger** ist jeder Inhaber des Wechsels (anders in den Fällen der Art. 25 ff.; dort A. 8), auch der Remittent und jeder Indossatar. Aber der bloße Besitz des Wechsels berechtigt nur zum Protest; zur Klage ist wechselmäßige Legitimation nötig. Der Regreßnehmer muß die Unsicherheit im Sinne der Nr. 1 oder 2 beweisen und, klagt er im Wechselprozeß, in urkundlicher Form. Der Protest ist nur beweisend für diesen Wechselakt und hat für die Regel keine weitere Beweiskraft (OTr. 25, 379). Konkurs oder Zahlungseinstellung müssen bei Klageanstellung noch vorliegen, aber den Beweis hierfür hat der Regreßnehmer nicht zu führen. Der Protest muß vom Regreßnehmer Zug um Zug gegen Leistung der Sicherheit ausgehändigt werden. A. 4.

4. **Die Grundsätze der Art. 25—28** hinsichtlich des Anspruchs auf Sicherstellung finden im übrigen auch hier Anwendung. Daher ist die von einem Vormanne geleistete Sicherheit zurückzugeben, wenn die Unsicherheit des Akzeptanten fortgefallen ist (Art. 28 Nr. 2, 3). A. 5.

Über die Einreden des Regreßschuldners Art. 25[3] ff.

A. 6. 5. Der Protest geht lediglich **gegen den Akzeptanten**, nicht etwa gegen den Konkursverwalter oder Domiziliaten. Der Akzeptant, nicht der Konkursverwalter hat die Sicherheit zu leisten (Plen.-Entsch. ROH. v. 25. Mai 78, in Bd. 24 S. 22). Der Sicherungsanspruch gehört nicht zu den Konkursforderungen. Kommt es zur Anfechtung im Konkurse, so ist eine nach Maßgabe des Art. 28 vorher gewährte Sicherheit nicht als solche anzusehen, auf die der Wechselgläubiger keinen Anspruch hatte (RG. 39, 122).

A. 6a. Über die Form des Sicherheitsprotestes und den zuständigen Protestbeamten vgl. Art. 20[10].

Über den Protestort bei Ortschaften, die der Bundesrat für benachbarte erklärt, vgl. Art. 91a.

A. 7. 6. Das Sicherheitsverlangen kann gegen alle Regreßschuldner im **Wechselprozeß** geltend gemacht werden (vgl. Art. 26[3]).

A. 8. 7. Durch den Anspruch auf wechselmäßige Sicherstellung gemäß Art. 29 werden die sonstigen zivilrechtlichen oder prozessualen Rechte auf Sicherung, z. B. im Wege des Arrestes gemäß § 916 ZPO., weder berührt noch ausgeschlossen.

A. 9. 8. Art. 29 gilt auch für den eigenen Wechsel mit der Maßgabe, daß der Sicherheitsregreß im Falle der Unsicherheit des Ausstellers stattfindet (Art. 98 Nr. 4).

VII. Erfüllung der Wechselverbindlichkeit.

1. Zahlungstag.

Art. 30. Ist in dem Wechsel ein bestimmter Tag als Zahlungstag bezeichnet, so tritt die Verfallzeit an diesem Tage ein. Ist die Zahlungszeit auf die Mitte eines Monats gesetzt worden, so ist der Wechsel am fünfzehnten dieses Monats fällig. Ist die Zahlungszeit auf Anfang oder ist sie auf Ende

eines Monats gesetzt worden, so ist darunter der erste oder letzte Tag des Monats zu verstehen.

Vorbemerkung zu Art. 30—40.

Diese Artikel gelten auch für den eigenen Wechsel. A. 1.
Sie behandeln die Erfüllung durch den **Hauptwechselschuldner** (Art. 25¹), den Akzeptanten bzw. den Aussteller des eigenen Wechsels. Die Regreßverbindlichkeit, die bei Nichterfüllung seitens des Akzeptanten eintritt, ist im folgenden Abschnitt (VIII) behandelt.

1. Der Zahlungstag bedeutet hier **Verfalltag**; die A. 2.
Verfallzeit tritt an diesem Tage ein. Verfalltag und Zahlungstag sind zuweilen verschieden (Art. 4¹⁸ ff., Art. 92 und Art. 77² und ⁴).

2. Den Bestimmungen von Satz 2 und 3 entspricht A. 3.
für den **bürgerlichen Verkehr** § 192 BGB.; Art. 30 ist für den Wechselverkehr in Kraft geblieben (Art. 32 EG. z. BGB.).

3. Am Verfalltag kann sofort Zahlung verlangt A. 4.
und muß sie geleistet werden bei Vermeidung von Protest und Klage. Keine Respekttage (Art. 33). Die Protestfrist beginnt mit dem Verfalltag (Art. 41); an ihm beginnt auch die Verjährung gegen den Hauptwechselschuldner (über die Berechnung der Frist Art. 77³ und Art. 100).

4. Über besondere Bestimmungen bezüglich der A. 5.
Zahlungszeit bei Usowechseln vgl. Rehbein-Mansfeld A. 1a, über fernere Sondergesetze in bezug auf die Zahlungszeit für Schleswig-Holstein, Hamburg und Bremen ebenda 1b.

5. **Fremde Rechte** (zu Art. 30—35). Anfang und A. 6.
Ende des Monats werden, ebenso wie bei uns, auch in Frankreich bestimmt. In England gilt die Entscheidung hierüber als quaestio facti.

Art. 31. Ein auf Sicht gestellter Wechsel ist bei der Vorzeigung fällig. Ein solcher Wechsel muß bei

Verlust des wechselmäßigen Anspruchs gegen die Indossanten und den Aussteller nach Maßgabe der besonderen im Wechsel enthaltenen Bestimmung und in Ermangelung derselben binnen zwei Jahren nach der Ausstellung zur Zahlung präsentiert werden. Hat ein Indossant auf einem Wechsel dieser Art seinem Indossament eine besondere Präsentationsfrist hinzugefügt, so erlischt seine wechselmäßige Verpflichtung, wenn der Wechsel nicht innerhalb dieser Frist präsentiert worden ist.

A. 1. 1. **Der einfache Sichtwechsel** ist bei der Vorzeigung fällig (bezüglich der Fälligkeit des befristeten oder Nachsichtwechsels vgl. Art. 19 u. 20 und Erl. dort).

A. 2. 2. **Die Vorzeigung** (Präsentation) darf nicht ad calendas graecas hinausgeschoben werden. Sie muß binnen einer bestimmten Frist erfolgen. Diese ist entweder:

a) eine gesetzte, wenn die Frist vom Aussteller, und dann jeden Wechselinhaber bindend, oder vom Indossanten, und dann nur zu seinen Gunsten wirkend, gesetzt ist, oder

b) eine gesetzliche von 2 Jahren, falls eine gewillkürte fehlt.

Nur auf Sichtwechsel, nicht etwa auch auf Blankowechsel beziehen sich die Vorschriften des Art. 31. Blankowechsel verjähren von dem Verfalltage ab, der bei Ausfüllung des Wechsels hineingeschrieben wird, nicht etwa spätestens fünf Jahre nach Ausstellung (JW. 04, 453[10]).

A. 3. 3. **Folgen der versäumten Vorzeigung.**

a) Gegen Aussteller und Indossanten. Ist innerhalb der Fristen nicht präsentiert und, was gleichfalls zur Erhaltung des Rechts gegen die Regreßschuldner nötig ist, protestiert (vgl. Art. 41), so erlischt der Anspruch gegen die Regreßschuldner, also den Aussteller und die Indossanten.

b) Dagegen bleibt die Verpflichtung gegen den **Akzep-** A. 4.
tanten bestehen. Bis zum 1. Okt. 1908 war beim Do-
mizilwechsel zur Erhaltung des Rechts gegen den Akzep-
tanten der Protest nötig. Das ist seit dem Protestgesetz
fortgefallen (Art. 44 neue Fassung). Die Fälligkeit des
domizilierten Sichtwechsels wird durch Präsentation am
Domizil herbeigeführt.

Mit Ablauf der gesetzten oder gesetzlichen Präsen-
tationsfrist, die den Verfalltag des Wechsels herbeiführt,
beginnt die dreijährige Verjährung gegen den Akzeptanten
(ROH. 16, 346; RG. 3, 7; 28, 104). Dies ist die
herrschende Ansicht. Die gegnerische, insbesondere von
Thöl (§ 39) u. Grünhut (§ 61 S. 263) vertretene Auf-
fassung, derzufolge es unter allen Umständen der Präsen-
tation seitens des Wechselinhabers, die dieser beliebig hin-
ausschieben könne, zur **Herbeiführung der Fällig-
keit** gegen den Akzeptanten bedürfen soll, würde die Ver-
pflichtung aus dem Wechsel zu einer zeitlich ungemessenen
machen, was doch gerade durch die Vorschriften des Art. 31
vermieden werden soll.

3. Die Präsentation muß zur Zahlung erfolgen, wie A. 5.
Art. 31 Satz 2 ausdrücklich bestimmt. Die Präsentation
zum Akzept (ROH. 14, 31) führt die Fälligkeit des
Wechsels jedoch nicht herbei, ebensowenig die zwecks vor-
läufiger Benachrichtigung (anders beim Nachsichtwechsel
Art. 20[3]).

4. Dem Akzeptanten analog wird der **Aussteller des** A. 6.
eigenen einfachen Sichtwechsels behandelt (Art. 98[4]). Die
Klagezustellung steht hinsichtlich des Akzeptanten der
Präsentation des Art. 31 gleich (vgl. auch Art. 98[4];
ebenso beim Nachsichtwechsel Art. 20[2], 98[3]).

5. Sichtwechsel können im **Wechselprozeß** eingeklagt A. 7.
werden, auch wenn die Präsentation **urkundlich** nicht
nachgewiesen werden kann, soweit es nicht zur Erhaltung
des wechselmäßigen Anspruchs der rechtzeitigen Protest-
erhebung bedarf (§ 605 Abs. 1 ZPO.).

Art. 32. Bei Wechseln, welche mit dem Ablauf einer bestimmten Frist nach Sicht oder nach Dato zahlbar sind, tritt die Verfallzeit ein:

1. wenn die Frist nach Tagen bestimmt ist, an dem letzten Tage der Frist; bei Berechnung der Frist wird der Tag, an welchem der nach Dato zahlbare Wechsel ausgestellt oder der nach Sicht zahlbare zur Annahme präsentiert ist, nicht mitgerechnet;
2. wenn die Frist nach Wochen, Monaten oder einem mehrere Monate umfassenden Zeitraume (Jahr, halbes Jahr, Vierteljahr) bestimmt ist, an demjenigen Tage der Zahlungswoche oder des Zahlungsmonats, der durch seine Benennung oder Zahl dem Tage der Ausstellung oder Präsentation entspricht; fehlt dieser Tag in dem Zahlungsmonate, so tritt die Verfallzeit am letzten Tage des Zahlungsmonats ein.

Der Ausdruck „halber Monat" wird einem Zeitraume von fünfzehn Tagen gleichgeachtet. Ist der Wechsel auf einen oder mehrere ganze Monate und einen halben Monat gestellt, so sind die fünfzehn Tage zuletzt zu zählen.

A. 1. 1. Bezüglich Präsentation, Annahme und Fälligkeit der befristeten Sichtwechsel vgl. die Art. 19, 20 und die Erläuterungen daselbst, sowie für den eigenen befristeten Sichtwechsel Art. 98[3].

A. 2. 2. Die Berechnung der Fristen stimmt mit den Vorschriften des BGB. §§ 187—192 überein. Eine Stundenfrist erwähnt das Gesetz nicht.

Art. 33. Respekttage finden nicht statt.

Respekttage sind diejenigen Tage, um die sich der Verfalltag zugunsten entweder des Schuldners oder des Gläubigers nach Wechselrecht hinausschiebt. Das Englische Recht setzt drei, Sonn- und Festtage einschließende Respekttage zugunsten des Bezogenen fest (ROH. 3, 128). In den Vereinigten Staaten sind sie beseitigt (Meyer 47).

Art. 34. Ist in einem Lande, in welchem nach altem Stile gerechnet wird, ein im Inlande zahlbarer Wechsel nach Dato ausgestellt und dabei nicht bemerkt, daß der Wechsel nach neuem Stile datiert sei, oder ist derselbe nach beiden Stilen datiert, so wird der Verfalltag nach demjenigen Kalendertage des neuen Stiles berechnet, welcher dem nach altem Stile sich ergebenden Tage der Ausstellung entspricht.

1. Der alte Stil (julianischer Kalender) gilt in Rußland und bei Bekennern der griechisch-katholischen Kirche im Orient. Sonst gilt der gregorianische Kalender. Es besteht zwischen beiden Stilen seit 1900 ein Zeitunterschied von 13 Tagen (früher 12 Tagen), z. B. ist der 1. April alten der 14. April neuen Stils. A. 1.

2. Die Normierung des Art. 34 enthält eine Ausnahme von der Regel, daß für das Ausstellerdatum die Zeitrechnung des Ausstellungsortes, für den Verfalltag die Zeitrechnung des Zahlungsorts zur Anwendung gelangt (ROH. 6, 128; 15, 242; — RG. 11, 169). Die Ausnahme des Art. 34 darf nicht ausgedehnt werden. Ist daher in Deutschland ein Wechsel nach dato auf ein Land alten Stils ausgestellt, dann kann man nicht etwa den Art. 34 entsprechend anwenden; vielmehr entscheidet das Land des Verfalltags; es ist nach altem Stil zu rechnen. Ist in einem Lande alten Stils ein Tagwechsel (nicht dato) auf Deutschland gezogen, dann entscheidet der neue Stil. A. 2.

A. 3. 3. Falls der Ausstellungstag nach altem und neuem Stil angegeben ist, aber irrtümlich so, daß zwei verschiedene Ausstellungstage sich ergeben, dann liegt kein unzulässiges Doppeldatum vor. Vielmehr ist die Datierung alten Stils für den Ausstellungstag maßgebend (RG. 11, 169; a. M. Bernstein 175, der den Wechsel für ungültig erklärt).

A. 4. 4. Wenn der Verfalltag bei einem im Land alten Stils ausgestellten, im Inland zahlbaren Wechsel nach altem und neuem Stil angegeben ist, etwa $\frac{1.}{14.}$, dann ist der angegebene Tag des neuen Stils ausschlaggebend (ROH. 6, 128; 15, 242).

Art. 35. Meß- oder Marktwechsel werden zu der durch die Gesetze des Meß- oder Marktorts bestimmten Zahlungszeit und in Ermangelung einer solchen Festsetzung an dem Tage vor dem gesetzlichen Schlusse der Messe oder des Marktes fällig. Dauert die Messe oder der Markt nur einen Tag, so tritt die Verfallzeit des Wechsels an diesem Tage ein.

A. 1. 1. **Meß- und Marktwechsel** (Art. 4[26] u. Art. 18 Abs. 2). Sie haben keinen nach Datum bestimmten Verfalltag, lauten vielmehr auf Messe oder Markt. Geben sie aber als Verfalltag einen bestimmten Tag dieser Messe, oder die Messe und zugleich einen bestimmten Monatstag, z. B. „Leipziger Michaelismesse 28. September, zahlen Sie usw.“, an, so sind sie als Tagwechsel zu behandeln (OTr. 30, 176).

A. 2. 2. Über die Spezialgesetze bezüglich der verschiedenen Messen und Märkte vgl. Rehbein-Mansfeld A. 1c.

A. 3. 3. Der Wechsel wird nicht dadurch unwirksam, daß die Messe fortfällt. Wird die Messe vertagt, so ändert sich demgemäß auch der Zahlungstag.

2. Zahlung.

Art. 36. Der Inhaber eines indossierten Wechsels wird durch eine zusammenhängende, bis auf ihn hinuntergehende Reihe von Indossamenten als Eigentümer des Wechsels legitimiert. Das erste Indossament muß demnach mit dem Namen des Remittenten, jedes folgende Indossament mit dem Namen desjenigen unterzeichnet sein, welchen das unmittelbar vorhergehende Indossament als Indossatar benennt. Wenn auf ein Blanko-Indossament ein weiteres Indossament folgt, so wird angenommen, daß der Aussteller des letzteren den Wechsel durch das Blanko-Indossament erworben hat. Ausgestrichene Indossamente werden bei Prüfung der Legitimation als nicht geschrieben angesehen. Die Echtheit der Indossamente zu prüfen, ist der Zahlende nicht verpflichtet.

Vorbemerkung. Der Art. 36 behandelt die Frage, wie sich der Zahlung verlangende Wechselinhaber formell zu legitimieren hat. Er verhält sich nur über die **wechselmäßige, nicht die zivilrechtliche Legitimation.** An den Legitimierten im Sinne des Art. 36 muß der Wechselschuldner Zahlung leisten, es sei denn, daß ihm materielle, das Recht aus dem Wechsel ausschließende Einreden zustehen. Jedoch ist im Art. 36 nur die Legitimation im Stadium bis zur Einlösung im Regreßwege nach erhobenem Protest berücksichtigt, also der Zeitraum, innerhalb dessen der Wechsel nicht ersichtlich rückläufig geworden ist. Dieses Stadium umfaßt daher auch das vorprotestliche Nachindossament. Zur Legitimation des Inhabers, der nach erhobenem Protest eingelöst hat, sind in den A. 1.

Art. 41 ff., insbesondere im Art. 55, spezielle Vorschriften gegeben.

I. Legitimation vor Rücklauf.

A. 2. **A) Ihre Voraussetzungen sind:**

1. Wechselbesitz. Ohne ihn ist das Zahlungsverlangen wirkungslos. Ist der Wechsel im Prozesse einmal vorgelegt und als echt anerkannt, so braucht er ohne besonderen Grund nicht wiederholt vorgelegt zu werden (Bolze 17 Nr. 870). Über die Amortisation abhanden gekommener Wechsel vgl. Art. 73.

A. 3. **2. Indossamente,** d. i. Normal-(Eigentums-)Indossamente (Art. 10[4]). Wechselmäßig ist es für die Legitimation als Eigentümer des Wechsels ohne Belang, daß der Indossatar geständlich nicht im eigenen, sondern im Interesse und Auftrage dritter Personen den Wechselanspruch verfolgt (ROH. 13, 30; s. a. Art. 17[6]). Trägt der Wechsel ein Prokuraindossament, so bleibt Eigentümer derjenige, der das (erste) Prokuraindossament auf den Wechsel gesetzt hat (RG. 27, 129). Er bleibt auch legitimiert, Protest zu erheben und Zahlung zu verlangen, selbst ohne Ausstreichung der folgenden Prokuraindossamente (dagegen RG. 32, 77; Art. 17[5] a. E.).

A. 4. **3. Eine zusammenhängende Reihe von Indossamenten.**

a) Vollindossament.

α) Die Reihe muß eröffnet sein vom Remittenten, welcher beim Wechsel an eigene Order der Aussteller ist. Mehrere Remittenten müssen sämtlich indossieren. Die Klage im Wechselprozeß ist aus einem Wechsel an eigene Order für die Regel dann nicht zuzulassen, wenn auf der Rückseite sich als erste Namensschrift diejenige des Ausstellers befindet, zugleich aber der über dieser Namensschrift stehende Übertragungsvermerk durchstrichen ist. Denn die Zweifel, wann die Durchstreichung erfolgt ist und ob mit Genehmigung des Ausstellers, sind im Urkundenprozeß schwer zu beseitigen (RG. 41, 413).

Der Zusammenhang wird schon unterbrochen dadurch,

daß beim Wechsel an fremde Order der Aussteller das erste Indossament auf den Remittenten ausstellt. A. M. Rehbein (A. 3) u. Bernstein (179), — eine Meinung, die nach ROH. 21, 231 nur für den Fall vertretbar sein mag, wenn der Trassant als der erste Blankogirant erscheint. Das RG. 47, 126 verwirft auch für diesen Fall die Auffassung des ROH.

β) Jedes spätere Indossament muß von demjenigen ausgestellt sein, auf den als Indossatar das frühere Indossament lautet. Die Reihe muß lückenlos sein. Der Zusammenhang der korrekten wechselmäßigen Indossamente wird durch ein nachstehendes ordnungswidriges Indossament nicht gestört. Das ordnungswidrige und die weiteren Indossamente nach der Lücke sind bedeutungslos, geben keinerlei Legitimation, auch nicht etwa einen Regreß bis zur Lücke (ROH. 15, 168). Mehrere unmittelbar hintereinander folgende, auf denselben Indossatar lautende Giros desselben oder verschiedener Indossanten unterbrechen die Kette nicht (ROH. 18, 138: der Remittent A. Hertzberg hatte auf M. Kohn, und E. v. J. dahinter hatte auch auf M. Kohn indossiert. M. Kohn wurde für legitimiert erachtet). A. 5.

γ) Zulässig ist auch ein Indossament durch die Rechtsnachfolger des Indossanten (RG. 12, 132), z. B. bei Erbgang, Zession, Zweig- und Hauptniederlassung; in solchen Fällen braucht die formelle Legitimation aus der Wechselurkunde nicht hervorzugehen. A. 6.

δ) Die Identität zwischen dem Indossatar des alten und dem Indossanten des neuen Indossaments wird nicht in Frage gestellt durch unwesentliche Abweichungen, z. B. im Vornamen, Wohnungsangabe (s. Art. 21 15). Was „unwesentlich" ist, bleibt quaestio facti (ROH. 21, 230). Bei datierten Indossamenten ist es unerheblich, wenn die Daten eine Abweichung in der Zeit ergeben. A. 7.

b) **Blankoindossament** (Art. 12 1). A. 8.

Einem Blankoindossament kann jedes beliebige Indossament folgen. Anders beim nachprotestlichen Indossament. Dieses muß von dem Protestierenden herrühren, wenn das letzte vorprotestliche Indossament ein Blankoindossament war (Art. 16[14]).

A. 9. **4. Indossamente bis auf ihn (den Inhaber) hinunter.**
a) Das letzte Indossament muß auf den Kläger lauten oder ein Blankoindossament sein.

α) Solange sich ein Vollindossament seitens des Inhabers an einen Dritten auf dem Wechsel befindet, kann der Inhaber Zahlung nicht verlangen. Die Indossamente gehen dann nicht auf ihn hinunter; sie reichen über ihn hinaus (ROH. 22, 322; RG. 1, 32). Er ist auch nicht zur Protesterhebung legitimiert, muß vielmehr die nachfolgenden Vollgiros ausstreichen, sonst ist der auf seinen Antrag erhobene Protest ungültig (RG. 27, 43). Giriert er ohne diese Durchstreichung den Wechsel von neuem, selbst nach Einlösung seinerseits, so ist der Giratar nicht legitimiert (ROH. 1, 248; 14, 153; — anders beim rückläufigen Wechsel A. 18).

β) Zur Klage legitimiert ist jedoch derjenige, dessen eigenes undurchstrichenes Blankoindossament sich auf dem Wechsel befindet (RG. bei Gruchot 31, 1084).

A. 10. b) Der Zahler hat die Identität des Wechselinhabers mit demjenigen, der durch die fortlaufende Kette der Indossamente legitimiert sein will, zu prüfen. Auch guter Glaube schützt nicht (Staub-Stranz A. 17; s. a. JW. 98, 416; a. M. Grünhut § 65 S. 276, wenn Zahlung im guten Glauben ohne grobe Fahrlässigkeit geschehen ist). Beweislast: Für die Identität spricht die Vermutung. Dem Beklagten steht der Gegenbeweis frei (ROH. 9, 26: es war ein Wechsel an die Order von Benedikt Renner ausgestellt. Es gab zwei Personen dieses Namens: Vater und Sohn. Die Identität des klagenden Vaters, der den Wechsel besaß, mit dem Remittenten wurde angenommen). Das Blankogiro legitimiert jeden Inhaber.

Hier also kann von dem Erfordernis eines Identitätsbeweises nicht die Rede sein.

B) Formalcharakter der Legitimation.

1. Durchstreichung von Indossamenten. A. 11.

a) Ausgestrichene Indossamente gelten pro non scriptis (RG. 36, 98). Sie können weder als Ergänzung der unterbrochenen Kette verwertet werden, noch kann sich der Schuldner zum Beweise dafür auf sie berufen, daß eine Unterbrechung der Kette vorhanden war und nur durch Durchstreichung beseitigt worden ist. Die Streichung raubt, auch wenn sie aus Irrtum oder von einem Unberechtigten geschehen ist, dem Indossament seine wechselmäßige Bedeutung (ROH. 19, 271).

b) Die nicht ausgestrichenen Indossamente sind vollwirksam, ohne Rücksicht darauf, daß der Indossatar sie hätte streichen dürfen, z. B. im Falle der Einlösung (Näheres A. 9). So unterbricht ferner ein Indossament die Kette, welches der Inhaber zwecks künftiger Begebung auf den Wechsel gesetzt hat, ohne ihn jedoch weiter zu begeben (RG. 1, 32). A. 12.

2. a) Die formale Legitimation ist der Wechselschuldner zu prüfen verpflichtet; er muß sie prüfen. A. 13.

Aber er braucht die Echtheit der Indossamente nicht zu prüfen (letzter Satz des Art. 36); falls er aber weiß oder wissen mußte — culpa lata steht hier dem dolus gleich —, daß der Inhaber selbst gefälscht hat oder fraudis particeps ist, muß er es einwenden (s. auch Art. 75, 76 2 ff.). A. 14.

b) Es stehen dem Wechselschuldner noch die Einreden zu, welche die materielle Legitimation betreffen; z. B. der mangelnde Begebungsvertrag (Art. 82 18 ff.; RG. 5, 84), die mangelnde Legitimation zur Wechselzeichnung (ROH. 10, 405). Dagegen — im Widerspruch zu RG. 5, 84 — RG. in JW. 00, 472 15, welches dem Wechselschuldner das Recht zur Nachprüfung der materiellen Legitimation in folgendem Fall versagt: das Indossament der klagenden A. 15.

Genossenschaft trug zwei Unterschriften, von denen die eine sich als die eines Vorstandsmitgliedes, die andere durch die Buchstaben „i. V." sich als die eines Bevollmächtigten darstellte. Der Akzeptant bestritt die Bevollmächtigung dieses Unterzeichners „i. V.". Dieses Bestreiten der Legitimation wurde vom RG. für unzulässig erklärt.

Der Wechselschuldner ist jedoch hier zu prüfen nur berechtigt, er kann die materielle Legitimation prüfen, nur darf er sich nicht mala fide des Prüfungsrechts entschlagen (RG. 53, 207). Er trägt die Beweislast für seine, die materielle Legitimation betreffenden Einwendungen (ROH. 9, 26).

A. 15a. c) Doch wird der **gutgläubige Wechselinhaber** geschützt. Ihm gegenüber stehen dem Schuldner keine Einreden gegen die materielle Legitimation zu (Art. 74, 82).

A. 16. **3. Die Legitimation des Art. 36** wird auch für die **gültige Erhebung des Protestes mangels Zahlung** vorausgesetzt. Ein auf Antrag eines Nichtlegitimierten erhobener Protest ist ungültig (vgl. Anm. 9; anders beim rückläufigen Wechsel Anm. 18).

II. Legitimation bei rückläufigem (im Regreßwege eingelösten) Wechsel.

A. 17. **1. Nach erhobenem Protest** wird jeder Wechselinhaber, der ausweislich des Wechsels Regreßschuldner ist, durch den Besitz des Wechsels und des Protestes zum Vorgehen gegen die Vormänner und den Akzeptanten legitimiert. Besitz von Wechsel und Protest begründen nach der zu Recht herrschenden Auffassung die Vermutung, daß der Wechselinhaber den Wechsel als rückläufigen im Regreßwege eingelöst habe (ROH. 14, 153 u. 327; 18, 274; — RG. 41, 409; a. M. Lehmann [S. 546]), der vom Wechselinhaber den Beweis der Einlösung fordert. Der Gegenbeweis, daß der Wechselinhaber den früheren Wechselgläubiger nicht befriedigt habe, wird zugelassen (Art. 51[2]).

Auch ohne Durchstreichung seines eigenen und A. 18.
der nachfolgenden Indossamente ist der Inhaber des rückläufigen Wechsels im Gegensatz zu dem Inhaber eines noch laufenden nicht protestierten Wechsels (s. Anm. 9 u. ROH. 22, 320) zur Ausübung der Wechselbefugnisse legitimiert. Er kann aber sein eigenes und der Nachmänner Indossament durchstreichen (Art. 55; wegen der Einwirkung des Protestges. vgl. Erläuterungen zu Art. 88a). Ein Rückindossament an ihn ist nicht erforderlich, er ist befugt kraft eigenen Rechts, das mit der Einlösung wieder erwacht (ROH. 24, 1; — RG. 12, 134; 41, 412; s. a. Art. 51 2)).

2. Die Art der Wiedereinlösung, ob bare Bezahlung, A. 19.
ob Kompensation, ob buchmäßige Belastung bzw. Gutschrift, ist ohne Belang. Dem Wechselkläger kann daher nicht entgegengesetzt werden, er habe nur einen geringeren Betrag zur Wechseleinlösung verwandt (ROH. 14, 328); ebensowenig, der Einlösende habe seinem Nachmann einen Einwand, beispielshalber den mangelnder Aktivlegitimation, entgegensetzen können (ROH. 24, 125).

3. Erfolgt eine **Weiterbegebung** nach **Einlösung**, so A. 20.
wird der Indossatar durch ein neues Indossament des Einlösers, auch ohne daß dieser sein eigenes oder die nachfolgenden Indossamente durchstrichen hat, legitimiert (ROH. 13, 67).

4. Dem einlösenden Indossanten steht in allen obigen A. 21.
Beziehungen (Anm. 17—19) der **Aussteller** gleich, selbst wenn er gleichzeitig Notadressat ist (ROH. 14, 154; 6, 162). Nur bedarf es, wenn er Notadressat ist, für denjenigen, an den er den Wechsel weiterbegibt, eines besonderen Indossaments (ROH. 6, 162; 14, 154).

5. **Einlösung nach Weiterbegebung des protestierten** A. 22.
Wechsels. Wenn der Aussteller den rückläufigen Wechsel, welcher auch nach Protest noch begeben ist, einlöst, so ist er legitimiert, auch wenn der Wechsel noch undurchstrichene, nach der Protestaufnahme beigesetzte

Vollindossamente trägt. Auf mangelnde Kontinuität der Nachindossamente kann sich der Akzeptant nicht berufen (ROH. 24, 125).

A. 23. III. Quittung des letzten Inhabers begründet nach allgemeinen Grundsätzen (vgl. jetzt § 370 BGB.) und nach einem Wechselgewohnheitsrecht (Staub-Stranz A. 28) die Legitimation zur Zahlungsempfangnahme, nicht aber zur Protesterhebung, Einklagung oder Weiterindossierung (vgl. ROH. 18, 273; 22, 321). Eine auf dem Wechsel befindliche Quittung beseitigt die Legitimation nicht, da gewöhnlich derartige Quittungsvermerke im voraus und in der Erwartung, es werde Zahlung geleistet werden, auf den Wechsel gesetzt werden (RG. 9, 62).

Art. 37. Lautet ein Wechsel auf eine Münzsorte, welche am Zahlungsorte keinen Umlauf hat, oder auf eine Rechnungswährung, so kann die Wechselsumme nach ihrem Werte zur Verfallzeit in der Landesmünze gezahlt werden, sofern nicht der Aussteller durch den Gebrauch des Wortes „effektiv" oder eines ähnlichen Zusatzes die Zahlung in der im Wechsel benannten Münzsorte ausdrücklich bestimmt hat.

A. 1. 1. Was die inländische Münzsorte (Währung) anbetrifft, so kommen hier die für Geldzahlungen maßgebenden Vorschriften überhaupt in Anwendung. Es gelten die Bestimmungen des Reichsmünzgesetzes v. 9. Juli 73. Danach ist niemand verpflichtet, Reichssilbermünzen bis zum Betrage von mehr als 20 Mk., Nickel- und Kupfermünzen von mehr als einer Mark in Zahlung zu nehmen. Von den Reichs- und Landeskassen werden Reichssilbermünzen in jedem Betrage in Zahlung genommen (Art. 9 des zit. Ges.). Papiergeld hat keinen Zwangskurs. Zur Annahme von Reichskassenscheinen sind nur die Reichs- und Staatskassen verpflichtet (§§ 2 und 5 des Ges., betr. die Ausgabe von Reichskassenscheinen, v. 30. April 74). Die Reichsbank muß ihre Noten in Zahlung nehmen bzw. einlösen nach Maßgabe des § 18 Ges. v. 14. März 75.

Münzsorten, die am Zahlungsorte nicht in Umlauf A. 2.
sind (ausländische oder außer Kurs gesetzte Währung), oder Rechnungswährung, bei der die Geldsumme nur durch Nennung einer begrifflichen, nicht einer bestehenden Geldsorte angegeben ist, müssen in der Landesmünze gezahlt werden. Insoweit ist die Fassung des Art. 37 eine ungenaue; denn der Satz „sofern nicht der Aussteller" kann selbstverständlich nicht auf den Fall der Rechnungswährung sich beziehen.

Die Vorschriften dieses Artikels entsprechen den Bestimmungen der §§ 244, 245 BGB. Statt des Wortes „effektiv" können ähnliche, z. B. „wirklich" oder „in natura" gebraucht werden. Dagegen kann nicht durch das Wort „effektiv" dem Papiergeld ein privater Zwangskurs beigelegt werden, weil eine solche Vereinbarung, als gegen öffentliches Recht verstoßend, ungültig wäre. Die Umrechnung auf den Wert in der Landesmünze erfolgt nach dem Kurswert an der Börse des Zahlungsorts oder der nächstgelegenen Börse.

Die auf Grund des Protestgesetzes ergangene An- A. 3.
ordnung des Reichskanzlers (Anhang II) verbietet die Erhebung des Protestes durch Postbeamte für Wechsel, die auf eine ausländische Münzsorte lauten, sofern der Aussteller durch den Gebrauch des Wortes „effektiv" oder eines ähnlichen Zusatzes die Zahlung in der im Wechsel benannten Münzsorte ausdrücklich bestimmt hat.

Art. 38. Der Inhaber des Wechsels darf eine ihm angebotene Teilzahlung selbst dann nicht zurückweisen, wenn die Annahme auf den ganzen Betrag der verschriebenen Summe erfolgt ist.

A. 1. 1. Das Prinzip des Bürgerlichen Rechts (§ 266 BGB.), nach dem der Schuldner zu Teilzahlungen nicht berechtigt ist, gilt auch für die Wechselordnung, abgesehen von der Sondervorschrift des Art. 38. Es erstreckt sich nur auf die Zahlung durch den Hauptwechselschuldner (Art. 25) bis zum Protest. Dies folgt aus der Stellung des Artikels im vorliegenden Abschnitt (Art. 30[1]). Dagegen können sich nicht darauf berufen die Regreßschuldner, also auch nicht der Ehrenakzeptant (Art. 60[5]). Nach erhobenem Protest muß dem Wechselinhaber gemäß Art. 48 volle Zahlung angeboten werden (StrA. 24, 166, 188).

A. 2. 2. Der Art. 38 bezieht sich überhaupt nicht auf das Stadium vor Verfall. Vor Fälligkeit braucht der Wechselgläubiger auch die volle Zahlung nicht anzunehmen. Der § 271 Abs. 2 des BGB., wonach im Zweifel die Zeitbestimmung zugunsten des Schuldners wirkt, kann auf den Wechselverkehr nicht ausgedehnt werden. Vielmehr wirkt der Verfalltag des Wechsels zugunsten beider Teile. Der Gläubiger kann nicht vorher die Zahlung verlangen, der Schuldner sie nicht vorher bewirken.

Die Ablehnung der berechtigten Teilzahlung bewirkt für den Ablehnenden Verlust seines Anspruchs gegen die Regreßverpflichteten in Höhe der abgelehnten Summe.

A. 3. 3. Im Zusammenhang mit der Vorschrift des Art. 38 steht die Bestimmung des § 34 KO.:

> Wechselzahlungen des Gemeinschuldners können auf Grund des § 30 Nr. 1 von dem Empfänger nicht zurückgefordert werden, wenn nach Wechselrecht der Empfänger bei Verlust des Wechselanspruchs gegen andere Wechselverpflichtete zur Annahme der Zahlung verbunden war.
>
> Die gezahlte Wechselsumme muß von dem letzten Wechselregreßschuldner oder, falls derselbe den Wechsel für Rechnung eines Dritten begeben hatte, von diesem erstattet werden, wenn dem letzten Wechselregreßschuldner oder dem Dritten zu der Zeit, als er den

Wechsel begab oder begeben ließ, einer der im § 30 Nr. 1 erwähnten Umstände bekannt war.

Unter welchen Voraussetzungen die beiden Absätze des § 34 zutreffen, darüber vgl. RG. 40, 41 ff.

4. Über Quittung bei Teilzahlungen s. Art. 39 Satz 2 (A. 8). A. 4.

Art. 39. Der Wechselschuldner ist nur gegen Aushändigung des quittierten Wechsels zu zahlen verpflichtet. Hat der Wechselschuldner eine Teilzahlung geleistet, so kann er nur verlangen, daß die Zahlung auf den Wechsel abgeschrieben und ihm Quittung erteilt werde.

Vorbemerkung: Die Worte „auf einer Abschrift des Wechsels", die im früheren Wortlaut des Artikels hinter „Quittung" standen, sind fortgefallen (§ 1 I Protestgesetzes).

1. Der Art. 39 behandelt die Zahlung **durch den Hauptwechselschuldner**, den Akzeptanten bzw. den Aussteller des eigenen Wechsels; über das Verhältnis des Art. 39 zu Art. 48 und zu Art. 54 vgl. Art. 48[1]. — Über die Zahlungspflicht des Hauptwechselschuldners, ihre Voraussetzungen und ihren Umfang, insbesondere auch die Präsentation vgl. Art. 23[4] ff. A. 1.

2. **Rechte des Hauptwechselschuldners aus der Zahlung:** A. 2.

a) **Bei Vollzahlung** auf Aushändigung des quittierten Wechsels.

α) Die Aushändigungspflicht beruht darauf, daß der Wechselschuldner sich durch Zahlung insofern nicht befreit, als er nochmals zahlen muß, falls der Wechsel weiter läuft und in die Hände eines gutgläubigen Dritten kommt. Der Gläubiger muß imstande sein, den Wechsel im Prozeß bis zum Erlasse des Urteils vorzulegen. Im Wechselprozeß kann er ohne Vorlegung des Wechsels überhaupt nicht klagen (ZPO. §§ 602, 593 ff.).

Jedes zur Wechselzahlung verurteilende Erkenntnis enthält stillschweigend die Klausel **„gegen Aushändigung des quittierten Wechsels"**. Eines ausdrücklichen Ausspruches bedarf es erst, wenn ein hierauf gerichteter Antrag gestellt wird (ROH. 36, 105; 37, 5). Die Zwangsvollstreckung darf nur gegen Aushändigung des quittierten Wechsels erfolgen (Bolze 17 Nr. 189; JW. 98, 225[19]). Der Gerichtsvollzieher kann die Quittung in Gemäßheit des § 757 ZPO. leisten, muß sie aber auf den Wechsel setzen, was freilich meist unterlassen wird. Der Wechselschuldner kann nach Zahlung ohne Aushändigung des Wechsels auf diese klagen, event. kondizieren, falls der Wechselgläubiger zur Zeit der Zahlung den Wechsel nicht hatte und nicht beschaffen konnte (Bolze 7 Nr. 424).

A. 3. Beschlagnahme zu Untersuchungszwecken, nachdem der Wechsel eingereicht war, hindert die Verurteilung nicht (ROH. 15, 299); dagegen ist die Zwangsvollstreckung ohne den Besitz des Wechsels nicht zulässig. Gleiches ist anzunehmen, wenn der Wechsel während des Wechselprozesses aus den Gerichtsakten verschwindet (ROH. 21, 303).

A. 4. Ist der Wechsel in der Erwartung der Zahlung schon vorher ausgehändigt, so steht dem Verlangen des Schuldners nach Aushändigung die replica doli entgegen.

A. 5. Auch dem Domiziliaten steht der Anspruch auf Aushändigung und Quittung zu (RG. 28, 434).

A. 6. Wegen der Amortisation des verlorenen Wechsels vgl. Art. 73 (ROH. 10, 15).

A. 7. *β*) **Quittung.** Der Wechselgläubiger oder dessen Bevollmächtigter hat den Quittungsvermerk: „Inhalt empfangen", „bezahlt", „pour acquit" u. dgl. auf den Wechsel zu setzen. Die Quittung kann auch der Gerichtsvollzieher leisten (A. 2). Wegen des Protestbeamten vgl. Art. 87[11].

A. 8. b) **Bei Teilzahlung** (vgl. Art. 38)

α) auf Abschreibung auf den Wechsel. Sie muß

auf den Namen des Zahlers erfolgen, um ihn vor der Gefahr der Doppelzahlung wirksam zu schützen. Ist die ganze Wechselsumme in Teilen vom Vormann und vom Akzeptanten gezahlt, so ist der Wechselinhaber verpflichtet, den Wechsel dem Regreßschuldner herauszugeben. Der Akzeptant kann nur Abschreibung verlangen (RG. 4, 59). Der Inhaber, der irrtümlich die Teilzahlung für die ganze genommen und den Wechsel ausgehändigt hat, ist zur Kondiktion des Wechsels berechtigt (ROH. 3, 10). Teilzahlung liegt auch vor, wenn der Inhaber nicht alles (vgl. A. 1), was er nach Wechselrecht zu fordern hat, z. B. nicht Zinsen und Kosten, erhält. Erhält er die Nebenkosten, so muß er auch Protest und Retourrechnung ausliefern. — Auch bei Zahlung einer Zwangsvergleichsquote liegt nur Teilzahlung vor (OTr. 39, 232). Darf die Aushändigung des Wechsels auch von Zahlung der Prozeßkosten abhängig gemacht werden? (vgl. A. 4 Art. 50),

β) auf Quittung. Diese braucht nicht mehr, wie vor dem 1. Okt. 08 (s. oben Vorbem.), auf einer Abschrift des Wechsels erteilt zu werden. Die Änderung ist zweckmäßig im Interesse der Vereinfachung des Wechselverkehrs und im Hinblick auf Art. 89a.

γ) Über die Einreden bei teilweiser Zahlung Art. 82[31].

3. Ist Prolongation erfolgt, so kann der Schuldner bei der Zahlung Herausgabe des alten und des neuen Wechsels verlangen, aber nicht etwa bei Hingabe des neuen den alten, noch weniger den quittierten alten Wechsel. A. 9.

4. Über die Wirkungen der Zahlung seitens des Akzeptanten sowie der Quittung vgl. Art. 82[12] u. 73ff., 83 u. 84. A. 10.

Art. 40. Wird die Zahlung des Wechsels zur Verfallzeit nicht gefordert, so ist der Akzeptant nach Ablauf der für die Protesterhebung mangels Zahlung

bestimmten Frist befugt, die Wechselsumme auf Gefahr und Kosten des Inhabers bei Gericht oder bei einer anderen zur Annahme von Depositen ermächtigten Behörde oder Anstalt niederzulegen. Der Vorladung des Inhabers bedarf es nicht.

A. 1. **1. Deposition vor Ablauf der Protestfrist** bewirkt keine Befreiung des Wechselschuldners.

A. 2. **2. Recht des Akzeptanten, nicht Pflicht zur Deposition:** Unterlassung bewirkt keine Pflicht zur Zahlung von Verzugszinsen (ROH. 5, 376). Beim eigenen Wechsel ist der Aussteller zur Deposition nach Maßgabe des Art. 40 berechtigt (Art. 98 Nr. 5).

A. 3. **3. Deposition ist in anderen Fällen,** als denen des Art. 40 (u. 73), im Wechselverkehr nicht ausgeschlossen. Die allgemeinen Regeln über die Hinterlegung, insbesondere auch ihre Zulässigkeit, sind reichsrechtlich vorgesehen (§§ 372ff., 232 BGB.). Insbesondere kann der Wechselschuldner bei einer vom Standpunkte eines verständigen Geschäftsmannes zu entschuldigenden, nicht auf Fahrlässigkeit beruhenden subjektiven Ungewißheit über die Person des Gläubigers hinterlegen (§ 372 Satz 2 BGB.; RG. 53, 210; 55, 47). Die Deposition darf aber nicht mit den Grundsätzen der WO., insbesondere den Art. 36 und 74, im Widerspruch stehen. Die gegen den Trassanten ohne Wegnahme des Wechsels verhängte Beschlagnahme der Wechselforderung berechtigt den Akzeptanten gegenüber der Klage eines späteren legitimierten Inhabers des Wechsels nicht zur Deposition (ROH. 6, 230).

A. 4. **4. Über die sachliche und örtliche Zuständigkeit der Hinterlegungsstellen** entscheiden die Landesgesetze für Preußen, vgl. Art. 73[5].

A. 5. **5. Wirkung.** Die Hinterlegung bewirkt, daß jeder Wechselinhaber, auch der gutgläubige, sich nur an die hinterlegte Summe halten kann. Er kann nicht mehr auf

Zahlung klagen. Der Hinterleger muß ev. seine Einwilligung zur Auszahlung erteilen.

VIII. Regreß mangels Zahlung.

Art. 41. Zur Ausübung des bei nicht erlangter Zahlung statthaften Regresses gegen den Aussteller und die Indossanten ist erforderlich:

1. daß der Wechsel zur Zahlung präsentiert worden ist und
2. daß sowohl diese Präsentation als die Nichterlangung der Zahlung durch einen rechtzeitig darüber aufgenommenen Protest dargetan wird.

Die Erhebung des Protestes ist am Zahlungstage zulässig, sie muß aber spätestens am zweiten Werktage nach dem Zahlungstage geschehen.

Vorbemerkung. Der Abschnitt VIII, Art. 41 bis 55, A. 1.
behandelt *hauptsächlich* die **Regreßverbindlichkeit.** Sie richtet sich nach inländischem Recht, auch wenn der Wechsel im Ausland ausgestellt und giriert ist, selbst wenn der Bezogene im Auslande wohnt.

Wie weit für die Regreßpflicht Auslandsrecht in Frage kommt, darüber vgl. die Erläuterung zu Art. 84—86 und insbes. A. 6ff. zu Art. 86 (s. über die Regreßverbindlichkeit auch Art. 25[1] u. Art. 30[1]).

Auf den Hauptwechselschuldner beziehen sich die Vorschriften in den Art. 43ff. Abgesehen von den Art. 43 u. 44, finden die anderen Artikel dieses Abschnittes VIII auch Anwendung auf den *eigenen* Wechsel.

I. Voraussetzungen des Regresses. A. 2.

1. **Präsentation zur Zahlung** (vgl. über sie auch Art. 23[4]).

a) Der **Präsentant** ist der nach Art. 36 legitimierte Inhaber (vgl. Art. 36 2ff., 16, 17—21).

A. 3. b) **Präsentat** ist der Wechselhauptschuldner, der Bezogene bzw. Aussteller des eigenen Wechsels, beide mit den Maßgaben des Art. 62 (Genaueres über den richtigen Präsentaten Art. 88 9ff.), ferner der (benannte) Domiziliat und der (benannte) Zahlungsleister (Art. 43), der Notadressat und der Ehrenakzeptant (Art. 62). Dem Regreßpflichtigen gegenüber ist keine Präsentation nötig (ROH. 23, 7); sie ist weder als Voraussetzung der Klage noch des Verzuges erforderlich.

A. 4. **2. Nicht erlangte Zahlung** seitens des Wechselhauptschuldners.

A. 5. **3. Rechtzeitiger Protest** sowohl über die erfolgte Präsentation als auch die Nichterlangung der Zahlung (über Protesterlaß vgl. Art. 42). Aus der Protesturkunde muß hervorgehen, daß die Präsentation, die Vorlegung des Wechsels, erfolgt ist, wenn es auch eines **ausdrücklichen Vermerks** der Vorlegung nicht bedarf (so mit Recht Rehbein Art. 87ff. A. 7 und Staub 4. Aufl. Art. 88 § 1). Über die sonstigen Erfordernisse eines gültigen Protestes in materieller und formeller Beziehung sind die Erläuterungen zu Art. 88, der sedes materiae ist, zu vergleichen (dort Anm. 3).

Im einzelnen ist bezüglich des Protestes für den vorliegenden Artikel auszuführen:

A. 6. a) **Protestant und Protestat:** bezüglich ihrer gilt dasselbe, wie vom Präsentanten und Präsentaten (A. 2 und 3). Genaueres über Protestaten vgl. Art. 88 9ff. Über den Protest im Falle des Konkurses, des Todes, der Handlungsunfähigkeit des Protestaten vgl. Art. 88 10, 11, 12. Protest des nicht Legitimierten ist kein gültiger Protest (Art. 88 8).

A. 7. b) Ob **ordnungsmäßiger** Protest erhoben, ist **von Amts wegen zu prüfen**, weil der Protest notwendige formale Voraussetzung des Regresses ist und zum Klagfundamente gehört (ROH. 18, 272). Die Regreßklage ohne Protest ist abzuweisen (ROH. 7, 184), auch wenn der Beklagte nicht erscheint oder nicht rügt. Die Tatsache der Protesterhebung ist ausschlaggebend, das Vorhandensein der Protesturkunde nicht. Allerdings gehen praktisch nach der durch Art. 88a und 88b, 90 Abs. 2 u. 3 bedingten Gestaltung des Protestverfahrens mit dem Verlust der Protesturkunde die Rechte gegen Aussteller und Indossanten verloren (vgl. Staub-Stranz A. 5 zu Art. 41 u. 90).

c) Über den richtigen **Protestort** (im Sinne von Ortschaft) vgl. Art. 88 [25]: über die richtige Lokalität am Protestort Art. 91 [4] ff. A. 8.

d) **Protestfrist.** Sie beginnt am Zahlungstag, als welcher aber nur ein Werktag in Betracht kommt (Art. 92); Zahlungstag und Verfalltag sind zuweilen verschieden (Art. 4 [18] und 77 [4]). **Protest vor Verfall ist bedeutungslos.** Falls das Akzept auf eine andere als die im Wechsel angegebene Zahlungszeit erfolgt ist, einerlei, ob das Akzept auf eine frühere oder spätere Zahlungszeit als der Wechsel lautet (Art. 22 [3 u. 5]), bleibt doch für die Protestzeit der Wechselverfalltag maßgebend, selbst für die nach dem zeitlich eingeschränkten Akzept in den Wechselnexus eingetretenen Indossanten (ROH. 21, 150). Prolongationen ändern auch für den Protest den Zahlungstag nicht (Art. 4 [22]). A. 9.

Der Protest muß spätestens **am zweiten Werktage** nach dem Zahlungstag erfolgen. Dem Wechselgläubiger kommen normalerweise drei Tage zu gute, falls der Zahlungstag oder der erste oder der zweite Tag nach dem Zahlungstag ein Feiertag ist; wenn der erste und zweite oder der zweite und dritte Tag nach dem Zahlungstag Feiertage sind, kommen ihm fünf Tage zur Präsentation und Protestaufnahme zugute (Grünhut § 77 Anm. 6). A. 10.

Über die Proteststunden vgl. Art. 88 [26] und Art. 92 [6] ff.

A. 11. e) **Unmöglichkeit des Protestes** durch vis maior befreit den Regreßberechtigten nicht von der Protestpflicht (Art. 86 [13]). In Frankreich (ROH. 11, 75) und England entschuldigt vis maior.

A. 12. 4. **Vorlegung des Originalwechsels** (Art. 48, 54). Kopie genügt nicht. Die Wechselurkunde muß so beschaffen sein, daß sie zur Grundlage des vom Regreßnehmer geltend gemachten Anspruchs dienen kann. Akzept und die zur Legitimation erforderlichen Indossamente dürfen nicht durchstrichen sein. Ob die Zerstörung der Unterschrift durch Zufall oder Schuld herbeigeführt war, ist unerheblich. (ROH. 11, 217; Art. 75, 76 [14] ff.)

A. 13. ## II. Rechtsnatur des Regreßanspruchs.

Der Regreßanspruch des einlösenden Indossanten gegen seine Vormänner beruht auf dem Indossament, durch welches er den Wechsel erworben hat. Dieser Anspruch lebt mit der Wiedereinlösung auf; nicht die Wiedereinlösung, sondern das Indossament schafft das Recht des Regreßnehmers (ROH. 24, 1 ff.; s. Art. 10 [9]).

A. 14. Der Regreßnehmer braucht daher nicht die Befriedigung des Nachmannes zu beweisen, indes ist der Gegenbeweis, daß Einlösung nicht erfolgt sei, zulässig (ROH. 14, 327). Zu beweisen hat der Regreßnehmer nur den Umfang der nicht dem Wechsel zu entnehmenden Nebenforderungen (Art. 51); doch genügt zur Berücksichtigung im Wechselprozeß die Glaubhaftmachung (§ 605 ZPO.). Sechs Prozent Zinsen vom Verfalltage bzw. Zahlungstage an stehen ihm gesetzlich zu (Art. 50, 51); § 246 BGB. ändert an dem Zinssatz nichts. Gegen seine Hintermänner, denen er selbst regreßpflichtig ist, hat der Indossant selbstredend keinen Regreß, auch dann nicht, wenn einer dieser Hintermänner zugleich Vormann ist (ROH. 18, 413). Ein Indossament „ohne Obligo" (Art. 14) kann nicht zur Grundlage eines Regresses gemacht werden, ebensowenig ein ohne Regreßverhältnis und ohne Verpflichtungsabsicht gegebenes, wenn dies dem Kläger bekannt war (ROH. 19, 48).

III. Regreßverpflichtete sind Aussteller und Indossanten. A. 15.

IV. Fremde Rechte zu Art. 41—55. A. 16.

In Frankreich ist der Protest Bedingung des Regresses mangels Zahlung. Der Protesttag ist der erste Werktag nach dem Zahlungstag, nicht der Zahlungstag selbst. In England bilden Präsentation und Notifikation Erfordernis des Regresses. Jeder nicht benachrichtigte Vormann ist befreit. Dagegen ist Protest oder vielmehr Protestnotierung bei einheimischen Wechseln lediglich anheimgestellt, nur bei ausländischen Wechseln (foreign bills), d. i. Wechseln vom Inland auf das Ausland oder vom Ausland auf das Inland, muß Protestaufnahme erfolgen.

Die unterlassene Präsentation am Domizil läßt beim Domizilwechsel in Rußland (ROH. 15, 244, vgl. auch Russische Wechselordnung vom $\frac{\text{27. Mai}}{\text{9. Juni}}$ 1902, in ZHR. 53, 479 ff., Art. 40) und England das Wechselrecht gegen den Akzeptanten nicht untergehen (Art. 43, Späing 146).

Anstatt der Notifikationspflicht ist in Frankreich und Belgien eine kurze Befristung der Regreßrechte eingeführt. In England, Dänemark (RG. 24, 112) herrscht das strenge Notifikationssystem (Art. 45—47, Späing 149 ff.).

Näheres bei Meyer 100 ff.

Art. 42. **Die Aufforderung, keinen Protest erheben zu lassen („ohne Protest", „ohne Kosten" usw.) gilt als Erlaß des Protestes, nicht aber als Erlaß der Pflicht zur rechtzeitigen Präsentation. Der Wechselverpflichtete, von welchem jene Aufforderung ausgeht, muß die Beweislast übernehmen, wenn er die rechtzeitig geschehene Präsentation in Abrede stellt.**

Gegen die Pflicht zum Ersatze der Protestkosten schützt jene Aufforderung nicht.

A. 1. 1. **Natur des Protesterlasses.** Die Protestpflicht dient nur dem Privatinteresse. Sie ist nicht aus öffentlich-rechtlichen Gründen auferlegt und kann daher erlassen werden. Aber der Erlaß wirkt immer nur relativ gegen den, der ihn erlassen hat, persönlich. Selbst wenn der Aussteller den Protest erläßt, oder wenn der Erlaß sich über dem Kontext des Wechsels befindet, wirkt er nur gegen den Aussteller. Ein allgemeiner Protesterlaß ergibt sich nur dann, wenn jeder Vormann einzeln ihn erklärt hat. Der Protesterlaß ist nur eine Aufforderung, ein Ersuchen an den Wechselinhaber, dem er nicht Folge leisten muß. Er hebt für den Inhaber dem Erlassenden gegenüber den Protestzwang auf, aber er zwingt den Inhaber nicht, den Protest zu lassen. Der Inhaber wird oft trotz des Erlasses, z. B. um eine Urkunde über die ordnungsmäßige Präsentation in Händen zu haben, den Protest erheben. Der Erlassende schützt sich darum durch den Erlaß allein nicht gegen die Kostenpflicht (Satz 3); wenn der Wechselinhaber auf das Ersuchen nicht eingehen will, muß auch der Erlassende Protestkosten zahlen.

A. 2. 2. **Wer kann den Protest erlassen?** Jeder Wechselschuldner, dessen Zahlungspflicht von vorgängiger Protesterhebung bedingt ist; demgemäß der Regreßpflichtige (Aussteller und Indossant), auch dessen Avalist, ferner der Akzeptant beim domizilierten Wechsel mit benanntem Domiziliaten (vgl. Grünhut 344). Protesterlaß des Akzeptanten ist inhaltlos, weil der Akzeptant auch ohne Protest verpflichtet ist (ROH. 17, 266).

A. 3. 3. **Form.** Sie ist nicht bestimmt vorgeschrieben und kann lauten: „ohne Protest", „ohne Kosten", „kostenfrei", „kostenlos" und in Abkürzung „o. K.", „o. Pr." (ROH. 19, 167). Mündlicher und schriftlicher Erlaß im Wechsel und außerhalb desselben ist zulässig (ROH. 23, 218; Bolze 17 Nr. 303). Über den Vermerk: „Bei Rimessen auf Nebenplätzen übernehme ich keine Verbindlichkeit wegen Protest und Verspätung" vgl. ROH. 17, 274; 14, 217. Die Bewilligung von Zahlungsfristen kann unter Umständen einen Protesterlaß bedeuten (Borchardt Zus. 515); desgleichen ein Ersuchen an den Aussteller, den Wechsel wegen Vermögensverfall des Akzeptanten aus dem Verkehr zu ziehen.

4. **Zeit.** Die Aufforderung kann auch nach Verfall, aber nur vor Ablauf der Protestfrist, wirksam auf den Wechsel gesetzt werden. Das untergegangene Protestrecht lebt durch die nach Ablauf der Protestfrist beigefügte Klausel nicht auf. A. 4.

5. **Wirkungen:** A. 5.

a) gegenüber dem Erlassenden. Er kann nicht als Regreßschuldner den mangelnden Protest einwenden. Aber nur er nicht; die übrigen Regreßschuldner können es (ROH. 17, 266; vgl. A. 1).

b) gegenüber dem Regreßgläubiger. Der im Wechsel enthaltene Erlaß wirkt zugunsten aller Nachmänner des Erlassenden, da durch Indossament mit allen Rechten aus dem Wechsel auch das aus dem Erlaß übergeht (ROH. 17, 266). Der außerhalb des Wechsels vereinbarte Erlaß wirkt nur unter den Kontrahenten (ROH. 23, 218; vgl. A. 1).

6. **Beweislast.** Wer sich auf den Protesterlaß beruft, hat ihn zu beweisen. Daß er erfolgt sei, muß in der Regreßklage als klagbegründende Tatsache vorgetragen sein. Die Beweismittel sind im Urkundenprozeß beschränkt, sonst nicht. Der dem Ausstellervermerk oder einem Indossament hinzugefügte Protesterlaß hat die Präsumtion für sich, daß er vom Aussteller, bzw. von dem Indossanten herrührt (ROH. 17, 261). A. 6.

7. **Präsentationserlaß** ist auch zulässig (ROH. 14, 416). Er schließt begrifflich den Protesterlaß ein. Ist der Protest erlassen, so kehrt sich die Beweislast insofern um, als der Protesterlassende die nicht rechtzeitig A. 7.

erfolgte Präsentation zur Zahlung beweisen muß (Satz 2). Ist die Präsentation nicht erlassen, so hat die Unterlassung der rechtzeitigen Präsentation dieselben Folgen, wie der unterlassene Protest (Rehbein-Mansfeld A. 12; anders gestalten sich die Folgen der unterlassenen Präsentation beim Anspruch gegen den Akzeptanten, Art. 23[4]).

A. 8. 8. Die Notifikationspflicht bleibt trotz des Protesterlasses bestehen (Art. 45[3]).

A. 9. 9. Ist der Protest mangels Zahlung erlassen, so liegt darin zugleich ein Erlaß des Protestes mangels Annahme auch wo derselbe zur Wahrung des Regreßrechts erforderlich ist (Art. 19; Grünhut § 78 A. 2). Art. 42 hat nur den Erlaß des Protestes mangels Zahlung geregelt, indes kann auch ein Erlaß des Protestes mangels Annahme (Art. 25) und nur mangels Sicherstellung (Art. 29) erklärt werden (Bernstein 203).

Art. 43. Domizilierte Wechsel sind dem Domiziliaten oder, wenn ein solcher nicht benannt ist, dem Bezogenen selbst an demjenigen Orte, wohin der Wechsel domiziliert ist, zur Zahlung zu präsentieren und, wenn die Zahlung unterbleibt, dort zu protestieren.

Ein Wechsel, dessen Zahlung am Wohnorte des Bezogenen durch eine andere Person erfolgen soll, ist dieser Person zur Zahlung zu präsentieren und, wenn die Zahlung unterbleibt, gegen sie zu protestieren.

Einl. 1. Art. 43 Satz 2 lautete bisher:

Wird die rechtzeitige Protesterhebung beim Domiziliaten verabsäumt, so geht dadurch der wechselmäßige Anspruch nicht nur gegen den Aussteller und die Indossanten, sondern auch gegen den Akzeptanten verloren.

Das Protestgesetz hat ihn in § 1 II (vgl. Anhang I) durch den im Text des Artikels wiedergegebenen Abs. 2 ersetzt.

Nach Abs. 2 des Art. 43 ist

a) für Domizilwechsel mit benanntem Domiziliaten der Protest zur Erhaltung der Wechselrechte nicht mehr erforderlich gegen den Hauptschuldner, ebenso wie das bisher für den Zahlstellenwechsel nicht erforderlich war;

b) der Zahlstellenwechsel mit benanntem Zahlungsleister dem echten Domizilwechsel mit benanntem Domiziliaten insofern gleichgestellt, als bei beiden gegen den Domiziliaten, nicht gegen den Bezogenen zu präsentieren ist (vgl. die entsprechenden Änderungen für den eigenen domizilierten Wechsel in den Absätzen 2 und 3 des Art. 99).

I. Absatz 1 des Art. 43.

2. **Domizilierte Wechsel.** a) Gemeint sind im Art. 43 Abs. 1 nur echte Domizilwechsel (keine Zahlstellenwechsel), und zwar mit einem vom Aussteller herrührenden Domizilvermerk (vgl. Anm. 1 und 2 Art. 24). Für sie setzt der Art. 43 eine Sonderpflicht zur Präsentation zwecks Zahlung und zur Protesterhebung am Domizil, dem Sonderzahlungsort, fest. Diese Wechselakte müssen am Domizil, sowohl beim Domizilwechsel mit benanntem als auch mit nicht benanntem Domiziliaten — beim letzteren wird angenommen, daß der Bezogene am Sonderzahlungsorte zahlen wolle (Art. 24) —, bei Vermeidung des **Regreßverlustes gegen Aussteller und Indossanten** vorgenommen werden (OTr. 20, 346; ROH. 20, 414; RG. 28, 102). Richtiger Protestort ist hier das Domizil; ein anderswo aufgenommener Protest ist ungültig (Art. 88[25]). A. 1.

b) Art. 43 Satz 2 in der früheren Fassung ist zwar jetzt beseitigt. Die von ihm getroffene Sonderbestimmung muß aber, insbesondere da sie für die vor dem 1. Okt. 08 ausgestellten Wechsel und für Österreich noch gilt, noch berücksichtigt werden:

A. 2. Bei solchen domizilierten Wechseln mit benanntem Domiziliaten war auch die Akzeptantenhaftung durch Protest beim Domiziliaten bedingt.

Präsentation zur Zahlung und Protest mußten zunächst gegen diesen erfolgen, Protestat war hier der Domiziliat (Art. 88 [9]). Waren sie unterblieben, so verlor der Wechselgläubiger nicht nur das Regreßrecht gegen den Regreßschuldner, sondern auch das Wechselrecht gegen den Hauptwechselschuldner, den Akzeptanten, bzw. den Aussteller des eigenen Wechsels. Der Protest war auch dann notwendig, wenn bei Verfall der Wechselinhaber der Domiziliat war (Deklarationsprotest).

A. 3. Da der Akzeptant aber auch hier bedingt verpflichteter Hauptwechselschuldner, kein Regreßschuldner (Dernburg § 257) war, so bestand daher ihm gegenüber keine Notifikationspflicht (Art. 45), keine Protestauslieferungspflicht (Art. 54); die Behauptung des erhobenen Protestes gehörte nicht zur Klagbegründung (Art. 41 [7]). Die Protestaufnahme konnte ihm gegenüber anderweitig bewiesen werden (RG. 1, 45; 28, 102).

A. 3a. c) Nach dem Protestgesetz ist der Protest auch bei Domizilwechseln mit benanntem Domiziliaten gegen den Hauptwechselschuldner zur Erhaltung der Wechselrechte gegen ihn nicht mehr erforderlich (s. auch Einl.).

A. 4. 3. Setzt nicht der Aussteller (s. A. 1), sondern der Akzeptant oder ein Indossant oder ein Dritter unbefugt einen echten Domizilvermerk auf den Wechsel, so greift nicht der Art. 43 Platz. Über die Folgen in diesen Fällen vgl. Art. 24 [3, 4 und 5].

A. 5. 4. Über Durchstreichen des Domizilvermerks vgl. Art. 24 [6].

A. 6. 5. Über den Protestaten Art. 88 [9] ff., über den Protestort Art. 88 [25].

A. 7. 6. Nur der Akzeptant kann mit Wirksamkeit für seine Person den Protest erlassen, nicht der Domiziliat für ihn.

Der Protesterlaß seitens eines Regreßschuldners ist dem Akzeptanten gegenüber ohne Bedeutung (Bernstein 207).

7. Über den eigenen domizilierten Wechsel s. A. 8.
Art. 99.

II. Absatz 2 des Art. 43.

Der Abs. 2 behandelt den uneigentlichen Domizil- A. 9.
wechsel. Bei ihm ist Zahlungsort und Wohnort des Bezogenen identisch. Er enthält nur eine von der Wohnung des Bezogenen verschiedene, aber in derselben Ortschaft belegene Zahlstelle: Zahlstellenwechsel. Er ist an der Zahlstelle dem benannten Zahlungsleister, sonst dem Bezogenen zu präsentieren. Die Erforderlichkeit des Protestes richtet sich nach den allgemeinen Vorschriften; notwendig ist er zur Erhaltung des Wechselrechts gegen die Regreßverpflichteten, nicht gegen den Akzeptanten (ebenso schon vor der Protestnovelle). Ist der Zahlungsleister benannt, so muß im Falle des Protestes nach diesem, ev. nach dem Bezogenen gefragt werden (mit den Modifikationen aus Art. 43 Abs. 2 ist RG. 36, 98 zu berücksichtigen). Kann die bezeichnete Zahlstelle nicht ermittelt werden, so sind die Vorschriften des Art. 91 Abs. 2 und 3 in der neuen Fassung zu berücksichtigen.

Beispiel: Die Adresse der Tratte lautet:

„Herrn August Schulz in Berlin, Brückenstraße 10, zahlbar bei Herrn Alfred Lehmann in Berlin, Oranienstraße 2",

dann ist Oranienstraße 2 gegen Alfred Lehmann zu protestieren.

Lautet die Adresse jedoch

„Herrn August Schulz in Berlin, Brückenstraße 10, zahlbar Berlin, Oranienstraße 2",

dann ist wider Oranienstraße 2, aber gegen August Schulz, den Bezogenen, zu protestieren.

Über den Rechtszustand vor dem 1. Okt. 08 vgl. Art. 88[9 und 15ff.]

Art. 44. Zur Erhaltung des Wechselrechts gegen den Akzeptanten bedarf es weder der Präsentation am Zahlungstage noch der Erhebung eines Protestes.

A. 1. 1. Früher enthielt der Artikel hinter den Worten: „bedarf es" noch den Zusatz: „mit Ausnahme des im Art. 43 erwähnten Falles".

Der Zusatz ist nach der Abänderung des Art. 43, dessen Erläuterungen zu vergleichen sind, hinfällig geworden.

A. 2. 2. Einer Präsentation bedarf es auch gegenüber dem Akzeptanten, da die Wechselschuld Holschuld ist, nur daß diese weder an eine Frist noch an eine Form geknüpft, noch mit dem Verlust des Wechselrechts verbunden ist (vgl. Näheres Art. 23[4]). Ist Protest erhoben, so hat der Akzeptant trotzdem die Protestkosten zu tragen (RG. 41, 127).

Art. 45. Der Inhaber eines mangels Zahlung protestierten Wechsels ist verpflichtet, seinen unmittelbaren Vormann innerhalb zweier Tage nach dem Tage der Protesterhebung von der Nichtzahlung des Wechsels schriftlich zu benachrichtigen, zu welchem Ende es genügt, wenn das Benachrichtigungsschreiben innerhalb dieser Frist zur Post gegeben ist. Jeder benachrichtigte Vormann muß binnen derselben, vom Tage des empfangenen Berichts zu berechnenden Frist seinen nächsten Vormann in gleicher Weise benachrichtigen. Der Inhaber oder Indossatar, welcher die Benachrichtigung unterläßt oder dieselbe nicht an den unmittelbaren Vormann ergehen läßt, wird hierdurch den sämtlichen oder den übersprungenen Vormännern zum Ersatze des aus der unterlassenen Benachrichtigung entstandenen Schadens verpflichtet. Auch verliert derselbe gegen diese Personen den Anspruch auf Zinsen und Kosten, sodaß er nur die Wechselsumme zu fordern berechtigt ist.

1. **Notifikationspflicht.** Die Wechselordnung kennt nicht A. 1.
das strenge Notifikationssystem, d. h. die Pflicht zur Notifikation bei Verlust des wechselmäßigen Regresses (s. Art. 41[16]). Die unterlassene Notifikation bewirkt nur den Verlust von Zinsen und Kosten und verpflichtet zum Schadensersatz (A. 7). In der Praxis kommen die Vorschriften des Art. 45 selten zur Anwendung.

2. **Inhalt und Voraussetzungen.** Jeder Wechselinhaber A. 2.
muß seinen Vormann, dieser wieder den seinigen, die Reihe entlang, von welcher Art. 36 spricht, bis zum Trassanten einschließlich, von der Nichtzahlung des Wechsels benachrichtigen. Einlösungsbegehren braucht nicht hinzugefügt zu werden (RG. 9, 29). Als Vormann ist jeder Regreßschuldner, aber auch der Aussteller anzusehen.

Allgemeine Voraussetzung der Notifikation ist, daß der Vormann sein Indossament nicht ohne Ortsdatum weitergegeben hat (Art. 47). Protesterlaß befreit nicht von der Notifikation (Grünhut § 78 S. 345; Art. 42[8]).

Durch die Notifikation in Verbindung mit dem im Art. 48 gegebenen Einlösungsrecht ist jeder Regreßschuldner in der Lage, das Anwachsen der Regreßverbindlichkeiten zu verhüten.

3. **Wer muß notifizieren?** Der protestierende Wechsel- A. 3.
inhaber zunächst, sodann jeder benachrichtigte Vormann.

4. **Wem muß notifiziert werden?** Dem unmittel- A. 4.
baren letzten Vormann des protestierenden Wechselinhabers, welchem wieder die Pflicht zur Notifikation gegenüber seinem unmittelbaren Vormanne obliegt, stets aber unter der Voraussetzung, daß dessen Indossament mit Ortsbezeichnung versehen ist (A. 2). Da als Vormänner sämtliche Regreßschuldner, aber nur diese, anzusehen sind,

muß auch dem Trassanten notifiziert werden, nicht aber dem Akzeptanten, auch nicht dem des domilizierten Wechsels (Art. 43³; RG. 1, 45), sofern nicht etwa der Akzeptant zugleich Indossant ist; ebensowenig dem Indossanten ohne Obligo und den nachprotestlichen Indossanten. Die Notifikationspflicht ist eine formale und bleibt bestehen, gleichviel ob der Notifikat in Konkurs geraten oder geisteskrank geworden ist, oder seine Firma aufgelöst hat. Die Benachrichtigung an den einen Vormann enthält die Erfüllung der gesamten Notifikationspflicht gegenüber allen Vormännern und sichert allen gegenüber das Recht auf Zinsen und Kosten (ROH. 2, 126). Seitens des Prokuraindossatars ist der Vormann seines Indossanten zu benachrichtigen.

A. 5. 5. **Form und Beweislast.** Schriftlichkeit ist Erfordernis. Mündliche Anzeige reicht nicht aus, ebensowenig eine sonstige Kenntnis vom Notleiden des Wechsels. Der Beweis der geschehenen Notifikation ist aber erleichtert (Art. 46). Postschein darüber, daß ein Brief fristgemäß abgegangen ist, genügt. Der Notifikat hat die Beweislast, daß der Brief einen anderen Inhalt gehabt hat.

A. 6. 6. **Frist.** Der Tag der Protesterhebung, bzw. der empfangenen Anzeige und zwei weitere Tage. Sonn- und Feiertage werden nicht eingerechnet (a. M. Lehmann 555 Note 11). Art. 92 findet zwar keine Anwendung, da er nur Handlungen des Wechselverpflichteten trifft. Es kommen die Vorschriften des Bürgerlichen Rechts in Anwendung (§ 193 BGB.), die inhaltlich mit dem Prinzip des Art. 92 übereinstimmen. Bei Protesterlaß beginnt die Anzeigefrist, wenn der Protest nicht erhoben ist, für den letzten Inhaber am Tage nach Ablauf der Protestfrist; bei trotzdem erhobenem Protest greift Art. 45 Platz.

A. 7. 7. **Wirkungen der unterlassenen Benachrichtigung:**

a) negativ. Der Wechselgläubiger verliert den Anspruch auf Zinsen und Kosten, aber nur gegen die Vormänner (verbis „gegen diese Personen"); unter Kosten ist hier auch die Provision mitverstanden (Art. 50 Abs. 1 Nr. 2 u. 3 u. Art. 51; RG. 14, 107). Der Akzeptant und der Aussteller des eigenen Wechsels haften ihm natürlich weiter dafür.

Dagegen kann der Wechselgläubiger trotz unterlassener Notifikation Verzugszinsen von der Wechselsumme für die Zukunft verlangen, sobald er den Wechselschuldner durch Präsentation oder durch Klage in Verzug gesetzt hat (Grünhut § 79, 350). Ebenso kann er Prozeßkosten verlangen (ROH. v. 18. Sept. 76 in Sachen Weiske /. Sesse). Die Prozeßkostenpflicht richtet sich nach anderweitigen, vom Art. 45 unabhängigen Grundsätzen. Den bestreitenden und unterliegenden Regreßschuldner trifft die Kostenlast (§ 91 ZPO.). Wenn er aber im ersten Termine den Klageanspruch sofort anerkennt, ohne vor Anstellung der Klage aufgefordert zu sein, bleibt er kostenfrei, weil er keine Veranlassung zur Klage gegeben hat (§ 93 ZPO.). Um den Regreßschuldner in Verzug zu setzen, dazu bedarf es zwar nicht einer bei ihm noch vorzunehmenden Präsentation, wohl aber nach § 284 BGB. einer unter Mitteilung der Sachlage an ihn zu richtenden Aufforderung, den Wechsel einzulösen. Selbst wenn der Regreßschuldner einem Indossament eine Ortsbezeichnung nicht beigefügt und daher nach Art. 47 keinen Anspruch auf Notifikation hat, muß eine Zahlungsaufforderung an ihn ergehen, weil der, im Interesse der Regreßpflichtigen vorgeschriebenen Notifikation der Art. 45—47 der WO. nicht die Bedeutung einer Mahnung zukommt. Durch sie wird noch nicht zum Ausdruck gebracht, daß Zahlung vom Regreßschuldner verlangt werde (KGBl. 01, 44 Urteil des LG. I Berlin).

b) positiv. Der Wechselgläubiger ist schadensersatzpflichtig (Satz 3). Dieser Anspruch kann nicht im Wechselprozeß geltend gemacht werden. Der Kläger muß die Notifikationspflicht behaupten und beweisen. A. 8.

Beiderlei Nachteile (a und b) der unterlassenen Notifikation treten nicht ein, wenn sie z. B. ohne Verschulden, infolge höherer Gewalt, unterblieben ist.

A. 9. 8. **Zur Klagbegründung** wegen Zinsen und Kosten — bezüglich der Hauptsumme kommt die Notifikation überhaupt nicht in Betracht — gehört die Behauptung der erfüllten Notifikationspflicht nicht (ROH. 2, 118; a. M. Grünhut [S. 351] beim letzten Inhaber). Wird die unterbliebene Notifikation vom Beklagten gerügt, so hat der Kläger den Beweis der in Abrede gestellten Notifikation zu führen (ROH. 16, 366).

A. 10. 9. **Nachträgliche Notifikation** ist zulässig. Sie läßt nicht den Anspruch auf Zinsen und Kosten aufleben, vielmehr kann sie nur weitere Schadenspflicht mindern oder beseitigen.

Art. 46. Kommt es auf den Nachweis der dem Vormanne rechtzeitig gegebenen schriftlichen Benachrichtigung an, so genügt zu diesem Zwecke der durch ein Postattest geführte Beweis, daß ein Brief von dem Beteiligten an den Adressaten an dem angegebenen Tage abgesandt ist, sofern nicht dargetan wird, daß der angekommene Brief einen anderen Inhalt gehabt hat. Auch der Tag des Empfanges der erhaltenen schriftlichen Benachrichtigung kann durch ein Postattest nachgewiesen werden.

Vgl. Art. 45 Anm. 5.

Auch andere Beweismittel als der Postschein, z. B. das Briefkopierbuch, sind zulässig.

Art. 47. Hat ein Indossant den Wechsel ohne Hinzufügung einer Ortsbezeichnung weiterbegeben, so ist der Vormann desselben von der unterbliebenen Zahlung zu benachrichtigen.

1. Über das Ortsdatum beim Indossament als Voraus- A. 1.
setzung der Notifikationspflicht vgl. Art. 45². Trägt das Indossament des Ausstellers beim Wechsel an eigene Order kein Ortsdatum, so kann nicht zur Ergänzung das Datum der Ausstellung (Art. 4 Nr. 6) herangezogen werden (Bolze 11 Nr. 267). Immer ist der Nachmann an das vom Indossanten angegebene Ortsdatum gebunden, selbst wenn er weiß, daß es falsch oder ungenau (z. B. Wilhelm Meyer in Berlin) ist. Darauf, daß der Nachmann doch anderweit Kenntnis vom Wohnort des Indossanten hatte, kann sich dieser nicht berufen.

2. Der Nachmann muß dem nächsten Indossanten, dessen A. 2.
Ortsdatum angegeben ist, notifizieren. Er hat kein Wahlrecht zwischen diesem und dem unmittelbaren Vormann, welcher eine Ortsbezeichnung nicht angegeben hat.

Art. 48. Jeder Wechselschuldner hat das Recht, gegen Erstattung der Wechselsumme nebst Zinsen und Kosten die Auslieferung des quittierten Wechsels und des wegen Nichtzahlung erhobenen Protestes von dem Inhaber zu fordern.

1. **Vorbemerkung.** Der Art. 48 entspricht dem Art. 39 A. 1.
(dessen Erläuterungen zu vergleichen sind), jedoch mit dem Unterschied, daß Art. 39 von der Zahlung nur des Akzeptanten, des Hauptwechselschuldners, handelt, während Art. 48 sich auf die Zahlung „jedes Wechselschuldners" bezieht. Der Art. 39 trifft das Stadium vor, der Art. 48 das Stadium nach erhobenem Protest. Der Art. 54 wiederum bezieht sich nur auf die Zahlung des Regreßschuldners (Bernstein 216). Im Art. 48 ist der Fall so gedacht, daß der Wechselschuldner an den Wechselgläubiger wegen der Einlösung sich wendet. Der Art. 54 behandelt die Kehrseite der Medaille: den Fall, daß der Gläubiger an den Schuldner herantritt.

2. Jeder Wechselschuldner hat das Einlösungsrecht (ius A. 2.
offerendi) aus Art. 48: das Recht, zu zahlen und gegen

Zahlung die Auslieferung der Wechselpapiere vom Wechselinhaber zu verlangen. Jeder, also nicht bloß der Regreßschuldner, sondern auch der Akzeptant und Avalist, aber nur ein Wechselschuldner, also nicht der Bezogene (ohne Akzept), der Indossant ohne Gewähr, der Blankotradent. Der Wechselschuldner hat das Recht auch dann, wenn der Gläubiger bereits die Klage gegen einen anderen Wechselschuldner erhoben hat.

A. 3. **3. Pflichten des Wechselschuldners beim Zahlungsangebot.**

a) er muß anbieten zur richtigen Zeit, d. h. nach Fälligkeit, und am richtigen Ort, d. h. am Erfüllungsort für seine Schuld; also der Akzeptant am Wechselzahlort, der Regreßschuldner am Orte seiner Handelsniederlassung, bzw. seines Wohnsitzes (ROH. 23, 7).

b) Er muß die Wechselsumme nebst Zinsen und Kosten ganz erstatten. Als Erstattung gilt nur wirkliche Leistung, nicht Aufrechnung (JW. 02, 364[22]). Zu den Kosten gehört auch die Provision (RG. 14, 107). Teilzahlung braucht sich der Gläubiger, im Gegensatz zu Art. 39 Satz 2, hier (also nach Protest) nicht gefallen zu lassen (dagegen Staub, 4. Aufl., §§ 7ff.; siehe ferner Art. 54[7]), ebensowenig eine Trennung in der Weise, daß er gegen Zahlung der Wechselsumme nebst Zinsen zur Auslieferung des Wechsels ohne Protest verpflichtet wäre. Ob auch die Prozeßkosten zu den hier erwähnten Kosten gehören, darüber vgl. Art. 50[4].

A. 4. **4. Rechte des Wechselschuldners gegen erfolgte Zahlung auf Auslieferung:** a) des quittierten Wechsels (vgl. Art. 39[2–7]); b) des wegen Nichtzahlung erhobenen Protestes; für den Fall, daß die Protesturkunde verloren gegangen ist, fällt praktisch die Zahlungspflicht weg (vgl. Art. 40[7]); c) der im vorliegenden Artikel nicht besonders erwähnten Retourrechnungen der Vormänner, wenn Nebenkosten verlangt werden. Dagegen hat der Zahler weder ein Recht auf Indossierung, noch auf Abtretung einer besonderen, dem Inhaber gewährten Sicherheit (RG. 8, 46), oder eines Pfandrechts (ROH. 24, 20).

5. Zur Auslieferung verpflichtet ist der gehörig legitimierte Besitzer des Wechsels (RG. 14, 108). A. 5.

6. Weigerung der Herausgabe führt für den Verpflichteten, wenn ihm die Gesamtforderung (A. 3) angeboten wird, Empfangsverzug herbei. Über die Folgen des Empfangs- (Gläubiger-) Verzuges vgl. BGB. §§ 293, 300 ff. Der ablehnende Wechselinhaber behält zwar den Regreß gegen die Nachmänner des erstattungsbereiten Wechselschuldners, verliert aber den Anspruch auf spätere Zinsen (§ 301). Die Gefahr geht auf ihn über (§ 300 Abs. 2), der Schuldner kann die Schuldsumme hinterlegen. Der Gläubiger wird ferner dem Wechselschuldner gegenüber schadensersatzpflichtig, wenn z. B. der Akzeptant oder ein Regreßschuldner, gegen den der Offerent hätte vorgehen können, zur Zeit der angebotenen Einlösung noch zahlungsfähig war und nachher zahlungsunfähig wird. Das Reichsgericht nahm mit Recht Verzug des Inhabers an, obwohl der sich zur Einlösung erbietende Wechselschuldner die Zinsen für einige Tage nicht mit anbot (RG. 14, 107), weil die Frage nach den Voraussetzungen des Verzuges nicht mit der äußersten formalistischen Strenge zu beurteilen ist. Falls mehrere Wechselschuldner sich gleichzeitig zur Erstattung erbieten, ist derjenige zu berücksichtigen, durch dessen Zahlung die meisten Wechselschuldner frei werden (arg. Art. 64). A. 6.

7. Die Klage auf Aushändigung des Wechsels gegen Erstattung der Schuldsumme oder auch nach erfolgter Deponierung ist nicht im Wechselverfahren (§ 602 ZPO.) zulässig, denn es handelt sich nicht um einen Anspruch „aus dem Wechsel", wenngleich aus der Wechselordnung. Beweispflichtig dafür, daß der Wechsel in den Händen des Beklagten sich befindet, ist nicht der Kläger; eine dahingehende Behauptung gehört nicht einmal zur Begründung der Klage (RG. 4, 58). A. 7.

A. 8. 8. Über Auslieferung bei Zahlung **teils durch den Akzeptanten, teils durch einen Regreßschuldner** vgl. Art. 39[8], über die Auslieferung des Prolongationswechsels ebenda A. 9.

A. 9. 9. Über die **Wirkungen** der Zahlung sowie der Quittung vgl. Art. 82[73ff.], [83], [84].

Art. 49. Der Inhaber eines mangels Zahlung protestierten Wechsels kann die Wechselklage gegen alle Wechselverpflichtete oder auch nur gegen einige oder einen derselben anstellen, ohne dadurch seinen Anspruch gegen die nicht in Anspruch genommenen Verpflichteten zu verlieren. Derselbe ist an die Reihenfolge der Indossamente nicht gebunden.

A. 1. 1. **Die Solidarhaftung der Wechselverpflichteten.** Die Haftung aller Wechselschuldner, einschließlich des Akzeptanten, ist eine gesamtschuldnerische im Sinne der §§ 421 ff. BGB.; sie ist eine Solidar-, keine Korrealhaftung, weil jeder Schuldner aus selbständigem Rechtsgrund verpflichtet ist (ROH. 3, 181; RG. 51, 23 ff.). Näheres hierüber vgl. Art. 81[14—16]. Der Inhaber kann sämtliche Schuldner, oder einen, oder mehrere nacheinander und nebeneinander, in einer Klage oder in verschiedenen belangen. Dem Wechselschuldner, der in Anspruch genommen war und gezahlt hat, steht dann auch dieses umfassende Klagerecht gegen die anderen Wechselverpflichteten kraft eigenen Rechts zu, das durch die Zahlung wieder auflebt. So kann ein Wechselschuldner durch mehrere Wechselklagen zunächst von dem Inhaber, dann von demjenigen, der eingelöst hat, in Anspruch genommen werden. Über die Wirkung der Erfüllung durch einen Gesamtschuldner s. Art. 81[14]. Die Solidarhaft wirkt noch in der Zwangsvollstreckungsinstanz. Sie erstreckt sich auch auf die Kosten des Prozesses (RG. 15, 381; 33, 88).

2. Der Inhaber ist an die Reihenfolge der Indossamente nicht gebunden: Sprungregreß. Er hat auch das Recht, den gegen einen Wechselschuldner geltend gemachten Wechselanspruch fallen zu lassen und einen anderen Wechselschuldner zu belangen: ius variandi. A. 2.

3. Im Konkurs mehrerer Wechselverpflichteter kann der Wechselgläubiger bis zu seiner vollen Befriedigung in jedem Verfahren seine Forderung geltend machen (§ 68 KKO. Näheres hierüber Art. 81[16]). A. 3.

Art. 50. Die Regreßansprüche des Inhabers, welcher den Wechsel mangels Zahlung hat protestieren lassen, beschränken sich auf:

1. die nicht bezahlte Wechselsumme nebst sechs Prozent jährlicher Zinsen vom Verfalltag ab;
2. die Protestkosten und anderen Auslagen;
3. eine Provision von ein Drittel Prozent.

Die vorstehenden Beträge müssen, wenn der Regreßpflichtige an einem anderen Orte als dem Zahlungsorte wohnt, zu demjenigen Kurse gezahlt werden, welchen ein vom Zahlungsort auf den Wohnort des Regreßpflichtigen gezogener Wechsel auf Sicht hat. Besteht am Zahlungsorte kein Kurs auf jenen Wohnort, so wird der Kurs nach demjenigen Platze genommen, welcher dem Wohnorte des Regreßpflichtigen am nächsten liegt. Der Kurs ist auf Verlangen des Regreßpflichtigen durch einen unter öffentlicher Autorität ausgestellten Kurszettel oder durch das Attest eines vereideten Mäklers oder in Ermangelung derselben durch ein Attest zweier Kaufleute zu bescheinigen.

A. 1. 1. **Der Regreßanspruch des protestierenden letzten Inhabers**, den der vorliegende Artikel behandelt, während in Art. 51 der Regreßanspruch des einlösenden Indossanten geregelt ist, setzt sich zusammen aus:

a) der nicht bezahlten Wechselsumme,

A. 2. b) 6% Zinsen vom Verfalltage ab, auch wenn der Wechsel später protestiert ist. Es sind gesetzliche Zinsen, keine Verzugszinsen (ROH. 6, 155). Sie laufen schon vom Verfalltage an, obwohl zu dieser Zeit der Regreßschuldner noch gar nicht weiß, ob er wegen dieser Wechselverbindlichkeit in Anspruch genommen wird. Diese Zinsen stellen zugleich ein Entgelt dafür dar, daß der Regreßverpflichtete im Besitz der Valuta, die er nutzen konnte, geblieben war, während vom Verfalltage an diese Summe dem Wechselinhaber zusteht (Grünhut § 81[4]). Stundung hindert den Zinsenlauf nicht (Staub-Stranz A. 4 a. E.). Nach der Ausnahmevorschrift des § 63 Nr. 1 KO. können im Konkursverfahren die seit der Eröffnung laufenden Zinsen, wiewohl sie gesetzliche sind, nicht geltend gemacht werden;

A. 3. c) den Protestkosten für einen gehörig erhobenen Protest; auch dann, wenn der Protest erlassen war (Art. 42), auch dann, wenn der Protest mit geringeren Kosten hätte erhoben werden können, es sei denn, daß der Wechselschuldner dem Regredienten den Vorwurf machen kann, die erhöhten Protestkosten seien vom Regredienten mutwillig oder schikanös veranlaßt (KG. in ROLG. 14, 412);

A. 4. d) den anderen Auslagen, welche sich als nötige bzw. übliche im Wechselverkehr darstellen: Porto, Stempel, Courtage und, im Falle der Negotiierung eines wirklichen Rückwechsels, die Kosten hierfür (vgl. Art. 53). Dagegen sind nicht als erstattungsfähig erachtet worden Auslagen für die Beschaffung der Wechselsumme (Borchardt Zus. 597 a). Die Prozeßkosten der Klage gegen den in Anspruch genommenen Regressaten sind keine Wechselunkosten; ihre Erstattungspflicht beruht auf besonderer prozessualer Grundlage. Wenn nach Zustellung der Klage der Schuldner gegen Erstattung aller übrigen Ansprüche Herausgabe des Wechsels verlangt, kann sie ihm wegen der Prozeßkosten nicht verweigert werden, so daß unter Umständen der Gläubiger durch eine derartige Zahlung in die Lage versetzt werden kann, den Wechselprozeß aufzugeben (so mit Recht Staub 4. Aufl. § 7). Die Prozeßkosten, die in einem fruchtlosen Vorprozeß gegen einen anderen Wechselschuldner aufgewendet wurden, sind nicht zu erstatten, da es Sache des Gläubigers war, die Erfolgaussichten des Vorprozesses zu prüfen (ROH. 24, 88). Ausnahmsweise kann eine Erstattungspflicht aus dem zugrunde liegenden zivilrechtlichen Verhältnis, z. B. Auftrag, Mandat, folgen, die aber keinesfalls im Wechselprozeß geltend zu machen ist;

e) der Provision von $^1/_3$ Prozent der Wechselsumme, soweit sie bei Fälligkeit nicht bezahlt ist, als Entgelt für die durch die Nichteinlösung erwachsene Bemühung; zu fordern auch bei Protesterlaß. A. 5.

2. Nur die im Art. 50 festgesetzten Beträge, die zusammen die Retourrechnung bilden, nichts anderes und nichts mehr, umfaßt die dem letzten Inhaber zustehende Regreßforderung. Er kann keinen höheren Betrag — abgesehen von der im Art. 52 normierten Ausnahme — verlangen, auch wenn er einen größeren Schaden erlitten hat. Der Wechselverkehr und dessen Strenge erfordern eine feste Begrenzung des Schadens, weil sonst die Regreßforderung ins Ungemessene steigen und verschiedenartig bemessen werden könnte. Ausgeschlossen ist z. B. ein Zinsanspruch von Auslagen. A. 6.

3. Die Berechnung der Regreßsumme erfolgt, wenn der Regreßpflichtige an einem anderen Orte als dem Zahlungsorte wohnt, nach den Vorschriften des Absatzes 2 unter Zugrundelegung des Kurses einer fingierten Rücktratte (über die Möglichkeit, einen wirklichen Rückwechsel zu nehmen, s. Art. 53). Diese Normierung entspringt fol- A. 7.

gender Erwägung: der Wechselinhaber, der in diesem Falle die Regreßsumme statt am Zahlungsorte (Art. 4[45] ff.) am Wohnorte des Regreßpflichtigen in Empfang zu nehmen gezwungen werde, müsse alles erhalten, was er aufzuwenden hat, um sich am Zahlungsort bei einem anderen die ausgebliebene Summe zu verschaffen (ROH. 24, 5). Zeitlich entscheidet für den Kurs der Tag des erhobenen Protestes; nicht der Verfalltag (Bernstein 221).

A. 8. 4. Für die sachliche Zuständigkeit ist jetzt gemäß § 4 Abs. 2 ZPO. nur die Wechselsumme maßgebend; alle anderen Forderungen aus Art. 50 stellen sich als Nebenforderungen dar. Durch Abs. 2 des § 4 sind frühere Streitfragen (RG. 9, 411) abgeschnitten.

A. 9. 5. Bezüglich der Ansprüche des protestierenden Inhabers gegen den Akzeptanten vgl. Art. 23[5–8].

Art. 51. Der Indossant, welcher den Wechsel eingelöst oder als Rimesse erhalten hat, ist von einem früheren Indossanten oder von dem Aussteller zu fordern berechtigt:

1. die von ihm gezahlte oder durch Rimesse berichtigte Summe nebst sechs Prozent jährlicher Zinsen vom Tage der Zahlung;
2. die ihm erstandenen Kosten;
3. eine Provision von ein Drittel Prozent.

Die vorstehenden Beträge müssen, wenn der Regreßpflichtige an einem anderen Orte als der Regreßnehmer wohnt, zu demjenigen Kurse gezahlt werden, welchen ein vom Wohnorte des Regreßnehmers auf den Wohnort des Regreßpflichtigen gezogener Wechsel auf Sicht hat. Besteht im Wohnorte des Regreßnehmers kein Kurs auf den Wohnort des Regreßpflichtigen, so wird der Kurs nach demjenigen Platze genommen, welcher dem Wohnorte des Regreßpflichtigen am nächsten liegt. Wegen der Bescheinigung des Kurses kommt die Bestimmung des Artikel 50 zur Anwendung.

A. Der Regreßanspruch des Einlösers, Rembourregreß.

1. Nicht jeder Einlöser ist zum Rembourregreß befugt, sondern nur der nach dem Inhalt des Wechsels Regreßpflichtige; also nicht der Indossant ohne Obligo, der Blankotradent, der Indossatar nach der Lücke, oder wer einlöst, nachdem der Wechsel präjudiziert war. Wechselansprüche desjenigen, der ohne Wechselverpflichtung den Wechsel eingelöst hat, bestehen auch, sind aber nicht nach den speziellen Vorschriften des Art. 52, z. B. hinsichtlich der Zinsen und Provision, zu beurteilen (ROH. 18, 140). A. 1.

Wer den Wechsel zum Teil eingelöst hat, kann den Rembourregreß nicht nehmen. Wird der Rest vom Akzeptanten gezahlt, so kann dieser nur Abschreibung auf den Wechsel verlangen, den Wechsel aber erhält der Regreßeinlöser, um seine Rechte gegen Vormänner und Akzeptanten geltend machen zu können (Art. 39 8).

2. Die Berechtigung des Einlösers zum Rembourregreß ist nach den allgemeinen Vorschriften über die Legitimation des Wechselgläubigers (Art. 36 17 ff.) zu beurteilen. Sein Anspruch ist nicht ein erst durch die Einlösung neu entstandener, sondern vielmehr der alte, für ihn bereits vorhanden gewesene (Art. 36 18). A. 2.

Besitz des mit einem vorprotestlichen Indossament versehenen Wechsels und des Protestes begründen für den Regreßnehmer nach der zu Recht herrschenden Auffassung die Präsumtion der Einlösung im Regreßwege (RG. 41, 409). Gegenbeweis, daß der Regreßnehmer seinen Vormann nicht befriedigt habe, ist zulässig. Jedoch muß nicht gerade Zahlung vorliegen (Näheres über alle diese Fragen Art. 36 17 u. 19).

A. 3. 3. Der Anspruch des rückgreifenden Einlösers, seine Retourrechnung, setzt sich zusammen:

a) aus der von ihm beglichenen Summe,

b) aus sechs Prozent Zinsen dieser Summe, also auch einschließlich der vom Regreßnehmer verausgabten Zinsen und Kosten, vom Tage der erfolgten Zahlung an (nicht vom Verfalltage an, wie bei Art. 50); indes ist die Feststellung des Einlösungstages ohne Bedeutung, da die Wechselsumme jedenfalls vom Verfalltage ab entweder dem letzten protestierenden Inhaber oder seinem Vormanne verzinst werden muß (Dernburg § 274[7]),

c) aus den ihm erstandenen Kosten (vgl. Art. 50[4] auch bezüglich der Prozeßkosten),

d) aus der Provision von $^1/_3$ Prozent von der Summe zu a; die Provision läßt sich nicht etwa mehrfach ansetzen, wenn der Regreßnehmer mehrfacher Indossatar war.

Näheres zu a—d vgl. Art. 50[2—5].

A. 4. 4. Die Berechnungsart der Rembourstregreßsumme ist analog derjenigen, welche beim Regreß des letzten Inhabers zur Anwendung kommt (vgl. Art. 50[7]), nur daß der fingierte Rückwechsel als vom Wohnort des einlösenden Regreßnehmers gegeben gilt, weil dessen Interesse in dem Erhalten des Remburses für alles, was er hat leisten müssen, an seinem Wohnort besteht (ROH. 24, 5).

A. 5. 5. Schließlich muß der Trassant, da jeder Vormann seinen Regreß in der Höhe der durch Art. 51 festgestellten Ansprüche nehmen kann, als letzter Vormann für den Gesamtbetrag der auf diesem Wege gehäuften und angewachsenen Retourrechnungen einstehen. Das Einlösungsrecht aus Art. 48 gibt hiergegen einen Schutz (vgl. Grünhut § 82 a. E.).

A. 6. 6. Die sachliche Zuständigkeit richtet sich nach § 4 Abs. 2 ZPO. (Art. 50[8]).

A. 7. B. Bezüglich der Ansprüche des Einlösers gegen den Akzeptanten vgl. Art. 28[7].

Art. 52. Durch die Bestimmungen der Artikel 50 und 51 Nr. 1 und 3 wird bei einem Regreß auf einen ausländischen Ort die Berechnung höherer dort zulässiger Sätze nicht ausgeschlossen.

1. **Regreß auf einen ausländischen Ort.** Der Wohnort des Regreßschuldners bestimmt die Höhe der Regreßpositionen. Der ausländische Regreßschuldner hat die im Ausland normierten Sätze zu bezahlen, auch wenn sie höher sind. Dem Prinzipe entsprechend wird er, falls geringere Sätze dort gelten, als im Inland, nur die geringeren zu zahlen haben. Der Ausländer, der die nach Auslandsrecht geltenden höheren Sätze bezahlen mußte, kann sie seinem Vormann in Anrechnung bringen, auch wenn dieser ein Inländer ist. A. 1.

2. Der ausländische Regreßnehmer darf aber nicht etwa die an seinem Wohnort geltenden höheren Sätze beim Regreß auf das Inland in Anwendung bringen. Er ist an die Normierung der Wechselordnung gebunden. A. 2.

Art. 53. Der Regreßnehmer kann über den Betrag seiner Forderung einen Rückwechsel auf den Regreßpflichtigen ziehen. Der Forderung treten in diesem Falle noch die Mäklergebühren für Negozierung des Rückwechsels sowie die etwaigen Stempelgebühren hinzu. Der Rückwechsel muß auf Sicht zahlbar und unmittelbar (a drittura) gestellt werden.

1. Einen Rückwechsel **in natura** kann jeder Regreßnehmer, sowohl der letzte Inhaber als auch jeder Vormann, ziehen, braucht es aber nicht, da er die Regreßsumme ja auch nach dem Kurs eines fingierten Rückwechsels gemäß Art. 50 u. 51 zu berechnen befugt ist. Die Höhe dieses in der Praxis selten vorkommenden Rückwechsels beläuft sich auf den Betrag des durch Art. 50 bzw. 51 festgestellten Regreßanspruches, wozu noch die A. 1.

Mäklergebühren für die Negozierung des Wechsels und die etwaigen Stempelgebühren treten.

A. 2. 2. **Besonderheiten des wirklichen Rückwechsels:**
Er muß a) auf Sicht zahlbar, und
b) unmittelbar auf den Regreßschuldner, den Retrassaten, gezogen sein. Zahlungsort ist der Wohnort des Regreßschuldners, dessen Geschäfts- bzw. Wohnräume Zahlstelle sind. Domizilierung ist ausgeschlossen.

Entspricht die Rücktratte diesen Erfordernissen nicht, so geht sie auf Kosten des Retrassanten in Protest. Die Verpflichtung des Retrassaten darf nicht erschwert werden.

A. 3. 3. **Bei der Begebung der Rücktratte** werden zweckmäßig der frühere Wechsel, der Protest, die Retourrechnung („Beilagen" des Rückwechsels) mitgegeben werden, da ohne ihre Auslieferung der Retrassat nicht zu zahlen braucht (Art. 54). Wechselmäßig haftet der Retrassat auf Grund des Rückwechsels noch nicht, da er nur Bezogener ist. Wird der Rückwechsel nicht honoriert, so kann die nunmehr durch die Kosten des Rückwechsels gestiegene Regreßforderung auf Grund des alten Wechsels geltend gemacht werden.

Art. 54. Der Regreßpflichtige ist nur gegen Auslieferung des Wechsels, des Protestes und einer quittierten Retourrechnung Zahlung zu leisten verbunden.

A. 1. 1. Über das Verhältnis zu den Art. 39 u. 48 vgl. Anm. 1 zu Art. 48. Danach bezieht sich der vorliegende Artikel auf die Zahlung nur des Regreßpflichtigen, aber auch jedes Regreßpflichtigen, einschließlich des Ausstellers.

A. 2. 2. Dreierlei muß der Wechselgläubiger dem Regreßpflichtigen gegen Zahlung aushändigen (vgl. auch Art. 39 Abs. 2 u. 4, insbesondere auch für den Fall der Zwangsvollstreckung):

a) **Den Wechsel** — Verlust des Wechsels beseitigt den Regreßanspruch, Ausschlußurteil ersetzt ihn aber (s. über die Streitfrage Art. 73[8]) — und zwar den unversehrten, ordnungsmäßig beschaffenen Wechsel, so daß der Regreßpflichtige mittelst desselben die an sich möglichen wechselmäßigen Rechte gegen die Vormänner und den Akzeptanten geltend zu machen imstande ist. Der Regreßpflichtige braucht daher nicht einen Wechsel mit durchstrichenem Vorindossament, einen — gegen einen Vormann oder den Akzeptanten — verjährten Wechsel, einen Wechsel mit durchstrichenem Akzept zu nehmen. (ROH. 11, 218; RG. 9, 22). Es macht keinen Unterschied, ob die Ordnungswidrigkeit durch Zufall oder durch Verschulden des Regreßnehmers eingetreten ist. Der Zufall trifft den Regreßnehmer. Selbst wenn ein Wechselskripturakt, insbesondere das Akzept, erst nach der Begebung auf den Wechsel gesetzt wird, hat der Regreßpflichtige ein Recht darauf, daß auch dieser in ordnungsmäßiger Beschaffenheit sich befindet; das Akzept darf auch in diesem Falle nicht durchstrichen sein, einerlei, ob die Durchstreichung vom Akzeptanten oder vom Wechselgläubiger bewirkt ist (dagegen Grünhut § 83).

Auf körperliche Intaktheit des Wechsels kommt es nicht an, insofern nicht wesentliche Bestandteile dem Wechsel fehlen. Es schadet nicht, daß er durch Kniffe auseinanderfällt (ROH. 5, 247), oder daß etwa eine Silbe durch Abreißen fortgefallen ist (KGBl. 94, 69; vgl. auch Art. 75, 76[8 ff., 17–21]).

b) **Den Protest**, der ordnungsmäßig sein muß. Über den Fall des Verlusts der Protesturkunde vgl. Art. 41[7]. A. 3.

c) **Die quittierte Retourrechnung**. Gemeint ist die vom Regreßnehmer ausgestellte. In der Praxis wird gewöhnlich nur die des Vormannes beigelegt. Zur Klageanstellung genügt sie auch. Aber der Gerichtsvollzieher wird nicht, ohne die eigene Retourrechnung des Regreßnehmers auszuhändigen, beitreiben können (Staub § 5). A. 4.

A. 5. 3. Mehr als ihm im Art. 54 zugebilligt, kann der Regreßschuldner nicht verlangen, insbesondere nicht Quittung auf dem Wechsel (anders bei Teilzahlungen, vgl. Anm. 7), Retourrechnungen der Vormänner oder Abtretung von Pfändern oder Sicherheiten (vgl. aber Art. 48[4]).

A. 6. 4. Über den Fall, daß mehrere Regreßverpflichtete zahlen, vgl. Art. 48[6]. Demjenigen, durch dessen Zahlung die meisten Wechselverpflichteten frei werden, gebührt das Auslieferungsvorrecht. Haben die Zahler die gleiche Rangstellung, z. B. als Mitaussteller, so haben sie nur einen gemeinschaftlichen Anspruch (Bernstein 229). Über den Fall der Wechselzahlung durch den Akzeptanten und einen Regreßschuldner vgl. Art. 39[8].

A. 7. 5. Teilzahlung, die sich hier der Gläubiger nicht gefallen zu lassen braucht (vgl. Art. 48[3]), gewährt das Recht der Abschreibung auf dem Wechsel und Quittierung auf einer Wechselabschrift (Art. 39[8]).

A. 8. 6. Befriedigung, die der Zahlung gleichsteht, gibt Rechte wie diese (vgl. Art. 36[19]).

A. 9. 7. Zahlung ohne Empfang der im Art. 54 verzeichneten Urkunden gibt ein Klagerecht auf Auslieferung; Zahlung, falls diese Urkunden sich als ordnungswidrig erweisen, gewährt eine condictio indebiti (Bolze 17 Nr. 309; ROH. 19, 147). Vgl. §§ 812 ff. BGB., ferner Mugdan u. Falkmann 2, 43 u. JW. 01, 363.

A. 10. 8. Der Akzeptant hat bei Vollzahlung nur ein Recht auf Aushändigung des quittierten Wechsels (Art. 39[2] ff.). Protest und quittierte Retourrechnung brauchen ihm nur dann ausgehändigt zu werden, wenn er in Höhe der vollen Regreßsumme belangt wird (Staub-Stranz A. 7).

Art. 55. Jeder Indossant, der einen seiner Nachmänner befriedigt hat, kann sein eigenes und seiner Nachmänner Indossament ausstreichen.

Erläutert bei Art. 36 Anm. 18. Der Art. 55 betrifft nur das Durchstreichungsrecht bei rückläufigem Wechsel nach erhobenem Protest. Bei Einlösung vor Rücklauf ohne Protest muß dagegen der Einlösende, um seine Legitimation zu bewirken, sein eigenes und die nachfolgenden Indossamente streichen (Art. 36⁹ff.).

Ueber die Einwirkung des neuen Protestgesetzes vgl. Erläuterungen zu Art. 88a.

IX. Intervention.

1. Ehrenannahme.

Art. 56. Befindet sich auf einem mangels Annahme protestierten Wechsel eine auf den Zahlungsort lautende Notadresse, so muß, ehe Sicherstellung verlangt werden kann, die Annahme von der Notadresse gefordert werden. Unter mehreren Notadressen gebührt derjenigen der Vorzug, durch deren Zahlung die meisten Verpflichteten befreit werden.

I. Einleitung zu den Art. 56—65.

1. Ehrenannahme (Art. 56—61) und Ehrenzahlung (Art. 62—65) werden vom Gesetz (s. die Überschrift zu IX) und von der Wissenschaft unter dem gemeinsamen Namen der Intervention zusammengefaßt. Begriffsmäßig ist die Intervention die aushilfsweise Wechselannahme (durch Ehrenakzept) oder Wechselzahlung (durch Ehrenzahlung) seitens eines Dritten (Intervenienten, Honoranten) zugunsten eines Regreßpflichtigen (Honoraten) für den Fall, daß der Wechsel wegen nicht erhaltener Annahme (Art. 25ff.) oder wegen Unsicherheit des Akzeptanten (Art. 29) oder wegen Nichtzahlung notleidet; die Intervention bezweckt, die Nachteile des Notleidens für die Regreßschuldner, insbesondere ihre Pflicht zur Sicherstellung, zu beseitigen. Das Notleiden des Wechsels (Nichtannahme, Unsicherheit oder Nichtzahlung) muß A. 1.

durch **Protest** festgestellt sein. Der Wechsel darf auch nicht präjudiziert sein, da hiermit die Regreßpflicht erloschen ist (ROH. 24, 126).

Die Annahme seitens eines **Dritten** (**Nichtbezogenen**) begründet keine wechselmäßige Verhaftung, wenn der Wechsel nicht Not gelitten hat (Art. 21 [16]).

A. 2. Die Intervention geschieht entweder infolge eines Auftrages eines Regreßverpflichteten, infolge der Notadressierung oder ohne Auftrag infolge spontanen Entschlusses (gerufene und ungerufene Intervention, Art. 57).

A. 3. 2. Auf den **eigenen Wechsel** finden die Vorschriften über Ehrenannahme schon begrifflich keine Anwendung, dagegen die über die Ehrenzahlung (Art. 98 Nr. 7). Zu Unrecht läßt Grünhut (§ 88) die Ehrenannahme im Falle der Unsicherheit des Ausstellers auch beim eigenen Wechsel zu.

II. Die Notadresse.

A. 4. **1. Begriff.** Notadresse ist ein auf dem Wechsel befindlicher Auftrag zur Intervention; den Auffordernden nennt man Adressanten, den Aufgeforderten Notadressaten oder auch Notadresse. Die Notadresse kann auch beim eigenen Wechsel zum Zwecke der Ehrenzahlung (Art. 62 ff. und oben A. 3) vorkommen. Der Inhalt des Auftrages geht richtiger Meinung nach dahin, der Notadressat solle, wenn der Wechsel beim Bezogenen Not leide, für den Adressanten (Honoraten) **die Regreßverpflichtung** übernehmen, nicht aber an Stelle des Hauptwechselschuldners (Art. 30 [1]) dessen Schuld übernehmen. Diese Auffassung ist bestritten für die Ehrenannahme (Art. 60 [2]).

A. 5. **2. Platz und Form der Notadresse.** Sie muß **im Wechsel selbst** oder seiner Kopie (Art. 62) enthalten sein, gleichgültig an welcher Stelle, gewöhnlich unter der Adresse des Bezogenen, bisweilen auch bei dem Namen des Adressanten. Eine Unterschrift ist nicht erforderlich. Fehlt sie, so wird im Zweifel der Trassant als Notadressant angesehen (ROH. 11, 305, argumento auch

Art. 59; a. M. Bernstein 235, der in solchen Fällen
den Nachweis des Notadressanten verlangt).

Die üblichen Formeln sind: „Falls bei X", „im Falle A. 6.
(der Not) bei X", „nötigenfalls bei X", „im Notfall
bei X", „in Ermangelung bei X", „à besoin", „à
defaut", „al bisogno", „in case of need".

3. Die Notadresse muß **auf den Wechselzahlort** (über A. 7.
ihn Art. 4[45] ff.), auch bei domizilierten Wechseln, lauten.
Ist in ihr kein Ort angegeben, wie dies üblich, so gilt
der Wechselzahlort als Ort der Notadresse. Dagegen
braucht der Wechselgläubiger eine Notadresse, in der ein
anderer Ort als der Wechselzahlort angegeben ist, nicht
zu beachten, wenn er es auch darf (ROH. 11, 301).

Durch die **Protestnovelle** (Art. 91 a) ist der vorl. Artikel
hinsichtlich einer auf den Zahlungsort lautenden Notadresse nicht berührt.

Hamburg und Altona gelten in dieser Beziehung
landesgesetzlich als ein Ort (Rehbein-Mansfeld A. 1).

4. **Notadressant** kann logischerweise (Anm. 1, 4) nur A. 8.
ein Regreßschuldner sein. Also bei der Tratte der
Aussteller (auch der des eigen-trassierten Wechsels, ROH.
6, 162), der Indossant, sofern er nicht sein Obligo ausgeschlossen hat, nicht aber der Akzeptant, auch nicht der
des domizilierten Wechsels mit benanntem Domiziliaten,
da auch dieser nicht Regreßschuldner ist (letzteres bestritten
von Dernburg § 275 im Widerspruch zu seiner anderweitig — s. Art. 43[3] — vertretenen Auffassung); beim
eigenen Wechsel die Indossanten, nicht aber der Aussteller.
Die Notadresse seitens eines nicht Regreßpflichtigen und
die zu dessen Gunsten erfolgte Ehrenannahme sind
ungültig.

5. **Notadressat** kann nicht nur jeder Dritte, sondern A. 9.
auch jeder im Wechselverbande bereits stehende Regreßschuldner (Trassant, Indossant) sein, nicht aber der
Akzeptant bzw. Aussteller des eigenen Wechsels, die als
Hauptwechselschuldner begrifflich ausgeschlossen sind. In-

dossant und Trassant können sich auch selbst im Wechsel wirksam als Notadressaten (zwecks Abkürzung des Regreßweges) bezeichnen: „Intervention zu eigenen Ehren" (RG. 36, 103). Auch der Domiziliat und der Trassat können Notadressen sein, da sie nicht Wechselschuldner sind, und da sie, wenn sie nicht voll haften wollen, doch in dem beschränkteren Umfange des Art. 60 als Ehrenakzeptanten bzw. Ehrenzahler Haftung zu übernehmen gewillt sein können (a. M. Grünhut § 87).

A. 10. **6. Wirkung der Notadressierung.**

a) Hinsichtlich des Regresses mangels Annahme:

α) Beim Vorhandensein einer Notadresse auf einem mangels Annahme gegen den Bezogenen protestierten Wechsel hat der Wechselgläubiger — das heißt der Wechselgläubiger, welcher Nachmann des Adressaten ist — zunächst die Verpflichtung, bevor er Sicherstellung verlangen kann, sich an den Notadressaten zu wenden und von diesem Annahme zu fordern. Verweigert der Notadressat die Annahme (auch ein beschränktes Ehrenakzept gilt als Weigerung, da Art. 21 Abs. 2 nicht auf das Ehrenakzept auszudehnen ist), so muß der Gläubiger diese Tatsache durch Protest gegen den Adressaten feststellen lassen. Erst dann kann er gegen den Adressanten (Honoraten) und dessen Hintermänner Regreß auf Sicherstellung mangels Annahme (Art. 25 ff.) nehmen.

A. 11. *β*) Unterläßt der Wechselgläubiger — das heißt der Wechselgläubiger, welcher Nachmann des Adressanten ist — die Einholung des Ehrenakzepts bei der Notadresse und bei Verweigerung die Erhebung des Protestes gegen die Notadressaten, so verliert er den Regreß mangels Annahme gegen den Adressanten und dessen Nachmänner, sowie auch gegen dessen Vormänner, da die gleichen Folgen einzutreten haben, als wäre das Ehrenakzept geleistet (Art. 61[2]; a. M. hinsichtlich der Vormänner Staub 4. Aufl. § 8).

γ) Leistet der Notadressat die Ehrenannahme, so wird dadurch das in den Art. 58 ff. normierte Verhältnis geschaffen. A. 12.

δ) Der Adressant und dessen Vormänner können den Sicherstellungsregreß, auch ohne Protest gegen die Notadresse zu erheben, gegen ihre Vormänner geltend machen (arg. Art. 61), denn sie werden durch die beigefügte Notadresse nicht berührt. A. 13.

b) Auch den Regreß wegen mangelnder Sicherheit (Art. 29) kann der Gläubiger erst nehmen, nachdem er nach erhobenem Protest gegen den Bezogenen die Notadresse angegangen hat. Die etwaige Erfolglosigkeit muß auch hier durch Protest festgestellt werden, wie auch sonst das A. 10—13 Gesagte hier entsprechend anzuwenden ist. A. 14.

7. **Form des Protestes.** Der gegen den Notadressaten zu erhebende Protest — Interventions-Notprotest — kann im Hauptprotest gegen den Bezogenen mit beurkundet werden (Art. 88 Nr. 4, Art. 89), oder nach Abschluß desselben, sei es in einem Anhange, sei es in einem selbständigen Protest (Art. 58, 62). Der Intervenient muß sich aber sichern, daß ihm, wenn er vor Aushändigung des Protestes interveniert, die Protesturkunde hinterher wirklich ausgehändigt werde. A. 15.

Je nachdem es sich bei der Intervention um Annahme oder Zahlung handelt, ist hinsichtlich der Form der Urkunde Art. 88a oder Art. 88b anzuwenden (Staub-Stranz Art. 88[52]). Aber auch beim Zahlungsprotest ist die Zuständigkeit der Postverwaltung (Anlage II) ausgeschlossen.

III. Mehrere Notadressen (Satz 2). A. 16.

a) Es können auch mehrere Notadressen auf den Wechsel gesetzt sein. Der Gläubiger muß alle beachten, sofern er die Regreßrechte gegen alle Adressanten und deren Hintermänner wahren will (ROH. 11, 297).

Unterläßt er das Angehen einer der mehreren Notadressen, so ist der Grundregel zufolge der Regreß gegen diejenigen Personen verloren, die durch das Akzept dieser Notadresse befreit worden wären, also der Regreß gegen den betreffenden Notadressanten und dessen Nachmänner.

A. 17. b) Eine bestimmte Reihenfolge beim Angehen der Notadressen braucht der Wechselgläubiger nicht einzuhalten; er braucht also nicht zuerst die Notadresse des Ausstellers, dessen Zahlung die meisten befreit, dann die des ersten Indossanten usw. aufzusuchen. Zwar scheint das Gesetz (Satz 2) dieses auszusprechen, indes gilt Satz 2 zu Lasten der Notadressaten in folgendem Sinne. Drängt sich ein Notadressat, der weniger Regreßverpflichtete befreit, mit seinem Akzept vor, so hat das zur Folge, daß ihm der Regreß gegen diejenigen Vormänner fehlt, welche der verdrängte Notadressat durch seine Zahlung befreit hätte (so Thöl § 141[13]; sehr bestritten).

A. 18. IV. Fremde Rechte (zu Art. 56—65).

Über die Notadresse und Ehrenannahme gelten nach franz. und engl. Rechte ähnliche Vorschriften wie in unserem Rechte. — Über die Ehrenzahlungen vgl. Späing 187; code de commerce Art. 158, 159.

Art. 57. Die Ehrenannahme von seiten einer nicht auf dem Wechsel als Notadresse benannten Person braucht der Inhaber nicht zuzulassen.

A. 1. 1. Die ungerufene (Art. 56[2]) Ehrenannahme kann der Wechselinhaber ablehnen, behält aber trotzdem seine Regreßrechte auf Sicherstellung wegen nicht erhaltener Annahme (Art. 25; anders bei der zurückgewiesenen Ehrenzahlung, Art. 62 Satz 3). Läßt er aber die Ehrenannahme zu — wer sie leisten kann, darüber siehe Art. 60[1] —, so sind die Folgen die gleichen, als wenn der Wechsel von einer Notadresse zu Ehren angenommen wird (Art. 61).

A. 2. 2. Im übrigen vgl. die Erläut. zu Art. 56, insbes. A. 1—4, 9 ff.

Art. 58. Der Ehrenakzeptant muß sich den Protest mangels Annahme gegen Erstattung der Kosten aushändigen und in einem Anhange zu demselben die Ehrenannahme bemerken lassen. Er muß den Honoraten unter Übersendung des Protestes von der geschehenen Intervention benachrichtigen und diese Benachrichtigung mit dem Protest innerhalb zweier Tage nach dem Tage der Protesterhebung zur Post geben. Unterläßt er dies, so haftet er für den durch die Unterlassung entstehenden Schaden.

1. Der Art. 58 regelt die Pflichten des Ehrenakzeptanten gegenüber dem Honoraten. Die zweitägige Frist (Satz 2) läuft nach dem Tage der Protesterhebung gegen den Trassaten, nicht des Protestempfanges. Die Haftung für den Schaden (Satz 3) ist kein Anspruch aus dem Wechsel (so mit Unrecht Staub 4. Aufl. § 3), sondern aus den Unterlassungen des Ehrenakzeptanten, daher auch nicht im Wechselprozeß geltend zu machen. Das „durch die Unterlassung" des Art. 58 steht gleich dem „aus der unterlassenen" usw. des Art. 45 (vgl. dort auch A. 7 ff. über den Inhalt des Schadensanspruchs). A. 1.

2. Satz 1 bedeutet, daß der Wechselgläubiger nur gegen Erstattung der Kosten an ihn den Protest dem Ehrenakzeptanten auszufolgen braucht. Der Protestanhang, in welchem die Ehrenannahme zu vermerken ist (nicht zu verwechseln mit dem Platze, wo die Ehrenannahme erfolgen muß, Art. 60 [2]), braucht keineswegs eine besondere Urkunde zu bilden (Art. 56 [15]). Er kommt in der Praxis fast nie vor. Vielmehr wird in den Hauptprotest aufgenommen, es habe der Ehrenakzeptant die Erklärung abgegeben: „Ich interveniere" oder „leiste Ehrenannahme"; demnächst setzt er sein Ehrenakzept auf den Wechsel. Der Vermerk im Proteste ist überhaupt A. 2.

nur eine Ordnungsvorschrift. Die Unterlassung des Vermerks steht der Gültigkeit des Ehrenakzepts nicht entgegen, die auf der Unterschrift im Wechsel selbst beruht.

Über Form, Natur usw. der Ehrenannahme s. Erl. zu Art. 60.

A. 3. 3. Ob und inwieweit der Ehrenakzeptant Rechte gegen den Honoraten, insbesondere auf Deckung hat, richtet sich nach den zugrunde liegenden Rechtsbeziehungen zwischen ihnen beiden; Wechselrechte gegen den Honoraten hat er nicht. Über die Folgen der Ehrenzahlung s. Art. 63 [2] ff.

Art. 59. Wenn der Ehrenakzeptant unterlassen hat, in seinem Akzepte zu bemerken, zu wessen Ehren die Annahme geschieht, so wird der Aussteller als Honorat angesehen.

A. 1. 1. Der Art. 59 enthält keine Auslegungsregel, sondern eine gesetzliche Fiktion; ein Gegenbeweis ist also unzulässig. Diese Fiktion kann auch durch entgegenstehende Erklärungen im Proteste nicht erschüttert werden, denn „im Akzepte", d. h. auf dem Wechsel selbst — Stelle ist gleichgültig — muß die Erklärung geschehen.

A. 2. 2. „Der Aussteller wird als Honorat angesehen", der Ehrenakzeptant kann also nach Einlösung seines Akzeptes gegen keinen der Indossanten wechselrechtliche Regreßrechte erheben.

Art. 60. Der Ehrenakzeptant wird den sämtlichen Nachmännern des Honoraten durch die Annahme wechselmäßig verpflichtet. Diese Verpflichtung erlischt, wenn dem Ehrenakzeptanten der Wechsel nicht spätestens am dritten Werktage nach dem Zahlungstage zur Zahlung vorgelegt wird.

Die Ehrenannahme.

Einl. Für die Art. 60 Satz 2 und Art. 62 Satz 1 sind durch den § 1 IV des Protestgesetzes die Worte am

„zweiten“ durch am „dritten“ Werktag ersetzt. Die Frist war in Handelskreisen als zu kurz empfunden worden.

1. Wer kann Ehrenannahme leisten? Jeder, der Notadressat sein kann (hierüber Art. 56^{9}), ohne Belang aber, ob er als solcher bezeichnet ist (Art. 57). A. 1.

2. Platz und Form. Die Ehrenannahme muß schriftlich erfolgen auf dem Wechsel selbst, auf einem Duplikat (A. 6) oder auch auf einer Kopie (zugelassen durch Art. 62, während das gewöhnliche Akzept nicht auf einer Kopie erfolgen kann, Art. 21^{3}), gleichgültig, an welcher Stelle, Rückseite oder Vorderseite. Die Akzeptation im Proteste reicht nicht aus (s. Art. 58^{2} über ihren Vermerk im Protest). — Üblich ist die Fassung: „zu Ehren des X.“, „unter Protest“, „s p.“ (sopra pot.), „per onor“. Indes ist eine besondere Form nicht vorgeschrieben, nur muß sich die Ehrenannahme als solche deutlich erkennen lassen. A. 2.

Die Vermutungen, die Art. 21 Abs. 2, 3 für die Unbeschränktheit des gewöhnlichen Akzepts aufstellt, gelten für die Ehrenannahme nicht. Auch braucht der Wechselgläubiger ein beschränktes Ehrenakzept nicht zuzulassen; der Regreß wird durch ein solches nicht abgehalten. A. 3.

Mehrere Ehrenakzepte sind nicht angängig, schon weil das Mittel fehlt, um mehrere zu beschaffen; jeder Ehrenakzeptant kann die Aushändigung des Protestes verlangen, und nur ein *einziger* Protest ist vorhanden. Dagegen ist eine gemeinschaftliche Ehrenannahme Mehrerer zulässig. A. 4.

3. Natur. Gegen Grünhut (§ 88) und Staub (4. Aufl. § 1), welche die Ehrenannahme als eine Art des ordentlichen Akzepts erklären, ist vielmehr mit der herrschenden Meinung (Bernstein 241) die Ehrenannahme als eine Art der Wechselregreßschuld anzunehmen. Sie ist die Übernahme der Regreßschuld des Honoraten, an *dessen* Stelle, nicht an die Stelle des Bezogenen, der Ehrenakzeptant tritt. A. 5.

A. 6. Akzept und Ehrenakzept sind in folgenden Punkten so verschieden, daß sie nicht als zwei Arten der gleichen Gattung angesehen werden dürfen:

a) Die Ehrenannahme setzt das Notleiden des Wechsels voraus.

b) Die Adresse muß beim ordentlichen Akzept vom Aussteller herrühren, während auch der Indossant eine Notadresse auf den Wechsel setzen darf.

c) Das Ehrenakzept kann auf eine Kopie gesetzt werden, das echte nicht (s. A. 2).

d) Wer Duplikate akzeptiert, haftet mehrfach; diese mehrfache Haftung trifft nicht den Ehrenakzeptanten (Art. 67[3]).

e) Beim Akzept muß sich der Inhaber Einschränkungen gefallen lassen, nicht aber beim Ehrenakzept (A. 3).

f) Die Ehrenannahme begründet nur eine bedingte Haftung (A. 7).

g) Der Akzeptant haftet allen Wechselgläubigern, dagegen der Ehrenakzeptant nur den Nachmännern des Honoraten (Art. 60). Damit ist am deutlichsten ausgesprochen, daß er nur als Vertreter des Honoraten dessen Verpflichtungen übernimmt.

A. 7. 4. **Bedingung der Ehrenakzeptpflicht** ist die Vorlegung des Wechsels an den Ehrenakzeptanten zur Zahlung spätestens am dritten Werktage nach dem Zahlungstage (Satz 2; s. a. oben Einl.). Dies ist scharf zu unterscheiden von der Bestimmung des Art. 62, laut welcher eine Voraussetzung des Regresses gegen die Regreßschuldner der Protest auch gegen den Ehrenakzeptanten ist. Hier dagegen ist die Protesterhebung nicht erforderlich, auch nicht mehr für die Verfolgung des Anspruchs im Wechselprozeß, wenngleich die Vorlegung zu den klagebegründenden Tatsachen gehört (§ 605 ZPO.).

A. 8. 5. **Umfang der Verpflichtung des Ehrenakzeptanten.**

a) Er haftet direkt, wechselmäßig sämtlichen Nachmännern des Honoraten, nicht aber diesem. Er kann dem Inhaber Einreden aus der Person des Honoraten nicht entgegenstellen, abgesehen davon, daß die Regreßschuld des Honoraten zur Zeit der Ehrenannahme bereits präjudiziert war. Letzteres ist in Wahrheit ein Bestreiten der Gültigkeit der Ehrenannahme (s. auch A. 10 u. Art. 56[1]).

b) Er haftet im Umfange der Beträge, welche der Honorat leisten müßte, also für die Wechselsumme, die Zinsen seit dem Verfalltage (a. M. hinsichtlich der Zinsen Lehmann 473), die Protestkosten und die Provision (letztere streicht die herrschende Meinung). A. 9.

6. **Folgen aus der Regreßnatur des Ehrenakzepts** (s. auch A. 6). A. 10.

a) Der Ehrenakzeptant haftet nicht, wenn zur Zeit der Ehrenannahme der Wechsel bereits präjudiziert war, also keine Regreßschuld vorlag; dagegen wohl, wenn durch spätere Präjudizierung die Regreßschuld erlischt (A. 8).

b) Die Verjährungsfrist ist diejenige der Regreßklage, nicht die dreijährige der Akzeptschuld (Art. 77[6]). A. 11.

c) Die Bereicherungsklage aus Art. 83 ist gegen den Ehrenakzeptanten nicht gegeben. A. 12.

d) Hinsichtlich der Stellung des Ehrenakzeptanten nach Einleitung des Amortisationsverfahrens s. Art. 73[8]. A. 13.

Alles dies (A. 10—13) ist streitig, denn aus der anderen Auffassung der Natur des Ehrenakzepts (A. 5) ergeben sich auch andere Folgen.

Art. 61. Wenn der Wechsel von einer Notadresse oder einem anderen Intervenienten zu Ehren angenommen wird, so haben der Inhaber und die Nachmänner des Honoraten keinen Regreß auf Sicherstellung. Derselbe kann aber von dem Honoraten und dessen Vormännern geltend gemacht werden.

A. 1. 1. Die Ehrenannahme, gleichviel ob gerufen oder ungerufen, nimmt dem letzten Inhaber und den Nachmännern des Honoraten den Regreß auf Sicherstellung sowohl wegen nicht erhaltener Annahme (Art. 25 ff.) als auch wegen Unsicherheit des Akzeptanten (Art. 29).

A. 2. 2. Sie nimmt ferner den Regreß nicht bloß gegen den Honoraten und dessen Nachmänner (dieser Ansicht Staub 4. Aufl. § 3, Rehbein-Mansfeld A. 7), sondern auch gegen die Vormänner des Honoraten (ebenso Bernstein 245); dies folgt aus dem Wortlaute und der Natur der Sache. Denn wer einen Wechsel mit einer Notadresse erwirbt oder eine ungerufene Ehrenannahme zuläßt, erklärt damit, daß er das Ehrenakzept als ebenso sicher bemesse wie das ordentliche Akzept, braucht daher keine Sicherstellung zu verlangen (s. a. Art. 56[11]).

2. Ehrenzahlung.

Art. 62. Befinden sich auf dem von dem Bezogenen nicht eingelösten Wechsel oder der Kopie Notadressen oder ein Ehrenakzept, welche auf den Zahlungsort lauten, so muß der Inhaber den Wechsel spätestens am dritten Werktage nach dem Zahlungstage den sämtlichen Notadressen und dem Ehrenakzeptanten zur Zahlung vorlegen und den Erfolg im Proteste mangels Zahlung oder in einem Anhange zu demselben bemerken lassen. Unterläßt er dies, so verliert er den Regreß gegen den Adressanten oder Honoraten und deren Nachmänner. Weist der Inhaber die von einem anderen Intervenienten angebotene Ehrenzahlung zurück, so verliert er den Regreß gegen die Nachmänner des Honoraten.

Die Ehrenzahlung (Art. 62—65) **bezweckt gleichfalls,** A. 1.
die Schäden des Notleidens zu hindern (über ihren Begriff Art. 56^{1}). Sie findet auch auf **eigene Wechsel** Anwendung (Art. 98 Nr. 7). — Über die **Änderung** der Protestnovelle: „dritten" Werktag vgl. Einl. zu Art. 60.

Satz 1 und 2. A. 2.

1. Satz 1 und 2 regeln für den Fall, daß **Notadressen oder ein Ehrenakzept** vorhanden sind, die Verpflichtungen des Wechselinhabers zur Wahrung des Zahlungsregresses. Über die Notadresse und alle damit zusammenhängenden Fragen vgl. Art. $56^{4\,ff.,\ 8\,ff.,\ 16}$, über das „lauten auf den Zahlungsort" dort A. 7, über das Ehrenakzept vgl. die Erl. zu Art. 60. Auch das Ehrenakzept, wenn es nach Art. 62 berücksichtigt werden soll, muß auf den Wechselzahlungsort lauten, braucht aber nicht von einem Notadressaten gegeben zu sein. Nur wenn Notadresse und Ehrenakzept auf den Wechselzahlort lauten, verpflichten sie den Inhaber zur Vorlegung ehrenzahlungshalber gemäß Art. 62.

2. **Pflicht zur (Ehren-) Präsentation zahlungshalber bei den Notadressen und dem Ehrenakzeptanten, sowie eventl. zum (Ehren-) Protest mangels Zahlung (Kontraprotest).** A. 3.

a) **Fristgemäße** (spätestens am dritten Werktage nach dem Zahlungstage, s. über die Berechnung Art. 41^{10}) Ehrenpräsentation zahlungshalber und Ehrenprotest mangels Zahlung („**Kontraprotest**", d. h. im weiteren Sinne jeder Protest, der sich gegen den Notadressaten bzw. Ehrenakzeptanten richtet; über einen engeren Sinn vgl. A. 6) sind nur erforderlich, um den Zahlungsregreß gegen Adressanten oder Honoraten und deren Nachmänner zu wahren. Dagegen gehen trotz unterlassenen Ehrenprotestes nicht verloren: der Regreß gegen die Vormänner des Adressanten, ferner der Anspruch gegen den Akzeptanten (ROH. 11, 305, auch schon vor dem 1. Okt. 08 beim Domizilwechsel, jetzt sicher bei der Neufassung von Art. 43, 44), sowie gegen den Ehrenakzeptanten. Letzterem muß der Wechsel nur fristgemäß **vorgelegt** werden (Art. 60[7]).

A. 4. b) **Das Verfahren** bei Ehrenpräsentation und Ehrenprotest. Die Ehrenpräsentation ist zwar auch **vor** Einholung der Erklärung des Bezogenen gestattet (ROH. 20, 115), indes wendet sich der Gläubiger in der Regel zuerst an den Bezogenen. Hierbei ist nicht nötig, wenn auch zulässig, daß der Wechselgläubiger zunächst gegen den Bezogenen **Protest** mangels Zahlung **erheben** läßt und sodann unter Vorlegung dieses Protestes gegen Notadressaten und Ehrenakzeptanten innerhalb der Protestfrist gleichfalls Protest mangels Zahlung (Kontraprotest) erheben läßt. Vielmehr ist in der Praxis folgendes bequemere, durchaus statthafte Verfahren üblich. Der Protestbeamte holt **hintereinander** die Erklärungen des Trassaten und des Notadressaten, bzw. Ehrenakzeptanten ein und beurkundet beider Erklärungen in der **gleichen** Protesturkunde (zugelassen durch die Worte: „und den Erfolg im Proteste mangels Zahlung . . . . bemerken lassen", und durch Art. 89; s. auch Art. 56[15]).

Beispiel: „Der Notar usw. hat sich in das Geschäftslokal des Bezogenen begeben und auf Vorlegung des Wechsels und Zahlungsaufforderung von dem angetroffenen Bezogenen folgende Erklärung erhalten: „Ich zahle nicht." Hierauf begab sich der Notar, entsprechend der in dem Wechsel enthaltenen Notadresse, in das Geschäftslokal des Notadressaten und hat daselbst von dem angetroffenen Notadressaten auf Vorlegung des Wechsels und Aufforderung zur Intervention die Erklärung erhalten: „Ich interveniere unter Protest zu Ehren des Giros von X."

A. 5. Hinsichtlich der **Erklärung des Notadressaten** bzw. **Ehrenakzeptanten** sind folgende Fälle zu unterscheiden.

α) Wird die Ehrenzahlung verweigert, so genügt, auch wenn die Vorlegung des Wechsels vor Aufnahme der

Protesturkunde gegen den Bezogenen erfolgt ist, der entsprechende Vermerk in dem gegen den Bezogenen aufzunehmenden Proteste (A. 4). Es bedarf nicht einer nochmaligen Protesterhebung (Kontraprotest) gegen den Notadressaten bzw. Ehrenakzeptanten, weil die Verweigerung der Ehrenzahlung als schlechthin erklärt gilt, also auch für den Fall der rechtzeitigen Nachbringung des gegen den Bezogenen erhobenen Protestes (ROH. 20, 116). Ehrenzahlung braucht er freilich nur gegen Aushändigung dieses Protestes zu leisten (Art. 63).

β) Wird die Ehrenzahlung bei der Präsentation des Wechsels vom Notadressaten bzw. Ehrenakzeptanten angeboten, aber nicht sogleich geleistet (z. B. „ich interveniere zu Ehren des Herrn Lobe"), so muß ihm nach Aufnahme des Protestes gegen den Bezogenen, in welchem zugleich seine obige Erklärung vermerkt ist, der Wechsel nochmals unter Mitvorlegung des eben erwähnten Protestes und innerhalb der Frist von drei Werktagen zur Zahlung vorgelegt werden. Verweigert er nunmehr, entgegen seiner früheren Erklärung, die Zahlung, so bedarf es betreffs dieser Nichtzahlung eines neuen noch innerhalb der Frist von drei Werktagen zu erhebenden Protestes mangels Zahlung gegen ihn (Kontraprotest im engeren Sinne. — Über den weiteren Sinn s. A. 3 —; ROH. 11, 303; 20, 114ff.; RG. 67, 297). A. 6.

γ) Wird Ehrenzahlung sofort oder nach vorherigem Erbieten (A. 6) geleistet, so bedarf es keines weiteren Protestes gegen den Ehrenzahler. Wechsel und Protest gegen den Bezogenen werden ihm ausgehändigt (Art. 63). Aus Art. 88 Nr. 4 folgt nicht, daß im Falle der Ehrenzahlung die Protesterhebung geschehen muß, sondern nur, daß die Erfordernisse der Nr. 4 zu beachten sind, falls die Protesterhebung geschieht (Staub-Stranz A. 4). A. 7.

δ) Wird der Notadressat bzw. Ehrenakzeptant nicht angetroffen, oder gibt er auf Vorlegung des Wechsels allein keine Erklärung ab, so ist ein besonderer Kontra- A. 8.

protest gegen ihn nötig, der nur im Falle der Verweigerung der Zahlung bei der ersten Präsentation (A. 5) unterbleiben kann (ROH. 18. März 1879 in S. Kirchstein'/.Realkreditbank).

Satz 3 (s. a. oben A. 2).

A. 9. Die ungerufene Ehrenzahlung muß als solche, also zugunsten eines Regreßpflichtigen (Art. 56 1, 8) angeboten werden; das Angebot für den Trassaten oder Akzeptanten (beim eigenen Wechsel für den Aussteller) kann ohne Nachteil zurückgewiesen werden. Ebenso das Angebot desjenigen, der nicht erklärt, zu wessen Ehren er interveniert (Volkmar u. Löwy 218). Das Angebot muß innerhalb der Protestfrist, jetzt dreier Werktage, geschehen.

Weist der Inhaber das fristgemäße Zahlungsangebot zurück, so verliert er den Regreß gegen die Nachmänner des Honoraten, nicht aber gegen den Honoraten und dessen Vormänner.

Art. 63. **Dem Ehrenzahler muß der Wechsel und der Protest mangels Zahlung gegen Erstattung der Kosten ausgehändigt werden. Er tritt durch die Ehrenzahlung in die Rechte des Inhabers (Artikel 50 und 52) gegen den Honoraten, dessen Vormänner und den Akzeptanten.**

A. 1. I. (Satz 1). Die Rechte des Ehrenzahlers gegen den Wechselgläubiger

gehen auf Aushändigung des Wechsels und des Protestes mangels Zahlung; für diesen Aushändigungsanspruch sind die im Art. 54 für den analogen Anspruch des Regreßschuldners aufgestellten Grundsätze entsprechend anzuwenden. Der Ehrenzahler muß die Beträge anbieten, welche der Honorat zu leisten hätte; also die Wechselsumme, die Zinsen seit dem Verfalltage, die Protestkosten sowie andere Auslagen, und die Provision, wenn auch der Wortlaut („gegen Erstattung der Kosten") dies nicht deutlich macht. Gleicher Meinung Bernstein (252), Grünhut (§ 89), der nur die Provision streicht; die Entscheidung hier muß im Einklang mit der über den Umfang der Haftung des Ehrenakzeptanten (Art. 60⁹) erfolgen. Ausgeliefert muß werden der ordnungsmäßige Wechsel (nicht die Kopie) und der ordnungsmäßige Protest, sowohl der gegen den Hauptschuldner erhobene, als auch der etwa erhobene Kontraprotest (Art. 62 3, 6, 8). Sind Wechsel oder Protest nicht in Ordnung, so kann die geschehene Ehrenzahlung nach den Regeln des bürgerlichen Rechts zurückgefordert werden. Ist eine Interventionszahlung geschehen, ohne daß der Ehrenzahler sich den Wechsel und Protest hat aushändigen lassen, so kann er auf Herausgabe dieser Urkunde klagen.

II. (Satz 2). Die Rechte des Ehrenzahlers gegen die Wechselschuldner.

Der Ehrenzahler „tritt in die Rechte des Inhabers (Art. 50 und 52) gegen den Honoraten, dessen Vormänner und den Akzeptanten", auch gegen deren Avalisten, nicht aber gegen die Nachmänner des Honoraten. Der Ehrenzahler kann mit seinem Regreßanspruch den Honoraten übergehen und sofort einen der Vormänner des Honoraten belangen. Der Notadressat, der zugleich Aussteller des Wechsels ist, tritt durch die Ehrenzahlung nur wieder in seine Rechte als Aussteller; er erlangt daher keine Regreßrechte. Will er den Wechsel weiter begeben, so ist dies eine neue nachprotestliche (Art. 16 Abs. 2) Begebung (ROH. 6, 164). Über den Domiziliaten als Ehrenzahler vgl. Art. 82⁷⁶. A. 2.

1. **Voraussetzung** für die Geltendmachung der Rechte des Ehrenzahlers. Die Zahlung muß eine Ehrenzahlung, gerufene oder ungerufene, sein (hierüber A. 3.

Art. 62[1 ff., 9]); sie muß somit für den Regreßschuldner geschehen. Fernere Voraussetzung ist der Besitz des **ordnungsmäßigen** Wechsels und gehörigen Protestes mangels Zahlung (A. 1 und ROH. 24, 127).

A. 4. **2. Wirkung.** Der Ehrenzahler tritt **kraft** Gesetzes in die Rechte des Inhabers. Er tritt aber nur **zeitlich** an die Stelle des Inhabers, nicht aber als **Rechtsnachfolger** durch Sukzession in dessen Rechte. Sein Recht ist vielmehr ein selbständiges, nicht abgeleitetes, sondern kraft Gesetzes **ihm** gegebenes, weswegen ihm auch nicht die Einwendungen aus der Person des befriedigten Inhabers entgegengesetzt werden können (ROH. 24, 127; Lehmann 569; s. a. Art. 82[76]).

Zur **Legitimation** bedarf der Ehrenzahler nicht eines Giros, er ist durch Wechsel, Protest und Quittung legitimiert. Sein Anspruch ist ein wechselmäßiger, im Wechselprozeß verfolgbarer. Auch der Honorat oder ein Vormann desselben ist ohne Giro des Ehrenzahlers (und ohne Durchstreichung seines Indossaments und der folgenden) durch den Besitz von Wechsel und Protest legitimiert: es wird dann angenommen, daß er den Wechsel vom Ehrenzahler eingelöst habe (RG. 12, 134). Der Ehrenzahler, der Honorat und dessen Vormänner sind nicht nur zur Einforderung und Klage legitimiert, sondern auch zur Weiterbegebung durch Nachgiro oder Zession. Dagegen sind die Nachmänner des Honoraten, trotz des Besitzes von Wechsel und Protest, nicht legitimiert (ROH. 6, 164), weil die dem Honoraten nachfolgenden Indossamente durch die Ehrenzahlung ihre wechselrechtliche Wirkung, ihre verpflichtende wie ihre berechtigende, verlieren (RG. 12, 134).

A. 5. **3. Umfang der Rechte des Ehrenzahlers.** Er kann die im Art. 50 und 52 normierten Beträge verlangen: Also Wechselsumme, 6 % Zinsen seit Verfall, Protestkosten und sonstige Auslagen, einschließlich der Kosten des Protestes über die erfolgte Ehrenzahlung (a. M. Lehmann 569),

1/8 % Provision. Eine wirkliche Rücktratte gemäß Art. 53 ist er abzugeben nicht berechtigt; denn Art. 53 ist im Art. 63 nicht zitiert. Nur die Rechte aus dem Wechsel gehen über, nicht aber außerwechselmäßige Nebenrechte, wie Pfand- und Sicherungsansprüche (Bernstein 255).

4. Verjährung der Rechte des Ehrenzahlers, Bereicherungsklage. Die Verjährung ist die der Regreßansprüche; auf sie findet der Art. 79 Anwendung, nicht der Art. 78 (ebenso Grünhut § 389 S. 406; Staub 4. Aufl. Art. 78 § 1; a. M. Bernstein 289, der Art. 78 Platz greifen läßt). Die Verjährung beginnt mit dem Tage der Ehrenzahlung, denn dies ist der Tag der Entstehung des Anspruchs. Sie beginnt für die Rechte des vom Ehrenzahler einlösenden Honoraten oder Vormannes erst mit dem Tage der Einlösung oder der an ihn geschehenen Klagezustellung (s. a. Art. 79 5). Nach eingetretener Verjährung kann der Ehrenzahler auch die Bereicherungsklage aus Art. 83 geltend machen, wenn sonst deren Voraussetzungen vorliegen. A. 6.

5. Auch nach bürgerlichem Recht kann dem Ehrenzahler ein Revalierungsanspruch gegen den Honoraten zustehen; nur muß er besonders begründet werden, z. B. durch Auftrag oder verbindliche auftragslose Geschäftsführung oder nachträglich erklärte Genehmigung des Honoraten (ROH. 24, 127). A. 7

Art. 64. Unter mehreren, welche sich zur Ehrenzahlung erbieten, gebührt demjenigen der Vorzug, durch dessen Zahlung die meisten Wechselverpflichteten befreit werden. Ein Intervenient, welcher zahlt, obgleich aus dem Wechsel oder Protest ersichtlich ist, daß ein anderer, dem er hiernach nachstehen müßte, den Wechsel einzulösen bereit war, hat keinen Regreß gegen diejenigen In-

dossanten, welche durch Leistung der von dem anderen angebotenen Zahlung befreit worden wären.

Die Nichtbeachtung dieser Vorschrift seitens des Intervenienten hat für ihn den Verlust der Regreßrechte in einem bestimmten Umfange zur Folge und wirkt insofern auf den Satz 2 des Art. 63 modifizierend.

Dem Wechselinhaber steht die Wahl unter den mehreren Ehrenzahlern frei.

Art. 65. **Der Ehrenakzeptant, welcher nicht zur Zahlungsleistung gelangt, weil der Bezogene oder ein anderer Intervenient bezahlt hat, ist berechtigt, von dem Zahlenden eine Provision von ein Drittel Prozent zu verlangen.**

A. 1. 1. **Der Provisionsberechtigte** ist der Ehrenakzeptant (Art. 60), der nicht zur Zahlung gelangt. Der Zahlende muß „der Bezogene" oder ein anderer Intervenient sein, woraus hervorgeht, daß der Bezogene nur dann provisionspflichtig ist, wenn er als Intervenient zahlt. Daß der Bezogene intervenieren kann, und über den Intervenienten überhaupt vgl. Art. 56 [9].

A. 2. 2. **Der Provisionspflichtige** ist der Intervenient, der gezahlt hat. Zahlt der Ehrenakzeptant, so kann er für die Ehrenannahme eine besondere Provision nicht beanspruchen, sondern nur die Provision des Art. 50 für den Regreß.

A. 3. 3. **Der Anspruch auf die Provision** beläuft sich auf ein Drittel von der Wechselsumme (Art. 50) und ist, als in der Ehrenannahme wurzelnd, ein wechselmäßiger im Sinne der WO. (a. M. Dernburg § 275 [11]).

Im Wechselprozesse wird er vom Ehrenakzeptanten für die Regel nicht verfolgt werden können, weil er nicht im Besitze des Wechsels und Protestes ist, dagegen vom einlösenden Honoraten oder dessen Vormann.

X. Vervielfältigung eines Wechsels.

1. Wechselduplikate.

Art. 66. Der Aussteller eines gezogenen Wechsels ist verpflichtet, dem Remittenten auf Verlangen mehrere gleichlautende Exemplare des Wechsels zu überliefern. Dieselben müssen im Kontext als Prima, Sekunda, Tertia usw. bezeichnet sein, widrigenfalls jedes Exemplar als ein für sich bestehender Wechsel (Solawechsel) erachtet wird. Auch ein Indossatar kann ein Duplikat des Wechsels verlangen. Er muß sich dieserhalb an seinen unmittelbaren Vormann wenden, welcher wieder an seinen Vormann zurückgehen muß, bis die Anforderung an den Aussteller gelangt. Jeder Indossatar kann von seinem Vormanne verlangen, daß die früheren Indossamente auf dem Duplikate wiederholt werden.

1. Die Art. 66—69 finden keine Anwendung auf eigene Wechsel (Art. 98; RG. 9, 116). Ihnen wird durch den Duplikatzusatz die Wechselkraft entzogen (Dernburg § 261[3]; RG. 9, 117 läßt dies unentschieden), während nach der herrschenden Meinung die mehreren Exemplare als mehrere Wechsel behandelt werden. A. 1.

2. Wesen und Zweck der Duplikate. Die Wechselduplikate gelten nur als ein einheitlicher Wechsel, über den mehrere Urkunden (Exemplare) ausgestellt sind, dergestalt, daß alle Exemplare zusammen, aber auch jedes einzeln den ganzen Wechsel repräsentiert (RG. 9, 60). — Hauptzweck des seltenen Instituts ist die Möglichkeit, den Wechsel (gewöhnlich seine Sekunda, das Umlaufsexemplar) zu begeben, während er (gewöhnlich seine Prima, das Akzept-, Versandexemplar) zum Akzept verschickt ist. Die A. 2.

Duplikate sollen ferner größere Garantie für die Rechtzeitigkeit der Präsentation und gegen die Verlustgefahr, namentlich im überseeischen Verkehr, gewähren. — Der Erwerb von Duplikaten ohne Erwerb aller Exemplare ist nicht ohne Gefahr.

A. 3. 3. **Form.** Alle Duplikate müssen vom Aussteller (anders bei Wechselkopien) ausgehen. Sie sind sämtlich Originale, tragen die Wechselunterschriften in Urschrift. Nur Tratte und Indossamente können dupliziert werden (Art. 66: „Der Aussteller" usw.), das Akzept nicht; soviel Akzepte, ebensoviel Verpflichtungen. — Im Kontexte muß die Duplikatsbezeichnung (Prima, Sekunda, Tertia usw., Zahl unbeschränkt) enthalten sein; gleichbedeutende Bezeichnungen (zahlen Sie gegen dieses „erste Exemplar meines Wechsels") genügen (a. M. Staub 4. Aufl. § 3). Beim Verlust eines als Solawechsel bezeichneten Wechsels kann ein Duplikat nachträglich nicht verlangt und gegeben werden. Die Angabe der Gesamtzahl der Duplikate ist weder nötig noch angängig. Die kassatorische Klausel („zahlen Sie gegen diesen Primawechsel, Sekunda nicht") ist überflüssig.

Die Exemplare müssen gleichlautende sein, wozu urkundliche Übereinstimmung in allen wesentlichen Stücken genügt. Offenbare Ungenauigkeiten schaden nichts; eine beabsichtigte Abweichung, z. B. Prima vom Aussteller persönlich, Sekunda vom Bevollmächtigten gezeichnet, schafft mehrere selbständige Tratten.

A. 4. 4. **Der Anspruch auf Ausstellung** von Duplikaten ist ein wechselrechtlicher Anspruch aus dem Wechsel, gegeben durch Art. 66 (a. M. Rehbein A. 1), aber ungeeignet zum Wechselprozeß, weil er nicht die Leistung vertretbarer Sachen zum Gegenstand hat (§ 592 ZPO.). Remittent und Indossatare können sofort bei Erwerb oder auch nachträglich Duplikate verlangen; auch der Indossatar mehrere (a. M. Staub § 13; aber das Wort „ein" vor: „Duplikat" im Satz 2 ist ebenso unbestimmter Artikel wie das „ein" vor: „Indossatar").

5. Wegen Amortisation von Wechselduplikaten und -kopien s. Art. 73³. A. 5.

Art. 67. Ist von mehreren ausgefertigten Exemplaren das eine bezahlt, so verlieren dadurch die anderen ihre Kraft. Jedoch bleiben aus den übrigen Exemplaren verhaftet:

1. der Indossant, welcher mehrere Exemplare desselben Wechsels an verschiedene Personen indossiert hat, und alle späteren Indossanten, deren Unterschriften sich auf den bei der Zahlung nicht zurückgegebenen Exemplaren befinden, aus ihren Indossamenten;
2. der Akzeptant, welcher mehrere Exemplare desselben Wechsels akzeptiert hat, aus den Akzepten auf den bei der Zahlung nicht zurückgegebenen Exemplaren.

1. Satz 1 bezieht sich nicht auf die Zahlung (oder eine ihr gleichstehende Schuldtilgungsart) durch den Hauptwechselschuldner (Akzeptanten) oder für ihn. Die Einlösung eines Exemplars seitens des Regreßschuldners beseitigt nur die Verpflichtung des Einlösenden und seiner Nachmänner, nicht aber die Wechselkraft der anderen Exemplare überhaupt. A. 1.

2. Nr. 1 und 2 des Satzes 2 enthalten zwei Ausnahmen, selbst wenn der Hauptschuldner bezahlt hat: A. 2.

a) In der Indossierung an verschiedene Personen (Nr. 1) sieht Dernburg einen Betrug, mindestens ein grobes Versehen; der fragliche Indossant haftet also mehrfach. Über Blankotradition mehrerer Exemplare an Verschiedene s. Staub § 6.

b) Der Akzeptant haftet aus Gründen der Verkehrssicherheit, zumal das Gesetz (Art. 66: „Der Aussteller") A. 3.

die Möglichkeit des Duplikates auf das Akzept nicht mitbezieht, aus jedem Exemplar, welches er akzeptiert hat, es sei denn, daß ihm der Doluseinwand gegen den Gläubiger zustände (Art. 21[8]). Die mehrfache Haftung trifft nicht den Ehrenakzeptanten (Art. 60[6]).

Art. 68. Wer eines von mehreren Exemplaren eines Wechsels zur Annahme versandt hat, muß auf den übrigen Exemplaren bemerken, bei wem das von ihm zur Annahme versandte Exemplar anzutreffen ist. Das Unterlassen dieser Bemerkung entzieht jedoch dem Wechsel nicht die Wechselkraft. Der Verwahrer des zum Akzepte versandten Exemplars ist verpflichtet, dasselbe demjenigen auszuliefern, der sich als Indossatar (Artikel 36) oder auf andere Weise zur Empfangnahme legitimiert.

A. 1. 1. (Satz 1 u. 2). **Die Vermerkspflicht des Versenders** erstreckt sich auch auf die Angabe, bei wem das Akzeptexemplar anzutreffen sei (Antreffungsvermerk: Prima akzeptiert oder zum Akzept bei X). Sie ist durch Klage (Wechselanspruch, aber nicht Wechselprozeß, § 592 ZPO.) jedes Inhabers (a. M. Staub 4. Aufl. § 1) erzwingbar. Bei Unterlassung der Vermerkspflicht findet der Art. 69 keine Anwendung, also der Protest mangels Ausfolgung unnötig.

A. 2. 2. (Satz 3). **Auslieferungspflicht des Verwahrers:**

a) Der gehörig legitimierte Inhaber des indossierten Wechselexemplars (Sekunda) hat ein selbständiges Recht auf Auslieferung des Akzeptexemplars (Prima), gleichviel, ob es akzeptiert worden ist oder nicht, gegen den Verwahrer desselben, sowie dem Akzeptanten gegenüber auf Aushändigung der akzeptierten Prima (RG. 9, 59); im letzteren Falle auch auf Zahlung (Art. 23). — Die Klage (Wechselanspruch, aber nicht -prozeß) ist die vindicatio; dem Eigentümer am Umlaufpapier steht auch das Eigentum am Akzeptexemplar zu (§ 952 BGB.).

b) Der dem Verwahrer der Prima erteilte Auftrag des Einsenders auf Auslieferung ist widerruflich. Der Verwahrer darf und muß dem Widerrufe Folge leisten, wenn dieser Widerruf vor der an ihn von dem Inhaber der Sekunda gerichteten gehörigen Aufforderung zur Auslieferung der Prima erfolgt. Hat er dem ihm gemeldeten Widerruf in gutem Glauben durch Absendung der Prima Folge geleistet, so ist er dem Inhaber der Sekunda gegenüber nicht verpflichtet, die Versendung rückgängig zu machen, z. B. durch Reklamation von der Post (ROH. 11, 399 ff.). — Wenn der Verwahrer dagegen nach Aufforderung zur Auslieferung seitens des Inhabers der Sekunda die Prima an den Einsender zurückschickt, so ist er dem Inhaber der Sekunda zum Schadensersatz, also der Regel nach zur Erstattung der Wechselsumme nebst Zinsen und Protestkosten, verpflichtet (ROH. 11, 402). A. 3.

Art. 69. Der Inhaber eines Duplikats, auf welchem angegeben ist, bei wem das zum Akzepte versandte Exemplar sich befindet, kann mangels Annahme desselben den Regreß auf Sicherstellung und mangels Zahlung den Regreß auf Zahlung nicht eher nehmen, als bis er durch Protest hat feststellen lassen:

1. daß das zum Akzepte versandte Exemplar ihm vom Verwahrer nicht verabfolgt worden ist und
2. daß auch auf das Duplikat die Annahme oder die Zahlung nicht zu erlangen gewesen.

1. Der Regreß aus dem Duplikat (Sekunda), auf welchem der Antreffungsvermerk sich befindet, ist an die beiden Proteste geknüpft: A. 1.

a) Mangels Auslieferung der Prima (Nr. 1, Ausfolgungsprotest), gleichviel, ob der Vermerk die Verwahrungsstelle richtig angegeben hat oder nicht; und

b) mangels Annahme oder Zahlung der Sekunda (Nr. 2), nicht aber an die weiteren normalen Regreßerfordernisse auf Grund eines Duplikats.

Der Ausfolgungsprotest steht unter den allgemeinen Regeln über den Protest auch hinsichtlich der Frist. Die Frist beträgt zwei Werktage (Art. 41). Über die Form und den zuständigen Protestbeamten vgl. Art. 20[10] und Art. 80[1] ff. Der Ausfolgungsprotest ist nach den Neuerungen der Protestnovelle auf eine Abschrift des Wechselduplikats, der Protest mangels Zahlung aber (auch der aus Art. 69 Nr. 2) auf das Duplikat selbst zu setzen. Beide können daher nicht mehr, wie vor dem 1. Okt. 08 oft, in einer Urkunde vereinigt werden.

Bei mangelhaftem Protest werden die Regreßschuldner einschließlich des Versenders frei. Der Regreß ist unabhängig davon, ob die Prima gehörig extradiert oder ob die Extradition gar nicht (z. B. wegen Widerrufs des Einsenders, Eigenmacht des Verwahrers, völliger Vernichtung) oder in teilweise versehrtem Zustande erfolgt. Der Inhaber hat die Prima dem Regreßschuldner nur so auszuliefern, wie er selbst sie erlangt hat. Veränderungen und Zerstörungen des Akzepts auf der Prima hemmen daher seinen Regreß nur dann, wenn sie nach der Aushändigung der Prima an ihn geschehen sind (vgl. Art. 54[2]). Der Inhaber muß jedoch beweisen, in welchem Zustande die Prima sich bei Auslieferung an ihn befand.

A. 2. 2. Der Regreß aus dem Duplikat (Sekunda), auf welchem der Antreffungsvermerk sich nicht befindet, ist ohne Doppelprotest (A. 1) auf Grund des Duplikats und des Protestes mangels Zahlung zu nehmen. Er steht dem Inhaber, ohne daß sein Recht an sich an den Besitz der anderen Exemplare gebunden wäre, zu.

A. 3. 3. Art. 69 betrifft nur den Sicherstellungsregreß mangels Annahme und den Zahlungsregreß, nicht den wegen Unsicherheit des Akzeptanten.

2. Wechselkopien.

Art. 70. Wechselkopien müssen eine Abschrift des Wechsels und der darauf befindlichen Indossamente und Vermerke enthalten und mit der Erklärung „bis hierher Abschrift (Kopie)" oder mit einer ähnlichen Bezeichnung versehen sein. In der Kopie ist zu bemerken, bei wem das zur Annahme versandte Original des Wechsels anzutreffen ist. Das Unterlassen dieses Vermerkes entzieht jedoch der indossierten Kopie nicht ihre wechselmäßige Kraft.

1. Die Art. 70—72 gelten für Tratten und eigene Wechsel (Art. 98 Nr. 8). A. 1.

2. **Wesen und Zweck der Kopien.** Die Kopie bildet mit dem Original zusammen den vollständigen Wechsel. Sie wirkt nur hinsichtlich der auf ihr befindlichen Originalindossamente gemäß Art. 71 und 72. — Hauptzweck ist die Möglichkeit der Begebung der Kopie, während das Original zum Akzept verschickt ist. Sie dient aber auch zur Quittierung von Teilzahlungen (Art. 39), zur Erlangung von verpflichtenden Mitunterschriften (Art. 81), zur Aufnahme von Notadressen, eines Ehrenakzepts (Art. 62), nicht aber zur Aufnahme des Akzepts (Art. 21 [8]). A. 2.

Das Institut birgt Verkehrsgefahren, da jeder sich Kopien anfertigen und sie an Verschiedene indossieren kann.

3. **Form.** Kopien können nur vom Indossanten, nicht vom Aussteller, es sei denn in seiner Eigenschaft als gleichzeitigen Remittenten, ausgehen. Das Akzept ist auf der Kopie bedeutungslos. — Die Kopie muß die Arretierungserklärung („bis hierher Abschrift, Kopie", oder eine ähnliche Bezeichnung) enthalten. Die Klausel muß sich äußerlich an das letzte abgeschriebene Giro anschließen (s. Staub-Stranz A. 6). Steht nur über A. 3.

dem Wechsel oder **an seiner Seite** „Abschrift" oder „Kopie", so gilt der ganze Wechsel als bedeutungslose Abschrift.

Die Übereinstimmung der Kopie und des Originals muß wortgetreu sein, ohne daß offenbare und unerhebliche Ungenauigkeiten schaden (so Kammergericht: „Zahlen Sie **gegen** diesen Primawechsel" statt „Zahlen Sie **für** diesen Primawechsel"). Die Formvorschrift über den Antreffungsvermerk (s. a. Art. 68 1) ist zwar für die wechselmäßige Kraft der indossierten Kopie unwesentlich (Satz 3), indessen ist vorausgesetzt, daß es dem Indossatar gelingt, in den Besitz des Originalwechsels zu kommen. Denn ohne Angabe des Verwahrers in der Kopie ist wechselmäßig nicht festzustellen, wer Verwahrer des Originalwechsels ist, und es geht deshalb der Regreß verloren.

Über die **Form des Protestes** mangels Zahlung bei Vorlegung des Originals und einer Kopie vgl. Art. 88 a Abs. 4.

A. 4. 4. **Fremde Rechte** (zu Art. 70–72). Das französische und belgische Recht kennen die Kopie nicht (aber üblich im Verkehr); die engliche WO. läßt sie nicht zu.

Art. 71. Jedes auf einer Kopie befindliche Original-Indossament verpflichtet den Indossanten ebenso, als wenn es auf einem Originalwechsel stünde.

Nur das Indossament, nicht auch der Ausstellungsvermerk oder das Akzept, hat verpflichtende Kraft; aber auch eine das Wechselrecht übertragende. Der Regreß gegen den Indossanten der Kopie ist bedingt durch Vorlegung der indossierten Kopie **und des Wechsels**, es sei denn, daß der Fall des Art. 72 vorliegt, d. h., daß der Wechsel den Antreffungsvermerk hat.

Art. 72. Der Verwahrer des Originalwechsels ist verpflichtet, denselben dem Besitzer einer mit einem

oder mehreren Original-Indossamenten versehenen Kopie auszuliefern, sofern sich derselbe als Indossatar oder auf andere Weise zur Empfangnahme legitimiert. Wird der Originalwechsel vom Verwahrer nicht ausgeliefert, so ist der Inhaber der Wechselkopie nur nach Aufnahme des im Artikel 69 Nr. 1 erwähnten Protestes Regreß auf Sicherstellung und nach Eintritt des in der Kopie angegebenen Verfalltags Regreß auf Zahlung gegen diejenigen Indossanten zu nehmen berechtigt, deren Original-Indossamente auf der Kopie befindlich sind.

1. (Satz 1.) **Die Auslieferungspflicht des Verwahrers** ist eventuell durch Klage (Wechselanspruch — a. M. Rehbein A. 3 —, aber nicht Wechselprozeß) geltend zu machen (vgl. Art. 68 ²). A. 1.

2. (Satz 2.) **Der Protest mangels Auslieferung.** Wenn die Kopie den Antreffungsvermerk hat, so ist der Regreß von der Aufnahme des Ausfolgungsprotestes abhängig (Art. 69 ¹). Der Protest richtet sich nach den allgemeinen Regeln über den Protest, insbesondere auch über die Protestfrist (Art. 41). — Über die Form des Protestes und den zuständigen Beamten vgl. Art. 69 ¹; der Protest ist auf eine Abschrift der Wechselkopie oder ein mit ihr zu verbindendes Anhangsblatt zu setzen. A. 2.

Durch den Protest sichert sich der Indossatar den Regreß gegen die Originalindossanten der Kopie. — Fehlt der Antreffungsvermerk, so hat der Inhaber der Abschrift keinen Regreß, da dieser den hier nicht möglichen Protest mangels Auslieferung voraussetzt (dies mit Recht die herrschende Meinung).

XI. Abhanden gekommene Wechsel.

Art. 73. Der Eigentümer eines abhanden gekommenen Wechsels kann die Amortisation des Wechsels bei dem Gerichte des Zahlungsorts beantragen. Nach Einleitung des Amortisationsverfahrens kann derselbe vom Akzeptanten Zahlung fordern, wenn er bis zur Amortisation des Wechsels Sicherheit bestellt. Ohne eine solche Sicherheitsstellung ist er nur die Deposition der aus dem Akzepte schuldigen Summe bei Gericht oder bei einer anderen zur Annahme von Depositen ermächtigten Behörde oder Anstalt zu fordern berechtigt.

A. 1. 1. **Das Aufgebot (die Amortisation)** eines Wechsels wird durch den vorliegenden Art. 73 in Verbindung mit den §§. 1003 ff. ZPO. geregelt (alte Fassung §§. 837 ff. unter spezieller Hervorhebung der Wechsel. Die Vorschriften gelten auch für eigene Wechsel mit der Maßgabe, daß die Zahlung durch den Aussteller erfolgen muß (Art. 98 Nr. 9).

In Betracht kommen hier die §§ 1003, 1004, 1005, 1007, 1008, 1009 (Abs. 3 interessiert hier nicht), 1014, 1015, 1016, 1017 (Satz 2 des Abs. 2 interessiert hier nicht), 1018 ZPO. über das Aufgebot zum Zwecke der Kraftloserklärung von Urkunden.

A. 2. 2. (Satz 1.) **Voraussetzung der Einleitung des Aufgebots.**

a) **Abhanden gekommene** — durch Verlust, Diebstahl, Raub usw. (Art. 73) — oder **vernichtete** (§ 1004 ZPO.) Wechsel können als kraftlos erklärt werden. Der Vernichtung gleich steht eine Beschädigung, die den Wechsel unleserlich macht (z. B. durch Tintenklexe), dagegen ist es nicht mit „Vernichtung" gleichbedeutend, wenn der Wechsel nur infolge Zufalles oder des natürlichen Ganges der Dinge, Umlauf, Abnutzung, in mehrere Stücke gegangen ist (ROH. 5, 247). Unerheblich ist es, ob das Abhandenkommen des Wechsels ein unverschuldetes ist.

Bei Vernichtung des Wechsels kann der Gläubiger des zahlungshalber gegebenen Wechsels auf das ursprüngliche Schuldverhältnis zurückgehen. Er hat grundsätzlich den vernichteten Wechsel, soweit er noch vorhanden ist (etwa die zerrissenen Stücke), zurückzugeben, es sei denn, daß der Schuldner nicht in die Lage kommen kann, doppelt zu zahlen (JW. 03, 375[10]).

b) **Jeder Wechsel** (auch Wechselduplikate und im Falle der Originalindossierung Wechselkopien) und in jedem Stadium seiner rechtlichen Existenz kann aufgeboten werden: vor oder nach dem Akzept, vor oder nach Fälligkeit, vor oder nach Protest, vor oder nach Ausklagung, vor oder nach Präjudizierung oder Verjährung (wegen des Bereicherungsanspruches aus Art. 83 vgl. ROH. 6, 385). Man übersehe nicht, daß durch das Aufgebot nicht bloß klagbare Wechselansprüche wieder verschafft, sondern auch andere berechtigte Interessen, z. B. die Legitimation bei dem zur Zahlung bereiten Bezogenen, verfolgt werden können (Merfeld: „Die Kraftloserklärung von Wechselblanketts" bei Gruchot 32, 285). A. 3.

Auch bei Blankoakzepten, selbst wenn sie vor Beifügung der Ausstellerunterschrift abhanden gekommen sind, ist das Aufgebot zu verstatten. Hierdurch wird, da nur bereits begründete Rechte sich durch die Amortisation erhalten, bloß die Möglichkeit beseitigt, daß ein Dritter das Blankett ausfüllt und geltend macht. Der Verlierer kann es nicht mehr ausfüllen, ist auch nicht berechtigt, nach erlangter Amortisation des Blanketts Zahlung vom Akzeptanten zu verlangen (ROH. 25, 17; Merfeld a. a. O. 291, 293).

c) **Das Recht zum Aufgebotsantrage** hat nach § 1004 A. 4.

ZPO., der in dieser Beziehung den Art. 73 — „der Eigentümer" — erweitert hat, der bisherige Inhaber der Urkunde (gesetzt an die Stelle des „letzten Inhabers" in der alten Fassung des § 838 ZPO., um die Fassung mit den §§ 799, 804 BGB. in Einklang zu bringen), d. h. derjenige, der das Recht aus der Urkunde geltend machen kann. Antragsberechtigt sind demgemäß auch der Pfandgläubiger, gemäß § 1294 BGB., der Vollstreckungsgläubiger, dem die Wechselforderung überwiesen ist, unter Umständen auch der Schuldner, z. B. der Blankoakzeptant, welchem sein Akzept vor der Begebung abhanden gekommen ist (ROH. 25, 16); streitig, ob auch der Prokuraindossatar (gegen seine Zulassung Staub 4. Aufl. § 2).

Über die Form des Antrages vgl. § 947 ZPO.

d) Zuständig ist das Amtsgericht des Wechselzahlungsortes (Art. 73 in Verb. mit § 1005 ZPO. und § 23 Nr. 3 GVG.; durch das Protestgesetz nicht berührt, vgl. Art. 4 [47a]); beim Blankowechsel, wenn der Zahlungsort in ihm noch nicht angegeben ist, das Gericht am Wohnsitz des Ausstellers, und wenn auch der Aussteller noch nicht angegeben ist, am Wohnsitz desjenigen, der zur Zeit des Verlustes berechtigt war, den Ausstellungsvermerk auf den Wechsel zu setzen, z. B. der Blankoakzeptant.

Der im Inlande zahlbare Auslandswechsel kann hier aufgeboten werden.

A. 5. **3. Wirkungen des Aufgebots.** (Satz 2 u. 3.)

a) Der Art. 73 bestimmt nur die Wirkungen der Einleitung des Amortisationsverfahrens (vgl. § 365 Abs. 2 HGB. für die handelsrechtlichen Orderpapiere). Zahlung (Satz 2) bzw. Deposition kann der Antragsteller — nicht im Wechselprozeß — nur vom Akzeptanten (auch Avalisten, Art. 81), bzw. vom Aussteller des eigenen Wechsels, also von den Hauptwechselschuldnern, nicht aber von den Regreßschuldnern (ROH. 1, 174) fordern. Selbstverständlich unter der Voraussetzung, daß auch sonst ein rechtswirksamer Zahlungsanspruch gegen den Hauptwechselschuldner besteht, also erst nach Fälligkeit des Wechsels. Dem Akzeptanten stehen alle Einreden, wie gegen den vorhandenen Wechsel, offen. Der Verkäufer eines aufgebotenen Wechsels haftet dem Käufer (§ 437 Abs. 2 BGB.).

Die Sicherheitsstellung erfolgt in der nach BGB. §§ 232 ff. vorgeschriebenen Art. Die Sicherheit dient für den Fall, daß sich vor der Amortisation der Wechselinhaber meldet, nicht dem Akzeptanten, wie Rehbein (Anm. 2 u. 4) irrig annimmt, sondern dem Wechselinhaber als Pfand; der Akzeptant ist durch die Zahlung befreit (Dernburg § 280[11]). Das Aufgebot verhindert nicht den Ablauf der Protestfrist und damit die Präjudizierung des Wechsels, es unterbricht auch nicht die Verjährung.

Die Depositionsbehörde bezeichnen die Landesgesetze (Art. 144—146 EG.); für Preußen sind die Hinterlegungsstellen bestimmt in den §§ 1 ff. und § 70 der Hinterl.Ord. vom 14. März 1879 (mit den Änderungen gemäß Art. 84 AG., abgedruckt bei Stranz-Gerhard 481 ff.).

b) Die Wirkung des beendeten Aufgebotsverfahrens regelt der § 1018 ZPO.: A. 6.

α) Wer das Ausschlußurteil erwirkt hat, ist befugt, die Rechte aus der Urkunde gegen den Akzeptanten und Avalisten geltend zu machen (wegen der Regreßschuldner s. unten A. 8). Seine Legitimation ist formell und materiell unantastbar, auch wenn etwa das Verfahren nicht hätte eingeleitet werden dürfen. Dagegen können ihm alle Einwendungen aus Art. 82 entgegengesetzt werden. Er muß auch, wo dies notwendig, also z. B. bei der Klage gegen den Indossanten, außer dem Ausschlußurteil den Protest beibringen (a. M. Lehmann 540). Er kann aber den Wechsel nicht mehr **indossieren**, wenn auch seine Rechte zedieren, denn nur **bereits begründete** Rechte erhalten sich durch die Amortisation.

A. 7. β) Die Kraftloserklärung **wirkt in rem**; jeder kann sich auf sie berufen. Kein Dritter, selbst ein Gutgläubiger, der den für kraftlos erklärten Wechsel produziert, kann aus ihm Rechte geltend machen.

A. 8. γ) Die Streitfrage, ob nach erfolgter Amortisation der Aufbieter auch von den Regreßschuldnern Zahlung fordern darf, bejahen wir (vorausgesetzt, daß das Regreßrecht nicht inzwischen durch Verjährung oder Präjudizierung erloschen ist) mit dem Reichsgericht (RG. 49, 132 ff. und in DJZ. 02, 51), mit Dernburg (§ 230[6]), Staub (4. Aufl. § 19), Grünhut (§ 67). Dagegen Rehbein (A. 2), Bernstein (§ 4 Nr. 2), Thöl (§ 177), „weil die WO. wörtlich zu nehmen ist, überdies die Verpflichteten auch Rechte aus dem Wechsel haben, zu deren Ausübung sie des Wechsels bedürfen" (s. a. Art. 54[2]). Der Ehrenakzeptant steht hinsichtlich der Zulässigkeit eines Vorgehens gegen ihn dem Regreßschuldner gleich (Art. 60[10] ff.). Der Wechselprozeß ist zulässig.

A. 9. 4. Über den Verlust der Protesturkunde s. Art. 41[7]. Der Protest kann nicht aufgeboten werden.

Art. 74. Der nach den Bestimmungen des Artikel 36 legitimierte Besitzer eines Wechsels kann nur dann zur Herausgabe desselben angehalten werden, wenn er den Wechsel in bösem Glauben erworben hat oder ihm bei der Erwerbung des Wechsels eine grobe Fahrlässigkeit zur Last fällt.

A. 1. 1. Art. 74, der nur im losen Zusammenhang mit Art. 73 steht, regelt allgemein **den Schutz des nach Art. 36 legitimierten Besitzers**.

A. 2. 2. Über die Legitimation nach Art. 36 s. dort die Erl.; auch der Remittent sowie der Inhaber des mit Blankogiro versehenen Wechsels sind legitimiert.

A. 3. 3. Den Schutz aus Art. 74 genießt der legitimierte Besitzer (beides: formelle Legitimation **und** Besitz des

Wechsels erforderlich, ROH. 19, 328), jedoch nur, wenn ihm nicht beim Erwerb böser Glaube oder grobe Fahrlässigkeit zur Last fallen; mala fides superveniens schadet nicht (Bolze 10 Nr. 362).

4. Der Art. 74 regelt nicht die ganze Lehre von der Wechselvindikation, sondern schließt sie nur aus gegen die wechselrechtlich legitimierten Inhaber; dazu gehört auch der nachprotestliche Indossatar. Die Vindikation des Wechsels gegen den nur zivilrechtlich legitimierten Besitzer, z. B. gegen denjenigen, welcher den Wechsel durch Zession erworben hat, richtet sich nach den Vorschriften des bürgerlichen Rechts (z. B. §§ 932ff. BGB.; §§ 366, 367 HGB.; RG. 26, 99; 33, 143). A. 4.

Der Art. 74 geht zwar parallel den §§ 932—936 BGB. und dem § 366 HGB. Indessen wirkt der Schutz, den er dem gutgläubigen Erwerb angedeihen läßt, weiter als in jenen Vorschriften. Der gutgläubige Wechselerwerb heilt alle Mängel des materiellen Erwerbsvertrages. A. 5.

Der Wechselbesitz wird geschützt, wenn der Erwerber in gutem Glauben die Verfügungsbefugnis bzw. die Vertretungsmacht, Verfügungsfähigkeit des Veräußerers annahm (RG. 55, 49). Nicht nötig, daß er den Veräußerer als den Eigentümer ansah (wie im Falle des §. 932 BGB.), oder daß er den Wechsel von einem Kaufmann in dessen Handelsbetriebe erworben hat (wie im Falle des § 366 HGB.). Auch der gutgläubige Erwerb gestohlener, verloren gegangener oder sonst abhanden gekommener Wechsel untersteht (anders wie beim Erwerb beweglicher Sachen nach § 935 BGB.) dem Schutze des Art. 74; dies herrschende Ansicht (so auch RG. 45, 265).

Beim Erwerb des Wechsels von einem Gemeinschuldner wird aber ausnahmsweise der gute Glaube trotz des Art. 74 nicht geschützt. Die Rechtshandlungen des Gemeinschuldners sind nach § 7 der KO. gegenüber den Konkursgläubigern unwirksam. Durch den Zusatz aus A. 6.

der Novelle zur KO.: „die Vorschriften der §§ 892, 893 BGB. bleiben unberührt“, ist klargestellt, daß der Gesetzgeber hinsichtlich des öffentlichen Glaubens des Grundbuchs eine Ausnahme zugelassen hat. Dagegen ist in Ansehung der beweglichen Sachen, wie auch in Ansehung des Wechselerwerbs, durch Nichtaufnahme der entsprechenden Vorschriften des BGB. und der WO. zum Ausdruck gebracht, daß die diesbezüglichen Vorschriften über den Schutz des gutgläubigen Erwerbes gegenüber einer Rechtshandlung des Gemeinschuldners nicht anzuwenden sind (Begr. zur Novelle betr. die Änderungen der KO. Reichstagsvorlage. 1898 S. 10).

A. 7. 5. In bösem Glauben ist derjenige, der ein entgegenstehendes dingliches Recht (Eigentum, Pfandrecht usw.) eines anderen — nicht ein sog. Recht „zur“ Sache im Sinne der früheren §§ 23, 25 I 10 ALR. — oder den Mangel der Verfügungsfähigkeit, der Vertretungsmacht kennt, bzw. infolge grober Fahrlässigkeit nicht kennt. (RG. 53, 207; 57, 391.) — Grobe Fahrlässigkeit liegt z. B. vor bei nicht genügender Prüfung der Identität des Wechselinhabers und desjenigen, den der Wechsel als Berechtigten nennt.

Der Kläger hat den bösen Glauben, bzw. die grobe Fahrlässigkeit des Beklagten zu beweisen (RG. 4, 149).

XII. Falsche Wechsel.

Art. 75. Auch wenn die Unterschrift des Ausstellers eines Wechsels falsch oder verfälscht ist, behalten dennoch das echte Akzept und die echten Indossamente die wechselmäßige Wirkung.

Art. 76. Aus einem mit einem falschen oder verfälschten Akzept oder Indossamente versehenen Wechsel bleiben sämtliche Indossanten und der Aus-

steller, deren Unterschriften echt sind, wechselmäßig verpflichtet.

I. Fälschungen der Unterschrift.

Nur von Fälschungen der **Unterschrift** (des Ausstellers Art. 75, des Akzeptanten und Indossanten Art. 76) ist in beiden obigen Artikeln die Rede, welche, wie das hier Angemerkte, auch für e i g e n e W e c h s e l gelten. A. 1.

1. Die Fälschung hat keinen Einfluß auf die Haftung a u s d e n e c h t e n U n t e r s c h r i f t e n. Denn nach den Prinzipien der WO. — vgl. auch Art. 3, 81 — begründet jede Wechselerklärung ihre **selbständige** Verbindlichkeit; man haftet, weil man selbst, nicht weil auch ein anderer unterschrieben hat. Die Unechtheit einer Wechselunterschrift steht an sich der Legitimation nicht entgegen (für den Fall der Unechtheit des Indossaments ROH. 10, 405 und Art. 36 letzter Satz): es sei denn, daß der Erwerber beim Erwerb des Wechsels weiß, daß das letzte ihn legitimierende Giro von einem Unberechtigten geschrieben ist und er somit in dolo versiert (s. auch Art. 36 13, 14). A. 2.

2. **Falsch** ist eine Wechselunterschrift, wenn sie rechtswidrig von einem anderen geleistet ist, als demjenigen, dessen Namen sie zeigt; **verfälscht**, wenn in der echten Unterschrift rechtswidrig Änderungen, von wem es auch sei, bewirkt werden, z. B. ein falscher Vorname vorgesetzt, ein Zusatz: „für N.N.", „& Comp.", „Vertreter der Firma X." zugefügt wird. A. 3.

3. Die **Beweislast** für die volle Echtheit der Unterschrift hat, wer sich auf sie beruft, also in der Regel der klagende Wechselgläubiger (Beweismittel im Wechselprozeß: Urkunden und Eideszuschiebung, § 595 ZPO.). Aus den unechten Unterschriften tritt keine Haftung ein; die Einrede der Fälschung wirkt i n r e m (A. 12). Eine nachträgliche Genehmigung der Fälschung begründet keine w e c h s e l m ä ß i g e Haftung; die Unterschrift bleibt nichtig; A. 4.

anders bei Genehmigung unbefugter Stellvertretung (Art. 95), oder gutgläubiger Geschäftsführung (JW. 04, 49[27]).

A. 5. 4. Die Haftung aus den echten Unterschriften tritt nur dann ein, wenn auch die sonstigen wechselrechtlichen Voraussetzungen der Haftung erfüllt sind, beispielsweise der Protest gehörig erhoben ist, wobei jede Unterschrift, mag sie echt sein oder nicht, zu beachten ist.

A. 6. 5. Die sogenannten Kellerwechsel, d. h. Wechsel, bei denen nicht die Unterschrift eines Existierenden, sondern eines Nichtexistierenden benutzt wird, stehen rechtlich dem falschen Wechsel gleich.

II. Veränderungen des Wechselinhalts (hiervon handeln die Art. 75 u. 76 nicht).

A. 7. Fälschungen im Inhalt können erfolgen durch Rasuren, Streichungen, Korrekturen, Zusätze und äußerliche Verletzungen des Wechsels (Zerreißen, Zerschneiden, Abschneiden einzelner Teile usw.).

Fälschungen im Inhalte sind rechtswidrige Änderungen des Inhalts ohne Zustimmung desjenigen, der durch sie betroffen wird (ROH. 14, 14; RG. in Gruchot 24, 1109). Sie sind von Unrichtigkeiten zu unterscheiden, z. B. in der Angabe des Datums, des Orts, der Ausstellung, des Domizils, des Trassaten usw., welche keinen Einfluß auf die Wechselkraft haben und für den Wechsel gemäß ihrer urkundlichen Erscheinungsform gelten (s. auch A. 16). Zu unterscheiden auch von der abredewidrigen Ausfüllung eines Blanketts (s. unten A. 22).

A. 8. 1. Die leitenden Normen sind folgende:

a) Bei Veränderung eines wesentlichen Bestandteiles, z. B. von Zahlungszeit, Zahlungsort, Wechselsumme, Aussteller-Unterschrift, kann:

A. 9. α) der Teil gänzlich vernichtet sein, z. B. durchstrichen. Damit ist der Wechsel überhaupt entkräftet, die

Wechselverpflichtung aller, auch des Fälschers, beseitigt (ROH. 3, 93; 19, 271; Art. 4[36], 7[3]).

β) der Teil durch *neue falsche ersetzt* sein (z. B. A. 10.
mittels Korrektur): der Wechsel bleibt gültig (ROH. 24, 263; RG. 32, 36). Aber wer *vor* der Verfälschung den Wechsel gezeichnet hat, haftet aus ihm nicht mehr und kann die Einrede der Fälschung jedem Inhaber entgegenhalten, denn der ursprüngliche Wechsel, wie er ihn unterzeichnete, besteht nicht mehr, und die Wechselverpflichtung in der neuen Gestalt hat er nicht übernommen (ROH. 13, 155). Dies gilt auch bei Veränderungen, die dem Verpflichteten *günstig* sind, z. B. bei Hinausschiebung des Verfalltages, oder die den *ursprünglich vereinbarten* Zustand herstellen. Bei Veränderung der *Wechselsumme*, Verwandlung von 3000 Mk. in 30000 Mk., haftet der, welcher vor der Veränderung den Wechsel unterzeichnet hat, auch nicht in Höhe von 3000 Mk. (ROH. 23, 340). Dagegen RG. (54, 389), welches in einem analogen Fall — Änderung von 750 in 3750 Mk. — annimmt, der ursprüngliche Text sei nicht affiziert, sondern *dergestalt unberührt, daß er neben der Veränderung in voller Integrität bestehen bleibe und nach Entfernung des fälschenden Zusatzes*, sei es in Gedanken, sei es tatsächlich, *auch in dieser seiner Integrität wieder erkennbar werde*. Das RG. bezeichnet *unter dieser Maßgabe* die entgegengesetzte Auffassung des ROH. als nicht zu billigende Überspannung bloß formaler Betrachtungsweise. Auf dem Standpunkt des RG. steht Dernburg (§ 276[11]).

b) Bei Veränderung eines unwesentlichen Bestand- A. 11.
teiles, z. B. des Akzepts, des *Domizilvermerks* (einerlei ob er hinzugefügt oder gestrichen, oder ein Domiziliat zugefügt oder gestrichen) bleibt der Wechsel gültig. Es haftet aber der dadurch betroffene Wechselschuldner nur nach Maßgabe des Inhalts des Wechsels zur Zeit

seiner Unterschrift bzw. seiner späteren Genehmigung (ROH. 14, 383; — RG. 28, 121; 32, 38; in JW. 98, 161[27]; vgl. auch Art. 24[4], Art. 82[55]). So brauchte nach dem Rechtszustand **vor** dem 1. Okt. 08 der Akzeptant auf einem Domizilwechsel mit benanntem Domiziliaten nicht zu zahlen, wenn **nach** seinem Akzept der Domizilvermerk durchstrichen und der Protest unterblieben ist; der Akzeptant haftet dagegen jetzt ohne Protest.

A. 12. 2. **Die Einrede der Fälschung des Wechselinhalts** ist eine dem Wechselrecht entnommene, **eine absolute**, den objektiven Bestand der Wechselobligation berührende (Art. 82[14] ff.) und kann gegen jeden Inhaber des Wechsels, auch **den redlichen**, geltend gemacht werden (RG. 8, 43); dies gilt für alle oben A. 8—11 einschl. erörterten Fälle. Ein Rechtsgrundsatz, daß derjenige, der seinen Namen auf einen **leicht** zu fälschenden Wechsel setzt, spätere Fälschungen gegenüber dem redlichen Erwerber nicht geltend machen dürfe, wird mit Recht vom RG. (8, 42) abgelehnt.

A. 13. 3. **Die Beweislast.** Wenn der vom Kläger vorgelegte Wechsel keinen wahrnehmbaren Mangel hat, muß der Beklagte die Änderung beweisen (RG. in Gruch. 37, 738). Bei augenscheinlichen oder zugestandenen Änderungen dagegen ist der Kläger beweispflichtig, der Umstände behauptet, die der Änderung den Charakter der Fälschung nehmen (RG. in Gruch. 24, 1109 und in JW. 07, 523[33]). — Für die **nachträgliche** Genehmigung, die gegen den Verpflichteten wirken soll, ist der Kläger beweispflichtig.

A. 14. 4. **Über einzelne Arten der Veränderung:**

a) **Rasuren, Streichungen.** Ob das Durchstrichene lesbar geblieben, ist unerheblich; ebenso, ob die Durchstreichung aus Versehen oder widerrechtlich geschehen ist (ROH. 19, 271).

A. 15. b) **Korrekturen.**

α) Werden wesentliche Teile durch Korrekturen vergestalt **unlesbar**, daß sie mit Sicherheit nicht mehr erkennbar sind, so sind sie als fehlend anzusehen und können durch anderweiten Beweis nicht ergänzt werden (ROH. 13, 253; 24, 264).

β) Liegt trotz der Korrektur ein mit den Erfordernissen des Art. 4 versehener Wechsel vor, so ist er nicht ohne weiteres ungültig, sondern **nur verdächtig** und in seiner Beweiskraft geschwächt (RG. in JW. 1890, 278). Der klagende Inhaber muß deshalb noch den Beweis der **Unverfänglichkeit** erbringen und verliert erst, wenn ihm dieser nicht gelingt, den Wechselanspruch selbst. A. 16.

Unverfänglich ist die Korrektur, wenn dargetan wird:

entweder daß die Änderung **vor** der Unterschrift desjenigen, dessen Namen unter der veränderten Erklärung steht, bewirkt worden:

oder daß es sich dabei um eine vor der Ausreichung der Wechselerklärung geschehene **Schreibfehlerberichtigung** oder um eine hinterher mit Zustimmung des Verpflichteten getroffene Abänderung handelt (ROH. 13, 253; 11, 267; 24, 264; s. auch A. 7).

c) **Äußerliche Verletzungen des Wechsels**, (Zerreißen, Zerschneiden, Abtrennen einzelner Teile usw.). A. 17.

α) Der Wechsel wird nicht dadurch ungültig, daß er durch **öfteres Kniffen zerrissen** und mittelst aufgelegter Papierstreifen wieder zusammengeklebt ist, sofern der Wechseltext leserlich geblieben ist (ROH. 5, 247; vgl. auch Art. 54[2]).

β) Auf einen Wechsel, der seiner Form nach durch **Einschnitte behufs Vernichtung** desselben zerstört ist, kann ein Wechselanspruch nicht mehr gegründet werden, selbst wenn die Zerstörung nur Folge eines Versehens oder Zufalls ist (ROH. in S. Günther'/. Fabian, Borchardt-Ball A. 213b). A. 18.

γ) Ist durch das **Ausreißen** eines Stückes der Wechselurkunde der Verfalltag aus ihr nicht zu ersehen, so ist der Wechsel unwirksam (ROH. 25, 237). A. 19.

A. 20. d) **Das Abschneiden** eines Teiles des zur Urkunde benutzten Papieres ist unschädlich, sobald der Wechsel selbst nicht betroffen, auch nicht zu der Vermutung Anlaß gegeben wird, daß etwas auf dem Wechsel bezüglich Gewesenes habe beseitigt werden sollen (ROH. 12, 377).

A. 21. 5. Den Einfluß von Veränderungen auf die Statthaftigkeit des Wechselprozesses regelt der allgemeine Grundsatz, daß die Urkunde den Charakter einer klaren und unverdächtigen nicht verloren haben darf.

A. 22. 6. Über abredewidrige Ausfüllung von Blankowechseln, die nur in personam wirkt, s. Art. 82[52]ff.; über Ergänzung mangelhafter Wechsel dort A. 45.

III. Fremde Rechte.

A. 23. Nach franz. Recht (Art. 112 code de comm.) gelten falsche oder verfälschte Wechsel bloß als Schuldscheine. Über das englische Wechselrecht s. Staub-Stranz A. 22.

Vorbemerkung vor Art. 77 bis 80.

A. 1. Die allgemeinen Grundsätze über die Wechselverjährung, auf welche seit dem 1. Jan. 00 das neue Recht erheblich eingewirkt hat, gelten für alle in den Art. 77—79 behandelten Ansprüche. Nur für den **Beginn** und die **Dauer** der Verjährung enthält die WO. eine ausdrückliche Sonderregelung (Art. 77—79), früher auch für die Unterbrechung (Art. 80).

Für **eigene Wechsel** sind noch Art. 98 Ziff. 10 und Art. 100 zu vergleichen.

A. 2. **1. Stellung zum BGB.** Die Lehre von der Verjährung ist reichsrechtlich (im BGB. §§ 194—225) geregelt. Grundsätzlich sind daher seine Vorschriften auch auf die Wechselverjährung anwendbar, soweit sie nicht:

a) der ausdrücklichen Sonderregelung der WO. (Art. 77 bis 79) widerstreiten (Art. 32 EG. z. BGB.),

und b) soweit sie nicht den Zwecken des Wechsels, die eine möglichst rasche Erledigung erheischen, widersprechen.

Hiernach wird eine uneingeschränkte Übertragung der Vorschriften des BGB. auf die Wechselverjährungslehre nicht angängig sein.

2. **Rechtscharakter der Wechselverjährung.** Sie ist eine wahre Verjährung durch Nichtgebrauch, nicht etwa eine gesetzliche Befristung, wie Wortlaut und Entstehungsgeschichte zeigen (RG. 27, 78). Lehmann (273) hält sie für eine Befristung, nach Dernburg nähert sie sich ihr. A. 3.

3. **Örtlich anzuwendendes Recht.** Die Verjährung ist kein prozeßrechtliches Institut, sondern nach BGB. (wie auch schon früher) ein materiellrechtlicher Erlöschungsgrund des Anspruchs. Daher richtet sich auch die Wechselverjährung nicht nach den Gesetzen des Prozeßortes, sondern nach dem örtlichen Rechte, welches das betreffende Obligationsverhältnis überhaupt beherrscht, d. h. in der Regel nach dem Rechte des Erfüllungsortes (RG. 2, 13; 7, 32). Also beim Akzeptanten nach dem Rechte am (Adreß-) Zahlungsort, bei Domizilwechseln am Sonderzahlort (Art. 24), bei Regreßverpflichtungen am Wohnsitz des Regreßschuldners, bei den im Auslande zu erfüllenden Wechselverpflichtungen nach dortigem Recht, selbst wenn dort die Verjährung ein lediglich prozessuales Institut ist (RG. 2, 14). A. 4.

4. Die Wechselverjährung ist, wie jede andere, nicht **von Amts wegen**, sondern auf Einwand zu berücksichtigen (a. M. Dernburg § 277). Wer sie geltend macht, muß auch ihre Voraussetzungen beweisen (RG. 4, 236), z. B. der Regreßschuldner den Beginn (Zahlung usw., Art. 79). Ebenso muß Hemmung und Unterbrechung beweisen, wer sich darauf beruft. A. 5.

5. **Beginn der Wechselverjährung und Hemmungsgründe.** A. 6.

a) **Beginn.** Die Verjährung nach BGB. beginnt mit der Entstehung des Anspruchs (§ 198). Die Wechselverjährung dagegen hat einen besonderen Beginn, der in den Art. 77 bis 79 bestimmt ist. Diese Vorschriften bewirken in der Regel eine Hinausschiebung des Beginns der Verjährung über den Zeitpunkt der Entstehung des Anspruchs hinaus.

A. 7. b) Hinsichtlich der **Hemmungsgründe** der Verjährung wurde vor der Herrschaft des BGB. angenommen, daß die Wechselverjährung zwar durch objektive Hindernisse, z. B. Gerichtsstillstand, Unterbrechung des Verkehrs, Überlegungsfrist, gehemmt werde, wie die gewöhnliche Verjährung (ROH. 15, 248; RG. 27, 79); dagegen nicht durch subjektive, d. h. in der Person des Gläubigers liegende Gründe (Staub, 2. Aufl., § 12 zu Art. 77). Entsprechendes trifft für die Regel auch unter der Herrschaft des BGB. zu.

Es empfiehlt sich,

die Hemmungsgründe des BGB. in Anwendung auf die Wechselverjährung

hier einzeln durchzugehen. Sie sind enthalten in den §§ 202, 203, 204 und gegen früher eingeengt; namentlich ist Minderjährigkeit kein Hemmungsgrund mehr.

A. 8. α) § 202. Hemmung durch Stundung oder sonstige Berechtigung des Verpflichteten zur **vorübergehenden Verweigerung** der Leistung (vgl. RG. 63, 367; JW. 06, 480[44]). Die vor Verfall bewilligte Stundung ändert zwar den wechselmäßigen Verfalltag nicht, gewährt aber doch der Wechselklage gegenüber eine Einrede und deshalb beginnt die Verjährung nicht. Wird nach Verfall gestundet, so tritt zugleich Unterbrechung der Verjährung nach § 208 BGB. und Hemmung der Verjährung nach § 202 BGB. ein. Der Gläubiger kann sich auf die eine oder die andere Wirkung berufen, je nachdem sie die ihm günstigere ist (die frühere, in der 9. Aufl. — A. 8 u. 13 — von uns über die Stundung vor und nach Verfall vertretene Auffassung geben wir auf, vgl. A. 8 der 9. Aufl.)

A. 9. β) § 203. Hemmung durch **Stillstand der Rechtspflege und höhere Gewalt** (objektive Hindernisse) gilt für die Wechselverjährung, wie auch bisher.

γ) § 204. Hemmung bei Ansprüchen zwischen Ehegatten, Eltern und minderjährigen Kindern, zwischen Vormund und Mündel während der Dauer des persönlichen Verhältnisses. A. 10.

δ) Die §§ 206 und 207 enthalten nicht Hemmungsgründe, wie Dernburg (§ 277 Nr. III) irrtümlich annimmt, sondern schieben die Vollendung der Verjährung beim Mangel gesetzlicher Vertretung und bei Nachlaßansprüchen hinaus (Planck A. 1 zu § 206). Für die Anwendung der §§ 206 und 207 auf die Wechselverjährung sprechen ähnliche Erwägungen wie für die Zulassung der objektiven Hemmungsgründe. A. 11.

Die Eröffnung des Konkurses über die offene Handelsges. ist kein Hemmungsgrund für Klagen gegen die Gesellschafter (Näheres Staub-Stranz A. 26 ff. Exk. zu Art. 79).

6. **Die Unterbrechung der Wechselverjährung.** A. 12.

a) Die Unterbrechungsgründe für die Wechselverjährung sind jetzt, nach Aufhebung des früheren Art. 80, der Regel nach die gleichen, wie die für die gewöhnliche Verjährung in den §§ 208, 209 und 210 des BGB. normierten.

α) Daß die Klageerhebung und die ihr laut §§ 209 und 210 gleichgestellten Rechtsakte (vgl. auch Art. 79[4]) die Wechselverjährung unterbrechen, unterliegt keinem Zweifel. Auch wird sie durch die Anerkennung des § 208 (insbes. Abschlagszahlung, Zinszahlung, Sicherheitsleistung) unterbrochen (vgl. Staub-Stranz, 6. Aufl. A. 3 im Exk. zu Art. 79; a. M. Dernburg § 277; die in der 9. Auflage A. 13 von uns, in Übereinstimmung mit Dernburg, vertretene Auffassung wird aufgegeben). A. 13.

β) Im einzelnen sei noch hervorgehoben: A. 14.

Keine Unterbrechung tritt ein durch Mahnung, durch Ladung zum Sühneversuch (ZPO. § 510), durch Sicherstellung, sei es vor Fälligkeit gemäß den Art. 25 ff., 29, sei es nachher. Die Teilklage unterbricht die Verjährung nur bezüglich des geltend gemachten Teiles (RG. 10,

104; Planck § 209[1]). — Über Stundung nach Verfall vgl. oben A. 8.

A. 15. b) Die §§ 211 bis 216 BGB., welche die Fortdauer und den Wegfall der Unterbrechung regeln, gelten auch für die Wechselverjährung. Die Unterbrechung durch Streitverkündung dauert bis zur rechtskräftigen Entscheidung oder sonstigen Erledigung des Hauptprozesses (früher streitig, ROH. 16, 361). Die Zustellung der Klage nach erhobenem Widerspruch gegen den Zahlungsbefehl muß innerhalb der Wechselverjährungsfrist erfolgen, falls diese kürzer ist, als die in den §§ 697, 700 ZPO. bestimmte.

A. 16. c) Die Wirkung einer Unterbrechung (§ 217 BGB.) geht auch bei der Wechselverjährung dahin, daß eine neue Verjährung mit der gleichen alten Frist sofort nach der Beendigung der Unterbrechung beginnt. Es beginnt also nach der Unterbrechung neu die kurze wechselrechtliche Verjährung mit der ursprünglichen Frist; dies auch dann, wenn der Prozeß liegen geblieben ist.

Nicht immer läuft aber die alte kurze Frist, sondern es tritt an ihre Stelle eine neue 30jährige, falls der Anspruch rechtskräftig festgestellt ist, oder die anderen in den §§ 218, 219 BGB. der rechtskräftigen Feststellung gleichgesetzten Fälle (auch ein Vorbehaltsurteil) vorliegen.

Für das Wechseljudikat gilt überhaupt die 30jährige Verjährung.

A. 17. 7. Hemmung und Unterbrechung wirken **inter partes**, nur für und gegen diejenigen Wechselbeteiligten in deren Person sie eintreten. Dies folgt aus den §§ 425, 429 BGB. (s. a. Art. 77[1]).

Die Verjährung gegen die offenen Handelsgesellschafter wird durch die Klage gegen die Gesellschaft unterbrochen (s. a. § 162 HGB.).

A. 18. 8. **Die Wirkung der Wechselverjährung.** Sie führt ein **Erlöschen der Wechselschuld herbei.** Art. 83 Satz 1 bestimmt dies ausdrücklich, wie auch nach dem BGB. die Verjährung nicht bloß die Klage, sondern den Anspruch selbst tilgt (§ 194 Abs. 1, § 222 Abs. 1 BGB., Stranz-Gerhard A. 5 zu Art. 8 AG.). Eine vertragsmäßige Anerkennung einer verjährten Wechselschuld (RG. 30, 264) bindet auch ohne besondere Form unter der Herrschaft des BGB., aber die erloschene Wechselkraft lebt nicht wieder auf. (ROH. 11, 353). Das auf einen verjährten Wechsel, auch bei Unkenntnis der Verjährung, Gezahlte oder zur Sicherheitsleistung Gegebene kann nicht zurückgefordert werden (§§ 222 Abs. 2, 813 BGB.; anders übrigens bei Zahlungen auf einen präjudizierten Wechsel, deren Rückforderung auch nicht durch den § 814 BGB. ausgeschlossen ist; RG. 48, 143).

Ein verjährter Wechselanspruch kann zur Aufrechnung nach Maßgabe des § 390 BGB. verwendet werden.

Der § 223 BGB. findet auch bei der Verjährung eines Wechselanspruchs, für den eine Hypothek oder ein Pfandrecht besteht, Anwendung (a. M. Rehbein-Mansfeld A. 9).

Ob ein verjährter Wechsel als Anweisung bzw. Schuldversprechen gültig, hierüber vgl. Art. 83[17]; über den Bereicherungsanspruch nach der Verjährung vgl. Art. 83[1—16].

9. **Ausschließung der Wechselverjährung durch Vertrag.** A. 19.
Hierfür gilt jetzt § 225 BGB., wonach im voraus die Verjährung durch Rechtsgeschäfte weder ausgeschlossen, noch erschwert werden kann. Dagegen ist eine Erleichterung der Verjährung, insbesondere durch Abkürzung der Verjährungsfrist zulässig. Die Klausel im Wechsel: „Entsage der Wechselverjährung" ist unwirksam, wie früher; sie gilt für nicht geschrieben, macht aber den Wechsel nicht ungültig (ROH. 6, 367). Dagegen kann nach der Vollendung der Verjährung auf die Rechte aus ihr entsagt werden (s. auch A. 18).

10. **Fremde Rechte (zu Art. 77—79).** Nach engl. A. 20.
Recht (s. auch RG. 24, 383) läuft gegen den Akzeptanten

eine sechsjährige Verjährung vom Verfalltage des Wechsels ab (ROH. 18, 188). Wegen der Verjährung der Regreßansprüche s. Späing 219 ff. — In Frankreich (code de comm. art. 189) und Belgien läuft eine fünfjährige Verjährung für alle Wechselansprüche.

Näheres Meyer 129 ff.

XIII. Wechselverjährung.

Art. 77. Der wechselmäßige Anspruch gegen den Akzeptanten verjährt in drei Jahren, vom Verfalltage des Wechsels an gerechnet.

A. 1. **1.** Der Verjährung des Art. 77 unterliegt der direkte Wechselanspruch (auf Zahlung) — nicht der Sicherungsanspruch der Art. 25 ff., 29 — gegen den Akzeptanten, ebenso gegen den Avalisten des Akzeptanten (Art. 81). Die gleiche Frist von drei Jahren ist für die Verjährung des Anspruchs gegen den Aussteller des eigenen Wechsels bestimmt (Art. 100).

Die Verjährung gegen den Akzeptanten und die der Regreßansprüche laufen unabhängig voneinander. Der Akzeptant haftet während der drei Jahre, auch wenn der klagende Indossant den Wechsel nach Ablauf der Regreßverjährungsfrist eingelöst hat (ROH. 7, 4; s. auch Art. 78[4]). Der Indossant braucht indes nicht einzulösen, wenn das Akzept durch Verjährung wirkungslos geworden ist (RG. 9, 23).

Über die Natur der Einrede der Wechselverjährung vgl. Art. 82[11].

A. 2. **2.** Über den **Verfalltag** s. Art. 30; bei gezogenem einfachen Sichtwechsel Art. 31; bei gezogenem befristeten Sichtwechsel Art. 20; bei eigenem einfachen Sichtwechsel Art. 98 Nr. 5 (dort A. 4); bei eigenem befristeten Sichtwechsel Art. 98 Nr. 3 (dort A. 3).

3. **Beginn und Dauer.** A. 3.

a) Die Verjährung wird vom „Verfalltage an gerechnet". Die Berechnung der Frist richtet sich nach den §§ 186 ff. BGB. Maßgebend ist § 187 Abs. 1 für den Beginn und § 188 Abs. 2 für das Ende der Frist; der Verfalltag wird hiernach nicht mitgerechnet. Ein am 1. Jan. 05 fälliger Wechsel verjährt gegen den Akzeptanten mit dem Ablauf des 1. Jan. 08. Der Anfangstag kommt als Ganzes in Betracht. Das Ende der Frist verlängert sich nicht, auch wenn es auf einen Sonn- oder Feiertag fällt.

b) Der Verfalltag ist maßgebend, nicht etwa der Tag, an welchem Zahlung gefordert werden kann, wenn er sich ausnahmsweise durch einen Sonn- oder Feiertag über den Verfalltag hinausschiebt, oder wenn durch Vermerk des Akzeptanten beim Akzept die Zahlungszeit über den Verfalltag hinaus festgesetzt ist (Art. 22 [5], Art. 4 [18]). Akzept nach der Verjährung hat aber keine wechselmäßige Haftung zur Folge. A. 4.

c) **Prolongation** des Wechsels ändert den wechselmäßigen Verfalltag nicht und daher auch nicht den Beginn der Verjährung (ROH. 4, 375; Art. 4 [22]). Über Hemmung und Unterbrechung der Verjährung durch Prolongation s. Vorbem. vor Art. 77—80 [8 u. 14]. A. 5.

4. Je nachdem man das **Ehrenakzept** als Abart des ordentlichen Akzepts oder als eine Regreßschuld ansieht, läuft gegen den Ehrenakzeptanten die dreijährige Verjährungsfrist oder die Frist der Regreßklage; nach unserer Auffassung ist das Ehrenakzept eine Regreßschuld (Art. 60 [5 u. 11]). A. 6.

5. Im übrigen vgl. die Erläuterungen in der Vorbem. vor Art. 77—80; insbesondere auch über Hemmung, Unterbrechung, Wirkung der Verjährung. A. 7.

Art. 78. Die Regreßansprüche des Inhabers (Artikel 50) gegen den Aussteller und die übrigen Vormänner verjähren:

1. in drei Monaten, wenn der Wechsel in Europa, mit Ausnahme von Island und den Faröern, zahlbar war;
2. in sechs Monaten, wenn der Wechsel in den Küstenländern von Asien und Afrika längs des Mittelländischen und Schwarzen Meeres oder in den dazu gehörigen Inseln dieser Meere zahlbar war;
3. in achtzehn Monaten, wenn der Wechsel in einem anderen außereuropäischen Lande oder in Island oder den Faröern zahlbar war.

Die Verjährung beginnt gegen den Inhaber mit dem Tage des erhobenen Protestes.

A. 1. 1. Die Verjährung der Regreßansprüche des letzten Indossatars (Inhabers) regelt der Art. 78, vorausgesetzt eine im Inlande zu erfüllende Regreßpflicht der Schuldner.

a) Die Verjährung beginnt mit dem Ablaufe des Protesttages, der nicht mit eingerechnet wird (vgl. über die Berechnung der Fristen oben Art. 77 [3]). Beispiel: Der Regreßanspruch des Inhabers aus einem in Europa, mit Ausnahme von Island und den Faröern zahlbaren, am 1. Juli 05 protestierten Wechsel verjährt mit Ablauf des 1. Okt. 05.

A. 2. b) Ist der Protest erlassen, so läuft die Verjährung gegen den, der ihn erlassen hat, von dem Tage ab, an dem ohne den Erlaß der Protest spätestens hätte erhoben werden müssen, also vom letzten Protesttage (ROH. 4, 376).

2. Der Art. 78 gilt für den Nachindossatar eines un- A. 3.
protestierten präjudizierten Wechsels. Der nach-protestliche Indossatar hat die Stellung des letzten vorprotestlichen Inhabers, die er auch in Ansehung der Verjährung gegen sich gelten lassen muß.

3. Die Zonenfristen des Art. 78 bestimmen sich nach A. 4.
dem Zahlungsort des Wechsels (Art. 4 Nr. 8 entscheidet). Ist z. B. eine Tratte auf einen in Melbourne Wohnenden von einem Kölner Kaufmann an einen Berliner Kaufmann begeben, so verjährt der Regreßanspruch des Inhabers, der Protest erheben ließ, gegen den Aussteller und die übrigen Vormänner in 18 Monaten.

4. Der Aussteller und alle Indossanten (nicht etwa A. 5.
der nächste Vormann nur) werden durch die Verjährung befreit. Jedem Vormann eines Indossanten, der einen verjährten Wechsel eingelöst hat, steht der Einwand zu, daß dieser eine Nichtschuld bezahlt habe, dem Hauptschuldner (Akzeptanten) aber nicht (ROH. 7, 289 und Art. 77[1]).

5. Im übrigen vgl. die Erläuterungen in der Vorbem. A. 6.
vor Art. 77—80, insbesondere auch über Hemmung, Unterbrechung, Wirkung der Verjährung.

Art. 79. Die Regreßansprüche des Indossanten (Artikel 51) gegen den Aussteller und die übrigen Vormänner verjähren:

1. in drei Monaten, wenn der Regreßnehmer in Europa, mit Ausnahme von Island und den Faröern, wohnt;
2. in sechs Monaten, wenn der Regreßnehmer in den Küstenländern von Asien und Afrika längs des Mittelländischen und Schwarzen Meeres oder in den dazu gehörigen Inseln dieser Meere wohnt;

3. in achtzehn Monaten, wenn der Regreßnehmer in einem anderen außereuropäischen Lande oder in Island oder den Faröern wohnt.

Gegen den Indossanten läuft die Frist, wenn er, ehe eine Wechselklage gegen ihn angestellt worden, gezahlt hat, vom Tage der Zahlung, in allen übrigen Fällen aber vom Tage der ihm geschehenen Behändigung der Klage oder Ladung.

A. 1. 1. Die Verjährung der Regreßansprüche des einlösenden Indossanten regelt der Art. 79, vorausgesetzt, daß eine im Inlande zu erfüllende Regreßpflicht der Schuldner vorliegt.

A. 2. 2. Die Verjährung hat gegen jeden einzelnen Indossanten ihren besonderen Anfang (Bolze 22 Nr. 323; s. auch Vorbem. vor Art. 77 [17]). Sie läuft vom Tage der Zahlung, wenn er ohne Klage gezahlt hat, in allen übrigen Fällen vom Tage der Klagezustellung; maßgebend ist, ob das eine oder das andere Ereignis das frühere ist.

A. 3. a) Unter dem Ausdruck Zahlung ist nicht nur die eigentliche Zahlung zu verstehen, sondern jeder Rückerwerb des notleidenden Wechsels, gleichviel ob durch Einlösung oder auf andere Weise, der den Indossanten zur Erhebung der Regreßklage in den Stand gesetzt hat. — Teilzahlungen bewirken den Beginn der Verjährung nur bezüglich des gezahlten Teils.

A. 4. b) Der Klagezustellung stehen — § 267 ZPO. — alle Akte gleich, die nach dem Gesetze dieselbe Wirksamkeit haben: die Zustellung des Zahlungsbefehls (§ 698 ZPO., mit Unrecht vom RG. 14, 33 nur auf Amtsgerichtssachen beschränkt; aber RG. 17, 281), die Erhebung des Anspruchs in der mündlichen Verhandlung in den Fällen der §§ 280, 281, 500, 510 ZPO. Streitverkündung und Konkursanmeldung werden einer Ladung im Sinne des Art. 79 gleichzuachten sein.

Durch Klagerücknahme oder — im Falle des Zahlungsbefehls — Unterlassung der vor dem Landgericht zu erhebenden Klage innerhalb der sechsmonatlichen Frist erlöschen die Wirkungen der Rechtsanhängigkeit (§§ 271 Abs. 3, 698 ZPO.; RG. 33, 397). Infolgedessen verliert auch die Klage die Wirkung, die Verjährung in Lauf gesetzt zu haben.

3. Die Berechnung der Frist richtet sich nach den gleichen Grundsätzen, wie bei Art. 77, 78 (s. Art. 77[3]). Die Dauer ist verschieden je nach dem Wohnort des Regreßnehmers, nicht nach dem Wechselzahlort. A. 5.

4. Der Art. 79 gilt auch für die Verjährung der Rechte aus der Ehrenzahlung, nicht der Art. 78 (Näheres Art. 63[6]). A. 6.

5. Im übrigen vgl. die Erläuterungen in der Vorbem. vor Art. 77 bis 80, insbes. auch über Hemmung, Unterbrechung, Wirkung der Verjährung. A. 7.

(Art. 80. Die Verjährung [Art. 77—79] wird nur durch Behändigung der Klage unterbrochen, und nur in Beziehung auf denjenigen, gegen welchen die Klage gerichtet ist. Jedoch vertritt in dieser Hinsicht die von dem Verklagten geschehene Streitverkündigung die Stelle der Klage.)

Dieser Artikel ist aufgehoben durch EG. z. HGB. v. 10. Mai 1897 Art. 8:

Aufgehoben werden . . . . . 2. der Art. 80 der Wechselordnung.

Der Text v. 3. Juni 1908 enthält in der Fußnote zu Art. 81 einfach den Vermerk: „Der Art. 80 ist aufgehoben."

Der jetzige Rechtszustand ist der, daß die Wechselordnung Sonderbestimmungen für die Unterbrechung der Wechselverjährung nicht mehr enthält. Vgl. Vorbem. vor Art. 77—80[12ff.]

XIV. Klagerecht des Wechselgläubigers.

Art. 81. Die wechselmäßige Verpflichtung trifft den Aussteller, Akzeptanten und Indossanten des Wechsels sowie einen jeden, welcher den Wechsel, die Wechselkopie, das Akzept oder das Indossament mitunterzeichnet hat, selbst dann, wenn er sich dabei nur als Bürge (per aval) benannt hat. Die Verpflichtung dieser Personen erstreckt sich auf alles, was der Wechselinhaber wegen Nichterfüllung der Wechselverbindlichkeit zu fordern hat. Der Wechselinhaber kann sich wegen seiner ganzen Forderung an den einzelnen halten; es steht in seiner Wahl, welchen Wechselverpflichteten er zuerst in Anspruch nehmen will.

Satz 1.

A. 1. 1. Die wechselmäßige Verpflichtung folgt:

a) aus der Unterzeichnung des Wechsels als Aussteller, Indossant, Akzeptant (schon in den Art. 8, 14, 23 geordnet) und Ehrenakzeptant (im Art. 81 nicht besonders erwähnt, s. aber Art. 60);

A 2. b) aus der **Mitunterzeichnung** des Wechsels, d. h. der **Mitunterzeichnung** der Wechselausstellung, des Indossaments oder des Akzepts.

Die wechselmäßige Verpflichtung trifft Unterzeichner und Mitunterzeichner nicht nur in Person, sondern auch die Erben und allgemeinen Rechtsnachfolger, sowie die Mitglieder einer offenen Handelsgesellschaft, wenn ein vertretungsberechtigter Gesellschafter die Firma gezeichnet hat (Näheres Art. 2[3]).

A. 3. 2. Die Mitunterzeichnung (der Aval).

a) Unterschied der **Mitunterzeichnung** von mehreren

Unterzeichnungen. Die Mitunterzeichnung des Art. 81 — von den Worten „sowie" bis „benannt hat" — muß scharf davon unterschieden werden, daß mehrere Personen prinzipaliter, bzw. gemeinschaftlich den Wechsel und zwar als mehrere Trassanten, Akzeptanten, Ehrenakzeptanten, Indossanten, Aussteller eines eigenen Wechsels unterzeichnen. Jeder dieser mehreren Unterzeichner. — es ist irreführend im Hinblick auf die Terminologie des Gesetzes, hier von Mitunterzeichnern zu sprechen und die Ausdrücke: Mittrassant, Mitakzeptant zu gebrauchen — haftet wechselrechtlich so, als ob er für sich allein die betreffende Wechselerklärung abgegeben hätte (ROH. 18, 369). Hierbei ist ohne Belang, ob der Wechsel auf einen einzelnen Wechselgeber („gegen diesen meinen Wechsel") oder auf mehrere („gegen diesen unsern Wechsel") hinweist, denn auch im ersteren Falle hat jeder den Wechsel seinen Wechsel genannt (Grünhut § 36).

b) **Wesen und Rechtscharakter der Mitunterzeichnung, des Avals.** Aval ist die Mitunterzeichnung einer Wechselhauptunterschrift — der Wechselausstellung, des Akzeptes oder des Giros — in der Absicht, um in gleicher Weise, wie der Zeichner der Hauptunterschrift, selbständig zu haften (ROH. 18, 302; 25, 26). Der Aval ist keine Wechselbürgschaft (Grünhut § 36; Bernstein 305), selbst dann nicht, wie Art. 81 ausdrücklich bestimmt, wenn der Mitunterzeichner sich dabei nur als Bürge (per Aval) bezeichnet hat. Der Aval ist auch kein akzessorisches Garantieversprechen (so Staub 4. Aufl. § 10), sondern eine selbständige (durch Art. 81 ausdrücklich so normierte) **Wechselverpflichtung**; also entweder eine Tratte (Ausstellerunterschrift), oder ein Indossament, ein Akzept, ein eigener Wechsel (s. auch Thöl § 144; RG. 40, 59). Er setzt zwar eine Hauptunterschrift, eine Erstschrift, voraus (A. 9), aber dies raubt ihm nicht den Charakter einer selbständigen Wechselverpflichtung, ebensowenig, wie etwa das Hauptindossament bei einer Tratte A. 4.

seine Selbständigkeit verliert, weil es zu seiner Gültigkeit eine Ausstellerunterschrift voraussetzt (Beilage zur JW. 03, 43[94]).

Die Mitunterzeichnung, der Aval, enthält prinzipiell nicht eine zivilrechtliche (verkleidete) Bürgschaft, es sei denn, daß letztere besonders vereinbart ist (RG. 4, 12).

A. 5. c) **Form und Name des Avals.**

α) Aus dem Wechsel selbst muß jede Wechselerklärung, also auch der Aval, seine Bedeutung erkennen lassen, sei es durch einen besonderen dahingehenden Zusatz („per aval", „als Bürge", „als Garant", „obige Summe zahle ich, wenn es not tut", „Valuta in übernommener Gewährleistung für X." — ROH. 18, 302; 19, 89; RG. 30, 25), sei es in sonst zweifelsfreier Art. (RG. 52, 221: unter der Ausstellerunterschrift [bei einem trockenen Wechsel] und sich von ihr abhebend befanden sich drei Unterschriften; das Wort „Bürge" stand nur einmal an der Seite der zweiten Unterschrift. Das RG. nimmt, weil alle drei in einer einheitlichen Säule untereinander standen, an, daß das Wort „Bürge" sich auf alle drei bezieht).

A. 6. β) Beim Akzept oder beim Indossament ergibt der Wechselinhalt, ob eine Mitunterzeichnung oder eine prinzipale Unterzeichnung mehrerer vorliegt. Denn ein Akzept mehrerer gibt es nur, wenn diese mehreren Bezogene sind (Art. 4[44]), ein Indossament mehrerer nur, wenn die mehreren Remittenten oder Indossatare sind. Bei der Ausstellerschrift kann die Frage nicht immer aus dem Wechsel gelöst werden; prinzipale Ausstellung mehrerer ist im Zweifel, wenn kein Zusatz vorhanden, anzunehmen.

A. 7. γ) Zusätze, welche mit der Absicht, eine wechselmäßige Verpflichtung zu übernehmen, unvereinbar sind, z. B. „als Zeuge", „als Assistent", „in Genehmigung als Ehemann", schließen die Übernahme der wechselmäßigen Mithaftung aus; ebenso ein Zusatz „ohne Obligo", oder ein

Aval bei einer Unterschrift „ohne Obligo“. Die Bürgschaft, die nicht durch bloße Mitunterschrift, sondern in einem besonderen, auf dem Wechsel befindlichen oder unmittelbar unter der Unterschrift des Ausstellers folgenden Zusatze übernommen ist, gilt, auch wenn der Bürge sich nicht zugleich darin ausdrücklich wechselmäßig verpflichtet hat, als Wechselbürgschaft (ROH. 12, 148ff).

Über den Zusatz: „per aval“ des Bezogenen zu seinem Akzept vgl. Art. 21 II a. E.

δ) Um zu bezeichnen, an welche Hauptschrift sich der Aval anschließt, ist es am richtigsten, wenn er sich auch räumlich als Mitunterschrift dieser Hauptschrift — neben, unter oder über ihr — darstellt. Ursprünglich erschien der Aval unter der Hauptunterschrift (Aval d. h. firmare a valle, a basso); die Ortsbezeichnung wurde dann übertragen auf die rechtliche Bedeutung, wie Indossament aus „in dorso“. Jetzt ist aber über den Ort der Mitunterzeichnung nichts vorgeschrieben, sie kann auch räumlich getrennt von der Hauptunterschrift sein, z. B. ein Vermerk auf der Rückseite eines akzeptierten Wechsels: „Angenommen für die Hälfte des Wertes. X.“ (ROH. 12, 255). A. 8.

Ist aus dem Orte der Avalerklärung nicht zu ersehen, für welche Hauptunterschrift sie abgegeben ist, so ist sie unwirksam (ROH. 19, 822; a. M. Canstein).

Der Aval kann auch auf einem Duplikate oder auf einer Kopie erscheinen (im Art. 81 ist infolge einer späteren Einschiebung nur die Kopie erwähnt), doch nur, wenn die Erstunterschrift, an welche er sich anschließt, auch aus diesem Exemplare ersichtlich ist (a. M. Bernstein 303).

ε) Auch über die Zeit der Mitunterzeichnung ist nichts vorgeschrieben. Die Mitunterzeichnung kann auch nach Verfall bis zum Ablauf der Verjährung erfolgen. A. 8a.

d) Die Hauptunterschrift, die der Aval voraussetzt (s. A. 4), muß vorhanden, d. h. vor oder nach dem Aval A. 9.

erfolgt sein. Sie braucht nur formell, nicht auch materiell gültig zu sein.

Beispiele: Wenn der Bezogene kein Akzept auf den Wechsel gesetzt hat, oder wenn sein Akzept formell ungültig ist, z. B. wegen Mangels der nach Art. 94 erforderlichen Beglaubigung der Handzeichen, so ist der von einem Dritten auf den Wechsel per aval gesetzte Akzeptvermerk nicht gültig (ROH. 15, 346; RG. 35, 43; s. auch Art. 21 [16]). — Solange die Unterschrift des Ausstellers fehlt, haftet nicht, wer als „Bürge" des Ausstellers den Wechsel unterzeichnet. — Wenn zwei Personen „per aval" an dem Orte des Ausstellungsvermerkes zeichnen (RG. 10, 4), ist der Wechsel ungültig.

Dagegen bleibt trotz materieller Ungültigkeit der Erstunterschrift, z. B. weil sie von einem Minderjährigen herrührt oder gefälscht ist, der Aval gültig (RG. 40, 59; Bolze 3 Nr. 546).

A. 10. e) **Natur und Umfang der Avalverpflichtung.** Auch sie folgen in der Regel der Erstverpflichtung. Der Avalist des Akzeptanten haftet wie dieser, also regelmäßig auch ohne Protest mit dreijähriger Verjährung; der Avalist des Indossanten wie dieser, also regelmäßig nur auf Grund des Protestes.

Sowohl der Protest, als auch die sonstigen zur Wahrung der Rechte des Wechselinhabers erforderlichen Diligenzakte (Präsentation, Notifikation) brauchen nur gegen den Erstverpflichteten zu erfolgen. Also der Protest ist nicht gegen den Akzeptanten aufzunehmen; dem Avalisten des Trassanten und Indossanten ist nicht zu notifizieren. Aber es genügt Präsentation an den Avalisten, um den Wechsel gegen ihn fällig zu machen (RG. 8, 68).

Der quantitative Umfang der Avalverpflichtung richtet sich nach den Einschränkungen der prinzipalen Verpflichtung. Beispiel: Ist ein Wechsel über 500 Mk. vom Trassaten nur „angenommen" für 100 Mk., so haftet der

Mitunterzeichner auch nur für 100 Mk., selbst wenn er für 500 Mk. angenommen hat. Einschränken aber kann der Avalist den Umfang seiner Verpflichtung gegenüber der Hauptverpflichtung (ROH. 12, 259).

Die Stellung des Mitunterzeichners ist nach der A. 11.
Fassung des Art. 81 die eines echten Gesamtschuldners im Sinne des § 421 BGB., nicht nur neben dem Erstverpflichteten, sondern neben allen anderen Wechselverpflichteten. Der Avalist kann somit die Einreden, die der Erstunterschrift zustehen, nur nach Maßgabe der §§ 422 ff. für sich geltend machen: insbesondere fällt die Verpflichtung aus dem Aval fort, wenn die Verpflichtung aus der Erstunterschrift erfüllt oder präjudiziert ist (s. Rehbein-Mansfeld A. 5). — Die Entlassung des Hauptschuldners aus der Wechselverbindlichkeit befreit den Avalisten nur, wenn die Vertragschließenden das ganze Schuldverhältnis aufheben wollten (RG. 40, 67; BGB. § 423).

Über Verjährung, Prolongation, Zwangsvergleich s. unten A. 14 ff.

f) **Das Verhältnis des Avalisten zum Hauptschuldner** A. 12.
ist kein wechselmäßiges, sondern regelt sich, wie das der mehreren Zeichner einer und derselben Wechselerklärung, nach ihren Abreden und dem zwischen ihnen obwaltenden Rechtsverhältnis (zumeist Bürgschaft, aber auch Gesellschaft) gemäß den Normen des bürgerlichen Rechts. Eventuell entscheiden die für die Ausgleichung unter Gesamtschuldnern gegebenen gesetzlichen Regeln §§ 426, 774 Abs. 2 BGB. (RG. 3, 209; 10, 299; 51, 69 ff.; 52, 222).

Ebenso muß für die Regreßrechte **mehrerer Avalisten** untereinander auf die Grundsätze des bürgerlichen Rechts zurückgegriffen werden, weil das Wechselrecht hierüber keine Normen enthält (JW. 01, 518[8] u. 02, 135[48]).

Der Mitunterzeichner (Bürge) eines eigenen Wechsels, der ihn eingelöst hat, erlangt dadurch ohne

Giro weder das Recht zur Weiterbegebung (ROH. 16, 40), noch das Recht, wechselmäßig den Erstverpflichteten auf Zahlung zu belangen (s. auch Art. 98[7]). Anders beim Giro. Jedoch können ihm die Einreden aus dem unterliegenden Verhältnis entgegengesetzt werden (ROH. 1, 103).

Satz 2.

A. 13. 3. Die Verpflichtung „dieser“ Personen, d. h. aller im Satz 1 genannten Personen. — Über den Umfang der Haftung enthalten die Art. 50 und 51 das Nähere. Das gesetzliche Verzugsinteresse ist allen Wechselverpflichteten gegenüber auf 6 % festgestellt (ROH. 1, 250) und durch das neue Recht nicht geändert.

Satz 3.

A. 14. 4. a) Die Haftung aller im Satz 1 genannten Personen gegenüber dem Wechselinhaber (vgl. die übereinstimmende in Art. 49 und die Erläuterungen dort) umfaßt hier auch den Avalisten und deckt sich mit der gesamtschuldnerischen Haftung der §§ 421 ff. BGB. (solidare, keine korreale Haftung, Art. 49[1]). Die Grundsätze der §§ 422, 423 aber über die Wirkung der Erfüllung (Zahlung) durch einen Gesamtschuldner und des Erlasses sind auf das Wechselrecht nicht einfach zu übertragen; Näheres hierüber s. A. 72—93 zu Art. 82 (bei: Zahlung, Tilgung, Aufrechnung, Erlaß, Vergleich). Sind freilich mehrere die gleiche Verpflichtung eingegangen, z. B. zwei Akzeptanten, so kann einer die durch den anderen geschehene Zahlung vorschützen (Staub-Stranz A. 4).

Für die Regel kommen die Einreden des einen Wechselverpflichteten dem anderen nicht zugute (§ 425 BGB.; s. indes Art. 82[8ff.]). So kann sich z. B. der Aussteller nicht auf eine dem Akzeptanten gewährte Prolongation berufen (ROH. 25, 26); über Fälle, in denen die Prolongation in rem wirkt, s. Art. 82[35]. — Die Verjährung läuft selbständig (s. Art. 79[3]; s. auch Vorbem. vor Art. 77[17]). — Über die Wirkung des Zwangsvergleichs in Ansehung der Mitschuldner, Bürgen s. § 193 KO. und Art. 82[20].

b) Das Verhältnis unter den Wechselverpflichteten selbst, insbesondere unter denen, die nacheinander verpflichtet sind, wird im vorliegenden Artikel nicht geregelt. Sind mehrere nebeneinander verpflichtet, so untersteht ihr Rechtsverhältnis zivilrechtlichen Normen (§ 426 BGB.; oben A. 12; ROH. 1, 103; RG. 51, 69ff.). Bei mehreren Ausstellern eines eigenen Wechsels erlangt einer derselben durch Einlösung des Wechsels Wechselrechte gegen die anderen Aussteller, sofern er nicht solvendi, sondern emendi causa eingelöst hat, wofür unter anderm auch ein Indossament in der üblichen Form Beweis bieten kann (RG. 52, 222). A. 15.

Über Regreßansprüche mehrerer Wechselverpflichteter gegeneinander im Konkurse vgl. JW. 03, 245[28].

c) Stellung der Wechselverpflichteten im Prozeß. Ein Fall notwendiger Streitgenossenschaft liegt nicht vor. Die rechtzeitige Einlegung eines Rechtsmittels z. B. durch den Akzeptanten wirkt nicht für den Aussteller. Die Verpflichtungen des Akzeptanten und des Ausstellers oder der Indossanten aus dem Wechsel sind durchaus selbständige und bedingen in keiner Weise die Gemeinsamkeit prozessualer Geltendmachung gegen beide. Ebensowenig lassen die Verpflichtungen nur eine einheitliche Feststellung zu (RG. 18, 216). A. 16.

5. Über das Recht des Gläubigers im Konkurse mehrerer Wechselschuldner vgl. RKO. § 68 (s. auch Art. 49[3]). Nach der Plenarentscheidung des RG. (14, 172) kann neben dem Gläubiger, der Konkursdividende für seine volle Forderung aus der Masse erhält, nicht noch der regreßberechtigte Solidarschuldner Konkursdividende beanspruchen. A. 17.

6. Fremde Rechte.

A. 18. Der Grundsatz der solidarischen Haftbarkeit aller Wechselverpflichteten gilt für fast alle Wechselordnungen. Das Institut der Wechselbürgschaft kennen auch Frankreich und Belgien. In England haftet jeder, der den Wechsel nicht als Aussteller oder Akzeptant zeichnet, wie ein Indossant.

Art. 82. Der Wechselschuldner kann sich nur solcher Einreden bedienen, welche aus dem Wechselrechte selbst hervorgehen oder ihm unmittelbar gegen den jedesmaligen Kläger zustehen.

Alphabetisches Inhaltsverzeichnis.

(Die Zahlen bedeuten die Anmerkungen.)

Abtretung 102.
Arglist dolus.
Aufrechnung 88, 89.
Bedingung 32, 70.
Begebungsvertrag 16, 17. Ungültigkeit des — 17—19.
Willensfehler beim — 20—27.
Betrug s. Täuschung, dolus.
Beweislast (bei Einreden) 27, 103.
Blankowechsel u. Blankoakzept 18, 43 bis 57.
Begriff und Wesen 44, 45, 46.
Ermächtigung unwiderruflich 47a.
Ausfüllung 47b, Zeit der — 48, 49; Befugnis zur — für Vertreter, Rechtsnachfolger 49, 50.
Wirkung abredegemäß — 51, abredewidriger 52, 53, 55.
Domizilvermerk 54 bis 56.
Blankotradition (nachprotestliche) 101.
Börsentermingeschäfte 61, 61b.
Bürgschaft 64, 65.
Civilgeschäft s. Zivilgeschäft.
Depotwechsel 39, 40.
Differenzgeschäft 61, 61b.
Dolus s. auch Arglist und exceptio.
— superveniens 97, 35b.
Domizilvermerk 54—56.

Drohung 22, 62.
Einrede s. auch exceptio.
Begriff 7.
— aus dem Wechselrecht 2, 4.
— unmittelbar gegen den Kläger 3, 4.
absolute — (Begriff) 6, die einzelnen: total 8—13, partiell 14 bis 27.
relative — 6, die einzelnen rel. 28—93.
Kenntnis der — beim Wechselerwerb 94 bis 102.
Erfüllung (nicht gehörige) 68.
Erlaß 90.
Erpressung 60.
exceptio s. auch Einrede.
— doli 19, 52, 94, generalis 99.
— pacti 29, 52.
non adimpleti contractus 68.
Fälschung 52, 55.
Fahrlässigkeit (grobe beim Wechselerwerb) 96.
Formmangel 9, 45.
Gefälligkeitswechsel u. Akzept 36, 37.
Heiratsprovision 59, 61.
Hinterlegung 13.
Inkassomandat 100.
Indossament (nachprotestliches) 101.
Irrtum 23, 62.
— im Beweggrunde 24.
Interesse (negatives) 23, 26.
Kautionswechsel 39, 40.
Kenntnis der Einreden — 94—102.
Kollusion 94—102.
Kompensation 88, 89.
Kontokorrent 41, 42.
Legitimation (mangelnde, formelle) 8.
Lotterie 61.
mala fides (beim Prolongationswechsel) 35 b.
— superveniens 97.
Mangelhafter Wechsel 45.
Pfändung 102.
Präjudizierung 10.
Prokura-Ind. s. Indossament und Inkassomandat.
Prolongation 33—35 u. 60.
Quittung (generelle) 12, 83; in Erwartung der Zahlung 84.
Rechtsgeschäft s. Zivilgeschäft.
Rechtshängigkeit 93.
Rechtskräftig entschiedene Sache 93.
Reitwechsel 36.
Schein 25.
Schenkung (formlose) 64.
Scherz 25.
Schuldübernahme 91.
Sicherheitswechsel 39, 40.

Simulation 25.
Spielschuld 59, 61.
Stundung s. Prolongation.
Täuschung 22, 62.
Tilgungsarten (andere als durch Zahlung) 72 ff., 86 ff.
Ungültigkeit s. Zivilgeschäft.
Valuta (fehlende) 68—71.
nicht gehörige — 68.
Vergleich 90.
Verjährung 11; Einlösung trotz — 61.
Vorleistung 69.
Wechsel — form (mangelnde) 9, 45.
— schluß 28, 57 bis 61; s. a. Zivilgeschäft.
Wechsel — unfähigkeit 63.
— vertrag 26—27.
Wette 61.
Wucher 60, 61.
Zahlung 12, 72—93.
— durch Wechsel 85.
teilweise — 82.
Zivilgeschäft
Aufhebung des — 58.
Einreden aus dem — 28, 51—57.
Ungiltigkeit des — 59 ff., 64, 65.
Zwang 21, 22.
Zwangsvergleich 90.

Allgemeines.

A. 1. **1. Wortauslegung und Textkritik des Art. 82.**

Der Art. 82, wiewohl in seinen Vorschriften teils selbstverständlich, teils nicht logisch scharf, hat doch die wichtigste Stellung in Theorie und Praxis gewonnen. Er ist der Kristallisationspunkt für die gesamte Behandlung aller Einreden (des Schuldners) gegen den Wechsel und dadurch mittelbar auch der Rechte (des Gläubigers) aus dem Wechsel geworden. So hat sich der Art. 82 zum häufigst zitierten und sein Inhalt zum „Kreuz" aller Ausleger entwickelt.

Zwei Klassen von Einreden sich anlehnend an die §§ 916 und 927 II 8 ALR., gewährt der Artikel nach seinem Wortlaut dem Wechselschuldner:

a) die aus dem Wechselrechte selbst hervorgehenden,
oder b) die ihm unmittelbar gegen den jedesmaligen Kläger zustehenden.

Zu a. Dies sind nicht etwa bloß Einreden aus dem Wechselbrief, oder solche aus der Wechselordnung, sondern aus der Gesamtheit aller Normen, welche speziell die Rechte aus dem Wechsel betreffen (Thöl § 181). Diese Vorschrift ist selbstverständlich, aber auch wegen des einengenden „nur" unrichtig, da der Schuldner sich auch auf jeden Satz des sonstigen bürgerlichen Rechts, der ihm eine Einrede gewährt, stützen kann, z. B. auf die Rechtssätze über das Erlöschen der Schuldverhältnisse durch Erfüllung usw. (§§ 362ff. BGB.), wenngleich die WO. dies nirgends ausdrücklich hervorhebt. A. 2.

Zu b. Dies sind die Einreden, die unmittelbar aus dem Rechtsverhältnis zwischen diesem Wechselkläger und diesem Wechselbeklagten herrühren. Auch dieser Satz enthält etwas Selbstverständliches, soweit darin das Verbot der exceptio de iure tertii ausgedrückt sein soll, z. B. die Unzulässigkeit von Einreden aus dem Verhältnis zwischen diesem Wechselschuldner und anderen Personen, als diesem Wechselgläubiger. Er ist aber auch insoweit zu eng, als häufig Einreden zulässig sind, die dem Wechselschuldner nicht unmittelbar gegen den Wechselgläubiger, sondern gegen dessen Vormann zustehen, die aber der Wechselgläubiger sich gefallen lassen muß, weil er sie kennt (s. A. 94 ff.). A. 3.

2. **Enthalten die beiden Einredeklassen des Art. 82 wirkliche Gegensätze?** A. 4.

Der Art. 82 hat sie unzweifelhaft als Gegensätze beabsichtigt, aber nicht herausgebildet. Denn einerseits sind die „aus dem Wechselrecht selbst hervorgehenden" Einreden für die Regel so beschaffen, daß sie auch diesem Schuldner gegen diesen Kläger unmittelbar zustehen (A. 9ff., 14ff.), nicht selten auch so, daß sie dem Schuldner nur gegen den jedesmaligen Kläger zustehen, z. B. die Einrede der mangelnden formellen Legitimation (Grünhut § 44[11]; s. unten A. 8 u. auch 25 u. 26). Anderseits ist es klar, daß auch die „dem Beklagten unmittelbar gegen den jedesmaligen Kläger zustehenden Einreden" nicht an dem Wesen des Wechselrechts und der Wechselverpflichtung scheitern dürfen (s. A. 37).

A. 5. Unrichtig ist es auch, den Gegensatz zwischen beiden Klassen in den Rechtsquellen, aus denen die Einreden fließen, zu finden und demgemäß die erste Kategorie als wechselrechtliche, die zweite als gemeinbürgerliche Einreden zu bestimmen (Bernstein 311). Denn die zweite Kategorie hat ihre Quelle nicht bloß im gemeinbürgerlichen Recht, geht vielmehr nicht selten aus dem Wechselrecht selbst hervor (A. 4).

A. 6. **3. Einteilungsprinzip nach der Wirkung: absolute und relative Einreden.**

Dem Endgedanken des Art. 82, wenngleich nicht seinem Inhalte folgend, haben Theorie und Praxis einen Gegensatz von zwei Einredeklassen geschaffen: den der sogenannten **absoluten** Einreden (objektive, exceptiones in rem, in cambium) und der **relativen** (subjektive, exceptiones in personam). Dieses aus der Wirkung hergeleitete Einteilungsprinzip hat sich als übersichtlich und fruchtbar erwiesen. Wir folgen ihm, wenngleich es nicht ein durchaus erschöpfendes ist und daher einer Ergänzung und Berichtigung bedarf, wie sie hier versucht werden wird (A. 94 ff.).

Absolute Einreden haben die Wirkung, den **objektiven** Bestand der Wechselobligationen, „die Existenz des Rechts aus dem Skripturakt selbst" (Grünhut § 44 S. 191), gegenüber jedem Wechselinhaber zu zerstören; sie fallen vielfach, doch keineswegs immer, unter die aus dem Wechselrecht selbst hervorgehenden Einreden (erste Alternative des Art. 82; s. A. 2). Relative wirken nur unmittelbar gegenüber bestimmten Wechselinhabern (ebenso Staub 4. Aufl. § 1; Cosack 296; wohl auch Dernburg § 276 III und Grünhut § 44).

Jedoch auch diese beiden Arten der Einreden schließen sich nicht immer aus. Es gibt Einreden, welche sowohl in rem als auch in personam wirken (z. B. Zahlung A. 12, 72 ff., Prolongation A. 35 ff.). Vor allem aber kann jede relative Einrede dann über die beiden ursprünglich Beteiligten hinauswirken, wenn ein Dritter Wechselgläubiger wird, der Kenntnis von der Einrede hat (A. 94 ff.).

Der obigen Unterscheidung zwischen „absoluten" und „relativen" Einreden entspricht, wie mit Recht von Lehmann (DJZ. 5, 171) und von Staub (4. Aufl. § 1) ausgeführt wird, die im § 364 Abs. 2 HGB. für Orderpapiere getroffene Unterscheidung, welche gleichsam als authentische Interpretation des Art. 82 gelten kann. Der § 364 Abs. 2 lautet:

> „Dem legitimierten Besitzer der Urkunde kann der Schuldner nur solche Einwendungen entgegensetzen, welche die Gültigkeit seiner Erklärung in der Urkunde betreffen oder sich aus dem Inhalte der Urkunde ergeben oder ihm unmittelbar gegen den Besitzer zustehen."

Die beiden ersterwähnten Klassen von Einwendungen gehen parallel mit den „absoluten", die letzte mit den „relativen" des Wechselrechts. Von den absoluten gehören beispielsweise die unten in A. 10, 11, 14, 16—26 erwähnten zu denjenigen, welche die Gültigkeit der urkundlichen Erklärung betreffen; die in A. 12, 13, 15 erwähnten zu denjenigen, welche sich aus dem Inhalte der Urkunde ergeben; die in A. 9 erwähnten fallen unter beide Klassen.

Ähnliche Unterscheidungen, wie § 364 HGB. für die Einwendungen gegen Orderpapiere, macht § 784 BGB. für die Anweisung und § 796 BGB. für die Inhaberpapiere.

4. **Begriff.** „Einrede" im Sinne des Art. 82 hat keine technische Bedeutung: **hierunter fällt jedes zur Abwendung der Klage geltend gemachte Vorbringen, auch das einfache Bestreiten, die negative Litiskontestation.** A. 7.

Art. 82 meint nicht eine „Einrede“ im Sinne des BGB., d. h. ein Gegenrecht, welches, ohne den Klageanspruch aufzuheben, den Schuldner berechtigt, die Erfüllung des Anspruchs zu verweigern, z. B. die Einrede des Zurückbehaltungsrechts, des nicht erfüllten Vertrages (§ 202 BGB.), im Gegensatze zum weiteren Begriff der „Einwendung“, d. h. jedem Verteidigungsmittel zur Abwehr des Klageanspruchs (§§ 334, 404, 774 BGB.; § 364 HGB.; Planck Einl. S. 49).

Der Art. 82 als materiell-rechtliche Vorschrift gilt im Wechselprozeß ebenso, wie im ordentlichen Verfahren.

Die Einreden im einzelnen.

A. 8. ### I. Die absoluten Einreden.

Die absoluten Einreden (vgl. A. 6) haben alle gemeinsam, daß sie gegenüber jedem Wechselinhaber, auch gegenüber dem gutgläubigen, durchgreifen, da sie den Objektivbestand der Wechselobligation in Frage stellen. Von ihnen ist die gleichfalls weiter, als inter partes, wirkende Klasse von Einreden zu unterscheiden, die jedem Wechselschuldner, aber nur gegen einen Wechselgläubiger zustehen, weil nur dessen Recht aus dem Skripturakt bestritten wird, z. B. die Einrede der mangelnden formellen Legitimation des Klägers (Art. 36).

Die absoluten Einreden selbst aber gliedern sich nach dem Umfange des Personenkreises, für den und gegen den sie wirksam sind, noch in zwei Unterarten:

A. 9. A. **Total-absolute**, d. h. Einreden, die jedem Wechselschuldner gegen jeden Wechselgläubiger zustehen (A. 9—13).

Hierher gehören:

1. **Die Einrede der mangelnden Wechselform**: sei es, daß wesentliche Erfordernisse von vornherein fehlen (Art. 4 [1]) oder später vernichtet sind (Art. 75, 76 [2]).

2. Die Einrede der Präjudizierung, selbstredend nur für die Wechselschuldner, gegen die zur Wahrung des Wechselrechts ein gehöriger Protest erforderlich ist. A. 10.

3. Die Einrede der Wechselverjährung (Art. 77—79; Vorbem. vor Art. 77[18]); vgl. noch die aus Art. 77[1] folgenden Maßgaben. A. 11.

4. Die Einrede der Voll- oder Teilzahlung, aber nur mit der Einschränkung, soweit sie durch den Akzeptanten (bzw. den Aussteller des eigenen Wechsels) erfolgt und auf dem Wechsel selbst quittiert worden ist (Art. 39). Diese aus dem Wechsel selbst jedermann erkennbare Einrede hindert das Fortbestehen der Wechselobligation. A. 12.

Über die Quittung in Erwartung der Zahlung s. A. 84 und über den Zahlungseinwand überhaupt A. 72 ff.

5. Die Einrede der nach Art. 40 erfolgten Hinterlegung. A. 13.

B. Partiell-absolute, d. h. Einreden, die zwar nur einem Wechselschuldner, aber gegen jeden Wechselinhaber zustehen (A. 14—27). A. 14.

Hierher gehören:

1. Die Einrede der Wechselunfähigkeit, der mangelnden Geschäftsfähigkeit (Geisteskrankheit, Minderjährigkeit usw.); vgl. Art. 1[5, 7, 8, 15].

2. Die Einrede der Fälschung und Verfälschung (Art. 75, 76[12]). Hier ist auch der Fall einzureihen, daß derjenige, der sich als Bevollmächtigter giriert und eine fremde Namensschrift unterzeichnet hat, keine Vollmacht hatte. A. 15.

3. Die Einrede des mangelnden Wechsel- (Begebungs-) Vertrages. A. 16.

Die Entstehung einer jeden Wechselverbindlichkeit ist nach unserer Auffassung nicht bloß durch den Skripturakt, sondern durch den Abschluß eines Wechselvertrages bedingt (Näheres bei Art. 8[2–6] für die Aussteller-, Art. 9[6] für die Indossament-, Art. 21[1–7] für die Akzepthaftung).

Dieser Standpunkt hat zur notwendigen Folge, die Einrede eines Wechselbeklagten, er habe einen dem eingeklagten Anspruche entsprechenden Wechselvertrag nicht abgeschlossen, als eine aus dem Wechselrecht selbst entspringende zu betrachten. Sie kann somit gemäß Art. 82 an sich gegen jeden Wechselkläger vorgeschützt werden. Der Mangel des Wechselvertrages ist nicht zu verwechseln mit der Ungültigkeit des Wechselschlußgeschäftes. Das Reichsgericht hat den obigen Grundsatz in seiner Entscheidung 5, 83 (s. auch 35, 76) im Anschluß an den Übergang des Wechselanspruchs durch Indossament unter Berufung auf allgemeine Rechtsgrundsätze, ferner auf Vorschriften der WO. (Art. 9, 10) und unter Berufung auf Literatur und Praxis ausgesprochen. Ebenso ist mehrfach von ihm im Anschluß an eine Akzeptverbindlichkeit der Wechselvertrag, das Geben und Nehmen des Wechsels, als Voraussetzung für die Entstehung der Akzeptverbindlichkeit erklärt worden (Bd. 2, 91; 14, 23 u. 24; vgl. aber Art. 21[4] und unten A. 19).

A. 17. Hieraus folgt:

a) An einem Wechselvertrage fehlt es nicht bloß dann, wenn überhaupt keine Begebung stattgefunden hat, z. B. wenn die Annahme eines zur Bezahlung einer Forderung eingesandten Wechsels vom Gläubiger abgelehnt, das Angebot dann vom Wechselschuldner zurückgenommen und trotzdem später der Wechsel eingeklagt ist (RG. 5, 83), sondern auch dann, wenn der Begebungsakt ungültig ist: z. B. wenn der Erwerb eines von einem Gerichtsvollzieher gepfändeten Wechsels nur durch Ersteigerung und Ausfolgung gemäß §§ 814 ff., 821 ZPO., nicht aber durch Überweisung der Wechselforderung nach Maßgabe der §§ 835 ff. ZPO. erfolgt ist (RG. 35, 77).

Hierher gehören auch die Fälle, in denen die Wechselerklärung selbst wegen Willensfehler (A. 20 ff.) unwirksam ist.

b) **Der Einwand des mangelnden Wechselvertrages ist, da er gegen das Recht aus dem Wechsel selbst geht, auch begründet gegenüber dem gutgläubigen Dritten.** A. 18.

Aus der Bestimmung des Wechsels zum Umlauf rechtfertigt sich nicht die Folgerung, es müsse zugunsten des gutgläubigen Dritten der fehlende Wechselvertrag als abgeschlossen gelten, ebensowenig wie bei der Verfälschung des Wechsels der gutgläubige Dritte geschützt wird. Man setze die Fälle: der Wechsel sei vor der Begebung aus dem Geldschrank von Einbrechern gestohlen, er sei vom Universitätslehrer geschrieben, um die Studenten zu belehren, der Aufzeichnung einer Namensschrift als Adresse oder der Unterzeichnung als Zeuge sei ein Wechsel untergeschoben worden. In derartigen Fällen ist es weit weniger im Recht begründet, denjenigen büßen und den Schaden tragen zu lassen, dessen Schrift in dieser Weise mißbraucht wird, als den Dritten, gegen den sich die Ausübung der Rechtswidrigkeit unmittelbar richtet und der seinem Wechselgeber vertraut hat. Es entspricht auch sonstigen allgemeinen Rechtsgrundsätzen, denjenigen, gegen den unmittelbar die schädigende Handlung ausgeübt wird und der das Opfer der Täuschung geworden ist, den Schaden tragen zu lassen. Der Bote, der auf Grund einer gefälschten Quittung einen Rechnungsbetrag einkassiert, schädigt den Zahlenden, nicht denjenigen, dessen Quittung er gefälscht hat.

Auch aus den Anforderungen des Wechselverkehrs kann ein schlüssiges Gegenargument nicht hergeleitet werden. Auch hier darf das Wort Dernburgs, das er in einem anderen Zusammenhange braucht (§ 276 S. 319), angewendet werden, der Wechsel solle nicht wie eine entfesselte Naturkraft blind seinen Lauf nehmen. Die Gutgläubigkeit allein darf im Wechselverkehr nicht Berge versetzen und den Mangel jedes Wechselvertrages decken. Gerechter, im Verkehrsinteresse billiger ist es, in diesen Fällen den Nehmer des Wechsels sich dort entschädigen zu lassen, wo er seinen Glauben gelassen hat, also bei seinem Geber, als den Zeichnenden, nur weil sich seine Unterschrift auf einem Wechsel befindet, ohne Maß und Ende dem Gutgläubigen haften zu lassen. Die Gefahr für die Umlaufsfähigkeit wird übrigens auch durch die beschränkte Zulassung von Beweismitteln im Wechselprozesse gemindert (A. 27).

Für den Blankowechsel gilt zwar das gleiche Prinzip, welches aber dadurch Modifikationen erleidet, daß der Aussteller des Blankowechsels dem Nehmer und dessen Nachmännern (durch seine Blankoermächtigung) vertraut hat, und diesen dritten Gutgläubigen gegenüber haftet. Diese Modifikation steht mit den oben entwickelten Grundsätzen im Einklange (vgl. A. 52).

A. 19. Der hier vertretenen Ansicht sind auch Thöl (§ 182 Nr. 2); Dernburg (§ 276 S. 317c); Bernstein (331, abgesehen von der Akzepthaftung). Das Reichsgericht hat in den oben (A. 16) zitierten Entscheidungen den Fall des gutgläubigen Dritten nicht direkt behandelt; indes folgt aus der Konsequenz seiner Anschauungen die hier vertretene Ansicht (vgl. auch RG. 14, 24, wo in den Gründen das Recht des gutgläubigen Dritten an die Voraussetzung geknüpft wird, daß ein Geben und Nehmen des Wechsels tatsächlich stattgefunden hat). Für die Akzepthaftung existieren freilich auch Entscheidungen, in denen ihre Existenz nicht an ein Geben und Nehmen, an einen Akzeptvertrag, geknüpft wird (Bd. 24, 90; Art. 21 [4]).

Das ROH. faßte die Einrede des mangelnden Wechselvertrages als exceptio doli auf (ROH. 19, 33; 25, 67 bei unerlaubt erlangten und gefundenen Wechseln), ließ es aber dahingestellt, ob im Falle weiterer Indossierung des Wechsels der gutgläubige Indossatar einen Wechselanspruch hätte erlangen können.

Grünhut (§ 6, §§ 37, 44 Nr. 3) und Staub (4. Aufl. Einl. § 16, abweichend von früheren Auflagen) schützen den gutgläubigen Erwerber, auch wenn ein Begebungsvertrag zwischen dem Wechselschuldner und den Vormännern nicht vorliegt. Dies ist die Konsequenz ihrer Wechseltheorie (Art. 8[3]).

4. **Willensfehler: Zwang, widerrechtliche Drohung, Irrtum, arglistige Täuschung, Schein, Scherz.** A. 20.

Als Regel muß festgehalten werden: Unwirksamkeit (Nichtigkeit bzw. Anfechtbarkeit) einer Wechselerklärung oder des Wechselvertrages wegen eines sog. Willensfehlers steht, abgesehen von Schein und Scherz (A. 25, 26), **auch dem gutgläubigen Dritten entgegen**, sofern infolge des Willensfehlers der Wille zum Wechselvertrage überhaupt nicht vorhanden ist; anders, wenn er trotzdem vorhanden ist. Die herrschende Auffassung ist freilich hinsichtlich des gutgläubigen Dritten eine abweichende. Sie verwechselt aber zumeist die Willensfehler bei der Wechselerklärung, bzw. dem Wechselvertrage selbst mit den Willensfehlern bei dem zugrunde liegenden Geschäft; hier wirkt der Willensfehler nur inter partes und gegenüber dem unredlichen Dritten (s. auch A. 58, 62). Unserer Ansicht Thöl § 189, mit Einschränkungen auch Dernburg § 276 S. 318d; entgegengesetzter, abgesehen vom Falle der vis absoluta, Rehbein-Mansfeld A. 5. Staub (in den Aufl. 1—4) und Bernstein entscheiden von Fall zu Fall.

Für die einzelnen Willensfehler ergeben sich nun unter Berücksichtigung der Vorschriften des BGB. in Verbindung mit der Rechtsnatur des Wechsels und den Bestimmungen der WO. folgende Konsequenzen:

a) **Zwang.** Den Zwang, die vis absoluta, erwähnt das BGB. nicht ausdrücklich. Wenn durch körperlichen oder psychischen, die freie Willensbestimmung ausschließenden Zwang die Wechselzeichnung oder -begebung herbeigeführt ist, so liegt überhaupt eine Willenserklärung nicht vor (Planck, BGB. § 123 A. 3; vgl. auch § 125 Abs. 2). Die Wechselerklärung ist nichtig, auch dem gut- A. 21.

gläubigen Dritten gegenüber (so auch nach früherem Recht das ROH. in Calms Wochenschr. 1871 S. 352).

Beispiele: die Wechselzeichnung ist durch körperliche Überwältigung abgezwungen, oder der ausgestellte Wechsel wird dem Schuldner räuberisch entrissen.

A. 22. b) **Arglistige Täuschung und widerrechtliche Drohung.**

Wer zur Wechselzeichnung oder -begebung durch arglistige Täuschung (nicht zu verwechseln mit der allgemeinen exceptio doli, A. 99) oder widerrechtlich durch Drohung (vis compulsiva) bestimmt worden ist, kann nach § 123 Abs. 1 die Erklärung anfechten. Wird die Täuschung durch einen Dritten verübt (§ 123 Abs. 2), so hat sie für den Wechselverkehr keine Bedeutung.

Beispiele: Vorspiegelung, die Namensschrift solle als Autograph dienen; Entlockung der Unterschrift durch ein Taschenspielerkunststück, Erpressung der Unterschrift eines Menschen, der ein Verbrechen begangen hat, durch Drohung mit der Anzeige.

Die Anfechtung muß die Ausschlußfrist des § 124 wahren. Sie muß gegenüber dem Anfechtungsgegner (§ 143) erfolgen. Wird aber angefochten, so ist die Wechselerklärung bzw. -begebung als von Anfang an nichtig anzusehen (§ 142 Abs. 1). Nach den Grundsätzen des BGB. wirkt die Nichtigkeit, gleichviel ob ein von vornherein nichtiges oder ein erst durch die Anfechtung rückwirkend nichtig gewordenes Geschäft vorliegt, gegen jedermann. Sie kann von jedem Interessenten und gegen jeden Dritten geltend gemacht werden. Redliche Dritte werden nicht durch eine allgemeine Regel, sondern durch spezielle Ausnahmen geschützt (so Eck, Vorlesungen I, 125 und 127; Planck: § 117[1]; § 142[1]). Eine spezielle Ausnahme, wie für den redlichen Dritten bei beweglichen Sachen nach den §§ 932 ff., beim Vertrauen auf die Abtretung einer Forderung nach den §§ 405 und 409, bei Grundstücken durch den öffentlichen Glauben nach den §§ 892 und 893, ist für die Wechselobligation nicht getroffen. Auch aus der Natur des Wechsels wird man zu einem anderen Ergebnisse nicht gelangen können (A. 18).

Als exceptiones in rem, wie von uns, werden die obigen Einreden auch von Dernburg (§ 276 16 und 17) aufgefaßt; als exceptiones in personam von Staub (4. Aufl. §§ 9 und 68), von Rehbein-Mansfeld (A. 5 mit Einschränkungen für den Betrugsfall). Bernstein bezeichnet die Einrede der Drohung (S. 334) als relative, die des Betruges (S. 316) als absolute. Das ROH. (in Bd. 4, 392) hat es dahingestellt sein lassen, ob die Einrede des Betruges als absolute wirke.

c) Irrtum. Wenn der Wechselschuldner **bei der Wechselzeichnung oder -begebung** sich in einem nach § 119 BGB. **wesentlichen** Irrtume befand, d. h. wenn er hierbei über den Inhalt im Irrtume war, oder wenn er eine Erklärung dieses Inhaltes überhaupt nicht abgeben wollte, so unterliegt die Wechselerklärung der Anfechtung. A. 23.

Beispiele: Der Schreibende hat eine Zeugenunterschrift oder eine Quittung, aber keine Wechselschrift leisten wollen; oder er hat sich verschrieben. Selbstredend müssen die weiteren Voraussetzungen, welche die §§ 119 ff. aufstellen, erfüllt sein. Nach unverzüglich erfolgter Anfechtung (§ 121) wirkt sie auch gegenüber gutgläubigen Dritten (A. 20, 22). Nicht erforderlich ist ein entschuldbarer Irrtum. Auch bei grober Verschuldung fehlt der Wille, und ist deshalb die Erklärung anfechtbar. „Auch darauf, ob der Irrtum ein tatsächlicher oder rechtlicher Irrtum ist, kommt es nicht an, ebensowenig darauf, ob der Irrtum dem anderen Teile erkennbar war oder nicht" (Planck § 119 3).

Dernburg (§ 276) hält hinsichtlich der dinglichen Wirkung des Irrtums, wie schon für das frühere so auch für das neue Recht daran fest, daß es sich um einen entschuldbaren Irrtum handeln müsse. Ihm hält Staub (4. Aufl. § 25) mit Recht entgegen, auf Entschuldbarkeit des Irrtums könne es nicht ankommen; wenn der maßgebende Wille fehle, so fehle die rechtliche Grundlage. Staub gibt nur dann dem Irrtum die Kraft eines objektiv wirkenden Einwandes, wenn der Wechselnehmer nicht die Absicht hatte, einen Wechsel zu geben, sich darüber im Irrtume befand, daß es ein Wechsel ist, was er aus Händen gab. Das sind übrigens im wesentlichen die Fälle des § 119 BGB.

Zu beachten ist, daß der § 122 BGB. im Falle der Anfechtung auf Grund des § 119 dem anderen Teile, bzw. jedem Dritten, der den Irrtum ohne Fahrlässigkeit nicht erkannt hat, den Anspruch auf Ersatz des negativen Interesse zubilligt. Letzteres wird für die Regel mit der Wechselsumme zusammenfallen.

A. 24. Irrtum in den **Beweggründen** hat nach bürgerlichem Recht auf die Wirksamkeit jeder Willenserklärung, also auch der Wechselerklärung, für die Regel keinen Einfluß. Wesentlich wird er nur dann, wenn er sich zu einem Irrtume im Sinne des § 119 gestaltet, also einen Bestandteil der Willenserklärung, nicht außerhalb derselben liegende Umstände betrifft (Planck § 119[3]).

A. 25. d) **Schein, Scherz.** Wenn eine Wechselzeichnung oder -begebung einem anderen gegenüber mit dessen Einverständnis nur zum Schein erfolgt, so ist sie nichtig (§ 117). Indes wirkt diese Nichtigkeit nicht gegenüber Dritten, und zwar wegen der analogen Anwendung der Ausnahmebestimmung des § 405 BGB., und weil die Wechselerklärung in diesem Falle jedem Dritten gegenüber gewollt ist. Auch nach früherem Recht war die Einrede dritten Gutgläubigen gegenüber ausgeschlossen (ROH. 6, 45 u. 61; Bolze 3 Nr. 800).

Über das Scheingiro und das Inkassomandat s. Art. 17[18].

A. 26. Der Hauptfall des § 118 ist der Scherz (auch Prahlerei). Er ist im Wechselverkehr wohl selten denkbar. Sowohl der Wortlaut des § 118 als auch die beim

§ 117 angeführten Gründe (A. 25) ergeben, daß diese Einrede nur in personam, nicht in rem wirkt. Im Falle des § 118 greift auch der § 122 ein (Ersatz des negativen Interesses, A. 23 a. E.).

e) **Beweislast in den Fällen a bis d** (A. 21—26). Wer die Nichtigkeit oder Anfechtbarkeit der Wechselerklärung bzw. -begebung geltend macht, hat die Beweislast für die Tatsachen, die Nichtigkeit oder Anfechtbarkeit begründen (Planck A. IV vor § 116). A. 27.

Da die Beweismittel im Wechselprozesse beschränkte sind, ist aus der Zulassung der obigen Einreden gegen gutgläubige Dritte keine Gefahr für die Umlaufsfähigkeit des Wechsels zu befürchten.

II. Die relativen Einreden.

Diese Einreden (über ihren Begriff vgl. A. 6, 4) zerfallen in folgende Hauptklassen: A. 28.

A. Die Einrede, daß die Ausübung, die Geltendmachung des Wechselrechts — überhaupt oder in dieser Art oder zu dieser Zeit — nach einer mit dem Wechselgläubiger getroffenen Verabredung ausgeschlossen sei (behandelt A. 29—56). Hierunter fällt auch die Einrede der vertragswidrigen Ausfüllung eines Blanketts (besonders behandelt A. 43 ff.).

B. Die Einrede aus dem der Wechselverpflichtung zugrunde liegenden Geschäft, dem sog. Wechselschlußgeschäfte (behandelt A. 57—71).

C. Die Einrede der Zahlung oder sonstigen Tilgung (Kompensation, Erlaß, Vergleich, Schuldübernahme; behandelt A. 72—93).

D. Die exceptio doli, der wir eine besondere Stellung zuweisen (behandelt unten III A. 94 ff.), zumal sie in ihren Hauptfällen nicht bloß zwischen den Beteiligten wirkt.

Zu A. Vereinbarungen über die Ausübung des Wechselrechts (exceptiones pacti). A. 29.

Das ROH. hat diese Einreden häufig als exceptiones doli (generalis) bezeichnet (ROH. 1, 74; 4, 392 u. a.), während sie in Wirklichkeit aus der Abrede fließen, exceptiones pacti sind; über die exceptio doli im zutreffenden Sinne s. unten A. 94ff.

Einzelne Fälle solcher Einreden sind:

1. Zugelassen wird der Einwand aus der Abrede zwischen den Parteien, Beklagter solle überhaupt nicht aus dem Wechsel haften; der Wechsel solle nur durch des Beklagten Unterschrift vervollständigt werden, damit er bei der Bank begeben werden könne, der Akzeptant werde den Wechsel bezahlen (ROH. 4, 392).

A. 30. 2. Verabredungen der beim Wechselzuge Beteiligten hinsichtlich der Einlösung des Wechsels müssen formell gültig getroffen sein, wenn sie die Beteiligten binden sollen (ROH. 1, 76).

A. 31. 3. Der Trassant, der mit dem Akzeptanten die Vereinbarung getroffen hat, der Akzeptant solle die eingegangene Wechselverbindlichkeit durch Hingabe von Waren lösen, ist, wenn die Waren nicht vertragsmäßig ausfallen, nur berechtigt, vertragsmäßige Lieferung, nicht aber ohne weiteres bare Zahlung aus dem Akzepte zu verlangen (Calm 1873, 212).

A. 32. 4. Die Abrede, die Ausübung des Rechts des Wechselgläubigers sei an eine aufschiebende oder auflösende Bedingung geknüpft, ist zu berücksichtigen. Über die Abrede, daß der Wechselanspruch durch die Zahlung der Valuta bedingt sein soll, s. A. 68ff.

A. 33. 5. **Die Einrede der Stundung, des Prolongationsversprechens.**

Über die Natur und die Arten der Prolongation, sowie ihren Einfluß auf die Protestfrist, auf die Verjährung vgl. Art. 4 [22], Vorbem. vor Art. 77 [8].

a) Form und Inhalt. Nach BGB. bedarf die Prolongationsabrede keiner Form und kann auch mündlich erfolgen; sendet der Gläubiger einen ihm ohne vorheriges Abkommen zugegangenen Prolongationswechsel nicht zurück, so liegt darin noch keine Annahme. Der Einwand kann nach der zutreffenden Annahme der Praxis nur erhoben werden, wenn der Schuldner angemessene Zeit vor Fälligkeit einen Prolongationswechsel (nach Handelsgebrauch regelmäßig auf drei Monate) angeboten hat. (Urt. des RG. in KGBl. 1899, 51.)

b) Rücktrittsrecht. Von einer ohne bestimmte Zeitbegrenzung bewilligten Prolongation kann der Gläubiger abgehen, wenn nachträglich Kreditunwürdigkeit des Schuldners eintritt oder zur Kenntnis des Gläubigers gelangt (ROH. in S. Tümmel ·/. Hechenthal, zit. bei Borchardt-Ball A. 263 c). A. 34.

c) Wirkung. Die Prolongationsabrede wirkt prinzipiell nur **inter partes**; der Avalist jedoch desjenigen, dem die Stundung bewilligt ist, kann sich auf sie der Regel nach berufen (so zutreffend RG. 45, 71; im Gegensatz zu ROH. 18, 305), es sei denn, daß die Stundung ausdrücklich nur dem Schuldner, nicht dem Bürgen bewilligt ist (lex 32 Dig. de pactis II, 14). A. 35.

Die Abrede kann aber zu einer absoluten **in rem** wirkenden werden: A. 35a.

α) wenn sie auf dem Wechsel selbst beurkundet ist, sie steht dann auch jedem Wechselinhaber entgegen, an welchen der mit dem Prolongationsvermerk versehene Wechsel gelangt ist;

β) wenn sie mit dem Hauptschuldner, dem Akzeptanten bzw. Aussteller des eigenen Wechsels, vereinbart ist, weil die Stundung, welche einem Wechselverpflichteten bewilligt wird, präsumtiv zugunsten derjenigen Wechselverpflichteten mitwirken muß, welche gegen den Prolongaten vorzugehen berechtigt wären. Der § 425 BGB. steht nicht entgegen; diese Wirkung der Stundungsabrede ergibt sich hier aus dem Schuldverhältnis. Dem pactum wohnt eine umfassendere Wirkung (in rem) inne, um des Prolongaten willen, da dieser sonst von den anderen belangt werden könnte. Vgl. auch RG. 45, 70, wo mit der ebenerwähnten Begründung ausgeführt wird, daß sich der Indossant eines Wechsels gegenüber dem Wechselinhaber der Regel nach auf einen zwischen diesem und dem Akzeptanten geschlossenen Stundungsvertrag berufen könne. Besondere Umstände müssen behauptet und erwiesen werden, wenn die Zusage des Gläubigers lediglich als eine für die Person des Prolongaten geltende aufgefaßt werden soll.

Zu beachten bleibt, daß auch die in rem wirkende Prolongation keinen Einfluß auf den wechselmäßigen Verfalltag (Art. 4 [22]), von dem insbesondere die Protestfrist abhängt, äußert.

Grünhut (§ 62) gibt der Prolongationsabrede fast durchgängig nur eine persönliche Wirkung. Dieser Meinung Grünhuts schließt sich das RG. 61, 182ff. im Widerspruch zu der oben zitierten Entscheidung 45, 70 an. Es führt aus: Durch die dem Akzeptanten bewilligte Stundung erklärt der Wechselgläubiger nichts weiter, als daß er ihn (den Akzeptanten) vorläufig mit Klage verschonen werde (vgl. Art. 4 [22]).

A.35b. d) **Mala fides vor oder bei Erwerb des Prolongationswechsels** schadet nach einer Entsch. d. Kammergerichts (KGBl. 1898, 98) nicht, wenn nur bei Erwerb des **ursprünglichen Wechsels** Gutgläubigkeit vorhanden war. Diese Entscheidung ist bedenklich. Wird vor oder bei Erwerb des Prolongationswechsels dem Gläubiger ein Tatbestand mitgeteilt, der für den Schuldner Einreden begründet, so kann der Gläubiger diesen nunmehr auch für ihn mit Einreden belasteten Prolongationswechsel zurückweisen, selbst wenn er zur Prolongation nach früheren Abmachungen verpflichtet war. Nimmt er ihn trotzdem, so muß er die Folgen seiner Schlechtgläubigkeit tragen; eine mala fides superveniens (A. 97) liegt dann nicht vor. Diese Erwägung ist sicherlich in dem Falle eine zwingende, wenn der Prolongant freiwillig ohne Verpflichtung den Prolongationswechsel nimmt.

6. Die Einrede des Gefälligkeitswechsels. A. 36.

a) Die Bedeutung des Ausdrucks „Gefälligkeit“ ist im kaufmännischen Verkehr für die Regel dahin aufzufassen: der Wechselzeichner gibt seine Unterschrift aus bloßer Gefälligkeit für einen anderen, um ihm Kredit zu verschaffen, wogegen der andere, ausdrücklich oder stillschweigend, die Verpflichtung übernommen hat, den Wechsel selbst einzulösen (indem er entweder dem Wechselzeichner bis zum Verfall Deckung gewährt oder den Wechsel zur Verfallzeit selbst einlöst). Vgl. ROH. 19, 251; RG. 32, 128 und in JW. 08, 410[13]. Doch folgt, insbesondere im außerkaufmännischen Verkehr, aus der bloßen Bezeichnung „Gefälligkeitswechsel“ nicht ohne weiteres, daß von der anderen Seite ein verbindliches Einlösungsversprechen abgegeben ist (ROH. 10, 111).

Sehr häufig ist namentlich das Gefälligkeitsakzept. Die Einrede steht dem Akzeptanten gegen den Aussteller schon dann zu, wenn er den Wechsel nur im Auftrage und für Rechnung des Ausstellers akzeptiert hat, damit sich der Aussteller durch die Begebung des Wechsels Geld verschaffen könne (RG. 18, 379).

Die sog. Reitwechsel — Wechsel werden ausgetauscht unter der Verpflichtung und der Erwartung, daß jeder den seinigen einlöst — sind keine Gefälligkeitswechsel im obigen Sinne; jeder der Wechselgeber ist gegenüber seinem ursprünglichen Nehmer zur Zahlung verpflichtet.

b) Die Wirkung der Einrede, die nicht als exceptio doli generalis (so ROH. 14, 225), sondern als exceptio pacti zu formulieren ist (s. auch A. 28, 99), geht nur in personam, nicht in rem, selbst wenn der Dritte bei Erwerb gewußt hat, es sei ein Gefälligkeitswechsel. Denn das ist ja gerade Inhalt und Zweck der Gefälligkeit, daß man Dritten gegenüber eine bindende Wechselverpflichtung zur Erhöhung des Kredits eines A. 37.

anderen eingehen will (Bolze 5 Nr. 497; 18 Nr. 314). Anders liegt aber die Sache, wenn der Indossatar, der die Eigenschaft des Akzepts als Gefälligkeitsakzept kennt, sich dazu hergibt, einen ihm als unbegründet bekannten Anspruch für Rechnung dessen, von dem er den Wechsel erwarb, zu verfolgen, um dem Akzeptanten dessen gegenüber dem Aussteller begründete Einrede abzuschneiden; oder wenn der dritte Erwerber die ihm bekannte Verpflichtung des Ausstellers und Indossanten, den Wechsel zur Verfallzeit einzulösen, auch seinerseits übernommen hat (RG. in JW. 01, 753[12] und in Gruchot 46, 137).

Wie der erste Wechselnehmer, so haben sich selbstverständlich dessen Inkassomandatar oder sonstiger Vertreter den Einwand entgegensetzen zu lassen, nicht aber ohne weiteres auch dessen Zessionar oder nachprotestlicher Indossatar, da die vom Gefälligkeitszeichner gemäß der Bestimmung der Gefälligkeitsunterschrift zugebilligte Versilberung des Wechsels sehr wohl auch durch das Mittel einer Zession oder eines Nachindossaments erfolgen kann (so mit Recht Bernstein 319).

A. 38. c) Über die Begründung und den Umfang des Revalierungsanspruchs bei Gefälligkeitsakzepten vgl. Art. 23[9—13].

Der Trassant, der den Wechsel eingelöst hat, ist gegenüber dem Gefälligkeitsakzeptanten ferner verpflichtet, mindestens das Akzept formell zu beseitigen, allenfalls auch den akzeptierten Wechsel herauszugeben. Dieser Anspruch (actio mandati contraria, bzw. eine Art condictio sine causa, RG. 18, 379) steht dem Wechselgeber überhaupt zu, sobald der Gefälligkeitswechsel seine Funktion erfüllt hat.

A. 39. **7. Die Einrede des Sicherheits- (Depots-, Kautions-) Wechsels.** Depotwechsel sind Wechsel, welche die Sicherstellung einer schon vorhandenen oder künftigen Forderung des Wechselnehmers bezwecken. Mangels entgegenstehender Abrede ist für die Regel weder die Begebung (ROH. 6, 439; Art. 9[12]), noch die nötigenfalls klageweise Einkassierung des Depotwechsels ausgeschlossen; dies die ständige oberstrichterliche Praxis, wenngleich nach den Verkehrsanschauungen die Klausel „zum Depot" bedeutet, der Wechsel solle nicht begeben werden. Das Einkassierte dient als Geldkaution. Mit der Einrede, der Wechsel sei nur zur Sicherheit gegeben, ist der Wechselschuldner erst dann zu hören, wenn er nachweist, daß das bezügliche Verhältnis endgültig abgewickelt ist, ohne daß er aus demselben etwas schuldet. Der Nachweis, die zu sichernde Forderung sei noch nicht liquid oder werde erst künftig entstehen, ist ohne Belang (ROH. 17, 281). Der Kläger hat den Beweis eines Guthabens nicht zu führen (ROH. 8, 142; 16, 103; — Bolze 4 Nr. 545).

Das Vorstehende gilt selbst, wenn sich der Wechsel ausdrücklich und urkundlich als Depotwechsel bezeichnet. Ebenso gilt es, wenn vereinbart ist, der Wechsel solle Depotwechsel sein und daraus keine Klage gegen den Beklagten erhoben werden, weil dies als eine einheitliche Verabredung aufzufassen, welche Bestimmung und Zweck des Depotwechsels nicht ändert (ROH. 2. Juni 1876 i. S. Halpern ·/. Lewinsohn, zit. bei Borchardt-Ball A. 265 ff.).

Irrig hinsichtlich der Beweisfrage ist die Entscheidung des RG. (5, 26), die sich auf einen Vorschußwechsel, der auf erst zu liefernde Waren gegeben war, bezieht. Das Vertragsverhältnis wurde vorzeitig beendigt (durch Konkurs). Dem Wechselgläubiger wurde vom RG. der Beweis auferlegt, daß und welche Forderungen entstanden waren.

Ist der Depotwechsel nicht verjährt, so steht seiner A. 40.
Geltendmachung nicht entgegen, daß etwa die zusichernde Forderung schon verjährt ist (Bolze 3 Nr. 543).

8. **Einrede des Kontokorrentvertrages.** A. 41.

a) Regel: Die Einrede, Parteien ständen im Kontokorrentverkehr, und es sei daher die einzelne Forderung nicht selbständig einklagbar (§ 355 HGB.), ist an sich gegenüber der Einklagung des Wechsels nicht zugkräftig. Auf Wechselforderungen bezieht sich der Kontokorrentvertrag im Zweifel nicht. Auch aus der Gutschrift des Wechselbetrages im Kontokorrent folgt, beim Mangel besonderer Verabredungen, eine gegenteilige Absicht nicht. Denn die Gutschrift erfolgt unter der Voraussetzung fristgemäßer Zahlung, sonst wird sie als provisorische durch Gegenbuchung „storniert" (ROH. 9, 245; — Bolze 5 Nr. 548).

A. 42. b) Ausnahmsweise kann der Parteiwille auf die Einbeziehung der Wechselansprüche ins Kontokorrentverhältnis gerichtet sein (ROH. 22, 337), z. B. wenn es sich gerade auf die Diskontierung von Wechseln bezieht; oder wenn nach der Übung der Kontrahenten in früheren Rechnungsperioden von dem einen Kontrahenten bezahlte Rimessen, aus denen der andere Teil verhaftet war, stets zur endgültigen Ausgleichung ohne Widerspruch gebucht worden sind (ROH. 5, 339; 6, 254); oder wenn das einzelne unter Berücksichtigung der Wechselforderung aufgestellte Kontokorrent und dessen Saldo genehmigt worden ist (ROH. 5, 43).

A. 43. **9. Einrede der vertragswidrigen Ausfüllung eines Blanketts.** Bei diesem Anlaß soll das von der WO. nicht ausdrücklich geregelte, aber in Wissenschaft und Praxis entsprechend der großen tatsächlichen Bedeutung im Wechselverkehr anerkannte Institut

des Blankowechsels (Anm. 43—57)

behandelt werden. Am häufigsten im Verkehr ist das Blankoakzept, d. h. das vor der Niederschrift des Grundwechsels in blanco ohne weitere Ausfüllung, als vielleicht der Summe, gegebene Akzept.

A. 44. a) **Begriff.** Der Blankowechsel ist eine hinsichtlich sämtlicher oder einer Reihe von Wechselerfordernissen in blanco, d. h. unausgefüllt gelassene Urkunde, die aber mit der Bestimmung dem Verkehr übergeben wird, daß sie in dem unvollständigen Teile ausgefüllt und damit zu einem vollständigen Wechsel werde (RG. 32, 71). — Die Unvollständigkeit kann sich auch nur auf ein Wechselerfordernis beziehen. Ein Wechsel ist bezüglich des Verfalltages als Blankett zu behandeln, wenn er im übrigen vollständig mit Tinte ausgeschrieben, an der für den Verfalltag bestimmten Stelle nur eine Bleistiftnotiz enthält. Der gutgläubige Erwerber eines solchen Wechsels ist berechtigt, an Stelle der Bleistiftnotiz einen beliebigen Verfalltag mit Tinte in den Wechsel einzutragen (RG. 57, 167).

Die Blankettհingabe stellt nicht etwa einen Wechselvorvertrag (pactum de cambiando) dar, sondern schafft die Wechselobligation selbst (Urteile des RG. 11, 8; 8, 57, die den unrichtigen Standpunkt im Urteile 2, 90 aufgeben), unter der allgemeinen Voraussetzung eines ordnungsmäßigen Begebungsvertrages (s. oben A. 46 und Art. 8[2—5]); hinzutreten muß selbstverständlich vor der Geltendmachung und Einklagung die Ausfüllung. Gleicher Ansicht Rehbein (A. 3 zu Art. 7), anderer Staub (4. Aufl. Art. 7 § 11).

Soweit die Urkunde ausgefüllt ist, liegt kein Blankowechsel vor; ein Wechsel ist Blankowechsel, nur soweit er unausgefüllt ist. Die bereits ausgefüllten Teile haben dieselbe Bedeutung, wie die entsprechenden Teile eines vollständigen Wechsels, und dürfen ebensowenig, wie diese, geändert werden, sonst exceptio falsi, die in rem wirkt (ROH. 23, 211; s. auch Anm. 47).

Der Blankowechsel unterscheidet sich von einem sich A. 45.
als vollständig darstellenden, jedoch in einem wesentlichen Punkte mangelhaften Wechsel, z. B. es ist nur eine Straße ohne Benennung der Ortschaft als Zahlungsort genannt. In diesem Falle sind nicht ohne weiteres die Vermutung und das Recht begründet, der Empfänger und dessen

Nachmänner seien zur Beseitigung des Mangels ermächtigt (ROH. 9, 261 und 264; RG. 32, 70).

A. 46. b) **Voraussetzung** der Haftung beim Blankowechsel ist, daß er in der Absicht begeben sein muß, aus der Urkunde nach Ausfüllung wechselmäßig haften zu wollen. Wegen Mangels der Absicht haftet man daher nicht, wenn man überhaupt keine Wechselunterschrift leisten wollte, z. B. den Namen in blanco auf ein Blatt Papier nur als Autograph setzte; wegen Mangels der Begebung nicht, wenn das als Wechselunterschrift gewollte Blankett gestohlen und dann ausgefüllt wird. In beiden Fällen haftet man auch nicht dem gutgläubigen Dritten (vgl. oben A. 16—19).

Die Absicht, wechselmäßig zu haften, wird vom RG. (14, 22) vermutet, ja sogar fingiert, wenn sie nicht vorhanden, in dem Falle, daß ein Wechselformular unterschrieben und ausgehändigt wurde (ebenso Staub 4. Aufl. Art. 7 § 10). Mit Recht erklärt Rehbein (Art. 7[3]) dieses Urteil für bedenklich. Dernburg (§ 276[16]) leugnet gleichfalls die Entstehung einer Wechselschuld und erklärt die Entscheidung des Reichsgerichts daraus, daß im gegebenen Falle das Vorbringen des Beklagten ganz unglaublich war.

A. 47. c) **Bestimmungsgemäße Folge** der Begebung eines Blankowechsels ist: die Ermächtigung für den Nehmer und seine Nachmänner, nach Maßgabe des der Begebung zugrunde liegenden Vertrages, eventuell gemäß dem üblichen Brauch, einen vollständigen Wechsel herzustellen. Es ist ohne Belang, ob der erste Nehmer oder ein Nachmann (hinsichtlich des Giros auf einem Blankett gilt nichts Besonderes in Form und Wirkung) die Ausfüllung bewirkt; in der Weiterbegebung liegt zugleich die Übertragung der dem ersten Nehmer erteilten Ermächtigung zur Ausfüllung, wenn nicht Entgegenstehendes vereinbart ist (RG. 8, 61; 32, 71). Für entgegenstehende Vereinbarungen trifft den Schuldner die Beweislast (ROH. 6, 51).

Dem späteren gutgläubigen Erwerber des Blanketts, der daraus den fertigen Wechsel durch Zeichnung als Aussteller herstellt, können die Einwendungen aus der Person seines Vormanns entgegengesetzt werden, wenn das Blankett nicht für sich Gegenstand der Übertragung war, sondern wenn es, zusammen mit der materiellen Forderung, für die es gegeben wurde, auf den dritten Erwerber übertragen wurde (RG. in JW. 1908, 492[31]).

Die Ermächtigung zur Ausfüllung ist regelmäßig eine unwiderrufliche. Der Nehmer eines Blanketts erwirbt, in Ermangelung anderer Abreden, das feste, von einem Einspruche des Gebers oder veränderten Umständen in dessen Person (A. 49) nicht mehr abhängige Vermögensrecht zur Ausfüllung (RG. 33, 44). A.47a.

Nach der Verkehrsauffassung erklärt derjenige, der ein Blankoakzept aus den Händen gibt, daß er dem aus dem fertigen Wechsel legitimierten gutgläubigen Erwerber wechselrechtlich haften will. Diese Haftung tritt auch dann ein, wenn etwa der erste Nehmer des Akzeptes durch vertragswidrige Weiterbegebung das Vertrauen des Gebers getäuscht haben sollte (RG. 2, 99; 65, 409).

Die einmalige Ausfüllung erschöpft die Ausfüllungsbefugnis. Zu nachträglichen Änderungen, z. B. einer Durchstreichung eines bereits ausgefüllten Domizilvermerks oder der Veränderung der Ausstellerunterschrift in ein Akzept, ist der Nehmer — auch vor der Weiterbegebung — nicht befugt; sie begründen die exc. falsi gegen jeden Dritten (ROH. 7, 223; — RG. 9, 135 ff.; 12, 121; RG. 53, 261 und JW. 06, 766[37]; s. auch A. 44, 55). A.47b.

d) Bis wann ist der Empfänger zur Ausfüllung des Blanketts berechtigt? A. 48.

α) Dies hängt zunächst von dem Inhalte der Abreden zwischen Geber und Nehmer ab. Nicht der Empfänger braucht zu beweisen, daß die Zeit der Ausfüllung dem Inhalte der Abreden entsprochen hat, der beklagte Blankoakzeptant muß vielmehr das Gegenteil dartun (ROH. 21, 330). Die Ausfüllung nach dem Verfalltag ist zulässig (JW. 02, 399[37]). Im übrigen ist das Recht, den Blankowechsel auszufüllen, seiner Natur nach unverjährbar (a. M. Bernstein 62, der es nach 30 Jahren verjähren läßt). In Fällen, in denen Protest zur Erhaltung des Wechselrechts erhoben werden muß, hat die Ausfüllung vor Protest zu geschehen; ein Blankett ist zum Protest und auch zur rechtswirksamen Präsentation nicht geeignet.

Wenn ein in blanco akzeptiertes Wechselformular hingegeben ist, in dessen gedrucktem Teile das Ausstellungsjahr 186 . . . lautet, so ist zu vermuten, die über die Ausfüllung getroffene Vereinbarung habe den Empfänger nur ermächtigt, die Urkunde in der Art auszufüllen, daß das Ausstellungsjahr in die Zeit bis zum Ablauf jener Dekade falle, nicht in eine spätere, z. B. in das Jahr 1872 (ROH. 11, 235).

A. 49. β) Der Nehmer bleibt berechtigt, den Wechsel auch zu einer Zeit auszufüllen, wo der Geber des Blanketts nicht mehr die Vertragsfähigkeit, oder der Vertreter, der das Blankett unterzeichnet hatte, nicht mehr die Vertretungsbefugnis besaß. Diese Erfordernisse werden nicht nach der Zeit der Ausfüllung, sondern **nach der Zeit der Ausstellung und Übergabe des Blanketts** beurteilt (RG. 11, 8), zumal die Ermächtigung aus dem Blankett eine unwiderrufliche ist (A. 47).

Beispiele: Ein in blanco akzeptierter Wechsel darf von dem Nehmer auch noch, wenn der Akzeptant nach der Akzepthingabe geisteskrank geworden oder in Konkurs geraten oder gestorben ist, ausgefüllt werden (RG. 33, 44; Staub 4. Aufl. § 13a). — Das namens der offenen Handelsgesellschaft während ihres Bestehens vollzogene und ausgehändigte Blankett darf auch nach der Auflösung der Gesellschaft vom Nehmer ausgefüllt werden (ROH. 21, 324), ebenso das von einem Prokuristen während des Bestehens der Prokura vollzogene und ausgehändigte auch noch nach dem Erlöschen der Prokura (RG. 11, 8).

e) **Die Rechtsnachfolger** des Nehmers sind, wie dieser und in den Grenzen seiner Ermächtigung, zur Ausfüllung befugt, wenn nicht der Schuldner erkennbar seinen Willen, nur dem Nehmer des Blanketts persönlich sich verpflichten zu wollen, erklärt hat (ROH. 6, 51). So sind vor allem die Erben, der Testamentsvollstrecker, in Ermangelung entgegengesetzter (vom Beklagten zu beweisender) Abreden, zur Ausfüllung befugt (ROH. 14, 55). Ebenso der Vormund für minderjährige Erben, der auch mit seinem Namen den Wechsel zum Zwecke der Einforderung versehen darf (RG. 8, 58). Auch im Wege der Zwangsvollstreckung kann das Ausfüllungsrecht übertragen werden. A. 50.

Im Konkurse des Blankettempfängers darf der Konkursverwalter in seinem Namen oder als „Vertreter der Masse" die Ausfüllung vornehmen (RG. 8, 58). Der Kridar selbst darf mit Zustimmung des Verwalters im Interesse der Gläubigerschaft (ROH. 14, 59) die Ausfüllung auch vornehmen. Wenn jedoch das Akzept „aus Gefälligkeit" oder im voraus auf künftige, nicht mehr prästierbare Leistungen des Kridars, überhaupt unter der bündigen Voraussetzung der Solvenz des Empfängers gegeben worden ist, so ist die Ausfüllung nach Eröffnung des Konkurses mißbräuchlich, und dem Akzeptanten steht gegen die Konkursmasse oder etwaige bösgläubige Nehmer die exc. doli zu. (ROH. 14, 60).

Über die Rechte der Nachmänner des Blankettnehmers vgl. A. 47.

f) **Wirkung der Ausfüllung:** A. 51.

α) Ist sie **abredegemäß** erfolgt, so haftet nach vollständiger Ausfüllung der Wechselgeber jedem legitimierten Inhaber wechselmäßig.

Dem Inhaber steht die Vermutung zur Seite, daß die Ermächtigung zur Ausfüllung des Wechsels in der geschehenen Art erteilt sei; der Wechselschuldner hat sie durch den Nachweis abredewidriger Ausfüllung (s. auch A. 47) zu entkräften (ROH. 21, 326; RG. 2, 91 und 100 — hier war die über dem Kontexte in Ziffern ausgedrückte Summe durch den Nehmer im offen gelassenen Kontexte des Wechsels mit einer höheren Wechselsumme abredewidrig ausgefüllt —; 8, 57; 32, 71; 33, 44). Übereinstimmend RG. 23, 110 für die Blankounterschrift eines eigenen Wechsels.

A. 52. β) Ist die Ausfüllung abredewidrig erfolgt, so gibt dies eine Einrede in personam gegen denjenigen Nehmer, der die Ausfüllung widerrechtlich bewirkt oder an der Vertragswidrigkeit teilgenommen hat (meist exc. doli generalis genannt, richtiger exc. pacti), nicht aber gegen den dritten gutgläubigen Erwerber (vgl. die in A. 51 zitierten Entsch.). Der Blankettgeber muß wegen dieser für ihn gefährlichen Art der Begebung die Gefahr der Ausfüllung übernehmen und kann die Einrede der rechtswidrigen Ausfüllung nur seinem unredlichen Kontrahenten und schlechtgläubigen Inhaber entgegenstellen (ROH. 23, 212); dies gilt selbst für die Einrede des mangelnden Wechselvertrages (vgl. A. 18 a. E.). Der Einwand der Bösgläubigkeit wird dem dritten Erwerber auch dann wirksam entgegengestellt, wenn er zwar nicht beim Erwerb des Blankowechsels, wohl aber zur Zeit der Ausfüllung wußte, daß die Art der Ausfüllung der Abrede zwischen den ursprünglichen Kontrahenten des Wechselzuges widerspricht (ROH. 14, 386).

A. 53. Zu unterscheiden ist die Einrede der abredewidrigen Ausfüllung des Blanketts von der Einrede der Fälschung oder Verfälschung eines Wechsels, die in rem wirkt; in diesem Falle wird der ursprüngliche Inhalt eines Wechsels später rechtswidrig verändert (ROH. 23, 211; s. auch A. 44 und 47; Art. 75, 76[7 u. 22]). Die nur in einem Punkte vertragswidrige Ausfüllung macht die Wechselobligation nicht überhaupt hinfällig, sondern gibt nur in diesem Punkte eine Einrede. Ist z. B. nur der Fälligkeitstag abredewidrig ausgefüllt, so können Zinsen erst vom wirklich verabredeten Fälligkeitstage ab verlangt werden (RG. 23, 110).

Wird die Ausfüllung nicht vom ersten Empfänger, sondern erst von einem späteren Nehmer des Blanketts vertragswidrig bewirkt, so kann diesem späteren Nehmer die Überschreitung der Ermächtigung bei der Ausfüllung nur dann entgegengestellt werden, wenn er bösgläubig mit dem Bewußtsein der Zuwiderhandlung gegen den ursprünglichen Wechselvertrag gehandelt hat (RG. 19, 137).

Wenn dagegen der erste Empfänger nur in seinem eigenen Interesse einseitig dem späteren Nehmer eine bestimmte Art der Ausfüllung vorgeschrieben und letzterer dieser Vorschrift zuwidergehandelt hat, so erhebt der Akzeptant, der dies rügt, eine exc. de jure tertii, wenn nicht zugleich in dieser Zuwiderhandlung eine Übertretung des dem Inhaber bei Empfang des Blanketts bekannten ursprünglichen Wechselvertrages gegenüber dem Akzeptanten liegt (ROH. 17. Mai 78 in S. Lentz ·/. Bloch, zit. bei Borchardt-Ball Anm. 255 f).

γ) **Die Beifügung eines Domizilvermerks ohne oder wider besondere Abrede kommt namentlich häufig bei der Ausfüllung von Blanketten in Betracht.** A. 54.

αα) Regel ist: Der Nehmer eines Blankowechsels ist ohne ausdrückliche oder stillschweigende Ermächtigung zur Beifügung eines Domizilvermerks nicht befugt, weil der Vermerk eine Abweichung von der Normalform des Wechsels bedeutet und den Wechselschuldner der Willkür des Inhabers hinsichtlich des Zahlungsortes preisgeben würde. Der Nehmer ist daher, wenn er einen Domizilvermerk beifügt, beweispflichtig für die ausdrückliche Ermächtigung oder die besonderen Umstände, die das stillschweigende Einverständnis ergeben (ROH. 23, 212; — RG. 3, 62; RG. in Straff. 4, 410; JW. 98, 161[27] und 06, 765[37]).

Stillschweigende Ermächtigung liegt in der Erklärung

des Akzeptanten, daß er alle seine Wechsel bei einer bestimmten Firma domizilіere (RG. 3, 63); oder es sei ihm gleichgültig, wo der Wechsel domiziliert werde (RG. 18, 115); oder in der wiederholten, ohne Widerspruch des Gebers erfolgten Domizilierung seitens des Empfängers (ROH. 15, 433); oder in der Diskontierung bei einer Bank, deren Geschäftspraxis es ist, alle Wechsel bei sich zu domizilieren (Bolze 11 Nr. 270). Dagegen wird stillschweigende Ermächtigung nicht gefunden in dem Vermerk „Zahlbar bei . . ." (Bolze 1 Nr. 836).

A. 55. ββ) Die Überschreitung der Ausfüllungsermächtigung durch unrechtmäßige Beifügung eines Domizils wirkt wie jede Überschreitung der Ausfüllungsermächtigung (oben A. 52) und begründet nur eine exceptio in personam, die dem gutgläubigen dritten Erwerber nicht entgegengestellt werden kann; der Wechsel ist gültig als domizilierter Wechsel, dem Blankettnehmer gegenüber gilt er jedoch als undomizilierter (RG. 19, 136; 55, 339). Dagegen begründet die nachträgliche Beifügung eines Domizilvermerks ohne Wissen des Blankoakzeptanten oder die Durchstreichung eines bereits ausgefüllten Domizilvermerks die exceptio falsi gegen jeden Wechselinhaber (RG. 53, 261; JW. 06, 766[37]; s. A. 47 und Näheres Art. 24[4]).

A. 56. Gegenüber dem Erwerber, der weiß, daß der Wechsel erst in der Hand eines früheren Empfängers mit dem Domizilvermerk ausgefüllt worden ist, ist die Geltendmachung des Satzes, „daß sich im Zweifel das Ausfüllungsrecht nicht auf die Domizilierung erstrecke", zum Nachweise des bösen Glaubens, d. h. der Kenntnis der abredewidrigen Domizilierung, nicht genügend; es müssen vielmehr Umstände vorgebracht werden, die bei dem Dritten begründeten Zweifel hätten erregen sollen, ob die Ermächtigung zur Domizilierung wirklich eingeräumt war (RG. 19, 138).

Zu B (s. oben A. 28). **Die Einreden aus dem der Wechselverpflichtung zugrunde liegenden Geschäft** (behandelt in A. 57—61). A. 57.

Die Wechselobligation existiert losgelöst von dem unterliegenden Verhältnis; denn sie entspringt an sich aus dem in Wechselform ohne Angabe des Schuldgrundes gegebenen Zahlungsversprechen. Indessen kann das der Wechselverpflichtung zugrunde liegende Geschäft, das **Wechselschlußgeschäft**, einen Einwand gegen die Ausübung, die Geltendmachung des Wechselrechts hergeben, freilich nur mit Wirkung in personam unmittelbar zwischen den Kontrahenten bzw. gegen den späteren bösgläubigen Erwerber (ROH. 10, 387; — RG. 8, 98; Bernstein 324; Staub-Stranz A. 33, 34). Denn schließlich hat auch der Wechsel seinen letzten Ursprung im rechtsgeschäftlichen Willen der Kontrahenten, der sein Mutterschoß bleibt. Er darf nicht dazu dienen, daß formelles Recht durch den Sieg über die materielle Gerechtigkeit in Unrecht ausarte.

Die Einreden aus dem Wechselschlußgeschäft lassen sich in **folgende Gruppen** bringen; für alle muß festgehalten werden, daß die Ungültigkeit des Rechtsgeschäfts, welches der Wechselerklärung zugrunde liegt, die Ungültigkeit der Wechselobligation selbst nicht nach sich zieht (RG. 8, 97; s. oben A. 16 ff., 20 ff.). A. 58.

1. Die Einrede, daß das zugrunde liegende Zivilgeschäft nicht zum Abschluß gelangt bzw. vertragsmäßig wieder aufgehoben sei.

2. Die Einrede der **materiellen Ungültigkeit** des zugrunde liegenden Geschäftes, soweit infolgedessen das Bürgerliche Recht die Rückforderung (Thöl § 186 I), die Kondiktion des Geleisteten zuläßt (§§ 812 ff., 817 BGB.). Das durch Vermittelung des Wechsels gegebene Zahlungsversprechen kann nicht größere Kraft beanspruchen, als die Zahlung selbst; wer letztere kondizieren darf, hat gegen das erstere stets A. 59.

eine wirksame Einrede. Ja, wer eine ihm freiwillig, ohne Vermittelung eines Wechsels gemachte Zahlung nicht würde zurückgeben müssen, z. B. in den Fällen der gültigen, aber klaglosen Obligation § 656 (Heiratsprovision), § 762 (Spielschuld) u. a., muß es doch dann, wenn die Zahlung in diesen Fällen durch ein Wechselversprechen, welches von einem dritten Wechselerwerber geltend gemacht wird, vermittelt ist. Die Zahlung ist dann keine freiwillige, vielmehr eine durch das formale Wechselrecht erzwungene (KGBl. 04, 74; s. auch A. 61). — Andererseits wird man nicht selten den Wechselschuldner infolge einer freiwillig und ohne Vorbehalt erfolgten Einlösung des Wechsels der Einwendungen mit Fug für verlustig erklären dürfen, die er aus dem der Wechselausstellung zugrunde liegenden Rechtsgeschäft hätte herleiten können (ROH. 18. Nov. 75, zit. bei Borchardt-Ball A. 270; für Teilzahlungen s. unten A. 82).

A. 60. Einzelne Fälle solcher Einreden sind:

a) Der Wechsel diene zur Durchführung gesetzlich verbotener oder unsittlicher Rechtsgeschäfte oder Zwecke (§§ 817, 138 BGB.; turpis causa). Hierher gehören Erpressungen (ROH. 23, 226), ferner insbesondere Wucher beim Wechselschlußgeschäft (§ 138 Abs. 2 BGB.; § 302a bis c RStrGB.; RG. 8, 96; 39, 142. — Einrede des Wuchers gegenüber dem rechtskräftigen Wechselurteil). Greift der Einwand des Wuchers durch, so ist die Wechselklage überhaupt abzuweisen. Dasjenige, was der Wechselschuldner wirklich von dem Wechselgläubiger erhalten hat, einschließlich der zulässigen Zinsen, kann nicht auf Grund des Wechsels (und im Wechselprozesse) gefordert werden; hierzu bedarf es einer besonderen Ersatzklage (RG 11, 91). — Auch der bürgende Mitunterzeichner des Wechsels kann den Einwand des Wuchers geltend machen (RG. 8, 99).

Die Einrede des Wuchers kann (unter den unmittelbaren Kontrahenten) auch der Klage aus dem Prolongationswechsel, der an die Stelle des ursprünglichen wucherischen Wechsels getreten ist, entgegengesetzt werden (RG. in Gruch. 34, 1218). Ebenso wird der Spieleinwand beim Prolongationswechsel behandelt (JW. 03, 187[47]). A. 61.

b) Einrede aus klaglosem, wenn auch (hinsichtlich des bereits Geleisteten) nicht ungültigem Geschäfte (Thöl § 186 Nr. I). Hierher gehören die Einreden:

α) des Provisionsversprechens für die Ehevermittelung (§ 656 BGB.);

β) des Lotterie- oder Ausspielvertrages, wenn die Lotterie oder die Ausspielung staatlich nicht genehmigt ist (§ 763 BGB.);

γ) des Spiels und der Wette (§ 762 BGB.; RG. 52, 39: Wettschulden sind unklagbar). Auch Ansprüche aus dem Auftrag zum Spielen oder Wetten bleiben klaglos (RG. 51, 157: Ansprüche eines Wettkommissionsbureaus aus einem Wechsel, der auf verauslagte Wetteinsätze und auf Provisionen für Abschließung von Wettverträgen gegeben war, sind unklagbar);

δ) des verbotenen Differenzgeschäfts (§ 764 BGB.; ROH. 3, 359; RG. 34, 83 u. 187 u. 264);

ε) des verbotenen Börsentermingeschäfts (§§ 51 ff. des Börs.G. vom $\frac{\text{22. Juni 96}}{\text{8. Mai 08}}$).

αα) Rücksichtlich der Wechselhingabe bei ungültigen Differenz- und Börsentermingeschäften hat das Reichsgericht für den Rechtszustand auf Grund des alten Börsengesetzes vom 22. Juni 1896 (vor der Börsennovelle vom 8. Mai 1908) folgende Grundsätze aufgestellt (vgl. auch Nissen: „Regulierung sog. erlaubter Spielschulden durch Wechsel, in JW. 01, 884 ff.): A. 61a.

Die Wechsel können, einerlei ob sie zur Sicherheit (Einschuß), oder vorschußweise, oder zahlungshalber (Art. 83 20ff., 26) gegeben sind, zurückgefordert werden;

der Klage aus ihnen kann die Einrede der Unverbindlichkeit entgegengesetzt werden (RG. 38, 251; 37, 416; JW. 00, 448[26]).

Auch ein an Zahlungsstatt (Art. 83[20, 22 ff.]) gegebener Wechsel beseitigt nicht die Unverbindlichkeit der Schuld aus ungültigen Differenz- und Börsentermingeschäften, wie es überdies durch § 762 Abs. 2 BGB. für die Differenzschuld klargestellt ist (RG. 47, 50 und in JW. 04, 124[31]). Tragen derartige an Zahlungsstatt gegebene Wechsel neben der Unterschrift des Schuldners auch fremde Unterschriften, so hat zwar das Giro des Schuldners, wie Staub mit Recht (HGB. 7. Aufl. Exkurs zu § 376[17 u. 54]) hervorhebt, keine verpflichtende Wirkung, aber im übrigen liegt eine Leistung zur Erfüllung im Sinne des § 66 des alten BörsGes. und des § 762 BGB. vor. Zahlen die anderen Schuldner, so kann der Differenz- oder Terminschuldner den Betrag von seinem Gläubiger nicht kondizieren.

A. 61b. Löst der Schuldner den als Einschuß oder Vorschuß zahlungshalber oder an Zahlungsstatt gegebenen Wechsel freiwillig bei seinem Gegenkontrahenten ein, so liegt nunmehr wirkliche Erfüllung vor, die nicht zurückgefordert werden kann. Mußte er einem dritten redlichen Erwerber des Wechsels infolge formalen Wechselrechts zahlen, so kann dies nur dann als nicht kondizierbare Zahlung gelten, wenn er noch zur Zeit der Einziehung des Wechsels mit ihr einverstanden war (RG. bei Holdheim 8, 188 ff., und Bd. 51, 357, in Abweichung von RG. 35, 196). Staub nimmt dieses Einverständnis an, solange der Schuldner nicht widerspricht. Jedenfalls ist der Widerspruch wirksam, mag er gegenüber dem dritten Erwerber oder dem ursprünglichen Wechselnehmer geschehen, wenn er nur vor der Zahlung erfolgt (RG. 51, 361). Die auf Grund des formalen Wechselrechts erzwungene Zahlung kann der freiwilligen Erfüllung nicht gleichgestellt werden. (Näheres Staub a. a. O. A. 17 ff.

und A. 53ff.). In einem solchen Falle wird übrigens die Eröffnung des Konkursverfahrens über das Vermögen des Wechselschuldners insofern von Bedeutung, als auf den Verwalter das Recht der Rückforderung des Wechsels übergeht und deshalb auch der Wechselnehmer die Genehmigung des Verwalters (nicht des Kridars) zu der Realisierung des Wechsels erfordern muß, um eine auf den Wechsel erlangte Zahlung behalten zu dürfen (RG. bei Holdheim 8, 188ff.). Zu Unrecht hält Staub, freilich in Übereinstimmung mit seiner Grundauffassung, den Verwalter für verpflichtet, seinen Widerruf zu erklären (Art. 82, 4. Aufl., § 72).

Ein Vergleich über Differenzgeschäfte ist unwirksam. Betrifft indes ein Vergleich die Frage, ob überhaupt ein unklagbares Differenzgeschäft oder ein gültiges Kauf- bzw. Kommissionsgeschäft vorliegt, so wird er nach einer — u. E. sehr bedenklichen — Entscheidung des RG. (49, 193) für wirksam erklärt. A. 61c.

$\beta\beta$) Durch die Börsennovelle vom 8. Mai 1908 (BörsGes. v. $\frac{\text{22. Juni 96}}{\text{8. Mai 08}}$ in der Fassung der Bekanntmachung des Reichskanzlers v. 27. Mai 08, RGBl. 08, 215ff.) sind tiefgreifende Änderungen hinsichtlich des Börsenterminhandels und der Rechtsverbindlichkeit von Börsentermingeschäften geschaffen worden (§§ 50—70 BörsGes.). Sind auch die obigen in A. 61 a und b entwickelten Grundsätze hinsichtlich der Bedeutung und Wirkung der Wechselhingabe bei unverbindlichen Differenz- und Börsentermingeschäften im wesentlichen unberührt geblieben, so sind doch in verschiedenen Punkten beachtenswerte Änderungen erfolgt. (Näheres Staub-Stranz A. 37 b). A. 61d.

$\gamma\gamma$) Analoges wie bei Anm. 61 a ff. ausgeführt ist, muß für die Fälle α bis γ Anm. 61 angenommen werden. Dagegen kann in dem Falle des § 222 BGB. eine Einrede nicht entgegengesetzt werden. Der Wechsel, der zur Befriedigung eines verjährten Anspruchs gegeben wird, ist A. 61e.

verbindlich, selbst wenn er in Unkenntnis der Verjährung gegeben ist.

A. 62. c) Auch eine auf Anfechtung des **Wechselschlußgeschäfts wegen Zwangs, Irrtums, Betrugs** und auf Nichtigkeit wegen Simulation gestützte Einrede ist zulässig mit Wirkung in personam (Dernburg § 276); über die entsprechenden Einreden gegen den Begebungsvertrag, die meist in rem wirken, vgl. oben A. 20 ff.

A. 63. d) Die Einrede der Unfähigkeit zu dem betreffenden Zivilgeschäfte. Frühere Fälle: Offiziersdarlehne, Interzession der Ehefrau (RG. 15, 22).

A. 64. e) Auch die formelle Ungültigkeit des zugrunde liegenden Vertrages gibt eine exceptio in personam, einerlei ob die Form durch Reichsrecht oder zulässiges Landesrecht vorgeschrieben ist. Beispiele: formungültige Grundstücksveräußerung (§ 313 BGB.; Bolze 14 Nr. 323 b), formungültige Schenkung (§ 518 BGB.), oder Art. 6 des preuß. AG. z. BGB., wonach Schenkungen an jur. Personen im Werte von mehr als 5000 Mk. zur Wirksamkeit der königlichen Genehmigung bedürfen.

In dem Wechselversprechen selbst kann aber hinsichtlich der Wirkung ein Ersatz für die mangelnde Form liegen. Wenn zur Gültigkeit, wie beim Bürgschaftsvertrage (§ 766 BGB.), die schriftliche Erteilung der Bürgschaftserklärung erforderlich ist, dann erscheint die Wechselerklärung nicht geeignet, den Mangel der gesetzlich laut § 766 BGB. notwendigen Schriftlichkeit zu decken (RG. 57, 113). Doch schließt der Mangel dieser Form nur die bürgschaftliche Haftung aus, nicht aber die Haftung aus dem Wechselversprechen als solchem (RG. 51, 114), weil insoweit die fehlende Bürgschaftsform einen hinsichtlich ihrer Wirkung mindestens gleichwertigen Ersatz findet in der Schriftform des Wechsels.

Bei einem formungültigen Schenkungsversprechen soll nach § 518 BGB. der Mangel der Form durch die **Bewirkung der versprochenen Leistung** geheilt werden.

Wird nun ein formungültiges Schenkungsversprechen durch die Übergabe eines auf die Schenksumme lautenden Wechsels an den Beschenkten verbindlich? Dies wird zu bejahen sein (ebenso RG. 2, 5 für den ähnlich gelagerten Fall des früheren § 1065 I 11 ALR., Staub 4. Aufl. § 38; a. M. Bernstein 325).

f) Für die Fälle von a bis e (A. 59 bis 64) gilt gemeinsam folgendes: A. 65.

α) Der Wechselschuldner, der behufs Bürgschaft mitunterzeichnet hat, kann gleichfalls die dem Hauptschuldner zustehenden Einreden gegen den Gläubiger geltend machen (§ 768 BGB.); doch muß dem Gläubiger bekannt sein, daß die Unterschrift zum Zweck der Bürgschaft geleistet ist. Leistet der Remittent eines Wechsels durch seine Zeichnung Bürgschaft zugunsten des Ausstellers, so hat er gegen diesen keinen Regreßanspruch (RG. 65, 407).

β) Einreden aus dem zugrunde liegenden Rechtsgeschäfte stehen dem Aussteller, der die Vereinbarungen mit dem Akzeptanten getroffen hat, auch dann entgegen, wenn er als Indossatar klagt (ROH. 1, 61). A. 66.

γ) Einreden aus dem zugrunde liegenden Geschäft stehen dem Kläger auch dann entgegen, wenn er jenes Rechtsgeschäft nicht persönlich, sondern durch einen Vertreter abgeschlossen hat (ROH. in Busch Arch. 34, 161). A. 67.

3. Die Einrede der nicht gehörigen Erfüllung, der fehlenden Gegenleistung aus dem Wechselschlußgeschäfte (insbesondere der nicht gezahlten Valuta). A. 68.

a) Der Regel nach ist diese Einrede unbeachtlich, weil die Rechte aus dem Wechsel und dem ihm unterliegenden Rechtsgeschäfte nicht als Ansprüche auf Leistung und Gegenleistung zu betrachten sind (ROH. 3, 31). Der Wechsel ist kraft seiner Selbständigkeit von dem unterliegenden Verhältnis der Deckung und der Valuta unabhängig. Gerade die Hingabe einer Urkunde von der Natur des selbständigen Wechsels beweist für die Regel, daß nach der Absicht der Parteien zunächst die Wechselleistung unabhängig und ohne Weiterungen erfüllt werden soll (Thöl § 186; Dernburg § 276; ROH. 3, 313; 12, 434).

A. 69. b) Diese Regel erleidet Ausnahmen:

α) Falls bereits feststeht, es werde aus dem fraglichen Geschäfte überhaupt und auch künftig keine materielle Verbindlichkeit des Beklagten oder nur eine geringere als in Höhe der Wechselsumme sich entwickeln.

Beispiele: Der Wechsel ist als Vorleistung zur Deckung des Kaufpreises gegeben, der Verkäufer hat aber überhaupt nicht oder mangelhaft geliefert und der Käufer ist mit Recht zurückgetreten, oder es ist auf Preisminderung bereits rechtskräftig erkannt (RG. 2, 412). Oder die Verbindlichkeit, zu deren Tilgung der Wechsel bestimmt war, ist hinfällig geworden, so daß der unbezahlte Wechsel oder die Zahlung aus ihm kondiktionsweise zurückgefordert werden könnte (BGB. §§ 812 ff.; ROH. 7, 245; Bolze 15 Nr. 251).

A. 70. β) Falls die Beteiligten anderweite Abreden (ausdrücklich oder stillschweigend) getroffen haben.

Beispiele: Die Vorleistung des Wechselnehmers ist vereinbart (Bolze 15 Nr. 251; vgl. auch RG. im Recht 07, 583). Oder die Gegenleistung, namentlich die Valutazahlung, ist als Bedingung der Wechselklage vereinbart. Vgl. ROH. 2, 228, wo zur Bedingung gemacht war, der Erlös aus der Diskontierung solle vom Kläger binnen drei Tagen eingeschickt werden, dies aber nicht geschehen war; ROH. 13, 167, wo dem Kläger zur Bedingung gemacht war, daß er seinerseits eine Zahlung an einen Gläubiger des Beklagten zur Liberierung des Beklagten leisten werde, der Kläger dies aber nicht getan hatte; ROH. 25. Nov. 1875 — zitiert bei Borchardt-Ball A. 269 —, wo die Bedingung der sofortigen Zahlung der Valuta vereinbart war, die Valuta aber vom Kläger nicht sofort gegeben war; ROH. 25, 302, wo das Wechselakzept als Vorleistung zur Deckung des Kaufpreises für eine unter einer aufschiebenden Bedingung gekaufte Ware gegeben war. Oder der Aussteller hat dem Bezogenen Deckung in barem Gelde versprochen und macht, ohne dieser Zusage nachgekommen zu sein, Ansprüche aus dem Wechselakzepte geltend. Oder endlich es ist vereinbart, der Zeichner solle nicht in Anspruch genommen werden, z. B beim Gefälligkeitsakzepte (s. A. 36).

γ) Falls sich die exceptio non adimpleti contractus als Kompensationseinrede konstruieren läßt (ROH. 3, 125, 131; Thöl § 186), z. B. wenn der Gegenwert des Wechsels in bar geleistet werden sollte und nicht geleistet wurde. A. 71.

Zu C (s. oben A. 28). **Die Einrede der Zahlung oder sonstigen Tilgung** (behandelt in den A. 72 bis 93). A. 72.

Die Zahlung hat eine absolute Wirkung in dem oben (A. 12) behandelten Falle, wenn sie auf dem Wechsel quittiert ist. Abgesehen hiervon wirkt die Zahlung nur relativ, gewährt nur eine Einrede in personam. Die Einrede steht also nur dem Wechselschuldner zu, von dem oder für den erkennbar gezahlt worden ist, gegenüber dem bezahlten Wechselgläubiger, sowie gegenüber demjenigen, der mit Kenntnis der erfolgten Zahlung den Wechsel erworben, bzw. im Regreßwege wieder erworben hat (ROH. 2, 122; 18, 310; — RG. 11, 21 und in JW. 05, 403[32].

Streng zu sondern von dieser Wirkung gegenüber dem Wechselgläubiger (von der Frage, welcher Gläubiger sich die Zahlung entgegenhalten lassen muß) ist die Frage nach der Wirkung der Zahlung hinsichtlich der Wechselschuldner: mit anderen Worten die Frage nach dem Kreise der Wechselverpflichteten, welche durch die Zahlung frei werden. Die verschiedene Rechtsstellung der einzelnen Wechselschuldner und die Verschiedenheit der Absichten bei der Zahlung geben der Zahlung eine in den einzelnen Fällen verschiedene Wirkung für die Liberierung der Wechselschuldner (Bernstein 332b).

A. 73. **1. Zahlung seitens des Hauptschuldners oder für ihn.** Regel: Alle Wechselverpflichtete, also der Akzeptant (bzw. Aussteller des eigenen Wechsels), seine Avalisten und die Regreßverpflichteten sowie deren Avalisten werden frei, selbstverständlich mit der Maßgabe (vgl. A. 72), daß die Schuld nur dem beteiligten Gläubiger gegenüber erlischt.

A. 74. a) Zahlt der Akzeptant bzw. der Aussteller des eigenen Wechsels vor oder nach Protest, so wird regelmäßig die ganze Wechselobligation mit Wirkung für alle Wechselverpflichteten getilgt (ROH. 12, 247; RG. 9, 64). Gleiche Wirkung hat die Zahlung durch den Bezogenen, der noch nicht akzeptiert hat (ROH. 5, 126).

A. 75. b) Ohne Belang ist es, ob die Zahlung vom Hauptschuldner selbst, oder für ihn durch einen anderen — der nicht sein Stellvertreter oder Bevollmächtigter zu sein braucht — geschieht. Der Hauptschuldner braucht nicht einzuwilligen, indes kann der Gläubiger die Zahlung ablehnen, wenn der Hauptschuldner widerspricht (§ 267 BGB.). Insbesondere hat auch die durch einen Regreßschuldner ausdrücklich oder nach den Umständen für den Hauptschuldner erfolgende Zahlung, z. B. durch einen Giranten für den Akzeptanten, die gleiche Wirkung (ROH. 25, 19; — RG. bei Gruchot 42, 1088; s. auch A. 78). Der Zahlende kann in solchen Fällen nicht etwa durch Indossament Wechselgläubiger werden. Denn die Wechselobligation ist durch die Zahlung vollständig erloschen und kann nicht wieder aufleben (Bolze 20 Nr. 326).

A. 76. c) Zahlung seitens des Domiziliaten ohne weitere Erklärung gilt als Zahlung für den Bezogenen und tilgt daher die ganze Wechselschuld zugunsten sämtlicher Wechselverbundenen, denn der Domiziliat ist lediglich Vertreter des Bezogenen für die Zahlung (Art. 24[10]; RG. 9, 64). Bei solcher Zahlung kann der Domiziliat auch nicht durch ein Giro Wechselrechte gegen den Akzeptanten und die anderen Wechselschuldner erlangen (ROH. 5, 127; vgl. auch A. 75). Tritt der Domiziliat aber als Ehrenzahler auf, indem er für den Bezogenen Zahlung zu leisten weigert, alsdann aber bei der Protesterhebung zu Ehren des Ausstellers oder eines anderen Regreßpflichtigen interveniert und unter Protest zahlt (Art. 63 3 ff.), so ist der Wechselanspruch nicht objektiv erloschen, sondern nur die Regreßpflicht der Nachmänner des Honoraten getilgt, dagegen tritt er in die Rechte des bezahlten Inhabers gegen den Honoraten, dessen Vormänner und den Akzeptanten (Art. 63).

Ist der Domiziliat zugleich Regreßschuldner, so kann er gleichfalls entweder für den Bezogenen oder als Regreßschuldner zahlen. Wählt er letzteres, so braucht er diese Absicht nicht notwendig durch Protesterhebung und Erklärung im Protest feststellen zu lassen, auch sein sonstiges Verhalten kann seine Absicht klar erkennen lassen (so zutreffend RG. 36, 100; auch Bernstein 332; anders das ROH. 5, 313; 12, 115 und Staub 4. Aufl. § 54). Die Beweislast, daß der Domiziliat für den Bezogenen gezahlt habe, trifft den Wechselschuldner (RG. 36, 101). Beim unechten Domiziliaten kann nicht ohne weiteres angenommen werden, daß die Bezahlung für den Bezogenen erfolgt ist (RG. 36, 102).

2. Zahlung seitens eines Regreßschuldners. A. 77.

a) Regel: Nur der Zahlende, seine Avalisten und seine Nachmänner werden frei; hat der Aussteller — der letzte Regreßpflichtige — gezahlt, so werden dadurch mit ihm alle Nachmänner frei. Denn die Vermutung streitet dafür, der Regreßschuldner habe nur sich selbst von seiner Regreßpflicht, damit also notwendig auch seine Nachmänner, denen er ja haftet, befreien wollen, beabsichtige aber seinerseits, die Wechselrechte gegen seine Vormänner geltend zu machen. Deswegen und zu diesem Zwecke erhält er durch die Zahlung das Recht auf Auslieferung des Wechsels, und sein Gläubigerrecht gegen seine Vormänner lebt wieder auf, während das Recht des von ihm befriedigten (Regreß-)Wechselgläubigers erlischt (Grünhut § 45; RG. 9, 64; RG. 34, 52; vgl. auch Art. 55). Dagegen liberiert in der Regel und im Zweifel die Zahlung des Regreßschuldners **nicht** seine **Vormänner**, denn dahin geht die Absicht des Zahlenden nicht (ROH. 2, 122; Bolze 8 Nr. 364); auch nicht den Akzeptanten (RG. 11, 20; a. M. Thöl § 184). Der legitimierte Wechselindossatar kann daher die Wechselklage gegen den Akzeptanten und den Aussteller der Tratte aus eigenem Rechte anstellen, obgleich er von einem Zwischenindossanten Deckung erhalten hat (RG. 48, 214).

A. 78. b) **Ausnahme**: Geht hingegen der ausdrückliche oder aus den Umständen zu folgernde Wille dahin, daß durch die Zahlung des Regreßpflichtigen auch der Akzeptant und die Vormänner frei werden sollen, so werden sie es. Aus den Umständen folgt z. B., daß der Trassant auch für den Akzeptanten zahlt, wenn der Akzeptant nur aus Gefälligkeit für ihn akzeptiert hatte. Hier liegt ein Fall der Zahlung eines Dritten **für den Schuldner** vor (§ 267 BGB.; Näheres A. 75).

Über den Fall, daß der zahlende Regreßschuldner zugleich **Domizilat** ist, vgl. oben A. 76.

A. 79. 3. Die durch einen Dritten (nicht Wechselschuldner) erfolgte Zahlung bewirkt nicht die Tilgung des Wechsels, selbst nicht die Befreiung eines Wechselbeteiligten, mit dem der Einlösende in Geschäftsverbindung steht, zumal wenn der Einlösende sich den Wechsel aushändigen und girieren läßt (ROH. 12, 69). Anders, wenn der Dritte **für** einen Wechselbeteiligten mit oder ohne Auftrag Zahlung leistet (ROH. 15, 22 und oben A. 75).

A. 80. 4. Wiederholt mag betont werden, was für alle (A. 72 bis 79) behandelten Fälle der Zahlung gilt, abgesehen von dem Falle in A. 12: die Zahlung bewirkt in **Ansehung der Wechselgläubiger** nur eine exceptio in personam (A. 72).

5. Ist der Wechselschuldner dem Gläubiger aus A. 81.
mehreren Schuldverhältnissen Geldbeträge schuldig, so geschieht die Verrechnung gemäß § 366 BGB. Hierbei hat die Wechselschuld als die dem Schuldner lästigere zu gelten.

6. Zahlung eines Wechsels in Kenntnis der formellen A. 82.
Ungültigkeit der Unterschrift berechtigt dann nicht, den gezahlten Betrag vom Nachmann zurückzufordern, wenn der Zahlende dem Nachmann gegenüber zur Vollziehung einer gültigen Wechselerklärung verpflichtet war. Es ist keine Bereicherungsklage gegeben (RG. in JW. 06, 69[24]).

7. Teilweise Zahlung. A.82a.

Für sie (vgl. auch Art. 39[8]) gilt bei gleicher Rechtslage Entsprechendes, wie für die Vollzahlung (A. 72 bis 79). Zu beachten ist, daß derjenige, der einen Teil einer Wechselforderung bezahlt hat, und insoweit die Einwendungen gegen diesen Teil der Forderung verloren haben kann (A. 59), trotzdem berechtigt bleibt, gegen den demnächst in einem neuen Prozesse eingeklagten Restbetrag der Forderung alle Einwendungen zur Geltung zu bringen (ROH. 7. Juni 1878, zitiert bei Borchardt-Ball A. 277).

8. Quittung (vgl. oben A. 12; Grünhut § 44[4]; s. A. 83.
auch Art. 39[2ff.]).

a) Eine generelle, den Zahlungsleister nicht nennende, Quittung vernichtet nicht schlechthin alle Rechte aus dem Wechsel (a. M. Thöl § 320). Vielmehr hängt die Frage, ob und inwieweit die Zahlung für den in Anspruch genommenen Wechselschuldner wirkt, von den Umständen des einzelnen Falles ab, insbesondere davon, wer gezahlt hat und in welcher Absicht (A. 72ff. bis 80) die Zahlung geschehen ist (RG. 9, 64; in Gruch. 28, 1021).

b) Die allgemein gehaltene Quittung des Gläubigers, A. 84.
da sie meist in Erwartung der Zahlung im Hinblick auf Art. 39 auf den Wechsel gesetzt wird, steht der Klage des sonst wechselmäßig legitimierten Gläubigers nicht ent-

gegen, zumal dieser durch den Fortbesitz des Wechsels die Vermutung aus der Quittung widerlegt (RG. 7, 67). Die Quittung, ob durchstrichen oder nicht, kann in diesem Falle vom Schuldner nicht einmal als Beweismittel verwertet werden (ROH. 15, 24).

A. 85. **9. Über Zahlung durch Wechsel**, vgl. Art. 83[19] ff.

A. 86. **10. Sonstige materielle Tilgungsarten.**

Sie erzeugen in ihren Wirkungen, sowohl in Ansehung des Wechselgläubigers als auch hinsichtlich des Kreises der befreiten Wechselschuldner (A. 72), entsprechende Einreden, wie die Zahlung. In der Regel wirken sie zwischen den unmittelbar Beteiligten, gegebenen Falles können sie auch über dieselben hinauswirken (Bolze 16 Nr. 290).

Hierher gehören:

A. 87. a) **Hingabe und Annahme an Erfüllungsstatt** (BGB. § 364).

A. 88. b) **Aufrechnung (Kompensation).**

α) Gesetzliche Aufrechnung (§§ 387 ff. BGB.) und vereinbarte sind auch in Wechselsachen zulässig. Die Aufrechnung erfolgt nach § 388 durch Erklärung gegenüber dem andern Teile. Sie ist unwirksam, wenn sie unter einer Bedingung oder einer Zeitbestimmung abgegeben wird. Eventuelle Geltendmachung der Aufrechnung im Prozeß ist aber keine bedingte, sie ist zulässig. Die Aufrechnung bewirkt Tilgung (§ 389 BGB.) von dem Zeitpunkte an, in welchem die beiden Forderungen zur Aufrechnung geeignet einander gegenübergetreten sind. Eine Gegenaufrechnung kann der Wechselkläger replicando nicht geltend machen.

Nur derjenige Wechselschuldner kann aufrechnen, dem die Gegenforderung zusteht (§ 387 BGB.): daher kann der Regreßschuldner nicht mit einer dem Akzeptanten oder einem Vormanne zustehenden Gegenforderung aufrechnen. Nur demjenigen Wechselgläubiger gegenüber, gegen den die Forderung besteht, darf aufgerechnet werden; daher ist die gegenüber einem Vorgänger des derzeitigen Wechselinhabers möglich gewesene, aber nicht erklärte Aufrechnung nicht gegenüber dem derzeitigen Inhaber zulässig.

Gegen eine Forderung aus einer vorsätzlich begangenen unerlaubten Handlung ist Aufrechnung nicht zulässig (§ 393 BGB.). Als solche Handlung wird vom RG. das Weitergeben eines Wechsels betrachtet, bezüglich dessen ausdrücklich vereinbart war, er dürfe nicht in Umlauf gesetzt werden (RG. 56, 317); gegen die dem Wechselschuldner hieraus erwachsenden Ansprüche findet eine Aufrechnung nicht statt.

β) Die Kenntnis von dem Bestehen einer Gegenforderung kann nunmehr im Hinblick auf § 388 BGB., da die Aufrechnung erst durch Erklärung gegenüber dem anderen Teile erfolgt, den Wechselerwerb nicht zu einem dolosen machen. Sie schadet dem Erwerber nicht, selbst wenn das Giro zum Zwecke des Abschneidens der Kompensation erfolgt, es sei denn, daß die Kompensation vereinbart war; in diesem letzteren Falle muß sich der nicht gutgläubige Erwerber die exceptio pacti entgegenhalten lassen. A. 89.

Gleicher Meinung für jetziges und früheres Recht Grünhut Hdb. II § 88, Bernstein 321. Das ROH. (23, 262; ebenso Dernburg § 276, Staub 4. Aufl. § 29) läßt dagegen den Einwand des dolus zu, wenn nach Lage der Sache die Vorschützung der Kompensationseinrede erwartet werden durfte und erwartet wurde, und die Weiterbegebung in der dem Erwerber bekannten Absicht erfolgte, die Einrede abzuschneiden. Indes, ob eine Kompensation zu erwarten, ist vorher nicht zu bestimmen; das „Erwarten" ist auch rechtsunerheblich, die Kompensation muß erklärt sein (§ 388). Vor dieser Erklärung wird die Wechselforderung unbelastet übertragen.

c) **Erlaß, Vergleich.** Im Zweifel wirken Erlaß und Vergleich (§ 397 u. § 779 BGB.) zugunsten desjenigen Wechselschuldners, mit dem sie vereinbart sind (§ 428 A. 90.

BGB.), es sei denn, daß die Vertragschließenden das ganze Schuldverhältnis aufheben wollen.

Der Zwangsvergleich im Konkurse (§ 193 RKO.) wirkt nur für den betreffenden Schuldner. Selbst der mit dem Akzeptanten geschlossene Zwangsvergleich beseitigt nicht die Regreßschuld der Aussteller und Giranten (ROH. 11, 308), dagegen hebt er die Akzeptschuld gänzlich auf, so daß der Akzeptant auch dem Trassanten und den Indossataren gegenüber befreit ist. Hat der Trassant im Regreßwege die Restzahlung leisten müssen, so kann er das Gezahlte vom Akzeptanten nicht zurückfordern, selbst nicht auf Grund des unterliegenden Rechtsverhältnisses (ROH. 24, 140).

A. 91. d) **Schuldübernahme. Expromission.** Im Zweifel wirkt die Schuldübernahme gemäß § 414 BGB. zugunsten der übrigen Wechselschuldner, dagegen nicht die aus § 415.

A. 92. e) **Novation** kann als Tilgungsmittel einer Wechselschuld gleichfalls in Betracht kommen.

A. 93. f) In diesen Zusammenhang gehört auch der Einwand der **rechtskräftig entschiedenen Sache**, weil er sich gleichfalls auf die Aufhebung der Wechselobligation bezieht. Er ist zunächst prozessualer Natur, erfordert die gleichen Parteien bzw. deren Rechtsnachfolger, und dieselbe Sache. Werden gewisse Voraussetzungen, die bei der alten rechtskräftig abgewiesenen Klage fehlten, nachgeholt, z. B. wird die Protesturkunde in zulässiger Art ergänzt oder nachgebracht (ROH. 7, 183), oder das frühere mangelhafte Blankett ordnungsmäßig ausgefüllt, oder die mangelnde Sachlegitimation hergestellt, so ist dies zulässig.

Wo der Einwand durchgreift, wirkt er in personam (ROH. 7, 81), steht also nur gegen die Prozeßpartei selbst zu, indes auch gegen den Inkassomandanten (und selbstverständlich den Prokuraindossanten), wenn die Klage gegen den Inkassomandatar (und den Prokuraindossatar) abgewiesen ist (Art. 17 [13] u. [5] sowie unten A. 100). — Dem Regreßschuldner, der nach Einlösung gegen seinen

Vormann oder gegen den Akzeptanten klagt, kann die exceptio rei iudicatae nicht mit Berufung darauf entgegengehalten werden, es habe vorher ein Nachmann des jetzigen Klägers den Wechsel gegen den jetzigen Beklagten mit oder ohne Erfolg geltend gemacht; denn dem einlösenden Regreßschuldner lebte nur sein eigenes Recht wieder auf (ROH. 7, 81).

Über den Einwand der Rechtshängigkeit im Wechselprozesse vgl. RG. 17, 327; 21, 392.

III. **Übertragung der Wirkung relativer Einreden über die ursprünglich Beteiligten hinaus** (vgl. oben A. 6, 28ff.). A. 94.

1. a) Der Hauptfall dieser Übertragung ist gegeben bei Kenntnis des Wechselerwerbers, und zwar des normalen Wechselerwerbers (in den Fällen des vorprotestlichen Indossaments und der vorprotestlichen Blankotradition; s. den Gegensatz A. 101 unten), zur Zeit des Erwerbs von der Tatsache, daß dem Wechselrechte des Vormanns Einwendungen entgegenstehen, der sog.

dolose Wechselerwerb.

In diesem Sinne wird der Einwand der Arglist, die exceptio doli, namentlich in der Praxis der Gerichte der unteren Instanzen verstanden (Staub-Stranz A. 15; nicht zu verwechseln mit dem Einwand des Betruges, A. 22ff., vgl. ferner A. 99).

Wesentlich ist hierbei nur, ob der Einwand, der dem Wechselschuldner gegen den Vormann zustand, zugkräftig war. Ist dies der Fall, so überträgt er sich auf den Wechselerwerber infolge seiner Kenntnis und der schon hierin liegenden Schlechtgläubigkeit, abgesehen von den einzelnen Ausnahmen höchst persönlicher Einwendungen, deren Natur schon den Übergang ausschließt, z. B. bei der Aufrechnung (A. 89), dem Gefälligkeitsakzept (A. 37). Gleicher Ansicht auch Staub (4. Aufl. § 16, Bernstein 314). Es ist dagegen nicht nötig, wie die obersten Reichsgerichte, auch Rehbein-Mansfeld (A. 8), Dernburg (§ 276 A. 30), Grünhut (§ 46) fordern, daß Vormann und Wechselerwerber gemeinschaftliche Sache zu dem Zwecke machen, um dem Wechselschuldner die gegen den Vormann begründeten Einreden abzuschneiden (Kollusion; ROH. 10, 391; 23, 339; RG. 9, 148 und 57, 391). Mit Recht nehmen die Gerichte der unteren Instanzen nur die Kenntnis von den die Einrede begründenden Tatsachen, nicht aber etwaigen Kollusions-Umständen in die Eidesnorm auf. — Über die prozessuale Behandlung und die Art der Eidesnormierung s. unten A. 107.

A. 95. Den Rechtsgrund, weswegen die Kenntnis dem Wechselerwerber schadet, findet Staub (4. Aufl. § 16) im Anschluß an Hellwig (Wesen und subjektive Begrenzung der Rechtskraft S. 294) in den Vorschriften „der neueren Reichsgesetzbücher, nach denen Rechte von dem Nichtberechtigten hergeleitet und im Falle des gutgläubigen Erwerbs geschützt werden". Indes, es handelt sich in jenen Vorschriften stets um Sonderbestimmungen für umgrenzte Fälle mit eigenartigen Voraussetzungen (z. B. §§ 892, 893, wo der öffentliche Glaube des Grundbuchs geschützt wird; §§ 932—936 ff. in Verbindung mit § 366 HGB., wo die Veräußerung beweglicher Sachen in Frage steht; §§ 135, 161 BGB. u. a.). Und schon vor den neuen Reichsgesetzen hat doch der Satz für das Wechselrecht gegolten. Seine Rechtsquelle vielmehr findet er in der gewohnheitsrechtlichen Übung der unteren Gerichte, seinen Rechtsgrund in der Schlechtgläubigkeit und der damit notwendig verbundenen bewußten Schädigung des Schuldners. Will man Anknüpfungen an das BGB. suchen, so kann § 826 herangezogen werden.

A. 96. Grobe Fahrlässigkeit, nicht genügende Prüfung, ob dem Wechselschuldner Einwendungen zustehen oder ob die Einwendungen rechtsbegründet sind, steht der Kenntnis, dem dolus, nicht gleich (ROH. 7, 250). Anders im Falle des Art. 74 (A. 3 und 5 dort).

Kenntnis nach Erwerb, dolus superveniens, schadet nicht (ROH. 7, 253; RG. bei Bolze 10 Nr. 362). Über die Kenntnis beim Erwerb des Prolongationswechsels vgl. A. 35b. A. 97.

Kenntnis von Einreden nicht gegen den unmittelbaren Vormann, sondern aus der Person früherer Wechselinhaber, begründet die exceptio doli dann nicht, wenn der Kläger den Wechsel von einem gutgläubigen Wechselindossatar erworben hat (RG. in Bolze 10 Nr. 365e; abweichend Bernstein 314). A. 98.

b) In einem weiteren Sinne erblicken viele Schriftsteller und insbesondere auch die obersten Reichsgerichte in jeder bewußt rechtswidrigen Geltendmachung des Wechsels einen Grund zur exceptio doli mit einer Funktion etwa gleich der früheren gemeinrechtlichen exceptio **doli generalis**. Et generaliter sciendum est, ex omnibus in factum exceptionibus doli oriri exceptionem, quia dolo facit, quicunque id, quod quaqua exceptione elidi potest, petit (l. 2 § 5 D. 44, 4). Diese exceptio ermöglicht freilich, eine arglistige Geltendmachung des formellen Wechselrechts entgegen dem guten materiellen Rechte zu verhüten. Aber der Begriff ist so verschwommen, daß er ganz unpraktisch und im gemeinen Recht schließlich verworfen wurde (Windscheid I § 47 [7]). A. 99.

Für das Wechselrecht wird dabei ferner übersehen, daß die betreffende Tatsache meist unter eine der anderweit behandelten Einreden, namentlich die exceptio pacti, fällt. Beispiele der unzutreffenden Subsumtion aus der Praxis des ROH. und RG. sind u. a. die Geltendmachung des Wechsels trotz Mangels eines Begebungsvertrages (ROH. 19, 34; 25, 67), oder die Umwandlung der Ausstellerunterschrift in ein Akzept (RG. 12, 121), oder die Einklagung des Wechsels trotz des Versprechens an den Schuldner, ihn nicht zu belangen (ROH. 1, 100; 4, 393), oder der Einwand des Gefällig-

leitsakzeptes (A. 37). Weitere Beispiele s. Bolze 3 Nr. 545 und 548.

A.100. 2. **Eine Übertragung der Einreden** (A. 94) tritt ferner ein, wenn der Kläger **Inkassomandatar** ist, wenn er für Rechnung des Indossanten, des Inkassomandanten, klagt (s. hierüber Art. 17⁶⁻¹⁶). Über die prozessuale Behandlung dieser Einreden und die Art der Eidesnormierung s. unten A. 106 ff.

A.101. 3. Die Übertragung der Einreden auf den neuen Gläubiger im Falle des **nachprotestlichen** Indossaments oder der **nachprotestlichen** Blankotradition erklärt sich aus den ausdrücklichen Bestimmungen des Wechselrechts (Art. 16 10, 15, 16), da diesen Übertragungsakten nur zessionsartige Wirkung beigelegt ist.

A.102. 4. Die Übertragung der Einreden auf den neuen Gläubiger erfolgt endlich bei allen **Sukzessionsarten des gemeinbürgerlichen Rechts**, z. B. beim Erbgang, der Abtretung, dem Kaufe einer Erbschaft; ebenso bei Pfändung der Wechselforderung (§ 831 ZPO.) oder ihrer Überweisung zur Einziehung oder an Zahlungsstatt (§ 835 ZPO.), denn das Gericht kann nicht indossieren.

A.103. **IV. Beweislast und Beweismittel.**

1. Der Beklagte hat die **Beweislast** für alle diejenigen Tatumstände, mit welchen er dartun will, daß der Kläger, der durch Vorlegung des Wechsels seiner Klagebegründungspflicht genügt hat, dennoch zur Geltendmachung des Wechselanspruchs nicht befugt ist. Hieraus ergibt sich, daß der Wechselschuldner seine Wechselunfähigkeit (Art. 1 14), die Wechselverjährung (Vorbem. vor Art. 77—79 5) und in der Regel die Einredetatbestände, welche eine **materielle Ungültigkeit** der Wechselerklärung oder des zugrunde liegenden Geschäftes (A. 17 ff., 59 ff.) begründen, zu beweisen verpflichtet ist. Liegt dagegen eine **formale Ungültigkeit** vor, so ist dieser Mangel **von Amts wegen**, selbst ohne Einrede, zu berücksichtigen.

Der Beklagte hat ferner zu **beweisen**, daß der Wechsel unter einer Bedingung hingegeben, und daß auch die Bedingung nicht eingetreten sei, ferner, daß Valuta vereinbart, sowie, daß sie nicht geleistet sei (A. 68 ff.). Über die Beweislast im Falle der Nichtigkeit oder Anfechtbarkeit der Wechselerklärung bzw. Wechselbegebung vgl. A. 27, über die Beweislast beim Depotwechsel und bei einem Vorschußwechsel A. 39. A.104.

2. Die **Beweismittel** für die Wechseleinreden sind im ordentlichen Verfahren nicht eingeschränkt, dagegen im Wechselprozeß (§ 595 ZPO.), in welchem nur Vorlegung von Urkunden und Eideszuschiebung zugelassen sind. A.105.

Zu den häufigsten Einreden in der Praxis zählen:

a) die des **Inkassomandats** (A. 100);

b) die des **dolosen Wechselerwerbs** (A. 94).

Zu a) Behauptet der Beklagte unter Eideszuschiebung, der Kläger sei nur Inkassomandatar, und gegen den Inkassomandanten stände ihm, dem Beklagten, eine Einrede, z. B. die des Erlasses, zu, so ist der Eid wie folgt zu normieren: A.106.

> Ich, Kläger, schwöre usw., es ist nicht wahr, daß ich den Wechsel nur für Rechnung des X. (Inkassomandanten) einklage.

Leistet der Kläger diesen Eid nicht, und steht damit fest, daß er Inkassomandatar ist, so muß er sich die Einrede des Erlasses gefallen lassen. Der Eid hierüber, als über eine Tatsache, welche an sich außerhalb seiner Wahrnehmung liegt, wird gemäß § 459 Abs. 3 ZPO. dahin zu normieren sein:

> Ich, Kläger, schwöre usw., daß ich nach sorgfältiger Prüfung und Erkundigung die Überzeugung nicht erlangt habe, daß dem Beklagten die Wechselschuld von X. (dem Inkassomandanten) erlassen worden ist.

Leistet der Kläger den Eid, daß er nicht Inkassomandatar ist, so kann ihm die Einrede des Erlasses nicht entgegengesetzt werden, es sei denn, daß der Fall zu b behauptet wird, was in der Praxis meist geschieht.

A. 107. Zu b) Behauptet der Beklagte unter Eideszuschiebung, der Indossant des Klägers habe ihm die Wechselschuld erlassen, und der Kläger habe bei Erwerb des Wechsels von diesem Erlaß Kenntnis gehabt, so ist der Eid dahin zu fassen:

> Ich, Kläger, schwöre usw., es ist nicht wahr, daß ich bei Erwerb des Wechsels von dem behaupteten Erlaß der Wechselschuld Kenntnis gehabt habe.

So wird der Eid auch in der Praxis fast immer normiert.

Über die abweichende Meinung Staubs (4. Aufl. § 71), Beklagter müsse zunächst die Einredetatsache selbst beweisen, erst dann käme es darauf an, ob der Kläger von dieser Tatsache Kenntnis gehabt habe, vgl. Staub-Stranz A. 71. Der hier vertretenen Meinung jetzt auch RG. 45, 70 in Abweichung von früheren Entscheidungen und vom ROH. 24, 3.

A. 108. **V. Schadensersatzanspruch bei Verlust von Einreden.**

Verliert der Wechselschuldner **infolge der Weiterbegebung des Wechsels an einen gutgläubigen Dritten** Einreden, und muß er den Wechsel einlösen, so hat er einen Schadensersatzanspruch gegen den Wechselgläubiger, gegen den die Einrede ursprünglich begründet war, sowie den etwaigen bösgläubigen Nachmann desselben (RG. bei Bolze 13 Nr. 309; 17 Nr. 165). Der Inkassomandatar (Art. 17[6] ff.) ist für die Regel nicht verantwortlich, es sei denn, daß er durch dolose Weiterbegebung fraudis particeps geworden ist.

Die Verpflichtung zum Schadensersatz tritt nicht ein, wenn die Schuld zwar ungültig, aber das zur Erfüllung Geleistete nicht zurückgefordert werden darf, wie bei Spiel, Differenzgeschäft und Wette (RG. 35, 196; vgl. A. 61).

Art. 83. Ist die wechselmäßige Verbindlichkeit des Ausstellers oder des Akzeptanten durch Verjährung oder dadurch, daß die zur Erhaltung des Wechselrechts gesetzlich vorgeschriebenen Handlungen verabsäumt sind, erloschen, so bleiben dieselben dem Inhaber des Wechsels nur soweit, als sie sich mit dessen Schaden bereichern würden, verpflichtet. Gegen die Indossanten, deren wechselmäßige Verbindlichkeit erloschen ist, findet ein solcher Anspruch nicht statt.

1. Die durch Art. 83 gegebene Klage geht auch gegen A. 1.
den Aussteller des eigenen Wechsels (Art. 98 Ziff. 10).

2. **Rechtliche Natur der Klage aus Art. 83.** A. 2.

Der Bereicherungsanspruch aus Art. 83 ist weder eine zivilrechtliche Schadensersatzforderung noch ein zivilrechtlicher Anspruch aus der ungerechtfertigten Bereicherung (§§ 812 ff. BGB., condictio), noch ein Anspruch aus dem, dem Wechselzuge zugrunde liegenden Rechtsgeschäfte, noch endlich „eine Vereinigung von wechselrechtlichen und zivilrechtlichen Elementen" (so Staub 4. Aufl. § 1); denn die letzteren kommen für Art. 83 nicht mehr und nicht minder in Betracht, wie für die anderen Artikel der WO.

Der Anspruch aus Art. 83 ist vielmehr ein **wechselrechtlicher**, d. h. ein lediglich d u r c h d e n Art. 83 g e s c h a f f e n e r, m i t g e n a u e n i n i h m g e r e g e l t e n V o r a u s s e t z u n g e n. Es werden positiv in ihm bestimmt:

a) die Personen, Gläubiger und Schuldner, und zwar A. 3.
genau umgrenzt (ROH. 6, 384 und unten A. 6, 7);

b) die Forderung selber, ihre Existenz, ihr Gegenstand und ihr Umfang (s. A. 8 ff., 12), unbekümmert darum, ob der Anspruch aus der Anwendung der allgemeinen Rechtsnormen über ungerechtfertigte Bereicherung sich herleiten läßt.

A. 4. Grundsätzlich der gleichen Ansicht sind das ROH. (10, 44), das den Anspruch als ein auf den Umfang der Bereicherung zum Schaden des Inhabers beschränktes Residuum des Wechselanspruchs definiert, das RG. (Gruchot 26, 825), Thöl (§ 102), Grünhut (§ 95).

A. 5. **3. Die Voraussetzungen der Klage.**

a) Sie setzt einen — bis auf die Präjudizierung oder Verjährung, die nur gegen den Beklagten eingetreten zu sein brauchen — gültigen Wechsel voraus, und zwar einen formell und materiell gültigen. Fehlt der Wechsel, so muß das Amortisationsurteil beigebracht werden, denn der Schuldner braucht nur gegen Aushändigung des Wechsels den Anspruch zu befriedigen (ROH. 10, 45 u. 46). War der Wechsel ungültig, so können andere Ansprüche des Nehmers bestehen, z. B. aus Betrug.

A. 6. **b) Schuldner und Gläubiger.**

α) Berechtigt zur Klage ist, wer zur Zeit der Präjudizierung oder Verjährung gemäß Art. 36 ff. legitimierter Wechselschuldner ist oder war, auch der Prokuraindossatar (ROH. 12, 124; RG. in Gruchot 26, 825), auch der Aussteller, der ihn nach rechtzeitigem Protest eingelöst hat (vgl. OLG. Kiel bei Kaufmann 7, 413). Dagegen weder der Vormann jenes Inhabers, der den Wechsel trotz Präjudizierung eingelöst hat (ROH. 8, 238), noch der spätere Indossatar. Nach erloschener Wechselkraft ist die Indossabilität dem Wechsel genommen; die Übertragung des Bereicherungsanspruchs ist nur durch Zession zulässig (RG. in Gruchot 25, 1088).

A. 7. β) Passiv legitimiert sind nur der Akzeptant und der Aussteller (auch der des eigenen Wechsels), nicht andere Wechselverpflichtete; also nicht die Indossanten, Avalisten, Ehrenakzeptanten, noch weniger der Domiziliat und der Bezogene. Bei der Tratte an eigene Order ist der erste Indossant zugleich Trassant, damit also auch für die Klage aus Art. 83 passiv legitimiert.

c) **Bereicherung des Wechselschuldners mit dem Schaden des Klägers.** Auch dieser Bestandteil des Anspruchs ist nicht aus den Grundsätzen des Bürgerlichen Rechts (etwa aus den §§ 812ff. BGB., auf welche außerhalb der wechselrechtlichen Klage eine selbständige Bereicherungsklage gestützt werden kann), vielmehr aus Wortlaut und Zweck des Art. 83 zu erklären. Es ist nicht erforderlich, daß zwischen den Parteien ein direktes ziviles Rechtsverhältnis bestanden habe und daß etwas aus dem Vermögen des Klägers direkt in das des Beklagten gekommen sein müsse (RG. in Gruchot 25, 1088; 26, 826). So kann z. B. der Beklagte nicht entgegenhalten, er habe den Gegenwert des Wechsels, die bare Valuta oder die Ware, nicht vom Kläger, sondern von einem Vormanne desselben erhalten. Zum Nachweis der Bereicherung wird meist das unterliegende Verhältnis und die ganze materielle Sachlage heranzuziehen sein. A. 8.

α) **Der Schaden des Klägers** besteht schon darin, daß der Kläger durch die Verjährung oder Präjudizierung den Wechselanspruch verloren hat (so Staub 4. Aufl. § 5, Bernstein 340). Nicht erforderlich ist, daß er Valuta für den Wechsel bereits gegeben oder noch zu zahlen habe und diese einbüße (so Dernburg § 279, anscheinend auch das RG. bei Gruchot 26, 827 und das ROH. 8, 239). Die Klage steht also auch dem zu, der z. B. einen Wechsel geschenkt oder zur Mitgift bekommen hat. A. 9.

Ein Schade des Klägers ist nicht vorhanden, wenn er den Wechselbetrag auf andere Weise einziehen kann, sei es von dem Beklagten selbst aus einem anderen Rechtsgrunde, sei es von einem anderen Wechselverpflichteten. Ersteres trifft z. B. zu, wenn der Wechsel zahlungshalber gegeben ist, weil dann der Kläger auf den ursprünglichen Anspruch zurückgehen kann und muß (A. 25ff.; ROH. 15, 321; RG. 44, 78; abweichend RG. bei Gruchot 29, 111). Letzteres trifft zu, wenn der Wechsel gegen den beklagten Trassanten verjährt ist, aber noch nicht gegen den Akzeptanten, sofern nicht der Kläger beweist, daß der Akzeptant zahlungsunfähig ist.

Freilich hat das RG. (Urt. des VI. Sen. in 48, 139) für den Bereicherungsanspruch des neuen bürgerlichen Rechts (aus § 812 BGB.) angenommen, er sei nicht ausgeschlossen, wenn auch der Kläger die Möglichkeit habe, sich an einem zahlungsfähigen Dritten zu erholen. Die Frage, ob der Anspruch ausgeschlossen ist, wenn dem Kläger gegen den Bereicherten selbst noch ein Anspruch aus einem anderen Rechtsgrunde zustehe, läßt das RG. dahingestellt. Indes neigt die ganze Begründung dahin, die Subsidiarität der Bereicherungsklage des Bürgerlichen Gesetzbuches in allen Fällen abzulehnen (ebenso Cosack, Bürgerl. R. 3. Aufl. S. 627; für die Subsidiarität Endemann 4. Aufl. Bd. I, 896).

Für die Bereicherungsklage aus Art. 83 enthält jedoch das obige Urteil, das auch den Art. 83 gar nicht erwähnt, kein Argument: diese folgt ihren eigenen Gesetzen (A. 2).

A. 10. β) Die Bereicherung des Beklagten muß eine positive sein; nur in ihrer Höhe und soweit sie dem Schaden des Inhabers entspricht, sind Akzeptant und Aussteller belangbar (ROH. 11, 59; 22, 258). Sie besteht in demjenigen Betrage, den der Wechselschuldner für den Wechsel mehr erhalten, als verausgabt hat, nicht schon in der ersparten Deckung (so mit Recht Thöl § 102) und die herrschende Meinung. Hiernach ist der Trassant regelmäßig bereichert, wenn er Valuta erhalten, dem Akzeptanten aber nur eine geringere oder überhaupt keine Deckung gegeben hat (ROH. 22, 256 u. 258). Der Akzeptant und der Aussteller des eigenen Wechsels sind bereichert, wenn sie für den Wechsel Valuta erhalten und ihrerseits für ihn nichts oder weniger gegeben hatten, z. B. wenn der Akzeptant gegen seine Unterschrift und die Gefälligkeitsunterschrift des Trassanten Ware oder Geld empfangen hat.

γ) Die Bereicherung braucht zur Zeit der Anstellung der Klage aus Art. 83 nicht mehr vorhanden zu sein. Vgl. RG. 13, 5: Namens des Trassanten hatte der Prokurist einen Wechsel ausgestellt, Valuta empfangen und diese demnächst unterschlagen; der Prinzipal galt als bereichert (a. M. Bernstein; entgegengesetzt auch die Regelung in § 818 Abs. 3 des BGB.). A. 11.

4. Gegenstand und Durchführung des Anspruchs. A. 12.

a) Der Anspruch geht auf Barzahlung, nicht etwa auf Rückgabe der erhaltenen Werte, z. B. etwa eines als Valuta erhaltenen Grundstücks. Zinsen können nur nach zivilrechtlichen Grundsätzen, also besonders im Verzugsfalle, gefordert werden. Retourspesen sind nicht Gegenstand der Klage aus Art. 83, weil hinsichtlich ihrer von einer Bereicherung nicht gesprochen werden kann.

Erfüllungsort ist der Wohnsitz des Verpflichteten, nicht der Wechselzahlungsort, da hierdurch unter Umständen eine Belastung über die Bereicherung hinaus eintreten würde. Die Verjährung ist die regelmäßige (30 Jahre, § 195 BGB.). Sie beginnt mit der eingetretenen Präjudizierung bzw. Wechselverjährung.

b) Den Kläger trifft die Beweislast. Vermerke im Wechsel: „Wert erhalten, Wert in Rechnung" und selbst „Wert in bar", ändern sie nicht. A. 13.

c) Bei Umwandlung der Wechselklage in die Bereicherungsklage ist Klageänderung angenommen worden (ROH. 13, 226; vgl. jetzt § 264 ZPO.). Somit steht demjenigen, der erst aus dem Wechsel geklagt hat und abgewiesen ist, der Einwand der rechtskräftigen entschiedenen Sache nicht entgegen, wenn er später aus Art. 83 klagt; selbstredend ebensowenig demjenigen, der erst aus dem unterliegenden Verhältnis geklagt hat. A. 14.

d) Prozeßform. Die herrschende Ansicht ist gegen die Zulässigkeit des Wechselprozesses, weil kein Anspruch aus dem Wechsel — § 602 ZPO. — vorliege (RG. in Gruchot 28, 1013; Litteratur bei Struckmann-Koch § 603 [2]). A. 15.

Der Grund ist kein zutreffender. Ist auch die wechselmäßige Verbindlichkeit des Ausstellers usw. untergegangen, so ist doch der Wechsel nicht ganz erloschen, vielmehr bildet ein Residuum von ihm die Grundlage des Bereicherungsanspruchs, der auch an die Aushändigung der Wechselurkunde geknüpft ist (A. 4 u. 5).

A. 16. 5. Über das örtlich maßgebende Recht für den Anspruch vgl. RG. 23, 31; 24, 115.

A. 17. 6. Ist eine

a) als Wechsel wegen Mangels von Essentialien ungültige, oder

b) durch Präjudizierung bzw. Verjährung als Wechsel erloschene

Urkunde als Schuldurkunde anderer Art zivilrechtlich wirksam? Nein!

Zu a) aus dem Grunde, weil die Absicht, eine Wechselobligation einzugehen, nicht zugleich die Absicht enthält, eine zivilrechtliche Verpflichtung anderer Art zu übernehmen.

Zu b) aus dem Grunde, weil die einmal entstandene Wechselobligation einheitlich, nur nach den Grundsätzen des Wechselrechts zu beurteilen ist.

Ein solcher Wechsel — auch ein eigener — gilt weder als kaufmännische Anweisung oder kaufmännischer Verpflichtungsschein (§ 363 HGB.), noch als gemeinbürgerliches abstraktes Schuldversprechen (§ 780 BGB.), noch als Schuldanerkenntnis (§ 781 BGB.), noch als einfache Schuldurkunde. Hinsichtlich der präjudizierten und verjährten Wechsel ist dies die herrschende Meinung (ROH. 18, 188; RG. 48, 230). Hinsichtlich der formungültigen Wechsel sind abweichender Ansicht Staub (4. Aufl. Art. 96 § 16), Rehbein (Art. 96 A. 2) und das frühere pr. Ob.-Trib. (bei Borchardt Zus. 939), endlich jetzt auch das RG. (I. Sen. 48, 230). Derselbe erste Zivilsenat hatte früher (8, 41) mit Recht ausgeführt: „Die (oben zitierte) Entscheidung des Ob.-Trib. unterliegt in bezug auf die Annahme, daß eine bei der Errichtung als Wechsel gewollte Urkunde bei dem Mangel von Wechselessentialien als sonstige abstrakte Skripturobligation verwertbar sei, selbständigen erheblichen Bedenken." Das ROH. war der diesseits verfochtenen Ansicht (ROH. 21, 180 und die Gründe der Entscheidung 9, 354). Freilich ist ausnahmsweise die Absicht möglich, einer Urkunde die Wirkungen zweier verschiedenen Rechtsgeschäfte beilegen zu wollen, also einen Wechsel zugleich als einfachen Verpflichtungsschein zu wollen (§ 140 BGB.). In solchen Fällen ist eine als Wechsel ungültige Urkunde als Schuldurkunde anderer Art aufrecht zu erhalten, wenn anzunehmen ist, daß eine solche Aufrechterhaltung bei Kenntnis der Ungültigkeit gewollt sein würde (§ 140 BGB.; richtig auch ROH. 21, 180; dagegen reichte der Sachverhalt in RG. 48, 230 zu einer solchen Annahme nicht aus).

Es kann aber ein derartiger Wechsel (zu a und b) als Beweismittel und unter besonderen Umständen als Ersatz der Schriftform des ursprünglichen Vertrages angesehen werden (ROH. 9, 353).

7. Neben der Bereicherungsklage aus Art. 83 ist auch die Bereicherungsklage aus den §§ 812, 813 BGB. gegeben, wenn deren Voraussetzungen vorliegen. A. 17a.

Keine Bereicherungsklage, wenn auf einen teilweise kraftlosen Wechsel gezahlt ist, in dem Falle, daß der Zahlende zur Ausstellung und Unterzeichnung eines wirksamen Wechsels verpflichtet war (JW. 06, 69[24]).

8. **Fremde Rechte.** Die Wechselbereicherungsklage ist in England, Frankreich und Belgien unbekannt (Späing 246). A. 18.

Zusatz 1. Zahlung durch Wechsel. A. 19.

Die Verwendung des Wechsels als Zahlmittel (über die Bedeutung eines so verwendeten Wechsels für den Bereicherungsanspruch vgl. oben A. 10 und unten A. 23) ist eine der hauptsächlichsten wirtschaftlichen Funktionen des Wechsels.

A. 20. **1. Allgemeines.**

a) Die Hingabe und Annahme eines Wechsels zur Deckung einer Schuld erfolgt entweder **zahlungshalber** (damit der Gläubiger sich durch denselben bezahlt zu machen versuche) oder an **Zahlungs Statt** (damit der Gläubiger dadurch bezahlt und seine Forderung getilgt sei; ROH. 7, 47). In der Regel wird der Wechsel zahlungshalber gegeben und genommen; selbst Wendungen: „ich nehme den Wechsel als oder in Zahlung", oder „ich habe Ihr Konto ausgeglichen" beweisen noch keine Annahme an Zahlungsstatt (Bolze 10 Nr. 365 g). Hiermit steht der kaufmännische Gebrauch der nur provisorischen Buchung im Kredit des Gebers (nämlich in der Erwartung der Einlösung) im Einklange (ROH. 18, 391). Über die Bedeutung der demnächstigen Rückbuchung im Debet, nachdem der Wechsel mangels Zahlung protestiert worden, vgl. RG. 27, 141. Eine Tilgung resp. Novation der unterliegenden Verbindlichkeit tritt nur ein, wenn dies besonders verabredet ist oder sich aus den Umständen deutlich ergibt (ROH. 18, 391; RG. 31, 110; s. a. § 364 Abs. 2 BGB.).

A. 21. b) Ob durch Ausstellung eines Prolongationswechsels, d. h. eines neuen gleichlautenden Wechsels mit verändertem Fälligkeitstermin bei Verfall eines früheren, die ältere Wechselschuld durch Novation getilgt oder nur die Zahlungsfrist verlängert werden sollte, ist konkret zu prüfen. Der animus novandi muß, wenn auch nicht mit ausdrücklichen Worten erklärt, doch deutlich erkennbar gemacht sein (RG. 9, 65). Die Ausstellung eines Prolongationswechsels berechtigt somit an sich den Aussteller nicht, die Rückgabe des quittierten alten Wechsels auf Grund des Art. 48 zu verlangen (Stegemann Rechtspr. des ROH. 3, 76 und 346).

2. Besonderheiten bei Hingabe an Zahlungsstatt. A. 22.
a) Die ursprüngliche Forderung des Gläubigers ist, soweit er den Wechsel an Zahlungsstatt angenommen hat, *getilgt* (ROH. 4, 371).

b) Daher ist der Akzeptant bereichert, wenn ein von A. 23.
ihm an Zahlungsstatt gegebenes Akzept verjährt ist (ROH. 15, 322; vgl. oben A. 9).

c) Über die Hingabe eines nicht ordnungsmäßigen A. 24.
Wechsels an Zahlungsstatt s. unten A. 32.

3. Besonderheiten bei Hingabe zahlungshalber. Sie ist A. 25.
die Regel und bedarf keines Vorbehalts, wiewohl dies im Verkehr häufig mit den Formeln „unter üblichem Vorbehalt" oder „unter Vorbehalt des Eingangs" geschieht.

a) Die Hingabe zahlungshalber stellt zunächst einen A. 26.
Zahlungs**versuch** dar. Die Frage, ob der Wechselnehmer den Wechsel auf Verlangen des Gebers herauszugeben *verpflichtet* ist, hängt von dem *rechtlichen Bestande der ursprünglichen Forderung* ab. Ist sie nichtig oder auch nur klaglos, so entbehrt die Hingabe zahlungshalber eines rechtfertigenden Grundes. Der Wechselnehmer muß den Wechsel daher auf Verlangen zurückgeben; er muß auch, falls er den Wechselbetrag anderweitig eingezogen hat, den Erlös für die Regel als rechtlose Bereicherung zurückgeben, wenn der Schuldner mit der Einziehung nicht einverstanden war (RG. bei Holdheim 8, 188; Näheres Art. 82[61] ff.). Andererseits tritt, falls die Hingabe des Wechsels zahlungshalber *rechtsbeständig* ist, definitive Zahlung bzw. Tilgung der ursprünglichen Schuld erst ein, sobald der Gläubiger den Betrag bei Verfall einzieht, in diesem Momente aber von selbst und mit rückwirkender Kraft auf den Zeitpunkt der Annahme des Wechsels (ROH. 18, 391). Bei vorheriger Weiterbegebung des Wechsels gilt der erlangte Betrag als *bedingte* Zahlung der ursprünglichen Schuld so lange, als unentschieden ist, ob der Gläubiger die empfangene Valuta behalten darf, oder ob er sie im Re-

greßwege wieder herausgeben muß (ROH. 10, 133; 20, 84; Bolze 4 Nr. 554).

A. 27. b) Hinsichtlich der Folgen sind die nachstehenden Fälle zu unterscheiden:

α) Haftet der Geber als Hauptschuldner (also als Akzeptant des gezogenen oder Aussteller des eigenen Wechsels, sofern nicht ein Domiziliat benannt ist, s. unten A. 28 ff.), so darf der Gläubiger nach dem Verfalltage unter Rückgabe des Wechsels auf die ursprüngliche Zivilforderung zurückgreifen (RG. 27, 91). Dieses Recht bleibt ihm, auch wenn er den Wechsel hat inzwischen verjähren lassen; daher steht ihm in diesem Falle wohl die ursprüngliche Forderung, nicht aber die Bereicherungsklage des Art. 83 zu (RG. 44, 80).

A. 28. *β*) Haftet der Geber als Regreßschuldner, so ist der Empfänger verpflichtet, mit dem Wechsel auch wechselmäßig zu verfahren, insbesondere wenn aus dem Wechsel noch Dritte — Akzeptant oder Vormänner — haften, oder wenn der Wechsel bei einem Dritten domiziliert ist.

A. 29. *αα*) Der Empfänger hat zunächst zu versuchen, den Wechsel bei dem Dritten, oder, wenn der Wechsel domiziliert ist, bei dem Domiziliaten einzuziehen, ehe er auf die ursprüngliche Forderung zurückgreifen kann. Er muß also den Wechsel rechtzeitig zur Zahlung präsentieren, nötigenfalls auch protestieren (RG. 27, 89 u. 91; 31, 119). Die Kosten der versuchten Einziehung hat der Geber des Wechsels zu erstatten. Zur Einklagung ist der Empfänger nicht verpflichtet, wenn auch berechtigt. Die Gefahr der inzwischen eingetretenen Insolvenz des Dritten trägt der Geber (RG. 31, 109).

A. 30. *ββ*) Sucht aber der Wechselnehmer die Zahlung nicht mit gehöriger Sorgfalt nach (und er muß beweisen, daß er ohne seine Schuld Befriedigung aus dem Wechsel nicht erlangt habe, wenn er auf das ursprüngliche Geschäft zurückgreifen will, ROH. 21, 38; Bolze 5 Nr. 495;

10 Nr. 365 α), so haftet er dem Geber für jeden Schaden, der diesem dadurch entsteht, daß die Wechselsumme nicht eingeht, z. B. wenn der Nehmer den Wechsel hat präjudizieren, verjähren lassen, oder mit der Einziehung so lange gezögert hat, bis der Akzeptant vermögenslos geworden ist. Die Haftung tritt nicht ein, wenn dem Geber nicht durch die Pflichtversäumnis der Schaden erwachsen ist, z. B. wenn der Akzeptant schon zur Zeit der Wechselhingabe vermögenslos war (Bolze a. a. O.).

$\gamma\gamma$) Auf die ursprüngliche Forderung kann der Wechselempfänger nicht mehr zurückgreifen, der Zivilanspruch an seinen Wechselgeber gilt also als getilgt: A. 31.

1. wenn der Empfänger nach Präjudizierung oder Verjährung den Wechsel einlöst (ROH. 20, 85),

oder 2. wenn er den Wechsel verjähren oder präjudizieren läßt und daher nicht mehr in der Lage ist, den Wechsel unversehrt zurückzugeben (ROH. 17, 271); es sei denn, daß die Vitiierung ohne sein vertretbares Verschulden, z. B. wegen Unmöglichkeit der Protesterhebung, eingetreten ist, oder daß der Wechselnehmer dem Geber den Wechsel unversehrt rechtzeitig angeboten, der Geber aber die Rücknahme verweigert hat (ROH. 5. Mai 74 bei Borchardt-Ball 210).

c) Ist die zahlungshalber angenommene Tratte mangels eines wesentlichen Erfordernisses ungültig oder eine wesentliche Unterschrift gefälscht, so darf der Empfänger ohne weiteres auf die ursprüngliche Forderung zurückgreifen (ROH. 20, 86; Bolze 15 Nr. 253). Dies gilt auch für den Fall, daß er den Wechsel an Zahlungsstatt angenommen hat. A. 32.

Zusatz 2. Diskontieren. A. 33.

Das Diskontieren eines Wechsels bedeutet das Erhandeln eines Wechsels gegen einen bestimmten Preis mit Abzug des „Diskonto" (Thöl § 129). Es ist für die Regel ein Wechselkauf. Dieser Geschäftsform können

Darlehnszwecke zugrunde liegen (RG. in Straff. 18, 183). Bei Präjudizierung oder Verjährung hat der Diskontant (Wechselnehmer) keinen Zivilanspruch gegen den Diskontgeber, indes die Wechselbereicherungsklage, wenn die Voraussetzungen aus Art. 83 vorliegen.

Vorbemerkung vor Art. 84—86.

Grundsätze des internationalen Wechselrechts.

A. 1. 1. Quellen des internat. Wechselrechts sind:

a) die an erster Stelle (Art. 32 EG. z. BGB.) anzuwendenden Sondervorschriften der WO. Art. 84 bis 86;

sodann b) die allgemeinen Vorschriften des EG. zum BGB. in den Art. 7ff.;

und c) die allgemeinen Grundregeln über internat. Privatrecht, welche in Theorie und Rechtsprechung ausgebildet sind.

Die drei Sondervorschriften der Art. 84, 85 und 86 stimmen in der Hauptsache mit der nunmehr im EG. zum BGB. getroffenen allgemeinen Regelung und dem grundlegenden, für den Wechselverkehr gleichfalls giltigen Rechtssatze des internat. Privatrechts überein, laut dem jedes Rechtsverhältnis nach dem Ortsrecht desjenigen Gebietes zu entscheiden ist, dem es angehört (Näheres: Neumann, Vorbem. zu Art. 7ff. EG. zum BGB.).

A. 2. 2. Eine Amtspflicht des Richters, ausländisches Recht zu kennen, besteht nicht. Soweit er es kennt, muß er es anwenden; soweit es ihm unbekannt ist, bedarf es des Beweises, den er von der Partei fordern kann, wenn er auch befugt bleibt, sich die Kenntnis selbständig zu verschaffen (§ 293 ZPO.). Hierauf stützt sich der oft angewendete Grundsatz, der Richter dürfe im Zweifel davon ausgehen, daß das Auslandsrecht mit dem inländischen übereinstimme, zumal wenn die Parteien auf das inländische sich beziehen. Beispielsweise bedarf es keiner weiteren Klagebegründung, wenn der im Ausland ausgestellte Wechsel den Anforderungen des Inlandsrechts genügt (ROH. 25, 53; — RG. 23, 31 u. 50).

3. a) **Unter Inland** (im Sinne der WO.) ist das Gebiet des ganzen Deutschen Reiches zu verstehen, also auch Elsaß-Lothringen. Der Begriff des Auslands ergibt sich hiernach von selbst. A. 3.

Inländer ist jeder Angehörige des Deutschen Reichs, wo immer er — sei es auch im Auslande — Wohnsitz oder Aufenthalt haben mag (ROH. 21, 336). Als **Ausländer** dagegen gilt jeder Nichtdeutsche, gleichfalls ohne Rücksicht auf Wohnsitz oder Aufenthaltsort.

Die deutschen Schutzgebiete (Labands Staatsrecht 3. Aufl. Bd. I, 756) sind Ausland, die Eingeborenen Ausländer. Selbstredend sind die Konsulargerichtsbezirke Ausland; über die Geltung deutschen Rechts in diesen Bezirken vgl. KonsGG. v. 7. April 1900 §§ 19 ff. und RG. 39, 53. A. 4.

b) **Juristische Personen** gehören demjenigen Staate an, in welchem sie ihren Sitz haben. Die Rechts- und die Geschäftsfähigkeit der **ausländischen** juristischen Personen richten sich nach ausländischem Rechte (Art. 7, 10 EG. z. BGB.; RG. 36, 294). Als ausländische jurist. Person ist auch eine solche, die in den Konsulargerichtsbezirken oder in den deutschen Schutzgebieten ihren Sitz hat, zu betrachten, da ihr Sitz sich nicht in einem Bundesstaate befindet (KonsGG. v. 7. April 00; ferner RG. v. 17. April 86, 15. März 88 und v. 2. Juli 99, betr. die deutschen Schutzgebiete). A. 5.

Die **deutschen Kolonialgesellschaften**, die laut § 8 des RG. v. 15. März 88 i. d. Fass. d. Ges. v. 2. Juli 99 die jur. Persönlichkeit durch Beschluß des Bundesrats erhalten, können ihren Sitz entweder im Reichsgebiet oder in deutschen Schutzgebieten haben; im letzteren Falle gelten sie als ausländische jur. Personen. A. 6.

A. 7. c) Gehört eine Person keinem Staate an, so kommt Art. 29 EG. z. BGB. zur Anwendung.

A. 8. 4. Die Revision kann wohl auf die Verletzung der deutschen internationalen privatrechtlichen Normen, nicht aber auf Verletzung des ausländischen Rechts gestützt werden (RG. 38, 273).

A. 9. 5. Für eigene Wechsel gelten hier die gleichen Grundsätze wie für gezogene (Art. 98 Nr. 10).

XV. Ausländische Gesetzgebung.

Art. 84. Die Fähigkeit eines Ausländers, wechselmäßige Verpflichtungen zu übernehmen, wird nach den Gesetzen des Staates beurteilt, welchem derselbe angehört. Jedoch wird ein nach den Gesetzen seines Vaterlandes nicht wechselfähiger Ausländer durch Übernahme von Wechselverbindlichkeiten im Inlande verpflichtet, insofern er nach den Gesetzen des Inlandes wechselfähig ist.

A. 1. 1. Über die Begriffe Ausland, Inland, Ausländer, Inländer und die allg. Grundsätze s. Vorbem. vor Art. 84.

A. 2. 2. Art. 84 handelt nur von der passiven (Art. 1[1]) Wechselfähigkeit eines Ausländers. Sie wird beurteilt nach den Gesetzen seines Heimatsstaates (ebenso Art. 7 Abs. 1 EG. z. BGB.). Voraussetzung ist indes, daß die Wechselverbindlichkeit im Auslande übernommen ist. Wird sie im Inlande übernommen, so bestimmt sich die Wechselfähigkeit des Ausländers nach seinem Heimats- oder nach deutschem Rechte, je nachdem das eine oder das andere für die Wechselfähigkeit das günstigere ist (auch dies übereinstimmend mit Art. 7 Abs. 3 EG.), selbst wenn der Wechselgläubiger Ausländer ist und gewußt hat, daß der Wechselschuldner nach Heimatsrecht die Wechselfähigkeit nicht hat.

Wenn nach dem Rechte eines fremden Staates vermöge Rückverweisung die deutschen Gesetze hinsichtlich der Wechselfähigkeit anzuwenden sind, so finden diese Gesetze Anwendung (Art. 27 EG. z. BGB.).

3. Maßgebend ist der tatsächliche Ort, an dem im Inland oder Ausland die Wechselverbindlichkeit übernommen ist (Näheres Art. 85 [3]), nicht etwa der Wohnsitz des Schuldners, oder der Erfüllungsort der Wechselschuld, wie z. B. bei im Auslande domizilierten Wechseln (RG. 15, 12), oder der Ort, den der Wechsel im Widerspruch mit der Wirklichkeit als den Ort der Übernahme der Verbindlichkeit zeigt, da zwingende Vorschriften vorliegen (a. M. Thöl § 16 [10] für den letzten Fall). A. 3.

4. Zeitlich entscheidet über die Wechselfähigkeit das Gesetz zur Zeit der Verpflichtungsübernahme aus der erfolgten Wechselschrift (RG. 15, 13), wenn nicht das fremde Recht etwas anderes bestimmt (s. auch Art. 1 [8]). A. 4.

5. Auch die aktive Wechselfähigkeit des Ausländers richtet sich nach dem Rechte seines Heimatsstaats. A. 5.

6. Über die Beweislast entscheiden die allgemeinen Grundsätze (s. auch Art. 1 [14]). A. 6.

7. Fremde Rechte (zu Art. 84 bis 86). A. 7.

In Frankreich und Belgien entscheidet über die Wechselfähigkeit des Ausländers (Art. 84) sein Heimatsrecht, in England für die Regel das Recht des Domizils.

Die Formerfordernisse der Wechselerklärungen (Art. 85) beherrscht nach Auslandsrecht auch im wesentlichen der Grundsatz: locus regit actum (Späing 259).

Art. 85. Die wesentlichen Erfordernisse eines im Ausland ausgestellten Wechsels sowie jeder anderen im Ausland ausgestellten Wechselerklärung werden nach den Gesetzen des Ortes beurteilt, an welchem die Erklärung erfolgt ist. Entsprechen jedoch die im Auslande geschehenen Wechselerklärungen den Anforderungen des inländischen Gesetzes, so kann daraus, daß sie nach ausländischen Gesetzen mangelhaft sind, kein Einwand gegen die Rechtsverbindlichkeit der später im Inland auf den Wechsel gesetzten Erklärungen entnommen werden. Ebenso haben Wechselerklärungen, wodurch sich ein Inländer einem anderen Inländer im Auslande verpflichtet, Wechselkraft, wenn sie auch nur den Anforderungen der inländischen Gesetzgebung entsprechen.

A. 1. 1. Über die Begriffe Ausland, Inland, Ausländer, Inländer und die allg. Grundsätze s. Vorbem. vor Art. 84, Art. 85 bezieht sich nicht auf fremdsprachige im Inlande ausgestellte Wechsel (Art. 4[5]).

A. 2. 2. Satz 1: Regel. Die Formerfordernisse einer im Auslande ausgestellten Wechselerklärung stehen im Einklange mit dem Satze: „locus regit actum“ (s. auch Art. 11 EG. z. BGB.; Ausnahmen Satz 2 und 3).

a) Wechsel oder Wechselerklärung — d. h. die sich an den Grundwechsel anschließenden Wechselskripturakte, insbesondere Indossament und Akzept — müssen tatsächlich und wirklich im Auslande ausgestellt sein, wie schon die Fassung ergibt (verbis: „im Auslande ausgestellte, erfolgte Erklärungen“). Ohne Einfluß sind das der Erklärung beigefügte Ortsdatum (a. M. Grünhut § 96), die Staatsangehörigkeit, der Wohnsitz des Wechselzeichners oder der Erfüllungsort der Wechselschuld (ROH. 6, 127), da Art. 85 zwingende Formvorschriften bringt (s. auch Art. 84[3]).

A. 3. b) Im Auslande ist die Wechselerklärung „erfolgt“, wenn nach dem dort geltenden Recht sich dort der zu ihrer Verpflichtungskraft erforderliche Tatbestand vollendet hat. Soweit also eine Begebung hierzu notwendig ist, entscheidet nicht der Ort, an dem die Niederschrift, sondern wo die Begebung geschehen ist; bei einer Übersendung dort, wo diese sich vollendet. Beispielsweise ist ein in Deutschland niedergeschriebener, aber in Frankreich begebener Wechsel ein fremdländischer (s. auch Staub-Stranz A. 3; dagegen scheint das RG. 32, 118 abzuweichen).

Eine — freilich mit Gegenbeweis zu widerlegende — Vermutung streitet dafür, daß die Erklärung am Orte des Ortsdatums, und wenn dieses fehlt, am Wohnsitz des Erklärenden abgegeben ist (RG. 9, 438; 23, 50).

c) **Beispiele zu Satz 1:** Wenn ein in Frankreich ausgestellter, auf Deutschland gezogener Wechsel die Valutaklausel nicht enthält, so kann er in Deutschland weder gültig akzeptiert noch indossiert werden (s. Ausnahme A. 6). Ein in England auf Inhaber ausgestellter, auf Deutschland gezogener Wechsel ist auch in Deutschland gültig. A. 4.

3. **Satz 2 und 3: Ausnahmen** (von der Regel des Satzes 1). „Wechselerklärungen" im Satz 2 und 3 bedeuten sowohl den Grundwechsel als auch die hinzutretenden Skripturakte (A. 2). A. 5.

a) **Beispiel für Satz 2:** Wird ein nach französischem Rechte wegen Mangels der Valutaklausel ungültiger, aber den Erfordernissen des Art. 4 der deutschen WO. entsprechender Wechsel von dem Remittenten in Berlin indossiert oder von dem Bezogenen in Berlin akzeptiert, so sind Akzept und Indossament gültig, ohne daß sich Akzeptant oder Indossant auf die Ungültigkeit des Grundwechsels berufen können. A. 6.

b) **Beispiel für Satz 3:** Ist ein Wechsel in London von einem Deutschen gegenüber einem Deutschen ausgestellt und begeben, so ist er auch dann gültig, wenn er nur den Anforderungen der deutschen WO. entspricht. — Die Ausnahme des Satzes 3 bezieht Grünhut (§ 96) nur auf den Fall, daß Geber und Nehmer des Grundwechsels Inländer sind, unter dieser Voraussetzung aber auch auf alle anderen Wechselskripturakte unter Inländern. A. 7.

A. 8. **4. Ein nach Auslandsrecht ordnungsmäßiger Wechsel eignet sich für den Wechselprozeß (RG. 9, 437 in JW. 06, 716[15]), selbst wenn ein solcher nach ausländischem Rechte nicht angängig und eine deutsche Übersetzung der Klage nicht beigegeben wäre.**

A. 9. **5.** Über einzelne Formerfordernisse der Wechselerklärungen nach Auslandsrecht s. Art. 4[55] und Bernstein Art. 85 § 5. — Vgl. ferner Späing 257, wonach der Satz: locus regit actum im wesentlichen auch die fremden Rechte beherrscht.

A. 10. Über Wirkung und Inhalt der im Ausland ausgestellten Wechselerklärungen s. A. 5 ff. zu Art. 86.

Art. 86. Über die Form der mit einem Wechsel an einem ausländischen Platze zur Ausübung oder Erhaltung des Wechselrechts vorzunehmenden Handlungen entscheidet das dort geltende Recht.

A. 1. 1. Über die Begriffe Ausland, Inland, Ausländer, Inländer und die allg. Grundsätze s. Vorbem. vor Art. 84.

A. 2. **2.** Die Form der im Auslande zur Ausübung oder Erhaltung des Wechselrechts vorzunehmenden Handlungen umfaßt auch Zeit (einschließlich Tageszeit) und Ort (einschließlich der Lokalität) jener Handlungen (ROH. 1, 229; 21, 153; — RG. 9, 430 u. 438; 32, 116; 36, 126; s. auch Art. 91), also auch die Frage, ob Respekttage zu berücksichtigen sind (so RG. 9, 438).

A. 3. **3.** In Frage kommen hier hauptsächlich die **Präsentation, der Protest und die Notifikation** (vgl. Art. 91). Über die Form dieser Handlungen (nicht über ihre Notwendigkeit, s. unten A. 10) entscheidet nach Art. 86 das am ausländischen Platze geltende Recht. Beispielsweise ist in England kein förmlicher Protest nötig, sondern eine einfache Protestnotierung. Form und Fristen der Notifikation (Art. 45) sind dem Gesetze am Wohnort des Notifikanten unterworfen.

4. Eine Vermutung für die Legalität der im Auslande vorgenommenen Handlungen, namentlich auch der dortigen Protesturkunden, besteht nicht: vielmehr liegt dem Richter die Prüfung von Amts wegen ob, und zwar mit den oben Vorbem. vor Art. 84 (A. 2) entwickelten Maßgaben. Hiernach kann er bei einer äußerlich unverdächtigen Urkunde zunächst die Legalität annehmen (ROH. 1, 242 u. 327), und wenn sie den inländischen Anforderungen entspricht, so lange auch die Rechtsgültigkeit, bis das Gegenteil nachgewiesen ist (ROH. 1, 242; 3, 127; vgl. auch § 438 ZPO.). A. 4.

Zusätze zu Art. 85 u. 86.

1. Welches Recht ist materiell entscheidend: A. 5.

a) für Inhalt und Wirkung der Wechselerklärungen (Art. 85)

und b) für die Notwendigkeit der regreßsichernden Handlungen (Art. 86)?

Hierüber enthalten die Art. 85 und 86 keine Regel. Es gilt folgendes:

Zu a) Für Inhalt und Wirkung der Wechselerklärungen (Art und Umfang der Haftung, Voraussetzung der Geltendmachung und des Untergangs) ist nach den Regeln des internationalen Privatrechts auch im internationalen Wechselverkehr der Sitz der Verbindlichkeit maßgebend. Als solcher ist nach der herrschenden, wenn auch nicht unbestrittenen Meinung der Erfüllungsort für jede der verschiedenen Wechselverpflichtungen anzusehen, so daß das dort geltende Recht entscheidet (ROH. 1, 289; 19, 202; RG. 36, 129; Dernburg § 281 III). Also für die Verpflichtung des Akzeptanten, bzw. Ausstellers des eigenen Wechsels ist der Wechselzahlungsort maßgebend (RG. 2, 13), für die der Regreßschuldner, des Trassanten und der Indossanten deren tatsächlicher Wohnort zur Zeit der Übernahme der Obligation (ROH. 19, 203; RG. 24, 115). Für den Ehrenakzeptanten und A. 6.

den Avalisten gilt der gleiche Erfüllungsort, wie für ihren Erstschuldner.

Anderer Meinung Grünhut (§ 96), nach welchem das Recht des Orts, wo der betreffende Skripturakt nach dem Inhalt des Wechsels ausgestellt erscheint, entscheidet.

A. 7. Einzelfälle:

α) Der Verfalltag ist bei einem vom Inlande auf das Ausland gezogenen (dato)-Wechsel nach dem ausländischen Rechte zu berechnen. Ein von Deutschland auf Portugal gezogener Wechsel, welcher „3 Monate nach dato" fällig sein soll, ist nach 90 Tagen fällig, weil das portugiesische Recht 3 Monate gleich 90 Tage rechnet. Dieser Verfalltag ist auch für die Regreßpflicht des inländischen Ausstellers maßgebend (RG. 36, 127 u. 129).

A. 8. β) Die Wirkung der in Amerika auf den Wechsel gesetzten Indossamente ist nach amerikanischem Recht zu beurteilen (RG. 23, 50), sofern die Indossanten zur Zeit der Verpflichtungsübernahme in Amerika wohnen.

A. 9. γ) Die Verhältnisse der ausländischen Indossanten unter sich normieren sich (in einer auch von den inländischen Wechselverpflichteten anzuerkennenden Weise) nach dem für sie geltenden örtlichen Rechte (ROH. 5, 104).

A. 10. Zu b) Für die **Notwendigkeit** (im Gegensatz zur Form, s. A. 3) der regreßsichernden Akte, also des Protestes und der Notifikation (Aufzählung der Auslandsrechte bei Bernstein 362), entscheidet bei jedem Wechselschuldner gleichfalls das Recht seines Erfüllungsortes (Näheres über diesen A. 6). Einzelne Gerichte lassen den Zahlungsort für alle Wechselschuldner entscheiden, andere den Ort der Haftungsübernahme.

A. 11. Einzelfälle:

α) Die Verpflichtung des inländischen Wechselinhabers zur Notifikation (Art. 45) richtet sich, wenn der Regreßschuldner in einem Rechtsgebiete wohnt, wo dieselbe notwendige **Voraussetzung** für den **Rückgriff** bei Verlust desselben ist, z. B. in England, nach den Gesetzen des Auslandes (ROH. 19, 203, wo es sich um einen vom Auslande auf das Inland gezogenen Wechsel handelte).

β) Der aus einem im Inland vollzogenen Indossament in Anspruch genommene Indossant eines in England ausgestellten und zahlbaren Wechsels kann nicht geltend machen, daß nach englischem Recht eine rechtzeitige Notifikation zur Erhaltung des Wechselrechts erforderlich sei (RG. 9, 438). A. 12.

γ) Ist nach dem in Betracht kommenden Rechte Voraussetzung für die Regreßschuld die **Protesterhebung**, so ist es unerheblich, ob sie an dem Orte, wo der Wechsel dem Akzeptanten präsentiert wird, nach dessen Recht erforderlich ist. Der Regreß geht verloren, selbst wenn am Präsentationsorte die Protesterhebung **unmöglich** oder nach dortigem Rechte Ersatzmittel für den Protest (z. B. Notierung, schriftliche Zahlungsweigerung) vorhanden wären, oder etwa ein **gesetzliches Moratorium** von der Protesterhebung befreite. Denn ein Moratorium ist kein Gesetz über die Form (Art. 86), sondern eine Abänderung der Verfallzeit, die sich nach den Gesetzen des Erfüllungsortes des Verpflichteten richtet. Die Regreßpflicht des Inländers, der im Inlande einen Wechsel auf das Ausland ausgestellt und im Inlande giriert hat, ist nach inländischem Rechte zu beurteilen und erlischt daher ohne Rücksicht auf das Moratorium, wenn nicht rechtzeitig nach dem ursprünglichen Verfalltage Protest erhoben wird (ROH. 1, 286 ff.; 5, 102; **bekannter Fall des Moratoriums aus Anlaß der Belagerung von Paris**). A. 13.

δ) Über die Zeit der Protesterhebung als Erfordernis des Regresses gegen den inländischen Aussteller für den Fall, daß der ausländische Bezogene in seinem Akzepte die Zahlungszeit hinausschiebt, s. ROH. 21, 151 (Art. 22 5). A. 14.

A. 15. **2. Über das auf die Verjährung anzuwendende Recht bei Auslandswechseln s. Vorbem. vor Art. 77[4]; über einzelne ausländische Verjährungsfristen s. dort A. 20.**

A. 16. 3. Ob die Verpflichtung aus der Wechselausstellung erloschen ist und ob ein Bereicherungsanspruch bleibt, richtet sich nach dem Rechte des Erfüllungsortes (über diesen A. 6) der betreffenden Wechselobligation (RG. 23, 31: 24, 115).

XVI. Protest.

Art. 87. Jeder Protest muß durch einen Notar oder einen Gerichtsbeamten oder einen Postbeamten aufgenommen werden. Der Zuziehung von Zeugen oder eines Protokollführers bedarf es dabei nicht.

Einleitung. Der Art. 87 enthält die wesentlichste Neuerung der Protestnovelle. In Gemäßheit des § 1 V dieses Gesetzes sind hinter dem Worte „Gerichtsbeamten" die Worte eingeschaltet „oder einen Postbeamten".

Gegen den Protest, diesen Zopf aus alter Zeit, sind wir seit je aufgetreten. Unseres Erachtens könnte er für den Inlandverkehr überhaupt beseitigt werden (Näheres J. Stranz, **Ein Protest gegen den Wechselprotest**, Festgabe für Koch, Berlin 1903).

In dieser Schrift ist an zweiter Stelle die Aufnahme des Protestes durch Postbeamte nach belgischem Muster und die Vereinfachung der Urkunde empfohlen worden. Das Ges. v. 30. Mai 1908, betr. die Erleichterung des Wechselprotestes (vgl. Anhang I) hat beides gebracht. Es bedeutet zwar nur einen teilweisen, aber doch einen Fortschritt. Über die Gründe, die für den Postprotest sprechen und die Geschichte der Protestnovelle vgl. Staub-Stranz Einl. zu Art. 87.

Im übrigen enthält das Protestgesetz keinen Umbau

des Wechselprotestwesens, sondern beschränkt sich auf einen Ausbau.

1. Die Vorschriften über den Protest (Art. 87—90) gelten auch für **eigene Wechsel** (Art. 98 Nr. 10). A. 1.

2. **Begriff und Arten.** Der Protest ist ein **urkundliches Zeugnis** über bestimmte wechselrechtliche, durch den zuständigen Beamten vorgenommene Handlungen (Art. 88 Nr. 3), keine Urkunde über ein **Rechtsgeschäft** im Sinne der §§ 167 ff. des FGG. (siehe jedoch Jastrow, Formularbuch 14. Aufl. I S. 223), auch keine Rechtsverwahrung (s. auch ROH. 21, 168). Der Ausdruck „**protestieren**" bedeutet hier bezeugen, aber nicht „eine Rechtsverwahrung einlegen". A. 2.

Der Protest ist entweder: A. 3.

a) **Solennitätsakt.** Dann ist er die einzig zulässige, an solenne Form geknüpfte, durch andere Beweismittel nicht zu ergänzende Urkunde, z. B. nach Art. 41 als Bedingung des Regresses. Erschwerter Gegenbeweis ist zulässig. (Art. 88 22, 24 u. 26). Es ist aber zu beachten, daß durch das neue Protestgesetz die Eingangsworte des Art. 88 „Der Protest muß enthalten" dahin abgeändert wurden „In den Protest ist aufzunehmen". Der Art. 90 Abs. 1 läßt ferner die Berichtigung von Schreibfehlern, Auslassungen und sonstigen Mängeln der Protesturkunde seitens des Protestbeamten bis zur Aushändigung der Urkunde zu. Der Gesetzgeber will damit der Überspannung der Formenstrenge beim Protest vorbeugen.

Oder b) **Bloßes Beweismittel.** Dann ist sein Ersatz durch andere Beweismittel statthaft, z. B. beim Anspruch gegen den Akzeptanten, um dessen Verzug nachzuweisen, und zwar seit dem 1. Okt. 08 auch beim Domizilwechsel mit benanntem Domiziliaten.

Die Hauptarten sind: A. 3a.

a) der Protest mangels **Zahlung** seitens des Bezogenen, bzw. Ausstellers des eigenen Wechsels, Domiziliaten, Ehrenakzeptanten, Notadressaten (Art. 41, 43, 60, 62, 69 Nr. 2, 98 Nr. 6);

b) der Protest mangels Annahme (im Falle der Art. 19, 20, 98 Nr. 3, 24 Abs. 2, 56, 69 Nr. 2) und mangels Akzeptdatierung (Art. 20 Abs. 1);

c) der Sicherheitsprotest (Art. 29 Abs. 2, 98 Nr. 4);

d) der Protest mangels Auslieferung des Akzeptexemplars bzw. des Originalwechsels (Art. 69 Nr. 1, Art. 72 und Art. 98 Nr. 8);

e) der Interventionsprotest bei der Ehrenannahme und Ehrenzahlung (Art. 58, 88 Nr. 5).

A. 4. **3. Verhältnis zu dem neuen Reichs- und Landesrecht seit dem 1. Januar 1900.**

A. **Form und Inhalt** der Protesturkunde sind in der WO. erschöpfend geregelt. Ihre Vorschriften bleiben in Kraft (Art. 32 EG. z. BGB. und § 185 Abs. 2 FGG.) und können auch landesrechtlich nicht berührt werden. Über die Form s. noch A. 13, über den Inhalt Art. 88.

A. 5. B. **Die Protestbeamten.**

a) **Wer sind Protestbeamte?** Notar oder Gerichtsbeamter oder Postbeamter (Art. 87, unberührt durch Art. 141 EG. z. BGB.). Landesgesetzlich dürfen einerseits Notare, Gerichtsbeamte oder Postbeamte nicht ausgeschlossen, anderseits andere Beamte nicht für zuständig erklärt werden. Aber die Landesgesetze können anordnen, welche Gerichtsbeamte zuständig sind, wie sie auch das Nähere über die reichsrechtlich noch nicht geregelte Rechtsstellung der Notare enthalten (für Preußen die Art. 77 ff. des pr. FGG. v. 21. Sept. 1899).

A. 6. Hiernach ergibt sich folgendes:

α) Der Notar und der Richter, soweit diesen die Ausübung der freiwilligen Gerichtsbarkeit zusteht, sind überall zuständig.

β) Berufen sind ferner als Gerichtsbeamte nach einzelnen Landesgesetzen der Gerichtsschreiber und der Gerichtsvollzieher (s. Näheres bei Rehbein-Mansfeld A. 1).

Für Preußen sind die Gerichtsschreiber bei den Amtsgerichten und die Gerichtsvollzieher gleichfalls zuständig.

Die jetzt in Betracht kommenden preuß. Gesetzes- und Verordnungsvorschriften sind folgende:

I. Für Gerichtsschreiber.

§ 70 Abs. 1 des pr. Ausf.Ges. vom 24. April 1878 zum D.Ger.Verf.Ges.

Hinsichtlich der Gerichtsschreibergehilfen kommt der § 5 des Ges. v. 3. März 79 betr. die Dienstverhältnisse der Gerichtsschreiber in der Fassung, die er durch Art. 131 des pr. FGG. v. 21. Sept. 99 erhalten hat, zur Anwendung.

Mit der einstweiligen Wahrnehmung der Gerichtsschreibergeschäfte können ferner die im Abs. 1 und im Abs. 2 des § 26 der Gerichtsschreiberordnung v. 17. Dez. 99 (JMBl. 849ff.) genannten Personen beauftragt werden; doch sollen die im Abs. 2 des § 26 genannten Personen zur Aufnahme von Protesten nicht verwendet werden (scil. unbeschadet der Gültigkeit).

II. Für Gerichtsvollzieher:

Die §§ 74, 76 des pr. Ausf.G. zum D.Ger.Verf.Ges.

Die örtliche Zuständigkeit des Gerichtsvollziehers ist im § 18 der Gerichtsvollzieherordnung vom 31. 3. 00 (JMBl. 00, 347) geregelt.

Die obigen Bestimmungen (zu I und II) der §§ 70, 74 und 76 des AG. z. DGVG. sind nach Art. 130 des pr. FGG. unberührt geblieben.

γ) Was die Postbeamten anbetrifft, so sind alle Postbeamte, also nicht nur höhere, sondern auch die niederen, insbesondere die Postboten, in Bayern auch die Postbediensteten, zuständig.

Der Postbeamte ist etwa nicht an zweiter Stelle, in Ermangelung oder Verhinderung von Notaren oder Gerichtsbeamten, berufen, sondern an sich gemäß Art. 87 an gleicher Stelle neben den genannten Beamten.

Diese prinzipielle Gleichstellung erleidet indes durch den § 3 des Protestgesetzes (vgl. Anhang I) praktisch eine tiefgehende Erschütterung. Der § 3 Abs. 1 lautet nämlich:

Unter Zustimmung des Bundesrats kann der Reichskanzler anordnen, daß die Postverwaltung für bestimmte Fälle, insbesondere mit Rücksicht auf die Art des Protestes oder die Höhe der Wechselsumme die Protesterhebung nicht übernimmt.

Nach den Anordnungen, die der Reichskanzler gemäß Abs. 1 des § 3 der Protestnovelle am 5. Aug. 08 erlassen hat (abgedruckt im Anhang S. II); sind die Postbeamten nicht zuständig: 1. für alle Proteste, die sich auf eine andere wechselrechtliche Leistung, als die Zahlung, beziehen; 2. aber auch für Zahlungsproteste nur mit erheblichen Einschränkungen (vgl. im zitierten Anhang).

A 7. b) Die örtliche Zuständigkeit der Protestbeamten richtet sich nach den ihnen landes- oder reichsgesetzlich zugewiesenen Bezirken. Die Postbeamten sind nur zuständig innerhalb des ihnen angewiesenen Postbestellbezirks. Die Folgen einer örtlichen Überschreitung des Amtsbezirks rücksichtlich der Gültigkeit der Beurkundung darf bei Notaren und Gerichtsbeamten die Landesgesetzgebung richtiger Ansicht nach frei bestimmen. Von den meisten Landesgesetzen wird eine außerhalb des Amtsbezirkes vorgenommene Beurkundung nicht deshalb für ungültig erklärt. Siehe z. B. Art. 39, 84 pr. FGG.; ebenso Kgl. Sächsische Ausf.Verordn. v. 24. Juli 99 § 43; entgegengesetzt Baden (§ 56 des Rechtspolizeiges.), ausgenommen jedoch Proteste bei Gefahr im Verzuge. Wo die Landesgesetze keine ausdrückliche Bestimmung über die Folgen enthalten, ist die Amtshandlung als solche u. E. ungültig. Ebenso ist in allen Fällen die Vornahme von Beurkundungen außerhalb des Staatsgebietes, dem der beurkundende Beamte angehört, ungültig. Näheres über alle diese vielfach bestrittenen Fragen bei Dorner: Örtl. Zuständigkeit bei Urkundenaufnahme (Ztschr. für deutsch. Zivilproz. 28, 249). Die Überschreitung der örtlichen Kompetenz seitens der Postbeamten hat eine Ungültigkeit des Protestes nicht zu Folge (vgl. Staub-Stranz A. 2.)

c) Die **persönlichen Ausschließungsgründe** des Protest- A. 8.
beamten.

α) Sie richten sich bei **Notaren und Gerichtsbeamten** nach Landesrecht. Da der Protest keine Urkunde über ein Rechtsgeschäft (A. 2), in welchem Falle die §§ 170 bis 172 FGG. maßgebend wären, sondern ein Zeugnis ist, so gelangen in Preußen für Richter, Gerichtsschreiber und Notare die Ausschließungsgründe des § 6 FGG. gemäß Art. 84 des pr. FGG., dagegen für den Gerichtsvollzieher gemäß § 76 AG. z. DGVG., die des § 156 DGVG. zur Anwendung.

Der § 6 RFGG. lautet:

„Ein Richter ist von der Ausübung des Richteramts kraft Gesetzes ausgeschlossen:

1. in Sachen, in denen er selbst betheiligt ist oder in denen er zu einem Betheiligten in dem Verhältniss eines Mitberechtigten oder Mitverpflichteten steht;
2. in Sachen seiner Ehefrau, auch wenn die Ehe nicht mehr besteht;
3. in Sachen einer Person, mit der er in gerader Linie oder im zweiten Grade der Seitenlinie verwandt oder verschwägert ist;
4. in Sachen, in denen er als Vertreter eines Betheiligten bestellt oder als gesetzlicher Vertreter eines solchen aufzutreten berechtigt ist.

Ein Richter kann sich der Ausübung seines Amtes wegen Befangenheit enthalten. Die Ablehnung eines Richters ist ausgeschlossen.“

Der § 156 DGVG. lautet:

„Der Gerichtsvollzieher ist von der Ausübung seines Amts kraft Gesetzes ausgeschlossen:

I. in bürgerlichen Rechtsstreitigkeiten:

1. wenn er selbst Partei oder gesetzlicher Vertreter einer Partei ist, oder zu einer Partei in dem Verhältnisse eines Mitberechtigten, Mitverpflichteten oder Schadensersatzpflichtigen steht;
2. wenn seine Ehefrau Partei ist, auch wenn die Ehe nicht mehr besteht;
3. wenn eine Person Partei ist, mit welcher er in gerader Linie verwandt, verschwägert oder durch Adoption verbunden, in der Seitenlinie bis zum dritten Grade verwandt oder bis zum zweiten Grade verschwägert ist, auch wenn die Ehe, durch welche die Schwägerschaft begründet ist, nicht mehr besteht."

Als Beteiligte oder Partei im Sinne der ebengenannten Vorschriften gelten diejenigen, für oder gegen die protestiert wird (über diese Personen Art. 88[8–14]), also auch der Domiziliat beim echten Domizilwechsel (JW. 95, 299; RG. in Gruch. 32, 1143), sowie seit 1. Okt. 08 der Zahlungsleister beim Zahlstellenwechsel mit benanntem Zahlungsleister (Art. 43 Abs. 2); dagegen nicht diejenigen, die zufälligerweise bei der Protesterhebung auf die Zahlungsaufforderung antworten, selbst wenn sie eine Ehrenannahme oder Ehrenzahlung anbieten (Schulze-Oberneck Art. 64[4]).

Der Notar ist daher ausgeschlossen, wenn er selbst, seine Ehefrau oder die im § 6 RFGG. bezeichneten Verwandten und Verschwägerten Protestaten oder Protestanten sind oder er selbst zu den Wechselschuldnern gehört; **der Gerichtsvollzieher** (gemäß § 156 GVG.), wenn er selbst, seine Ehefrau (auch nach Auflösung der Ehe) oder die im § 156 bezeichneten Verwandten und Verschwägerten Protestaten oder Protestanten sind, oder wenn er gesetzlicher Vertreter dieser Personen ist oder selbst zu den Wechselschuldnern gehört. Ist der Notar Vorstandsmitglied einer Genossenschaft oder Aktiengesellschaft, so wird er weder für, noch gegen die Genossenschaft oder Aktiengesellschaft Wechsel protestieren dürfen; der Ausschließungsgrund aus Nr. 4 § 6 des RFGG. greift Platz. Ist der Notar dagegen Mitglied des Aufsichtsrats, oder lediglich Mitglied der Genossenschaft, bzw. Aktionär, so trifft ihn das Verbot nicht, da er nicht Vertreter der Beteiligten ist (ebenso Magendantz in JW. 01, 571).

β) Der Postbeamte ist ausgeschlossen kraft aller Dienstanweisungen (vgl. die bei Staub-Stranz in den Anhängen abgedruckten Dienstanweisungen auch für Bayern und Württemberg):

1. wenn er selbst, oder eine Person, deren gesetzlicher Vertreter er ist, an dem Wechsel beteiligt ist, oder wenn er selbst zu einer am Wechsel beteiligten Person in dem Verhältnis eines Mitberechtigten oder Ersatzpflichtigen steht;

2. wenn der Protest gegen seine Ehefrau zu richten ist, auch wenn die Ehe nicht mehr besteht;

3. wenn der Protest sich gegen seine Eltern, Großeltern, Kinder, Enkel, gegen seinen Bruder, seine Schwester, seinen Schwager oder seine Schwägerin richtet, auch wenn die Ehe, durch welche die Schwägerschaft begründet ist, nicht mehr besteht.

In Fällen einer derartigen Verhinderung hat der Amtsvorsteher zu bestimmen, wer den Protest erheben soll.

γ) Die Übertretung der Ausschließungsvorschriften gibt nur ein Beschwerderecht, berührt aber nicht die Gültigkeit des Protestes (§ 7 FGG. u. für Preußen Art. 84 pr. FGG.; s. aber Jastrow, Form. I 223);

ebenso für das frühere, jetzt noch für die Gerichtsvollzieher in Betracht kommende Recht Bernstein 367 (vgl. auch Haldy in DJZ. 04, 1038).

A. 9. d) **Rechtsstellung und Haftbarkeit des Protestbeamten.**

α) Er muß, abgesehen von Behinderungsfällen, den Auftrag annehmen, selbst wenn er die Ausführung, z. B. bei Ungültigkeit des Wechsels, für unwirksam oder überflüssig hält. Er hat die Legitimation des Antragstellers zu prüfen und ihn eventuell zur Herstellung der Legitimation (durch Durchstreichen des Indossaments) zu veranlassen. Auf den gleichen Standpunkt hat sich das Reichsgericht gestellt; es erklärt den Notar zu dieser Prüfung und diesem Hinweis verpflichtet, und zwar sowohl auf Grund des Dienstvertrages, als auch — wo solche vorliegt — auf Grund seiner amtlichen Stellung (§§ 839, 611 ff. BGB.; insbesondere für preußisches Recht RG. v. 29. Mai 06 in JW. 06, 467[25]). Dagegen hat der Protestbeamte weder Recht noch Pflicht, die Legitimation selbst herzustellen (a. M. Walter: Der Wechselprotest S. 21 ff.). Er ist Beamter, aber zugleich Beauftragter des Wechselinhabers, bzw. Geschäftsbesorger kraft Dienstvertrages nach neuem Recht (§ 675 BGB.; Plen.-Entsch. RG. 16, 397 ff. für Gerichtsvollzieher mit Rücksicht auf ihre Zwangsvollstreckungstätigkeit; ebenso die herrschende Meinung, vgl. z. B. Weißler: Das Notariat in Preußen S. 71 ff., 80 und 339). Staub (4. Aufl. § 12) leugnete für Richter und Gerichtsschreiber die Anwendbarkeit der Grundsätze des zivilrechtlichen Mandats. Indes er verkannte, daß alle Protestbeamte Beurkundungen im Dienste Privater vornehmen.

β) Die gleiche Prüfungspflicht, wie sie früher und jetzt für Notare und Beamte bestand und besteht, liegt beim Postprotest der Postverwaltung ob. Die Postverwaltung, bzw. die einzelne Postanstalt ist es, die den Auftrag zur Protesterhebung erhält, wie sich dies deutlich aus dem § 3 Abs. 2 und dem § 4 des Protestgesetzes ergibt. Der einzelne Postbeamte ist nur ausführendes Organ, die Postverwaltung (Postanstalt) erhält und übernimmt den Protestauftrag und haftet für die ordnungsmäßige Ausführung. Sie hat daher auch die Prüfungspflicht (vgl. noch A. 10a).

γ) Der gesetzlich umgrenzte Umfang des Auftrages geht dahin, den Wechsel vorzulegen und die Erklärung des Protestaten einzuholen, nicht aber im Namen des Auftraggebers Rechtsgeschäfte abzuschließen. Die Erklärungen, z. B. ein gefälschtes Akzept gelten zu lassen, oder Zahlungsversprechungen des Protestaten, werden dem Protestbeamten nicht animo obligandi mitgeteilt (Art. 88 21; ROH. 21, 168; RG. 24, 85; wegen der Zahlungsannahme s. A. 11). Der Notar gilt zur Substitution eines anderen Protestbeamten im Behinderungsfalle für ermächtigt.

δ) Für Versehen haftet der Protestbeamte als Beamter und Beauftragter, je nachdem die eine oder die andere Verantwortung die schwerere ist, aber nur gegenüber dem Antragsteller, nicht gegenüber jedem Wechselberechtigten (Bolze 6 Nr. 287). Er haftet, wenn man ihn — wie wir — zugleich als Beauftragten bzw. Geschäftsbesorger kraft Dienstvertrages ansieht, nach dem BGB. nicht bloß subsidiär, sondern an erster Stelle für jedes Versehen und jeden Schaden (einschl. des entgangenen Gewinns) bei Entgegennahme und bei Ausführung des Auftrages (§§ 675, 252, 276 BGB.; RG. 16, 397 ff.; 20, 389; RG. in JW. 06, 467 25; vgl. auch A. 9); Verjährungsfrist 30 Jahre. Wer — mit Staub (vgl. oben A. 9) — Richter und Gerichtsschreiber oder wer überhaupt die Protestbeamten nicht als Beauftragte ansieht, für den regelt sich ihre Haftung nach § 839 BGB.; sie ist also bei Fahrlässigkeit dieser Beamten nur eine subsidiäre; Verjährungsfrist 3 Jahre (§ 852 BGB.) A. 10.

Die Haftung des Notars und seines Bureauvorstehers behandelt das Reichsgericht in einem Urteil

v. 21. Juni 01, dessen Grundsätze eine lebhafte Bekämpfung, zum Teil mit Recht, erfahren haben (JW. 01, 549; vgl. hierzu Staub-Stranz A. 13 zu d).

A. 10a. ε) **Für die Haftung beim Postprotest** sind folgende Sonderbestimmungen zu beachten. Es haftet die **Postverwaltung** (vgl. A. 9 zu β) — der Reichsfiskus bzw. der bayerische oder württembergische Landesfiskus — dem Auftraggeber für die ordnungsmäßige Ausführung des Protestauftrags nach den allgemeinen Vorschriften des bürgerlichen Rechtes über die Haftung eines Schuldners für die Erfüllung seiner Verbindlichkeit. Hieraus ergibt sich, daß die Postverwaltung ihr und ihrer Angestellten Verschulden (Vorsatz und Versehen) gemäß den §§ 276 und 278 BGB. zu vertreten hat. Was insbesondere die Vertretung eines Verschuldens der den Protest ausführenden Beamten betrifft, so ergibt sich die Vertretungspflicht der Postverwaltung nicht bloß aus der allgemeinen Vorschrift des § 278 BGB., sondern noch aus der Sondervorschrift des § 264 Abs. 1 Satz 3, der im § 675 BGB. mitzitiert ist.

Der Umfang der Haftung ist bei der Postverwaltung auf den Betrag des wechselmäßigen Regreßanspruchs als Höchstbetrag begrenzt (§ 4 Abs. 1 Satz 2 Protestges.). Entgangener Gewinn wird also hier nicht ersetzt.

Nach der Begründung zum Protestges. soll die Haftung der Post noch in einer anderen Richtung begrenzt sein. Sie soll nur für die Ausführung des Protestgeschäfts im engeren Sinne eintreten, nicht aber für die ordnungsmäßige und rechtzeitige Beförderung und Rückbeförderung von Wechsel und Protest. Hierfür sollen die für die Transportgeschäfte geltenden Vorschriften des Postgesetzes Abschnitt II maßgebend sein (also Ersatz bis zum Höchstbetrage von 14 Talern und sechsmonatliche Verjährung, Postges. § 14). Diese Unterscheidung ist unseres Erachtens im Gesetz nicht zum deutlichen Ausdruck gelangt und unzutreffend (Näheres Staub-Stranz A. 13).

Der Ersatzanspruch gegen die Postverwaltung aus Verschulden im Protestgeschäft unterliegt einer Verjährung von nur drei Jahren. Sie beginnt mit dem Zeitpunkte, in dem der Protestauftrag bei der Postanstalt eingeht, von welcher der Protestauftrag auszuführen ist, d. h. der Postanstalt des Bestimmungsortes (§ 4 Abs. 2 Protestges.).

Was die Haftung des den Protest ausführenden Postbeamten gegenüber dem Publikum für Versehen betrifft, so fehlt es an einem Vertragsverhältnis zwischen ihm und der Partei (vgl. oben). Auf die Haftung des Postbeamten gegenüber dem Auftraggeber können daher lediglich die Vorschriften des § 839 BGB. zur Anwendung gelangen, also die Haftung des Postbeamten bei Fahrlässigkeit ist nur eine subsidiäre; er haftet aber auch für den entgangenen Gewinn; die Verjährung beträgt drei Jahre.

e) **Zahlungsempfang durch den Protestbeamten.** Vgl. jetzt Art. 89a und die Erläuterungen dazu. A. 11.

f) Ein Protest ist unnötig und rechtsunwirksam, wenn der Protestat Zahlung bzw. Leistung real anbietet. Das ist jetzt durch den Art. 89a der Wechselordnung klargestellt. Will der Protestat die bisher entstandenen Kosten nicht zahlen, so ist die Zahlung der Hauptsumme anzunehmen (Art. 38) und wegen der Kosten Protest zu erheben. Die bloße Erklärung des Schuldners, er werde zahlen, beseitigt nicht die Notwendigkeit des Protestes (OLGRspr. 10, 365). A. 12.

4. Über die Form der Protesturkunde (im Gegensatz zu deren Inhalt, Art. 88) enthält die WO. folgendes: A. 13.

a) Der Protest muß aufgenommen sein durch den Protestbeamten — also eine Vertretung unzulässig —, wobei es der Zuziehung von Zeugen oder eines Protokollführers nicht bedarf (Art. 87).

Über die Einwirkungen des Protestgesetzes, insbesondere über den Fortfall des Protestregisters vgl. Art. 90.

b) Unterzeichnung durch den Protestbeamten mit

Beifügung des **Amtssiegels** oder des Amtsstempels (Art. 88 Nr. 6).

Die Verletzung der Vorschriften zu a und b hat die Ungültigkeit des Protestes zur Folge. Die Aufnahme in das Protestregister, die der frühere Art. 90 der WO. anordnete, ist nach § 1 VIII der Protestnovelle vollständig gefallen (vgl. Art. 90[3]). Über die Form ausländischer Protesturkunden s. Art. 86[2] ff.

Landesgesetzlich kann an den Formvorschriften nichts geändert werden. Es zessieren aber auch, da die Vorschriften der WO. erschöpfend sind und da es sich nicht um ein Rechtsgeschäft handelt (A. 2, 4), die reichsgesetzlichen Bestimmungen (§§ 178 ff. FG.), die ausnahmsweise die Zuziehung von Zeugen, eines Protokollführers oder Dolmetschers vorschreiben, z. B. bei **Blinden**, **Tauben**, **Stummen**, **Sprachfremden**. Ebensowenig bedarf es der Unterschrift der Beteiligten.

A. 14. 5. **Die Kosten (Gebühren und Stempel)**, die sich für Wechselproteste nach den Landesgesetzen richten, trägt dem Beamten gegenüber der Auftraggeber, dem letzteren gegenüber infolge des Verzuges für die Regel der Wechselschuldner, es sei denn, daß kein Anlaß zur Protestaufnahme vorlag, z. B. weil eine Präsentation nicht vorhergegangen und Zahlung sofort erfolgt ist. Dagegen hat, wenn die Zahlung vergeblich gesucht worden ist, der Schuldner die Kosten selbst für einen zur Erhaltung des Wechselrechts überflüssigen Protest — gegen die Ansicht Thöls und des ROH. (5, 105) — zu tragen, weil der Protest im Wechselverkehr durchaus verkehrsüblich und zum Nachweise des Verzuges im Wechselprozesse kaum zu entbehren ist (so mit Recht RG. 41, 127 und die herrschende Meinung).

An sich hat der Schuldner ferner die Kosten desjenigen Protestbeamten zu erstatten, den der Gläubiger gewählt hat. Das Gesetz stellt dem Gläubiger verschiedene Protestbeamte zur Verfügung. Aber wie das Kammergericht

(ROLG. 14, 412) ausgeführt hat, kann der Wechselschuldner dem Wechselgläubiger einwenden, die erhöhten Protestkosten seien vom Gläubiger mutwillig oder schikanös veranlaßt. Dieser Einwand ist selbstverständlich auch stichhaltig in der Weise, daß der Wechselgläubiger statt des billigen Postprotestes den teuren Notarprotest mutwillig oder schikanös gewählt hat (Staub-Stranz A. 19).

6. Über den **Erlaß** des Protestes s. Art. 42. A. 15.

7. **Fremde Rechte (zu Art. 87—89).** A. 16.

a) In Frankreich (code de comm. Art. 173—176) geschieht die Aufnahme des Protestes durch Notare und Gerichtsvollzieher; in Belgien durch Gerichtsvollzieher, oder, wenn sie nicht zu erlangen sind, durch Postbeamte. In Italien ist Ersatz des Protestes durch eine Erklärung des Protestaten zugelassen. Nach engl. Recht geschieht die Aufnahme durch den Notar, falls dieser aber nicht zu erlangen, durch jeden Haushaltungsvorstand oder ständigen Einwohner des Platzes unter Zuziehung von zwei Zeugen; aber es genügt auch die Notierung zum Protest am Tage der Dishonorierung.

b) Über den Gebrauch der Protesturkunden im **internationalen Verkehr** vgl. näheres Jastrow, Formularbuch I S. 296ff. Mit Österreich-Ungarn ist seitens des Reiches durch den Vertrag v. 25. Febr. 1880 (der später auf Bosnien und die Herzegowina ausgedehnt wurde) folgendes vereinbart worden:

Art. 2. . . . Wechselproteste, welche von Notaren, Gerichtsvollziehern oder Gerichtsschreibern ausgestellt und mit deren Amtssiegel versehen sind, bedürfen keiner Beglaubigung . . . . .

Art. 88. In den Protest ist aufzunehmen:

1. der Name oder die Firma der Personen, für welche und gegen welche der Protest erhoben wird;

2. die Angabe, daß die Person, gegen welche protestiert wird, ohne Erfolg zur Vornahme der wechselrechtlichen Leistung aufgefordert worden oder nicht anzutreffen gewesen ist oder daß ihr Geschäftslokal oder ihre Wohnung sich nicht hat ermitteln lassen;
3. die Angabe des Ortes sowie des Kalendertags, Monats und Jahres, an welchem die Aufforderung (Nr. 2) geschehen oder ohne Erfolg versucht worden ist;
4. im Falle einer Ehrenannahme oder einer Ehrenzahlung die Erwähnung, von wem, für wen und wie sie angeboten oder geleistet wird.

Der Protest ist von dem Protestbeamten zu unterzeichnen und mit dem Amtssiegel oder dem Amtsstempel zu versehen.

I. Allgemeines über die Protesterfordernisse im Art. 88.

Einleitung. Der Artikel gibt die Erfordernisse über den Inhalt des Wechselprotestes an. Die Formalvorschrift über die Stelle, auf welche die Protesturkunde zu setzen ist, enthalten die Art. 88a u. b. Die Hauptänderungen gegen die alte Fassung des Art. 88 betreffen die Änderung in den Anfangsworten („ist" statt „muß") und die Weglassung der alten Nr. 1. An die Stelle der alten Nr. 1 sind die auch im Inhalt ganz neuen Art. 88a u. b getreten. Damit soll die von der Protestnovelle angestrebte Vereinfachung der Protesturkunde verwirklicht werden. Die Protesturkunde hat ihre Selbständigkeit verloren und ist Annex des Wechsels geworden; es ist ferner das Protestregister beseitigt worden. Im großen und ganzen ist es aber bei dem früheren Inhalt der Urkunde verblieben. Nur ist die in den Protest aufzunehmende wörtliche Abschrift des Wechsels (früher Nr. 1, Art. 88) weggefallen, ebenso wie die Notwendigkeit einer Aufnahme der Antwort des Protestaten (früher in Nr. 3 des Art. 88).

1. **Es handelt sich um zwingende Vorschriften.** Mängel A. 1.
— von Amts wegen zu beachten (ROH. 18, 272) — machen den Protest ungültig. Allein es ist stets zu untersuchen, ob nicht der Protest trotz des Mangels seinem Zwecke entspricht. Die Praxis hat gleichfalls diese Richtung schon vor dem 1. Okt. 1908 verfolgt (ROH. 1, 143; 18, 209 — der Wechsel war von H. Merner giriert, in der Wechselkopie des Protestes stand H. Werner; RG. 14, 146). Das Protestgesetz hat diesen Standpunkt noch deutlicher durch die Fassung „ist" statt „muß" gemacht.

Über den Protest als Solennitätsakt s. Art. 87[3]; auch hier können Schreibfehler unschädlich sein (RG. in Gruch. 35, 127). Wegen einer Berichtigung s. Art. 90.

2. Der Protestbeamte ist nicht verpflichtet, im Proteste A. 2.
die Quelle anzuführen, aus welcher er seine Kenntnis betreffs einer bezeugten Tatsache geschöpft hat. Seine Angaben verdienen bis zum Nachweis des Gegenteils vollen Glauben (RG. in Gruch. 28, 1015). Der Beweis der Unrichtigkeit der im Proteste bezeugten Tatsachen ist auch dem gutgläubigen Inhaber gegenüber nicht ausgeschlossen (ROH. 19, 152).

3. **Außer den Erfordernissen** der Art. 88, 88 a u. b A. 3.
ist noch laut Art. 41 die zu beurkundende Präsentation des Wechsels notwendig, ohne daß freilich ein ausdrücklicher Vermerk der Vorlegung in der Urkunde zu erfolgen hätte (vgl. Art. 41[5]). Durch die Protestnovelle hat sich hieran nichts geändert. In den Eingangsworten

des Art. 88a Abs. 4 ist vielmehr eine Bestätigung der Auffassung, daß die zu beurkundende Präsentation des Wechsels Protesterfordernis ist, zu erblicken.

A. 4. Aus anderen Vorschriften ergibt sich noch ein weiterer notwendiger Inhalt der Protesturkunde. Ist z. B. in der unrichtigen Lokalität protestiert (Art. 91 Abs. 1 Satz 2) oder ist in einem benachbarten Orte im Falle des Art. 91a Abs. 1 Satz 2 protestiert, so ist die Beurkundung der Zustimmung des Protestaten im Protest zur Legalität des Protestes für die Regel erforderlich; freilich kann sich die Zustimmung auch stillschweigend aus dem Inhalt der Urkunde ergeben (vgl. Erläuterungen zu Art. 91 und 91a).

A. 5–7. Eine wörtliche Abschrift des Wechsels oder der Kopie und der darauf befindlichen Indossamente und Bemerkungen hatte die Nr. 1 des Art. 88 in alter Fassung vorgeschrieben. Das Protestgesetz hat für den Zahlungsprotest die äußere Verbindung des Protestes mit dem Wechsel vorgeschrieben (Art. 88a). Für die anderen Proteste spielt die Wechselabschrift noch eine wesentliche Rolle, wie sich aus Art. 88b ergibt.

II. Die einzelnen Erfordernisse.

A. Absatz 1.

A. 8. **Zu Nummer 1.**

a) **Der Protestant**, die Person, für welche, d. h. in deren Namen und Auftrag der Protest erhoben wird, muß beim Protest mangels Zahlung der Form nach (gemäß Art. 36) zur Protesterhebung legitimiert sein (s. auch Art. 87[9] wegen der Legitimationsprüfung durch den Beamten). Ob der Protestant wirklich Eigentümer des Wechsels oder nur vorgeschobene Person war, ist ohne Bedeutung (ROH. 5, 412). Anderseits ist aber auch die Protesterhebung mangels Zahlung für einen nach Art. 36 nicht legitimierten Eigentümer belanglos und ungültig (ROH. 18, 272; — RG. 32, 75 u. 78;

27, 41; Art. 36[16], Art. 41[6]). Dagegen ist bei den Protesten nach Art. 18 und 29 Abs. 2 der bloße Inhaber (Besitzer) des Wechsels zur Erhebung des Protestes legitimiert.

Die Bezeichnung des Protestanten ist hinlänglich genau, wenn ein Zweifel über die Identität ausgeschlossen ist (A. 13). Unter dieser Voraussetzung ist es unschädlich, wenn der Vorname unrichtig angegeben ist (RG. 45, 120, „Robert N." statt „Moritz N.").

b) **Der Protestat**, d. h. die Person, gegen die Protest erhoben wird. Versehentliche Angaben über den Protestaten im Protest schaden nicht, z. B. der Protestbeamte protestiert zutreffend beim Domiziliaten, schreibt aber unzutreffend in den Protest hinein, er habe gegen den Wechselschuldner Protest erhoben (RG. in JW. 06, 765[37]). A. 9.

α) Gegen die richtige Person muß Protest erhoben werden, das ist nicht immer der Wechselschuldner, sondern diejenige Person, deren wechselrechtliche Leistung (Zahlung — Art. 41[3] —; Annahme — Art. 18[4] —; usw.) gesucht wird. Dies ist bei der gewöhnlichen Tratte der Trassat, nicht der Akzeptant. Beim echten Domizilwechsel ist, wenn ein Domiziliat benannt ist, der Protest gegen den Domiziliaten allein, beim unechten Domizilwechsel, wenn ein Zahlungsleister benannt ist, gegen den Zahlungsleister (Art. 43) zu erheben, nicht aber gegen den Bezogenen, mit dem nicht zu verhandeln ist (vgl. RG. in JW. 03, 157[18]); es bedarf auch nicht einer Nachfrage nach dem Bezogenen. Bei dem echten Domizilwechsel, der keinen Domiziliaten benennt, ist der Protest gegen den Bezogenen am Domizilorte zu erheben (Art. 43). Ebenso beim uneigentlichen Domizilwechsel, der keinen Zahlungsleister benennt (z. B. „Herrn H. Schewe in Stolp, zahlbar bei Herrn L. Friedländer in Stolp"). Vgl. für früheres Recht RG. 14, 148; 36, 98 u. 101. Über den Protestaten im Falle des Sicherheitsprotestes s. Art. 29[6].

A. 10. β) Ist der Protestat im **Konkurs**, so muß die Protesterhebung gegen ihn, nicht gegen den Konkursverwalter erfolgen (PlenEntsch. ROH. 24, 22; RG. 2, 23; über das Lokal vgl. zu Art. 91).

A. 11. γ) Ist der Protestat **verstorben**, so ist der in dem früheren Geschäftslokal, bzw. in Ermangelung eines solchen in der Sterbewohnung aufgenommene Protest, welcher den Tod konstatiert, genügend, auch wenn bereits mehrere Jahre seit dem Tode verflossen sind. Wer die Erben sind, hat der Beamte nicht zu erforschen. Die Aufnahme eines Protestes gegen die Erben ist unnötig, aber zulässig (RG. 58, 48; vgl. Art. 91[5]).

A. 12. δ) Gegen den gesetzlichen Vertreter einer **handlungsunfähig gewordenen Person** braucht nicht protestiert zu werden; es reicht aus, im Protest festzustellen, daß der Protestat geisteskrank oder handlungsunfähig geworden ist. — Ist der gesetzliche Vertreter im Wechsel angegeben, so muß bei ihm protestiert werden.

A. 13. ε) Die Angabe des Protestaten **nach** Nr. 1 schließt sich einfach an die im Wechsel an. Der Beamte braucht z. B. nur die bezogene Firma, nicht deren Inhaber (ROH. 14, 160) anzuführen, während **nach** Nr. 2 (s. A. 18) mit einer physischen Person zu verhandeln ist. Die Angabe nach Nr. 1 ist hinlänglich genau, wenn ein Zweifel über die Identität ausgeschlossen ist. So kann die Fortlassung der im Wechsel zwischen dem Stand und dem Familiennamen stehenden Anfangsbuchstaben des Vornamens unschädlich sein (ROH. 17, 54).

A. 14. ζ) Protestant und Protestat können die gleichen Personen sein, wenn z. B. der Wechselinhaber Domiziliat ist (**Deklarationsprotest**, Bolze 15 Nr. 250).

A. 15. **Zu Nummer 2. Die Protesthandlung und ihre Beurkundung.**

a) Die Änderung, welche die Neufassung der Nr. 2 (vor der Protestnovelle Nr. 3) brachte, hat den Zweck einer sachlichen Vereinfachung (vgl. oben Einleitung). Es soll nicht mehr erforderlich sein, die Antwort der Person, gegen welche protestiert wird, aufzunehmen, da ihr Inhalt für die rechtliche Wirkung des Protestes ohne Bedeutung ist. Außerdem ist der größeren Übersichtlichkeit wegen schon hier der Fall berücksichtigt, daß die Räume des Protestaten sich nicht haben ermitteln lassen. Die Protesthandlung hat an der Proteststelle, für die Regel im Geschäftslokal, ev. in der Wohnung des Protestaten (Näheres Art. 91), wohin sich der Beamte zu begeben hat, zu erfolgen. Paßt die Bezeichnung des Protestaten (über ihn Anm. 9) auf mehrere Personen, so braucht nur eine aufgesucht zu werden. Die Dienstanweisung für den Postprotest (siehe bei Staub-Stranz Anhang IV § 4 zu IV, wörtlich übereinstimmend die Dienstanweisungen für Bayern und Württemberg) ordnet folgendes an: „Gibt es am Zahlungsorte mehrere Personen mit dem Namen des Zahlungspflichtigen und fehlt in dem Postprotestauftrag und im Wechsel jede nähere Bezeichnung, so ist, wenn eine Rückfrage beim Auftraggeber nicht gehalten werden kann, zu versuchen, ob der Zahlungspflichtige sich nicht ermitteln läßt. Ist die Zahl der in Betracht kommenden Personen so groß, daß diese Ermittelung eine unverhältnismäßige Mühewaltung verursachen würde, ohne doch bestimmte Aussicht auf Erfolg zu gewähren, so kann ohne weiteres auf Grund dieser Feststellung die Protesturkunde ausgefertigt werden."

Auch wenn sich die Proteststelle an einem exterritorialen Orte befindet, empfiehlt es sich, den Protest dort zu versuchen und keinen Windprotest aufzunehmen (RG. in JW. 06, 162).

α) Werden die Protesträume verschlossen gefunden, so genügt die Beurkundung hiervon. Der Beamte braucht weder den Protestaten an einer anderen Stelle aufzusuchen, noch zu beurkunden, er habe ihn nicht angetroffen (RG. 23, 122). Bestehen bestimmte Geschäftsräume für Zahlungen, z. B. bei der Reichsbank die Kasse, so genügt A. 16.

der Vermerk, er habe die Kasse verschlossen gefunden (RG. 14, 147).

A. 17. β) Werden die Räume **überhaupt nicht** gefunden, z. B. weil am angegebenen Orte der Protestat verzogen ist oder nie gewohnt hat, so muß der Beamte geeignete (vor dem Protestgesetz polizeiliche) Ermittelungen anstellen und das Ergebnis beurkunden; ein Fall des sog. **Windprotestes**, weitere s. Anm. 22 und zu Art. 91.

A. 18. γ) Werden die Protesträume **offen** gefunden, so hat der Beamte zunächst zu versuchen, den Protestaten zu ermitteln, d. h. im Sinne der Nr. 2 die **physische** Person, die als Protestat oder für ihn (als Rechtsvertreter, A. 23) die Erklärungen abzugeben hat (anders bei Nr. 1, A. 13), weil nur mit einer solchen Verhandlungen gepflogen werden können. Die Angabe bloß der Firma, z. B. der Wechsel sei „der Depositenbank" vorgelegt, genügt nicht (ROH. 15, 208). Durch die Protestnovelle ist an diesem Erfordernis nichts geändert (Staub-Stranz A. 25).

Der Beamte hat den Protestaten durch Nachfrage in den Protesträumen zu ermitteln (RG. 3, 91; 23, 122). Es reicht aber aus, daß er eine anwesende Person befragt, von der sich Bescheid erwarten läßt. Weder braucht er alle Räume zu durchwandern noch alle angetroffenen Personen zu befragen (ROH. 18, 329).

A. 19 bis 21. αα) Bei **Anwesenheit** des Protestaten bzw. seines Rechtsvertreters (A. 23) ist die an ihn g e r i c h t e t e A u f f o r d e r u n g zu beurkunden. Die Identität der angetroffenen Person zu konstatieren, ist in der Regel nicht Sache des Protestbeamten (ROH. 17, 59; RG. 24, 86).

Der Protestbeamte hat die A n t w o r t e n t g e g e n z u n e h m e n. Sie kann zusagend oder ablehnend sein. Die erstere hat keine zivilrechtliche Wirkung. Die Gründe der Ablehnung braucht er nicht zu erforschen. Während vor dem Protestgesetz die Antwort zu beurkunden war, wird jetzt nur die Angabe, daß die Person, gegen welche protestiert wird, ohne Erfolg zur Vornahme der wechselrechtlichen Leistung aufgefordert worden ist, verlangt. Der Gebrauch dieser Worte ist natürlich nicht sakrosankt. Diese Angabe kann zutreffend im Einzelfall in dem Vermerk bestehen, daß der Protestat keine Antwort erteilt hat (über den früheren Rechtszustand vgl. A. 21 der neunten Auflage). Nimmt der Protestat die geforderte wechselrechtliche Leistung vor, so erübrigt sich die Aufnahme der Protesturkunde, da die Aufforderung des Protestbeamten nicht „ohne Erfolg" geblieben ist.

$\beta\beta$) Bei **Abwesenheit** des Protestaten, bzw. seines Rechtsvertreters (A. 23) hat der Beamte in der Urkunde festzustellen, daß derselbe nicht anzutreffen gewesen sei (ROH. 11, 398). Diese Beurkundung ist ein genügender Protest (**Wind-, Platzprotest**), d. h. ein bloß auf dem Platz, wo der Protestat vergeblich gesucht worden ist, erhobener Protest (Thöl § 89; über weitere Fälle des Platzprotestes A. 17). Vermerke über Verhandlungen mit anderen Personen (z. B. ich traf nicht den Bezogenen, aber ein Dienstmädchen, welches erklärte usw.), sind durchaus überflüssig. A. 22.

Die Beurkundung, der Protestat sei nicht anzutreffen gewesen, braucht nicht durch den genauen Gebrauch dieser Worte zu geschehen, sondern nur aus dem Sinne deutlich zu erhellen. Beispiele: der Notar habe im Kontor nur einen Lehrling oder nur einen Buchhalter getroffen, der pp. erklärte (Bolze 11 Nr. 266); oder es sei ein Herr Paul C. angetroffen worden, der sich als der Ehemann der Bezogenen vorstellte und auf die Vorzeigung des Wechsels, Nachfrage nach der Bezogenen, sowie auf Zahlungsbegehren erklärte: „Wir verweigern die Zahlung." Denn aus diesen Beurkundungen ergibt sich, daß der Bezogene selbst nicht angetroffen worden (JW. 01, 308 [12]; vgl. jedoch JW. 02, 316 [28]). Für unzureichend aber wurde folgende Beurkundung erklärt: der Gerichtsvollzieher habe sich nach dem Geschäftslokale des Domiziliaten C. O. F. verfügt und daselbst dessen Schwiegersohn Herrn A. S. angetroffen, der nach Vorlegung des Wechsels und geschehener Zahlungsaufforderung erklärte: „Deckung ist nicht eingegangen“ (RG. 23, 121).

Die Art seiner Bemühungen braucht der Beamte nicht zu beurkunden (ROH. 14, 262). Der Gegenbeweis, daß der Protestat anwesend war, und der Protestbeamte nach Lage der Sache die Abwesenheit nicht hätte annehmen dürfen, ist zulässig.

A. 23. b) Vertreter. Meldet sich ein legitimierter Vertreter des Protestaten zur Verhandlung, so besteht die Verpflichtung, mit ihm zu verhandeln (ROH. Urt. vom 23. Okt. 1877 bei Borchardt-Ball A. 320). Der Beamte ist auch berechtigt, mit einem Vertreter zu verhandeln, ohne nach dem Protestaten gefragt zu haben und ohne dessen Abwesenheit im Proteste festzustellen. Indes ist dies gefährlich (Bernstein 373), weil es nur unter der Voraussetzung ausreicht, daß er ein Vertreter des Protestaten wenigstens insofern ist, als er befugt ist, Wechselangelegenheiten zu erledigen und auf vorgelegte Wechsel Erklärungen abzugeben (RG. 14, 148; 23, 123; 24, 87; Bolze 15 Nr. 250). Als derartiger Rechtsvertreter kann erachtet werden: der Alleinprokurist, der Generalbevollmächtigte, der Spezialbeauftragte; der Kassierer eines Handlungshauses (RG. 24, 87 und § 54 HGB.), ein Kollektivvertreter, z. B. ein Kollektivprokurist, ein kollektiv berechtigtes Vorstandsmitglied (RG. 24, 82 ff. u. 53, 227; s. aber 9. Aufl. und Bernstein 372). Nicht aber: gewöhnliche Handlungsgehilfen, wie Buchhalter, Geschäftsreisende, Hausdiener, Lehrlinge, Lageristen, oder gar nur Dienstboten, oder ein Verwandter.

A. 24. Bei Prüfung der Legitimation genügen Tatsachen, die nach der ganzen Sachlage die Annahme rechtfertigen, daß die Vollmacht vorliegt (RG. 24, 86). In der Urkunde bedarf es weder der Benennung des Vertreters (ROH. 14, 162; 18, 327), noch der Angabe der obigen Beweismomente. Die Beurkundung, daß der Beamte die Vertretungsbefugnis angenommen hat, reicht aus, wenn auch der Gegenbeweis, daß sie nicht vorhanden war und daß er sie bei der ganzen Sachlage nicht hätte annehmen dürfen, zulässig ist.

Nummer 3.

a) Ortsangabe. Ort bedeutet hier Ortschaft (Art. 4[45]); über die Lokalität am Protestort bestimmt Art. 91. Nur der Protestort, nicht die Lokalität, braucht in der Urkunde angegeben zu sein (ROH. 1, 144). Die richtige Protestortschaft ergibt sich nicht aus Art. 88, sondern absolut zur Vermeidung der Ungültigkeit des Protestes aus anderen Bestimmungen der WO. Z. B. beim Protest mangels Zahlung aus Art. 4 Nr. 8, Art. 24 und Art. 43; hier entscheidet allein der im Wechsel angegebene Zahlungsort (ROH. 14, 118). Über den Einfluß der Protestnovelle auf den Ort des Protestes vgl. Art. 91a. Durch das Einverständnis des Protestaten wird der unrichtige Protestort nicht zum richtigen, abgesehen von dem in Art. 91a Abs. 1 Satz 2 behandelten Falle „des benachbarten" Ortes. A. 25.

b) Zeitangabe. Die richtige Zeit ergibt sich aus anderen Bestimmungen der WO. (z. B. Art. 41). A. 26.

Die Angabe der Proteststunde ist nicht nötig. So war es schon vor der Protestnovelle. Die durch Art. 92 Abs. 2 neuer Fassung reichsgesetzlich geordneten Proteststunden sind instruktioneller Natur; ihre Nichtangabe hat daher auf die Gültigkeit des Protestes keinen Einfluß.

Die Proteststunde bezieht sich nicht auf die Fertigstellung des Protokolls, die auch später erfolgen darf, aber nur innerhalb der Protestfrist (A. 29).

Zu Nummer 4. A. 27.

Vgl. Art. 56[15], Art. 58, Art. 62[7]. Die Intervention kann im Hauptprotest, Anhange dazu oder in einem besonderen Proteste beurkundet werden. Das „und" hatte die Bedeutung von „oder" schon in der alten Fassung; die Novelle hat zur Klarstellung das „und" in „oder" verwandelt.

B. Absatz 2.

Unterschrift und Siegel, bzw. Stempel des Protestbeamten.

A. 28. a) Der Absatz enthält nicht **Inhalts-**, sondern **Form**vorschriften. Aus dem Wesen der Unterschrift folgt, daß sie am Schlusse des Protokolls zu stehen hat. Der Vorname des Beamten ist nicht notwendig. Das Amtssiegel kann auch als Stempel beigefügt werden. Das war auch nach früherem Recht zulässig; die Novelle bestimmt es jetzt ausdrücklich.

A. 29. b) **Rechtzeitigkeit.** Unterschrift und Siegelung bzw. Stempelung müssen auf die Originalurkunde innerhalb der Protestfrist (nicht der Proteststunde, A. 26) gebracht werden. Innerhalb dieser Frist muß die Protesturkunde überhaupt vollendet sein, eine nachherige, d. h. seit der Protestnovelle nach der Aushändigung der Urkunde an die Partei (Art. 90 Abs. 2) bewirkte Beibringung der Unterschrift des Siegels oder Stempels heilen den Mangel nicht (für das frühere Recht vgl. 9. Aufl. Anm. 29). Der Protestbeamte braucht kein eigenes Siegel oder einen eigenen Stempel zu haben. Beim Postprotest genügt der Stempel der Postanstalt (ROH. 7, 187).

Art. 88a. Der Protest mangels Zahlung ist auf den Wechsel oder auf ein mit dem Wechsel zu verbindendes Blatt zu setzen.

Der Protest soll unmittelbar hinter den letzten auf der Rückseite des Wechsels befindlichen Vermerk, in Ermangelung eines solchen unmittelbar an einen Rand der Rückseite gesetzt werden.

Wird der Protest auf ein Blatt gesetzt, das mit dem Wechsel verbunden wird, so soll die Verbindungsstelle mit dem Amtssiegel oder dem Amtsstempel versehen werden. Ist dies geschehen, so braucht der Unterschrift des Protestbeamten ein Siegel oder Stempel nicht beigefügt zu werden.

Wird der Protest unter Vorlegung mehrerer Exemplare desselben Wechsels oder unter Vorlegung des Originals und einer Kopie erhoben, so genügt die Beurkundung auf einem der Exemplare oder auf dem Originalwechsel. Auf den anderen Exemplaren oder auf der Kopie ist zu vermerken, daß sich der Protest mangels Zahlung auf dem ersten Exemplar oder auf dem Originalwechsel befindet. Auf den Vermerk finden die Vorschriften des Abs. 2 und des Abs. 3 Satz 1 entsprechende Anwendung. Der Protestbeamte hat den Vermerk zu unterzeichnen.

Die Art. 88a u. 88b bestimmen die Stelle, auf A. 1.
welche die Protesturkunde zu setzen ist, und zwar der vorliegende Artikel für den Protest mangels Zahlung, der Art. 88b für alle anderen Proteste.

I. Protest mangels Zahlung bei Vorlegung nur eines A. 2.
Wechselexemplars (Abs. 1—3).

1. (Abs. 1.) Die Vorschrift des Abs. 1 ist eine obligatorische Vorschrift, sonst ist der Protest ungültig.

Zahlungsproteste über mehrere verschiedene Wechsel können nicht mehr in einer Urkunde zusammengefaßt werden (Staub-Stranz Art. 88 b 16).

A. 3. 2. (Abs. 2.) Die Vorschrift des Abs. 2 ist eine nur instruktionelle. Ist die „Unmittelbarkeit" nicht gewahrt, so bleibt der Protest trotzdem gültig.

Unter den Vermerken auf der Rückseite sind Indossamente, Quittungsvermerke, Stempelvermerk usw. zu verstehen. Selbst wenn diese durchstrichen sind, soll erst hinter sie der Protest gesetzt werden. Wenn Vermerke hinten fehlen, so ist es gleichgültig, an welchen Rand der Protest gesetzt wird.

Die geschaffene Regelung ist kein ausreichender Schutz gegen die Einwendung, der Protesterheber sei zur Zeit der Protesterhebung nicht wechselmäßig legitimiert gewesen, die Legitimation sei vielmehr erst nachher hergestellt worden; etwa mittels Durchstreichens eines Indossaments oder Einfügung eines solchen in den leeren Raum der Rückseite. Hier hilft dem klagenden Regreßnehmer die Verteilung der Beweislast. Er ist zunächst durch den Wechsel und einen ordnungsmäßigen Protest legitimiert. Die Vermutung spricht dafür, daß der Protestbeamte die Legitimation geprüft und in Ordnung befunden hat. Versäumnisurteil ist zu geben. Den widersprechenden Schuldner trifft der Beweis einer nachträglichen Änderung. Der Wechselprozeß ist gegeben (Staub-Stranz A. 2). Auf dem gleichen Standpunkt steht das Kammergericht (Urt. v. 21. u. 25. Jan. 09, DJZ. 09, 324).

A. 4. 3. (Abs. 3.) Auch diese Vorschrift ist nur instruktionell.

A. 5. 4. Innerhalb der Protestfrist, nicht zu verwechseln mit der Proteststunde, muß die Protesturkunde fertig auf den Wechsel oder das Anhangsblatt gesetzt sein (Näheres Staub-Stranz A. 5).

Über die Berichtigungs- und Heilungsfrist vgl. Art. 90 Abs. 1.

II. Protest mangels Zahlung bei Vorlegung A. 6
mehrerer Exemplare desselben Wechsels oder Vorlegung des Originals und einer Kopie (Abs. 4).

1. Während nach dem Rechte vor der Protestnovelle genaue Abschriften der beiden Urkunden (über Wechselduplikate vgl. Art. 66ff., über Wechselkopien Art. 70ff.) in den Protest aufzunehmen waren, genügt es jetzt, wenn die Protesturkunde auf eins der Wechselexemplare, oder auf den Originalwechsel gesetzt wird. Zugleich ist auf die anderen Exemplare oder auf die Kopie der in Abs. 3 Satz 2 vorgeschriebene Vermerk zu setzen.

Der Protestbeamte hat den Vermerk zu unterzeichnen. Dies ist obligatorisch. Er braucht aber Stempel oder Siegel nicht hinzuzufügen.

2. In der Protesturkunde hat der Beamte hervor- A. 7
zuheben, daß er mehrere Wechselexemplare und wie viele, oder daß er Original und Kopie vorgelegt hat. Die Zusammenfassung des Zahlungsprotestes bei Vorlegung mehrerer Wechselduplikate oder des Originals und einer Kopie ist statthaft.

3. Im übrigen kommen die Erläuterungen zu den A. 8
Absätzen 1—3 zur sinngemäßen Anwendung.

III. An sich sind alle Protestbeamten: Notar, Gerichts- A. 9
beamter und Postbeamter für Zahlungsproteste zuständig. Indes ist diese prinzipielle Gleichstellung für den Postbeamten durchbrochen und zwar in zwei Richtungen infolge der Bekanntmachung des Reichskanzlers v. 5. Aug. 08 (vgl. Anhang II):

a) bei Wechseln mit einer Wechselsumme über eine bestimmte Höhe hinaus;

b) in gewissen anderen Fällen des Zahlungsprotestes, gleichviel welches die Wechselsumme ist.

Zu a: Die Erhebung von Protesten mangels Zahlung durch Postbeamte ist ausgeschlossen für Wechsel, die über mehr als 800 Mk. lauten. Es kommt auf die Höhe der Wechselsumme, nicht auf die Höhe der Protestsumme an.

Ein Protestauftrag zur Zahlung eines Restes von noch 50 Mk. auf einen Wechsel über 900 Mk. kann daher von den Postbeamten nicht aufgenommen werden.

Zu b: Über die Fälle, in denen die Erhebung von Protesten mangels Zahlung durch Postbeamte ausgeschlossen ist, gleichviel welches die Höhe der Wechselsumme ist, also auch wenn sie 800 Mk. und weniger beträgt, vgl. die zit. Bek. des Reichskanzlers v. 5. Aug. 08 im Anhang II.

A. 10. IV. **Zusammenstellung der verschiedenen Fälle des Zahlungsprotestes.** Zu den Zahlungsprotesten gehören:

α) der Protest mangels Zahlung seitens des Bezogenen (Art. 41), bzw. Ausstellers des eigenen Wechsels (Art. 98 Nr. 6);

β) seitens des Domiziliaten (Art. 43);

γ) seitens des Ehrenakzeptanten (Art. 60);

δ) seitens des Notadressaten (Art. 62);

ε) zum Zahlungsprotest gehört auch der aus Art. 69 Nr. 2, sofern durch ihn festzustellen ist und festgestellt wird, daß auf das Duplikat Zahlung nicht zu erlangen ist (Art. 69 2 u. 9).

Nur in den Fällen zu α und β kann der Postbeamte bei Wechseln, die nicht über mehr als 800 Mk. lauten, den Protest erheben. Sonst ist er durchweg unzuständig.

A. 11. Über den Fall, daß Proteste aus Art. 88a und Art. 88b gleichzeitig zu erheben sind, vgl. Art. 88b Anm. 7.

Art. 88b. Bezieht sich der Protest auf eine andere wechselrechtliche Leistung als die Zahlung, so ist er auf eine Abschrift des Wechsels oder der Kopie oder auf ein mit der Abschrift zu verbindendes Blatt zu setzen. Die Abschrift hat auch die auf dem Wechsel oder der Kopie befindlichen Indossamente und anderen Vermerke zu ent-

halten. Die Vorschriften des Artikel 88a Abs. 2, 3 finden entsprechende Anwendung.

1. Arten des Protestes über eine andere wechselrechtliche Leistung als die Zahlung: A. 1.

a) der Protest mangels Annahme (im Falle der Artikel 19, 20, 98 Nr. 3, 24 Abs. 2, 56 u. 58, endlich 69 Nr. 2, sofern hier durch den Protest festzustellen ist und festgestellt wird, daß auf das Duplikat die Annahme nicht zu erlangen ist) und mangels Akzeptdatierung (Art. 20 Abs. 1);

b) der Sicherheitsprotest (Art. 29 Abs. 2, 98 Nr. 4);

c) der Protest mangels Auslieferung des Akzeptexemplars, bzw. des Originalwechsels (Art. 69 Nr. 1, Art. 72 u. Art. 98 Nr. 8; sogenannter Ausfolgungs- oder Ausantwortungsprotest).

Die Protestanten zu 1—3 folgen den Formvorschriften des vorl. Artikels.

d) Der Interventionsprotest bei der Ehrenannahme und Ehrenzahlung (Art. 58, 62, 88 Nr. 4) folgt, wenn man ihn, was häufig geschieht, als besondere Protestart betrachtet, soweit es sich um die Ehrenannahme handelt, den Formvorschriften des vorl. Artikels oder, soweit es sich um Ehrenzahlung handelt, den Formvorschriften aus Art. 88a.

2. Eine Ausdehnung der Formvorschrift des Art. 88a auf Proteste über andere wechselrechtliche Leistungen, als die Zahlung, war in vielen Fällen nicht angängig. Was z. B. den Annahme- und den Sicherheitsprotest betrifft, so gehen die Vorschriften der Wechselordnung davon aus, daß der Regreß hier lediglich auf Grund der Protesturkunde genommen und diese ohne den Wechsel dem Regreßpflichtigen ausgehändigt wird. A. 2.

Für solche Proteste ist somit eine Abschrift des Wechsels nicht zu entbehren.

A. 3. 3. Die Vorschriften des Satzes 1 u. 2 sind obligatorisch, während es sich in Satz 3 um instruktionelle Sollvorschriften handelt. Es gilt hier Entsprechendes wie zu Art. 88a.

A. 4. 4. Die Abschrift (des Wechsels oder der Kopie) hat auch die auf dem Wechsel oder der Kopie befindlichen Indossamente und anderen Vermerke zu enthalten. Vermerke müssen den Wechsel selbst und den Verkehr mit ihm betreffen, z. B. das Akzept, das Domizil, die Notadresse usw. Wie schon der Gebrauch des Wortes „hat" ergibt, handelt es sich hierbei um eine obligatorische Vorschrift (A. 3). Dieser Charakter wird auch durch den Zweck der Vorschrift: Feststellung der Identität, bestätigt.

Das Erfordernis ist vernünftigerweise dahin aufzufassen, daß die Abschrift nicht gerade buchstabengetreu, sondern nur so genau sein muß, wie ihr Zweck es erfordert, d. h. so genau, daß die Identität nicht zweifelhaft wird; sie braucht auch nicht genauer zu sein, als dies im Einzelfalle angängig ist (Näheres Staub-Stranz Anm. 7ff.).

Unerheblich sind Mängel, die einen begründeten Zweifel an jener Identität nicht erzeugen, z. B. das Fortlassen von Stempeln und geschäftlichen Notizen; Abweichungen bei schwer leserlichen Unterschriften; die Weglassung unleserlicher Unterschriften, wenn sie nur kenntlich gemacht ist; das Fehlen eines nicht unterschriebenen Indossaments, ja selbst des Akzepts, wenn der Protestbeamte den Bezogenen in der Urkunde nur deutlich als Akzeptanten bezeichnet hat (ROH. 14, 163).

Wesentlicher Mangel aber ist z. B. das vollständige Fehlen der Bezeichnung des Remittenten oder eines Indossaments (RG. 44, 121; JW. 04, 562[29]); Abweichungen im Namen des Indossanten oder Indossatars, im Datum, Ort, Betrag, Fälligkeitstag; das Fehlen des Domizilvermerks, der Klauseln: „nicht an Order, ohne Obligo, ohne Protest," der Notadresse, des Avals usw., — stets aber unter Beachtung der obigen Maßgabe

(Identitätszweifel). Auch das Durchstrichene muß für die Regel als durchstrichen in der Abschrift wiedergegeben werden.

5. Bei mehreren Wechseln war es schon früher unzulässig, die Abschrift zu ersetzen durch den Vermerk: „Lautet ebenso" oder „Lautet ebenso mit folgenden Abweichungen". A. 5.

Jetzt ist ein solches Verfahren ausgeschlossen, da die Protesturkunde bei Vorlegung mehrerer verschiedener Wechsel hier ebensowenig, wie bei Zahlungsprotesten, eine einheitliche sein kann. Der Protest ist hier genau so auf die Abschrift zu setzen, wie der Zahlungsprotest auf die Wechselurschrift.

6. An sich wären alle Protestbeamte auch für die Aufnahme der Proteste, die sich nicht auf die Zahlung beziehen, zuständig. Aber die Postbeamten sind nach der Anordnung des Reichskanzlers (Anhang II) ausgeschlossen. A. 6.

7. Welche Form ist zu beobachten, wenn Proteste aus Art. 88a u. 88b gleichzeitig zu erheben sind? Jede der beiden Formen. Die Frage wird namentlich praktisch, wenn Protest mangels Annahme und mangels Zahlung zu erheben ist. Lautet der Auftrag dahin, so sind zwei Protesturkunden gesondert anzufertigen; die mangels Zahlung ist auf den Wechsel selbst, die mangels Annahme auf eine Abschrift zu setzen. A. 7.

Art. 89. Muß eine wechselrechtliche Leistung von mehreren Personen verlangt werden, so ist über die mehrfache Aufforderung nur eine Protesturkunde erforderlich.

1. Vgl. insbesondere die Fälle der Notadresse und der Ehrenannahme Art. 56 [15] und Art. 62 [4]. A. 1.

2. Zulässig ist auch die Protesterhebung durch mehrere Beamte, wenn mehrere selbständige Protesthandlungen einer und derselben Person gegenüber vorzunehmen sind. A. 2.

Auch hier entscheidet der Einzelfall über die Kostenerstattungspflicht.

A. 3. Zulässig ist nicht mehr, die Präsentation mehrerer Wechsel in einer Urkunde beurkunden zu lassen.

Art. 89a. Die Wechselzahlung kann an den Protestbeamten erfolgen. Die Befugnis des Protestbeamten zur Annahme der Zahlung kann nicht ausgeschlossen werden.

A. 1. 1. Die Vorschrift bezieht sich ihrer Fassung nach nur auf Proteste mangels Zahlung (vgl. Art. 88a[10]). Wegen ihrer analogen Ausdehnung s. unten A. 9.

Die Vorschrift bringt, indem sie eine alte Streitfrage erledigt (vgl. Art. 87[11]), eine der Natur des Auftrages, den der Protestbeamte erhält, entsprechende Regelung.

A. 2. 2. Recht und Pflicht sowohl gegenüber dem Wechselgläubiger als auch gegenüber dem Wechselschuldner zur Annahme der vom Protestaten angebotenen Geldzahlung spricht der vorliegende Artikel aus. Die Zahlung wird rechtswirksam an den Protestbeamten bewirkt. Nach der Terminologie unserer neuen Gesetze ist das „kann" im Satz 1 des vorliegenden Artikels dahin auszulegen, daß der Protestbeamte auch verpflichtet ist, die Zahlung anzunehmen, da ein Beamter oder eine Behörde das, was sie tun „kann" auch zu tun hat (Planck 2. Aufl. I S. 25).

A. 3. 3. Die Wechselzahlung kann an den Protestbeamten erfolgen. Daraus ergibt sich, daß der Protestbeamte nur verpflichtet ist, dasjenige als Zahlung anzunehmen, was als Geldzahlung im Sinne der Reichsgesetze gilt.

A. 4. 4. Gegen Zahlung (der Wechselsumme und der entstandenen Kosten) hat der Protestbeamte den Wechsel an den Protestaten auszuliefern. Und zwar den quittierten Wechsel (vgl. Art. 39, 48 und 54). Ist der Wechsel nicht schon vom Gläubiger quittiert, so hat der Protestbeamte die Quittung auszufüllen.

5. Auch Teilzahlungen können an den Protestbeamten erfolgen; auch hier besteht Recht und Pflicht zur Annahme (Staub-Stranz A. 6). Bei Teilzahlungen hat der Protestbeamte Abschreibung auf den Wechsel und Quittung zu leisten gemäß Art. 39 Satz 2. A. 5.

6. Ein trotz Angebot voller Zahlung aufgenommener Protest mangels Zahlung ist unwirksam. A. 6.

7. Bezieht sich der Protest auf eine andere wechselrechtliche Leistung als die Zahlung, so ist der Protestbeamte zur Entgegennahme dieser Leistung gleichfalls befugt. Es entspricht dies der Natur der Sache; es war auch nie streitig. A. 7.

Art. 90. Schreibfehler, Auslassungen und sonstige Mängel der Protesturkunde können bis zur Aushändigung der Urkunde an die Person, für welche der Protest erhoben ist, von dem Protestbeamten berichtigt werden. Die Berichtigung ist als solche unter Beifügung der Unterschrift kenntlich zu machen.

Von dem Protest ist eine beglaubigte Abschrift zurückzubehalten. Über den Inhalt des Wechsels oder der Kopie ist ein Vermerk aufzunehmen. Der Vermerk hat zu enthalten:

1. den Betrag des Wechsels;
2. die Zahlungszeit;
3. den Ort, den Monatstag und das Jahr der Ausstellung;
4. die Namen des Ausstellers, des Remittenten und des Bezogenen;
5. falls eine vom Bezogenen verschiedene Person angegeben ist, durch welche die

Zahlung erfolgen soll, den Namen dieser Person sowie die Namen der etwaigen Notadressen und Ehrenakzeptanten.

Die Abschriften und Vermerke sind geordnet aufzubewahren.

Einl. Der Art. 90 lautete vor dem Protestgesetz wie folgt: „Die Notare und Gerichtsbeamten sind schuldig, die von ihnen aufgenommenen Proteste nach deren ganzen Inhalte Tag für Tag und nach Ordnung des Datums in ein besonderes Register einzutragen, das von Blatt zu Blatt mit fortlaufenden Zahlen versehen ist."

Dieser Artikel und mit ihm das Protestregister sind beseitigt.

A. 1. I. **Berichtigung der Protesturkunde** (Abs. 1).

1. Die Möglichkeit der Berichtigung hat für den Protest nur Bedeutung, soweit er Solennitätsakt (Art. 87[3]) ist.

A. 2. 2. Soweit der Protest Solennitätsakt ist, erscheint es notwendig, eine Zeitgrenze zu ziehen, bis zu der eine Berichtigung und Heilung von Mängeln zulässig ist. Diese Grenze ist: die Aushändigung der Protesturkunde an die Person, für welche der Protest erhoben ist, das heißt an den Protestanten (vgl. Art. 88[8]). Der Aushändigung an den Protestanten selbst steht selbstverständlich auch die Aushändigung an seinen Bevollmächtigten gleich.

A. 3. 3. Nur an wesentliche Schreibfehler, Auslassungen und sonstige Mängel der Protesturkunde ist gedacht. Unwesentliche Mängel haben für den Solennitätsakt keine Bedeutung; sie können jederzeit berichtigt werden, können aber auch unberichtigt bleiben. Selbst für wesentliche Mängel wird, auch wenn sie nicht rechtzeitig berichtigt sind, aber ihre Richtigstellung sich aus der Urkunde selbst erkennen läßt, z. B. bei offenbaren Schreibfehlern, anzunehmen sein, daß sie der Gültigkeit keinen Eintrag tun.

Beispiele wesentlicher Schreibfehler, Auslassungen und sonstiger Mängel: Es ist z. B. beurkundet: Auftraggeber Otto Richter, statt Karl Richter. Oder im Protest ist die Angabe des Protestanten ausgelassen; oder es ist ausgelassen, daß dem Bezogenen präsentiert wurde. „Sonstige Mängel“: die erforderlichen Stempel bzw. Siegel sind nicht verwendet.

4. Die Berichtigung ist als solche unter *Beifügung der Unterschrift des Protestbeamten* kenntlich zu machen (Satz 2 des Abs. 1). Stempel oder Siegel brauchen also unter die Berichtigung nicht gesetzt zu werden. A. 4.

Die Hinzufügung des Datums ist nicht erforderlich, aber empfehlenswert.

II. **Zurückbehaltung und Aufbewahrung beglaubigter Abschriften der Protesturkunde unter Beseitigung des früheren Postregisters** (Abs. 2 u. 3). A. 5.

1. Der Art. 90 in seiner alten Gestalt schrieb die Führung eines Protestregisters vor (Näheres Staub-Stranz A. 5).

Durch die neue Gestaltung, wonach von dem Protest eine beglaubigte Abschrift zurückbehalten ist, besteht die Möglichkeit einer Ausfertigung von Protesten nicht mehr. Bei **Verlust des Originalprotestes**, für den es ein Aufgebotsverfahren nicht gibt, brauchen daher weder die Aussteller noch die Indossanten des Wechsels zu zahlen (vgl. Art. 41[5]). Weitere beglaubigte Abschriften, die von der zurückbehaltenen beglaubigten Abschrift des Protestes gefertigt werden, sind der Wiederherstellung des Protestes in keiner Weise gleich zu achten (Staub-Stranz a. a. O.).

2. Zurückzubehalten ist von dem Protestbeamten eine **beglaubigte Abschrift der Protesturkunde**. Die Abschrift kann auch eine auf mechanischem Wege hergestellte Kopie sein. A. 6.

Über den Inhalt des Wechsels oder der Kopie ist, da die Protesturkunde eine Abschrift des Wechsels nicht mehr enthält, ein Vermerk aufzunehmen; der Vermerk hat die fünf im Abs. 2 des vorliegenden Artikels hervorgehobenen Angaben zu enthalten.

A. 7. 3. Die Abschriften und Vermerke sind vom Protestbeamten geordnet aufzubewahren. Beim Postprotest ist die betreffende Postanstalt die Aufbewahrungsstelle. Geordnet: das heißt nach der Zeitfolge geordnet. — Nach der preußischen JMVerf. v. 16. Sept. 08 (JMBl. 08, 339) zu A V § 2b sollen die Notare (ebenso die Gerichtsschreibereien, dort zu B) die Protestabschriften in Sammelakten einheften und sie innerhalb eines jeden Bandes mit fortlaufenden Nummern versehen; die Gerichtsvollzieher sollen, wenn ein Band 200 Nummern enthält, einen neuen Band anlegen (a. a. O. S. 348).

A. 8. 4. Die Vorschriften in Abs. 2 u. 3 des vorliegenden Artikels haben, trotz der Ausdrücke: „ist zurückzubehalten", . . . „ist aufzunehmen" . . . „sind aufzubewahren" keine Bedeutung für die Gültigkeit des Protestes. Dieser ist vorher zustande gekommen und fertig.

A. 9. 5. Die Sammlung der beglaubigten Abschriften von den aufgenommenen Protesten hat öffentlichen Glauben.

Auf Verlangen haben die Protestbeamten den Parteien, nicht bloß den Auftraggebern, weitere beglaubigte oder einfache Abschriften zu erteilen.

XVII. Ort und Zeit für die Präsentation und andere im Wechsel-Verkehre vorkommende Handlungen.

Art. 91. Die Präsentation zur Annahme oder Zahlung, die Protesterhebung, die Abforderung eines Wechselduplikats sowie alle sonstigen bei einer bestimmten Person vorzunehmenden Akte müssen in deren Geschäftslokal und in Ermangelung eines solchen in deren Wohnung vorgenommen werden. An einer anderen Stelle, z. B. an der Börse, kann dies nur mit beiderseitigem Einverständnisse geschehen.

Ist in dem Proteste vermerkt, daß sich das Geschäftslokal oder die Wohnung nicht hat ermitteln lassen, so ist der Protest nicht deshalb ungültig, weil die Ermittelung möglich war.

Die Verantwortlichkeit des Protestbeamten, der es unterläßt, geeignete Ermittelungen anzustellen, wird durch die Vorschrift des Abs. 2 nicht berührt. Ist eine Nachfrage bei der Polizeibehörde des Ortes ohne Erfolg geblieben, so ist der Protestbeamte zu weiteren Nachforschungen nicht verpflichtet.

Die Neuerungen des Art. 91 durch das Protestgesetz betreffen: Einl.

1. in Abs. 1 die Umwandlung des Wortes „Orte" in „Stelle" zur Klarstellung, daß es sich um eine andere Stelle in derselben Gemeinde, eine andere Lokalität handle;

2. in Abs. 2 u. 3 die Aufhebung der Vorschrift, daß Nachfrage bei der Polizeibehörde bei Nichtermittelung des Geschäftslokals oder der Wohnung angestellt und im Protest vermerkt werden müsse. Der Notar braucht nur geeignete Ermittelungen anzustellen. Hat er aber vergeblich bei der Polizeibehörde nachgefragt bzw. nachfragen lassen, so ist er von jedem weiteren Ermittelungsversuch befreit.

A. 1. 1. Die Art. 91—93, deren Vorschriften auch für eigene Wechsel gelten (Art. 98 Nr. 10), bestimmen für die privaten und die amtlichen wechselrechtlichen Handlungen Ort und Zeit. Hauptsächlichste private wechselrechtliche Handlung ist die Präsentation, amtliche die Protesterhebung. Die Verletzung dieser Bestimmungen hat bei der amtlichen Handlung deren Ungültigkeit und damit oft dauernden Verlust des Wechselanspruchs zur Folge. Bei der privaten tritt gleichfalls Ungültigkeit ein, z. B. liegt keine gültige Präsentation vor, wenn die erforderliche Nachfrage bei der Polizeibehörde (Art. 91 Satz 3) nicht erfolgt ist. Indes kann diese Handlung wiederholt werden. Der Verstoß hat ferner für die Regel nicht den Verlust des Anspruchs zur Folge (s. aber Art. 18[3], Art. 19, 20, 24 Abs. 2), sondern nur Bedeutung für den Verzug, die Kosten und die Zinsen; auch kann bei Zustimmung des Präsentaten die Handlung nicht etwa wegen Verletzung der Vorschriften in Art. 91—93 aufgerufen werden (Bolze 8 Nr. 366).

A. 2. Der amtlichen Handlung soll die private, ohne Erfolg vorgenommene, vorhergehen. Indes bleibt die amtliche auch ohne diese Voraussetzungen gültig, nur braucht der Protestat dann nicht die Kosten zu tragen, z. B. wenn er sofort zahlt.

A. 3. Neben den allgemeinen Vorschriften der Art. 91 ff. gelten für die Präsentation zur Annahme noch die Besonderheiten der Art. 18—20.

A. 4. 2. Der Art. 91 bestimmt in Absatz 1 lediglich die Lokalität (ROH. 21, 149) innerhalb der Zahlungsortschaft für Präsentation, Protest usw. in Übereinstimmung mit der Holschuldnatur der Wechselverpflichtung. Geschäftslokal bzw. Wohnung des Wechselbeteiligten (Präsentaten, s. Art. 88[9]) in der Leistungsortschaft müssen aufgesucht werden. Über die Bedeutung von Ortschaft vgl. Art. 4[45] und Art. 88[25].

3. Maßgebend ist die gegenwärtige, d. h. die zur Zeit der Vornahme der Handlung (der Präsentation, des Protestes usw.) vorhandene Lokalität (Geschäfts- bzw. Wohnräume) des Wechselbeteiligten (ROH. 25, 213; Grünhut 160). Daher ist bei Veränderung des Geschäftslokals in derselben Ortschaft seit der Akzeptation der Protest mangels Zahlung in dem Geschäftslokal zu erheben, das der Trassat zur Zeit der Protesterhebung inne hat (ROH. 14, 263; 22, 403); anders bei Verlegung des Geschäftslokals in eine andere Ortschaft. Daher ist ferner die auf dem Wechsel befindliche Angabe der Geschäfts-, bzw. Wohnräume des Adressaten nur ein erleichternder Hinweis, aber nicht ausschlaggebend. Ergibt sich, daß der Vermerk unrichtig, oder daß eine Änderung seit Ausstellung des Wechsels eingetreten ist, so ist der Protest in den wirklichen Lokalitäten zu erheben. Der Vermerk ist jedoch insofern ohne rechtliche Bedeutung, als ein Windprotest ohne vorgängige Nachforschung in dem im Wechsel angegebenen Lokal ungültig ist. Auch wenn nach Girierung des Wechsels die ursprüngliche Angabe durchstrichen und durch Aufschrift eines anderen Lokals ersetzt wird, ist der Protest dem Giranten gegenüber ungültig, wenn der Beamte nur an der letzterwähnten Stelle, nicht auch an der ursprünglichen nachgeforscht hat (ROH. 21, 357). Ist der Protestat verstorben, so hat der Protestbeamte die Sterbewohnung als die letzte mögliche Wohnung des Protestaten aufzusuchen, um dort den Protestakt aufzunehmen (RG. 58, 48; s. Art. 88 11). A. 5.

4. Die richtige Lokalität ist zunächst und ausschließlich das Geschäftslokal des Wechselbeteiligten (Präsentaten), d. i. das für die gewöhnlichen Zwecke des eigenen selbständigen Berufes bestimmte Lokal, sei es, daß es von den Wohnräumen getrennt oder mit ihnen vereint ist (RG. 16, 349). Nicht nur der Gewerbetreibende hat ein Geschäftslokal, sondern auch viele andere Berufszweige, auch Beamte, z. B. Notare (Bolze 8 Nr. 366). A. 6.

Eine bloße Arbeitsstätte oder ein Lagerraum ist kein Geschäftslokal, namentlich nicht, wenn für den Geschäftsbetrieb mehrere Stellen bestehen und eine derselben als Arbeitsstätte nach der Geschäftssitte für Wechselhandlungen nicht geeignet erscheint (RG. 16, 349 zu den §§ 165, 168 ZPO.). Gemüsekeller ist kein Geschäftslokal. Die Vorlegung im Geschäftslokal selbst in Abwesenheit des Präsentaten (**Platzabwesenheitsprotest**, Art. 88 [22]) ist ortsrichtig; es braucht nicht noch die Wohnung aufgesucht zu werden, auch nicht vom Protestbeamten (ROH. 11, 398).

Das Geschäftslokal des Geschäftsangestellten ist nicht das des Prinzipals. Im Konkurse bleibt das Geschäftslokal des Gemeinschuldners maßgebend, solange nicht das Aufgeben des Geschäftsbetriebes äußerlich erkennbar geworden ist (RG. 2, 26; Art. 88 [10]). Hinsichtlich eines verstorbenen Präsentaten vgl. oben A. 5.

A. 7. 5. Die Vorlegung in **der Wohnung**, die auch eine vorübergehende, z. B. ein Gasthaus, sein kann, genügt nur **in Ermangelung** eines Geschäftslokals. Dies bedeutet: der Protestat hat kein Geschäftslokal, oder es ist nicht ermittelt. Art. 91 stellt nicht etwa bei jedem Präsentaten eine Vermutung für das Vorhandensein eines Geschäftslokals auf, sondern bestimmt nur, in ihm zu präsentieren, wenn es vorhanden. Drei Fälle sind zu unterscheiden:

a) Ergibt Wechsel oder Protest, daß der Protestat eine von den Personen ist, die gewöhnlich kein Geschäftslokal besitzen, z. B. „Prinz Rohan“, so ist der in der Wohnung aufgenommene Protest ordnungsmäßig.

b) Ergeben sie, daß der Protestat gewöhnlich ein Geschäftslokal besitzt (z. B. ein Kaufmann, ein Notar), so ist der in der Wohnung aufgenommene Protest nur dann ordnungsmäßig, wenn in der Urkunde das Nichtvorhandensein bzw. die Nichtermittelung des Geschäftslokals gemäß Art. 91 Abs. 2 u. 3 konstatiert oder aus dem Proteste das ausdrückliche oder stillschweigende Einverständnis der Beteiligten, daß in der Wohnung protestiert werde, zu entnehmen ist (vgl. A. 8).

c) Deuten Wechsel und Protest weder das Vorhandensein, noch das Nichtvorhandensein eines Geschäftslokals an, so gilt dasselbe wie ad b (für alle drei Fälle: ROH. 25, 31; RG. 2, 62).

Für die Regel reicht die einfache Beurkundung, der Beamte habe sich „in Ermangelung eines Geschäftslokals" nach der Wohnung begeben, aus, weil die Vermutung für die Ordnungsmäßigkeit des Verfahrens der Protestbeamten spricht (ROH. 14, 261; RG. 2, 23).

Ist die Präsentatin eine Handelsgesellschaft (offene, Kommandit-, Aktiengesellschaft usw.), so kommt nur ihr Geschäftslokal in Frage, da von einer Wohnung hier nicht die Rede sein kann.

8. (Abs. 2 u. 3.) **Nachforschungen des Protestbeamten** (Windprotest, s. auch Art. 88[22]).

Zunächst ist, wenn Geschäftslokal oder Wohnung sich aus dem Wechselinhalt ergibt, der Protest dort (unter Berücksichtigung selbst von durchstrichenen Angaben, A. 5) zu versuchen. Sind sie dort nicht mehr zu ermitteln, oder sind sie im Wechsel überhaupt nicht angegeben, oder ist eine sonst dem Beamten mitgeteilte Geschäftslokalität oder Wohnung erfolglos aufgesucht worden, weil auch dort das Lokal nicht vorhanden war, so setzen die Nachforschungen des Protestbeamten ein. Zur Gültigkeit des Protestes genügt nach den nunmehrigen Bestimmungen des Abs. 2 der **Vermerk im Protest, daß das Geschäftslokal oder die Wohnung sich nicht habe ermitteln lassen.** Die früher notwendig gewesene Angabe, Nachfrage bei der Polizeibehörde des Ortes sei fruchtlos geblieben, ist fortgefallen. Die Gültigkeit des Protestes wird nicht dadurch berührt, daß die Ermittelung möglich war. Dieser Gegenbeweis ist nicht zuzulassen. Der Protestbeamte hat nach Abs. 2 geeignete Ermittelungen anzustellen. Was geeignet ist, wird ihm überlassen. Aber die Nachfrage bei der **Polizeibehörde entlastet ihn** und befreit ihn von weiteren Nachforschungen.

Polizeibehörde ist die der Ortschaft, **die im Wechsel bezeichnet ist.** Die Protestnovelle hat hieran nichts geändert (vgl. Erläuterungen zu Art. 91 a).

A. 9. Die Nachfrage braucht **nicht persönlich** vom Protestbeamten vorgenommen zu werden. Früher war „Nachfrage **des Notars oder Gerichtsbeamten nötig**", jetzt nur „Nachfrage".

A. 10. Der Protestbeamte wird die ihm von der Polizeibehörde angegebene Geschäftslokalität oder Wohnung aufsuchen, selbst wenn die Angabe unrichtig und ihm dies bekannt ist. In einer solchen Angabe der Polizei liegt zugleich die Erklärung, daß der Protestat am Zahlungsort keine andere Wohnung habe. Erweist sie sich nach Aufsuchen als unrichtig, so ist eine nochmalige Nachfrage unnötig (ROH. 25, 33).

Über die Einwirkung der Protestnovelle im Falle **benachbarter Ortschaften** auf den **Ort** der wechselrechtlichen Handlungen vgl. Art. 91 a und die Erläuterungen dort.

A. 11. 7. **Bei Angabe einer Zahlstelle** im Wechsel im Falle des uneigentlichen Domizilwechsels (Art. 24[2]) ist diese als die **gewählte** Präsentation und Proteststelle (A. 12) zu betrachten, wo die Wechselhandlungen, aber **gegen den Bezogenen selbst**, vorzunehmen sind (s. Art. 88[9], JW. 02, 316[28]). Von der Zahlstelle gilt, was Art. 91 hinsichtlich Geschäftslokal und Wohnung bestimmt (A. 8 ff.; ROH. 25, 108).

A. 12. 8. (Abs. 1 Satz 2). **Vereinbarte Proteststelle** (s. auch A. 11). Die Lokalität in der Protestortschaft, nicht die Protestortschaft, kann im formlosen (Art. 88[26]) Einverständnis mit dem Protestaten (Art. 88[9]), erklärt durch ihn oder seinen befugten Stellvertreter (Art. 88[23]), frei gewählt werden, und zwar geschieht dies mit Wirksamkeit gegen alle Wechselverpflichteten. Das beim Akzepte vom Akzeptanten vermerkte Lokal (z. B. „Ferdinandstr. 25 II") bedeutet beiderseitiges Einverständnis über den Ort der Präsentation und des Protestes (JW. 03, 51[24]) und ist auch dann richtige Proteststelle, wenn es nicht das Geschäftslokal ist. Die Ausnahmevorschrift des Art. 91 Satz 2 bezieht sich nicht auf solche Fälle, in denen die Handlung, insbesondere die Proteſterhebung in Abwesenheit des davon Betroffenen vorgenommen wird (RG. 66, 295). — Über die Feststellung der Identität des Protestaten s. Art. 88[19].

Die Börse ist nur Beispiel; Präsentation usw. kann auch in dem Lokal des Protestbeamten erfolgen (OTr. 44, 210).

Hinsichtlich der Ortschaft gilt das Vorstehende nicht. Die Ortschaftsvorschrift ist absolut und kann nicht durch Vereinbarung geändert werden, ausgenommen den in Art. 91a Abs. 1 Satz 2 behandelten Fall benachbarter Orte.

9. **Die Beurkundung des Protestlokals** ist nicht erforderlich. Es genügt also: Ich habe im Geschäftslokal des Herrn pp. in Berlin usw.; es braucht nicht hinzugesetzt zu werden: „Wilhelmstraße 48". — Die Vermutung spricht für die Richtigkeit der Angaben in der Urkunde (ROH. 1, 144; RG. 2, 23 u. 26). Gegenbeweis ist für die Regel zulässig (eine Ausnahme s. oben A. 8) und kann oft aus der Protesturkunde selbst geführt werden; z. B. wenn gegen einen im Wechsel als Kaufmann bezeichneten Protestaten der Protest in dessen Wohnung aufgenommen ist, ohne daß z. B. der Vermerk über Nichtermittelung des Geschäftslokals gemäß Art. 91 Abs. 2 aufgenommen ist, oder ohne daß aus dem Protest sich das Einverständnis des Protestaten ergibt (RG. 2, 62). A. 13.

10. **Fremde Rechte (zu Art. 91, 92).** A. 14.

In Frankreich und Belgien muß am vorhergehenden Werktage gezahlt werden, falls der Wechsel an einem Sonn- oder Feiertag verfällt.

Art. 91a. Eine in dem Geschäftslokal oder in der Wohnung eines Beteiligten vorgenommene Handlung ist auch dann gültig, wenn an Stelle des Ortes, in welchem das Geschäftslokal oder die Wohnung liegt, ein benachbarter Ort in dem Wechsel angegeben ist. Mit beiderseitigem Einverständnisse können auch in anderen Fällen die bei einem Beteiligten vorzunehmenden Handlungen an einem Orte erfolgen, der dem im Wechsel angegebenen Orte benachbart ist.

Welche Orte im Sinne dieser Vorschriften als benachbarte anzusehen sind, bestimmt der Bundesrat; die Bestimmung ist im Reichs-Gesetzblatte bekannt zu machen.

A. 1. 1. Diese neue Vorschrift der Protestnovelle bringt für Orte, die der Bundesrat als benachbarte bestimmt, zwei Ausnahmen von dem Prinzip, daß wechselrechtliche Handlungen an dem im Wechsel angegebenen Orte vorzunehmen sind. Regelmäßig werden die wechselrechtlichen Handlungen (über sie vgl. Art. 91) an einem bestimmten Orte (im Sinne von Ortschaft) vorgenommen. Welches die richtige Ortschaft ist, ergibt sich aus anderweitigen Bestimmungen der Wechselordnung. So sind alle die wechselrechtlichen Handlungen, die sich auf die Zahlung beziehen (also die Präsentation zur Zahlung, der Protest mangels Zahlung) am Zahlungsorte des Wechsels vorzunehmen. Dieser bestimmt sich nach den Art. 4 Nr. 8, 24, 43.

A. 2. 2. Ort bedeutet im Art. 91a stets Ortschaft im Sinne einer politischen Gemeinde (Art. 4[37]); über die Stelle innerhalb der Ortschaft vgl. Art. 91.

Für die Anwendung der Vorschrift in Art. 91 a genügt es aber nicht, daß Ortschaften einander benachbart sind, vielmehr ist eine im Reichs-Gesetzblatt bekannt zu machende **Bestimmung des Bundesrats darüber notwendig**, daß gewisse Orte im Sinne des Art. 91 a **als benachbarte** anzusehen seien. Diese Bekanntmachung ist am 9. Jan. 09 ergangen (RGBl. 09 Nr. 5). Sie bestimmt: „Auf Grund des Art. 91 a Abs. 2 der Wechselordnung (RGBl. 08, 327) sowie des § 16 Abs. 2 und des § 30 Abs. 2 des Scheckgesetzes (RGBl. 08, 71) hat der Bundesrat beschlossen, daß die in dem nachstehenden Verzeichnis unter einer Nummer aufgeführten Orte als benachbart im Sinne der Vorschriften des Art. 91 a Abs. 1 der Wechselordnung, sowie des § 16 Abs. 2 und des § 30 Abs. 2 des Scheckgesetzes anzusehen sind." Das Verzeichnis der Orte ist ein ziemlich umfangreiches.

3. **Die beiden durch Art. 91 a geregelten Ausnahmen** von der obigen Regel sind in Satz 1 u. 2 Abs. 1 des vorl. Artikels enthalten. A. 3.

a) Bei Satz 1 ist an den folgenden Fall gedacht: Im Verkehr werden benachbarte Gemeinden sehr oft als eine Ortschaft angesehen. So ist bekannt, daß die vielen Vororte um Berlin selbständige Gemeinden bilden, in vielen Straßenzügen aber als zu Berlin gehörig vom Verkehr bezeichnet werden. So z. B. gehört Nollendorfstraße 20 zu Schöneberg, es wird aber verkehrsüblich — sanktioniert übrigens auch durch postalische Einrichtungen — von Berlin, Nollendorfstraße 20, gesprochen. Auch im Wechselverkehr ist dieser Gebrauch ein vorherrschender. In der Adresse der Tratte heißt es für die Regel nicht: „Herrn Adolf Müller, Schöneberg, Nollendorfstraße 20", sondern „Herrn Adolf Müller, Berlin W., Nollendorfstraße 20". Nach der vor der Protestnovelle in der Wissenschaft herrschenden Auffassung konnte in einem solchen Falle der Protest nicht in dem wirklichen Geschäftslokal zu Schöneberg, Nollendorfstraße 20, rechtsgültig aufgenommen werden. Das Reichsgericht war allerdings dieser Auffassung entgegengetreten und hatte einen, im ebenerwähnten Falle zu Schöneberg, Nollendorfstraße 20, in dem wirklichen Geschäftslokal aufgenommenen Protest auch für gültig erklärt. Eine gesetzliche Regelung war, um den Zweifeln entgegenzutreten, geboten. Der Satz 1 des Art. 91 a schließt sich der Auffassung des Reichsgerichts an.

Zur Vermeidung von Mißverständnissen sei hervorgehoben, daß Vororte, die eingemeindet sind, mit dem Hauptort eine Ortschaft im Sinne der Wechselordnung bilden. Weiter, daß die Adresse Berlin-Schöneberg, Nollendorfstraße 20, nicht zu den in Satz 1 des vorliegenden Artikels vorgesehenen Fällen gerechnet werden kann; hier ist bei richtiger Auslegung nur Schöneberg angegeben, also der Ort, in welchem das wirkliche Geschäftslokal oder die wirkliche Wohnung liegt.

A. 4. Der Satz 1 des vorliegenden Artikels bestimmt etwa nicht, daß es zur Gültigkeit des Protestes erforderlich sei, ihn im wirklichen Geschäftslokal oder in der wirklichen Wohnung vorzunehmen, sondern er sagt nur, daß ein solcher Protest „auch gültig" sei (vgl. Art. 4[47a]).

A. 5. b) Nach Satz 2 des Abs. 1 können mit **beiderseitigem Einverständnis** auch in anderen Fällen als in denen des Satzes 1 (wo vorausgesetzt ist, daß an Stelle des Ortes des wirklichen Geschäftslokals oder der wirklichen Wohnung ein benachbarter Ort im Wechsel angegeben ist), die bei einem Beteiligten vorzunehmenden Handlungen an einem Orte erfolgen, der dem im Wechsel angegebenen Orte benachbart ist.

Die Beurkundung der Zustimmung des Protestaten im Protest ist zur Legalität des Protestes für die Regel erforderlich; freilich kann sich die Zustimmung auch stillschweigend aus dem Inhalt der Urkunde ergeben.

A. 6. **4.** Die Bestimmung des Bundesrats schafft nicht etwa benachbarte Orte **schlechthin** zu einer Ortschaft im Sinne der Wechselordnung um. Auch trotz einer solchen Bestimmung hat der Wechsel nur einen Zahlungsort im Sinne der Wechselordnung (vgl. Erl. zu Art. 4 Nr. 8).

Art. 92. Verfällt der Wechsel an einem Sonntag oder allgemeinen Feiertage, so ist der nächste Werktag der Zahlungstag. Auch die Herausgabe eines Wechselduplikats, die Erklärung über die Annahme sowie jede andere Handlung können nur an einem Werktage gefordert werden. Fällt der Zeitpunkt, in welchem die Vornahme einer der vorstehenden Handlungen spätestens gefordert werden mußte, auf einen Sonntag oder allgemeinen Feiertag, so muß diese Handlung am nächsten Werktage gefordert werden. Dieselbe Bestimmung findet auch auf die Protesterhebung Anwendung.

Die Proteste sollen nur in der Zeit von 9 Uhr Vormittags bis 6 Uhr Abends erhoben werden. Außerhalb dieser Zeit soll die Protesterhebung nur erfolgen, wenn die Person, gegen welche protestiert wird, ausdrücklich einwilligt.

I. Sonn- und Feiertage. A. 1.

1. Vgl. A. 1—3 zu Art. 91. A. 2.

2. Die Verschiebung der Verpflichtungen infolge eines Sonntags oder allgemeinen Feiertags steht jetzt im Einklange mit der Ordnung des § 193 BGB. für den bürgerlichen Verkehr (ZPO. § 222 Abs. 2, 3). Es kommt auch hier nur auf den allgemeinen Feiertag am Erklärungs- oder Leistungsorte an. Die Vornahme des Protestes an einem Sonn- oder allg. Feiertage ist ungültig, selbst bei Genehmigung des Protestaten (Art. 91[1]; dort Näheres über Gültigkeit und Ungültigkeit anderer Wechselhandlungen).

A. 3. Welcher Religion der Präsentat angehört, ist ohne Belang, da die allgemeinen Feiertage, wie das Gesetz, für jeden gelten. Ist z. B. der Bezogene jüdisch, so darf auch gegen ihn an einem Weihnachtstage Protest nicht erhoben werden (ROH. 2, 409).

A. 4. **Allgemeine Feiertage** sind die staatlich als solche anerkannten; die jüdischen gehören nicht dazu. In Ermangelung einer reichsgesetzlichen Vorschrift sind die Landesgesetze maßgebend. Die allgemeinen Feiertage sind religiösen Ursprungs (Bernstein 393); politische Feiertage, z. B. Kaisers Geburtstag, Sedantag, fallen nicht hierunter. Dagegen braucht der Feiertag keineswegs für das ganze Land staatlich anerkannt zu sein. Zu berücksichtigen sind auch Sonderfeiertage einzelner Provinzen: Allerheiligentag — 1. November — in der Rheinprovinz; Reformationsfest in Naumburg (StrA. 7, 219 ff.; a. M. Bernstein 393).

A. 5. Allgemeine Feiertage in ganz Preußen sind: die beiden Weihnachtstage, der Neujahrstag, der Charfreitag, die Osterfeiertage, der Himmelfahrtstag, die Pfingstfeiertage, der Buß- und Bettag. — Genaueres s. Rehbein-Mansfeld A. 2, auch für die anderen Staaten.

II. **Protestſtunde.**

A. 6. 1. Die Vorschriften über die Proteststunden sind neu und durch die Protestnovelle eingefügt. Vor dem Inkrafttreten der Novelle kannte die Wechselordnung reichsrechtliche Proteststunden nicht (über den früheren Rechtszustand vgl. A. 6—9 der neunten Auflage).

A. 7. Das Protestgesetz bestimmt nun als Proteststunden die Zeit von 9 Uhr vormittags bis 6 Uhr abends. Die landesgesetzlichen Vorschriften über die Proteststunden sind dadurch außer Kraft getreten, und es ist dieses Gebiet damit auch einer künftigen landesgesetzlichen Regelung entzogen.

A. 8. 2. Die Innehaltung der Proteststunden ist jetzt nur **instruktioneller** Natur, wie sich aus dem Wortlaut („sollen") ergibt. Der Protest bleibt also gültig, auch wenn er außerhalb der vorgeschriebenen Tageszeit vorgenommen wird. Die Übertretung macht den Protestbeamten aber verantwortlich, insbes. gegenüber der vorgesetzten Behörde.

3. Die Anfertigung der Protesturkunde kann außerhalb der Proteststunden erfolgen, was auch schon früheren Rechtens war, selbstverständlich aber innerhalb der Protestfrist (Art. 88 [26]). Die Proteststunden haben, wie nach dem bisherigen Recht, nur für die Handlungen des Protestbeamten gegenüber dem Protestaten Bedeutung. A. 9.

4. Die Proteststunde braucht nicht beurkundet zu werden; für die Richtigkeit spricht die Vermutung. Der Gegenbeweis, daß der Protest außerhalb der Proteststunde vorgenommen wurde, ist, wenn er auch an sich zulässig erscheint, ohne Bedeutung für die Gültigkeit des Protestes. A. 10.

5. Außerhalb der Protestzeit soll nach dem zweiten Satze des Abs. 2 die Protesterhebung nur mit ausdrücklicher Einwilligung des Protestaten erfolgen. A. 11.

„Ausdrücklich" heißt nicht „wörtlich". Die Einwilligung kann sich auch aus den Umständen ergeben. Die Beurkundung dieser Einwilligung braucht nicht ausdrücklich zu geschehen. Aus dem sonstigen Inhalt der Beurkundung kann sie sich ergeben.

Da die Zustimmung von dem Protestaten ausgehen soll, wird sich der Protestbeamte wegen seiner Verantwortung in dem Falle, daß er außerhalb der Proteststunden den Protest aufnimmt, am besten dadurch decken, daß er auch eine Prüfung oder Feststellung der Identität der Person des Protestaten vornimmt, während er in gewöhnlichen Fällen die Identität der sich ihm unter unverdächtigen Umständen vorstellenden Person nicht zu prüfen hat.

6. Die Vorschriften des Abs. 2 über die Proteststunden beziehen sich nicht auf die private Präsentation, wie sich dies schon aus dem Wortlaut ergibt. Die Wechselordnung kennt keine Geschäftsstunden. Die Er- A. 12.

gänzung ist daher aus dem bürgerlichen Recht zu entnehmen. Das Verlangen der Leistung einer wechselrechtlichen Handlung ist zulässig in der Zeit, in welcher nach BGB. eine Leistung überhaupt verlangt werden darf, unter Berücksichtigung der Sonderart des Wechselverkehrs. Wenn auch das BGB. keine besonderen Bestimmungen über die Innehaltung bestimmter Stunden enthält, so ist es doch klar, daß unter Heranziehung der analogen Vorschrift des § 358 HGB. und der Vorschrift des § 242 BGB. die Leistung nur in denjenigen Stunden zu bewirken ist, wie Treu und Glauben mit Rücksicht auf die Verkehrssitte es erfordern. Man wird daher für die Präsentation nicht jede beliebige Stunde, sondern nur eine angemessene Tageszeit für zulässig erklären. Eine Präsentation ist nicht zulässig in den der Nachtruhe allgemein gewidmeten Stunden.

A. 13. Aus diesen Erwägungen folgt, daß eine Nichtinnehaltung der gesetzlichen Proteststunden, wenn diese Stunden auch nur instruktionell vorgeschrieben sind, dann auf die Gültigkeit des Protestes einen Einfluß haben, falls der Protest nicht in einer angemessenen Tageszeit erhoben wird. Ein Protest innerhalb der, der allgemeinen Nachtruhe gewidmeten Stunden ist unzulässig und muß aus allgemeinen Rechtsgründen als ungültig betrachtet werden.

Art. 93. Bestehen an einem Wechselplatz allgemeine Zahltage (Kassiertage), so braucht die Zahlung eines zwischen den Zahltagen fällig gewordenen Wechsels erst am nächsten Zahltage geleistet zu werden, sofern nicht der Wechsel auf Sicht lautet. Die im Artikel 41 für die Aufnahme des Protestes mangels Zahlung bestimmte Frist darf jedoch nicht überschritten werden.

Kassiertage (früher in Augsburg und Bremen) bestehen in Deutschland nicht mehr.

XVIII. Mangelhafte Unterschriften.

Art. 94. Wechselerklärungen, welche statt des Namens mit Kreuzen oder anderen Zeichen vollzogen sind, haben nur dann, wenn diese Zeichen gerichtlich oder notariell beglaubigt worden, Wechselkraft.

1. **Verhältnis zum neuen Reichsrecht.** Die Vorschrift, A. 1.
welche auch für eigene Wechsel gilt, ist in Kraft geblieben (Art. 32 EG. z. BGB.; § 126 BGB.). Für Handzeichen ist eine andere öffentliche Beglaubigung, als die gerichtliche oder notarielle, auch im gemeinbürgerlichen Recht ausgeschlossen (Stranz-Gerhard Art. 68 Anm. 6). Das Nähere über Zuständigkeit und Form der Beglaubigung regelt das FGG. in den §§ 167 und 183. Danach sind von den Gerichten die Amtsgerichte zur Beglaubigung zuständig. Die Beglaubigung selbst darf nur erfolgen, wenn das Handzeichen in Gegenwart des Richters oder des Notars vollzogen oder anerkannt wird. Sie geschieht durch einen unter das Handzeichen zu setzenden Vermerk. Der Vermerk muß die Bezeichnung desjenigen, welcher das Handzeichen vollzogen oder anerkannt hat, enthalten und den Ort und Tag der Ausstellung angeben, sowie mit Unterschrift und Siegel oder Stempel versehen sein. Alle früheren landesgesetzlichen Vorschriften über die Form der Beglaubigung und die damit verknüpften Streitfragen sind damit beseitigt (vgl. für Preußen das PFGG. Art. 144 Ziff. 22).

2. **Handzeichen** (Kreuze oder andere Zeichen) stellen A. 2.
den Gegensatz zur Namensunterschrift dar (§ 126 BGB.; Näheres über die Unterschrift Art. 4[28]). Der Art. 94 kommt zur Anwendung, gleichviel ob die Handzeichen von einem Schreibenskundigen oder -unkundigen herrühren. Entscheidend ist nicht, ob der Zeichner ein Schreibensunkundiger ist, sondern wie die Urkunde *äußerlich* sich

darstellt, ob „die Wechselerklärung statt des Namens mit Kreuzen oder anderen Zeichen vollzogen ist“. Daher kommt Art. 94 nicht zur Anwendung, wenn auch die Namensunterschrift unleserlich oder in fremden Lettern (z. B. hebräischen) geschrieben ist (ROH. 22, 406); ebensowenig, wenn sie von einem Schreibensunkundigen (durch Nachpausen, Nachmalen, Nachziehen), Blinden, Tauben, Stummen vollzogen ist. Bezüglich der Wechselzeichnung durch Blinde, Taubstumme und Analphabeten vgl. Art. 4[29]. — Fremde Beihilfe bei Vollziehung des Handzeichens ist zulässig, ebenso wie bei der Namensunterschrift, nur muß trotz der Beihilfe das Zeichen von der Hand desjenigen, der die Erklärung abgibt, als vollzogen gelten (OTr. 29, 245; a. M. Bernstein 396). Wer auch nicht einmal Handzeichen zu vollziehen in der Lage ist, kann überhaupt keine Wechselerklärungen abgeben.

A. 3. Handzeichen und Beglaubigung müssen sich beide auf dem Wechsel befinden. Eine besondere, selbst notarielle Urkunde oder nachträgliche Anerkennung außerhalb des Wechsels genügen nicht (OTr. 35, 132; 39, 248).

A. 4. **3. Der Mangel der Beglaubigung** macht die betreffende Wechselerklärung ungültig, und in gewissen Fällen, z. B. bei dem Ausstellervermerk, den ganzen Wechsel. Die Ungültigkeit des Handzeichens der Hauptwechselerklärung macht das zugehörige Aval unwirksam (Art. 81[9]).

A. 5. **4. Fremde Rechte (zu Art. 94 und 95).** Das franz. und belg. Recht verlangen notarielle Abgabe der Wechselerklärung von Schreibunfähigen. Das englische läßt Handzeichen zu (Späing 275).

Art. 95. Wer eine Wechselerklärung als Bevollmächtigter eines anderen unterzeichnet, ohne dazu Vollmacht zu haben, haftet persönlich in gleicher Weise, wie der angebliche Machtgeber gehaftet haben würde, wenn die Vollmacht erteilt gewesen wäre. Dasselbe gilt von Vormündern und anderen Vertretern, welche mit Überschreitung ihrer Befugnisse Wechselerklärungen ausstellen.

1. Art. 95, der auch für eigene Wechsel gilt (Art. 98 A. 1.
Nr. 10), handelt von der Unterzeichnung durch einen Vertreter ohne Vertretungsmacht (Pseudovertreter, falsus procurator, unbefugter Vertreter; vgl. die ähnlichen Vorschriften des § 179 BGB., die auch den Art. 55 des früheren HGB. ersetzen). Über die Verteilung der Beweislast RG. in JW. 1902, 365^{23}. — Über den Fall **befugter** Stellvertretung s. Art. 4^{30-33}.

2. **Jede** Art direkter Stellvertretung hat Art. 95 A. 2.
im Auge, sei es durch frei gewählte Bevollmächtigte (§§ 164 ff. BGB.; §§ 48 ff. HGB.), sei es durch gesetzliche Vertreter. Die **indirekte** Vertretung (Handeln für Rechnung eines anderen, aber im eigenen Namen, §§ 383 ff. HGB.) kommt hier nicht in Betracht. Als **Vertreter** (im Willen) gelten überhaupt nicht die Übermittler der Erklärungen (Boten § 120 BGB.) und die Vertragsgehilfen (Agenten, Mäkler §§ 652 ff. BGB.; §§ 84, 93 ff. HGB.).

Die „**Vormünder**" sind nur Beispiel. Gesetzliche A. 3.
Vertreter nach BGB. sind:

a) der Vater für ein eheliches Kind (§ 1630);

b) wenn der Vater gestorben usw., die Mutter (§§ 1684—1686), dagegen nicht für das uneheliche (§ 1707);

c) der Vormund für den Mündel, den minderjährigen oder volljährigen (§§ 1793, 1897);

d) der Pfleger für den Pflegebefohlenen (§§ 1628, 1794, 1909 ff., 1915);

e) der Beistand laut § 1693.

Die genannten Vertreter dürfen Wechselverbindlichkeiten für Kind, Mündel und Pflegling nur mit Genehmigung des Vormundschaftsgerichts eingehen (§§ 1822 Nr. 9, 1825, 1643, 1686, 1915 BGB.).

Als Vertreter im Sinne des Art. 95 werden auch der Konkursverwalter (§ 6 KO.), der Nachlaßverwalter (§ 1984) und der Testamentsvollstrecker (§ 2205 BGB.) im Bereiche ihrer Vertretungsmacht zu gelten haben. — Der Ehemann ist nicht gesetzlicher Vertreter der Ehefrau, er kann sie durch Rechtsgeschäfte nicht verpflichten (§ 1375 BGB.).

A. 4. Die verschiedenen Vertretungsverhältnisse der juristischen Person und der handelsrechtlichen Gesellschaften, einschl. der Liquidation, kommen für Art. 95 gleichfalls in Betracht (s. auch Art. 1 16 u. 17 und Art. 4 30a bis 31). — Bei der Vertretung öffentlich-rechtlicher juristischer Personen (§ 89 BGB. und Aufzählung bei Stranz-Gerhard Art. 6 29) entscheiden über die Vertretungsvollmacht die Vorschriften des öffentlichen Rechts.

A. 5. 3. **Voraussetzungen der Haftung des Vertreters.**

a) Die Zeichnung des Namens des angeblichen Machtgebers durch den Pseudovertreter unter Hinzufügung seines eigenen Namens mit einer Erklärung, aus welcher erhellt, daß er als Vertreter gezeichnet habe. Also: „Otto Müller als Bevollmächtigter, Vormund des Paul Schulz", oder „Paul Schulz durch seinen Bevollmächtigten Otto Müller". Dagegen genügt nicht: „Paul Schulz durch seinen Vormund" oder „Otto Müller als Vormund". Gleicher Ansicht Grünhut § 9; Bernstein 402, der RG. aus Fenners Arch. 1 S. 18ff. zitiert. Indes ist auch die Ansicht viel verbreitet, es brauche der Bevollmächtigte dem Namen des Machtgebers nicht seinen eigenen Namen beizufügen. Dieser Ansicht sind Staub 4. Aufl. § 14, Lehmann § 88 14, ROH. 5, 263 u. 18, 100. Die diesseitige Ansicht stützt sich, da der Wortlaut des Art. 95 kein klarer ist, auf den Grundsatz, daß jeder Wechselverpflichtete aus der Urkunde sich ergeben muß.

A. 6. b) **Die mangelnde Vertretungsmacht.**

α) Letztere fehlt, wenn sie überhaupt nicht oder in ungültiger Weise gegeben ist (z. B. früher ROH. 22,

114), oder überschritten ist, oder in wirksamer Weise erloschen ist (bei der Vollmacht §§ 168 ff. BGB.).

Einzelfälle: Mangel der Vertretungsmacht ist sonach z. B. gegeben, soweit die Vollmacht hinsichtlich der Wechselsumme überschritten ist (a. M. Rehbein-Mansfeld A. 5); oder wenn bei Kollektivvertretungen nur ein Vertreter oder der frühere Gesellschafter einer aufgelösten Handelsgesellschaft mit der erloschenen Firma zeichnet; oder der Liquidator zeichnet, ohne daß die Wechselzeichnung zur Beendigung schwebender Geschäfte bestimmt ist (ROH. 21, 308: zur Begründung der Wechselklage gehört nicht die Behauptung, der Wechsel sei zur Beendigung schwebender Geschäfte bestimmt gewesen; wird indes ein Einwand erhoben, so muß der Kläger replicando den Beweis dafür antreten). Die Vollmacht zur Abtretung von Forderungen legitimiert nicht zur Indossierung von Wechseln (ROH. 2, 282). Ein Akzept, das der Aussteller zugleich als Bevollmächtigter des Bezogenen erklärt hat, ist an sich nicht ungültig; ob ein dem Dritten erkennbarer Interessenwiderstreit oder Kollusion des Dritten mit dem ungetreuen Bevollmächtigten, durch welche der Bestand des Geschäftes selbst berührt wird, vorliegt, ist konkrete Tatfrage (RG. 24, 91; s. auch § 181 BGB.).

β) Die maßgebende Zeit für die Vertretungsmacht A. 7.
richtet sich nach den allgemeinen Grundsätzen des Zivilrechts, die überhaupt für die Stellvertretung bei den Wechselerklärungen eingreifen, soweit die WO. keine Sonderregelung enthält. Beim Blankett z. B. kommt es auf das Vorhandensein der Vertretungsmacht zur Zeit der Unterzeichnung und Übergabe des Blanketts an (RG. 11, 8; Art. 1⁴).

γ) Art. 95 hat nur das äußere Vertretungsverhältnis, A. 8.
nicht aber das innere Verhältnis zwischen Vertreter und Vertretenen im Auge. Gilt also eine Vollmacht nach außen noch als fortbestehend, wiewohl sie nach dem inneren Rechtsverhältnis erloschen ist, so kommt Art. 95

nicht zur Anwendung; ein derartiger Wechselzeichner zeichnet nicht ohne Vollmacht. Vgl. z. B. die Fälle des § 169 BGB. oder des § 170; laut § 170 bleibt die Vollmacht einem Dritten gegenüber in Kraft, wenn sie durch Erklärung ihm gegenüber erteilt war, bis ihm das Erlöschen von dem Vollmachtgeber angezeigt wird. Dritten Gutgläubigen gegenüber bleiben die im Handelsregister eingetragenen Vertretungsverhältnisse (Prokura, Liquidation u. a.) bis zur Löschung im Register in Kraft, auch wenn sie schon früher beendet waren.

A. 9. 4. **Art der Haftung.** Der Vertreter ohne Vertretungsmacht haftet „persönlich in gleicher Weise, wie der angebliche Machtgeber gehaftet haben würde, wenn die Vollmacht erteilt gewesen wäre".

a) In materieller Hinsicht, d. h. in bezug auf den Inhalt und den Umfang haftet deshalb der Pseudovertreter mit seinem ganzen Vermögen wechselmäßig (aus dem Wechsel mit statthaftem Wechselprozeß), und zwar gemäß der Stellung, welche er seinem angeblichen Machtgeber zugewiesen hat, als Aussteller, Akzeptant, Indossant usw.; seine Haftung ist eine prinzipale, ohne Vorausklage gegen den Machtgeber (a. M. Thöl § 63 a. E.).

b) In formeller Hinsicht aber ist der angebliche Machtgeber, da er im Wechsel als Wechselschuldner bezeichnet und für den Verkehr Klarheit erforderlich ist, hinsichtlich der vorzunehmenden wechselrechtlichen Handlungen (s. insbes. Art. 91) allein zu beachten, also bei Bestimmung des richtigen Protestaten, Notifikaten, der „zusammenhängenden Reihe" von Indossamenten (Art. 36). Hiernach braucht z. B. der Regreßfall nur dem Machtgeber notifiziert zu werden; wenn ferner gegen ihn nicht rechtzeitig Protest erhoben wird, so ist der Wechsel auch gegenüber dem Vertreter präjudiziert (s. auch Bolze 10 Nr. 202). Ebenso ist der Wechselanspruch, wenn er gegenüber dem Machtgeber verjährt ist, auch gegenüber dem Vertreter verjährt, da in bezug auf Zeit und

Bedingungen der Verjährung der Machtgeber entscheidet (a. M. Thöl § 63[12], der den Beginn der Verjährung gegen den Vertreter erst von der Kenntnis des Mangels der Vertretungsmacht ab laufen läßt). Freilich kommen für die Unterbrechung der Verjährung gegen den Vertreter nur Rechtshandlungen in Betracht, die sich gegen ihn selbst richten, da diese nur inter partes wirken (Vorbem. vor Art. 77 Nr. 5).

5. Die Beweislast ist streitig. Nicht der Wechselgläubiger braucht, wenn er den Pseudovertreter aus Art. 95 belangt, das Fehlen der Vertretungsmacht nachzuweisen, vielmehr muß letzterer seinerseits den Beweis seiner Vertretungsmacht führen, da er aus seiner Zeichnung haftet und das Vorhandensein der Vollmacht zugesichert hat (so auch § 179 BGB.; Dernburg § 252[9], RG. in JW. 02, 365[23]). A. 10.

6. Einreden des Pseudovertreters. A. 11.

a) Er hat die gleichen, wie sie dem angeblichen Machtgeber zustehen würden (verbis: „haftet in gleicher Weise"; s. daher A. 9 hinsichtlich der Präjudizierung und Verjährung). Deswegen kann er auch die mangelnde Wechselfähigkeit des Vertretenen vorschützen (a. M. Bernstein 404). Auch der Vertreter darf nicht wechselunfähig sein; ist er nur in der Geschäftsfähigkeit beschränkt, so muß er mit Zustimmung seines gesetzlichen Vertreters gehandelt haben (§ 179 Abs. 3 Satz 2 BGB.).

b) Der Kläger habe die mangelnde Vertretungsmacht gekannt oder kennen müssen (§ 179 BGB. Abs. 3 Satz 1). Es ist eine in personam wirkende Einrede der Arglist (ROH. 17, 176). Dagegen kann sich der Vertreter nicht darauf berufen, daß er, selbst ohne jede Schuld (RG. 35, 145), den Mangel der Vertretungsmacht nicht gekannt hat (anders § 179 Abs. 2 BGB., der aber gegenüber der strikten Vorschrift des Art. 95 nicht auf die Wechselzeichnung ausgedehnt werden darf). A. 12.

A. 13. c) Der Machtgeber habe nachträglich genehmigt. Dies heilt den Mangel der Vertretungsmacht. Die Genehmigung bedarf keiner Form (JW. 02, 26[18]; §§ 177 ff. BGB.).

Dritter Abschnitt.

Von eigenen Wechseln.

Art. 96. Die wesentlichen Erfordernisse eines eigenen (trockenen) Wechsels sind:

1. die in den Wechsel selbst aufzunehmende Bezeichnung als Wechsel oder, wenn der Wechsel in einer fremden Sprache ausgestellt ist, ein jener Bezeichnung entsprechender Ausdruck in der fremden Sprache;
2. die Angabe der zu zahlenden Geldsumme;
3. der Name der Person oder die Firma, an welche oder an deren Order der Aussteller Zahlung leisten will;
4. die Bestimmung der Zeit, zu welcher gezahlt werden soll (Artikel 4 Nr. 4);
5. die Unterschrift des Ausstellers mit seinem Namen oder seiner Firma;
6. die Angabe des Ortes, Monatstags und Jahres der Ausstellung.

A. 1. 1. **Begriff und Wesen des eigenen Wechsels.** Der *eigene* Wechsel (auch trockener, toter, Solawechsel genannt, s. aber den Sprachgebrauch des Art. 66) hat seinen Gegensatz im *gezogenen* Wechsel, der Tratte (Art. 4[2]). Der Gegensatz, wenn auch in seinem Ursprunge ein sachlicher, drückt sich wechselrechtlich in der

Form aus. Der eigene Wechsel hat die Form des Schuldversprechens (§ 780 BGB.); daher genügt die Angabe bloß zweier Personen, des Ausstellers und des Wechselgläubigers (des Remittenten). Beide Arten des Wechsels werden im Prinzip von der DWO. gleich behandelt, soweit sich nicht Unterschiede daraus ergeben, daß beim eigenen Wechsel die dritte Person, der Bezogene, fehlt. Hieraus folgt, daß diejenigen Rechtssätze, die auf der Natur des Wechsels an sich und der Wechselschuld als Summenschuld beruhen, für beide Arten gelten, dagegen diejenigen, die durch die in der Trattenform ausgedrückte Anweisung gegeben sind, auf den eigenen Wechsel keine Anwendung finden. Demgemäß scheiden namentlich die Rechtssätze über Annahme (s. Art. 21 1 und unten 2 über die Wirkung des Vermerks „angenommen" beim eigenen Wechsel), Präsentation zur Annahme und Protest mangels Annahme aus.

Im einzelnen bezeichnet Art. 98 genau diejenigen für gezogene Wechsel gegebenen Vorschriften, die auch für eigene Wechsel gelten. **Dementsprechend sind auch in diesem Kommentar die den eigenen Wechsel betreffenden Fragen zugleich bei der Kommentierung der ersten beiden Abschnitte mit berücksichtigt worden und dort zu vergleichen.**

Der eigene Wechsel, wenn auch von gleichem Alter wie der gezogene, ist doch im Verkehr immer unbeliebter geworden, da die Form der Tratte, die sich an einen Dritten mit einer Zahlungsanweisung wendet, dem kaufmännischen Bedürfnis und Kredit besser Genüge tut.

2. **Wahl der Form.** Die gewählte Form ist für A. 2.
den Unterschied zwischen eigenem und gezogenem Wechsel maßgebend. Sachlich nähert sich die Tratte in der Form des trassiert-eigenen Wechsels (Art. 6 Abs. 2) dem eigenen Wechsel und der eigene Wechsel in der Form des eigenen domizilierten Wechsels (Art. 99) der Tratte. Doch sind stets nur je nach der gewählten Form die entsprechenden Rechtsnormen anzuwenden (Rehbein A. 1; ROH. 7, 197

u. 198). Ungültig ist ein Wechselversprechen, das beide Formen vereinigt oder nicht erkennen läßt, ob es als eigener oder gezogener Wechsel geleistet ist. Z. B. „Am ..... zahle ich gegen, zahlen Sie für diesen Primawechsel" (ROH. 19, 16), oder wenn eine Tratte ohne Adresse des Bezogenen den Annahmevermerk des Ausstellers trägt, oder wenn ein eigener Wechsel eine Adresse und den Annahmevermerk des Adressaten zeigt (Bolze 3 Nr. 549). Dagegen liegt ein solcher Mangel nicht vor, wenn nur die Wechselart irrig bezeichnet ist („Am .... zahle ich gegen diese meine Tratte", falsa demonstratio); oder wenn der Aussteller seiner Unterschrift das Wort „angenommen" hinzusetzt (StrA. 30, 196; Art. 21 [1]); oder der eigene Wechsel die lithographierten Worte: „Sola auf selbst" oder „auf mich selbst" an derjenigen Stelle trägt, wo bei der Tratte die Adresse zu stehen pflegt (ROH. 9, 422; 17, 230).

A. 3. 3. **Allgemeine Grundsätze über die Erfordernisse des eigenen Wechsels.** Unterschiede von den Erfordernissen der Tratte ergeben sich namentlich dadurch, daß der Name des Bezogenen fortfällt und daß der Aussteller Zahlung verspricht (Art. 96 Nr. 3 ist deswegen anders gefaßt, als Art. 4 Nr. 3). Der Aussteller steht hier als Hauptwechselschuldner dem Akzeptanten der Tratte gleich (ROH. 3, 187). Auch bei eigenen Wechseln ist der Begebungsvertrag erforderlich (Thöl § 154; s. Art. 8 [1] ff.).

Über die weiteren Erfordernisse nach allgemeinen Grundsätzen s. Art. 4 [50] ff.; über die Wirkung des Fehlens eines der Erfordernisse Art. 4 [1]; über die Zusätze Art. 4 [52]. Es gilt prinzipiell überall Entsprechendes, wie bei der Tratte; s. auch A. 1.

Die **kürzeste Form** des eigenen Wechsels ist folgende: „Gegen diesen Wechsel zahle ich am 1. April 1902 an August Müller die Summe von 500 Mk.

Berlin, den 1. Oktober 1901.

Hermann Schulze."

4. Die einzelnen Erfordernisse des Art. 96; das Erfordernis des Zahlungsversprechens („zahle ich") ist als selbstverständliches im Art. 96 nicht hervorgehoben. A. 4.

Zu Nr. 1. **Wechselklausel** (s. Art. $4^{3, 4, 5}$). Es genügen nicht Formen, wie „ich verspreche Zahlung nach Wechselstrenge oder Wechselrecht"; oder: „gegen diesen Wechsel zahle ich, jedoch nicht nach Wechselrecht".

Die entsprechenden Ausdrücke für den eigenen Wechsel sind im Französischen „billet à ordre", im Italienischen „cambiale propria oder paghero cambiario", im Englischen „promissory note" (Rehbein-Mansfeld A. 3).

Zu Nr. 2. **Summenangabe** (s. Art. 4^{6-9}). A. 5.

Zu Nr. 3. **Name des Remittenten** (s. Art. 4^{10-17}). A. 6. Aber im Gegensatz zur Tratte (Art. 7) ist der an eigene Order gestellte eigene Wechsel, auch der domizilierte eigene, ungültig (ROH. 16, 147; RG. 47, 56 und die herrschende Ansicht; a. M. Thöl § 160).

Ein Versprechen an sich selbst ist rechtlich unzulässig und würde den eigenen Wechsel zu einer Art Inhaberpapier machen; auch fehlt Art. 6 unter den im Art. 98 für anwendbar erklärten Vorschriften. Es kann dagegen eine offene Handelsgesellschaft unter ihrer Firma einen eigenen Wechsel an Order einer offenen Handelsgesellschaft ausstellen, die unter einer anderen Firma zwischen denselben Gesellschaftern besteht; hier liegt ein Wechsel an eigene Order nicht vor (RG. a. a. O.). Die Existenz verschiedener Firmen genügt für das formale Wechselrecht, um dieses Ergebnis zu rechtfertigen, zumal jede Firma dem dritten Gläubiger gegenüber durch das an erster Stelle haftende Sondergut individualisiert wird.

Zu Nr. 4. **Zahlungszeit** (s. Art. 4^{18-26}). A. 7.

Zu Nr. 5. **Ausstellerunterschrift** (s. Art. 4^{27-36}). Sie A. 8. muß dort stehen, wo der Wechsel endigt, gleichviel ob rechts oder links. Tatfrage wird es bleiben, ob sie nach dem Platze, den sie hat, als Unterschrift gelten kann (ROH. 9, 423; 19, 89). Eine solche Annahme wird gegebenenfalls auch möglich sein, wenn die Unterschrift quer steht. In der Unterzeichnung eines eigenen Wechsels mit dem Zusatze: „Ich verpflichte mich als Selbstschuldner" neben der Unterschrift einer anderen Person, welche den Wechsel „als Bürge" gezeichnet hat, liegt eine verpflichtende Ausstellerunterschrift (RG. 30, 25). Löst einer von mehreren Ausstellern den eigenen Wechsel ein, so hat dies nicht unbedingt das Erlöschen der Wechselschuld unter den Beteiligten zur Folge (JW. 02, 591[15]).

A. 9. Zu Nr. 6. Ort und Zeit der Ausstellung (Art. 4[37—40a]).

A. 10. 5. Über die Fragen, ob ein als Wechsel ungültiger oder ein präjudizierter oder verjährter Wechsel zivilrechtlich sonst als Schuldurkunde wirksam sein kann, vgl. Art. 83[17].

A. 11. 6. Fremde Rechte (zu Art. 69—100).

Frankreich, Belgien, England, Italien kennen gleichfalls den eigenen Wechsel, England läßt ihn auch an eigene Order zu. Die Bezeichnung als Wechsel ist in den genannten Rechten, abgesehen vom italienischen, nicht erforderlich. Das franz. Recht verlangt auch beim eigenen Wechsel die Angabe der Valuta. Über die promissory notes des New Yorker Rechts vgl. RG. 2, 13.

Art. 97. Der Ort der Ausstellung gilt für den eigenen Wechsel, insofern nicht ein besonderer Zahlungsort angegeben ist, als Zahlungsort und zugleich als Wohnort des Ausstellers.

A. 1. 1. Vgl. zunächst die A. 1—3 zu Art. 96. — Dem Art. 97 entspricht der Art. 4 Nr. 8; die dort A. 37, 39, 40, 40a, 45—49 gemachten Ausführungen gelten entsprechend auch hier und sind zu vergleichen.

A. 2. 2. Der Ausstellungsort gilt als Zahlungsort, gleichviel, ob die Ausstellung wirklich am gegebenen Orte erfolgt ist (Art. 4[39]). Der Ort darf auch hier nur ein einheitlicher sein. Hieran hat der Art. 91a auch für benachbarte Orte nichts geändert (Staub-Stranz A. 5).

3. Der Ausstellungsort gilt als Wohnort des Ausstellers selbst dann, wenn in dem Wechsel der wirkliche Wohnort des Ausstellers angegeben ist. Beispiel: „Berlin, den 25. Juli 1901. Am usw. zahle ich usw. August Schulze zu Dresden wohnhaft“ (RG. 8, 66; a. M. Bernstein S. 407). Ein solcher Wechsel ist auch kein Domizilwechsel (A. 5). A. 3.

4. Am Ausstellungsort sind somit alle wechselrechtlichen Handlungen vorzunehmen (Ausnahmen unten Anm. 5 und Art. 99), auch diejenigen, für die der Wohnort des Hauptschuldners maßgebend ist, z. B. die Präsentation eines eigenen Nachsichtwechsels zur Sicht (RG. 8, 68), da der Ausstellungsort als wechselmäßiger Wohnort des Ausstellers gilt. Dagegen richtet sich die Wechselfähigkeit des Ausstellers nach dem Rechte seines wirklichen Wohnorts (zur Zeit der Ausstellung ROH. 23, 388). Der wirkliche Wohnort ist auch zivilprozessual der entscheidende. A. 4.

5. Die Regel des Art. 97, und zwar sowohl für Zahlungsort als auch für Ausstellerwohnort, gilt nur „insofern nicht ein besonderer Zahlungsort angegeben ist“ (RG. 8, 71; vgl. über Zahlungsort im allgemeinen Art. 4[45]). Die Benennung eines besonderen Zahlungsortes, die meist am Fuß des Wechsels ohne Unterschrift zu geschehen pflegt, muß in deutlich erkennbarer Weise geschehen. Hierzu wird die Angabe eines Ortes neben dem Namen des Remittenten nicht genügen; z. B.: A. 5.

Ende März zahle ich an Kabner in Freiberg die Summe von usw.

Dorschenwitz, den usw. 1886.

C. G. Diewel.

Denn diese Angabe weist zunächst nur auf den Wohnort des Remittenten hin (ROH. 5, 392, Art. 99[1]).

Nicht immer liegt bei Angabe eines besonderen Zahlungsortes ein Domizilwechsel vor, sondern nur dann, wenn ein vom Ausstellungsort verschiedener Zahlungsort angegeben ist (Art. 99). Der Sprachgebrauch der WO. unterscheidet: „eigener", „besonderer" Zahlungsort (Art. 4 Nr. 8, Art. 97, beide Ausdrücke gleichbedeutend) und „verschiedener" Zahlungsort (Art. 24).

Art. 98. Nachstehende, in diesem Gesetze für gezogene Wechsel gegebene Vorschriften gelten auch für eigene Wechsel:

1. die Artikel 5 und 7 über die Form des Wechsels;
2. die Artikel 9 bis 17 über das Indossament;
3. die Artikel 19 und 20 über die Präsentation der Wechsel auf eine Zeit nach Sicht mit der Maßgabe, daß die Präsentation dem Aussteller geschehen muß;
4. der Artikel 29 über den Sicherheitsregreß mit der Maßgabe, daß derselbe im Falle der Unsicherheit des Ausstellers stattfindet;
5. die Artikel 30 bis 40 über die Zahlung und die Befugnis zur Deposition des fälligen Wechselbetrags mit der Maßgabe, daß letztere durch den Aussteller geschehen kann;
6. die Artikel 41 und 42 sowie die Artikel 45 bis 55 über den Regreß mangels Zahlung gegen die Indossanten;
7. die Artikel 62 bis 65 über die Ehrenzahlung;
8. die Artikel 70 bis 72 über die Kopien;
9. die Artikel 73 bis 76 über abhanden gekommene und falsche Wechsel mit der Maßgabe, daß im Falle des Artikel 73 die Zahlung durch den Aussteller erfolgen muß;

10. die Artikel 78 bis 95 über die allgemeinen Grundsätze der Wechselverjährung, die Verjährung der Regreßansprüche gegen die Indossanten, das Klagerecht des Wechselgläubigers, die ausländischen Wechselgesetze, den Protest, den Ort und die Zeit für die Präsentation und andere im Wechselverkehre vorkommende Handlungen sowie über mangelhafte Unterschriften.

Vorbemerkung. In der Redaktion des Textes der Wechselordnung nach der Protestnovelle ist in Nr. 10 geändert: 78 bis 95 statt früher „78 bis 96", was auf einem angeblichen Druckfehler beruhte (Staub-Stranz, Einl. zu Art. 98).

1. Folgende für gezogene Wechsel gegebene Vorschriften sind nicht für anwendbar auf eigene Wechsel erklärt (über die Gründe s. Art. 96 [1]): A. 1.

a) Art. 4 über die Erfordernisse einer Tratte (Art. 96 [3] ff.); b) Art. 6 über Wechsel an eigene Order (Art. 96 [6]); c) Art. 8 über die Haftung für Annahme; d) Art. 18 über die Präsentation zur Annahme; e) Art. 21—24 über die Annahme; f) Art. 25—28 über den Regreß auf Sicherstellung wegen nicht erhaltener Annahme; g) Art. 43 über den Regreß mangels Zahlung bei Domizilwechsel, und Art. 44, weil im Art. 99 für eigene Wechsel besonders geregelt; h) Art. 56—61 über die Ehrenannahme; i) Art. 66—69 über Wechselduplikate (s. hinsichtlich der eigenen Wechsel Art. 66 [1]); k) Art. 77 über die Verjährung gegen den Akzeptanten (geregelt für den eigenen Wechsel im Art. 100).

2. Zu den einzelnen für anwendbar erklärten Vorschriften: A. 2.

a) Zu Nr. 2. Das Indossament kann vom Aussteller („nicht an Order") verboten werden. Das Nachindossament ist zulässig (ROH. 7, 316).

A. 3. b) **Zu Nr. 3. Eigene befristete Sichtwechsel** (s. Art. 19, 20). Sicht bedeutet bei ihnen nur Sicht zur Datierung zwecks Fixierung des Verfalltages, natürlich nicht zur Annahme (ROH. 16, 348; Art. 20[3]). Da der Aussteller des eigenen Wechsels direkt als Hauptwechselschuldner haftet und dem Akzeptanten gleichsteht (Art. 25[1]), sind für die Verjährung, die Notwendigkeit des Protestes usw. die entsprechenden für den Hauptwechselschuldner geltenden Grundsätze anzuwenden. So geht durch unterbliebene rechtzeitige Präsentation oder im Falle der Verweigerung des Sichtvermerks, bzw. seiner Datierung durch Unterlassung der Protesterhebung nur der Regreß gegen die Indossanten verloren; der Aussteller haftet trotzdem (RG. 8, 70). Das Begehren des Protestbeamten braucht nicht ausdrücklich dahin zu lauten, es solle eine datierte Sichtbescheinigung auf den Wechsel gesetzt werden. Das Wesentliche an dem Rechtsakt ist vielmehr die Präsentation als solche, die Tatsache der Sicht (RG. in JW. 08, 493[32]).

Ein auf mehrere Personen gezogener Sichtwechsel ist nicht deshalb ungültig, weil er den Bezogenen zu verschiedenen Zeiten vorgelegt werden könnte (vgl. ROLG. 14, 415). Gegen ihn läuft vom Verfalltage ab die dreijährige Verjährungsfrist. Beim eigenen befristeten Sichtwechsel wird durch die Klagezustellung gegenüber dem Aussteller die Präsentation ersetzt und die Fälligkeit herbeigeführt (RG. 8, 70; Art. 20[9]).

Näheres Art. 18[1 u. 5], sowie Art. 19 u. 20; über den eigenen einfachen Sichtwechsel s. A. 4.

A. 4. c) **Zu Nr. 5.**

α) **Der eigene einfache Sichtwechsel** (s. Art. 31) wird bei Vorzeigung fällig; gegenüber dem Aussteller wird die Präsentation auch hier, wie beim befristeten Sichtwechsel (A. 3), durch die Klagezustellung ersetzt (ROH. 5, 315). Der Wechselanspruch gegen den Aussteller geht durch die Versäumung der gesetzlichen zweijährigen oder der im Wechsel bestimmten anderweitigen Frist (Art. 31 Satz 2) nicht verloren, aber der Regreßanspruch gegen die Indossanten (ROH. 3, 186; RG. 3, 7). Mit dem letzten Tage der gesetzlichen oder vertragsmäßigen Präsentationsfrist wird der Wechsel fällig, und damit beginnt die dreijährige Verjährungsfrist gegen den Aussteller (Art. 100), nach deren Ablauf erst der Rechtsverlust gegen ihn eintritt (RG. 28, 104).

β) Verzug (s. auch Art. 39). Auch der Aussteller eines eigenen Wechsels ist der Regel nach erst nach der Präsentation mit der Zahlung im Verzug (ROH. 5, 373), es sei denn, daß er sich durch eine im Wechsel enthaltene Klausel verpflichtet hätte, ohne vorgängige Präsentation die Wechselsumme kostenfrei im Kassenlokal des Remittenten zu zahlen (ROH. 8, 164). Verzugszinsen sind erst vom Verzuge, nicht vom Verfalltage ab zu zahlen, und zwar betragen die Verzugszinsen 6 Prozent (nicht berührt durch § 246 BGB.; s. auch Art. 39 [1]). A. 5.

d) Zu Nr. 10. A. 6.

α) Auch ein eigener Wechsel kann in blanco gegeben werden; hinsichtlich der dadurch erteilten Ermächtigung und der Einreden gilt Entsprechendes, wie bei der Hingabe eines Akzepts in blanco (RG. 23, 110; Art. 82 [43] ff.).

β) Zahlung durch den Aussteller des eigenen Wechsels steht der Zahlung durch den Akzeptanten gleich und tilgt den Wechsel (Art. 82 [73] ff.). Mehrere Aussteller haften als Gesamtschuldner. Für das Rechtsverhältnis unter ihnen entscheidet das bürgerliche Recht (BGB. § 426, Art. 81 [12]). Zahlt einer von ihnen, so hat er zwar das Recht auf Aushändigung des Wechsels gegen den Inhaber, aber weder ein Wechselrecht gegen die Mitaussteller, noch ein Recht auf Übertragung der Forderung seitens des Inhabers (RG. 8, 47). A. 7.

Letzteres modifiziert sich im Falle eines unterliegenden Bürgschaftsverhältnisses gemäß § 774 Abs. 1 BGB. Vgl.

über den Fall, daß dem Zahlenden der Wechsel mit Giro zurückgegeben wird, Art. 81[12].

Art. 99. Eigene domizilierte Wechsel sind dem Domiziliaten oder, wenn ein solcher nicht benannt ist, dem Aussteller selbst an demjenigen Orte, wohin der Wechsel domiziliert ist, zur Zahlung zu präsentieren und, wenn die Zahlung unterbleibt, dort zu protestieren.

Ein eigener Wechsel, dessen Zahlung am Wohnorte des Ausstellers durch eine andere Person erfolgen soll, ist dieser Person zur Zahlung zu präsentieren und, wenn die Zahlung unterbleibt, gegen sie zu protestieren.

Bei eigenen Wechseln bedarf es zur Erhaltung des Wechselrechts gegen den Aussteller weder der Präsentation am Zahlungstage noch der Erhebung eines Protestes.

Vorbemerkung. Der Artikel regelt zwei, für den gezogenen Wechsel in Art. 43 u. 44 behandelte, Materien für den eigenen Wechsel.

Der Satz 2 des Artikels lautete vor der Protestnovelle:

Wird die rechtzeitige Protesterhebung beim Domiziliaten verabsäumt, so geht dadurch der wechselmäßige Anspruch gegen den Aussteller und die Indossanten verloren.

Der frühere Satz 3 des Art. 99 bestimmte: bei „nicht domizilierten" eigenen Wechseln usw; die Worte: „nicht domizilierten" sind weggefallen.

Die Änderungen im vorliegenden Artikel schließen

sich an die durch das Protestgesetz gebrachten Änderungen der Art. 43, 44 an.

1. (Abs. 1.) Ein eigener domizilierter Wechsel ist vorhanden, wenn ein von dem Ausstellungsorte verschiedener Zahlungsort im Wechsel angegeben ist, z. B. „Berlin, den 1. August 1901 . . . zahlbar in Potsdam" (so Thöl, Grünhut, Dernburg, Volkmar-Löwy), während andere die Verschiedenheit des Zahlungsorts vom wechselmäßigen Wohnorte des Ausstellers als Merkmal bezeichnen (so Bernstein 408; Staub 4. Aufl. Art. 97 § 4). Für die Regel führen beide Anschauungen im Hinblick auf Art. 97 zu gleichen Ergebnissen. A. 1.

Der Domizilvermerk pflegt an den Fuß des Wechsels gesetzt zu werden, kann indes auch im Wechseltext selbst vorkommen. Nur muß er in deutlich erkennbarer Weise erfolgen. Als deutlich erkennbar für die Domizilierung in Berlin wurde folgender Zusatz zur Firma der Remittentin angesehen:

Gegen diesen meinen Wechsel zahle ich an die Patria zu Berlin oder deren Order bei . . . . . . in Berlin usw.

Hannover, den usw.

Dr. Lübecking.

(ROH. 3, 293; vgl. auch RG. 15, 112; anders lag der Fall Art. 97⁵).

Dagegen wirkt das auf der Rückseite stehende Versprechen des Ausstellers, das Geld an den Remittenten nach N. zu schicken, nicht als Domizilvermerk (vgl. auch Art. 24³).

Auch bei eigenen Wechseln kann der Domizilvermerk mit und ohne benannten Domiziliaten erfolgen.

Für den eigenen domizilierten Wechsel gelten dieselben Grundsätze, wie im entsprechenden Fall für die domizilierte Tratte (vgl. Art. 96¹, Art. 97¹).

Hervorzuheben ist:

a) die Klausel: „zahlbar aller Orten" ist bedeutungslos (Art. 4⁴⁶);

b) der Aussteller (oder sein Beauftragter) darf domizilieren (RG. 32, 38; Näheres Art. 24[3]).

A. 2. 2. (Abs. 2.) Der Absatz 2 betrifft den uneigentlichen Domizilvermerk. Ausstellungsort (bzw. nach der in A. 1 erwähnten abweichenden Ansicht: Wohnort des Ausstellers) und Zahlungsort sind nicht verschieden. Es ist nur eine andere Zahlstelle am Ausstellungsort genannt; eigener Zahlstellenwechsel. Er ist an der Zahlstelle dem benannten besonderen Zahlungsleister, sonst dem Aussteller zu präsentieren. Der etwa erforderliche Protest geht gegen den benannten Zahlungsleister bzw. den Aussteller (vgl. Erl. zu Art. 43).

A. 3. 3. (Abs. 3.) Zur Erhaltung des Wechselrechts gegen den Aussteller bedarf es weder bei eigenen domizilierten, noch bei eigenen Zahlstellenwechseln der Präsentation oder des Protestes. Vor der Protestnovelle galt dies nur für nicht domizilierte eigene Wechsel. Auch dann, wenn der eigene Wechsel bei dem Remittenten domiziliert und bei Verfall noch nicht begeben ist, muß der Remittent zur Erhaltung des Wechselrechts gegen den Aussteller, wenn der Protest nötig, bei sich selbst Protest erheben lassen (sog. Deklarationsprotest; ROH. 13, 147; Art. 88[14]; Art. 43[2]).

Art. 100. Der wechselmäßige Anspruch gegen den Aussteller eines eigenen Wechsels verjährt in drei Jahren, vom Verfalltage des Wechsels an gerechnet.

Die Vorschrift enthält auch für die Verjährungsfrist eine Gleichstellung des Ausstellers des eigenen Wechsels mit dem Akzeptanten der Tratte (vgl. durchweg die Vorbem. vor Art. 77 und die Erläut. zu Art. 77; ferner Art. 98 zu Nr. 4 und 5 für die Verjährung von Sichtwechseln).

Anhang*).

I. Gesetz, betreffend die Erleichterung des Wechselprotestes.

Vom 30. Mai 1908 (RGBl. 08 Nr. 32 S. 321).

Wir Wilhelm, von Gottes Gnaden Deutscher Kaiser, König von Preußen 2c. verordnen im Namen des Reichs, nach erfolgter Zustimmung des Bundesrats und des Reichstags, was folgt:

§ 1. Die Allgemeine Deutsche Wechselordnung wird dahin geändert:

I. Der Artikel 39 der Wechselordnung erhält folgende Fassung:

Der Wechselschuldner ist nur gegen Aushändigung des quittierten Wechsels zu zahlen verpflichtet. Hat der Wechselschuldner eine Teilzahlung geleistet, so kann er nur verlangen, daß die Zahlung auf dem Wechsel abgeschrieben und ihm Quittung erteilt werde.

---

*) Wegen der Verfügung vom 13. Aug. 08, betr. Änderung der Postordnung und wegen der Dienstanweisungen für den Postprotest, vgl. Staub-Stranz 340 ff.

II. Der Artikel 43 Satz 2 wird durch folgenden Abs. 2 ersetzt:

Ein Wechsel, dessen Zahlung am Wohnorte des Bezogenen durch eine andere Person erfolgen soll, ist dieser Person zur Zahlung zu präsentieren und, wenn die Zahlung unterbleibt, gegen sie zu protestieren.

III. Der Artikel 44 erhält folgende Fassung:

Zur Erhaltung des Wechselrechts gegen den Akzeptanten bedarf es weder der Präsentation am Zahlungstage noch der Erhebung eines Protestes.

IV. Im Artikel 60 Satz 2 und im Artikel 62 Satz 1 werden die Worte „am zweiten Werktage" durch die Worte „am dritten Werktage" ersetzt.

V. Im Artikel 87 Satz 1 werden hinter dem Worte „Gerichtsbeamten" die Worte eingeschaltet: „oder einen Postbeamten".

VI. An die Stelle des Artikel 88 treten folgende Vorschriften:

Art. 88. In den Protest ist aufzunehmen:

1. der Name oder die Firma der Personen, für welche und gegen welche der Protest erhoben wird;
2. die Angabe, daß die Person, gegen welche protestiert wird, ohne Erfolg zur Vornahme der wechselrechtlichen Leistung aufgefordert worden oder nicht anzutreffen gewesen ist oder daß ihr Geschäftslokal oder ihre Wohnung sich nicht hat ermitteln lassen;

3. die Angabe des Ortes sowie des Kalendertags, Monats und Jahres, an welchem die Aufforderung (Nr. 2) geschehen oder ohne Erfolg versucht worden ist;
4. im Falle einer Ehrenannahme oder einer Ehrenzahlung die Erwähnung, von wem, für wen und wie sie angeboten oder geleistet wird.

Der Protest ist von dem Protestbeamten zu unterzeichnen und mit dem Amtssiegel oder dem Amtsstempel zu versehen.

Art. 88a. Der Protest mangels Zahlung ist auf den Wechsel oder auf ein mit dem Wechsel zu verbindendes Blatt zu setzen.

Der Protest soll unmittelbar hinter den letzten auf der Rückseite des Wechsels befindlichen Vermerk, in Ermangelung eines solchen unmittelbar an einen Rand der Rückseite gesetzt werden.

Wird der Protest auf ein Blatt gesetzt, das mit dem Wechsel verbunden wird, so soll die Verbindungsstelle mit dem Amtssiegel oder dem Amtsstempel versehen werden. Ist dies geschehen, so braucht der Unterschrift des Protestbeamten ein Siegel oder Stempel nicht beigefügt zu werden.

Wird der Protest unter Vorlegung mehrerer Exemplare desselben Wechsels oder unter Vorlegung des Originals und einer Kopie erhoben, so genügt die Beurkundung auf einem der Exemplare oder auf dem Originalwechsel. Auf den anderen Exemplaren oder auf der Kopie ist zu vermerken, daß sich der Protest mangels Zahlung auf dem ersten Exemplar oder auf dem Originalwechsel befindet. Auf den Vermerk finden die Vorschriften des Abs. 2 und des Abs. 3 Satz 1 entsprechende Anwendung. Der Protestbeamte hat den Vermerk zu unterzeichnen.

Art. 88 b. Bezieht sich der Protest auf eine andere wechselrechtliche Leistung als die Zahlung, so ist er auf eine Abschrift des Wechsels oder der Kopie oder auf ein mit der Abschrift zu verbindendes Blatt zu setzen. Die Abschrift hat auch die auf dem Wechsel oder der Kopie befindlichen Indossamente und anderen Vermerke zu enthalten. Die Vorschriften des Artikel 88 a Abs. 2, 3 finden entsprechende Anwendung.

VII. Als Artikel 89 a wird folgende Vorschrift eingestellt:

> Die Wechselzahlung kann an den Protestbeamten erfolgen. Die Befugnis des Protestbeamten zur Annahme der Zahlung kann nicht ausgeschlossen werden.

VIII. An die Stelle des Artikel 90 treten folgende Vorschriften:

> Schreibfehler, Auslassungen und sonstige Mängel der Protesturkunde können bis zur Aushändigung der Urkunde an die Person, für welche der Protest erhoben ist, von dem Protestbeamten berichtigt werden. Die Berichtigung

ist als solche unter Beifügung der Unterschrift kenntlich zu machen.

Von dem Protest ist eine beglaubigte Abschrift zurückzubehalten. Über den Inhalt des Wechsels oder der Kopie ist ein Vermerk aufzunehmen. Der Vermerk hat zu enthalten:

1. den Betrag des Wechsels;
2. die Zahlungszeit;
3. den Ort, den Monatstag und das Jahr der Ausstellung;
4. die Namen des Ausstellers, des Remittenten und des Bezogenen;
5. falls eine vom Bezogenen verschiedene Person angegeben ist, durch welche die Zahlung erfolgen soll, den Namen dieser Person sowie die Namen der etwaigen Notadressen und Ehrenakzeptanten.

Die Abschriften und Vermerke sind geordnet aufzubewahren.

IX. An die Stelle des Artikel 91 treten folgende Vorschriften:

Die Präsentation zur Annahme oder Zahlung, die Protesterhebung, die Abforderung eines Wechselduplikats sowie alle sonstigen bei einer bestimmten Person vorzunehmenden Akte müssen in deren Geschäftslokal und in Ermangelung eines solchen in deren Wohnung vorgenommen werden. An einer anderen Stelle, z. B. an der

Börse, kann dies nur mit beiderseitigem Einverständnisse geschehen.

Ist in dem Proteste vermerkt, daß sich das Geschäftslokal oder die Wohnung nicht hat ermitteln lassen, so ist der Protest nicht deshalb ungültig, weil die Ermittelung möglich war.

Die Verantwortlichkeit des Protestbeamten, der es unterläßt, geeignete Ermittelungen anzustellen, wird durch die Vorschrift des Abs. 2 nicht berührt. Ist eine Nachfrage bei der Polizeibehörde des Ortes ohne Erfolg geblieben, so ist der Protestbeamte zu weiteren Nachforschungen nicht verpflichtet.

X. Als Artikel 91a wird folgende Vorschrift eingestellt:

Eine in dem Geschäftslokal oder in der Wohnung eines Beteiligten vorgenommene Handlung ist auch dann gültig, wenn an Stelle des Ortes, in welchem das Geschäftslokal oder die Wohnung liegt, ein benachbarter Ort in dem Wechsel angegeben ist. Mit beiderseitigem Einverständnisse können auch in anderen Fällen die bei einem Beteiligten vorzunehmenden Handlungen an einem Orte erfolgen, der dem im Wechsel angegebenen Orte benachbart ist.

Welche Orte im Sinne dieser Vorschriften als benachbarte anzusehen sind, bestimmt der Bundesrat; die Bestimmung ist im Reichs-Gesetzblatte bekannt zu machen.

XI. Der Artikel 92 erhält folgenden Abs. 2:

Die Proteste sollen nur in der Zeit von 9 Uhr Vormittags bis 6 Uhr Abends erhoben werden. Außerhalb dieser Zeit soll die Protesterhebung nur erfolgen, wenn die Person, gegen welche protestiert wird, ausdrücklich einwilligt.

XII. Im Artikel 99 treten an die Stelle der Sätze 2, 3 die folgenden Abs. 2, 3:

Ein eigener Wechsel, dessen Zahlung am Wohnorte des Ausstellers durch eine andere Person erfolgen soll, ist dieser Person zur Zahlung zu präsentieren und, wenn die Zahlung unterbleibt, gegen sie zu protestieren.

Bei eigenen Wechseln bedarf es zur Erhaltung des Wechselrechts gegen den Aussteller weder der Präsentation am Zahlungstage noch der Erhebung eines Protestes.

Der § 1 in seinen XII Vorschriften ist erläutert im Zusammenhange mit den betreffenden Artikeln der Wechselordnung.

§ 2. Der § 21 des Gesetzes, betreffend die Wechselstempelsteuer, vom 10. Juni 1869 (Bundes-Gesetzbl. S. 193) wird dahin geändert:

1. Im Satze 1 werden hinter dem Worte „Notare" die Worte eingeschaltet: „die Postbeamten".
2. Satz 2 erhält folgende Fassung:

Auf der nach der Wechselordnung zurückzubehaltenden Abschrift des Protestes ist ausdrücklich zu bemerken, mit welchem Wechselstempel die protestierte Urkunde versehen oder daß sie mit einem Wechselstempel nicht versehen ist.

§ 3. Unter Zustimmung des Bundesrats kann der Reichskanzler anordnen, daß die Postverwaltung für bestimmte Fälle, insbesondere mit Rücksicht auf die Art des Protestes oder die Höhe der Wechselsumme, die Protesterhebung nicht übernimmt.

Die näheren Bestimmungen über die Benutzung der Postanstalten zur Aufnahme von Wechselprotesten erläßt der Reichskanzler. Für den inneren Verkehr der Königreiche Bayern und Württemberg werden diese Bestimmungen von den zuständigen Behörden dieser Staaten erlassen.

Die Bekanntmachung des Reichskanzlers in Ausführung des Abs. 1 ist abgedruckt im Anhang zu II (vgl. im übrigen Staub-Stranz S. 340 ff.).

§ 4. Die Postverwaltung haftet dem Auftraggeber für die ordnungsmäßige Ausführung des Protestauftrags nach den allgemeinen Vorschriften des Bürgerlichen Rechtes über die Haftung eines Schuldners für die Erfüllung seiner Verbindlichkeit. Sie haftet nicht über den Betrag des wechselmäßigen Regreßanspruchs hinaus.

Der Anspruch gegen die Postverwaltung verjährt in drei Jahren. Die Verjährung beginnt mit dem Zeitpunkt, in welchem der Protestauftrag bei der Postanstalt eingeht, von welcher der Auftrag auszuführen ist.

Die Erläuterungen befinden sich bei Art. 87.

§ 5. Der Reichskanzler wird ermächtigt, den Text der Allgemeinen Deutschen Wechselordnung, wie er sich aus den Änderungen ergibt, welche im § 1 dieses Gesetzes sowie in den Nürnberger Novellen (Bundes-Gesetzbl. 1869 S. 402) und im Artikel 8 Nr. 2 des Einführungsgesetzes zum Handelsgesetzbuche (Reichs-Gesetzbl. 1897 S. 437) vorgesehen sind, unter der Überschrift „Wechselordnung" durch das Reichs-Gesetzblatt bekannt zu machen. Der Artikel 2 sowie im Artikel 29 Abs. 1 Nr. 1 die Worte „(Debitverfahren, Falliment)" und in Nr. 2 die Worte „oder wider denselben wegen Erfüllung einer Zahlungsverbindlichkeit die Vollstreckung des Personalarrestes verfügt worden" sind wegzulassen.

Soweit in Reichsgesetzen oder Landesgesetzen auf Vorschriften der Wechselordnung verwiesen ist, treten die entsprechenden Vorschriften des vom Reichskanzler bekannt gemachten Textes an die Stelle.

§ 6. Dieses Gesetz tritt am 1. Oktober 1908 in Kraft. Für die vorher ausgestellten Wechsel bleiben die bisherigen Vorschriften in Kraft, nach denen der wechselmäßige Anspruch gegen den Akzeptanten oder gegen den Aussteller des eigenen Wechsels verloren geht, wenn die rechtzeitige Protesterhebung beim Domiziliaten verabsäumt wird.

Der Satz 2 bezieht sich auf Traiten und eigene Wechsel, die vor dem 1. Okt. 08 ausgestellt sind.

Hinsichtlich der Form der Protesterhebung und der Urkunde kommen vom 1. Okt. 08 ab, gleichviel wann die

Wechsel ausgestellt sind, die neuen Vorschriften zur Anwendung.

Urkundlich unter Unserer Höchsteigenhändigen Unterschrift und beigedrucktem Kaiserlichen Insiegel.

Gegeben Potsdam, den 30. Mai 1908.

(L. S.) Wilhelm.

Fürst von Bülow.

II. Bekanntmachung, betreffend die Erhebung von Wechsel- und Scheckprotesten durch Postbeamte.

Vom 5. August 1908 (RGBl. 08 Nr. 45 S. 482).

Mit dem Inkrafttreten des Gesetzes, betreffend die Erleichterung des Wechselprotestes, vom 30. Mai 1908 (Reichs-Gesetzbl. S. 321 ff.) und gemäß § 30 des Scheckgesetzes vom 11. März 1908 (Reichs-Gesetzbl. S. 71 ff.) sind auch die Postbeamten zur Aufnahme von Wechsel- und Scheckprotesten berufen.

Auf Grund des § 3 des erstgenannten Gesetzes wird unter Zustimmung des Bundesrats angeordnet, daß vom 1. Oktober 1908 ab die Postverwaltung die Erhebung von Wechsel- und Scheckprotesten mit folgenden Beschränkungen übernimmt:

1. Proteste, die sich auf eine andere wechselrechtliche Leistung als die Zahlung beziehen, werden nicht erhoben.

2. Die Erhebung von Protesten mangels Zahlung bleibt ausgeschlossen
   a) für Wechsel und Schecks, die über mehr als 800 Mark lauten,
   b) für Wechsel und Schecks, die in fremder Sprache ausgestellt sind,
   c) für Wechsel und Schecks, die auf eine ausländische Münzsorte lauten, sofern der Aussteller durch den Gebrauch des Wortes „effektiv" oder eines ähnlichen Zusatzes die Zahlung in der im Wechsel benannten Münzsorte ausdrücklich bestimmt hat,
   d) für Wechsel, die mit Notadresse oder Ehrenakzept versehen sind,
   e) für Wechsel, die unter Vorlegung mehrerer Exemplare desselben Wechsels oder unter Vorlegung des Originals und einer Kopie zu protestieren sind.

Berlin, den 5. August 1908.

Der Reichskanzler.

In Vertretung: Kraetke.

III. Der Wechselprozeß.

A. Auszug

aus der Zivilprozeßordnung für das Deutsche Reich vom 30. Januar 1877, abgeändert durch das Gesetz vom 17. Mai 1898*).

§ 4 Abs. 2. Bei Ansprüchen aus Wechseln im Sinne der Wechselordnung sind Zinsen, Kosten und Provision, welche außer der Wechselsumme gefordert werden, als Nebenforderungen anzusehen.

§ 110. Ausländer, welche als Kläger auftreten, haben dem Beklagten auf dessen Verlangen wegen der Prozeßkosten Sicherheit zu leisten.

Diese Verpflichtung tritt nicht ein:

— — — — — — — — — — — — — — — — —

2. im Urkunden- oder Wechselprozesse.

§ 538. Das Berufungsgericht hat die Sache, insofern eine weitere Verhandlung derselben erforderlich ist, an das Gericht erster Instanz zurückzuverweisen:

— — — — — — — — — — — — — — — — —

4. wenn das angefochtene Urteil im Urkunden- oder Wechselprozesse unter Vorbehalt der Rechte erlassen ist;

— — — — — — — — — — — — — — — — —

*) Die Änderungen der Novelle vom 17. Mai 98 sind durch gesperrten Druck hervorgehoben.

Keine Zurückverweisung, wenn nach Klageabweisung in I. Instanz erst das Berufungsgericht den Beklagten unter Vorbehalt der Rechte verurteilt hat (RG. 29, 368 und in JW. 97, 82).

Fünftes Buch.

Urkunden- und Wechselprozeß.

§ 592. Ein Anspruch, welcher die Zahlung einer bestimmten Geldsumme oder die Leistung einer bestimmten Quantität anderer vertretbarer Sachen oder Wertpapiere zum Gegenstande hat, kann im Urkundenprozesse geltend gemacht werden, wenn die sämtlichen zur Begründung des Anspruchs erforderlichen Tatsachen durch Urkunden bewiesen werden können. Als ein Anspruch, welcher die Zahlung einer Geldsumme zum Gegenstande hat, gilt auch der Anspruch aus einer Hypothek, einer Grundschuld oder einer Rentenschuld.

1. Auch für den Anspruch auf Sicherheitsleistung auf Grund der Art. 26 und 29 WO. ist der Wechselprozeß zulässig (vgl. Art. 26[3] und Art. 29[7]). — Zusammen mit der Wechselklage gegen die Ehefrau kann akzessorisch der Anspruch gegen den Ehemann auf Duldung der Zwangsvollstreckung in das Vermögen der Ehefrau im Wechselprozesse geltend gemacht werden (RG. 50, 52). A. 1.

2. Unstreitige oder bei dem Gerichte offenkundige Tatsachen (§ 291 ZPO.) bedürfen auch im Urkundenprozeß keines Beweises (RG. 13, 370). A. 2.

3. Auch die nachträglich gemäß § 268 Nr. 1 vorgebrachten Tatsachen sind durch Urkunden zu beweisen A. 3.

(RG. 5, 383; 30, 407), nicht aber ein bloß replikatorisches Vorbringen (RG. 27, 378).

A. 4. 4. Die Bezeichnung der Partei gehört nicht zu den klagfundamentalen Tatsachen. Daher gilt der unter einer Firma klagende Einzelkaufmann ohne weiteren Nachweis zunächst als Inhaber der Firma, auch dann, wenn seit der Begründung des in Frage stehenden Rechts ein Wechsel in der Firmeninhaberschaft eingetreten ist. Erst, wenn die Identität bestritten wird, muß der Kläger den urkundlichen Beweis der Richtigkeit seiner Bezeichnung führen (RG. 41, 407).

A. 5. 5. Ist die Urkunde, auf welche der Anspruch sich gründet, nicht von der angeblich verpflichteten Person selbst, sondern erkennbar — z. B. per procura — von einem Vertreter derselben ausgestellt, so ist dessen Vertretungsbefugnis als klagbegründend durch eine Urkunde darzutun; diese Urkunde ist der Klage oder einem späteren Schriftsatz gemäß § 593 ZPO. beizufügen (RG. 13, 370; 32, 118). Der Beweis der Vertretungsbefugnis kann unter Umständen durch die Protesturkunde erbracht werden (RG. 32, 116 u. 118).

A. 6. 6. Über den Fall, daß der Vertreter nur mit dem Namen des Auftraggebers unterschreibt, vgl. Art. 4[30a] und S. 11, für früheres Recht vgl. RG. 30, 407.

A. 7. 7. Über den Beweis durch Urkunden vgl. §§ 415 ff. ZPO. Auch nicht unterschriebene Privaturkunden beweisen im Urkundenprozeß (RG. 2, 416).

A. 8. 8. Auch aus Urkunden, die in einer fremden Sprache abgefaßt sind, ist der Urkundenprozeß zulässig (RG. 9, 436; 48, 232).

§ 593. Die Klage muß die Erklärung enthalten, daß im Urkundenprozesse geklagt werde.

Die Urkunden müssen in Urschrift oder in Abschrift der Klage oder einem vorbereitender

Schriftsatze beigefügt werden. Im letzteren Falle muß zwischen der Zustellung des Schriftsatzes und dem Termine zur mündlichen Verhandlung ein der Einlassungsfrist gleicher Zeitraum liegen.

1. Der § 593 enthält in beiden Absätzen jus cogens, das von Amtswegen zu berücksichtigen ist, es sei denn, daß ein jede Prüfung ausschließendes Anerkenntnis (§ 307 ZPO.) abgegeben wird (RG. 5, 352, und in JW. 01, 159[7]). A. 1.

2. Die Novelle zur ZPO. hat die strenge Vorschrift des früheren § 556, derzufolge die zur Begründung des Anspruchs erforderlichen Urkunden der Klage beigefügt werden mußten, dahin gemildert, daß Nachbringung in einem späteren Schriftsatz gestattet ist. Jedoch muß zwischen der Zustellung des Schriftsatzes und dem Termine zur mündlichen Verhandlung — es braucht dies nicht der erste Termin zu sein — ein der Einlassungsfrist gleicher Zeitraum liegen. A. 2.

3. Lücken in den Abschriften (z. B. Fortlassung des den Kläger legitimierenden Indossaments) konnten nach der Judikatur vor der Novelle, wenn rechtzeitig gerügt, zur Klageabweisung führen (RG. 3, 377; 9, 334; 41, 408; in Gruchot 34, 1224). Geringfügige Mängel der zugestellten Abschrift gaben kein Recht, die Beifügung der Abschrift als nicht erfolgt anzusehen (JW. 99, 229[22]). Jetzt sind die hier in Betracht kommenden Streitfragen bei der Möglichkeit, korrekte Abschriften einem späteren vorbereitenden Schriftsatze beizufügen, für die Praxis fast bedeutungslos geworden (Sydow-Busch, Komm. zur ZPO. 11. Aufl. A. 3 zu § 593). A. 3.

4. Die Urkunden müssen der Klage beigefügt sein; Hinterlegung in Gemäßheit des § 133 oder Bezeichnung nach § 131 Abs. 3 ZPO. genügen nicht (RG. 5, 352). A. 4.

A. 5. 5. In erster Instanz bereits vorgelegte und anerkannte Urkunden brauchen in zweiter Instanz nicht mehr produziert zu werden, wenn der Gegner es nicht verlangt und darüber kein Streit ist, daß der Kläger sie noch besitzt (RG. 36, 104).

§ 594. Auf Grund prozeßhindernder Einreden darf die Verhandlung zur Hauptsache nicht verweigert werden; das Gericht kann jedoch die abgesonderte Verhandlung über diese Einreden auch von Amtswegen anordnen.

A. 1. 1. Vgl. §§ 274 ff. ZPO. über prozeßhindernde Einreden.

A. 2. 2. Ob die Einrede der Rechtshängigkeit (§ 274 Nr. 4) dadurch begründet ist, daß eine Klage auf Herausgabe des Wechsels schwebt, ist zweifelhaft (RG. bei Gruchot 28, 1136 bejaht; aus den Gründen RG. 17, 328 und 21, 394 ist die Verneinung zu folgern). Dagegen kann der Klage im Urkundenprozeß die Einrede der Rechtshängigkeit nicht mit der Begründung entgegengesetzt werden, daß eine Feststellungsklage anhängig sei, welche das Nichtbestehen des dem Klageanspruch zugrunde liegenden Rechtsverhältnisses zum Gegenstande habe (RG. 21, 392 in JW. 92, 311).

§ 595. Widerklagen sind nicht statthaft.

Als Beweismittel sind bezüglich der Echtheit oder Unechtheit einer Urkunde, sowie bezüglich anderer als der im § 592 erwähnten Tatsachen nur Urkunden und Eideszuschiebung zulässig.

Die Antretung des Urkundenbeweises kann nur durch Vorlegung der Urkunden erfolgen.

Die Leistung eines Eides ist durch Beweisbeschluß anzuordnen.

1. Über die Echtheit einer Namensunterschrift, die von einem Vertreter geleistet ist, vgl. § 592[5 u. 6] und für früheres Recht RG. 30, 406. A. 1.

2. Die Antretung des Urkundenbeweises hat in Gemäßheit des § 420 ZPO. durch Vorlegung zu erfolgen. Die §§ 421 ff. (Antrag, dem Gegner die Vorlegung aufzugeben) und § 428 (Antrag, zur Herbeischaffung einer Urkunde einem Dritten eine Frist zu bestimmen) finden keine Anwendung. Der Antrag, die Behörde oder den Beamten um die Mitteilung der Urkunde zu ersuchen (§ 132), ist nur insoweit statthaft, als sich die Urkunde in den Händen des erkennenden Gerichts befindet. Daher kann die Antretung des Urkundenbeweises auch durch Bezugnahme auf Akten, die sich bei dem erkennenden Gericht befinden, erfolgen (RG. 8, 45). A. 2.

§ 596. Der Kläger kann, ohne daß es der Einwilligung des Beklagten bedarf, bis zum Schlusse der mündlichen Verhandlung von dem Urkundenprozesse in der Weise abstehen, daß der Rechtsstreit im ordentlichen Verfahren anhängig bleibt.

1. Die Abstandnahme vom Urkundenprozeß kann nur in erster Instanz erklärt werden (RG. 5, 352 in JW. 98, 246[6]). A. 1.

2. Die Erklärung des Klägers, er stehe vom Urkundenprozeß ab, muß bestimmt und vorbehaltlos sein. Das Anheimstellen des Klägers, dem Gerichte werde die Umleitung überlassen, falls dasselbe die Voraussetzungen des Urkundenprozesses nicht für gegeben erachte, oder falls die in erster Linie angetretenen Beweise mißglücken sollten, ist unwirksam (RG. 4, 352). A. 2.

3. Über kostenrechtliche Fragen im Nachverfahren vgl. Marcus KGBl, 01, 61 ff. A. 3.

§ 597. Insoweit der in der Klage geltend gemachte Anspruch an sich oder infolge einer Einrede des Beklagten als unbegründet sich darstellt, ist der Kläger mit dem Anspruche abzuweisen.

Ist der Urkundenprozeß unstatthaft, ist insbesondere ein dem Kläger obliegender Beweis nicht mit den im Urkundenprozesse zulässigen Beweismitteln angetreten oder mit solchen Beweismitteln nicht vollständig geführt, so wird die Klage als in der gewählten Prozeßart unstatthaft abgewiesen, selbst wenn in dem Termine zur mündlichen Verhandlung der Beklagte nicht erschienen ist oder der Klage nur auf Grund von Einwendungen widersprochen hat, welche rechtlich unbegründet oder im Urkundenprozesse unstatthaft sind.

A. 1. 1. Zugestandene oder nicht bestrittene Tatsachen brauchen ebensowenig unter Beweis gestellt zu werden, wie offenkundige (RG. 12, 133; 30, 408; § 592[2]).

A. 2. 2. Wenn der Wechselprotest wegen unvollständiger Abschrift des Wechsels ungültig ist, dann ist die Klage nicht als in der gewählten Prozeßart unstatthaft, sondern als unbegründet abzuweisen (RG. 44, 121; Sydow-Busch Anm. 2 zu § 605 ZPO.).

§ 598. Einwendungen des Beklagten sind, wenn der dem Beklagten obliegende Beweis derselben nicht mit den im Urkundenprozesse zulässigen Beweismitteln angetreten oder mit solchen Beweismitteln nicht vollständig geführt ist, als im Urkundenprozesse unstatthaft zurückzuweisen.

Die Auferlegung des richterlichen Eides ist unzulässig (§ 475 ZPO.).

§ 599. Dem Beklagten, welcher dem geltend gemachten Anspruche widersprochen hat, ist in allen Fällen, in denen er verurteilt wird, die Ausführung seiner Rechte vorzubehalten.

Enthält das Urteil keinen Vorbehalt, so kann die Ergänzung des Urteils nach Vorschrift des § 321 beantragt werden.

Das Urteil, welches unter Vorbehalt der Rechte ergeht, ist in betreff der Rechtsmittel und der Zwangsvollstreckung als Endurteil anzusehen.

1. Dem widersprechenden Beklagten sind die Rechte vorzubehalten, nicht dem kontumazierten. A. 1.

2. Das Fehlen des Vorbehalts kann auch durch Einlegung des Rechtsmittels, selbst noch in der Revisionsinstanz, gerügt werden (RG. 10, 348 in JW. 99, 229[23]). A. 2.

3. Vgl. §§ 511, 545, 704 ZPO.; das Urteil wird nach Ablauf der Rechtsmittelfrist endgültig vollstreckbar (Sydow-Busch Anm. 4 zu § 599). A. 3.

4. Das unter Vorbehalt ergangene Wechselurteil gibt dem Kläger kein Recht, vom Beklagten die Einwilligung zur Umwandlung einer Kautionshypothek in eine gewöhnliche Hypothek zu erlangen (vgl. RG. 49, 162 ff.). A. 4.

§ 600. Wird dem Beklagten die Ausführung seiner Rechte vorbehalten, so bleibt der Rechtsstreit im ordentlichen Verfahren anhängig.

Soweit sich in diesem Verfahren ergibt, daß der Anspruch des Klägers unbegründet war, finden die Vorschriften des § 302 Abs. 4 Satz 2—4 Anwendung.

Erscheint in diesem Verfahren eine Partei nicht, so finden die Vorschriften über das Versäumnisurteil entsprechende Anwendung.

A. 1. 1. Das Nachverfahren ist bei demjenigen Gerichte fortzusetzen, das den Vorbehalt ausgesprochen hat (JW. 04, 240[20]). Im Nachverfahren kann ein anderer Klagegrund, als der im Urkundenprozeß verfolgte, nicht geltend gemacht werden (RG. 11, 4).

A. 2. 2. Die im Urkundenprozeß als rechtlich unbegründet verworfenen Einreden können im Nachverfahren nicht wiederholt oder mit besserer Begründung, auch nicht mit tatsächlichen Änderungen vorgebracht werden, soweit die Entscheidung nicht etwa durch die Eigenart des Urkundenprozesses bedingt war (RG. 14, 105 und 323; bei Gruchot 26, 841, RG. in DJZ. 02, 384). Dagegen umfaßt der Vorbehalt alle Einwendungen, über die im Wechselprozeß noch nicht entschieden worden ist, weil sie „nicht vorgebracht, oder, obwohl vorgebracht, nicht unter zulässigen Beweis gestellt, oder nur als unsubstantiiert zurückgewiesen, oder nur unvollständig bewiesen und nicht durch die Beweisaufnahme beseitigt sind" (RG. 14, 105 u. 323; 18, 380; bei Gruchot 45, 112; in JW. 00, 273; Sydow-Busch A. 1 zu § 600).

Neue Einreden, z. B. die der mangelnden Aktivlegitimation (etwa, daß Kläger nicht mehr im Besitze des Wechsels sei), sind demnach schlechthin zulässig (RG. 45, 429).

A. 3. 3. Der Eid und die Eidesweigerung des Urkundenprozesses sind auch für das ordentliche Verfahren bindend (RG. 13, 399; bei Gruchot 30, 360). Der Beweis des Gegenteils der beschworenen Tatsache findet auch im Nachverfahren unter den Voraussetzungen des § 463 Abs. 2 ZPO. statt (RG. 14, 323).

Der § 707 ZPO. (Einstellung der Zwangsvollstreckung bei Wiedereinsetzung oder Wiederaufnahme), findet auch auf ein Vorbehaltsurteil Anwendung, das im Wechselprozeß auf Grund eines vom Kläger geleisteten Parteieides ergangen und rechtskräftig geworden ist, wenn das Nachverfahren betrieben wird, und Beklagter glaubhaft macht, daß der Kläger sich durch die Leistung des Eides einer vorsätzlichen Verletzung der Eidespflicht schuldig gemacht hat (RG. 54, 303).

4. Nach Abs. 2 des § 600 finden auf das ordentliche Verfahren folgende Sätze des § 302 ZPO. Anwendung: A. 4.

„Soweit sich in dem weiteren Verfahren ergibt, daß der Anspruch des Klägers unbegründet war, ist das frühere Urteil aufzuheben, der Kläger mit dem Anspruch abzuweisen und über die Kosten anderweit zu entscheiden. Der Kläger ist zum Ersatze des Schadens verpflichtet, der dem Beklagten durch die Vollstreckung des Urteils oder durch eine zur Abwendung der Vollstreckung gemachte Leistung entstanden ist. Der Beklagte kann den Anspruch auf Schadensersatz in dem anhängigen Rechtsstreite geltend machen; wird der Anspruch geltend gemacht, so ist er als zur Zeit der Zahlung oder Leistung rechtshängig geworden anzusehen."

Damit ist die Streitfrage des früheren Rechts, **ob in dem Nachverfahren der Anspruch auf vollen Schadensersatz geltend gemacht werden könne, zugunsten des Beklagten entschieden** (Näheres bezüglich dieses Anspruchs bei Sydow-Busch A. 3 zu § 717). Dieser Schadensanspruch kann durch Arrest gesichert werden. Zuständig für die Anordnung ist, auch wenn der Urkundenprozeß in zweiter Instanz anhängig ist, das erstinstanzliche Gericht als Gericht der Hauptsache (des Nachverfahrens) nach Maßgabe der §§ 919, 936 ZPO. (JW. 98, 540[7]).

Dagegen hat der Beklagte kein Recht im Wege der einstweiligen Verfügung auf Grund der §§ 935, 938 ZPO. zu beantragen, daß der Kläger nicht befugt sei, aus dem Wechselurteil zu vollstrecken (JW. 04, 96[22]).

A. 5. 5. Im ordentlichen Verfahren muß der **Antrag des Klägers** auf vorbehaltlose Aufrechterhaltung des Urteils aus dem Urkundenprozesse lauten (JW. 00, 472[14]). Über die Berechnung des Streitgegenstandes im Nachverfahren vgl. RG. 23, 350; über die der Gebühr JW. 00, 472[14].

A. 6. 6. Über die Kostenfrage im ordentlichen Verfahren vgl. Marcus, KGBl. 01, 62.

§ 601. Die Vorschriften der §§ 540, 541 finden im Urkundenprozesse keine Anwendung.

§ 602. Werden im Urkundenprozesse Ansprüche aus Wechseln im Sinne der Wechselordnung geltend gemacht (Wechselprozeß), so kommen die nachfolgenden besonderen Vorschriften zur Anwendung.

A. 1. 1. Über den Bereicherungsanspruch vgl. Art. 83[15]; über die Ansprüche aus den Art. 26 u. 29; Anm. 1 zu § 592.

Neben der im Wechselprozeß beklagten Ehefrau darf der Ehemann im Wechselprozeß auf die Duldung der Zwangsvollstreckung mitverklagt werden. (Urt. des RG. I. Sen. v. 7. Dez. 01.)

A. 2. 2. Unter Wechseln des § 602 sind auch solche **ausländischen** Wechsel zu verstehen, die zwar den Erfordernissen aus Art. 4 bzw. 96 der WO. nicht genügen, aber nach den Gesetzen des Ortes, welche für ihre Beurteilung nach Art. 85 der WO. in Frage kommen, als Wechsel anzusehen sind (RG. 9, 437). Gleichermaßen findet der Wechselprozeß aus solchen ausländischen materiell gültigen Wechseln statt, deren Einklagung im Auslande nicht oder nicht mehr im Wege eines besonderen Wechselverfahrens erfolgen könnte (ROH. in Steg. 1, 300, zitiert bei Borchardt-Ball 257).

§ 603. Wechselklagen können sowohl bei dem Gerichte des Zahlungsorts als bei dem Gericht angestellt werden, bei welchem der Beklagte seinen allgemeinen Gerichtsstand hat.

Wenn mehrere Wechselverpflichtete gemeinschaftlich verklagt werden, so ist außer dem Gerichte des Zahlungsorts jedes Gericht zuständig, bei welchem einer der Beklagten seinen allgemeinen Gerichtsstand hat.

1. Vgl. §§ 13—19 ZPO. über den allgemeinen Gerichtsstand. A. 1.

2. Es ist weder erforderlich, daß die Zustellung der Klage zuerst an denjenigen Beklagten erfolgt, dessen allgemeiner Gerichtsstand für die gemeinschaftliche Klage gewählt ist, noch daß sie an alle Beklagten erfolgt. Ob die Zuständigkeit gegenüber den anderen Beklagten auch dann begründet ist, wenn die Klage jenem einen Beklagten gar nicht zugestellt wird, läßt RG. 36, 366 dahingestellt, verneint es aber in einem späteren Urteil (RG. 51, 157). Dort ist auch ausgeführt, daß die Zuständigkeit selbst durch eine Zustellung an jenen Beklagten nicht begründet wird, wenn die Wechselklage gegen ihn nur zum Schein erhoben und über sie nicht verhandelt ist. A. 2.

3. Die Vereinbarung eines anderen als des nach § 603 zulässigen Gerichtsstandes als ausschließlichen ist für Wechselklagen zulässig (JW. 95, 166). Aber sie muß deutlich aus dem Wechsel hervorgehen, wenn sie gutgläubige dritte Erwerber binden soll (JW. 03, 46[5]). A. 3.

4. Der Zahlungsort des Wechsels ergibt sich aus den Art. 4 Nr. 8, 24, 97. Er ist nicht zugleich der Erfüllungsort für alle Wechselverbindlichkeiten (Art. 41 WO., Rehbein 193). A. 4.

5. Über den Gerichtsstand, wenn ein Ort in mehrere Gerichtsbezirke geteilt ist, z. B. Berlin, vgl. Art. 447b (RG. in KGBl. 08, 13ff.). A. 5.

§ 604. Die Klage muß die Erklärung enthalten, daß im Wechselprozesse geklagt werde.

Die Einlassungsfrist beträgt, wenn die Klage am Sitze des Prozeßgerichts zugestellt wird, mindestens vierundzwanzig Stunden; wenn sie an einem anderen Orte innerhalb des Landgerichtsbezirkes, in welchem das Prozeßgericht seinen Sitz hat, zugestellt wird, mindestens drei Tage; wenn sie an einem anderen deutschen Orte zugestellt wird, mindestens eine Woche. Das Gleiche gilt von der Ladungsfrist, soweit sie nicht nach den allgemeinen Bestimmungen kürzer als die im ersten Satze festgesetzte Einlassungsfrist ist.

Auf das Verfahren in den höheren Instanzen finden die Vorschriften des Abs. 2 entsprechende Anwendung.

A. 1. 1. Über Einlassungsfrist vgl. §§ 262, 498; über Ladungsfrist § 217; über Abkürzung der Einlassungs- und Ladungsfrist § 226 ZPO.

A. 2. 2. Für die Dauer der Ladungsfrist ist der Ort der Klagezustellung, nicht der Ort einer späteren Ladung maßgebend (Motive 125).

A. 3. 3. Die Absätze 2 und 3 sind durch die Novelle aus dem Jahre 1909 geändert, und zwar lauten die geänderten Absätze 2 und 3 wie folgt:

Die Einlassungsfrist beträgt mindestens vierundzwanzig Stunden, wenn die Klage an dem Orte, der Sitz des Prozeßgerichts ist, zugestellt wird; mindestens drei Tage, wenn die Klage an einem anderen Orte zugestellt wird, der im Bezirke des Prozeßgerichts oder, falls dieses ein

Amtsgericht ist, im Bezirke des dem Amtsgericht übergeordneten Landgerichts liegt, oder von dem ein Teil zu diesem Bezirke gehört; mindestens eine Woche, wenn die Klage sonst im Inlande zugestellt wird. Das gleiche gilt von der Ladungsfrist, soweit sie nicht nach den allgemeinen Bestimmungen kürzer als die im ersten Satze festgestellte Einlassungsfrist ist.

In den höheren Instanzen beträgt die Einlassungs- und Ladungsfrist mindestens vierundzwanzig Stunden, wenn die Zustellung der Berufungs- oder Revisionsschrift oder der Ladung an dem Orte erfolgt, der Sitz des höheren Gerichts ist; mindestens drei Tage, wenn die Zustellung an einem anderen Orte erfolgt, der ganz oder zum Teil in dem Landgerichtsbezirke liegt, in welchem das höhere Gericht seinen Sitz hat; mindestens eine Woche, wenn die Zustellung sonst im Inland erfolgt.

§ 605. Soweit es zur Erhaltung des wechselmäßigen Anspruchs der rechtzeitigen Protesterhebung nicht bedarf, ist als Beweismittel bezüglich der Präsentation des Wechsels Eideszuschiebung zulässig. A. 1.

Zur Berücksichtigung einer Nebenforderung genügt, daß sie glaubhaft gemacht ist. A. 2. A. 3.

1. Vgl. Art. 41, 43 der WO. über die Notwendigkeit der Protesterhebung.

2. Über Nebenforderungen vgl. Art. 50, 51, 53 WO.

3. Die Glaubhaftmachung geschieht in der durch § 294 ZPO. vorgeschriebenen Weise; z. B. durch Vorlegung der Retourrechnungen im Termine, auch wenn eine Abschrift derselben nicht zugestellt ist.

§ 708. Auch ohne Antrag sind für vorläufig vollstreckbar zu erklären:

— — — — — — — — — — — — — — — —

4. Urteile, welche im Urkunden- oder Wechselprozesse erlassen werden.

B. Auszug aus dem Gerichtsverfassungsgesetz vom 27. Januar 1877.

§ 101. Vor die Kammern für Handelssachen gehören ...... diejenigen den Landgerichten in erster Instanz zugewiesenen bürgerlichen Rechtsstreitigkeiten, in welchen durch die Klage ein Anspruch geltend gemacht wird:

— — — — — — — — — — — — — — — —

2. aus einem Wechsel im Sinne der Wechselordnung .....

§ 202. Während der Ferien werden nur in Feriensachen Termine abgehalten und Entscheidungen erlassen.

Feriensachen sind:

— — — — — — — — — — — — — — — —

5. Wechselsachen.

— — — — — — — — — — — — — — — —

A. 1. 1. Alle Wechselsachen, auch die nicht im Wechselprozeß geltend gemachten, sind Feriensachen (RG. 64, 164; JW. 06, 716 [15]).

A. 2. 2. Der § 202 GVG. ist durch die Novelle aus dem Jahre 1909 geändert.

Sachregister zur Wechselordnung.

Die Ziffern bedeuten die Seiten. A. = Anmerkung.

A.

Abänderung des Zahlungsortes 95 A. 6; s. a. Aenderung.
a basso 223 A. 8.
Abhanden gekommene Wechsel 196 Art. 73, 74.
Abkürzungen, Verzeichnis der 13; — der Zahlungszeit 32 A. 19; — in Firma, Namen 30 A. 12.
Ablehnung einer Teilzahlung 132 A. 2.
Abrede s. Einrede, pactum.
Abredewidrige Domizilierung 104 A. 4, 257 A. 54; — Ausstellung eines Blanketts 203 A. 22, 250 A. 43—56.
Abschlagszahlung 211 A. 13.
Abschneiden eines Stückes vom Wechsel 208 A. 20.
Abschreibung einer Teilzahlung 133 Art. 39, 134 A. 8; s. a. Teilzahlung.
Abschrift des Wechsels 193 Art. 70 ff.; im Protest 318 A. 5—7; 330 Art. 88b, 331 A. 2 f.; des Protestes 335 Art. 90, 337 A. 5 ff.
Abstraktes Zahlungsversprechen 86 A. 1.
Abtretung des Wechselanspruchs 57 A. 15—18, 65 A. 4, 71 A. 16, 201 A. 4; seitens des Prokuraindossatars 75 A. 5; des Bereicherungsanspruches 282 A. 6; eines Pfandrechts 154 A. 4; s. a. Indossament.
Abweichungen im Wechsel

30 A. 13a, 40 A. 34, 91 A. 15; im Protest 332 A. 4, 335 Art. 90.
Abwesenheit des Notadressaten oder Ehrenzahlers 181 A. 8; des Protestaten 323 A. 22.
Abwesenheitsproteste 342 A. 6.
Acht Tage 120 Art. 32.
Adresse des Wechsels 42 A. 41—44; Abweichungen usw. 91 A. 15; Adreßort als Zahlungsort 44 A. 47; s. a. Notadresse.
a drittura 163 Art. 53.
Aenderungen im Wechsel 206 A. 14—20; eines Blanketts 250 A. 44; s. a. Abänderung, Fälschung.
Aeußerliche Verletzungen des Wechsels 207 A. 17 bis 20.
Akkord, Einfluß auf die Revalierungsklage 101 A. 11.
Aktiengesellschaft, Wechselfähigkeit der 23 A. 16; als Remittentin 29 A. 12; Mitglieder des Vorstandes und Aufsichtsrates als Protestbeamte 309.
Akzept 49 Art. 7, 79 Art. 18—20, 86 Art. 21—24; s. a. Annahme, Bezogener, Blankett, Gefälligkeitswechsel, Regreß; — auf einem unvollständigen Wechsel 50 A. 2; Unwiderruflichkeit des — 88 A. 5—7; — auf einem Duplikat 89 A. 8; Platz 89 A. 8; Form 89 A. 10—13; durch Vertreter 90 A. 13; durch Erben 90 A. 13, 15; Einschränkungen 57 A. 14, 94 A. 1—9; Teilakzept 94 A. 1; Uebereinstimmung mit Adresse 91 A. 15; Datierung 91 A. 14; — des Nichtbezogenen 93 A. 16; Unterschied vom Ehrenakzept 176 A. 6; Fälschung 202 Art. 75, 76; —vermerk auf eigenem Wechsel 362 A. 2; fremde Rechte 93 A. 19.
Akzeptant, Haftung 86 Art. 21—28 und 220 Art. 81; Entstehung der Akzepthaftung 86 A. 1; Voraussetzungen und Umfang 96 A. 1—8; Unsicherheit des — 114 A. 1—9; Haftung des — aus abhandengekommenen Wechseln 196 Art. 73; Bereicherungsanspruch gegen den — 281 Art. 83; Indossament an ihn 62 A. 10—12, Revalierungs-

anspruch des — gegen den Aussteller 109 A. 9—12; s. a. Haftung.
Akzeptationsvertrag 86 A. 1.
Aller Orten 43 A. 46.
Allonge 62 Art. 11.
Alter Stil 121 A. 1.
Alternativ bestimmte Zahlungszeit 33 A. 21; bestimmter Zahlungsort 43 A. 46.
Amortisation 196 ff. Art. 73, 282 A. 5; s. a. Aufgebot.
Amtssiegel (Protest) 316 Art. 88; 326 A. 29; 327 Art. 88a.
Amtswegen, Prüfung von 27 A. 1 (bei Wechselerfordernissen); 138 A. 7 (beim Regreß); 209 A. 5 (bei Wechselverjährung); 292 A. 2 (bei ausl. Recht); 317 A. 1 (beim Protest).
Analphabeten 22 A. 11; 37 A. 29; 90 A. 13; 353 Art. 94.
An Erfüllungsstatt, Annahme — 272 A. 87; 288 A. 20—32; s. a. Hingabe.
Anerkenntnis 22 A. 15; unterbricht die Verjährung nicht 211 A. 13.
Anfang eines Monats 116 Art. 30.
Anfechtung s. Irrtum, Einrede.
Angabe, bestimmte des Remittenten 29 A. 11; der Geldsumme 28 A. 6; der Verfallzeit 32 A. 19; des Wechseldatums 41 A. 38; der Adresse 42 A. 43.
Angebot beim Akzeptvertrage 86 A. 1; der Ehrenzahlung 181 A. 6; der Zahlung an Protestbeamte 313 A. 11; 334 Art. 89a.
Angenommen s. Akzept, Annahme.
Anhang s. Allonge, Protest.
Anhangsblatt, Protest auf — 327 Art. 88a s. Protest.
Annahme 86 Art. 21 ff.; s. a. Akzept; Haftung des Ausstellers für — 51 Art. 8; Präsentation zur — 79 Art. 18—20; Annahmeerklärung 88 A. 5; undatierte — 91 A. 14; Verbindlichkeit zur — 96 A. 1; seitens einer Notadresse 167 Art. 56; außerhalb des Wechsels 89 A. 8; des Wechsels zahlungshalber oder an Zahlungsstatt 288 A. 20 bis 32; 272 A. 87; s. a.

„an Erfüllungsstatt", Hingabe.
Annahmeverzug 155 A. 6.
Antreffungsvermerk 190 A. 1; 194 A. 3.
Antwort des Protestaten 322 A. 21.
Anweisung, kaufmännische 286 A. 17.
An Zahlungsstatt, Hingabe eines Wechsels 289 A. 22—24.
a piacere 35 A. 24.
Arbeitsstätte 342 A. 6.
Arglist s. exceptio doli.
Arrestlegung 116 A. 8.
Arretierungsklausel 193 A. 3.
Assistent (Unterschrift als —) 222 A. 7.
Aufbewahrung beglaubigter Abschriften der Protesturkunde 335 Art. 90, 337 A. 5 ff.
Aufgebot 196 A. 1—8; Antrag 197 A. 4; s. a. Amortisation.
Aufrechnung 213 A. 18; 272 A. 88, 89.
Auf Sicht 35 A. 24; 117 Art. 31.
Auftrag auf Auslieferung der Prima 191 A. 3; des Protestbeamten 310 A. 9; s. a. Bevollmächtigte.
Ausfolgungsprotest 191 A. 1, 195 A. 2; 331 A. 1.
Ausfüllung eines Blankoindossaments 64 Art. 13; eines Blanketts 250 A. 43—56.
Ausgleichung, Anspruch der Wechselschuldner auf — untereinander 227 A. 15, 225 A. 12.
Aushändigung des quittierten Wechsels 133 Art. 39; 334 A. 4; des Protestes und der Nebenpapiere 153 Art. 48, 164 A. 2—4; irrtümliche, bei Teilzahlung 135 A. 8; des Protestes mangels d. Annahme 173 Art. 58; des Wechsels an den Ehrenzahler 182 Art. 63; des Duplikats 190 A. 2; des Protestes beim Regreß mangels Sicherstellung 113 Art. 29.
Aushändigungstheorie 51 A. 5.
Aushilfsweise Wechselannahme 167 A. 1.
Auslagen 158 A. 4.
Ausland, Begriff 293 A. 3 ff.; dort ausgestellte Wechsel 294 Art. 85.
Ausländer, Wechselfähigkeit des — 20 A. 3, 294

Art. 84 A. 2; — im Prozeß 384.
Ausländische Gesetzgebung 294 Art. 84—86; Regreßschuldner 163 Art. 52 A. 1; Währung 131 A. 2; — Rechte s. am Schluß jedes Abschnitts.
Auslassungen s. Ungenauigkeiten.
Auslieferung s. Aushändigung.
Auslieferungspflicht des Verwahrers der Prima 190 A. 2, 195 A. 1.
Ausreißen eines Stückes vom Wechsel 207 A. 19.
Ausschließung der Wechselverjährung 213 A. 19; der Geltendmachung des Wechselrechts 243 A. 28; der Protestbeamten 307 A. 8.
Ausschluß der Ausstellerhaftung 52 A. 7; der Haftung des Indossanten 66 A. 2.
Ausschlußurteil im Aufgebotsverfahren 198 A. 6.
Aussteller, Haftung 51 Art. 8; Ausschluß der — 48 A. 3, 52 A. 7; Unterschrift 36; Platz 36 A. 27; Natur 36 A. 28; Form 37 A. 29; durch Stellvertreter 38 A. 30a; Unrichtigkeit der — 40 A. 34; Zusätze zur — 40 A. 35; Anspruch des Ausstellers gegen den Akzeptanten 96 Art. 23 Abs. 2; — identisch mit dem Remittenten 48 A. 1; — identisch mit dem Bezogenen 49 A. 6; als Ehrenzahler 183 A. 2; Wohnort des Ausstellers 41 A. 37, 365 A. 4; Mehrere als Aussteller 36 A. 27; — des eigenen Wechsels 372 Art. 100.
Ausstellungsort 41 A. 37, 295 Art. 85, 364 A. 9; als Zahlungsort und Wohnort 364 Art. 97; s. a. Ausland.
Ausstellungstag 41 A. 38, 364 A. 9.
Ausstreichung der Indossamente 127 A. 11; s. a. Durchstreichung.
Aval 220 Art. 81; Wesen 221 A. 4; Form und Name 222 A. 5; Natur und Umfang der Avalverpflichtung 224 A. 10; Verhältnis der Avalisten zum Hauptschuldner 225 A. 12; auf einem formell mangelhaften Wech-

sel 49 Art. 7; „angenommen per aval“ 90 A. 11, 220 Art. 81; s. a. Bürgschaft.
Avalist 93 A. 16; 110 A. 4; 154 A. 2; 269 A. 77.
Avisklausel 46 A. 52.
a vista 26 Art. 4 Z. 4.

B.

Barhinterlegung 135 Art. 40f.; s. a. Hinterlegung, Zahlung.
Banknoten 130 A. 1.
Bedingung 96 A. 8 (beim Akzept); 244 A. 32; Valutazahlung als — der Wechselklage 266 A. 70.
Befristete Sichtwechsel s. Sichtwechsel.
Begebungstheorie 51 A. 4.
Begebungsvertrag 55 A. 6, 86 A. 1; Einrede des mangelnden — 235 A. 16—19; beim Indossament 55 A. 6; beim Akzept 86 A. 1 u. 2; Begebung des protestierten Wechsels 129 A. 22.
Beginn der Verjährung 209 A. 6, 215 A. 3—5.
Beglaubigung von Handzeichen 37 A. 29, 353 A. 1—4.
Beilagen des Rückwechsels 164 A. 3.
Beiname 29 A. 11.
Belieben, nach 35 A. 24.
Bemerkungen im Wechsel 46 A. 52—54.
Benachbarte Orte 346 Art. 91a; 44 A. 47a; 364 A. 2.
Benachrichtigung des Vormannes 148 Art. 45—47; s. a. Notifikation.
beneficium excussionis 25 A. 3.
Benennung des Domiziliaten 106 A. 8.
Berechnung der Regreßsumme 159 A. 7, 162 A. 4; der Verjährungsfrist 215 A. 3, 217 Art. 79, 219 A. 5.
Bereicherungsklage 281 ff. Art. 83; dort über Natur, Voraussetzungen, aktive, passive Legitimation, Bereicherung, Schaden, Prozeßform.
Berichtigung der Protesturkunde 335 Art. 90, 336 A. 1f.
Beschädigungen der Wechsel 207 A. 17—20.
Beschlagnahme des Wechsels zu Untersuchungszwecken 134 A. 3.
Beschränkte Geschäftsfähig-

keit 20 A. 7; Annahme 86 Art. 21, 94 Art. 22.
Besitz des Wechsels 79 Art. 18, 113 Art. 29, 200 Art. 74.
a besoin 169 A. 6.
Bestimmte Angabe s. Angabe; — Form der Annahmeerklärung 90 A. 11.
Betrug s. dolus, exceptio doli, Einrede.
Bevollmächtigter, Unterschrift durch — 38 A. 30 ff.; Unterschrift ohne Vollmacht 354 Art. 95; s. a. Auftrag, Inkassomandat.
Beurkundung (beim Protest) s. Protest.
Beweiskraft, Schwächung durch Korrekturen 207 A. 16.
Beweislast bei der Wechselfähigkeit 22 A. 14; bei der Notifikation 150 A. 5; bei Fälschungen, Aenderungen 206 A. 13; bei Einreden 242 A. 27, 279 A. 103—107; beim Depotwechsel 249 A. 39; beim Blankett 255 A. 51, 52; beim Domizilvermerk 257 A. 54; bei der Bereicherungsklage 285 A. 13.
Beweismittel, Protest als 303 A. 3; im Urkundenprozeß 388; für Wechseleinreden 279 A. 105.
Bezogener, Name oder Firma 42 A. 41—44; Identität mit dem Remittenten 49 A. 8; Identität mit dem Aussteller 48 A. 4—7; Identität mit dem Akzeptanten 91 A. 15; Nichtexistenz (Kellerwechsel) 42 A. 43; Vorname 91 A. 15; Wohnort 44 A. 47; Indossament an ihn 60 Art. 10; — als Notadressat 169 A. 9; s. a. Akzept, Akzeptant, Mehrere.
Billet à ordre 363 A. 4.
Bill of exchange 28 A. 5.
Bis zum (Zahlungszeit) 35 A. 23.
blanco in 250 A. 44; s. Blankett.
Blankett (Blankowechsel, Blankoakzept usw.) 250 ff. A. 43—57; 50 A. 4; Einrede des mangelnden Wechselvertrages 238 A. 18; Begriff des — 250 A. 44; Ausfüllungsbefugnis für Nehmer, Nachmänner, Rechtsnachfolger, Zeit dazu 252 ff. A. 47 bis 50; Wirkung abredegemäßer und abredewidriger 255 ff. A. 51—53;

Domizilvermerk beim — 257 A. 54, 55.
Blankoindossament 63 Art. 12 (Begriff, Platz, Form, Umwandlung); Ausfüllung 64 Art. 13; vor- und nachprotestliches 68 A. 5, 71 A. 14.
Blankotradition 65 A. 4, 71 A. 15, 278 A. 101.
Bleistift 46 A. 51.
Blinde, Wechselfähigkeit 22 A. 11; Wechselzeichnung 37 A. 29, 354 A. 2.
bona fides s. Glaube, guter.
Börse 339 Art. 91.
Börsentermingeschäft 261 A. 61.
Bösgläubig s. exc. doli.
Bremen, Sondergesetze über Zahlungszeit 117 A. 5.
Bringschuld s. Holschuld.
Buchstaben (Abweichungen von der Summe in Ziffern) 47 Art. 5.
Buchung der in Zahlung gegebenen Wechsel 288 A. 20.
Bundesrat, Bestimmung über benachbarte Orte 346 Art. 91 a, 347 A. 2.
Bureauvorsteher, Haftung des Notars für — 311 A. 10.
Bürge, als (Zusatz) 40 A. 35, 222 A. 5; s. a. Aval, Avalist.
Bürgschaft 220 Art. 81, 265 A. 65; zivilrechtliche — 281 A. 4; der Ehefrau 264 A. 63; s. a. Aval, Avalist.

C.

(Siehe auch K. und Z.)

Causa 259 A. 57; Einreden aus ihr 259 ff. A. 57 bis 61.
Condictio indebiti 166 A. 9, 281 A. 2; s. a. Bereicherung, Irrtum, Rückforderung.
cr. = currentis anni 33 A. 19.
culpa s. Fahrlässigkeit.

D.

Darlehn des Offiziers 264 A. 63.
Datowechsel 36 A. 25.
Datum der Ausstellung (bei der Tratte) 41 A. 38—40 a; (beim eigenen Wechsel) 360 A. 9; des Indossaments 55 A. 5; des Akzepts

82 Art. 20; 91 A. 14; des Protestes 316 Art. 88 Ziff. 3.
Deckung 61 A. 5; s. a. Einrede (der mangelnden Valuta), Revalierung.
Deckungsklausel 100 A. 9.
Deklarationsprotest 320 A. 14, 372 A. 3.
Deposition s. Hinterlegung.
Depotwechsel 248 A. 39, 40.
Deutlichkeit der Verfallzeit 32 A. 19; s. a. Angabe, Abweichungen, Lesbarkeit, Ungenauigkeit.
Dienstsiegel 316 Art. 88, 326 A. 28, 29, 327 Art. 88 a.
Differenzgeschäft 261 A. 61.
Diktat, Schreiben auf 39 A. 32.
Diskontieren eines Wechsels 291 A. 33.
distantia loci 49 A. 5.
dolus s. exceptio; — **superveniens** 277 A. 97.
Domizilat (Begriff, Person, Rechtsstellung) 106 A. 8 bis 10, 134 A. 5; (Protesterhebung) 144 ff. Art. 43; benannter — 106 A. 8, 146 A. 1; Zahlung durch den — 268 A. 76; als Ehrenzahler 269 A. 76; als Regreßschuldner 269 A. 76; s. auch Domizilvermerk, Domizilwechsel.
„Domizil offen" 106 A. 7.
Domizilvermerk 103 A. 1 ff.; Befugnis zum — 104 A. 3; Platz und Form 105 A. 7; — des Akzeptanten 105 A. 5; nachträgliche Beifügung 104 A. 4; — Beifügung zu einem Blankett 257 A. 54—56; Durchstreichung 105 A. 6; 211 A. 11; 258 A. 55.
Domizilwechsel, Natur und Hauptnormen 102 ff. Art. 24, 144 Art. 43; Protest beim — 319 A. 9; Gerichtsstand 394; uneigentlicher, unechter 103 A. 2, 147 A. 9, 319 A. 9, 344 A. 11; eigener — 370 Art. 99; s. Zahlstellenwechsel.
Dritter, Zahlung durch Dritten 270 A. 79; s. a. Bevollmächtigter.
drittura 163 Art. 53.
Drohung 240 A. 22; s. a. Zwang.
Druck 36 A. 28, 89 A. 10.
Duplikat 187 ff. Art. 66 bis 69; Wesen u. Zweck 187 A. 2; Form 188 A. 3; Anspruch auf — 188 A. 4; Auslieferungspflicht

190 A. 2; Regreß aus — 191 A. 1 ff.; Akzept auf — 89 A. 8; Avalerklärung auf — 223 A. 9; Amortisation von — 197 A. 3.

Durchstreichung, Wirkungen 204 A. 7—13; einzelne Arten 206 A. 14—16; Einfluß auf Wechselprozeß 208 A. 21; des Akzepts 88 A. 6, 165 A. 2, 205 A. 11; in der Wechselsumme 204 A. 8; des Domizilvermerks 105 A. 6, 205 A. 11, 258 A. 55; der Ausstellerunterschrift 40 A. 36; der Indossamente 127 A. 11, 165 A. 2, 166 Art. 55; der Quittung 271 A. 84; von Teilen der Quittung 64 A. 5; des Transportvermerks im Indossament 64 A. 4; der Wohnungsangabe 341 A. 5; s. a. Fälschung.

E.

Echtheit der Indossamente 123 Art. 36, 127 A. 14; der anderen Unterschriften s. Fälschung.

Effektiv 130 Art. 37.

Ehefrau, Wechselfähigkeit 21 A. 10; Interzession 264 A. 63.

Ehegut, Haftbarkeit 21 A. 10.

Ehemann 356 A. 3; s. a. Bevollmächtigte.

Ehrenakzeptant s. Ehrenannahme, Akzeptant.

Ehrenannahme 167 ff. Art. 56—61; Platz und Form 175 A. 2; Natur und Unterschiede zum Akzept 175 A. 1, 5, 6; Umfang der Haftung aus — 176 A. 8—13; gerufene und ungerufene 168 A. 2, 172 Art. 57 A. 1; keine Haftung aus Wechselbereicherung 282 A. 7; Verjährung aus — 215 A. 6; s. a. Intervention, Mehrere, Notadresse.

Ehrenpräsentation 179 A. 3.

Ehrenprotest 179 A. 3; s. a. Protest.

Ehrenzahlung 178 ff. Art. 62—65; Rechte des Ehrenzahlers gegen Wechselgläubiger 182 A. 1; gegen Wechselschuldner 183 A. 2 ff.; Umfang der Rechte aus —, Verjährung, Bereicherungsklage 184 A. 5, 6; beim eigenen Wechsel 366 Art. 98 Ziff. 7; s. a. Intervention.

Eid beim Inkassomandat, beim dolosen Wechselerwerb 279 A. 106, 107; im Urkunden- u. Wechselprozeß 388, 392, A. 3, 397.

Eigener Wechsel 360ff. Art. 96—100; Aufzählung der anwendbaren für die Tratte gegebenen Vorschriften 366 Art. 98, 367 A. 2ff.; der nicht anwendbaren Vorschriften 367 A. 1; Begriff, Wesen 362 A. 1; Form 361 A. 2; Erforderniſſe u. Grundsätze 362 A. 3—10; an eigene Order 363 A. 6; in blanco 369 A. 6; Zahlungsort 364 Art. 97; domizilierter Wechsel 370 Art. 99; ungültiger als Schuldschein 364 A. 10; s. a. Sichtwechsel, Wechsel.

Eigenhändigkeit der Ausstellerunterschrift 38 A. 30a.

Einführungsgesetz 16.

Einheitlichkeit der Zahlungszeit 33 A. 21.

Einkassierung 73 Art. 17; s. a. Inkassomandat.

Einlösung im Regreßwege 70 A. 12, 128 A. 17 bis 22, 153 A. 2; nach Weiterbegebung des protestierten Wechsels 129 A. 22; seitens des Indossanten 160 Art. 51; durch einen Dritten 270 A. 79; s. a. Zahlung, Verjährung.

Einrede 228ff. Art. 82. Ueber die einzelnen Einreden, Begriff, Kenntnis derselben vgl. das alphabetische Inhaltsverzeichnis vor Art. 82 S. 228—230; — der nachträglichen Domizilierung 104 A. 4; der Fälschung 206 A. 12, 256 A. 53; des Prokuraindossaments 77 A. 10, 278 A. 100; der Verjährung 214 Art. 77—80, 372 Art. 100; der Wechselunfähigkeit 19 A. 1—14, 264 A. 63; Verlust der Einreden 279 A. 105; s. a. exceptio.

Einschnitte behufs Vernichtung 207 A. 18.

Einschränkung des Akzepts 94 Art. 22; s. a. Akzept, beschränkte Annahme.

Einstellung der Zahlungen 113 Art. 29.

Einwilligung, Form 22 A. 13; s. a. Genehmigung.

Elsaß-Lothringen S. 17 Anm.

Ende des Monats 116 Art. 30.

Entmündigung s. Geisteskranke.
Entsagung der Verjährung 213 A. 19.
Entstehung der Wechselhaftung 51 A. 2 ff.; des Revalierungsanspruchs 101 A. 10; — als Beginn der Verjährung 209 A. 6.
Erben, Haftung der — 24 A. 2; Akzept durch — 91 A. 15; Protest gegen die — 320 A. 11; s. a. Vererbung, Verjährung.
Erfordernisse (formelle) des gezogenen Wechsels 25 ff. Art. 4—7; des gezogenen Domizilwechsels 102 Art. 24; der Bereicherungsklage 282 A. 5 ff.; eines ausländischen Wechsels 295 Art. 85; des eig. Wechsels 360 Art. 96, 97; des eigenen Domizilwechsels 370 Art. 99; des Protestes 302 Art. 87, 315, Art. 88; 326 Art. 88a, 330 Art. 88b; s. a. Indossament, Fälschung.
Erfüllung der Wechselverbindlichkeit 116 ff. Art. 30—40; Einrede der nicht gehörigen — 265 A. 68; s. a. Einlösung, Verzug, Zahlung.
Erfüllungsort maßgebend für die Wechselverjährung 209 A. 4; für Inhalt u. Wirkung einer ausländischen Wechselerklärung 299 A. 6; für den Regreß 310 A. 10; s. a. Domizilwechsel, Zahlungsort.
Erlaß der Präsentation 143 A. 7; des Protestes 141 Art. 42; Einrede des — 273 A. 90.
Erleichterung des Wechselprotestes, Gesetz betr. 373 ff., 302 Art. 87 Einl., 316 Art. 88 Einl., 326 Art. 88a, 88b, 336 Einl.
Erlöschen der Wechselkraft 113 Art. 28; der Wechselverbindlichkeit 281 Art. 83; s. a. Zahlung.
Ermittelungen des Geschäftslokals oder der Wohnung 339 Art. 91, 343 A. 8.
Erpressung 260 A. 60.
Erstattung der Wechselsumme 153, Art. 48.
Erwerb des Wechsels 200 Art. 74; Legitimation 123 Art. 36; s. a. Einrede, exc. doli, Fahrlässigkeit, Glaube; — beweglicher Sachen nach BGB. 202 A. 6.
Essentialien des Wechsels s. Erfordernisse.

Exceptio doli 238 A. 19, 256 A. 52, 275 A. 94; generalis 277 A. 99; pacti 244 A. 29, 256 A. 52; non adempleti contractus 267 A. 71; excussionis 24 A. 3; s. a. Dolus, Einrede.

Existenz des Remittenten 29 A. 11a; des Ausstellers 40 A. 34; des Bezogenen 42 A. 43, 204 A. 6; des Ausstellungsortes 41 A. 39, des Zahlungsortes 44 A. 47.

Expromission 274 A. 91.

F.

Faksimile 36 A. 28, 89 A. 10.

Fahrlässigkeit beim Wechselerwerb 276 A. 96; s. a. grobe —, Glaube, Kenntnis, Versehen.

Fälligkeit des Sichtwechsels 82 Art. 20, 117 Art. 31, 368 A. 4; des Nachsichtwechsels 120 Art. 32, 368 A. 3; der Meß- oder Marktwechsel 122, Art. 35; s. a. Sichtwechsel, Verfalltag, Zahlungstag, Zahlungszeit.

Fall der Not 169 A. 6.

Fälschung 202 Art. 75, 76; Begriff 203 A. 3; berührt nicht die echten Unterschriften 203 A. 2, 291 A. 32; Haftung aus — 358 A. 9; Einrede der — 235 A. 15, 256 A. 53; s. a. Änderung, Durchstreichung.

Familienname 90 A. 13.

Feiertag 139 A. 10; allgemeiner 350 A. 4, 5.

fides s. Glaube.

Fiduziarisches Indossament 78 A. 16.

Firma, Abkürzung der — 92 A. 15; des Akzeptanten 89 A. 10; des Ausstellers 26 Art. 4 Ziff. 5, 36 A. 28; des Bezogenen 26 Art. 4 Ziff. 7, 42 A. 41—43; des Indossatars 55 A. 5, 92 A. 15; des Remittenten 26 Art. 4 Ziff. 3, 29 A. 10, 11; des Domiziliaten 106 A. 9.

Firmenstempel 36 A. 28.

Fiskus 30 A. 13.

Form der Einwilligung 22 A. 13; des Indossaments 54 A. 5; des Nachprotestindossaments 71 A. 13; des Prokuraindossaments 73 A. 2; des Protestes 315 Art. 88, 326 Art.

88a, 330 Art. 88b; der Tratte 25 Art. 4—7; des eigenen Wechsels 360 Art. 96, 366 Art. 98.
Formelle Legitimation 127 A. 13.
Formmangel 234 A. 9; 264 A. 64; s. a. Mangelhafte.
Frauen s. Ehefrau, Ehegut.
Fremde Rechte s. am Schluß jedes Abschnitts.
Fremde Sprache 28 A. 5.
Frist zur Präsentation bei Sichtwechseln 118; bei Nachsichtwechseln 120 Art. 32; zum Protest 139 A. 9; s. a. Fälligkeit, Verjährung, Zahlungszeit.
Fristwechsel 35 A. 23.
Fusion 24 A. 2.

G.

Garant, als 222 A. 5.
Gefälligkeitsakzept, -wechsel 247 ff. A. 36—38.
Geisteskranke (Wechselfähigkeit) 21 A. 8; (beim Protestaten) 320 A. 12.
Geldsorte 47 Art. 5 A. 1; s. a. Münzsorte, Landesmünze.
Geldsumme (Erfordernis des Wechsels) 28 A. 6 bis 9, 47 Art. 5.
Gemeinsame s. Mehrere, Solidarhaftung.
Gemeinschuldner 320 A. 10; s. a. Konkurs, Protest, Verjährung.
Genehmigung (zur Wechselverpflichtung) 22 A. 13 bis 15; des Vormundschaftsger. 21 A. 7; nachträgliche 21 A. 7; bei Fälschung 206 A. 13; heilt Mangel der Vertretungsmacht 360 A. 13; s. a. Nachträgliche G.
Generalbevollmächtigter 324 A. 23.
Genossenschaft, Wechselfähigkeit 23 A. 16.
Gerichtsbezirke, mehrere, in einem Ort 45 A. 47b.
Gerichtliche Beglaubigung (von Handzeichen) 37 A. 29, 353 A. 1—4.
Gerichtsschreiber 304 A. 6.
Gerichtsstand (für Wechselklagen) 394; s. a. Erfüllungsort, Domizilwechsel, Zuständigkeit.
Gerichtsvollzieher 305 A. 6.
Geschäftsfähigkeit 20 A. 5; beschränkte 20 A. 7; s. a. Wechselfähigkeit.
Geschäftslokal 338 Art. 91, 341 A. 6.

Geschäftsstunden 351 A. 12.
Geschäftsübernahme 24 A. 2.
Geschäftsunfähigkeit 20 A. 6; s. a. Geisteskranke.
Gesellschaft, Wechselfähigkeit 23 A. 16, 17; s. a. Handelsgesellschaft.
Gesellschafter, Befugnis des — zur Wechselzeichnung 39 A. 31; Eintritt als — (nach Ausstellung eines Wechsels) 101 A. 10; Akzept eines — 92 A. 15.
Gesetzliche Zinsen 158 A. 2.
Gestohlener Wechsel 55 A. 6, 237 A. 18.
Gewährleistung, ohne 66 A. 3.
Gewalt, Höhere 140 A. 11, 210 A. 9.
Gewalt s. Väterliche.
Gewerbefrau 21 A. 10.
Gewerkschaft, Ausstellerunterschrift der — 39 A. 31.
Gezogener oder eigener Wechsel? (Zweifel) 361 A. 2; s. a. Tratte.
Giro s. Indossament.
Glaube, guter, des Zahlenden, des Wechselinhabers 128 A. 15 a; beim Wechselerwerb 201 A. 5; böser 202 A. 7, 275 A. 94 ff. (beim Prolongationswechsel) 246 A. 35 b; s. a. Erwerb, exc. doli, Fahrlässigkeit, Kenntnis.
Glaubhaftmachung (der Nebenforderung) 382 A. 3.
Gleichnamige Orte 43 A. 45; Personen 49 A. 6.
Gregorianischer Kalender 121 A. 1.
Grobe Fahrlässigkeit 127 A. 14, 202 Art. 74 A. 7, 276 A. 96; s. a. Fahrlässigkeit, Glaube, Kenntnis, Versehen.
Großjährige in väterlicher Gewalt 21 A. 9.
Gütergemeinschaft 21 A. 10.
Güterstand 21 A. 10.
Guter Glaube s. Glaube.

H.

Haftung des Akzeptanten 79 Art. 18 ff., 86 A. 1, 96 A. 1—8, 115 A. 3, 196 Art. 73, 220 Art. 81, 281 Art. 83; des Ausstellers 51 Art. 8; 162 A. 5; des Indossanten 66 A. 1; des Regreßschuldners 157 Art. 50, 51; der Protestbeamten 310 A. 9 ff.; des Pseudovertreters 356 A. 5—9;

s. a. Akzeptant, Solidarschuld, Mehrere.
Halber Monat 120 Art. 32.
Hamburg-Altona, Sondergesetze über Zahlungszeit 117 A. 5.
Handelsfrau 21 A. 10; s. a. Ehefrau.
Handelsgesellschaft, Wechselfähigkeit 23 A. 17; Firmenzeichnung durch den vertretungsberechtigten Gesellschafter 39 A. 31; Akzept einer — 91 A. 15; s. a. Gesellschafter.
Handlungsgehilfe 39 A. 31; 324 A. 23.
Handlungsunfähigkeit s. Geschäftsunfähigkeit.
Handzeichen 37 A. 29, 353 A. 2.
Hauptwechselschuldner 108 A. 1; 97 A. 3.
Hebräische s. Schriftzeichen.
Heimatsstaat 293 A. 3.
Helgoland 18 A.
Heiratsprovision 260 A. 59, 261 A. 61.
Hemmungsgründe der Wechselverjährung 209 A. 6 ff.; Erörterung der — nach BGB. 210 A. 8—11.
„Herrn", Wechseladresse 92 A. 15.
Hier und aller Orten 43 A. 46.
Hingabe eines Wechsels an Zahlungsstatt 288 A. 20, 289 A. 22—24; Zahlungshalber 288 A. 20, 289 A. 25—32; s. a. Annahme.
Hinterlegung der Wechselsumme 110 A. 7, 135 Art. 40, 136 A. 3.
Höhere Gewalt s. Gewalt.
Holschuldnatur der Wechselverpflichtung 97 A. 4, 340 A. 4.
Honorant und **Honorat** 167 Art. 56 ff.
huius 33 A. 19.

J.

Jahr der Ausstellung 41 A. 38; der Fälligkeit 32 A. 19.
Jahreszahl, Fehlen der — 32 A. 19.
Identität des Remittenten und des Bezogenen 31 A. 16, 49 A. 8; des Ausstellers und des Remittenten 48 Art. 6 Abs. 1; des Ausstellers und des Bezogenen 48 Art. 6 Abs. 2; des Wechselinhabers mit dem Wechsellegitimier-

ten 126 A. 10; des Bezogenen und des Akzeptanten 91 A. 15.
Identitätsprüfung bei Protestaufnahme 323 A. 19.
Indossament 53 Art. 9 bis 17; Natur 54 A. 2; Normal- — 60 A. 4; Form 54 A. 5; Platz 54 A. 4, 62 Art. 11; Wirksamkeit (Begebungsvertrag) 55 A. 6; Zusammenhängende Reihe von — 124 A. 4; Teil — 56 A. 7; Umwandlung des Voll- in ein Blanko-J. 64 A. 4; Nach- — 67 Art. 16; Schein- — 72 A. 17; Fiduziarisches — 78 A. 16; Rück- — 62 A. 10—12; s. a. Blanko-J., Echtheit, Fälschung, Inkasso, Legitimation, Mehrere, Prokura, Rekta.
Indossant, Haftung des — 66 A. 1; Ausschluß der Haftung 66 A. 2; Indossament an einen früheren — 62 A. 10; Zwischen- — 62 A. 11; Ansprüche des einlösenden — 160 Art. 51; als Notadressat 169 A. 9.
Indossatar 60 Art. 10, 61 A. 9.
Indossierung von Duplikaten an verschiedene Personen 189 Art. 67; von Kopien 193 A. 2.
Inhaber, Wechsel auf — 29 A. 10; s. a. Blankett, Legitimation, Regreßanspruch, Wechselinhaber.
Inkassoindossament 75 A. 6—16.
Inkassomandat 75 A. 6 bis 16; Einrede 278 A. 100; Eidesnorm 279 A. 106 u. 107.
Inländische Erklärungen auf ausländischen Wechseln 295 Art. 85.
Inland 293 A. 3.
Intakter Wechsel 165 A. 2; 207 A. 17—20.
Internationales Wechselrecht 292 A. 1—9.
Intervention 167 Art. 56 bis 65; Stelle im Protest 325 A. 27, 331 A. 1; s. a. Ehrenannahme, Ehrenzahlung, Notadresse.
Johannis 35 A. 23.
Irrtum, Einrede 241 A. 23, 264 A. 62; im Beweggrunde 242 A. 24; s. a. condictio indebiti.
Irrtümliche Bezeichnung des Remittenten 31 A. 14; Zahlung 135 A. 8.
Jüdische Feiertage 350 A. 3.

Julianischer Kalender 121 A. 1.

Juristische Personen, Wechselfähigkeit 23 A. 16; als Remittent 30 A. 13; Nationalität 293 A. 5.

ius offerendi 153 Art. 48 A. 2; variandi 157 A. 2.

Iustitium 213 A. 9.

K.

(Siehe auch C.)

Kammern für Handelssachen 398.

Kassatorische Klausel 188 A. 3.

Kassenscheine 130 A. 1.

Kassiertage 352 Art. 93.

Kaufmännischer Verpflichtungsschein 286 A. 17.

Kautionswechsel 248 A. 39.

Kellerwechsel 204 A. 6.

Kenntnis der Einreden beim Wechselerwerb 275 A. 94 ff.; nach Erwerb (mala fides superveniens) 277 A. 97; s. a. exc. doli; Glaube.

Kette von Indossamenten 124 A. 4 ff.

Kinder s. Geschäftsfähigkeit.

Klage auf Aushändigung des Wechsels 155 A. 7; im Urkunden- u. Wechselprozeß 385; Zuständigkeit für Wechselklagen 394; —erhebung unterbricht die Verjährung 211 A. 13; s. a. Bereicherungsklage, Duplikate, Revalierungsanspruch, Regreßansprüche, Sicherstellung, Wechselprozeß.

Klagerecht des Wechselgläubigers 220 Art. 81.

Klagezustellung 218 A. 4; statt Präsentation bei Sichtwechseln 85 A. 9. 119 A. 6, 368 A. 3.

Klausel s. Orderverbot, Rektawechsel, Zusätze.

Kollektivbefugnis 324 A. 23; s. a. Mehrere.

Kollision der Statuten 20 A. 2, 3; s. a. örtlich und zeitlich maßgebendes Recht.

Kollusion 275 A. 94 ff.

Kolonialgesellschaften, deutsche 293 A. 6.

Kommanditwechsel 48 A. 4.

Kompensation s. Aufrechnung.

Kondiktion des Wechsels 135 A. 8.

Konfusion 62 A. 12.

Konkurs des Ausstellers 53 A. 8, 227 A. 15, des

Akzeptanten, Sicherheitsleistung 114 A. 1; des Inkassomandatars 78 A. 16; mehrerer Wechselverpflichteten 157 A. 3; —anmeldung gleich einer Ladung 218 A. 4; eines Blankettempfängers 255 A. 50; der offenen Handelsgesellschaft 211 A. 11; mehrerer Wechselschuldner 227 A. 15; Kompensation im — 53 A. 8; s. a. Gemeinschuldner, Verjährung.
Konkursverwalter, Protesterhebung gegen den 320 A. 10; als Vertreter 356 A. 3; gegen K.V. ist der Protest wegen Unsicherheit des Akzeptanten nicht zu erheben 116 A. 6.
Konsens s. Genehmigung.
Kontert der Wechsel 25 Art. 4 Z. 1, 45 A. 50.
Kontokorrent 249 A. 41.
Kontraprotest 179 A. 3, 181 A. 6.
Kopie s. Wechselkopie.
Korporation s. juristische Person.
Korrealobligation 156 A. 1; s. a. Mehrere, Solidarhaftung.
Korrekturen 206 A. 15; s. a. Durchstreichungen, Fälschung.
Kosten 148 Art. 45, 153 Art. 48, 157 Art. 50, 160 Art. 51; des Protestes 314 A. 14; Uebernahme der Haftung für — im Wechsel 46 A. 53; s. a. „OK."
Kraftloserklärung s. Amortisation.
Kreationstheorie 51 A. 2.
Kreditunwürdigkeit (bei Prolongation) 245 A. 34.
Kreuze statt Unterschrift 353 A. 2.
Kridar s. Gemeinschuldner.
Kündigung, Wechsel nach 35 A. 24.
Künstlername 29 A. 11.
Kurs 131 A. 2, 157 Art. 50, 160 Art. 51.

L.

Ladung 218 Art. 79; kein Sühneversuch, keine Unterbrechung der Verjährung 211 A. 14; -frist im Wechselprozeß 396.
Landesgesetze (beim Protest) 304 A. 5; s. a. Markt- u. Meßwechsel.
Landesmünze 131 A. 2; s. a. Geldsorte.

Legitimation beim Nachindossament 67 ff. Art. 16; beim Regreß auf Sicherstellung durch Besitz des Protestes 111 Art. 26; des Wechsels 113 Art. 29; des Wechselinhabers 123 ff. Art. 36, 200 ff. Art. 74; des Ehrenzahlers 184 A. 4; des Protestbeamten zur Zahlungsempfangnahme 334 Art. 89 A. 313 A. 11; s. a. Protest, Protestbeamter, Quittung, Wechselinhaber.

Lesbarkeit des Durchstrichenen 206 A. 14; s. a. Deutlichkeit.

Lesensunkundige 22 A. 11, 37 A. 29.

Lettera di cambio 28 A. 5.

Lettre de change 28 A. 5.

Lithographisch 46 A. 51.

Liquidator 356 A. 4, 357 A. 6.

Locus regit actum 295 A. 7.

Lokalität (für Präsentation, Protest) 341 A. 6 ff.; Beurkundung der 345 A. 13.

Lotterievertrag, Einrede des — 261 A. 61.

Lücke in der Indossamentenreihe 125 A. 5.

M.

Mahnung unterbricht nicht die Wechselverjährung 211 A. 14.

Mäkler 157 Art. 50; —gebühren 163 Art. 53.

mala fides superveniens 201 A. 3; s. a. Kenntnis exc. doli.

Mandat s. Bevollmächtigte, Inkassomandat.

Mangelhafte Unterschrift 353 Art. 94, 95; Wechsel 251 A. 45; Mängel der Abschrift beim Protest 332 A. 4; der Protesturkunde 335 Art. 90; s. a. Form, Formmangel.

Mangelnde Vertretungsmacht 356 A. 6—8; s. a. Vertreter.

Marktwechsel 36 A. 26, 79 Art. 18, 122 Art. 35.

Materielle Legitimation 127 A. 15; s. a. Legitimation.

Mehrere Aussteller 53 A. 9; 227 A. 15; Remittenten 32 A. 17; Bezogene 42 A. 44, 109 A. 3; Akzeptanten (Regreß) 115 A. 3; Bürgen 225 A. 12; Domiziliaten 107 A. 9; Ehrenakzepte 175 A. 4; Ehrenzahler 185 Art. 64; Notadressen 171 A. 16; Protestaterl 333 Art. 89;

Unterzeichner, Unterschied von Mitunterzeichnung 220 A. 3; Wechselexemplare 189 Art. 67; Wechselschuldner im Konkurs 227 A. 17; Wechselverpflichtete als gemeinsame Beklagte 395; Protest bei Vorlegung mehrerer Exemplare desselben Wechsels 329 A. 6f.
Meßwechsel 36 A. 26, 79 Art. 18, 122 Art. 35.
Michaelis 35 A. 23.
Minderjährige, Wechselfähigkeit 20 A. 7; s. a. Väterliche, Vormund.
Mitte des Monats 116 Art. 30.
Mitunterzeichnung 220 A. 3; s. a. Aval.
Monat 116 Art. 30, 120 Art. 82.
Moratorium, gesetzliches 301 A. 13.
Münzsorte, Summenangabe in bestimmter 28 A. 8; am Zahlungsort nicht in Umlauf 130 Art. 37; s. a. Geldsorte, Landesmünze.
Mündel 93 A. 16; s. a. Vormund.
Mutter als gesetzlicher Vertreter 355 A. 3.

N.

Nachforschungsprotest 343 A. 8—10.
Nachfrage nach dem Protestaten 321 A. 15ff.; bei der Polizei 339 Art. 91, 343 A. 8.
Nachindossament des präjudizierten Wechsels 67 Art. 16, A. 1—9; des protestierten Wechsels 68 Art. 16 Abs. 2, 70 A. 10—18; bei Protesterlaß 72 A. 19; s. a. Blankett, Indossament.
Nachlaßverwalter 355 A. 3; s. a. Erben.
Nachmann, Rechte des — auf Sicherheit 112 Art. 27; Befriedigung des — 140 A. 14; des Honoraten 174 Art. 60; s. a. Indossament, Legitimation.
Nachsichtwechsel 36 A. 24, 120 Art. 32, 81 Art. 19 bis 20; eigene Wechsel 368 A. 3, 4; s. a. Fälligkeit.
Nachträgliche Beifügung des Domizilvermerks 104 A. 4; Genehmigung heilt Nichtigkeit 22 A. 15; heilt Mangel der Vertretungsmacht 360 A. 13; Notifikation 152 A. 10; s. a. Genehmigung.
Nachverfahren, Einwand

des ungültigen Protestes im — 85[11].
Name des Machtgebers 356 A. 5; vgl. sonst Firma.
Nebenforderungen 140 A. 14; 384, 397 (im Prozeß).
Negative Orderklausel s. „nicht an Order".
Neuer Stil 121 Art. 34, 122 A. 4.
Nicht an Order 56 A. 9, 65 A. 3, 67 Art. 15, 95 A. 7.
Nichtantreffen des Notadressaten 181 A. 8; des Protestaten 323A.22—24.
Nichtexistenz s. Existenz 42 A. 43.
Nichtigkeit der Wechselschrift 25 Art. 3 A. 1; s. a. Ungültigkeit, Zusätze.
Notar, Protestaufnahme 302 Art. 87; Haftung des — und seines Bureauvorstehers 311 A. 10; s. a. Protestbeamter.
Notadressat 169 A. 9; Indossament an den 62 A. 10.
Notadressant 169 A. 8.
Notadresse 113 Art. 29, 167 Art. 56—65; Begriff 168 A. 4; Form u. Platz 168 A. 5, 6; Wirkung 170 A. 10—14; Mehrere 171 A. 16; Form des Protestes 171 A. 15; auf den Zahlungsort 169 A. 7; 178 Art. 62; s. a. Ehrenannahme, Intervention.
Notifikation 148 ff. Art. 45 bis 47; Pflicht zur — 149 A. 1; trotz Protesterlasses 144 A. 8; Voraussetzungen 149 A. 2; Form, Frist, Beweislast 150 A. 5, 6; Folgen der unterlassenen 150 A. 7; nachträgliche 152 A. 10; am ausländischen Ort 298 A. 3
Notleiden des Wechsels 167 A. 1.
Novation 274 A. 92.
Nürnberger Novellen 16, 17.

O.

Objekt s. Wert.
Obligo, ohne 48 A. 3, 52 A. 7 (als Ausschluß der Ausstellerhaftung); 65 Art. 14 (als Ausschluß der Haftung des Indossanten).
Oertlich maßgebendes Recht für die Wechselfähigkeit 20 A. 2; für die Wechselverjährung 209 A. 4; s. a. Ausland, Kollision.

Offiziersdarlehn 264 A. 63.
Ohne Gewährleistung 65 Art. 14; Kosten 141 Art. 42; Obligo 48 A. 3, 52 A. 7, 65 Art. 14; Präsentation 33 A. 20; Protest 141 Art. 42.
O./K. = Ohne Kosten 142 A. 3.
Order 26 Art. 4 Nr. 3; 29 A. 10ff.; Formeln 31 A. 15; von selbst 31 A. 16; s. a. „nicht an O.", Rektawechsel.
Orderpapier, Wechsel ein — 29 A. 10.
Orderverbot, Einschränkung des Akzepts bezüglich des — 94 A. 3; s. a. „nicht an O.", Rekta.
Ort der Ausstellung 26 Art. 4 Z. 6, 41 A. 37; Angabe mehrerer 41 A. 40; der Zahlung 26 Art. 4 Z. 8, 43 A. 45—49, 48 Art. 6; gleich Ortschaft 43 A. 45, 103 A. 1, 325 A. 25; — und Datum im Protest 316 Art. 88 Z. 3, 325 A. 25, 26; für eigene Wechsel 340 A. 1; — und Zeit für Wechselhandlungen 338 Art. 91—93.
Ortsbezeichnung s. Notifikation; s. a. Wechselfähigkeit.
Ortsdatum 153 Art. 47 A. 1.
O.W. = oder Wert 28 A. 8.

P.

Pactum cambii, de cambiando 51 A. 4; s. a. exceptio pacti.
Papiergeld 130 A. 1.
per aval s. Aval.
Pfandrecht, Abtretung 154 A. 4.
Pfändung des Wechsels 59 A. 19, 236 A. 17.
Pfleger 355 A. 3.
piacere (a) 35 A. 24.
Platzprotest 323 A. 22.
Platzwechsel 102 A. 1.
porteur, Wechsel au 29 A. 10
Postattest als Beweis der geschehenen Notifikation 150 A. 5, 152 Art. 46.
Postbeamte als Protestbeamte 302 Art. 87, 304 A. 5 ff., 382; Haftung 312 A. 10a; s. Protestbeamte.
Postbedienstete als Protestbeamte 305 A. 6.
Postprotest 302 Art. 87; Unzulässigkeit 28 A. 5; 131 A. 3; 306 A. 6;

329 A. 9; Haftung beim — 312 A. 10a.
Postverwaltung, Haftung beim Protest 310 A. 9, 312 A. 10a, 380.
Polizeibehörde, Nachfrage bei der 339 Art. 91, 343 A. 8.
Präjudizierung des Wechsels, Indossament nach — 67 Art. 16; Verhütung der — 137 Art. 41; beim Sicht- und Nachsichtwechsel 118 A. 2 ff.; Einrede der — 235 A. 10; bei Bereicherungsklage 281 ff. Art. 83, 282 A. 5; ob Schuldurkunde 286 A. 17; s. a. cond. indebiti, Nachindossament.
Präsentation zur Annahme 79 Art. 18—20, 102 Art. 24; zur Sicht 83 A. 3, 368 A. 3; Folgen der versäumten 118 A. 3; zur Zahlung 118 Art. 31, 137 Art. 41; bei der Notadresse 179 A. 3—8; Erlaß 143 A. 7; im Ausland 298 A. 3; des Sichtwechsels 83 ff. A. 2 bis 9 (gezogener Nachsichtwechsel), 118 A. 2—5 (gezogener einfacher Sichtwechsel), 368 A. 3 (eigener befristeter Sichtwechsel), 368 A. 4 (eigener einfacher Sichtwechsel); s. a. die folgenden Stichworte, ferner Nachindossament, Protest, Sichtwechsel, Verjährung, Vorlegung.
Präsentationsfrist 81 A. 6, 84 A. 5, 117 Art. 31.
Präsentationsort 80 A. 5, 338 Art. 91.
Präsentationszeit 338 Art. 91; für Meß- und Marktwechsel 79 Art. 18 Abs. 2.
Prima 187 Art. 66—69; s. a. Duplikat.
Prokuraindossament, Begriff 73 A. 1; Form 73 A. 2; Wirkung nach innen 74 A. 3; nach außen 74 A. 5; Erlöschen 74 A. 4; im Konkurs 74 A. 4; s. a. Inkassoindossament.
Prokurist 29 A. 31 (Unterschrift für die Firma); bei Protestaufnahme 324 A. 23.
Prolongation 34 A. 22, 90, A. 11, 135, A. 9, 215 A. 5; — Abrede 244 A. 33—35; — Wechsel 34 A. 22, 246 A. 35b.
Protest 302 ff. Art. 87—90, 338 ff. Art. 91, 91a, 92; Begriff und Arten 303 A. 2, 303 A. 3a; Beweiskraft 303 A. 3; mangels

Annahme 79 Art. 18, 82 Art. 20, 85 A. 10, 108 Art. 25, 331 A. 1; mangels Datierung des Akzepts 84 A. 7; mangels Zahlung 94 A. 4 β, 128 A. 16, 137 Art. 41 bis 44; Fälle des Zahlungsprotestes 330 A. 10; mangels Legitimation zum Protest 128 A. 16, 138 A. 6, 318 A. 8; mangels Sicherstellung 113 Art. 29; 331 A. 1, 116 A. 6a; mangels Herausgabe eines Exemplars 191 A. 1, 195 A. 2; Indossament nach — 68 Art. 16; als Beginn der Verjährung 216 Art. 78; bei Domizilwechseln 319 A. 9; bei Konkurs des Protestaten 320 A. 10; nach Tod des Protestaten 320 A. 11; bei Handlungsunfähigkeit des Protestaten 320 A. 12; fremde Rechte 315 A. 16; Gesetz betr. die Erleichterung des Pr. 373 ff.; s. a. die folgenden Stichworte bis Protesturkunde, ferner Intervention, Präsentation, Regreß.

Protestant 318 A. 8.

Protestat 319 ff. A. 9—14.

Protestbeamte 304 A. 5 bis 11; Person des — 304 A. 5; in Preußen 305; örtliche Zuständigkeit 306 A. 7; Ausschließungsgründe 307 A. 8; Rechtsstellung und Haftbarkeit 310 A. 9 f.: Legitimation zur Zahlungsempfangnahme 313 A. 11; 334 Art. 89a; s. a. Notar, Postbeamter.

Protesterfordernisse 315 ff. Art. 88; Prüfung ex officio 317 A. 1; die einzelnen — 318 A. 8 ff.

Protesterlaß 72 A. 19, 141 Art. 42.

Protestfrist 139 A. 9.

Protestierter Wechsel, Indossierung desselben 70 A. 10—18.

Protestkosten 314 A. 14.

Protestregister 313 A. 13, 397 A. 5.

Protestort 325 A. 25, 338 Art. 91.

Proteststunde 325 A. 26, 350 A. 6 13.

Protesturkunde, Form 313 A. 13, 326 Art. 88a (beim Zahlungsprotest), 330 Art. 88b (bei anderen Protesten); Berichtigung 336 A. 1 f.; Aufbewahrung beglaubigter Abschriften 337 A. 5 f.;

Amortisation unzulässig 337 A. 5.
Provision 157 Art. 50, 160 Art. 51, 186 Art. 65.
Pseudonym 29 A. 11.
Prozeß, Stellung der Wechselschuldner im — 227 A. 16; s. a. Wechselprozeß.
Prozeßkosten 158 A. 4, 156 A. 1.
Prüfung der Echtheit der Indossamente 123 Art. 36; der Erfordernisse der Protesturkunde 317 A. 1.

Q.

Quittung 130 A. 23, 133 ff. Art. 39, 134 A. 7, 154 A. 4, 164 Art. 54, 165 A. 4; Einrede der — 235 A. 12, 271 A. 83; bei Teilzahlung 135 A. 8, 166 A. 7; s. a. Zahlung.

R.

Rasuren 206 A. 14; s. a. Durchstreichung.
Ratenwechsel 33 A. 21.
Rechnung, laufende 249 A. 41; s. a. Kontokorrent.
Rechnungswährung 130 Art. 37.
Rechtsgeschäft s. Zivilgeschäft.
Rechtshängigkeit 274 A. 93.
Rechtskraft 274 A. 93.
Rechtsnachfolger 92 A. 15; s. a. Erben.
Rechtzeitigkeit des Protestes 138 A. 5.
Redlichkeitstheorie 51 A. 3.
Regreß: a) mangels Annahme 108 ff. Art. 25 bis 28; Voraussetzungen 109 A. 3; Kreis und Pflichten der Regreßschuldner 110 A. 4—8; die —berechtigten 111 A. 1, 2; Wechselprozeß 111 A. 3; Einwirkung der Notadresse auf — 170 A. 10, des Ehrenakzepts auf — 177 Art. 61, des Duplikats auf — 191 Art. 69; b) wegen Unsicherheit des Akzeptanten 113 ff. Art. 29; Voraussetzungen 114 A. 1; Sicherheitsverpflichtete 115 A. 2, 3, —berechtigte 115 A. 4 ff.; c) mangels Zahlung 137 ff. Art. 41—55; Voraussetzungen, Protest, Pro-

testfrist 137 A. 2—12; Rechtsnatur 140 A. 13 ff.; Solidarhaft 156 A. 1; Sprungregreß 157 A. 2; Konkurs 157 A. 3; auf einen ausländischen Ort 163 A. 1; beim Domizilwechsel 145 A. 1 ff.; gegen den Indossanten 67 Art. 15; bei Nachindossament 67 Art. 16; bis zur Lücke 125 A. 5; bei abhandengekommenen Wechseln 200 A. 8; Verjährung 216 Art. 78, 217 Art. 79; s. a. die folgenden Stichworte bis Regreßzahlung, Ehrenannahme, Notadresse, Notifikation, Remboursregreß, Zahlung.

Regreßansprüche des protestierenden letzten Inhabers (Inhalt) 158 A. 1—5; (Verjährung) 217 Art. 78; des Einlösers s. Remboursregreß.

Regreßpflicht, durch Akzepteinschränkungen unberührt 94 A. 4β.

Regreßschuldner 97 A. 3, 108 A. 1β; s. a. Hauptwechselschuldner.

Regreßzahlung 153 Art. 48.

Reichsbanknote 130 A. 1.

Reichsgesetz s. Landesgesetz.

Reihenfolge der Indossamente 123 Art. 36, 156 Art. 49; beim Angehen der Notadressen 172 A. 17.

Reitwechsel 247 A. 36.

Rektaindossament 56 A. 10, 67 Art. 15 A. 1; s. a. Indossament.

Rektawechsel 56 A. 9—14; s. a. „nicht an Order".

Remboursregreß 161 ff. A. 1—7.

Remittent 26 ff. Art. 4 Z. 3; Name 29 A. 10—11 a; Firma 29 A. 12—15; Nichtexistenz 29 A. 11 a; Identität mit dem Bezogenen 31 A. 16, 49 A. 8; Identität mit dem Aussteller 48 Art. 6 Abs. 1; beim eigenen Wechsel 363 A. 6; s. a. Duplikat, Legitimation, Order.

Respekttage 117 A. 4, 121 Art. 33.

Restitution des unversehrten Wechsels 291 A. 31.

Retourrechnung 159 A. 6, 164 Art. 54.

Revalierungsanspruch 100 A. 9 ff.; des Ehrenzahlers 185 A. 7; der Wechselschuldner untereinander 227 A. 15 ff.; 225 A. 12.

Rikambiospesen s. Retourrechnung.

Rimesse 160 Art. 51.

Rückforderung der gewährten Deckung 102 A. 12; von Wechselzahlungen des Gemeinschuldners 132 A. 3; s. a. Bereicherung, condictio, Irrtum.
Rückgabe s. Aushändigung.
Rückindossament 62 A. 10.
Rückläufiger Wechsel 128 A. 17—21.
Rückseite des Wechsels, Girierung auf 54 A. 4; Akzept auf 89 A. 9; Unterschrift 63 Art. 12.
Rückwechsel 163 Art. 53; fingierter 159 A. 7, 163 A. 1.
Ruhen des Prozesses 212 A. 15; s. a. Verjährung.

S.

Schadensanspruch bei der Bereicherungsklage 283 A. 9; gegen den Inkassomandatar 74 A. 3; bei unterlassener Notifikation 151 A. 8; gegen den Verwahrer 191 A. 3; bei Verlust von Einreden 280 A. 108; s. a. Regreßanspruch.
Schein 242 A. 25.
Scheinindossament 78 A. 17.
Schenkung 264 A. 64.
Scherz 242 A. 25.
Schreibfehler im Wechsel 91 A. 15, 207 A. 16; in der Protesturkunde 335 Art. 90; s. a. Durchstreichung, Duplikat.
Schreibensunkundige 22 A. 11, 37 A. 29, 90 A. 13, 353 Art. 94.
Schriftlichkeit des Wechsels 45 A. 51; der Annahme 89 A. 10.
Schriftzeichen (lebende oder tote Sprache) 45 A. 51; stenographische — 46 A. 51; s. a. Deutlichkeit.
Schuldanerkenntnis 286 A. 17.
Schuldschein (ob mangelhafter oder präjudizierter Wechsel als — gilt?) 286 A. 17.
Schuldübernahme 274 A. 91.
Schutz s. Glaube.
Sekunda 187 Art. 66; s. a. Duplikat.
Selbstschuldner als . . . (Zusatz) 363 A. 8.
Sicherheit, Haftung der — 112 Art. 27; Rückgabe der — 112 Art. 28; Freiwerden der — 135

Art. 40; — im Aufgebot 196 ff. Art. 73; s. a. Regreß, Verjährung.
Sicherheitsprotest 113 Art. 29 Abs. 2, 304 A. 3.
Sicherheitswechsel 248 A. 39—40.
Sicherstellung, Regreß auf 108 Art. 25 ff.; beim eigenen Wechsel 366 Art. 98 Z. 4.
Sichtwechsel, einfache (d. h. auf Sicht) 26 Art. 4 Z. 4, 35 A. 24; mit dem Zusatz: ohne Präsentation 33 A. 20; Verfall 117 Art. 31; eigene — 368 A. 4; befristete (d. h. auf eine bestimmte Zeit nach Sicht), Erfordernisse 26 Art. 4 Z. 4, 36 A. 24; rechtliche Behandlung 81 Art. 19, 20; Präsentationspflicht 83 A. 2 ff.; Folgen unterbliebener Präsentation 84 A. 8 ff.; eigene befristete 368 A. 3; s. a. Fälligkeit, Präsentation, Verjährung.
Solawechsel 29 A. 4, 187 Art. 66; s. a. eigenen Wechsel.
Solidarhaftung der Wechselverpflichteten 156 A. 1, 225 A. 12, 226 A. 14 ff.; s. a. Korrealobligation, Mehrere, Revalierungsklage.
Sonntag 349 Art. 92.
Spezialvollmacht 324 A. 23.
Spesen s. Nebenforderungen, Regreß, Retourrechnung.
Spiel 251 A. 59, 261 A. 61 a.
Sprache 28 A. 5, 45 A. 51; s. a. Schriftzeichen.
Sprungregreß 157 A. 2.
Staatsangehörigkeit 20 A. 3, 294 A. 7; s. a. Ausländer, Inland.
Stellvertreter 38 A. 30 a, 355 A. 2; s. a. Vertreter, Bevollmächtigte.
Stempel genügt nicht als Unterschrift 36 A. 28, 89 A. 10; Uebernahme der Haftung für — 46 A. 53; für Rückwechsel 163 Art. 53; s. a. Zusätze.
Stenographisch geschriebener Wechsel 45 A. 51.
Stil, alter und neuer 121 Art. 34.
Stillstand der Rechtspflege 210 A. 9.
Straße als Zahlungsort 44 A. 47 a.
Streichung 206 A. 14.
Streitgenossenschaft, notwendige 227 A. 16.
Streitverkündung 212 A. 15, 218 A. 4.

Streitwert s. Wert.
Stumme, Wechselfähigkeit 22 A. 11; Wechselzeichnung 353 A. 2.
Stunden s. Proteststunden.
Stundung als Hemmungsgrund der Verjährung 210 A. 8; Einrede der — 244 A. 33f.; s. Prolongation.

T.

Tage als Verfallzeit 35 A. 23.
Tagwechsel 35 A. 23.
Taube, Wechselfähigkeit 22 A. 11; Wechselzeichnung 354 A. 2.
Taubstumme, Wechselfähigkeit 22 A. 11; Unterschrift 37 A. 29, 91 A. 13, 353 A. 2.
Täuschung, Einrede der arglistigen — 240 A. 22.
Tertia 187 Art. 66; s. a. Duplikat.
Teilindossament 56 A. 7; s. a. Indossament.
Teilweise Einklagung 211 A. 14.
Teilzahlung 131 Art. 38, 134 A. 8, 166 A. 7; an Protestbeamten 335 A. 5; s. a. Abschreibung, Quittung, Zahlung.
Theorie, Wechseltheorien 51 A. 1ff., 55 A. 6, 86 A. 1, 237 A. 18ff., 250 A. 44 bis 46.
Tilgung, Einrede der — 267 A. 72ff.; —sarten 272 A. 86ff.; s. a. Zahlung.
Tod des Protestaten 320 A. 11; s. a. Blankett, Erben.
Tote Sprache s. Sprache.
Tradition s. Uebergabe.
Transportvermerk, Durchstreichung 64 A. 4; s. a. Indossament.
Trassant s. Aussteller.
Trassat s. Bezogener.
Trassiert-eigener Wechsel 48 A. 4; s. a. Regreß, Notadresse.
Tratte s. Wechsel.
Trinitatis 35 A. 23.
Trockener Wechsel 360 Art. 96; s. a. eigene Wechsel.
Trunksucht 21 A. 8.
Turpis causa 260 A. 60.

U.

Uebereinstimmung von Wechsel u. Protest 318 A. 5—7; s. a. Identität.
Uebergabe des Wechsels

bei Blankoindossament 59 A. 20, 65 A. 4.
Uebergang von Todes wegen 59 A. 21; s. a. Abtretung, Erben, Uebertragung.
Ueberschreitung der Ausfüllungsermächtigung 258 A. 55.
Uebertragung, Verbot der 53 Art. 9; außerwechselrechtliche 57 A. 15—21; s. a. Indossament, Uebergang.
Ueberweisung von Wechselansprüchen 59 A. 19, 236 A. 17.
Ultimo 35 A. 23.
Undatierte Annahme 82 Art. 20, 91 A. 14.
Undeutlichkeit s. Deutlichkeit.
Unechtheit s. Echtheit, Fälschung.
Uneigentlicher Domizilwechsel s. Domizilwechsel.
Unfähigkeit zu dem dem Wechsel zugrunde liegenden Zivilgeschäft 264 A. 63; s. a. Geschäftsfähigkeit, Wechselfähigkeit.
Ungenauigkeiten in der Bezeichnung des Verfalltages 35 A. 23 ff.; im Akzept 91 A. 15; der Protesturkunde 335 Art. 90; s. a. Deutlichkeit, Protest.
Ungültigkeit der dem Wechsel zugrunde liegenden Zivilgeschäfte 259 A. 59; s. a. Nichtigkeit, Zusätze.
Unleserlichkeit 36 A. 28; s. a. Deutlichkeit.
Unmöglichkeit des Verfalltages 32 A. 19; des Datums 91 A. 14; des Protestes 140 A. 11.
Unrichtigkeit im Datum, Zahlungsort usw. 204 A. 7.
Unsicherheit 113 Art. 29.
Unterbrechung der Verjährung 211 A. 12, 219 A. 7; s. a. Verjährung.
Unterschrift des Ausstellers 26 Art. 4 Z. 5, 36 A. 27—36; des Protestbeamten unter der Protesturkunde 316 Art. 88, 326 A. 28, 29; s. a. Echtheit, Fälschung, Firma, Vertreter.
Unversehrtheit des Wechsels 165 A. 2.
Unvollständige Wechsel 50 A. 2.
Unwiderruflichkeit der Annahmeerklärung 88 A. 5 bis 9; der Ermächtigung zur Blankettausfüllung 253 A. 47a.

Unzulässige Firmenbezeichnung 30 A. 12; s. a. Zusätze.
Usowechsel 33 A. 20, 117 A. 5.

V.

Väterliche Gewalt 21 A. 9.
Valuta, Einrede der nicht erhaltenen 265 A. 68—71.
Verbot der Uebertragung 53 Art. 9; der Weiterbegebung 67 Art. 15.
Verein, nicht rechtsfähiger, Wechselfähigkeit 23 A. 16.
Vererbung von Wechselansprüchen 59 A. 21; s. a. Erben.
Verfälschung 202 Art. 75, 76; Begriff 203 A. 3: s. a. Fälschung.
Verfalltag 26 Art. 4 Z. 4, 35 A. 23, 82 Art. 20, 116 Art. 30, 120 Art. 32, 121 Art. 34, 195 Art. 72, 349 Art. 92; ohne Angabe des Jahres 32 A. 19; unmöglicher 32 A. 19; nicht geändert durch Prolongation 34 A. 22; des befristeten Sichtwechsels 82 Art. 20, 368 A. 3; des einfachen Sichtwechsels 117 Art. 31, 368 A. 4; als Beginn der Verjährung 214 A. 2, 372 Art. 100; s. a. Fälligkeit, Sichtwechsel, Zahlungstag, Zahlungszeit.
Vergleich 77 A. 11, 273 A. 90; über Differenzgeschäfte 263 A. 61 c.
Verjährter Wechsel als Schuldschein? 286 A. 17; nicht durch Indossament übertragbar 68 A. 3; Bereicherungsklage aus — 281 Art. 83.
Verjährung, allgemeine Grundsätze 208 A. 1—20; nicht von Amts wegen zu prüfen 209 A. 5; nach ausländischem Recht 209 A. 4; bei Sichtwechseln s. Sichtwechsel; Ausschließung; Erschwerung 213 A. 19; Beginn 209 A. 6 ff., 215 A. 3; Hemmungsgründe 210 A. 7—11; Unterbrechung, Gründe, Dauer, Wirkung 211 A. 12—17, 215 A. 7; Einrede der — 235 A. 11; Wirkung 212 A. 18; — des Anspruchs gegen Akzeptanten 214 ff. Art. 77; der Regreßansprüche des

Inhabers 216 ff. Art. 78; des Indossanten 217 ff. Art. 79; gegen Aussteller des eigenen Wechsels 372, Art. 100; s. a. Blankett, Bereicherungsanspruch, Ehrenakzeptant, Fälligkeit, Verfalltag.
Verjährungsfrist 214 Art. 77—79, 372 Art. 100.
Verlust des Regresses 137 Art. 41 bis 48, 164 Art. 54, 178 Art. 62; der Einreden 280 A. 108; des Protestes 138 A. 7, 200 A. 9, 337 A. 5; des Wechsels s. Amortisation.
Vermerke s. Zusätze.
Vermerkspflicht des Versenders 190 A. 1.
Vermögenslosigkeit s. Bereicherungsklage, Zwangsvollstreckung.
Vermutung der Einlösung im Regreßwege 128 A. 17.
Vernichtete Wechsel 196 A. 2.
Verpflichtungsschein, kaufmännischer 286 A. 17.
Versäumung der Protesterhebung 140 A. 11, 137 Art. 41; der Vorzeigung 118 A. 3.
Verschlossene Räume 321 A. 16.
Verschwender, Wechselfähigkeit 21 A. 8.
Verschwinden des Wechsels während des Prozesses 134 A. 3.
Versehen, Haftung der Protestbeamten s. — 311 A. 10; s. a. Fahrlässigkeit, Glaube.
Versendung der Prima zum Akzept 190 Art. 68.
Vertrag laut . . . 46 A. 54; s. a. Zivilgeschäft exc. pacti.
Vertragstheorie 51 A. 4, 237 A. 18 ff.
Vertragswidrige Ausfüllung eines Blanketts 250 A. 43—57.
Vertreter, Unterschrift 38 A. 30 ff.; ohne Vertretungsmacht 354 Art. 94, 356 A. 6—8; s. a. Bevollmächtigte, Stellvertreter, Protest.
Verurteilung zur Zahlung 133 A. 2.
Vervielfältigung der Wechsel 187 Art. 66 ff.
Verwahrer der Prima 190 A. 2; des Originalwechsels 194 Art. 72; s. a. Duplikat.
Verweigerung der Annahme ohne Datierung 82 Art. 20; der Ehrenzahlung 180 A. 5; s. a. Akzept.
Verzicht des Inkassomandatars 77 A. 11; auf

Protesterhebung 141 Art. 42; auf Präsentation 143 A. 7; auf Verjährung 213 A. 19.
Verzug 155 A. 6, 369 A. 5; s. a. Präsentation, Zinsen.
Vindikation der Wechsel 201 A. 4.
vis maior 140 A. 11, 210 A. 9.
a vista 26 Art. 4 Z. 4.
Vollmacht 74 A. 4, 113 Art. 29, 354 Art. 95; s. a. Bevollmächtigte, Inkassomandat, Prokura-Ind., Vertreter.
Vorbehalt des Indossanten 65 Art. 14; des Eingangs bei Annahme zahlungshalber 289 A. 25; der Rechte des Beklagten im Urkundenprozeß 388 (§ 595).
Vorderseite des Wechsels 89 A. 9.
Vorlegung des Wechsels zur Zahlung an die Notadressen und die Ehrenakzeptanten 174 Art. 60, 178 Art. 62; an einen legitimierten Vertreter des Protestaten 324 A. 23; s. a. Präsentation.
Vorleistung 266 A. 69.
Vormann, Benachrichtigung 148 Art. 45—47; Einreden gegen — 69 A. 6; s. a. Nachmann.
Vormund 93 A. 16, 355 A. 3; s. a. Minderjährige.
Vormundschaftsgericht 21 A. 7.
Vornahme des Bezogenen 42 A. 43; s. a. Name.
Vorprotestliches Blankoindossament 71 A. 14; s. a. Indossament.
Vorzeigung s. Präsentation.

W.

Wechsel, gezogene: Erfordernisse 25 ff. Art. 4 bis 7, Bezeichnung als 25 Art. 4 Z. 1, 45 A. 50, an eigene Order 48 A. 1, trassiert-eigene 48 A. 4; eigene, Erfordernisse 360 Art. 96, 97; ausländische 295 Art. 85; domizilierte 102 Art. 24, 144 Art. 43, 370 Art. 99; falsche 202, Art. 75, 76; zerrissene, zerschnittene 207 A. 17—20; unvollständige 50 A. 2; auf Sicht s. Sichtwechsel; s. a. die folgenden Stichworte bis Wechselvertrag, ferner eigene Wechsel, Akzept, Bereicherungs-

anspruch, Blankett, Depot, Gefälligkeitswechsel.
Wechselanweisung 27 A. 4.
Wechselbereicherung s. Bereicherungsklage.
Wechselbrief 27 A. 4.
Wechselbürgschaft 220 Art. 81; s. Aval.
Wechseldatum 41 A. 38.
Wechselduplikat 187 Art. 66—69; s. Duplikat.
Wechselerklärungen s. Form, Unterschrift.
Wechselfähigkeit 19 ff. Art. 1; Begriff 19 A. 1; Personenkreis 20 A. 5—12; Beweislast 22 A. 14; — juristischer Personen 23 A. 16; der Handelsgesellschaften 23 A. 17; des Ausländers 294 Art. 84; örtlich und zeitlich maßgebendes Recht 20 A. 2 bis 4; s. a. Geschäftsfähigkeit.
Wechselfälschung 202 Art. 75, 76; s. Fälschung.
Wechselinhaber 111 Art. 26, 113 Art. 29, 123 Art. 36; s. a. Legitimation, Regreßanspruch.
Wechselkopie 193 Art. 70 bis 72; Zweck 193 A. 2; Form (Arretierungsklausel) 193 A. 3; Indossierung 194 Art. 71; Antreffungsvermerk, Protest 195 A. 2; s. a. 329 A. 6.
Wechselmäßige Haftung 24; s. a. Wechselunterschrift.
Wechselprozeß, Vorschriften der ZPO. 384 ff.; vgl. über Statthaftigkeit bei den einzelnen Ansprüchen; s. a. Prozeß.
Wechselprotest s. Protest.
Wechselregreß s. Regreß.
Wechselschlußgeschäft 243 A. 28, 259 A. 57—61.
Wechselschuldner 24 A. 2.
Wechselsumme 26 Art. 4 Z. 2, 28 A. 6, 157 Art. 50, 363 A. 5.
Wechseltheorie s. Theorie.
Wechselunterschrift 36 A. 27—36; s. a. Unterschrift, Bevollmächtigte, Vertreter.
Wechselvertrag 51 A. 4; Einrede des mangelnden 235 A. 16—19; s. a. Begebungsvertrag.
Weihnachten s. Feiertag.
Werktag 137 Art. 41, 139 A. 10, 174 Art. 60, 349 Art. 92.
Wert des Streitgegenstandes 160 A. 8, 162 A. 7.
Wette, Einrede der — 261 A. 61.
Widerruf des Auslieferungsauftrages 191 A. 3; s. a. Unwiderruflichkeit.

Widersprüche s. Angabe, Deutlichkeit, Ungenauigkeit.
Windprotest 322 A. 17, 323 A. 22, 341 A. 5, 343 A. 8.
wirklich s. effektiv.
Wohnort des Ausstellers einer Tratte 41 A. 37, 295 A. 3; des Ausstellers eines eigenen Wechsels 365 A. 3; des Bezogenen 26 Art. 4 Z. 8, 102 Art. 24; des Regreßpflichtigen und des Regreßnehmers 157 Art. 50, 51.
Wohnung des Bezogenen 44 A. 47; des Präsentaten und Protestaten 342 A. 7.
Wucher 261 A. 60.

Z.

Zahlbar allerorten 43 A. 46.
Zahlbar bei 103 A. 2.
Zahlstelle 103 A. 2, 344 A. 11, 372 A. 2; s. a. Domizilwechsel.
Zahlstellenwechsel 144 Art. 43, 147 A. 9, eigner Z. 372 A. 2.
Zahlung, Haftung des Ausstellers für — 51 Art. 8; — durch Domiziliaten 102 Art. 24; Erfüllung der Wechselverbindlichkeit durch — 123 Art. 36 bis 40; — durch Regreßpflichtigen 164 Art. 54; beim Ehrenakzept 174 Art. 60; im Aufgebotsverfahren 196 Art. 73; Beginn der Verjährung 217 Art. 79; — beim eigenen Wechsel 366 Art. 98 Z. 5; des Akzeptanten 135 A. 10, 235 A. 12, 268 A. 74; des Bezogenen 268 A. 74; eines Dritten 270 A. 79; des Domiziliaten 268 A. 76; eines Regreßschuldners 269 A. 77; durch Wechsel 287 A. 19ff.; Einrede der — 235 A. 12, 267 A. 72ff.; der teilweisen Zahlung 271 A. 82aff.; s. a. die folgenden Stichworte bis „Zahlungszeit", ferner Einlösung, Erfüllung, Quittung, Tilgung, Zahlungshalber, Zahlungsstatt.
Zahlungsbefehl 218 A. 4.
Zahlungseinstellung 114 A. 1.
Zahlungsempfang s. Legitimation, Quittung.

Zahlungshalber Hingabe eines Wechsels 288 A. 20, 289 A. 25 ff.
Zahlungsort 26 Art. 4 Z. 8, 43 A. 45—49, 102 Art. 24; s. a. Domiziliat, Domizilwechsel, Erfüllungsort, Notadresse, Zahlbar.
Zahlungsstatt, Hingabe eines Wechsels an 288 A. 20, 289 A. 22—24.
Zahlungstag 116 Art. 30 bis 35, 349 Art. 92; s. a. Fälligkeit, Verfalltag.
Zahlungszeit 26 Art. 4 Z. 4, 32 A. 18 ff., 116 Art. 30, 122 Art. 35, 338 Art. 91, 360 Art. 96 Z. 4; s. auch Fälligkeit, Verfalltag.
Zeit der Zahlung s. Zahlungszeit; der Ausstellung des Wechsels 41 A. 38 ff.; der Ausfüllung eines Blanketts 253 A. 48 ff.; s. a. Datum, Fälligkeit, Indossament, Protestzeit, Verfalltag.
Zeitlich maßgebendes Recht 20' A. 4.
Zeitrechnung alten und neuen Stils 121 Art. 34 A. 1.
Zeitpunkt der undatierten Annahme 91 A. 14. .
Zerreißen des Wechsels 207 A. 17.
Zerschneiden des Wechsels 207 A. 17.
Zession s. Abtretung.
Ziffern (Abweichung von der Summenangabe in Buchstaben) 47 Art. 5.
Zinsen 157 Art. 50, 51; gesetzliche — 158 A. 2; s. a. Verzug.
Zinsversprechen im Wechsel 46 A. 52, 50 Art. 7.
Zirkulationstheorie 51 A 5.
Zivilanspruch 57 A. 13, 100 A. 9.
Zivilgeschäft, das dem Wechselakt zugrunde liegt 243 A. 28 B; Einreden daraus 259 A. 57—65.
Zivilrechtliche Bürgschaft 222 A. 4; s. a. Bürgschaft.
Zufall trifft den Regreßnehmer 140 A. 11, 165 A. 2.
Zurückbehaltung beglaubigter Abschriften der Protesturkunde 337 A. 5 f.
Zurückdatierung der Zahlungszeit 95 A. 5.
Zurückgabe der Sicherheit 112 Art. 28; des Wechsels usw. s. Aushändigung.
Zurücknahme des Akzepts 88 A. 5—7; der Klage 219 A. 4.

Zusammenhängende Reihe von Indossamenten 124 A. 4ff.
Zusammenhang des Wechselsatzes 45 A. 50; s. a. Kontext.
Zusatz als Bürge 40 A. 35, 222 A. 5; „auf mich selbst" 362 A. 2; „Prolongiert" 90 A. 11; „Bis zum" 90 A. 11.
Zusätze im Wechsel 46 A. 52ff.; bei dem Akzept 90 A. 11; zu der Ausstellerunterschrift 40 A. 35ff.; bei der Ausfüllung eines Blankoindossaments 65 A. 3; s. a. Fälschung.
Zuständigkeit im Aufgebotsverfahren 198 A. 4; örtliche für die Wechselklage 394; s. a. Gerichtsstand, Streitwert.
Zwang 239 A. 21.
Zwangsvergleich 274 A. 90; — Quote, Zahlung einer 134 A. 8.
Zwangsvollstreckung, fruchtlose als Voraussetzung des Regresses auf Sicherstellung 114 A. 1.
Zweifel, ob gezogener oder eigener Wechsel 361 A. 2.
Zwischenindossant 62 A. 11.

Druck von A. W. Hayn's Erben, Potsdam.

Wechselstempelgesetz.

Guttentag'sche Sammlung

Nr. 5a. Deutscher Reichsgesetze. Nr. 5a.

Textausgaben mit Anmerkungen.

Wechselstempelgesetz

vom 15. Juli 1909

nebst den Ausführungsbestimmungen des Bundesrats, den Gesetzesmaterialien und den Entscheidungen der höchsten Gerichte und Verwaltungsbehörden.

Textausgabe mit Anmerkungen, einem chronologischen und einem Sachregister.

Von

Geh. Regierungsrat **P. Loeck**,

Reichsbevollmächtigter.

Zehnte Auflage.

Berlin 1909.

J. Guttentag, Verlagsbuchhandlung,

G. m. b. H.

Inhaltsverzeichnis.

Seite

Gesetz wegen Änderung des Gesetzes, betreffend die Wechselstempelsteuer. Vom 15. Juli 1909 . . . 9

Bekanntmachung des Textes des Wechselstempelgesetzes. Vom 15. Juli 1909 10

Wechselstempelgesetz vom 15. Juli 1909 nebst den Ausführungsbestimmungen des Bundesrats, den Gesetzesmaterialien und den Entscheidungen der höchsten Gerichte und Verwaltungsbehörden . . . 11

Anhang, enthaltend einzelne das Strafverfahren wegen Wechselstempelhinterziehung betreffende Vorschriften 87

Chronologisches Register 99

Sachregister 102

Abkürzungen.

AB. = Ausführungsbestimmung.
Begr. = Begründung des Gesetzes und zwar (09 I) = das Ges. v. 4. März 09, (09 II) = das Ges. v. 15. Juli 09.
BGBl. = Bundesgesetzblatt.
Beschl. = Beschluß.
BGB. = Bürgerliches Gesetzbuch.
DRA. = Deutscher Reichs- und Preuß. Staatsanzeiger.
DJZ. = Deutsche Juristenzeitung.
Entsch. = Entscheidungen des Obertribunals, des Reichsgerichts in Zivilsachen, in Strafsachen.
FM. = Finanzministerium — FME. = Erlaß desselben.
GA. = Goltdammer, Archiv für Strafrecht.
GS. = Gesetzsammlung.
Holdh. = Holdheims Monatsschrift.
JM. = Justizminister — JMBl. = Justizmin.-Blatt.
JW. = Juristische Wochenschrift.
JME. = Justizmin.-Erlaß.
KabO. = Kabinettsorder.
KG. = Kammergericht.
MBl. = Ministerialblatt für die gesamte innere Verwaltung.

MdJ. = Minister des Innern.
OR. = Oppenhoff, Rechtsprechung des Obertribunals.
OT. = Obertribunal.
OTE. = Obertribunalserkenntnis.
RZBl. = Zentralblatt für das Deutsche Reich.
Reg. in F. = Regierung in Frankfurt a. O.
RGBl. = Reichs-Gesetzblatt.
RGE. = Reichsgerichtserkenntnis.
RK. = Reichskanzler.
StrA. = Striethorst, Archiv für Rechtsfälle.
StrPrO. = Strafprozeßordnung.
W. = Wechsel.
WO. Allgemeine deutsche Wechselordnung.
WStG. = Wechselstempelgesetz.
ZBl. = Pr. Zentralblatt der Abgaben- usw. Gesetzgebung und Verwaltung.

Gesetz wegen

Änderung des Wechselstempelgesetzes.

Vom 15. Juli 1909 (RGBl. S. 740).

Wir Wilhelm, von Gottes Gnaden Deutscher Kaiser, König von Preußen ꝛc.

verordnen im Namen des Reichs, nach erfolgter Zustimmung des Bundesrats und des Reichstags, was folgt:

Artikel I.

Das Wechselstempelgesetz vom 4. März 1909 (Reichs-Gesetzbl. S. 310 ff.) wird dahin geändert:

* * *

Artikel II.

Der Reichskanzler wird ermächtigt, die Fassung des im Artikel I bezeichneten Gesetzes, welche sich aus den Vorschriften des vorliegenden Gesetzes ergibt, in fortlaufender Nummernfolge der Paragraphen mit dem Datum des vorliegenden Gesetzes durch das Reichs-Gesetzblatt bekannt zu machen.

Soweit in Reichsgesetzen oder Landesgesetzen auf die Vorschriften des Wechselstempelgesetzes verwiesen ist, treten die entsprechenden Vorschriften der vom Reichskanzler bekannt gemachten Fassung an die Stelle.

Bekanntmachung, betreffend

die Fassung des Wechselstempelgesetzes.

Vom 21. Juli 1909 (RGBl. S. 825).

Auf Grund des Artikel II des Gesetzes wegen Änderung des Wechselstempelgesetzes vom 15. Juli 1909 (Reichs-Gesetzbl. S. 740) wird die Fassung des Wechselstempelgesetzes nachstehend bekannt gemacht.

Berlin, den 21. Juli 1909.

Der Reichskanzler.

In Vertretung:
Wermuth.

Wechselstempelgesetz.

Vom 15. Juli 1909 (RGBl. Nr. 44 S. 825).

§ 1. Gezogene und eigene Wechsel unterliegen dem Wechselstempel.

Von der Stempelabgabe befreit bleiben:

1. die vom Ausland auf das Ausland gezogenen und die im Ausland ausgestellten eigenen Wechsel, wenn sie nur im Auslande zahlbar sind [1];
2. die vom Inland auf das Ausland gezogenen, nur im Ausland, und zwar auf Sicht [2]) oder spätestens innerhalb zehn Tagen nach dem Tage der Ausstellung zahlbaren Wechsel, sofern sie vom Aussteller unmittelbar in das Ausland versendet werden.[3])

1. Gegen früher ist nunmehr auch die Befreiung der im Ausland ausgestellten, im Ausland zahlbaren eigenen W. von der Stempelabgabe in das Gesetz aufgenommen.

2. Für die Stempelpflichtigkeit eines W. entscheidet nur der Inhalt der Schrift, ohne Rücksicht

---

1) Vgl. Anh. Anm. 1 Ziff. 3.
2) Vgl. Anh. Anm. 1 Ziff. 4 litt. a.
3) Vgl. Anh. Anm. 1 Ziff. 4 litt. b.

darauf, ob das W.geschäft zur Ausführung gelangen kann oder nicht. Darum ist auch derjenige W. stempelpflichtig, welcher von einem unter väterlicher Gewalt stehenden Aussteller herrührt, ohne daß dieser Umstand aus dem Wechsel selbst erhellt. OTE. 13. Mai 59. JMBl. S. 236. ZB. S. 154.

3. Eine W.unterschrift, die von dem zur Eingehung von W.verpflichtungen allgemein Bevollmächtigten unmittelbar und ausschließlich mit dem Namen des Machtgebers vollzogen worden ist, ist gültig. RGE. 14. Jan. 93. Bes. Beil. zum DRA. S. 191. — Ebenso RGE. 12. Dez. 01. Holdh. 02 S. 87, wo noch gesagt ist, daß § 126 BGB. nicht entgegensteht.

4. a) Gefälschte W. erhalten auch durch Genehmigung keine W.kraft. RGE. 13. Juni 04. JW. S. 497.

b) Die abredewidrige Ausfüllung eines Blankoakzepts macht den W. nicht formungültig. RGE. 5. Okt. 03. Holdh. 04 S. 163.

c) Bleistiftnotizen in einem W.formular, insbesondere bezüglich des Verfalltages, sind nur als provisorische anzusehen. RGE. 5. März 04. JW. S. 142. Bleistiftzusätze auf einem vollständig mit Tinte ausgeschriebenen W. sind im Zweifel nicht als Abänderungen des W., sondern als unverbindliche Notizen anzusehen. RGE. 10. Mai 05. JW. S. 404 (Bankarchiv Nr. 11).

5. Ein postdatierter Datow. wird erst mit dem Eintritt des Tages stempelpflichtig, von welchem er datiert ist. TOE. 27. Mai 65, OR. 6 155: es handelte sich um einen gezogenen, bereits akzeptierten und indossierten, vom 12. Sept. 64 datierten Datow. (von da ab in 3 Monaten zahlbar), welcher schon am 8. dess. M. vom Indossatar zur Abstempelung präsentiert, von dem Steuerbeamten jedoch nach protokollarischer Konstatierung des Sachverhältnisses zurückgegeben und demnächst am 10. dess. M. vernichtet wurde. In den Erk.-Gründen heißt es, daß die WO. im Art. 4 die Angabe des Datums zum wesentlichen Erfordernis eines W. mache, und daß ein postdatierter W. jedenfalls erst mit dem Tage rechtliche Wirkung erlange, von welchem er datiert sei.

6. Ein W., in welchem vermöge eines Schreibfehlers in der Jahreszahl ein vor dem Datum der Ausstellung liegender Zeitpunkt als Zahlungstag angegeben worden, ist ungültig. Erk. des Reichs-Oberhandelsger. 11. Okt. 70. Gruchot, Beiträge usw. 15 46: in dem W. war der 1. Dez. 69 als der Tag der Ausstellung und der 15. März dess. J. als Fälligkeitstermin angegeben.

7. Eine als W. bezeichnete Schrift, in deren Eingang Zahlung der W.summe „auf Sicht", an einer anderen Stelle aber Zahlung zur Verfallzeit „ohne vorhergegangene Präsentation" versprochen wird, begründet ebensowenig eine w.mäßige Verbindlichkeit, RGE. 28. März 88 — Entsch. in Zivils. 20 182 —, weil die in dem W. enthaltenen, einander widersprechenden beiden Sätze zur Folge haben, daß der W. der erforderlichen Bestimmtheit der Zahlungszeit entbehrt — wie ein auf eigene Order ausgestellter trockener W. TOE. 9. Dez. 58, JMBl. 59 S. 58.

Auch liegt eine W.erklärung, d. h. eine schriftliche Erklärung, durch welche eine w.mäßige Verbindlichkeit übernommen wird, nicht vor, wenn auf die Rückseite eines das Verbot der Indossierung enthaltenen eigenen W. ein bloßer Namenszug, um damit Bürgschaft für den Aussteller zu übernehmen, gesetzt wird. RGE. 13. Okt. 90. Entsch. in Straff. 21 97.

8. Ein ungültiger und der Steuer daher nicht unterworfener W. liegt vor, wenn der Bezogene und der Remittent dieselben Personen sind — ein Mangel

an den in Art. 4 der WO. aufgestellten wesentlichen Erfordernissen — RGE. 28. Mai 87, Entsch. in Zivils. 19 93, oder wenn die Angabe des Remittenten, gleichfalls ein wesentliches Erfordernis eines W., fehlt, FME. 25. Jan. 94 III 423, ebenso dann, wenn der W. auf mehrere Personen gezogen ist, RGE. 3. Febr. 99. Beil. zum DRA. S. 163, ferner wenn das Wort „Wechsel" nicht im Text, sondern bloß als Überschrift auf dem Papier steht. RGE. 5. Juni 01. Berliner Börsenzeitung Nr. 526. Die nicht als W. angesprochene Urkunde ist aber als ein kaufmännischer Verpflichtungsschein im Sinne des § 363 HGB. angesehen ohne Rücksicht darauf, daß eine Zahlstelle angegeben ist und daß die Ausstellung einer solchen Urkunde beabsichtigt war. (§ 140 BGB.)

9. Von der Forderung des Stempels zu unvollständig gebliebenen W. ist abzusehen. FME. 15. Febr. 76 III 1203. Vgl. aber jetzt § 2 d. G. — Vgl. Anm. 1 bei § 19 d. G.

10. Die Frage, ob ein im Auslande ausgestelltes Schriftstück ein gültiger W. sei, ist nach den Gesetzen des Auslandes zu beurteilen. Die inländischen Operationen mit einem ausländischen W. unterliegen der Beurteilung nach den inländischen Gesetzen. Art. 85 der WO. OTE. 17. Juli 58. StrA. 28 361.

Nach amerikanischem Rechte ist zur Gültigkeit einer Promissorynote als W. die in diese Urkunde aufzunehmende Benennung derselben als W. nicht erforderlich. Eine in Massachusetts ausgestellte Promissorynote ist, sofern sie den daselbst vorgeschriebenen Erfordernissen entspricht, im Gebiete der WO. als eigener W. zu behandeln. OTE. 10. Juli 60; StrA. 37 399.

11. Ein ausländischer, auf einen Inländer gezogener W. wird durch die Akzeptation des letzteren nicht zum inländischen W.; seine Stempelpflichtigkeit

kann nur durch den besonders zu führenden Nachweis begründet werden, daß das Akzept im Inlande hinzugefügt worden sei. OTE. 30. Jan. 61; OR. 1 231. — Vgl. Anm. 5 zu § 18 d. G.

Es besteht keine gesetzliche Vermutung, daß der inländische Akzeptant eines ausländischen auf ihn gezogenen W. denselben in seinem in der Adresse angegebenen Wohnort akzeptiert und hier mit demselben ein Geschäft gemacht habe. OTE. 25. Okt. 66; OR. 7 574.

12. Unter „Inland" ist nunmehr das ganze Geltungsgebiet des Gesetzes zu verstehen. Im Gegensatze hierzu sind alle Orte außerhalb des nunmehrigen Geltungsgebiets als „Ausland" anzusehen. FME. 17. Jan. 71. ZBl. S. 323.

13. Gegenüber der bestimmten Fassung der Nr. 2 des § 1 WStG. würde es unzulässig sein, auch solchen W. die Befreiung von der Stempelabgabe zuzugestehen, welche nicht vom Aussteller direkt in das Ausland remittiert werden, welche vielmehr im Inlande erst durch die Hände eines Käufers, oder vielleicht noch mehrerer, gehen. FME. 9. Mai 77 III 5361.

14. Ein vom Inland auf das Ausland gezogener, im Ausland innerhalb 10 Tagen nach dato zahlbar gestellter und vom Aussteller direkt in das Ausland remittierter W. wird dadurch stempelpflichtig, daß er vom Ausland wiederum nach dem Inland giriert wird und hier in Umlauf kommt. Verhandlungen des Reichstages I. Legislaturperiode Session 1869 zu § 1 S. 709.

§ 2. Als Wechsel im Sinne dieses Gesetzes ist auch eine Schrift anzusehen, welche nicht die sämtlichen wesentlichen Erfordernisse eines Wechsels enthält, sofern sie einem anderen unter der Vereinbarung

übergeben wird, daß dieser berechtigt sein soll, die fehlenden Erfordernisse zu ergänzen. Das Bestehen einer Vereinbarung der bezeichneten Art wird vermutet, wenn die Schrift die Bezeichnung als Wechsel enthält.

Ein großer Teil der langsichtigen W. erfüllt die dem W. ursprünglich innewohnende Bestimmung, dem Zahlungsausgleiche zu dienen, nicht. Als Kautions- und Avalwechsel werden diese W. im weiten Umfange zur Sicherheitsleistung verwendet und sie haben als solche häufig eine langjährige Laufzeit. Hauptsächlich dienen als solche Sicherheit die Sichtw., doch kommen dabei ebenso auch W. mit langfristiger fester Zahlungszeit in Betracht.

Insbesondere darf an die Verwendung der Sichtw. als Sicherstellung für die Ansprüche der Versicherungsgesellschaften gegen ihre Aktionäre erinnert werden, von denen in der Regel nicht höhere Einzahlungen auf die Aktien als 20% des Aktienkapitals gefordert werden.

Gerade bei den sog. Kautionsw. hat schon bisher vielfach die Gepflogenheit bestanden, daß der Geber des W. demjenigen, dem die Sicherheit zu leisten ist, zur Ersparung des W.stempels den W. in unvollständiger Form, dergestalt, daß irgendeines der gesetzlich wesentlichen Erfordernisse des W. fehlt und somit ein W. im Rechtssinn überhaupt nicht vorliegt, übergibt, mit der Ermächtigung, ihn, falls es zur Geltendmachung des W anspruchs kommen sollte, seinerseits auszufüllen, und mit der weiteren Vereinbarung, das Schriftstück, falls sich die Sicherheit erledigt oder ein Prolongationswechsel gleicher Art hingegeben wird, in der mangelhaften Form zurückzugeben oder zu vernichten. Begr. S. 5, 6 (09 II).

§ 3. Die Stempelabgabe beträgt:

von einer Summe

von	200	Mark und weniger			0,10	Mark,
über	200	„	bis	400 Mark	0,20	„
„	400	„	„	600 „	0,30	„
„	600	„	„	800 „	0,40	„
„	800	„	„	1 000 „	0,50	„

und von jedem ferneren 1000 Mark der Summe 0,50 Mark mehr, dergestalt, daß jedes angefangene Tausend für voll gerechnet wird[1]).

Tritt die Verfallzeit eines auf einen bestimmten Zahlungstag oder auf Sicht gestellten Wechsels später als drei Monate nach dem Ausstellungstag ein, so ist auf die Zeit bis zum Verfalltage für die nächsten neun Monate und weiterhin für je fernere sechs Monate oder den angefangenen Teil dieses Zeitraums eine weitere Abgabe in der im Abs. 1 bezeichneten Höhe zu entrichten. Die weitere Abgabepflicht tritt bei Wechseln mit bestimmtem Zahlungstage nicht ein, wenn die dreimonatige Frist um nicht mehr als fünf Tage überschritten wird. Soweit nach ausländischem Rechte Respekttage stattfinden, werden sie der dreimonatigen Frist hinzugerechnet. Die vorstehend für Sichtwechsel getroffene Vorschrift findet auch auf Wechsel Anwendung, welche bestimmte Zeit nach Sicht zahlbar sind, mit der Maßgabe, daß der Zeitraum, für den die weitere Abgabe zu entrichten ist, bei

[1]) Vgl. Anh. Anm. 1 Ziff. 6.

trockenen derartigen Wechseln vom Ablaufe von drei Monaten nach dem Ausstellungstage, bei gezogenen derartigen Wechseln vom Ablaufe von drei Monaten nach der Annahme des Wechsels gerechnet wird. Ist der Tag der Annahme aus dem Wechsel nicht ersichtlich, so gilt in Ansehung der Stempelpflicht der fünfzehnte Tag nach dem Ausstellungstag als Tag der Annahme, sofern nicht nachgewiesen wird, daß die Annahme zu einem anderen Zeitpunkt erfolgt ist.

Fehlt in einer Schrift der im § 2 bezeichneten Art die Angabe der zu zahlenden Geldsumme, so ist die Stempelabgabe und die weitere Abgabe von einer Summe von zehntausend Mark zu entrichten; wird später eine andere als diese Summe eingesetzt, so hat die entsprechende Ausgleichung durch Nacherhebung oder Erstattung der Steuer zu erfolgen. Fehlt in der Schrift eine Bestimmung über die Zahlungszeit, so tritt die Verpflichtung zur Entrichtung der weiteren Abgabe mit dem Ablaufe von drei Monaten nach dem Ausstellungstag ein. Fehlt die Angabe des Ausstellungstags, so gilt der Tag der Übergabe als Ausstellungstag.

Auf Grund einer mir vom Bundesrat unterm 26. Juli 1909 erteilten Ermächtigung wird die Fassung der Ausführungsbestimmungen zum Wechselstempelgesetze vom 15. Juli 1909 nachstehend bekannt gemacht.

Berlin, den 26. Juli 1909.

Der Reichskanzler. In Vertretung: Wermuth.

Ausführungsbestimmungen zum Wechselstempelgesetze vom 15. Juli 1909.

(RZBl. S. 401.)

Zu § 3 des Gesetzes.

§ 1. Ist bei Wechseln, welche mit dem Ablauf einer bestimmten Frist nach Sicht zahlbar sind, die Frist in Tagen ausgedrückt, so werden 90 Tage einem Zeitraume von drei Monaten gleichgestellt.

Bei der Festsetzung der Verfallzeit des W. werden dem Zahlungsziele nicht selten noch mehrere Tage, die auf die Akzepteinholung gerechnet werden, hinzugefügt. Daher gelten im Verkehr als sogenannte Dreimonatsw. allgemein auch solche W., bei denen die dreimonatige Frist um einige Tage überschritten ist. Hierauf ist auch bei der Frage, für welche W. die weitere Stempelabgabe Platz greifen soll, Rücksicht zu nehmen. Fällt in den Anfang der Laufzeit eines W., bei dem das Zahlungsziel 90 Tage beträgt, der Monat Februar oder Teile des Monats Februar, so ergibt sich eine Laufzeit, die den Zeitraum von drei Monaten, gerechnet von Kalendertag zu Kalendertag, überschreitet. Auch wegen dieser Fälle erscheint jene Vorschrift geboten, und da auch hier für die Akzepteinholung unter Umständen noch einige Tage hinzugerechnet werden, ist die zulässige Ueberschreitung der für die Steuerberechnung in Betracht kommenden dreimonatigen Frist auf fünf Tage bemessen. Das englische Recht kennt noch die Einrichtung der sogenannten Respekttage, die zugunsten des Akzeptanten zu der im W. bezeichneten Zahlungszeit hinzugerechnet werden, so daß der W. erst an dem letzten Respekttage fällig und zahlbar ist. Zur Ausschließung von Zweifeln ist ausdrücklich ausgesprochen, daß die

Respekttage der dreimonatigen Frist hinzugerechnet werden, diese Frist also auch für die Steuerberechnung nicht als überschritten gilt, wenn sich bei Einschluß der Respekttage eine längere als dreimonatige Frist ergibt. Für W., die bestimmte Zeit nach Sicht zahlbar sind, hat für die Berechnung der Frist grundsätzlich der Tag der Annahme, nicht der Tag der Ausstellung maßgebend zu sein. Derartige W. kommen vor allem im überseeischen Verkehre vor, und der Grund, warum sie nicht auf einen von vornherein bestimmten Zahlungstag gestellt werden, beruht darin, daß der Tag des Eintreffens des Seedampfers und die Zeit, wann der W. zum Akzept gehen kann, sich im voraus nicht sicher feststellen läßt. Auch im W.-diskontverkehre wird daher die dreimonatige Frist vom Akzepte berechnet. Schwierigkeiten für die Feststellung der Frist ergeben sich nicht, da der Akzeptant sein Akzept zu datieren hat, und wenn er die Datierung verweigert, der Tag der Annahme aus dem nach Artikel 20 der WO. aufzunehmenden Proteste sich feststellen läßt. In Fällen, in denen die Protesterhebung unterblieben oder die Protesturkunde nicht zu erlangen ist, soll in Ansehung der Stempelpflicht die Rechtsvermutung helfen, daß der fünfzehnte Tag nach dem Ausstellungstage der Tag der Annahme ist. Begr. S. 6 (09 II).

§ 4. Die zum Zwecke der Berechnung der Abgabe vorzunehmende Umrechnung der in einer anderen als der Reichswährung ausgedrückten Summen erfolgt, soweit der Bundesrat nicht für gewisse Währungen allgemein zugrunde zu legende Mittelwerte festsetzt und bekannt macht, nach Maßgabe des laufenden Kurses.

A.B. zu § 4 des Gesetzes.

Umrechnung fremder Währungen.

§ 2. Behufs Umrechnung der in einer anderen als der Reichswährung ausgedrückten Summen sind für die nachstehenden Währungen die dabei bemerkten Mittelwerte allgemein zugrunde zu legen:

1 Pfund Sterling	=	20,40 Mark,
1 Frank, Lira, Peseta (Gold), Leu, finnische Mark	=	0,80 „
1 österreichischer Gulden (Gold)	=	2,00 „
1 österreichischer Gulden (Währung)	=	1,70 „
1 österreichisch-ungarische Krone	=	0,85 „
1 Gulden holländischer Währung	=	1,70 „
1 skandinavische Krone	=	1,125 „
1 alter Goldrubel	=	3,20 „
1 Rubel / 1 alter Kreditrubel	=	2,16 „
1 türkischer Piaster	=	0,18 „
1 Peso (Gold)	=	4,00 „
1 Dollar	=	4,20 „
1 alter japanischer Goldyen	=	4,20 „
1 japanischer Yen	=	2,10 „
1 deutsch-ostafrikanische oder indische Rupie	=	1,35 „
1 mexikanischer Golddollar	=	2,10 „

Diejenigen ausländischen Währungen, für welche der Bundesrat einen Mittelwert nicht festgesetzt hat, sind zum Börsenkurse in die inländische Währung umzurechnen. FME. 9. Febr. 82 III 1490, ZB. S. 48.

§ 5. Für die Entrichtung der Abgabe sind der Reichskasse sämtliche Personen, welche an dem

Umlaufe des Wechsels im Inlande teilgenommen haben, als Gesamtschuldner verhaftet.

Die Haftung für die weitere Abgabe (§ 3 Abs. 2) ist auf die Personen beschränkt, welche nach Eintritt der weiteren Abgabepflicht am Umlaufe des Wechsels teilgenommen haben.

Bei auf Sicht gestellten Sicherheitsw. steht der Regel nach von vornherein noch nicht fest, wie lange der W. laufen wird. Auch ist derjenige, der den W. zur Sicherheit gegeben hat, nicht in der Lage, die weitere Abgabe zu entrichten, da der W. sich nicht in seinen Händen befindet. Es scheint auch im übrigen gerechtfertigt, daß zur Entrichtung der weiteren Abgabe der Steuerbehörde gegenüber derjenige in Anspruch genommen wird, der nach Ablauf des dreimonatigen Zeitraumes den W. in Händen hat und aus ihm Rechte geltend zu machen imstande ist. Anderseits liegt auch bei einem später als 3 Monate fälligen, im Auslande zahlbaren W. ein Grund zur Erhebung der weiteren Abgabe nicht vor, wenn der W. bereits innerhalb der ersten Monate ins Ausland geht. Es soll deshalb die weitere Abgabe erst mit dem Eintritte des Zeitraumes, auf den sie zu entrichten ist, begründet werden. Demgemäß wird man aber auch die Haftung für die weitere Abgabe der Reichskasse gegenüber auf diejenigen zu beschränken haben, welche nach Eintritt der weiteren Abgabepflicht am Umlaufe des W. teilgenommen haben. Damit ist selbstverständlich der Frage, wer im Verhältnisse der Beteiligten zueinander zur Uebernahme des Stempels verpflichtet ist, nicht vorgegriffen. Begr. S. 6 (09 II).

§ 6. Als Teilnehmer an dem Umlauf eines Wechsels wird hinsichtlich der Steuerpflichtigkeit angesehen: der Aussteller, jeder Unterzeichner oder

Mitunterzeichner eines Akzepts, eines Indossaments oder einer anderen Wechselerklärung, und jeder, der für eigene oder fremde Rechnung den Wechsel erwirbt, veräußert, verpfändet oder als Sicherheit annimmt, zur Zahlung präsentiert, Zahlung darauf empfängt oder leistet, oder mangels Zahlung Protest erheben läßt, ohne Unterschied, ob der Name oder die Firma auf den Wechsel gesetzt wird oder nicht.

1. Sobald der Akzeptant dem Aussteller den gezogenen W. zurückgegeben hat, befindet sich derselbe im „Umlaufe" im Sinne des WStG. §§ 4, 5, auch wenn der W. noch mit keinem Indossament versehen war, und der Aussteller verwirkt die Stempelstrafe, wenn er den Wechsel einklagt und zu diesem Ende ungestempelt dem Gericht einreicht. OTE. 17. Jan. 72; OR. 13 50.

2. Wer als W.bürge am Umlauf des W. vor der Stempelung teilnimmt, haftet für den W.stempel und verfällt in die Stempelstrafe. OTE. 1. Dez. 65; JMBl. 66 20.

3. Die im Wege der Exekution erfolgte Beitreibung der W.valuta begründet für den Zahlenden keine Teilnahme am Umlaufe des W., weil jene Beitreibung nicht als Zahlung auf den W. im Sinne des § 5 des WStG. aufgefaßt werden könne. OTE. 6. Dez. 76; OR. 17 794.

4. Auch derjenige, welcher für fremde Rechnung „am Umlaufe eines W. teilnimmt", verwirkt die Strafe der Stempelhinterziehung, wenn er eine bezügliche Handlung vornimmt, ehe der W. versteuert worden. OTE. 15. Jan. 73; JMBl. S. 64: der Kämmerer J. hatte als Rendant einer Sparkasse Darlehne gegen W. gegeben, später die letzteren zur Zahlung präsentiert

und die Rückzahlung in Empfang genommen, ohne daß die W. versteuert waren; strafbar war er nach § 6 WStG., weil er, gleichviel ob für eigene oder fremde Rechnung, unversteuerte W. zur Zahlung vorgezeigt, auch weil er Zahlung darauf empfangen hat. Vgl. Anm. 6 zu § 19 d. G.

5. Bei der Verfolgung des Extrahenten eines Protestes ist der Nachweis, daß derselbe eine rechtliche Beziehung zu dem W. gehabt habe, nicht erforderlich. OTC. 7. Nov. 73 GA. 21 579; in den Erk.-Gründen heißt es u. a.: In den tatsächlichen Feststellungen der Instanzrichter ist der Angeklagte als „Inhaber" des W. bezeichnet, und diese Feststellung in Verbindung mit der weiteren Feststellung, daß Angeklagter die Protesterhebung nicht lediglich als Bote des D. extrahiert habe, genügt zur Anwendung des Strafgesetzes. Nach § 5 des WStG. sind für die Entrichtung der Abgabe sämtliche Personen, welche an dem Umlaufe des W. teilgenommen haben, solidarisch verhaftet, und nach § 6 wird als Teilnehmer an dem Umlaufe eines W. hinsichtlich der Stempelpflichtigkeit u. a. jeder angesehen, der für eigene oder fremde Rechnung mangels Zahlung Protest erheben läßt, ohne Unterschied, ob der Name der Firma auf den W. gesetzt wird oder nicht. Hierdurch wird die Behauptung der Nichtigkeitsbeschwerde, daß, gegenüber dem Strafgesetze, irgendeine rechtliche Beziehung der betreffenden Person zu dem W. vorausgesetzt sei, widerlegt. Es genügt vielmehr vollkommen eine rechtliche Beziehung zu der Person des W.eigentümers oder sonstigen W.berechtigten. Indem die Instanzrichter eine solche Beziehung als unzweifelhaft annehmen und die Tatsache, daß der Angeklagte den Protest für eigene oder fremde Rechnung habe erheben lassen, bejahen, ohne sich gerade bestimmt für eine oder die andere der beiden Alternativen zu entscheiden, haben sie die Strafanwendung ausreichend begründet. Vgl. Anm 6 bei § 8 d. G.

6. Der Rechtsanwalt, der auf Grund einer einfachen Protestvollmacht Auftrag gibt, den W. dem Schuldner zur Zahlung vorzulegen und Protest zu erheben, ist nicht als „Teilnehmer“ am Umlaufe des W. oder als „Inhaber“ desselben im Sinne der §§ 5, 11 des WStG. anzusehen und unterliegt daher nicht den Strafbestimmungen §§ 5—13 dieses Ges. RGE. 16. April 85. Entsch. i. Strafs. 12 145.

In den Entscheidungsgründen wird ausgeführt: Als Inhaber des W. im Sinne des WStG. erscheine nicht jede Person, welche den W. in ihrem Besitz hat, sondern nur derjenige, der nach § 6 des Ges. als Teilnehmer an dem Umlaufe eines W. anzusehen ist. Der Umstand, daß jemand einen W. für eigene oder fremde Rechnung zur Zahlung präsentiert oder mangels Zahlung Protest erheben läßt, könne nach § 6 a. a. O. allerdings genügen, um diese Person als Teilnehmer am Umlaufe des W. erscheinen zu lassen; allein dies sei nur dann der Fall, wenn diese Person, obgleich für fremde Rechnung, doch in eigenem Namen auftritt, bzw. die in § 6 vorgesehenen w.rechtlichen Handlungen vornimmt usw. Die Eigenschaft als Inhaber des W. im Sinne der §§ 7, 12 des Ges. komme ihm nur dann zu, wenn er in eigenem Namen eine der im § 6 vorgesehenen w.rechtlichen Handlungen vornimmt, insbesondere, wenn er nicht durch einfache Vollmacht, sondern durch ein diese enthaltendes Inkassoindossament in den Besitz des W. gelangt ist und in seiner Eigenschaft als Indossatar den W. zur Zahlung vorgelegt usw. Vgl. Anm. 4 bei § 12 d. G.

7. Wegen der an einem W. etwa begangenen Steuerkontravention kann ein Strafverfahren gegen die den W.protest von Amts wegen veranlassenden Postbeamten nicht eingeleitet werden. Zirk.-E. des FM. 27. Juli 75 III 10266.

8. Alle W., vermittelst deren fremde Post-

und Telegraphenverwaltungen die diesseitigen Guthaben aus den Generalabrechnungen berichtigen, müssen, soweit dieselben nach den Bestimmungen des Stempelgesetzes stempelpflichtig sind, mithin auch solche, bei denen nur der Fiskus an dem Umlaufe beteiligt ist, mit dem gesetzlichen W.stempelbetrage durch Verwendung der entsprechenden Stempelmarken versteuert werden. Soweit die solchergestalt entrichteten W.stempelbeträge von den Interessenten nicht eingezogen werden können, sind sie bei den Fonds der Telegraphenverwaltung zu verausgaben. Verf. des Präs. des Staatsministeriums v. 5. Dez. 67 an die Telegraphendirektion in Berlin, mitgeteilt durch FME. vom 22. dess. M. BB. 68 89.

§ 7. Die Entrichtung der Stempelabgabe (§ 3 Abs. 1) muß erfolgen, ehe ein inländischer Wechsel von dem Aussteller, ein ausländischer Wechsel von dem ersten inländischen Inhaber (§ 6) aus den Händen gegeben wird.[1])

Die Entrichtung der weiteren Abgabe (§ 3 Abs. 2) muß innerhalb der ersten drei Tage des Zeitraums erfolgen, für den sie zu zahlen ist, und wenn sich der Wechsel zu dieser Zeit im Auslande befunden hat, innerhalb der ersten drei Tage nach der Einbringung des Wechsels ins Inland. Die Entrichtung liegt dem Inhaber des Wechsels ob.

Ist der Wechsel von dem nach Abs. 1 Steuerpflichtigen bis zu dem im Abs. 2 bezeichneten Zeitpunkte nicht aus den Händen gegeben, so ist die

[1]) Vgl. Anh. Anm. 1 Ziff. 6.

Stempelabgabe gleichzeitig mit der weiteren Abgabe zu entrichten.

Es ist zulässig, die weitere Abgabe für einen längeren als den neunmonatigen oder sechsmonatigen Zeitraum sowie die gesamte auf die Zeit bis zum Verfalltag entfallende Stempelabgabe im voraus zu entrichten.

1. Unter Umständen ist die ursprüngliche Stempelabgabe zu der Zeit noch nicht fällig, zu der die weitere Stempelpflicht eingetreten ist. Das ist der Fall, wenn ein im Ausland ausgestellter W. von dem ersten inländischen Inhaber zu einer Zeit, in der der W. bereits länger als drei Monate läuft, noch nicht aus den Händen gegeben ist. Es erscheint in diesem Falle notwendig und gerechtfertigt, daß die Stempelabgabe zugleich mit der weiteren Abgabe entrichtet wird. Dies muß alsdann allerdings auch im Falle des § 7 Abs. 1 des Gesetzes gelten, d. h. die Vergünstigung, den W. zur Einholung des Akzepts unversteuert zu versenden, fällt weg, wenn der W. zur Zeit der Akzepteinholung bereits länger als drei Monate läuft. Doch werden derartige an sich seltene Fälle eine besondere Berücksichtigung nicht verdienen. Begr. S. 7 (09II).

2. Es ist nicht notwendig, daß die Verwendung der Stempelmarke zu dem zu versteuernden W. durch die Hand des steuerpflichtigen W.inhabers selbst vollzogen werden müßte. Wird zwecks Vornahme der zur Markenverwendung erforderlichen Manipulationen ein W. vom Aussteller einem anderen zeitweilig anvertraut, so ist das kein „Aus-den-Händen-Geben“ i. S. des § 7. Mit letzterem Ausdruck hat das Gesetz nur ein solches Aushändigen treffen wollen, welches dazu dient, den Wechsel „in Umlauf zu

bringen" oder sonst „Geschäfte damit zu machen", überhaupt also einen wechselrechtlich oder außerwechselrechtlich (§ 6 d. G.) bedeutsamen Akt vorzunehmen. Ein Aushändigen in diesem Sinne liegt aber in einem Hingeben des W. an einen anderen, welches nach der beiderseitigen Willensmeinung ausschließlich zu dem Zweck erfolgt, damit der andere an Stelle des Hingebenden die Verwendung der Stempelmarke ausführe und sodann den gestempelten W. zurückgebe, offensichtlich nicht vor. Daran würde unter der angegebenen Voraussetzung auch nichts geändert erscheinen, wenn der andere identisch wäre mit dem künftigen Remittenten des W. Vorliegend war der andere ein Kassenbeamter des Vereins, dem der W. gegen Empfang eines Darlehns zur Sicherheit übergeben werden sollte. RGE. 7. Okt. 98. Entsch. in StrS. 31 274.

8. Vom Standpunkte der Steuerverwaltung kann die Art und Weise, in welcher die Gesellschaft die Versteuerung der Sicherheitsw. ihrer Aktionäre nach der Versicherung der Direktion bewirkt, für zulässig erachtet werden. Es läßt sich anerkennen, daß dem Remittenten (hier der Gesellschaft) das Recht zusteht, den gesetzlichen Stempel schon zu den vom Aussteller noch nicht unterschriebenen Formularen zu entrichten und zu diesem Behufe die von ihm — dem Remittenten — aufgeklebten Marken mit seinem eigenen Namen, oder unter seiner eigenen Firma, im voraus vorschriftsmäßig zu kassieren. Dagegen ist aber nicht außer acht zu lassen, daß aus der Gleichheit der Daten des Kassationsvermerks in den Marken einerseits und der Ausstellung, beziehungsweise der Unterschrift des W.ausstellers anderseits, für den letzteren insofern leicht Weiterungen entstehen können, als nicht mehr erhellt, ob die vom Remittenten mit seinem Namen usw. versehene und kassierte Marke sich bereits vor der Unterschrift des Ausstellers auf dem Formular des W. befunden hat, oder ob der Remittent die Kassation der Marken erst nach der Unterschrift des Ausstellers und

weil der letztere seiner eigenen gesetzlichen Verpflichtung nicht nachgekommen war, bewirkt hatte. Die Gerichte werden vielfach die Überzeugung nicht gewinnen, daß die auf den W. befindlichen Marken vor der Unterschrift des Ausstellers aufgeklebt worden, wenn der Kassationsvermerk — was bezüglich der hier am Orte ausgestellten W. die Regel bildet — dasselbe Datum trägt wie der W. selbst. Es bleibt der Erwägung der Direktion überlassen, ob es angängig sein mag, den Hergang der Versteuerung in allen Fällen durch die Daten, resp. der Kassation der Marken und der Ausstellung der W. auch äußerlich erkennbar zu machen. FME. 29. April 75 III 5846.

4. Der Inhaber eines W., zu welchem nicht in vorschriftsmäßiger Weise die erforderlichen Stempelmarken verwendet sind, verwirkt die Stempelstrafe, wenn er denselben in dem gedachten Zustande bei Gericht einreicht. OTE. 18. Juni 73. OR. 14 444. — Vgl. Anm. 3 zu § 12 d. G.

5. Nach der tatsächlichen Feststellung des Berufungsrichters hat der Angeklagte als Prokurist der Firma N. N. ein mit dem Datum des 9. Okt. 91, der W.summe von 4343 Mk. und dem Tage der Fälligkeit dem 10. Jan. 02 versehenes W.blankett, nachdem der Zimmermeister X. sein Akzept darauf gesetzt hatte, nach Ergänzung des Vordrucks „an die Order" durch die Worte „von mir selbst" als Aussteller mit der Unterschrift „pp. N. N." versehen und diesen W. einige Tage vor der Fälligkeit dem Akzeptanten gegen Akzeptation eines neuen Prolongationswechsels zurückgegeben. Auch X. hat den W. nicht mit der vorgeschriebenen Stempelmarke versehen.

Mit Recht ist der Angeklagte auf Grund dieser tatsächlichen Feststellung wegen W.stempelhinterziehung zu der im § 18 des WStG. angedrohten Strafe verurteilt. Als Aussteller des W. war der Angeklagte nach §§ 5 und 6 a. a. O. und insbesondere nach § 7 zur Entrichtung der Stempelabgabe verpflichtet, ehe er den W. aus den Händen gab. Zwar war nach §§ 8 und 12 zunächst der Akzeptant X. zur Besteuerung verpflichtet. Da dieser aber der Verpflichtung nicht nachkam, so ging nach § 12 a. a. O. die Verpflichtung auf den Angeklagten als Aussteller über. Der Umstand, daß der W., als ihn X. aus den Händen gab, noch kein vollständiger war, indem ihm die Unterschrift des Ausstellers fehlte, befreite X. nach § 19 d. G. nicht von der Stempelpflicht, denn für diese Pflicht ist der schließlich vollständige W. maßgebend. Auch ist dem Berufungsrichter darin beizutreten, daß der Angeklagte durch die Rückgabe des W. an den Akzeptanten gegen einen neuen von X. akzeptierten Prolongationsw. denselben im Sinne des W.stempelgesetzes „aus den Händen gegeben" hat. Die Rückgabe war die Folge eines neuen Rechtsgeschäfts, nach dem gegen die Aushändigung des früheren W. ein Prolongationsw. als Grundlage des jetzigen Schuldverhältnisses akzeptiert wurde, und damit war der Umlauf des alten W. beendet und der äußerste Zeitpunkt für die Versteuerung durch den Angeklagten gegeben (vgl. RGE. v. 20. Sept. 86, OR. 8 545). Erk. des Kammerger. v. 23. März 96. — Vgl. Anm. 6 zu § 19 d. G.

§ 8. Dem Aussteller eines inländischen Wechsels und dem ersten inländischen Inhaber eines ausländischen Wechsels ist vorbehaltlich der Vorschriften des § 7 Abs. 2, 3 gestattet, den mit einem inländischen Indossamente noch nicht versehenen Wechsel vor Entrichtung der Stempelabgabe lediglich zum Zwecke der Annahme zu versenden und zur Annahme zu präsentieren.[1]) Der Akzeptant

---

[1]) Vgl. Anh. Anm. 1 Ziff. 7 litt. a.

eines unversteuerten Wechsels ist verpflichtet, vor der Rückgabe oder jeder anderweiten Aushändigung des Wechsels die Versteuerung desselben zu bewirken.[1])

Wird jedoch ein nicht zum Umlauf im Inlande bestimmtes Exemplar eines in mehreren Exemplaren ausgefertigten Wechsels zur Einholung des Akzepts benutzt, so bleibt der Akzeptant von der Verpflichtung zur Versteuerung befreit, wenn die Rückseite des akzeptierten Exemplars vor der Rückgabe dergestalt durchkreuzt wird, daß dadurch die weitere Benutzung desselben zum Indossieren ausgeschlossen wird.

1. Derjenige, welcher einen von ihm akzeptierten W. aus den Händen gibt, bevor die Stempelverwendung in vorgeschriebener Weise stattgefunden, verwirkt die Strafe. OTE. 11. Dez. 72 OR. 13 650.

2. Der Akzeptant verwirkt auch dann die W.stempelstrafe, wenn er bei Übersendung des W. an den Aussteller die Stempelmarke zur Verwendung beifügt. OLG. Dresden v. 26. Juli 06. GA. 54 320.

3. Wer ein bis auf die Unterschrift des Ausstellers ausgefülltes W.blankett mit seinem Annahmevermerk versieht und ungestempelt aus der Hand gibt, verwirkt auch dann die Strafe, wenn der Aussteller den Stempel bei Bestätigung seiner Unterschrift als Aussteller verwendet. Der Bevollmächtigte ist als Zeichner des Blankoakzepts strafrechtlich verantwortlich. RGE. 31. Jan. 03. Entsch. 37 374 Spruchs. der DJZ. 06 186.

---

[1]) Vgl. Anh. Anm. 1 Ziff 7 litt. b.

4. Die vom Aussteller und Indossanten bewirkte Bestempelung eines ohne Stempel vom Akzeptanten zurückgegebenen W. auf den Namen des letzteren ist wirkungslos. OTE. 28. Febr. 79. OR. 20 117.

5. Zwischen Akzeptanten und Trassanten war vereinbart, daß der vom Trassanten noch nicht unterschriebene W. vom Trassanten erst nach dem Versprechen des Vorschußvereins, ihn zu diskontieren, versteuert und dann unterschrieben werden sollte. Es hat demgemäß Trassant, nachdem ihm der Vorschußverein Zahlung versprochen, die Stempelmarke auf den W. kleben lassen und dann den W. als Aussteller unterschrieben und an den Vorschußverein begeben.

Hiermit war gegen die Vorschrift des § 8 Abs. 1 Satz 2 WStG. gehandelt, denn die hier ausgesprochene Verpflichtung trifft im Hinblick auf § 19 den Akzeptanten eines unvollständigen W. ebenso wie den eines vollständigen. Der Akzeptant war hiernach verpflichtet, die Versteuerung des Akzepts zu bewirken, bevor er dasselbe an den Trassanten aushändigte. RGE. 9 Juni 03.

6. In der Übergabe eines W. an den Gerichtsvollzieher behufs Präsentation und Protesterhebung mangels Annahme des W. ist nicht ein „Aus-den-Händen-Geben des W." im Sinne des § 8 des WStG. zu finden.

Die Protesterhebung ist kein „Aus-den-Händen-Geben" des W. im Sinne einer der Präsentation zur Annahme selbständig gegenüberstehenden materiellen Verfügung über den W. Im § 18 der WO., wo der W.-inhaber für berechtigt erklärt wird, den W. dem Bezogenen sofort zur Annahme zu präsentieren und in Ermangelung der Annahme Protest erheben zu lassen, erscheint die Protesterhebung lediglich als ein Teil des Präsentationsaktes, wie denn der Protest selbst nur einen nach den Vorschriften des § 88 der WO. hergestellten formellen

Beweis über die erfolglose Präsentation zur Annahme darstellt. Wenn daher der angeführte § 8 in Ausnahme von der Regel des § 7, wonach die Entrichtung der Stempelabgabe erfolgen muß, ehe der W. aus den Händen gegeben wird, dem Aussteller gestattet, den W. vor Entrichtung der Stempelabgabe lediglich zum Zwecke der Annahme zu versenden und zur Annahme zu präsentieren, so ist damit von selbst auch gestattet, bei Versendung eines W. zum Zwecke der Annahme mit dem Auftrage, ihn zur Annahme zu präsentieren, den weiteren Auftrag zu verbinden, im Falle der Nichtannahme den Beweis der erfolglos vorgenommenen Präsentation zur Annahme durch Aufnahme einer Protesturkunde herzustellen. RGE. 9. Dez. 86. — Vgl. Anm. 5 und 6 bei § 6 d. G.

7. In einem Spezialfalle, in welchem die Prima eines vom Auslande auf das Inland gezogenen, im Auslande domizilierten W. dem Bezogenen durch einen Korrespondenten, nicht durch einen Indossatar, vorgelegt und dieselbe sodann von dem Bezogenen angenommen und nach Durchkreuzung der Rückseite unversteuert zurückgegeben wurde, war zweifelhaft geworden, ob dies Verfahren zulässig sei. Der Bundesrat hat in seiner Sitzung vom 13. Okt. 1875 (§ 338 der Protokolle) sich mit der von dem Ausschusse vorgetragenen Ansicht dahin einverstanden erklärt, daß derartige, vom Ausland auf das Inland gezogene, im Auslande domizilierte W., nach erfolgtem Akzepte, auch wenn ein Umlauf derselben im Inlande nicht stattfindet, nach § 8 des WStG. der Stempelsteuer unterliegen. FME. 3. Nov. 75. ZBl. S. 21 v. J. 76

8. A. hat „als Generalbevollmächtigter" seiner Ehefrau, der Inhaberin der Firma B., in deren Kontor ein W.formular über 800 Mk. ausfüllen und dabei die genannte Firma als Gezogene bezeichnen lassen. Darauf hat er das Formular mit dem Akzeptvermerk versehen.

Zwei Tage später hat sich ein Gläubiger der Firma, dessen Forderung durch den W. beglichen werden sollte, das Papier geholt; er setzte seine Unterschrift als Aussteller darunter und klebte noch an demselben Tage, „wie ihn der Angeklagte schon früher ersucht hatte, die Stempelmarke auf den W." Das RG. hat im Erk. v. 31. Jan. 05, Entsch. in StrS. **37** 374 ausgeführt, daß der Angeklagte gegen § 18 Abs. 2 WStG. verstoßen hat, weil er ein nicht ausgefülltes W.formular mit seinem Annahmevermerk versehen und danach ungestempelt aus den Händen gegeben hat, obwohl der Aussteller den Stempel bei der Vollziehung seiner Unterschrift verwendet hat. Nach § 19 WStG. kann sich der Angeklagte auf die Mangelhaftigkeit des W. zur Zeit der Annahmeerklärung bzw. der Aushändigung nicht berufen. Der § 8 Abs. 1 Satz 2 WStG. greift auch im vorliegenden Falle Platz. Der Begriff der Aushändigung ist damit erfüllt, daß die Abholung des W. jedenfalls dem Willen des Angeklagten entsprechend erfolgt ist, gleichviel ob er das Blankett dem Gläubiger der Firma persönlich übergeben hat oder nicht.

§ 9. Wird derselbe Wechsel in mehreren, im Kontext als Prima, Sekunda, Tertia usw. bezeichneten Exemplaren ausgefertigt, so ist unter diesen dasjenige zu versteuern, welches zum Umlaufe bestimmt ist.[1])

§ 10. Außerdem unterliegt der Versteuerung jedes Exemplar, auf welches eine Wechselerklärung[2]) — mit Ausnahme des Akzepts und der Notadressen — gesetzt ist, die nicht auf einem nach Vorschrift

---

[1]) Vgl. Anh. Anm. 1 Ziff. 9 Abs. 1.

[2]) Vgl. Anh. Anm. 1 Ziff. 9 litt. a.

dieses Gesetzes versteuerten Exemplare sich befindet.[1]) Die Versteuerung muß erfolgen, ehe das betreffende Exemplar von dem Aussteller der die Stempelpflichtigkeit begründenden Wechselerklärung, oder, wenn letztere im Ausland abgegeben ist, von dem ersten inländischen Inhaber aus den Händen gegeben wird.

Soll ein unversteuertes Wechselduplikat ohne Auslieferung eines versteuerten Exemplars desselben Wechsels bezahlt oder mangels Zahlung protestiert werden, so ist die Versteuerung desselben zu bewirken, ehe die Zahlung oder Protestaufnahme stattfindet.[2])

Der Beweis des Vorhandenseins eines versteuerten Wechselduplikats oder des Einwandes, daß die auf ein unversteuertes Exemplar gesetzte Wechselerklärung auf einem versteuerten Duplikat abgegeben sei, oder daß bei Bezahlung eines unversteuerten Duplikats auch ein versteuertes Exemplar ausgeliefert sei, liegt demjenigen ob, welcher wegen unterlassener Versteuerung eines Wechselexemplars in Anspruch genommen wird.

§ 11. Die Bestimmungen im § 10 finden gleichmäßig auf Wechselabschriften Anwendung, welche mit einem Original-Indossament oder mit einer anderen urschriftlichen Wechselerklärung versehen

---

[1]) Vgl. Anh. Anm. 1 Ziff. 9 litt. a und Abs. 2.
[2]) Vgl. Anh. Anm. 1 Ziff. 9 litt. b.

sind. Jede solche Abschrift wird hinsichtlich der Besteuerung einem Duplikate desselben Wechsels gleichgeachtet.

§ 12. Ist die in den §§ 7 bis 11 vorgeschriebene Versteuerung eines Wechsels, eines Wechselduplikats oder einer Wechselabschrift unterlassen, so ist der nächste, und, solange die Versteuerung nicht bewirkt ist, auch jeder fernere inländische Inhaber verpflichtet, den Wechsel zu versteuern, ehe er denselben auf der Vorder- oder Rückseite unterzeichnet, veräußert, verpfändet, zur Zahlung präsentiert, Zahlung darauf empfängt oder leistet, eine Quittung darauf setzt, mangels Zahlung Protest erheben läßt oder den Wechsel aus den Händen gibt.[1]) Auf die von den Vordermännern verwirkten Strafen hat die Entrichtung der Abgabe durch einen späteren Inhaber keinen Einfluß.

Ist eine nach den Vorschriften dieses Gesetzes bestehende Stempelpflicht aus dem Wechsel selbst nicht zu ersehen, so besteht die im Abs. 1 bestehende Verpflichtung nur, wenn die Umstände, welche die Stempelpflicht überhaupt oder in einem höheren Umfange begründen, dem ferneren Inhaber bekannt oder infolge grober Fahrlässigkeit unbekannt sind.

---

[1]) Vgl. Anh. Anm. 1 Ziff. 8 und Ziff. 6.

1. Daß eine Stempelpflicht besteht, ist für die Nachmänner nicht unter allen Umständen aus dem W. zu ersehen. In Ansehung der weiteren Stempelpflicht ist z. B. der Fall denkbar, daß derjenige, dem ein unvollständiger W. ohne Ausstellungstag mit der Ermächtigung, den W. zu vervollständigen, übergeben worden ist, im sechsten Monat seit der Uebergabe als Ausstellungstag den Tag, an dem er die Vervollständigung vornimmt, einsetzt und den W. alsdann weitergibt. Sein Nachmann kann dann nicht ersehen, daß der W. schon fünf Monate gelaufen ist. Es empfiehlt sich, im Gesetz ausdrücklich zu bestimmen, daß in solchen Fällen die Nachmänner von der Stempelpflicht nicht weiter betroffen werden, als sie für sie erkenntlich oder von ihnen gekannt war. Begr. S. 8 (09 II).

2. Erk. d. OT. 13. Juni 78. JMBl. S. 133: a) Der Erwerber eines ungestempelten W. ist zwar nach §§ 5 und 5 des WStG. als Teilnehmer an dem Umlaufe desselben ohne weiteres für den Stempel mit verhaftet, unterliegt aber einer Strafe wegen der unterlassenen Stempelung nicht eher, als bis er seinerseits eine der im § 12 bezeichneten Verfügungen in betreff des W. vornimmt.

b) Im Sinne dieses § 12 ist unter einer auf den W. geleisteten Zahlung eine auf die W.schuld, also seitens eines W.schuldners oder für denselben geleistete Zahlung, nicht aber eine die w.mäßige Verpflichtung gar nicht berührende Zahlung der Valuta von seiten des Indossatars an den Indossanten zu verstehen.

3. Wenn der Aussteller eines ihm vom Akzeptanten unversteuert zurückgegebenen W. im Verlaufe eines zwischen ihm und dem Akzeptanten entstandenen Rechtsstreits zum Beweise einer Behauptung den W. dem Prozeßgericht als Beweismittel vorlegt, so ist darin ein „Aus-

den-Händen-Geben" des W. nicht zu erblicken. Denn hierunter ist nicht jeder mechanische Aushändigungsakt, sondern ein solcher zu verstehen, welcher einen Teil des W.umlaufs bildet. (Vgl. Meves, G. über Wechselstempelsteuer 24 Note 2.)

Dagegen ist die Versteuerungspflicht in dem Zeitpunkte eingetreten, als noch vor der Fälligkeit des W. der Akzeptant dem Aussteller ein Paar Pferde verkaufte und dabei ausdrücklich vereinbarte, daß die W.forderung in voller Höhe gegen den Kaufpreis aufgerechnet, ersterer also für getilgt gelten solle. Das Gesetz erwähnt zwar diesen Fall der Realisierung unter den § 12 aufgezählten Fällen ausdrücklich nicht, sondern bezeichnet u. a. die Versteuerungspflicht in der Person des späteren Inhabers als eingetreten: wenn er Zahlung auf den W. empfängt. Indessen erscheint es nicht geboten, unter der hier erwähnten „Zahlung" lediglich Barzahlung zu verstehen, vielmehr fällt darunter auch die Deckung des W. in anderer Form, mithin auch durch Aufrechnung der W.forderung mit einer Gegenforderung des W.schuldners, zumal dadurch beide Forderungen, soweit sich deren Betrag gleichkommt, erlöschen. Urteil des Oberlandesgerichts Dresden vom 27. Febr. 96. GA. **44** 282. — Vgl. Anm. 4 zu § 7 d. G.

4. Der Angeklagte hatte als Remittent eines W. letzteren dem Rechtsanwalt N. unversteuert ausgehändigt, damit dieser seine Rechte aus dem W. bei der Einziehung wahrnehme. Das Kammergericht hat als Revisionsinstanz in der Hingabe des W. seitens des W.gebers an seinen Bevollmächtigten, zumal dieses nach den Feststellungen des Vorderrichters nicht mit dem Auftrage erfolgt ist, vorerst die W.stempelung zu bewirken, obwohl der Rechtsanwalt letztere tatsächlich vorgenommen hat, ein „Aus-den-Händen-Geben" im Sinne des § 12 des WStG. erblickt. Urteil vom 15. Okt. 94. — Vgl. Anm. 6 bei § 6 d. G.

5. Das Reichsgericht hat in einem Urteil vom 28. Jan./4. Febr. 97 (ZBl. S. 83) ausgesprochen:

a) Die beim Erwerb von W. als Valuta gezahlten Beträge sind nicht Zahlungen auf die eigentliche W.schuld, also nicht Zahlungen auf die W. im Sinne des § 12 WStG.

b) Ein „Aus-den-Händen-Geben" der W. im Sinne des § 12 des WStG. liegt auch dann vor, wenn die W. in zerschnittenem und daher nicht mehr umlaufsfähigem Zustand an den W.verpflichteten zurückgegeben werden.

6. Erk. des RG. 20. Sept. 86. Entsch. i. Straff. 14:

a) Die Aufdrückung des Firmenstempels auf die Vorderseite eines vom Schuldner erhaltenen Solaw. ist, wenn ihr sonst eine für den Umlauf des W. rechtliche Bedeutung nicht zukommt, als eine „Unterzeichnung" im Sinne des § 12 des WStG. nicht aufzufassen.

b) Dagegen liegt ein „Aus-den-Händen-Geben" im Sinne dieser Gesetzesstelle vor, wenn der W.inhaber den nicht in Umlauf gesetzten Solaw. an den Aussteller infolge weiterer Rechtsvereinbarung zurückgibt.

c) Bei einem von einer Firma erworbenen W. ist für die Erfüllung der Stempelpflicht stets der Firmeninhaber strafrechtlich verantwortlich, ohne Rücksicht darauf, ob er an der fraglichen Unterlassungshandlung persönlich beteiligt oder hieran verhindert war.

7. Ein bloßes Vorzeigen gilt nicht als ein „Aus-den-Händen-Geben" im Sinne der §§ 7 u. 12 des Gesetzes. RGE. 11. Dez. 02. ZBl. S. 106 von 03. Entsch. in Straff. **36** 33.

Mit den Worten „aus den Händen geben" hat das Gesetz in den §§ 7 u. 12 ein Aushändigen treffen wollen, welches dazu dient, den W. in Umlauf zu bringen oder sonst Geschäfte damit zu machen, überhaupt also einen wechselrechtlich oder außerwechselrechtlich bedeutsamen Akt vorzunehmen, der den Zweck hat, die Realisierung des W.anspruchs herbeizuführen. Gleichgültig ist dabei, ob der Akt unter die im § 6 d. G. aufgezählten Handlungen fällt oder nicht. Die Worte „oder aus den Händen gibt" in § 12 sind nicht bloß auf diejenigen Handlungen zu beziehen, welche § 6 aufzählt.

Würden die W. dem Konkursverwalter nur vorgezeigt sein, so läge hierin weder ein „Zur-Zahlung-Präsentieren" noch ein „Aus-den-Händen-Geben". Würden sie ihm dagegen ausgefolgt, zeitweilig überlassen zu dem Zweck, ihm die Prüfung der Echtheit usw. behufs Anerkennung entweder der W. selbst oder der Kontokorrentforderung der Witwe K. zu ermöglichen, so würde hierin allerdings ein „Aus-den-Händen-Geben" ebenso anzunehmen sein, als wenn die W. zu den Konkursakten eingereicht worden wären.

§ 13. Ein zur Annahme versandtes Wechselexemplar darf vom Verwahrer gegen Vorlegung eines nicht versteuerten Exemplars oder einer nicht versteuerten Abschrift desselben Wechsels unversteuert nur ausgeliefert werden, wenn dieses unversteuerte Exemplar oder diese unversteuerte Abschrift zuvor auf der Rückseite dergestalt durchkreuzt ist, daß dadurch die Benutzung zum Indossieren ausgeschlossen wird. Ist dies nicht der Fall, so haftet der Verwahrer, der das mit dem Annahmevermerke versehene Exemplar unversteuert ausliefert, für die Stempelabgabe und verfällt, wenn sie nicht rechtzeitig entrichtet wird, in die im § 18 bestimmte Strafe.[1])

---

[1]) Vgl. Anh. Anm. 1 Ziff. 8 Abs. 5.

Es kommt vor, daß von einem im Ausland in mehreren Exemplaren ausgefertigten W. das eine Exemplar einem Inländer übersandt wird mit dem Auftrag, gegen dessen Vorzeigung das im Inland ruhende akzeptierte Exemplar abzuheben und beide Exemplare gegen Vorlegung eines dritten Exemplars zur Verfügung zu halten. Alsdann ist der Inländer gezwungen, das ihm übersandte Exemplar zu stempeln, da der Verwahrer des Akzepts die Herausgabe des letzteren gegen ein ungestempeltes Exemplar verweigert, um sich nicht der im § 12 angedrohten Strafe auszusetzen. Der Inhaber des dritten Exemplars muß aber dieses für den Umlauf bestimmte Exemplar ebenfalls stempeln. Die vorgeschlagene Aenderung trägt Vorsorge, daß in diesem Falle die Stempelabgabe nicht doppelt entrichtet werden muß, was der Absicht des Gesetzes nicht entsprechen würde. Begr. S. 10 (09 I).

§ 14. Die Verpflichtung zur Entrichtung der Stempelabgabe wird erfüllt:

1. durch Ausstellung des Wechsels auf einem mit dem erforderlichen Wechselstempel versehenen Vordruck,

   oder

2. durch Verwendung der erforderlichen Wechselstempelmarke auf dem Wechsel, wenn hierbei die von dem Bundesrat erlassenen und bekannt gemachten Vorschriften über die Art und Weise der Verwendung beobachtet worden sind.

§ 15. Stempelmarken, welche nicht in der vorgeschriebenen Weise verwendet worden sind, werden als nicht verwendet angesehen.

A.B. zu §§ 14 und 15 des Gesetzes.

Art und Vertrieb der Stempelzeichen.

§ 3. Zum Zwecke der Entrichtung der Abgabe und der weiteren Abgabe werden Stempelmarken über 0,10; 0,20; 0,30; 0,40; 0,50; 1; 1,50; 2; 2,50; 3; 3,50; 4; 4,50; 5; 10; 15; 20; 25; 30 und 50 Mark, zur Entrichtung der Abgabe auch gestempelte Wechselvordrucke über 0,10 Mark ausgegeben. Die Verwendung aus solchen Vordrucken entfernter Stempelzeichen wird als eine Entrichtung der Abgabe oder der weiteren Abgabe nicht angesehen.

Die Marken haben die Form eines liegenden Rechtecks. Im Betrage von 0,10 bis 0,50 Mark sind sie in grüner, im Betrage von 1 bis 5 Mark in blauer Farbe hergestellt. In der linken oberen Ecke dieser Marken befindet sich ein Schild mit dem Reichsadler, von welchem sich nach rechts ein in zwei Enden auslaufendes Band mit der Inschrift „Deutscher Wechsel-Stempel" zieht. Die Marken im Betrage von 10 bis 50 Mark sind in grüner und roter Farbe hergestellt; sie sind mit dem Reichsadler und über dem letzteren sowie mehrfach am Rande mit der erwähnten Inschrift versehen. Außer der in schwarzer Farbe hergestellten Bezeichnung des Steuerbetrags und der entsprechenden Wechselsumme enthalten sämtliche Marken den Vordruck „den" zur Anbringung des Entwertungsvermerkes gleichfalls in schwarzer Farbe.

Die Wechselvordrucke tragen einen mit Verzierungen umgebenen Stempel in grüner Farbe, welcher, abgesehen von dem fehlenden Vordruck für den Entwertungsvermerk, dem Muster der Wechselstempelmarken entspricht.

§ 4. Der Vertrieb der Wechselstempelmarken und gestempelten Vordrucke erfolgt durch die Postanstalten. Wechselstempelmarken zum Werte von 10, 20 und 30 Pfennig werden bei allen Postämtern und bei denjenigen sonstigen Poststellen, bei welchen sich ein Bedürfnis hierfür herausstellt, verkauft. Die Verkaufsstellen für Wechselstempelmarken von höherem Werte und für gestempelte Vordrucke werden nach den örtlichen Verhältnissen bestimmt und zur öffentlichen Kenntnis gebracht.

Entwertung der Marken.

§ 5. Die Marken sind auf der Rückseite der Urkunde, und zwar, wenn diese noch unbeschrieben und mit Wertzeichen noch nicht beklebt ist, unmittelbar an einem Rande dieser Seite, anderenfalls unmittelbar unter dem letzten Vermerk (Indossament usw.) oder, sofern ein solcher nicht vorhanden ist, unmittelbar neben oder unter den bereits angebrachten Marken auf einer mit Buchstaben oder Ziffern nicht beschriebenen oder bedruckten Stelle aufzukleben.

Es ist gestattet, zur Entrichtung der Abgabe oder der weiteren Abgabe mehrere, zusammen den erforderlichen Betrag darstellende, Wechselstempelmarken zu verwenden. Ferner ist es zulässig, bei Ausstellung des Wechsels auf einem gestempelten Vordrucke den an dem vollen gesetzlichen Betrage der Abgabe etwa noch fehlenden Teil durch vorschriftsmässig auf der Rückseite zu verwendende Stempelmarken zu ergänzen.

Kommen zur Entrichtung der Abgabe oder der weiteren Abgabe mehrere Marken zur Verwendung, so sind sie an dem gewählten Rande zunächst nebeneinander aufzukleben; reicht der hierzu zur Verfügung stehende Raum nicht mehr aus, so sind die weiteren Marken unmittelbar unter den bereits angebrachten aufzukleben.

§ 6. In jeder einzelnen der aufgeklebten Marken muss Tag, Monat und Jahr der Verwendung der Marke auf dem Wechsel, und zwar der Tag und das Jahr mit arabischen Ziffern, der Monat mit Buchstaben mittels deutlicher Schriftzeichen ohne jede Auskratzung, Durchstreichung oder Überschreibung an der durch den Vordruck bezeichneten Stelle niedergeschrieben werden. Auch kann der Verwendungsvermerk auf der Marke ganz oder teilweise mittels der Schreibmaschine oder durch Stempelaufdruck hergestellt werden; in diesem Falle braucht der Vermerk nicht an der durch den Vordruck bezeichneten Stelle zu stehen.

Allgemein übliche und verständliche Abkürzungen der Monatsbezeichnung mit Buchstaben sowie die Weglassung der beiden ersten Zahlen der Jahresbezeichnung sind zulässig (z. B. 29. Oktbr. 09, 13. Sept. 13). Auch ist es gestattet, dem Verwendungsvermerke die Firma oder den Namen des Verwendenden ganz oder teilweise hinzuzufügen.

Bei Verwendung eines gestempelten Wechselvordrucks bedürfen nur die etwa aufgeklebten Ergänzungsmarken, nicht auch der eingedruckte Wertstempel der Entwertung.

§ 7. Das erste inländische Indossament, welches auf die Rückseite eines Wechsels gesetzt wird, oder der erste sonstige inländische Vermerk ist — abgesehen von dem Falle der Steuerentrichtung durch Verwendung eines den ganzen gesetzlich fälligen Betrag darstellenden Wechselvordrucks — unterhalb der zur Entrichtung der Abgabe oder der weiteren Abgabe entwerteten Wechselstempelmarke niederzuschreiben, widrigenfalls die letztere dem Niederschreiber dieses Indossaments oder Vermerkes und dessen Nachmännern gegenüber als nicht verwendet gilt. Es dürfen jedoch die Vermerke „ohne Protest", „ohne Kosten" neben der Marke niedergeschrieben werden.

Die Bestimmung des Abs. 1 Satz 1 findet keine Anwendung, wenn vom Ausland auf das Inland gezogene Wechsel, nachdem sie mit einer ordnungsmäßig verwendeten Wechselstempelmarke im gesetzlichen Betrage versehen worden waren, im Auslande weiterbegeben und die ausländischen Indossamente nicht unterhalb der deutschen Wechselstempelmarke niedergeschrieben worden sind.

Dem inländischen Inhaber, welcher aus Versehen sein Indossament auf den Wechsel gesetzt hat, bevor er eine Marke aufgeklebt hatte, ist gestattet, vor der Weitergabe des Wechsels unter Durchstreichung dieses Indossaments die erforderlichen Marken unter dem letzteren aufzukleben.

§ 8. Die Bestimmung des § 15 des Gesetzes, wonach nicht in der vorgeschriebenen Weise verwendete Stempelmarken als nicht verwendet anzusehen sind, soll nicht eine Doppelversteuerung zur Folge haben, sondern es soll dadurch nur der Tatbestand einer nach den §§ 18, 20 zu ahndenden Zuwiderhandlung festgestellt werden. Abgesehen von der etwa erforderlich werdenden Einleitung des Strafverfahrens bedarf es daher nur einer nachträglichen Entwertung der Stempelmarke durch Aufdruck des Amtsstempels der Steuerbehörde, falls der Wechsel vorliegt oder ohne weiteres zu erlangen ist. Dasselbe gilt für den Fall, daß die Marke an unrichtiger Stelle aufgeklebt ist. Die Beibringung neuer Stempelmarken ist nur dann zu fordern, wenn eine Entwertung überhaupt unterblieben und der Wechsel nicht ohne weiteres zu erlangen ist, oder wenn aus der unrichtigen Art der Entwertung der Stempelmarken, z. B. aus der unrichtigen Zeitangabe, die Möglichkeit sich ergibt, daß die Marken schon früher zu einem anderen Wechsel gebraucht worden sind. Doch steht es in jedem Falle der unrichtigen Entwertung einer Marke dem späteren Inhaber des Wechsels frei, um sich und seine Nachmänner vor den Folgen dieser Entwertung zu schützen, eine neue Marke vorschriftsmäßig zu verwenden.

1. Wenn der Kassierungsvermerk auf einer W.stempelmarke ein Mehr, als nach der Bekanntm. des Reichskanzlers v. 16. Juli 81 — jetzt AB. § 5 ff. zu § 15 d. G. — zur Entwertung der Marke erforderlich ist, insbesondere außer dem vorschriftsmäßig eingeschriebenen Datum die Anfangsbuchstaben des Wohnortes und des Namens bzw. der Firma des Kassierenden enthält, ist die Marke doch als gültig verwendet anzusehen, sofern nur die Deutlichkeit des Vermerkes und die Wertbezeichnung der Marke durch die unnötigen Zusätze nicht beeinträchtigt werden. FMC. 4. Nov. 81 III 14600.

2. Eine W.stempelmarke, welche nicht an der vorschriftsmäßigen Stelle aufgeklebt ist, gilt als nicht verwendet. OTC. 18. Sept. 71. OR. 12 442. So ist dem Erfordernisse der Stempelverwendung nicht genügt, wenn die Marke nicht unter, sondern über ein auf dem W. befindliches Blankogiro aufgeklebt wird. (S. AB. §§ 5 u. 7) OTC. 20. Nov. 74 OR. 15 805.

3. In einem Falle endete die Unterschrift, hinter welcher die Stempelmarke aufzukleben war, mit einem Schlußschwunge, der ziemlich senkrecht nach unten und etwas nach links sich wendet, so daß von dem linken Rande des W. noch ein breiter Raum frei blieb. Die Stempelmarke war auf dem Raume unterhalb des Schlußschwunges aufgeklebt. Das vom Angeklagten angefochtene Urteil nimmt an, daß diese Stempelmarke unmittelbar unter die Unterschrift und neben den Schlußschwung hätte geklebt werden sollen, und gelangt so zur Verurteilung des Angeklagten wegen W.stempelhinterziehung. Die Revision ist verworfen. Dem Schlußschwunge sei für die Frage, ob die Marke unmittelbar unter den Buchstaben der letzten Unterschrift oder erst unter dem Schlußschwunge anzubringen sei, eine entscheidende Bedeutung nur dann beizumessen, wenn der Schwung den Zwischenraum derartig decke, daß durch ihn zum mindesten die Anbringung eines weiteren Vermerks zwischen Unterschrift und Marke ausgeschlossen erscheine, falls die Marke erst unter dem Schlußschwunge angebracht wird. Lasse dagegen, wie hier, der Schlußschwung direkt unter den Buchstaben der Unterschrift so viel Raum frei, daß bequem noch andere Vermerke eingeschoben werden können, wenn die Marke erst unterhalb des Anlaufes des Schlußschwunges angebracht wird, so entspreche es dem Zwecke der Vorschrift, wenn die Vorinstanzen verlangen, daß die Marke ohne Rücksicht auf den seitlich sich herabziehenden Schlußschwung in dem direkt unterhalb der Buchstaben der letzten Unterschrift befindlichen freien Raum anzubringen sei. RGE. 3. Dez. 94. JW. 95 S. 99.

4. Wo bei Indossierung eines W. der Unterschrift des Indossaments das Dienstsiegel beigedrückt wird, scheint letzteres zur Unterschrift zu gehören und somit einen, wenn auch nicht gerade notwendigen, Bestandteil der W.erklärung zu bilden. Die W.erklärung

(der Vermerk) schließt daher erst mit dem Dienstsiegel und unter diesem dürften mithin auch erst die erforderlichen W.stempelmarken aufzukleben sein. Vfg. d. PStD. zu B. v. 4. Nov. 94.

5. Die Verwendung einer mit einem unrichtigen Datum versehenen Stempelmarke ist nicht als eine vorschriftsmäßige anzusehen. OTC. 18. Okt. 71. OR. **12** 515.

6. Mit der Aufschrift des Datums der Verwendung gilt die Stempelmarke als verwendet; eine demnächstige Ablösung vom W.formular, wenn dieses auch noch nicht ausgefüllt und durch Unterschrift zu einer Urkunde geworden ist, und Verwendung zu einem anderen ist nach § 276 StrGB. auch dann strafbar, wenn der fragliche W., von dem die Marke nach ihrer Verwendung abgelöst ist, nachher nicht in Umlauf gesetzt wird. Daß bei der weiteren nachmaligen Verwendung das niedergeschriebene Datum unverändert blieb, ist rechtlich belanglos. RG. 28. April 04. Entsch. in StrS. **37** 152.

7. Die Tatsache, daß ein W. mit der gesetzlichen Stempelmarke wirklich versehen ist, genügt nicht, um die Strafbarkeit späterer Teilnehmer an dessen Umlaufe auszuschließen, wenn derjenige, welcher die Marke verwendet hat, dies nicht in der vorgeschriebenen Weise getan hat. OTC. 20. Juni 77. ZB. S. 285. — Vgl. aber Anm. 2 zu § 18.

8. Den Inhaber eines W., zu welchem der erforderliche Stempel in nicht vorschriftsmäßiger Weise verwendet worden, macht es nicht straflos, wenn er bei Weitergebung des W. in Unkenntnis der bei der Stempelverwendung vorgekommenen Vorschriftswidrigkeiten handelte. OTC. 1. Okt. 75. OR. **16** 624. — Vgl. Anm. 2 u. 3 zu § 18 d. G.

§ 16. Der Anspruch auf Entrichtung des Wechselstempels verjährt in fünf Jahren.

Die Verjährung beginnt mit dem Schlusse des Jahres, in welchem der Wechsel fällig geworden ist.

Die Verjährung wird unterbrochen durch jede von der zuständigen Behörde zur Geltendmachung des Anspruchs gegen den Zahlungspflichtigen gerichtete Handlung. Wird die Verjährung unterbrochen, so beginnt eine neue Verjährung nicht vor dem Schlusse des Jahres, in welchem die Unterbrechung stattgefunden hat.

Die Unterbrechung der Verjährung wirkt nur gegen denjenigen, gegen welchen die Unterbrechungshandlung gerichtet worden ist.

Ist auf Grund des § 18 gegen eine der dort bezeichneten Personen ein Strafverfahren wegen Hinterziehung eingeleitet, so verjährt der Anspruch auf Entrichtung des Wechselstempels gegenüber dieser Person nicht früher als die Strafverfolgung.

Das Gesetz enthielt bisher keine Vorschrift über die Verjährung des Anspruchs auf Entrichtung des W.stempels. Der § 17 — jetzt 23 — bezieht sich nur auf die Verjährung der Strafverfolgung von W.stempelhinterziehungen. Die in den Bundesstaaten für die Verjährung der entsprechenden Landessteuern geltenden Vorschriften sind auf den Reichsstempel nicht anwendbar. Ebensowenig greifen die Vorschriften des BGB. über die Anspruchsverjährung Platz, da sie sich nicht auf Ansprüche des öffentlichen Rechts beziehen.

Welcher Tag, insbesondere bei Sichtw., als Verfalltag des W. anzusehen ist, ergibt sich aus den Vorschriften der WO.

Für die Uebergangszeit ist im § 30 Bestimmung getroffen. Begr. S. 10 (09I).

§ 17. In Beziehung auf die Verpflichtung zur Entrichtung des Wechselstempels ist der Rechtsweg zulässig. Die Vorschriften des § 94 des Reichsstempelgesetzes vom 15. Juli 1909 finden Anwendung.

A.B. zu § 17 und § 30 Abs. 2 des Gesetzes.

Abgabenerstattung.

§ 9. Die Klage wegen Zurückzahlung zu Unrecht entrichteten Wechselstempels ist gegen den Fiskus des Bundesstaats zu richten, von dessen Steuerbehörde die Abgabe oder die weitere Abgabe beigetrieben oder gegenüber dessen Steuerbehörde der Vorbehalt bei der Zahlung erklärt worden ist.

Zur Vertretung des Fiskus im Rechtsstreit ist, soweit landesgesetzlich nichts anderes bestimmt ist, die Steuerdirektivbehörde berufen.

1. In W.stempelsachen ist zurzeit der Rechtsweg nur zulässig, soweit er — was nur zum Teil zutrifft — nach den Landesgesetzen eröffnet ist. Ist die Beschreitung des Rechtswegs nach dem Landesrecht ausgeschlossen, so können die Beteiligten eine zweifelhafte Frage nur dadurch zur richterlichen Entscheidung bringen, daß sie sich einem Strafverfahren wegen W.stempelhinterziehung aussetzen. Begr. S. 11 (09I).

2. Nach § 70 des RStG. ist die Klage bei Verlust des Klagerechts binnen sechs Monaten nach erfolgter Bei-

treibung oder mit Vorbehalt geleisteter Zahlung zu erheben. Für die Berechnung der Frist sind die Bestimmungen der ZPO. maßgebend. Zuständig sind ohne Rücksicht auf den Wert des Streitgegenstandes die Landgerichte. Soweit bei denselben Kammern für Handelssachen bestehen, gehört der Rechtsstreit vor diese. Die Revision sowie die Beschwerde gegen Entscheidungen der Oberlandesgerichte geht an das Reichsgericht.

§ 18. Die Nichterfüllung der Verpflichtung zur Entrichtung der Stempelabgabe wird mit einer Geldstrafe bestraft, welche dem fünfzigfachen Betrage der hinterzogenen Abgabe[1]) gleichkommt.

Diese Strafe ist besonders und ganz zu entrichten von jedem, welcher der nach den §§ 5 bis 13 ihm obliegenden Verpflichtung zur Entrichtung der Stempelabgabe nicht rechtzeitig[2]) genügt hat, imgleichen von inländischen Maklern und Unterhändlern, welche wissentlich unversteuerte Wechsel verhandelt haben.

Kann der Betrag der hinterzogenen Abgabe nicht festgestellt werden, so tritt statt der vorstehend bestimmten Strafe eine Geldstrafe von fünfundzwanzig bis zu zehntausend Mark ein.

1. Der Tatbestand strafbarer W.steuerhinterziehung erfüllt sich lediglich durch die Tatsache der Nichtbeachtung der für die Entrichtung der Steuer gegebenen gesetzlichen Vorschriften, gleichviel ob solche Unterlassung eine bewußte, eine fahrlässige oder nicht

---

[1]) Vgl. Anh. Anm. 1 Ziff. 6 und Anm. 4 Abs. 1.
[2]) Vgl. Anh. Anm. 1 Ziff. 7.

fahrlässige ist. Auch die Kenntnis der Steuerpflicht gehört nicht zu diesem Tatbestande und es ist rechtlich gleichgültig, ob die Unkenntnis der Steuerpflicht auf verschuldetem oder unverschuldetem Irrtum beruht. RGE. 20. Nov. 82. Entsch. i. Straff. 7 240 u. RGE. 2./30. März 08. Entsch. **41** 235. Es ist rechtlich ohne Belang, wenn auch ein Dritter die Verstempelung des W. infolge irgendeiner Erklärung oder irgendeines Vertretungsverhältnisses übernommen haben sollte, sofern der Dritte das Aufkleben nicht vorschriftsmäßig besorgt hat. RGE. 23. April 03. JW. S. 358. Vgl. jetzt aber § 12 Abs. 2 u. § 20 d. G.

2. Auf einem von dem Bezogenen akzeptierten und dann von dem Aussteller in blanco indossierten W. hatte erst dessen Erwerber, bevor er selbst den W. mit Indossament weitergab, eine dem geschuldeten Steuersatz entsprechende Stempelmarke angebracht und durch Eintragung des Datums der Verwendung entwertet; er hatte aber die Marke nicht unterhalb des Blankoindossaments des Ausstellers, sondern über diesem am oberen Rande aufgeklebt, weshalb die Marke als nicht verwendet anzusehen war: Die späteren Erwerber des W. können deshalb nicht in Strafe genommen werden, weil sie unterlassen haben, ihrerseits eine neue Marke zu verwenden. RG. 2./30. März 08. HBl. S. 335. Entsch. **41** 231. Zur Strafbarkeit der Verfehlungen gegen das WStG. ist ein Verschulden nicht erforderlich (vgl. jetzt § 12 Abs. 2); der Teilnehmer am W.umlauf ist jedoch nicht für solche Verfehlungen seiner Vormänner verantwortlich, die nach der äußeren Erscheinung des W. nicht wahrnehmbar sind. Die Unterlassung der vorschriftsmäßigen Versteuerung muß äußerlich erkennbar sein.

3. Der Akzeptant eines mit der erforderlichen Stempelmarke versehenen W. haftet nicht dafür, daß die betreffende Marke eine bereits anderweitig verwendete war, sobald er von dieser Tatsache

keine Kenntnis hatte. Erk. des OT. 26. Okt. 75. OR. 16 690; Erk.-Gründe: der Appell.-Richter habe tatsächlich festgestellt, daß die Angeklagten aus der äußeren Erscheinung der zu dem fraglichen W. verwendeten Stempelmarken deren früheren Gebrauch und dadurch eingetretene Entwertung nicht hätten erkennen können und ihnen eine Fahrlässigkeit in dieser Beziehung nicht zur Last falle, sowie daß die Angeklagten das unter den vorliegenden Umständen ganz gerechtfertigte positive Bewußtsein von der bereits vollständig und richtig durch den Aussteller geschehenen Versteuerung des W. gehabt hätten; das WStG. schließe die Anwendung des bei allen strafbaren Handlungen geltenden § 59 des Strafgesetzbuches nicht aus; § 18 des ersteren sei daher nur von einer nach allgemein strafrechtlichen Prinzipien zu rechnenden Nichterfüllung der gesetzlichen Vorschriften zu verstehen, und der in der Rechtsprechung des Obertribunals stets festgehaltene Satz, daß bei Steuervergehen die Strafbarkeit weder durch die Absicht einer Steuerhinterziehung noch durch das Bewußtsein der Rechtswidrigkeit des Verhaltens bedingt sei, beziehe sich nicht auf solche Fälle, in welchen der Täter, ohne daß ihm eine Fahrlässigkeit zur Last falle, sich in Unkenntnis der Tatsachen, welche die Steuerpflicht begründen, befunden habe.

4. Durch die Vorlegung eines nicht vorschriftsmäßig versteuerten W. zum Zwecke der Diskontierung bei einem Bankhause wird noch keine W.stempelkontravention begangen; zu dem Tatbestande der letzteren ist vielmehr die Aushändigung des W. von seiten des Inhabers und die Besitzergreifung seitens des Bankhauses erforderlich. FME. 20. Dez. 90. III. 14090.

5. Das Reichsgericht hat im Urteil vom 25. April 99 — Entsch. in StrS. 32 130 — über die Pflicht zur Entrichtung der Stempelabgabe, wenn der auf das Ausland gezogene, nur im Ausland zahlbare

W. einen ausländischen Platz als Ort der Ausstellung angibt, tatsächlich aber im Inlande ausgestellt ist, und über die strafrechtliche Verantwortlichkeit des Abgabepflichtigen, der die zum gesetzlichen Tatbestande der Hinterziehung gehörenden Umstände nicht kennt, sich ausgelassen:

Der von M. in K. in Rußland angenommene, „K., den 18. Januar 1895" datierte, in K. zahlbare W. über 600 Mk. ist von den Akzeptanten mit ihrem Akzept versehen, aber unter Offenlassung des Raums für die Unterschrift des Trassanten an den Maschinenfabrikanten F. in C. gesandt, von diesem in C. als Trassant unterschrieben und giriert worden, dann im ferneren Umlauf auch an die Bergbaugewerkschaft in O. gelangt und vom Angeklagten als deren Direktor mittelst Indossaments weiter begeben worden, ohne daß ein deutscher W.stempel auf demselben verwendet worden war. Dem Angeklagten ist zugegeben, daß er der Meinung gewesen ist, der W. sei in K. in Rußland ausgestellt und als sogenannter Transitwechsel steuerfrei. Er ist trotzdem der Hinterziehung des W.stempels schuldig erklärt worden.

Zunächst ist, so führt das Revisionsgericht aus, die Ansicht fehlsam, daß dem Umstande ein Gewicht nicht beizulegen sei, an welchem Orte der W. vom Aussteller unterschrieben worden ist, und daß durch den Inhalt des W. die Annahme widerlegt werde, daß er vom Inlande aus gezogen sei. Das WStG. bestimmt in § 1 Abs. 2 Nr. 1, daß von der Stempelabgabe befreit bleiben die vom Auslande auf das Ausland gezogenen, nur im Auslande zahlbaren W., und statuiert damit eine Ausnahme von dem allgemeinen Grundsatze des Abs. 1, wonach gezogene und eigene W. im Gebiete des Deutschen Reichs einer Abgabe unterliegen. Es ist davon auszugehen, daß diese Befreiung von der Abgabepflicht nur für den Fall zugebilligt werden soll, daß der W. wirklich den dort aufgestellten Erfordernissen entspricht, also wirklich ein sogenannter transitierender W. ist, nicht aber schon dann, wenn nur fälschlich ein Ort im Auslande als Ausstellungsort genannt, die Ausstellung des W. aber tatsächlich im Inlande erfolgt ist. Die Annahme, daß lediglich der Inhalt des W.textes in dieser Richtung entscheidend sein solle, würde der Hinterziehung der Stempelabgabe bei im Inlande auf das Ausland gezogenen, im Auslande zahlbaren W., die im Inlande umlaufen, Tür und Tor öffnen.

Daraus, daß die Angabe des Ortes der Ausstellung ein wesentliches Erfordernis eines gezogenen W. ist, folgt nur, daß in dem W. ein Ausstellungsort angegeben sein muß, nicht, daß die falsche Angabe des Ausstellungsortes die formelle Gültigkeit des W. als solchen beeinträchtigt.

Der Berufungsrichter hat daher ohne Rechtsirrtum auf die erwiesene Tatsache, daß die Unterschrift des Ausstellers entgegen dem Inhalt des W.textes in C. erfolgt ist, Gewicht gelegt, danach die Eigenschaften desselben als Transitw. verneint und angenommen, daß der W. in Deutschland stempelpflichtig ist. — Vgl. Anm. 11 zu § 1.

§ 19. Der Akzeptant eines gezogenen und der Aussteller eines trockenen Wechsels können daraus, daß der Wechsel zur Zeit der Annahmeerklärung beziehungsweise der Aushändigung mangelhaft gewesen sei, keinen Einwand gegen die gesetzlichen Folgen der Nichtversteuerung desselben entnehmen.[1])

1. Mit der Bezeichnung „mangelhaft" soll der Fall der Unvollständigkeit des Wechsels, ein noch nicht voll-

[1]) Vgl. Anh. Anm. 1 Ziff. 7 litt. b.

ständig ausgefülltes W.formular, ein sog. Blankett getroffen werden. RGE. 9. Juni 03, ferner RGE. 31. Jan. 05. (Entsch. in StrS. **37** 377). — Vgl. Anm. 9 zu § 1 d. G.

2. Derjenige, welcher einen nicht vollständig ausgefüllten (vom Aussteller nicht unterschriebenen) W. akzeptiert, ist wegen unterlassener Stempelung nur in dem Falle strafbar, wenn demnächst durch vollständige Ausfüllung seiner wesentlichen Teile ein stempelpflichtiger W. wirklich entstanden ist. OTE. 10. Dez. 75. GA. **23** 563.

3. Dem W.stempel unterliegen allerdings nur diejenigen Urkunden, welche den in der WO. aufgeführten Erfordernissen eines W. entsprechen, und daher können Urkunden, welche die übrigen Erfordernisse eines trockenen W. erfüllen, in denen indessen der Tag der Ausstellung und der Name des Gläubigers noch nicht ausgefüllt sind, in diesem Zustand als steuerpflichtig nicht angesehen werden. (Vgl. jetzt § 2 d. G.) Im § 19 des WStG. ist indessen bestimmt, daß der Akzeptant eines gezogenen und der Aussteller eines trockenen W. daraus, daß der W. zur Zeit der Annahmeerklärung, beziehungsweise der Aushändigung, mangelhaft gewesen sei, keinen Einwand gegen die gesetzlichen Folgen der Nichtversteuerung desselben entnehmen können. Wird daher ein trockener W. von dem Aussteller in nicht völlig ausgefülltem Zustande demjenigen, an welchen nach dem W. gezahlt werden soll, ungestempelt übergeben, und von diesem demnächst die Ausfüllung bewirkt, so würde der Aussteller des W. die Strafe der W.stempelhinterziehung selbst dann verwirkt haben, wenn auch der Gläubiger bei Ausfüllung des W. gleichzeitig den gesetzlichen Stempel verwendet, denn den W.aussteller würde immer der Vorwurf treffen, das Schriftstück dem Gläubiger ausgehändigt zu haben, ohne daß es versteuert war, und er könnte sich nach § 19 nicht damit entschuldigen, daß zu der Zeit, wie er den W. aushändigte, dieser noch mangelhaft gewesen sei. Daß der § 19 des WStG. in dem angegebenen Sinne zu verstehen sei, ist in RGE. vom 30. Juni 87 (Entsch. in StrS. **16** 206) anerkannt worden. FME. v. 13. Juni 96 III 8329.

4. Die Bestimmung im § 19 WStG. ist nicht auf andere W.beteiligte, als darin genannt, insbesondere nicht auf diejenigen zu beziehen, die einen trockenen W. als Bürgen unterzeichnet haben. RGE. 11. Dez. 02. ZBl. S. 106 de 03. Entsch. in StrS. **36** 33. Aus den Urteilsgründen: Festgestelltermaßen haben C. H. und B. die W. „als Bürgen" unterschrieben zu einer Zeit, als die W. von dem Aussteller J. noch nicht unterschrieben gewesen sind. Vor Unterzeichnung des J. entfiel jede w.rechtliche Haftung der drei Mitunterzeichner, denn, solange die Unterschrift des Ausstellers fehlt, entsteht aus der Schrift keine w.rechtliche Verbindlichkeit und auch die auf eine solche Schrift gesetzte Erklärung „als Bürge" hat keine W.kraft.

Die Steuerpflicht ist nach § 6 d. G. an die Unterzeichnung einer W.erklärung geknüpft, d. h. einer Erklärung, durch welche eine w.mäßige Verbindlichkeit übernommen wird. Diese Voraussetzung wird nicht erfüllt durch schriftliche Erklärungen auf dem W., welche eine w.mäßige Verbindlichkeit zwar nach dem Willen der Erklärer enthalten sollen, eine solche wegen mangelnder w.rechtlicher Form jedoch nicht enthalten. Da nur die von C. H. und B. auf die W. vor der Unterzeichnung durch den Aussteller gesetzte Unterschrift für diese irdendwelche w.rechtliche Verbindlichkeit nicht erzeugte, bestand für sie keine Verpflichtung für Entrichtung der Abgabe. Die Bestimmung des § 19 steht dem nicht entgegen. Sie ist als Ausnahmevorschrift ausdrücklich auf den Akzeptanten eines gezogenen und den Aussteller eines trockenen W. beschränkt. Nur diese Personen sollen sich auf die Mangelhaftigkeit des W. nicht berufen können.

Auch das RGE. **10** 27 — unten Anm. 7 — trifft nur den Fall, wenn der Aussteller eines gezogenen W. die Blankette seinem Geschäftsführer zur Verwendung im Geschäfte gibt und ist auf andere anders gelagerte Fälle nicht auszudehnen; diese Entscheidung steht also mit obigem nicht in Widerspruch.

5. Wer ein nicht ausgefülltes W.formular mit seinem Akzept versieht und dann ungestempelt aus den Händen gibt, hat die Stempelstrafe auch dann verwirkt, wenn der Aussteller seinerseits bei der nachträglichen Vollziehung rechtzeitig den Stempel verwendet. RGE. 19. März 97. ZBl. S. 202. Entsch. in StrS. **30** 19.

Der Angeklagte hatte auf Ansuchen des Kaufmanns M. auf ein gedrucktes W.formular seinen Namen als Akzeptant niedergeschrieben und es ohne Stempelmarke und ohne über die einzurückende W.summe mit M. Vereinbarungen zu treffen, diesem zurückgegeben. M. trug am folgenden Tage 10 000 Mark als W.summe ein, füllte es auch im übrigen aus, unterschrieb als Aussteller und gab den so fertiggestellten W. dem Bankier H. in Zahlung. M., auf das Fehlen der Stempelmarke von H. aufmerksam gemacht, löste eine Marke im Betrage von 5 Mk. und übergab sie mit dem W. an H. Dieser kassierte die Marke und nahm den W., nachdem M. noch seinen Namen als Indossant unter die Marke gesetzt hatte, an sich.

Der fertiggestellte W. wird behandelt, als wäre bei Aushändigung des Blankoakzepts des W.formular bereits vollständig ausgefüllt gewesen; die Unterlassung der Besteuerung seitens des Blankoakzeptanten wird strafbar durch die Herstellung eines stempelpflichtigen W. Hierbei ist der Einwand des Angeklagten belanglos, daß er zur Verwendung des erforderlichen Stempels außerstande gewesen sei, weil er nicht gewußt habe, über welche Summe das W.formular habe ausgefüllt werden sollen.

6. Derjenige, der einen mit seinem Akzept versehenen, der Unterschrift des Ausstellers entbehrenden W. ungestempelt in das Ausland versendet, verwirkt die Stempelstrafe, wenn auch der im Ausland mit der Unterschrift des ausländischen Ausstellers versehene W. bei der Rückkehr in das Inland von dem ersten inländischen Inhaber vorschriftsmäßig versteuert ist.

Der Prokurist einer Firma, der als solcher ein W.akzept ausgestellt und ausgehändigt hat, wird durch den Umstand, daß er dies als Prokurist getan, von der strafrechtlichen Verantwortlichkeit nicht befreit, wenngleich der Geschäftsinhaber auch für die Zuwiderhandlungen von Prokuristen und sonstigen Geschäftsbevollmächtigten die strafrechtliche Verantwortlichkeit trägt. RGE. 22. Nov. 98. ZBl. **99** 82. Entsch. in StrS. **31** 336.

Der Prokurist der Firma A. in Berlin sandte an die Firma B. in Malaga das Formular eines gezogenen W., nachdem er dasselbe als Prokurist mit dem Annahmevermerk versehen und im übrigen bis auf die Unterschrift des Ausstellers vollständig ausgefüllt hatte. B. in Malaga fügte seine Unterschrift als Aussteller hinzu und girierte das W.formular und übersandte es an das Bankhaus D. in Berlin. D. ließ den W., nachdem er hinter dem ersten Indossament die W.stempelmarken entwertet hatte, bei der Firma A. protestieren.

Für unerheblich ist der Einwand des Angeklagten erachtet, daß das Akzept der Firma B. nur zur Sicherheit und mit der ausdrücklichen Abrede gegeben sei, daß der W. nicht ausgefüllt und benutzt, sondern der W.betrag um den Betrag der entstehenden Provisionsforderung des Akzeptanten gekürzt und das Akzept schließlich annulliert werden solle.

In subjektiver Beziehung erfordert der Tatbestand strafbarer W.stempelhinterziehungen weder eine auf Steuerhinterziehung gerichtete Absicht, noch das Bewußtsein rechtswidrigen Verhaltens oder auch nur schuldhafte Fahrlässigkeit (s. jetzt § 12 Abs. 2 d. G.). — Vgl. Anm. 4 bei § 6 d. G.

7. Derjenige, welcher einen nachher zur Begebung an Dritte gelangten W. zur Zeit, als er ein Blankett bildete, als Aussteller und Indossant unterschrieben hat, kann wegen Nichtentrichtung des W.stempels strafrechtlich haftbar werden. Die Fälschung der Annahmeerklärung des Bezogenen oder eines Giros ist in dieser Hinsicht ohne Einfluß. RGE. 5. Jan. 84. Entsch. in StrS. **10** 27. Vgl. oben Anm. 4 Abs. 3.

§ 20. Ergibt sich in den Fällen der §§ 18, 19 aus den Umständen, daß eine Hinterziehung der Stempelabgabe nicht hat verübt werden können oder nicht beabsichtigt worden ist, so tritt eine Ordnungsstrafe bis zu einhundertfünfzig Mark ein.

§ 21. Die auf Grund dieses Gesetzes zu verhängenden Strafen sind bei offenen Handelsgesellschaften, Kommanditgesellschaften und Kommanditgesellschaften auf Aktien gegen die zur Vertretung der Gesellschaft berechtigten Gesellschafter, bei Gesellschaften mit beschränkter Haftung gegen die Geschäftsführer, bei Genossenschaften, Aktiengesellschaften und sonstigen rechtsfähigen Vereinen gegen die Vorstandsmitglieder nur im einmaligen

Betrage, jedoch unter Haftbarkeit jedes einzelnen als Gesamtschuldner festzusetzen. Ebenso ist in anderen Fällen zu verfahren, in denen mehrere Personen gemeinschaftlich oder als Vertreter desselben Teilnehmers am Umlaufe des Wechsels beteiligt sind.

Die Vorschrift des Abs. 1 Satz 1 findet entsprechende Anwendung im Verhältnisse des Vollmachtgebers zu dem Bevollmächtigten, welcher innerhalb der ihm zustehenden Vertretungsmacht im Namen des Vollmachtgebers eine der in den §§ 7 bis 13 bezeichneten Handlungen vornimmt, bevor der Verpflichtung zur Entrichtung des Stempels genügt ist.

1. Der § 15 — jetzt 18 — bedroht mit Strafe besonders und zum vollen Betrage jeden Teilnehmer am Umlaufe des W., welcher der ihm obliegenden Verpflichtung zur Entrichtung der Stempelabgabe nicht rechtzeitig genügt hat. Der neue § 20 — jetzt 21 — ist bestimmt, neben dieser Vorschrift eine weitere Strafanhäufung in den hier in Betracht kommenden Einzelfällen auszuschließen, falls der W.inhaber, dem die Unterlassung zur Last fällt, durch mehrere Personen vertreten ist.

Der gemachte Vorschlag, als strafbar nur diejenige Person anzusehen, die den W. unterzeichnet hat, und daneben nur eine zivilrechtliche Haftung der Firma einzuführen, ist einmal aus dem Grunde unzulänglich, weil er die Fälle nicht berührt, in denen die Straffälligkeit eintritt nicht infolge der Unterzeichnung einer W.erklärung vor erfolgter Versteuerung, sondern infolge einer anderen der im § 12 bezeichneten Verkehrshandlungen; anderseits geht der Vorschlag übe das Gesetz hinaus, indem der Aussteller des W., de erste inländische Inhaber des ausländischen W. und der Akzeptant nicht schon durch die Zeichnung au dem ungestempelten W., sondern erst dadurch straf fällig werden, daß sie den ungestempelten W. aus der Händen geben. Es kann also der Prokurist, der in diesen Fällen zwar die Zeichnung bewirkt, im übrigen aber mit der Begebung des W. nichts zu tun gehab hat, nicht strafrechtlich verantwortlich gemacht werden

Auch versagt der Vorschlag in den Fällen, in welchen der eigentlich Schuldige, der die straffällig Handlung vorgenommen hatte, sei es, weil de Originalw. nicht mehr vorlag, sei es aus andere Gründen, nicht ermittelt werden konnte, oder de eigentlich Schuldige zwar bekannt, aber nicht meh zu erlangen gewesen ist. In Fällen dieser Art is auch mit der zivilrechtlichen Haftung der Firma nich geholfen, denn eine solche setzt die vorgängige Ver urteilung des eigentlichen Schuldigen voraus.

Der Abs. 1 spricht aus, daß gegen mehrere Per sonen, die in gleicher Eigenschaft — sei es als ge meinschaftliche Teilnehmer am W.umlauf, sei es al Mitinhaber derselben Firma oder als die berufene Organe einer nicht physischen Person oder als Pro kuristen mit Kollektivprokura — die strafrechtlich Verantwortung tragen, die Strafe nur in einmaligen Betrag unter gesamtschuldnerischer Haftung zu ver hängen ist. Daß mehrere Personen am Umlauf de W. gemeinschaftlich teilnehmen, wird z. B. vorkomme können, wenn mehrere Personen als Bezogene be nannt sind.

Der Abs. 2 ordnet an, daß die Strafe auch dan nur in einmaligem Betrage auszusprechen ist, wen für die von einem Bevollmächtigten begangene Zu widerhandlung sowohl dieser als auch der Vollmach geber — beide also in ungleicher Eigenschaft — strafrechtlich verantwortlich sind. Begr. S. 11, 12 (09 I).

2. Jeder selbständig zur Geschäftsführung berechtigte Teilhaber einer offenen Handelsgesellschaft ist für die Verletzung der Pflicht zur Versteuerung eines W. strafrechtlich verantwortlich; die Strafbarkeit eines einzelnen Teilhabers wird nicht dadurch ausgeschlossen, daß nicht er persönlich, sondern ein anderer Mitinhaber oder eine andere Person den W. unverstempelt giriert und weiterbegeben hat. RG. 21. Sept. 06. ZBl. S. 1507. JW. S. 799.

§ 22. Die Umwandelung einer nicht beizutreibenden Geldstrafe in eine Freiheitsstrafe findet nicht statt. Auch ist, wenn der Verurteilte ein Deutscher ist, die Zwangsversteigerung eines Grundstücks ohne seine Zustimmung nicht zulässig.

§ 23. Die Strafverfolgung von Hinterziehungen des Wechselstempels (§ 18) verjährt in fünf Jahren, von anderen Zuwiderhandlungen (§ 20) in einem Jahre.

Die Verjährung beginnt mit dem Schlusse des Jahres, in welchem der Wechsel fällig geworden ist.

Wird die Verjährung unterbrochen, so beginnt eine neue Verjährung nicht vor dem Schlusse des Jahres, in welchem die Unterbrechung stattgefunden hat.

1. Es empfiehlt sich, auch die Verjährung der Strafverfolgung gleich der Verjährung des Anspruchs

auf die Entrichtung des Stempels nicht von dem Tage der Ausstellung, sondern vom Tage der Fälligkeit des W. an laufen zu lassen. Es ergibt sich sonst der Widersinn, daß bei W., die eine längere Laufzeit als fünf Jahre haben, die Verjährung der Strafverfolgung für Zuwiderhandlungen, die durch Weiterbegebung nach Ablauf des gegenwärtig vorgesehenen fünfjährigen Zeitraumes begangen werden, bereits vor Begehung der Tat vollendet ist.

Für die Verjährung der Strafverfolgung, ihre Unterbrechung und Wirkung gelten im übrigen die Vorschriften der §§ 66, 68 StrGB., deren Wiederholung es daher hier nicht bedarf.

Soweit nach der neuen Fassung im Einzelfall eine längere Verjährungsfrist in Frage kommt, bedarf es für die vor dem Inkrafttreten des Gesetzes liegenden Fälle im Hinblick auf § 2 Abs. 2 StrGB. keiner besonderen Uebergangsvorschrift. Begr. S. 12, 13 (09[1]).

2. Die Existenz eines W. im Sinne der WO. ist Voraussetzung für die Verjährung der Strafverfolgung. (Vgl. auch jetzt § 2 d. G.) RGE. 29. März 98. ZBl S. 371. Entsch. in StrS. **31** 96.

Im Frühjahr 1895 ließ der Angeklagte R. zu Konkursakten behufs Geltendmachung seiner Forderungen zwei mit je 2,50 Mk. zu versteuernde W., über je 5000 Mk., sowie vier mit je 5 Mk. zu versteuernde über je 10000 Mk. einreichen; sämtliche W. trugen das Datum: 31. Oktober 1894 und lauteten auf Sicht. Die W. waren durch Indossament an den Angeklagten gelangt, und zwar die W. über je 10000 Mk. durch Indossament vom 5. Oktober 1884, diejenigen über je 5000 Mk., in denen die Mitangeklagte L. als Remittentin bezeichnet war, durch Indossamente vom Jahre 1885. Damals lagen aber noch keine vollständigen W. vor, sondern nur sog. Blankow., die zwar schon den Namen des Ausstellers R. trugen, die R. aber hinsichtlich der Data der Fälligkeitszeiten und der

W.summen ausfüllte, als er am 25. April 1895 die W. zu den Konkursakten einreichen ließ. Stempelmarken wurden mit dem Kassationsvermerk von diesem Tage versehen, jedoch teils in unzureichenden Beträgen, teils in unrichtiger Weise, so daß gegen beide Angeklagte das Strafverfahren eingeleitet wurde.

Der Verjährungseinwand der Angeklagten wurde verworfen, weil die W. durch die am 25. April 1895 bewirkte Vervollständigung die Form von W. erhalten hätten und daher von diesem Tage an als ausgestellt galten. Die Existenz eines W. im Sinne der Wechselordnung ist, wie die Voraussetzung für die Strafbarkeit der W.stempelhinterziehung — Entsch. **30** 19 — so auch diejenige für die Verjährung der Strafverfolgung.

Die Strafbarkeit der Mitangeklagten L. war davon abhängig, daß das W.blankett später durch Ausfüllung ein vollständiger W. wurde, und diese Bedingung wurde erst am 25. April 1895 erfüllt. Die Berufung dieser Angeklagten auf die Beifügung der Jahreszahl 1885 zu ihrem Giro vermag übrigens auch schon deshalb nicht zu ihrer Entlastung zu dienen, weil dadurch der spätere Inhaber des W. nicht gehindert wurde, auf den W. einen späteren Ausstellungstag sowie eine spätere Fälligkeitszeit mit verbindlicher Kraft für die Indossantin zu setzen.

3. Durch den hauptamtlichen Strafbescheid, und zwar schon durch dessen Erlaß, nicht erst durch dessen Zustellung, wird die Verjährung unterbrochen, aber nicht schon durch solche Prozeßhandlungen, welche den Strafbescheid nur vorbereiten. FME. 13. Dez. 82 III 16 806; RGE. 5. Juli 02. ZBl. S. 254 u. FME. 6. Nov. 02. ZBl. S. 293.

§ 24. Hinsichtlich des Verwaltungsstrafverfahrens, der Strafmilderung und des Erlasses der Strafe im Gnadenwege sowie hinsichtlich der

Strafvollstreckung kommen die Vorschriten zur Anwendung, nach welchen sich das Verfahren wegen Vergehen gegen die Zollgesetze — in den von der gemeinschaftlichen Zollgrenze ausgeschlossenen Bezirken aber das Verfahren wegen Vergehen gegen die Stempelgesetze — bestimmt.[1])

Die in den §§ 18, 20 vorgeschriebenen Geldstrafen fallen dem Fiskus desjenigen Staates zu, von dessen Behörden die Strafentscheidung erlassen ist.

1. Die Vorschriften des bisherigen § 19 haben sich durch den Erlaß des Reichsgesetzes über den Beistand bei der Einziehung von Abgaben und der Vollstreckung von Vermögensstrafen vom 9. Juni 1895 (RGBl. S. 256) erledigt. Begr. S. 13 (09I).

2. Auch ohne Vorlegung des Originals und beim bloßen Vorhandensein einer beglaubigten Abschrift des W. ist der erkennende Richter wohl befugt, tatsächlich festzustellen, daß das auf dem W. befindliche Giro von dem Angeklagten herrühre, sobald er die in dieser Beziehung vorliegenden Beweise nach seiner Überzeugung für genügend erachtet. OTE. 24. Okt. 66. GA. **14** 832. Ebenso kann der Beweis, daß eine W.stempelmarke nicht in vorschriftsmäßiger Weise kassiert worden sei, nicht bloß durch Vorlegung des mit der Marke versehenen W., sondern auch durch Vorlegung einer beglaubigten Abschrift des W. geführt werden. OTE. 17. Mai 71. OR. **12** 268. Wie überhaupt die nicht vorschriftsmäßige Verwendung einer W.stempelmarke durch jedes im Strafverfahren statthafte Beweismittel dargetan

---

[1]) Vgl. Anh. Anm. 2 und 3.

werden kann, ohne daß es zur Beweisführung der Vorlegung des Originalw. bedarf. OTE. 26. Nov. 73. OR. 14 757.

3. Im gerichtlichen Strafverfahren wegen W.stempelhinterziehung darf der Einwand des Angeschuldigten, daß er den geforderten W.stempel zu entrichten nicht verpflichtet sei, nicht zum Zivilprozeß verwiesen werden; vielmehr hat der Strafrichter über die Frage zu entscheiden, ob eine W.stempelhinterziehung vorliegt. RGE. 7. Okt. 80. ZBl. 82 238 ff. (vgl. jetzt § 17 d. G.).

4. In denjenigen Fällen, wo mehrere Personen in betreff eines W. ihrer Verpflichtung zur Entrichtung der Stempelabgabe nicht rechtzeitig genügt haben und deshalb wegen W.stempelhinterziehung zur Untersuchung zu ziehen sind, ist gegen alle betreffenden Personen, namentlich auch gegen die in anderen Hauptamtsbezirken wohnhaften Kontravenienten, die Untersuchung von dem zuerst mit derselben befaßten zuständigen Hauptamte zu führen. Aus den Motiven zu dem WStG. ergibt sich, daß es für eine überflüssige und der Sache selbst nachteilige Weitläufigkeit des Verfahrens erachtet ist, wenn in jedem Bundesstaate, welchem ein Inhaber des W. angehört, eine besondere Prozedur eingeleitet werden sollte. Wenn es auch richtig ist, daß unter Umständen in einzelnen Fällen die Einleitung eines besonderen Prozesses gegen jeden Inhaber des W. schneller zum Ziele führen mag, so kann doch unter anderen Umständen das Gegenteil ebensowohl eintreten und namentlich können aus der verschiedenen Behandlung der vorkommenden Rechtsfragen bei den verschiedenen Behörden sehr unerwünschte Verwickelungen hervorgehen. Es unterliegt auch keinem Zweifel, daß es der Absicht des Gesetzgebers entspricht, diejenigen Fälle, in welchen die mehreren zur Untersuchung zu ziehenden Inhaber des W. einem und demselben Bundesstaate an-

gehören, aber in verschiedenen Hauptamtsbezirken ihren Wohnsitz haben, in der fraglichen Beziehung nicht anders zu behandeln als die Fälle, wo die Kontravenienten verschiedenen Bundesstaaten angehören. FME. v. 6. Juni 70 III 9633.

5. Nach den in dem FME. vom 6. Juni 70 III 9633 — s. oben — ausgesprochenen Grundsätzen ist auch bei Anträgen auf Einleitung der gerichtlichen Untersuchung gegen Beschuldigte zu verfahren. Vfg. d. PStD. zu B. v. 30. Nov. 93.

§ 25. Die in den einzelnen Bundesstaaten mit der Beaufsichtigung des Stempelwesens beauftragten Behörden und Beamten haben die ihnen obliegenden Verpflichtungen mit gleichen Befugnissen, wie sie ihnen hinsichtlich der nach den Landesgesetzen zu entrichtenden Stempelabgaben zustehen, auch hinsichtlich des Wechselstempels wahrzunehmen.

§ 26. Außer den Steuerbehörden haben alle diejenigen Staats- oder Kommunalbehörden und Beamten, denen eine richterliche oder Polizeigewalt anvertraut ist, sowie die Notare, die Postbeamten und andere Beamte, welche Wechselproteste ausfertigen, die Verpflichtung, die Besteuerung der bei ihnen vorkommenden Wechsel und Anweisungen von Amts wegen zu prüfen und die zu ihrer Kenntnis kommenden Zuwiderhandlungen gegen dieses Gesetz bei der nach § 24 zuständigen Behörde zur Anzeige zu bringen.

Auf der nach der Wechselordnung zurückzubehaltenden Abschrift des Protestes ist ausdrücklich zu bemerken, mit welchem Wechselstempel die protestierte Urkunde versehen oder daß sie mit einem Wechselstempel nicht versehen ist.

1. JMC. v. 29. Dez. 69 an sämtliche Gerichte und Notare. JMBl. S. 282: Nach §§ 25 u. 26 des WStG. bleiben die preußischen gerichtlichen Behörden und Beamten, einschließlich der Notare, auch ferner verpflichtet, die Versteuerung der bei ihnen zur Vorlage kommenden W. und der denselben durch § 27 des Gesetzes gleichgestellten Papiere von Amts wegen zu überwachen und zu prüfen. Wahrgenommene Kontraventionen sind den — nach § 24 a. a. O. zur Einleitung des administrativen Strafverfahrens fortan ausschließlich zuständigen — Behörden zur Verwaltung der indirekten Steuern anzuzeigen. Der Justizminister erwartet, daß diese für die Bundes- und Staatsfinanzen wichtige Verpflichtung auf das sorfältigste erfüllt werden wird. Zugleich werden die bezeichneten Behörden und Beamten auf die an die Steuerbehörden erlassene Anweisung des Herrn Finanzministers v. 19. Dez. 69, betreffend das Strafverfahren wegen W.stempelhinterziehung nach dem Bundesges. v. 10. Juni 69, mit der Aufforderung hingewiesen, die in derselben gegebenen Erläuterungen zu beachten (s. Anh. Nr. 1).

2. JMC. v. 10. Okt. 72 an sämtliche Gerichte und Notare. JMBl. S. 267: Notare, Gerichtspersonen und andere Beamte, welche W.proteste ausfertigen, sind insbesondere verbunden, sowohl in dem Proteste als in dem über die Protestation etwa aufzunehmenden Protokolle ausdrücklich zu bemerken, mit welchem Stempel die protestierten Urkunden versehen, oder daß sie mit einem Bundesstempel nicht versehen

sind. Nach der Mitteilung des Herrn Finanzministers beschränken sich die Notare und Gerichtsbeamten bei der Aufnahme von Protesten darauf, daß sie in dem Proteste bemerken, mit welchem Stempel der protestierte Wechsel usw. versehen, oder daß er mit einem Bundesstempel nicht versehen sei, ohne zu prüfen, ob die Versteuerung richtig und rechtzeitig erfolgt sei. Hierdurch wird der im ersten Satze des § 26 den gedachten Beamten auferlegte Pflicht, die vorschriftsmäßige Versteuerung zu prüfen, nicht genügt. Der § 26 im Zusammenhange mit §§ 14 und 15 ergibt, daß eine vorschriftsmäßige Verwendung des Stempels nur dann anzunehmen ist, wenn der W. entweder auf einem mit dem erforderlichen Bundesstempel versehenen Blankett ausgestellt, oder die Verwendung der erforderlichen Bundesstempelmarken auf dem W. nach Maßgabe der vom Bundesrat erlassenen Vorschriften über die Art und Weise der Verwendung erfolgt ist. Da die Kassation der Stempelmarken selbst nicht mehr amtlich erfolgt, sondern von jedem Privatmann bewirkt werden kann, so ist eine Überwachung der für das Aufkleben und die Kassierung der Marken gegebenen Vorschriften um so mehr unerläßlich, als diese Vorschriften die einzige Gewähr für die Rechtzeitigkeit der Versteuerung und zur Verhütung des mehrmaligen Gebrauchs derselben Marke bilden. Um den mit der Aufsicht des Stempelwesens beauftragten Beamten möglichst instand zu setzen, sich bei der Revision der W.proteste eine Überzeugung darüber zu schaffen, ob den gesetzlichen Vorschriften entsprochen ist, werden die Gerichtsbeamten und Notare zugleich angewiesen, in den nach § 88 der WO. zu nehmenden beglaubigten Abschriften der W. und Anweisungen die Stelle, wo die Stempelmarke aufgeklebt worden, zu bezeichnen, sowie die Art und Weise der Kassation durch Abschrift des Kassationsvermerks ersichtlich zu machen.

3. Wenn ein Notar es unterläßt, eine bei

Aufnahme eines W.protestes zu seiner Kenntnis gekommene Zuwiderhandlung gegen dieses Gesetz bei der zuständigen Behörde zur Anzeige zu bringen, so ist dies eine Verletzung der Amtspflichten und als solche nach den Disziplinargesetzen strafbar. OTE. 17. Sept. 75; JMBl. **76** 26.

4. E. des MdJ. v. 3. Jan. 70: Nach den Vorschriften in den §§ 25 und 26 des WStG. bleiben die Behörden und Beamten, denen eine richterliche oder Polizeigewalt anvertraut ist, auch nach dem 1. Jan. 70 verpflichtet, die Versteuerung der bei ihnen vorkommenden W. und Anweisungen zu prüfen und wahrgenommene Kontraventionen von Amts wegen zur Anzeige zu bringen. Nur insofern tritt eine erhebliche Änderung ein, als fortan die Einleitung des administrativen Strafverfahrens nach § 23 des WStG. den Behörden der Verwaltung der indirekten Steuern obliegt. Nachdem diese letzteren von dem Herrn Finanzminister auf die ihnen auferlegten Verpflichtungen hingewiesen und unter dem 19. Dez. pr. mit einer Anweisung versehen sind (s. im Anhang Nr. 1), finde ich mich veranlaßt, die Behörden meines Ressorts auf die Fortdauer der eingangs erwähnten Pflichten noch besonders aufmerksam zu machen. Ich veranlasse demnach die Königliche Regierung, sämtliche ihr nachgeordneten Behörden und Beamten, denen eine Polizeigewalt anvertraut ist, auf die bezüglichen Vorschriften des WStG. hinzuweisen und denselben die sorgfältige Prüfung der bei ihnen vorkommenden W. und Anweisungen mit Rücksicht auf ihre Stempelpflichtigkeit, sowie die Anzeige wahrgenommener Kontraventionen aufzugeben.

5. Das Protestregister hat öffentlichen Glauben, und die Eintragungen, welche in dasselbe unter Verantwortlichkeit des Notars und kraft seines Amtes geschehen, sind nicht bloß als einfache unbeglaubigte Abschriften, sondern nach AGO. I 10 § 123 als öffentliche Urkunden anzusehen. Dies gilt nicht nur von der nach Art. 88 der WO. in den Protest aufzunehmenden wörtlichen Abschrift des W., sondern nach § 26 Abs. 2 des WStG. auch von demjenigen, was in dem Protest über die geschehene Verwendung der Stempelmarke gesagt ist. RGE. 7. Mai 80. ZBl. 81 102, 103.

6. Beglaubigte W.abschriften, welche bei Anzeigen von Zuwiderhandlungen gegen das WStG. der Steuerbehörde eingereicht werden, sind stempelfrei. — Erklärung des Bundeskommissars bei der Beratung des Gesetzes im Reichstage. Stenogr. Ber. 2 1206ff.

§ 27. Die Vorschriften dieses Gesetzes finden entsprechende Anwendung:

1. auf Verpflichtungsscheine über die Zahlung von Geld, sofern sie durch Indossament übertragen werden können,
2. auf Anweisungen über die Zahlung von Geld, sofern sie durch Indossament übertragen werden können oder auf den Inhaber lauten oder sofern die Zahlung an jeden Inhaber bewirkt werden kann.

Es macht keinen Unterschied, ob die im Abs. 1 bezeichneten Urkunden in Form von Briefen oder in anderer Form ausgestellt werden.

Befreit von der Stempelabgabe sind Schecks mit der im § 29 Abs. 2 des Scheckgesetzes[1]) vor-

[1]) Der § 29 mit den in ihm weiter angeführten Paragraphen des Scheckges. ist unter Anm. 2 abgedruckt.

gesehenen Ausnahme sowie die statt der Barzahlung dienenden auf Sicht zahlbaren Platzanweisungen, die nicht Schecks sind. Eine auf die Urkunde gesetzte Annahmeerklärung macht den Scheck oder die Platzanweisung steuerpflichtig, sofern der Annahmeerklärung rechtliche Wirkung zukommt. Die Versteuerung muß erfolgen, ehe der Akzeptant den Scheck oder die Platzanweisung aus den Händen gibt.

In welchen Fällen Anweisungen, die an einem Nachbarorte des Ausstellungsorts zahlbar sind, den Platzanweisungen gleichzuachten sind, bestimmt der Bundesrat nach Maßgabe der örtlichen Verhältnisse.

A.B. zu § 27 des Gesetzes.

Steuerfreiheit der Platzanweisungen.

§ 15. Als ein Platz im Sinne des § 27 Abs. 3. 4 des Gesetzes gelten:

1. diejenigen Orte, die nach Bestimmung des Bundesrats als benachbart im Sinne der Vorschriften des Artikel 91a Abs. 1 der Wechselordnung sowie des § 16 Abs. 2 und des § 30 Abs. 2 des Scheckgesetzes anzusehen sind[1]).
2. außerdem folgende Nachbarorte:
   Berlin und die im Postverkehr als dessen Nachbarorte geltenden Ortschaften, auch soweit sie nicht zu den in Ziffer 1 bezeichneten Orten gehören;

---

[2]) Vgl. z. Z. Bek. v. 9. Jan. 09 (RGBl. S. 249 ff.) und Anm. 3.

Holzminden, Altendorf, Allersheim; Mannheim, Ludwigshafen, Rheinau; Wolfenbüttel, Thiede, Wittmar, Hedwigsburg.

1. Die neue Fassung des § 24 Abs. 1 — jetzt § 27 — will unter Festhaltung des bisher verfolgten Zweckes, „diejenigen Urkunden mit der Stempelpflicht zu treffen, die sich vermöge ihrer Natur der Natur des W. nähern und den W. sehr leicht zu ersetzen geeignet sind, ein in der Regel indossables Papier", im wesentlichen nur der veränderten Gesetzgebung Rechnung tragen.

An Stelle der an Order lautenden Zahlungsversprechen sind als stempelpflichtig bezeichnet Verpflichtungsscheine über die Leistung von Geld, sofern sie durch Indossament übertragen werden können. Dies ist nach § 363 Abs. 1 HGB. der Fall bei Verpflichtungsscheinen, die von einem Kaufmann über Gegenstände der bezeichneteten Art an Order ausgestellt sind, ohne daß darin die Leistung von einer Gegenleistung abhängig gemacht ist. Andere an Order lautende Verpflichtungsscheine über die Leistung von Geld sind, da Art. 304 des Allg. deutschen HGB. in das neue HGB. keine Aufnahme gefunden hat, nach inländischem Recht nicht indossierbar. Soweit unter ausländischem Recht an Order ausgestellte Verpflichtungsscheine, auch dann, wenn sie nicht von Kaufleuten ausgestellt sind, durch Indossament übertragen werden können, unterliegen sie beim Vorhandensein der sonstigen Voraussetzungen des Gesetzes auch nach der neuen Fassung der Stempelpflicht.

Das Recht der Anweisungen ist gegenwärtig als ein selbständiges Rechtsinstitut in Buch 2 Absch. 7 Titel 21 des BGB. allgemein geregelt. Nach § 783 liegt eine Anweisung vor, wenn jemand eine Urkunde, in der er einen anderen anweist, Geld, Wertpapiere oder andere vertretbare Sachen an einen Dritten zu leisten, dem Dritten aushändigt. Dem HGB. sind die Vorschriften über die Uebertragung durch Indossament vorbehalten geblieben. § 363 das. bestimmt in dieser Hinsicht, daß Anweisungen, die auf einen Kaufmann über die Leistung von Geld, Wertpapieren oder anderen vertretbaren Sachen ausgestellt sind, ohne daß darin die Leistung von einer Gegenleistung abhängig gemacht ist, durch Indossament übertragen werden können, wenn sie an Order lauten. Andere Orderanweisungen über die Leistung an Geld sind, da Art. 304 des früheren HGB. in das neue Recht nicht herübergenommen ist, abgesehen von den reichsrechtlich besonders geregelten Schecks, nicht indossabel. Dem Bedürfnis, einer Umgehung des W.stempels durch Besteuerung der zum Ersatz für den W. geeigneten Anweisungen zu begegnen, scheint ausreichend genügt, wenn die Stempelpflichtigkeit für die durch Indossament übertragbaren Anweisungen über die Leistung von Geld und daneben noch über diejenigen Anweisungen dieser Art ausgesprochen wird, welche auf den Inhaber lauten oder bei denen die Leistung an jeden Inhaber bewirkt werden kann. Begr. S. 13 (09 I).

1/a. Die Aenderung des bisherigen § 24 Abs. 2 Nr. 1 ist durch das Scheckgesetz vom 11. März 1908 (RGBl. S. 71) veranlaßt.

Nachdem im § 29 dieses Gesetzes bestimmt ist, welche Schecks allein als stempelfrei im Sinne des § 24 Abs. 2 Nr. 1 des W.stempelsteuergesetzes sollen angesehen werden dürfen, erübrigt es sich hier, eine nähere Begriffsbestimmung des stempelfreien Schecks zu geben.

Die Vorschrift, daß eine auf die Urkunde gesetzte Annahmeerklärung den Scheck stempelpflichtig macht, hat zwar auch gegenwärtig noch insoweit ihre Berechtigung, als nach einigen auswärtigen Scheckgesetzgebungen (Frankreich, England) im Widerspruch mit dem Zwecke des Schecks, als Zahlungsmittel zu dienen, dem Akzept eine selbständige rechtliche Wirksamkeit beigelegt ist. Hinsichtlich des inländischen Schecks entfällt dagegen ein Grund, durch eine auf die Urkunde doch gesetzte Annahmeerklärung den Scheck stempelpflichtig werden zu lassen, da nach § 10 Satz 2 des Scheckgesetzes ein auf den Scheck gesetzter Annahmevermerk als nicht geschrieben gilt, einem solchen Vermerk also nicht bloß die scheckrechtliche, sondern überhaupt jede zivilrechtliche Wirkung entzogen ist. Begr. S. 13 u. 14 (091).

2. Die betreffenden Bestimmungen des Scheckgesetzes lauten:

§ 29. Im Sinne des § 24 des Gesetzes, betreffend die W.stempelsteuer, vom 10. Juni 1869 (Bundes-Gesetzbl. S. 193 ff.) sind als Schecks, für welche die Befreiung von der W.stempelabgabe bestimmt ist, diejenigen Urkunden anzusehen, die den Anforderungen der §§ 1, 2, 7, 25, 26 des gegenwärtigen Gesetzes entsprechen.

Die Vorschrift des Abs. 1 findet keine Anwendung auf Schecks, welche vor dem auf ihnen angegebenen Ausstellungstag in Umlauf gesetzt sind. Für die Entrichtung der Abgabe haftet als Gesamtschuldner jeder, der am Umlaufe des Schecks im Sinne des § 5 des Gesetzes, betreffend die Wechselstempelsteuer im Inlande, vor dem Ausstellungstage teilgenommen hat.

§ 1. Der Scheck muß enthalten:

1. *die in den Text aufzunehmende Bezeichnung als Scheck oder, wenn der Scheck in einer fremden Sprache ausgestellt ist, einen jener Bezeichnung entsprechenden Ausdruck in der fremden Sprache;*
2. *die an den Bezogenen gerichtete Anweisung des Ausstellers, aus seinem Guthaben eine bestimmte Geldsumme zu zahlen;*

3. die Unterschrift des Ausstellers;
4. die Angabe des Ortes und des Tages der Ausstellung.

§ 2. Als Bezogene sollen nur bezeichnet werden:
1. diejenigen Anstalten des öffentlichen Rechtes, diejenigen unter staatlicher Aufsicht stehenden Anstalten, sowie diejenigen in das Genossenschaftsregister eingetragenen Genossenschaften, welche sich nach den für ihren Geschäftsbetrieb maßgebenden Bestimmungen mit der Annahme von Geld und der Leistung von Zahlungen für fremde Rechnung befassen, ferner die unter amtlicher Aufsicht stehenden Sparkassen, wenn sie die nach Landesrecht für sie geltenden Aufsichtsbestimmungen erfüllen;
2. die in das Handelsregister eingetragenen Firmen, welche gewerbsmäßig Bankiergeschäfte betreiben.

§ 3. Als Guthaben ist der Geldbetrag anzusehen, bis zu welchem der Bezogene nach dem zwischen ihm und dem Aussteller bestehenden Rechtsverhältnisse Schecks einzulösen verpflichtet ist.

§ 7. Der Scheck ist bei Sicht zahlbar Die Angabe einer anderen Zahlungszeit macht den Scheck nichtig.

§ 25. Im Auslande zahlbare Schecks dürfen auch auf solche Bezogene lauten, auf die nach dem ausländischen Rechte ein Scheck gezogen werden darf.

§ 26. Die wesentlichen Erfordernisse eines im Ausland ausgestellten Schecks sowie jeder im Ausland auf einen Scheck gesetzten Erklärung werden nach den Gesetzen des Ortes beurteilt, an welchem die Ausstellung oder die Erklärung erfolgt ist.

Entspricht jedoch der im Ausland ausgestellte Scheck oder die im Ausland auf einen Scheck gesetzte Erklärung den Anforderungen des inländischen Gesetzes, so kann daraus, daß nach ausländischem

Gesetz ein Mangel vorliegt, kein Einwand gegen die Rechtsverbindlichkeit der später im Inland auf den Scheck gesetzten Erklärungen entnommen werden. Auch ist die im Ausland erfolgte Ausstellung eines im Inlande zahlbaren Schecks sowie die auf einen solchen Scheck im Auslande gesetzte Erklärung wirksam, wenn sie auch nur den Anforderungen des inländischen Gesetzes entspricht.

3. Im Sinne der im § 15 Abs. 1 Ziff. 1 AB. gedachten Bestimmungen sind nach der Bekanntmachung vom 9. Jan. 09 (RGBl. S. 249ff.) in Deutschland 208 Orte als benachbart anzusehen. Die Aufzählung der einzelnen Orte ist als notwendig für die Zwecke dieses Buches nicht erachtet.

4. Anweisungen der Bankiers und Kaufleute an sich selber (Dispositionsscheine), wenn sie an Order lauten, unterliegen dem W.stempel. OTE. 15. Okt. 75. GA. **23** 564. Unter solchem Dispositionsschein wird eine Urkunde verstanden, in welcher ein Kaufmann als Aussteller einer bestimmten anderen Person gegenüber direkt sich zur Zahlung einer Geldsumme für haftbar erklärt. Es ist dabei gleichgültig, ob die Urkunde über ein bereits bestehendes oder ein neu zu errichtendes Schuldverhältnis ausgestellt wird. RGE. 15. April 86. JMBl. S. 335.

5. Das Gesetz verlangt für den Scheck, wenn er steuerfrei sein soll, ausdrücklich, daß er eine Anweisung auf das Guthaben des Ausstellers sein müsse. Wenn daher der Richter verlangt, daß dieses Erfordernis aus dem Scheck selbst hervorgehen müsse, so geht er nicht über die Requisite hinaus, welche das Gesetz verlangt, sondern er fordert nur das, was auch das Gesetz ausdrücklich fordert. RGE. v. 28. Mai 92, ZBl. für **93** 46/47.

6. Der Ausdruck „Guthaben" ist nicht bloß auf ein bares Guthaben des Scheckausstellers bei seinem Bankier zu beschränken, dieses Guthaben kann vielmehr auch in Wertpapieren, Depositen und selbst in einem von dem Bankier, dem Scheckaussteller eröffneten Kredit bestehen.

Würde ein Scheck über einen Betrag lauten, der das dem Aussteller zustehende Guthaben übersteigt, so würde nicht bloß in Höhe des Mehr, sondern in Höhe der ganzen Schecksumme der W.stempel fällig sein; dem Aussteller bleibt in Fällen dieser Art überlassen, zwei Schecks auszustellen, von denen der eine über das Guthaben lautend, dann steuerfrei wäre. FME. v. 29. Jan. 01. III 1176. — Vgl. Entsch. in StrS. 18 158.

7. Für die Anwendbarkeit der Bestimmungen über die Stempelfreiheit der Schecks macht es keinen Unterschied, ob der Aussteller sein Guthaben auf einmal oder in mehreren Einzelbeträgen abhebt. FME. v. 11. Juli 93. III 8637. — Vgl. auch Entsch. in StrS. 18 158 (s. o.).

8. Unter den als stempelfrei bezeichneten Schecks sind, entsprechend der dort beigefügten Begriffsbestimmung, nur Anweisungen auf das Guthaben des Ausstellers bei dem dessen Zahlungen besorgenden Bankhause oder Geldinstitut zu verstehen, so daß Anweisungen auf das Guthaben des Ausstellers bei einem Privatmann, der Inkassi für ihn besorgt, nicht unter den Begriff des Schecks fallen. FME. v. 19. Dez. 96. III 17126.

§ 28. Urkunden, welche nach diesem Gesetze stempelpflichtig sind oder auf welche die in diesem Gesetze vorgesehenen Stempelbefreiungen Anwendung finden, sind in den einzelnen Bundesstaaten keiner Abgabe unterworfen.

Auch von den auf derartige Urkunden gesetzten Übertragungsvermerken, Quittungen und sonstigen auf die Leistungen aus diesen Papieren bezüglichen

Vermerken dürfen landesgesetzliche Abgaben nicht erhoben werden. Auf Proteste findet diese Vorschrift keine Anwendung.

1. Durch die Wahl des allgemeinen Ausdrucks „Abgabe" soll außer Zweifel gestellt werden, daß auch die unter der Bezeichnung von Taxen, Sporteln, Gebühren erhobenen Abgaben unter das Verbot fallen. Keiner besonderen Hervorhebung wird es bedürfen, daß ein auf die W.urkunde gesetzter Protest nicht als Vermerk im Sinne des § 25 Abs. 2 — jetzt § 28 — anzusehen ist und daher die Vorschriften über die Erhebung der Protestgebühren vom § 28 nicht berührt werden. Begr. S. 15 (09I).

2. Zu dem auf dem Wechsel befindlichen Beglaubigungsattest ist der für amtliche Atteste in Privatsachen vorgeschriebene preußische Stempel von 1,50 Mk. fällig, weil die Bestimmung des § 28 Abs. 2 des WStG., wonach von den auf W. gesetzten Indossamenten usw. landesgesetzliche Stempelabgaben nicht weiter erhoben werden sollen, auf Unterschriftsbeglaubigungen keine Anwendung finden kann, da diese nicht zu den Vermerken der dort bezeichneten Art gehören. FME. 21. Juli 91. III 10308.

3. Zu trocknen W. nach Art des auf der folgenden Seite befindlichen Musters, in denen der Aussteller zur Sicherung des W.gläubigers eine Urkunde verpfändet, kann ein weiterer Stempel, als der W.stempel, nicht verlangt werden. Der Erhebung eines Sicherstellungsstempels (Tarifst. 59 des Preuß. Stempelsteuerg. 31. Juli 95) für die Verpfändungserklärung würden die Vorschriften des § 28 Abs. 2 des WStG. und der Tarifst. 59 Abs. 2 des zit. Ges. vom 31. Juli 95 entgegenstehen. FME. v. 7. Okt. 98. III 13846.

Solawechsel.

Für Mark ....

Gegen diesen meinen Solawechsel zahle ich

am ....ten .... 19 ....

an die Order ....

die Summe von ....

den Wert habe ich bar erhalten und akzeptiere auf mich selbst.

Zur mehreren Sicherheit übergebe ich und verpfände ich .... nachstehendes Dokument.

Ich willige darin, daß mein Kreditor oder dessen Rechtsnachfolger für den Fall, daß ich zur Verfallzeit nicht prompte Zahlung leiste, sich sofort und ohne weiteres aus dem übergebenen Pfande an Kapital, Zinsen und allen Kosten der Beitreibung des Kapitals und der Zinsen bezahlt mache, und entsage dem mir nach § 46 Tit. 20 Tl. I d. ALR. zustehenden Rechte, verlangen zu dürfen, daß der Gläubiger seine Befriedigung aus dem bestellten Pfande suchen müsse, sondern überlasse es demselben, sich auch an mein sonstiges Vermögen und an meine Person zu halten.

.................................., den ....ten .... 19 ....

Nr. ....

4. Die Vorschrift des § 28 Abs. 2 WStG. kann auf vollständige W. eingeschränkt werden; die Verpfändungserklärungen in unvollständigen, aber versteuerten W. sind deshalb nicht landesstempelpflichtig. FMC. 28. Mai 97. III 2797.

Erklären aber die W.bürgen auf trocknen Wechseln mit dem Hauptschuldner solidarisch auch im Fall der Prolongation und nach Ablauf der W.verjährungsfrist bis zur Zahlung der ganzen Schuld haften zu wollen, so würde der Sicherstellungsstempel fällig sein, wenn nicht Abs. 2 der Tarifstelle 59 des Landesstempelgesetzes entgegenstände. FMC. 4. Okt. 97. III 12488.

§ 29. Der Ertrag des Wechselstempels fließt in die Reichskasse.

Jedem Bundesstaate wird von der jährlichen Einnahme, welche in seinem Gebiet aus dem Verkaufe von Stempelmarken oder gestempelten Vordrucken erzielt wird, der Betrag von zwei vom Hundert aus der Reichskasse gewährt.

§ 30. Die zur Ausführung dieses Gesetzes nötigen Bestimmungen[1]) werden vom Bundesrate getroffen.

Der Bundesrat erläßt insbesondere die Anordnungen wegen der Anfertigung und des Vertriebs der nach Maßgabe dieses Gesetzes zu verwendenden Stempelmarken und gestempelten Vor-

---

[1]) Die Ausführungsvorschriften des Bundesrats vom 26. Juli 09 (RZBl. S. 402) sind den einzelnen Paragraphen des Gesetzes, zu denen sie gehören, angehängt.

drucke sowie die Vorschriften über die Art der Verwendung der Marken. Er stellt die Bedingungen fest, unter welchen für verdorbene Marken und Vordrucke Erstattung zulässig ist.

A.B. zu § 30 Abs. 2 d. G.

§ 10. Die Erstattung der weiteren Abgabe auf Grund des § 3 Abs. 3 des Gesetzes erfolgt auf Antrag durch die für den Wohnort des Antragstellers zuständige Steuerbehörde. Dem Erstattungsantrag ist nur stattzugeben, wenn er innerhalb eines Jahres vom Zeitpunkte der Eintragung der Geldsumme ab gestellt worden ist.

Über Anträge auf Erstattung zu Unrecht entrichteten Wechselstempels im Verwaltungsweg entscheidet die Steuerdirektivbehörde. Dem Erstattungsantrag ist nur stattzugeben, wenn er innerhalb eines Jahres vom Zeitpunkte der Stempelverwendung oder der Zahlung oder Beitreibung der Abgabe oder der weiteren Abgabe ab gestellt worden ist.

§ 11. Den Bundesregierungen werden die auf Grund des § 3 Abs. 3 des Gesetzes erfolgten Herauszahlungen sowie die Herauszahlungen für zu Unrecht entrichteten Wechselstempel aus der Reichskasse erstattet.

§ 12. Für verdorbene Stempelmarken oder Vordrucke und für Marken, mit welchen demnächst verdorbene Schriftstücke versehen sind, kann Erstattung beansprucht werden, wenn der Schaden mindestens eine Mark beträgt und wenn von den Stempelzeichen oder den Schriftstücken, zu welchen sie verwendet sind, noch kein oder doch kein solcher Gebrauch gemacht worden ist, demgegenüber durch die Erstattung das Steuerinteresse gefährdet erscheint. Es genügt, wenn der Wert der gleichzeitig zur Erstattung vorgelegten Stempelzeichen zusammen eine Mark beträgt, und es kommt nicht darauf an, ob die Beschädigung der einzelnen Stempelzeichen durch ein und dasselbe Ereignis veranlaßt oder auf verschiedene, voneinander unabhängige Versehen oder Zufälle zurückzuführen ist.

§ 13. Der Erstattungsanspruch ist bei der Postanstalt des Bezirkes innerhalb eines Monats, nachdem der Schaden dem Berechtigten bekanntgeworden ist, unter Beifügung der verdorbenen Stempelzeichen und Schriftstücke anzumelden. Über die Anträge entscheidet, falls sie einem Postamt erster oder zweiter Klasse unterbreitet sind, der Postamtsvorsteher. In zweifelhaften Fällen sowie allgemein seitens der übrigen Postanstalten ist die Entscheidung der der Postanstalt vorgesetzten Behörde (im Reichs-Postgebiet und in Bayern der Ober-Postdirektionen, in Württemberg der Generaldirektion der Posten und Telegraphen) einzuholen.

Die Frist zur Geltendmachung des Erstattungsanspruchs ist auch dann als gewahrt anzusehen, wenn die Erstattung bei einer nicht zuständigen Postanstalt oder einer Steuerstelle beantragt worden ist. Die Amtsstellen haben in diesem Falle den Antrag der zuständigen Behörde (Abs. 1 Satz 1) zur Entscheidung vorzulegen.

§ 14. Eine bare Zurückzahlung der entrichteten Abgabe findet in den Fällen des § 12 nicht statt; die Erstattung erfolgt vielmehr im Wege des Umtausches, und zwar werden in der Regel für verdorbene Vordrucke Vordrucke, für verdorbene Marken Marken abgabefrei verabfolgt. Den Wünschen des Antragstellers hinsichtlich des

Betrags der einzelnen Stücke ist tunlichst Rechnung zu tragen.

Die verdorbenen Stempelzeichen sind in Gegenwart von zwei Beamten zu vernichten.

Schlufsbestimmungen.

§ 16. Diese Bestimmungen treten mit dem 1. August 1909 in Kraft.

Eine zur Entrichtung der weiteren Abgabe verwendete Wechselstempelmarke gilt nicht deshalb als nicht verwendet, weil die Verwendung vor dem 1. August 1909 erfolgt ist.

§ 17. Der Reichskanzler ist ermächtigt, wegen der Anfertigung und des Vertriebs der Stempelmarken und gestempelten Vordrucke sowie wegen der Bedingungen, unter welchen für verdorbene Stempelzeichen Erstattung zulässig ist, anderweite Anordnungen zu erlassen.

§ 31. Dieses Gesetz tritt mit dem 1. August 1909 in Kraft.

Auf die vor dem 1. April 1909 ausgestellten inländischen oder von dem ersten inländischen Inhaber aus den Händen gegebenen ausländischen Wechsel finden die Vorschriften des § 16 mit der Maßgabe Anwendung, daß die Verjährungsfrist von dem Tage des Inkrafttretens des Gesetzes vom 4. März 1909 an gerechnet wird, falls die Wechsel vor diesem Zeitpunkte fällig waren.

In diesem Gesetze für stempelpflichtig erklärte inländische Urkunden und Schriften, welche vor dem im Abs. 1 bezeichneten Zeitpunkt ausgestellt oder unter der im § 2 bezeichneten Vereinbarung übergeben worden sind, sowie ausländische derartige Urkunden und Schriften, die vor jenem Zeitpunkt ins Inland eingebracht worden sind, unterliegen der weiteren Abgabe (§ 3 Abs. 2), sofern sie zu jenem Zeitpunkte noch nicht zahlbar waren. Die Verpflichtung zur Entrichtung der weiteren Abgabe tritt mit dem angegebenen Zeitpunkt ein, sofern nicht nach den sonstigen Vorschriften dieses Gesetzes ein späterer Zeitpunkt maßgebend ist. Mit der weiteren Abgabe ist gleichzeitig die im § 3 Abs. 1 angeordnete Stempelabgabe zu entrichten, sofern ihre Entrichtung nicht bereits erfolgt ist.

Für das Gebiet der Insel Helgoland wird der Zeitpunkt des Inkrafttretens des Gesetzes durch Kaiserliche Verordnung unter Zustimmung des Bundesrats festgesetzt.

Die hinsichtlich der Verjährung des Anspruchs auf Entrichtung des Stempels getroffene Vorschrift erscheint mit Rücksicht darauf erforderlich, daß diese Ansprüche nach bisherigem Recht einer Verjährung überhaupt nicht unterlagen. Dagegen bedarf es wegen der vor dem Inkrafttreten des Gesetzes begangenen, aber erst nach diesem Zeitpunkt abzuurteilenden Zuwiderhandlungen im Hinblick auf § 2 Abs. 2 StrGB. einer besonderen Uebergangsvorschrift nicht. Begr. S. 15 (09[I]).

Anhang

enthaltend

einzelne das Strafverfahren wegen Wechselstempelhinterziehung betreffende Vorschriften.

1. Anweisung des FM. v. 19. Dez. 69, betreffend das Strafverfahren wegen Wechselstempelhinterziehung nach dem Bundesgesetz v. 10. Juni 69. BBl. **70** 136.

1. Das Strafverfahren wegen W.stempelhinterziehung ist einzuleiten, wenn ein steuerpflichtiger W. oder eine steuerpflichtige Anweisung
   a) überhaupt nicht oder
   b) mit einem geringeren als dem gesetzlich erforderlichen Abgabenbetrage oder
   c) nicht rechtzeitig

   versteuert ist.
2. Welche W. und Anweisungen steuerfrei sind, ist im § 1 unter Nr. 1 und 2 und im § 27 des Gesetzes bestimmt.
3. Mit der aus vorstehendem sich ergebenden Maßgabe ist die bisherige Stempelfreiheit der vom Auslande auf das Ausland gezogenen W. (der sogenannten Transitowechsel) im § 1 unter Nr. 1 beibehalten.
4. Die Stempelfreiheit ist ferner unter gewissen Beschränkungen und Bedingungen auch auf W., welche vom Inlande auf das Ausland gezogen sind, ausgedehnt. Hinsichtlich derselben ist insbesondere folgendes zu beachten:

a) Die Befreiung bezieht sich überhaupt nur auf W., die auf Sicht oder spätestens innerhalb 10 Tagen nach dem Tage der Ausstellung zahlbar sind. Hierdurch sind alle W., deren Zahlungszeit auf eine beliebig bestimmte Frist nach Sicht oder sonst auf irgendwie bestimmten späteren als den zehnten Tag nach der Ausstellung festgesetzt ist, von der Befreiung ausgeschlossen.

b) Auch jene unter a bezeichneten W., auf welche sich die Befreiung bezieht, sind nur unter der Bedingung steuerfrei, daß sie vom Aussteller direkt in das Ausland remittiert werden. Jede vorgängige Beteiligung einer anderen inländischen Person oder Firma hebt den Anspruch auf Befreiung von der Steuer auf und stellt den betreffenden W. allen anderen stempelpflichtigen W. gleich.

5. Die bisherige Befreiung der W. und Anweisungen über Beträge von weniger als 50 Taler ist aufgehoben.

6. Der gesetzlich erforderliche Betrag der Stempelabgabe ist nach den Vorschriften in den §§ 3 und 4 des Gesetzes und den vom Bundesrate erlassenen Ausführungsanordungen zu berechnen.

Ist von einem W. ein geringerer als der erforderliche Stempelbetrag entrichtet, so ist die W.stempelhinterziehung nur hinsichtlich des noch fehlenden Betrages zu verfolgen (§ 18 des Gesetzes). Jedem späteren Inhaber eines nicht vollständig versteuerten W. ist gestattet, die von seinen Vordermännern zuwenig entrichtete Steuer durch Kassierung der den fehlenden Betrag darstellenden Stempelmarken nachzuentrichten und dadurch sich und etwaige spätere Hintermänner vor den Folgen der Hinterziehung zu schützen. Auf die von den Vordermännern verwirkte Strafe hat dies jedoch keinen Einfluß (§ 12 a. E.).

7. Der Zeitpunkt, bis zu welchem die Versteuerung erfolgen muß, um dem Erfordernis der Rechtzeitigkeit zu genügen (§ 18 zweiter Absatz), ist in den §§ 7 bis 12 des Gesetzes näher bestimmt. Danach müssen:

a) inländische W. von dem Aussteller, ausländische W. von dem ersten inländischen Inhaber versteuert werden, und zwar vor jeder weiteren Aushändigung[1]).

---

[1]) Zirk.-E. des FM. v. 6. Aug. 78. ZBl. S. 198, JMBl. S. 128. Es ist hier zur Sprache gebracht worden, daß preußische Steuerbehörden bei Beurteilung der Versteuerung der im Auslande auf das Inland gezogenen, schon im Auslande mit den erforderlichen, regelrecht kassierten Stempelmarken versehenen W. von der Ansicht ausgehen, daß nur die nach den §§ 5 und 6 des WStG. für die Entrichtung der Abgabe verhafteten Teilnehmer am Umlauf eines W. zur Verwendung von Stempelmarken berechtigt seien. Diese Auffassung wird seitens des Herrn Reichskanzlers sowie des Herrn Justizministers und auch diesseits nicht geteilt: es wird vielmehr angenommen, daß dem Gesetze Genüge geschehen ist, wenn der im Auslande ausgestellte W. vom ausländischen Aussteller unmittelbar auf einem, den erforderlichen Reichsstempel eingedruckt tragenden Blankett niedergeschrieben oder von dem Aussteller oder einem sonst am Umlaufe des W. beteiligten Ausländer mit Reichsstempelmarken zum gesetzlichen Betrage in vorschriftsmäßiger Weise versehen worden ist. Die Bestimmung unter 7a der Anweisung v. 19. Dez. 69, betr. das Strafverfahren

Eine Ausnahme hiervon tritt nur rücksichtlich der Versendung zum Akzept ein. Will der Aussteller des inländischen oder der erste inländische Inhaber des ausländischen W. sich über dessen Annahme vergewissern, so kann er vor der Versteuerung, aber nur bevor irgendein inländisches Indossament auf den W. gesetzt wird, die Versendung zum Akzept vornehmen (§ 8 erster Absatz). Jeder andere und jede den vorstehenden Erfordernissen nicht entsprechende Disposition, bei welcher der unversteuerte W. von dem Aussteller, beziehungsweise dem ersten inländischen Inhaber aus den Händen gegeben wird, zieht die Strafe der W.stempelhinterziehung nach sich.

b) Der inländische Akzeptant eines noch nicht versteuerten W. muß dessen Versteuerung bewirken, ehe er seinerseits denselben zurückgibt oder anderweit aushändigt.

Der Einwand, daß das mit der Annahmeerklärung versehene Exemplar nicht zum Umlaufe im Bundesgebiet bestimmt sei, kommt dem Akzeptanten nur dann zustatten, wenn die Rückseite des akzeptierten Exemplars vor der Rückgabe dergestalt durchkreuzt wird, daß dadurch die weitere Benutzung desselben zum Indossieren ausgeschlossen ist (§ 8 Absatz 2). Der bisher nicht selten gemachte Einwand, daß ein W. zur Zeit des Akzepts noch nicht vollständig ausgefüllt gewesen oder noch nicht vom Aussteller vollzogen oder sonst mangelhaft gewesen sei, ist für die Zukunft durch § 19 des Gesetzes ausgeschlossen.

8. Haben die in erster Linie zur Versteuerung des W.

---

wegen W.stempelhinterziehungen, hat etwas von dem angedeuteten Grundsatze Abweichendes nicht verordnen wollen.

Verpflichteten (vorstehend unter Nr. 7 a und b dieser Verpflichtung nicht genügt, so geht dieselbe nach § 12 des Gesetzes auf den nächsten und jeden ferneren inländischen Inhaber des W. über, solange die Versteuerung nicht nachgeholt ist.

Aus der Verbindung der Vorschriften in den §§ 5, 6 und 12 des Gesetzes ergibt sich, daß auch die späteren Inhaber für die Entrichtung des W.stempels ohne weiteres solidarisch haften, daß mithin der der Bundeskasse entzogene Abgabenbetrag jederzeit von den letzten oder einem früheren Inhaber erfordert und derselbe zur Besteuerung des W. angehalten werden kann, solange diese nicht bewirkt ist.

Die Strafe der W.stempelhinterziehung trifft aber den späteren Inhaber nicht, wenn er die Versteuerung bewirkt, ehe er eine der im § 12 bezeichneten Handlungen mit demselben vornimmt (Unterzeichnung, Indossierung, Veräußerung, Verpfändung, Aushändigung usw.).

Wegen der näheren Bestimmung des Ausdrucks „Inhaber des Wechsels" wird auf den § 6 des Gesetzes verwiesen. Einerseits ist über den Kreis der aus dem W. selbst ersichtlichen Teilnehmer am Umlaufe hinausgegriffen, indem die Verantwortlichkeit für den Stempel und die eventuelle Strafbarkeit auf diejenigen ausgedehnt worden, welche den W. erwerben, veräußern, verpfänden, als Sicherheit annehmen usw., ohne daß ihr Name oder ihre Firma auf den W. gesetzt wird (z. B. im Falle eines Blankoindossaments); anderseits macht fortan die Präsentation zur Annahme allein, wenn der Präsentant nicht in anderer Weise oder in anderer Eigenschaft noch beteiligt ist, denselben nicht für den Stempel verantwortlich.

Wer dagegen das akzeptierte Exemplar in Verwahrung genommen hat (zur Disposition des Umlaufexemplars oder der umlaufenden Kopie) unterliegt der Verantwortlichkeit für die Versteuerung des W. nach dem § 13 des Gesetzes.

9. Nach den Vorschriften in den §§ 9 bis 24 des Gesetzes bewendet es bei der Regel, daß die Stempelabgabe von den in mehreren Exemplaren ausgefertigten W. nur einmal, und zwar von demjenigen Exemplar zu entrichten ist, welches zum Umlaufe bestimmt ist. Die Steuerfreiheit der Duplikate und der W.kopien ist jedoch ausgeschlossen:

a) wenn sich auf denselben eine W.erklärung — mit Ausnahme des Akzepts und der Notadressen — befindet, die nicht auch auf ein nach Vorschrift des Gesetzes versteuertes Exemplar gesetzt ist. Unter dem der Allgemeinen deutschen Wechselordnung geläufigen Ausdrucke „Wechselerklärung" ist jede Erklärung zu verstehen, welche w.mäßig verpflichtet, z. B. Indossament, Bürgschaft (vgl. Art. 85, 94 u. f.); die Annahmeerklärung ist hiervon ausgenommen, weil hinsichtlich derselben im § 8 zweiter Absatz die erforderliche besondere Bestimmung enthalten ist. Zugleich sind auch Notadressen als Ausnahme genannt, um jeden Zweifel hierüber auszuschließen, obwohl diese strenggenommen überhaupt nicht als W.erklärungen zu bezeichnen sind.

Hiernach ist zum Beispiel, wenn der Originalw. zum Akzept versandt und eine Kopie desselben zum Indossieren benutzt wird, die letztere zu versteuern, auch wenn von dem Originalw. die Steuer bereits entrichtet war. Desgleichen ist, falls mehrere Exemplare desselben W. an verschiedene Personen indossiert werden sollten (Art. 67 Nr. 1 der WO.), jedes dieser Exemplare steuerpflichtig. Ferner muß ein nicht zum Umlauf bestimmtes Exemplar, wenn auf demselben eine nicht auf das Umlaufsexemplar gesetzte

Bürgschaftserklärung abgegeben werden sollte, versteuert werden und dasselbe gilt, falls ein Duplikat des W., nachdem das ursprünglich zum Umlauf bestimmte Exemplar verloren oder in unrechte Hände gekommen sein sollte, zur weiteren Übertragung benutzt wird usw. Der Zeitpunkt, bis zu welchem die Versteuerung in Fällen der vorerwähnten Art bewirkt werden muß, um dem Erfordernis der Rechtzeitigkeit zu genügen, ist im § 10 im ersten Absatz bestimmt.

b) Die Steuerpflicht eines Duplikats tritt außerdem dann ein, wenn dasselbe ohne Auslieferung eines versteuerten Exemplars — letzteres mag verloren oder in unrechte Hände gegangen sein usw. — bezahlt oder mangels Zahlung protestiert wird (§ 10 zweiter Absatz).

10. In betreff des Strafverfahrens und in allen übrigen Beziehungen wird auf die Bestimmungen des Gesetzes selbst verwiesen.

2. Die auf die Handhabung eines Landesstempelgesetzes bezüglichen Vorschriften finden bei dem WStG. keine Anwendung. Das gilt selbst von solchen Vorschriften, welche die Kompetenz in betreff verübter Zuwiderhandlungen regeln. Erk. des OT. 9. April 73. OR. 14 269: Ein Bankdirektor und ein Bankrendant hatten sich durch Indossament am Umlauf eines mit nicht vorschriftsmäßig kassierter Stempelmarke versehenen W. beteiligt. Bezüglich der Strafverfolgung gegen Beamte kommen hier nicht § 30 Absatz 3 des Stempelges. v. 7. März 22 und die KabO. v. 28. Okt. 36 und 23. Dez. 42 zur Anwendung, sondern lediglich die Strafbestimmungen des WStG., welches im § 24 in betreff der Feststellung, Untersuchung und Entscheidung wegen W.stempelhinterziehung auf das Verfahren wegen Vergehen gegen die Zollgesetze verweist, d. i. §§ 33ff. des Zollstrafges. v. 23. Jan. 38, bei welchem es § 165

des Vereinszollges. v. 1. Juli 69 beläßt. — Vgl. jetzt Gesetz, betreffend das Verwaltungsstrafverfahren bei Zuwiderhandlungen gegen die Zollgesetze, und die sonstigen Vorschriften über indirekte Reichs- und Landesabgaben v. 26. Juli 97; GS. S. 237.

3. FME. v. 26. Aug. 73. ZBl. S. 249: Der Bundesrat hat in der Sitzung vom 2. v. M. beschlossen, daß fortan die Dirigenten der Hauptämter befugt sein sollen, von der ihnen in Zollsachen zustehenden Befugnis, Anklageverhandlungen über Kleinigkeiten, bis zu 1 Taler Gefälle höchstens, auf sich beruhen zu lassen, auch bezüglich der Anklageverhandlungen wegen W.stempelhinterziehungen Gebrauch zu machen, falls offenbar nur Versehen vorliegen und die Absicht der Steuerhinterziehung ausgeschlossen ist. Die Absicht ist hierbei hauptsächlich dahin gegangen, dem Übelstande zu begegnen, daß auch wegen der geringsten Inkorrektheit bei Ausführung der Markenkassation ein Prozeß eingeleitet und die Defraudationsstrafe verhängt würde. Um den beabsichtigten Zweck zu erreichen, ohne die Sicherheit des Steuerinteresses zu gefährden, ist es notwendig, daß die Hauptamtsdirigenten sich mit dem Sinn und Zusammenhang der einzelnen Vorschriften über die Verwendung der Stempelmarken zu W. genau vertraut zu machen, in jedem einzelnen Falle, wo die Abstandnahme von der Strafverfolgung in Frage kommt, die obwaltenden tatsächlichen Verhältnisse gewissenhaft und unparteiisch prüfen und von der ihnen erteilten Ermächtigung mit Umsicht Gebrauch machen. Die Hauptamtsdirigenten haben jeden derartigen Fall in einer besonderen tabellarischen Nachweisung unter kurzer Angabe des Tatbestandes der angezeigten Kontravention und der Motive für die Abstandnahme von der Strafverfolgung einzutragen und dieselbe in den nach den Umständen zu bestimmenden periodischen Terminen (etwa halbjährlich) der vorgesetzten Provinzialbehörde vorzulegen. Letztere hat die Nachweisungen einer

sorgfältigen Prüfung zu unterwerfen, wobei auch darauf zu achten bleibt, daß in den einzelnen Hauptamtsbezirken nicht offenbare Ungleichheiten Platz greifen, indem in dem einen ein sehr ausgedehnter, in dem anderen ein sehr beschränkter Gebrauch von der in Rede stehenden Befugnis unter gleichartigen Verhältnissen gemacht wird. Seitens der Provinzialbehörden ist den Erläuterungen zu der Prozeßstatistik dieser Gegenstand besonders zu berücksichtigen und über Anzahl der Fälle, in welchen die Abstandnahme stattgefunden hat, und die bezüglichen Wahrnehmungen das Geeignete anzuführen. — Vgl. jetzt den Allerhöchsten Erlaß v. 26. Sept. 97, in betreff der Übertragung von Strafniederschlagungs- und Strafmilderungsbefugnissen (GS. S. 402), die Allg. Verf. v. 6. Okt. 97 (ZBl. S. 408) über die Weiterübertragung von Strafniederschlagungs- und Strafmilderungsbefugnissen in Zoll- und Steuersachen und über Vorlegung von Nachweisungen und die Allg. Verf. v. 28. Mai 03 (ZBl. S. 215) über die Bewilligung von Zahlungsausstand und Teilzahlungen, auch § 20 d. G.

4. FME. v. 9. Sept. 70, betr. die allgemeine Verpflichtung der Gerichte zur Wahrnehmung des Bundesstempelinteresses. ZBl. S. 365:

Die Strafe der W.stempelhinterziehung besteht ausschließlich in der im § 18 des Gesetzes vorgeschriebenen Geldbuße; s. jetzt auch § 20 d. G. Die etwaige Verpflichtung des Kontravenienten zur Nachentrichtung der zur Bundeskasse fließenden W.-stempelabgabe ist weder Gegenstand der Strafentscheidung, noch bei der Prozeßgelderbuchung und -verrechnung überhaupt zu berücksichtigen. Die Voraussetzung, daß der Kontravenient immer auch zur Nachentrichtung der Stempelabgabe verpflichtet sei, entbehrt der Begründung. Wenn der letzte Inhaber des W. denselben versteuert hat, so sind nach § 12 des Gesetzes die Vordermänner zwar zur Strafe zu ziehen; von einer nochmaligen Einziehung der Steuer von einzelnen oder allen Vordermännern kann alsdann aber keine Rede sein. In diesem Betracht ist es mithin zufällig, ob neben der Einleitung des Strafverfahrens überhaupt noch die Einziehung des Stempels zu dem W. zu betreiben ist oder nicht; unter allen Umständen wird die Steuerbehörde nur auf Grund der ihr im § 25 des Gesetzes hinsichtlich der Beaufsichtigung der Bundesstempelabgabe, nicht aber auf Grund der ihr im § 24 hinsichtlich der Untersuchung und Entscheidung der W.stempelhinterziehungen auferlegten Verpflichtungen und eingeräumten Rechte dafür zu sorgen haben, daß der hinterzogene Steuerbetrag, falls er nicht bereits von einem späteren W.inhaber entrichtet ist, der Bundeskasse zugeführt werde.

Wenn bei den Gerichten stempelpflichtige W. vorkommen, welche noch nicht versteuert sind, so ist in betreff der Nachbringung der Steuer ebenso zu verfahren, wie wenn eine nach dem Preußischen Stempelgesetz stempelpflichtige Privaturkunde ohne den erforderlichen Stempel bei Gericht eingereicht wird, d. h. es ist seitens des Gerichts die Nachbringung des Stempels in natura zu verlangen und nötigenfalls zu erzwingen, das nachgebrachte Stempelmaterial aber zu der Urkunde zu kassieren[1].

Die Sorge für Nachbringung des fehlenden Stempels ist nicht etwa ein Ausfluß der Befugnis zur Festsetzung der Stempelstrafe, über welche im § 24 und 26 des WStG. disponiert ist, sondern von letzterer durchaus unabhängig. Der § 26 regelt die Verpflichtung, begangene Stempelkontraventionen zu ermitteln und zur Anzeige

[1]) Die Gerichte haben jetzt nur noch eine Anzeigepflicht. § 106 des AusfGes. zum GerVerfGes. v. 24. April 78. § 30 Abs. 3 des Ges. v. 31. Juli 95 und § 20 der allgemeinen Ausführungsverf. v. 29. Febr. 96 zu letzterem Gesetz.

zu bringen. Die dort angeordnete Prüfung der Versteuerung der bei den Gerichten vorkommenden W. ist auch in denjenigen Fällen notwendig, wo unzweifelhaft eine nachträgliche Versteuerung nicht gefordert werden kann, weil z. B. der letzte Inhaber den W. — § 12 des Gesetzes — bereits versteuert hat, wo aber dessenungeachtet die Vordermänner desselben die Strafe des § 18 verwirkt haben. Die Verpflichtung der Gerichte, den Vorschriften in den §§ 5 und 6 des Gesetzes entsprechend die nachträgliche Versteuerung eines noch unversteuerten W. zu fordern, ist vielmehr ein Ausfluß der ihnen übertragenen Teilnahme an der allgemeinen Aufsicht über die Beobachtung der Stempelgesetze und der ihnen auferlegten besonderen Verpflichtung, auf die Befolgung der Stempelgesetze zu halten[1].

Insofern es zur exekutivischen Einziehung des fehlenden Steuerbetrages kommen sollte, ist derselbe sofort zum Ankauf von Stempelmarken wieder zu verausgaben und sind die letzteren ev. auf der stempelpflichtigen Urkunde vor deren Wiederaushändigung zu befestigen und zu kassieren.

In dem als möglich bezeichneten, wenn auch unwahrscheinlichen Falle, daß armutshalber der fehlende Steuer-

[1]) Die Zuständigkeit der Gerichte, im Verwaltungswege Stempelstrafen festzusetzen, ist seitdem durch § 106 des AusfGes. zum GerVerfGes. v. 24. April 78 (GS. 230) aufgehoben. Die Gerichte sollen aber die zu ihrer amtlichen Kenntnis gelangenden Zuwiderhandlungen gegen die Stempelgesetze bei der für die Untersuchung und Straffestsetzung zuständigen Behörde zur Anzeige bringen. — Vgl. auch Allg. Verf. des Justizministers v. 29. Febr. 96. § 20 Abs. 1 (JMBl. 63ff.) zur Ausführung des Preuß. Stempelsteuerges. v. 31. Juli 95 und § 30 Abs. 3 dieses letzteren Ges.

betrag nicht ganz sollte beigetrieben werden können, muß der wirklich beigetriebene Betrag in Marken verwendet werden. Sollte beispielsweise auf einen schuldigen Steuerbetrag von 4 Sgr. 6 Pf. nur 3 Sgr. 9 Pf. beizutreiben sein, so möchte der in Marken nicht darstellbare Betrag dem Steuerpflichtigen belassen oder herausgegeben werden, da besondere Anordnungen für dergleichen Fälle nicht erlassen sind und auch nicht als Bedürfnis angesehen werden können.

Chronologisches Register.

Seite

1858 bis 1870.

1858. Juli 17. OTrE. 14
„ Dez. 9. OTrE. 13
1859. Mai 13. OTrE. 12
1860. Juli 10. OTrE. 14
1861. Jan. 30. OTrE. 15
1865. Mai 27. OTrE. 12
„ Dez. 1. OTrE. 23
1866. Okt. 24. OTrE. 66
„ Okt. 25. OTrE. 15
1867. Dez. 22. FME. 26
1869. Dez. 19. Allg. Anw. d. Fin.-Min. 87. 69
„ Dez. 29. FME. 69

1870 bis 1874.

1870. Jan. 3. Erl. d. Min. d. Innern 71
„ Juni 6. FME. III. 9633 . . . 68
„ Sept. 9. FME. 95
„ Okt. 11. ROHG. 13
1871. Jan. 17. FME. 15
„ Mai 17. OTrE. 66
„ Sept. 13. OTrE. 46
„ Okt. 18. OTrE. 48
1872. Jan. 17. OTrE. 23
„ Okt. 10. FME. 69
„ Dez. 11. OTrE. 31
1873. Jan. 15. OTrE. 28
„ April 9. OTrE. 93
„ Juni 18. OTrE. 29
„ Aug. 26. FME. 94
„ Nov. 7. OTrE. 24
„ Nov. 26. OTrE. 67
1874. Nov. 20. OTrE. 46

1875 bis 1879.

1875. April 29. FME. III. 5846 . . . 29
„ Juli 27. FME. III. 10266. . . 25
„ Sept. 17. OTrE. 71
„ Okt. 1. OTrE. 48
„ Okt. 15. OTrE. 78

Seite

1875. Okt. 26. OTrE. 48. 53
„ Nov. 3. FME. 33
„ Dez. 10. OTr. 56
1876. Febr. 15. FME. III. 1203 . . . 14
„ Dez. 6. OTrE. 23
1877. Mai 9. FME. III. 5361 . . . 15
„ Juni 20. OTrE. 48
1878. Juni 13 OTrE. 37
„ Aug. 6. FME. 89
1879. Febr. 28. OTrE. 32

1880 bis 1890.

1880. Mai 7. RGE. 72
„ Okt. 7. RGE. 67
1881. Nov. 4. FME. III. 14600 . . . 46
1882. Febr. 9. FME. III. 1490 . . . 21
„ Nov. 20. RGE. 52
„ Dez. 13. FME. III. 16806 . . . 65
1884. Jan. 5. RGE. 60
1885. April 16. RGE. 25
1886. April 15. RGE. 78
„ Sept. 20. RGE. 39. 30
„ Dez. 9. RGE. 33
1887. Mai 28. RGE. 14
„ Juni 30. RGE. 57
1888. März 28. RGE. 13

1890 bis 1900.

1890. Okt. 13. RGE. 13

Seite

1890. Dez. 20. FME. III. 14090 . . . 53
1891. Juli 21. FME. III. 10308 . . . 80
1892. Mai 28. RGE. 12. 78
1893. Jan. 14. RGE. 12
„ Juli 11. FME. III. 8637 . . . 79
„ Nov. 30. Verf. d. PStD. . . . 68
1894. Jan. 25. FME. III. 423 14
„ Okt. 15. KGE. 38
„ Nov. 4. Verf. d. PStD. 48
„ Dez. 3. RGE. 47
1896. Febr. 27. Erk. d. OLG. Dresden 38
„ März 23. KGE. 30
„ Juni 13. FME. III. 8329 . . . 57
„ Dez. 19. FME. III. 17126 . . . 79
1897. Jan. 28./Febr. 4. RGE. 39
„ März 19. RGE. 58
„ Mai 28. FME. III. 2797 . . . 82
„ Okt. 4. FME. III. 12488 . . . 82
1898. März 29. RGE. 64
„ Okt. 7. FME. III. 13856 . . . 80
„ Okt. 7. RGE. 28
„ Nov. 22. RGE. 59

Seite
1899. Febr. 3. RGE. 14
" April 25. RGE. 53

1901 bis 1908.

1901. Jan. 29. FME. III. 1176 . . . 79
" Juni 5. RGE. 14
" Dez. 12. RGE. 12
1902. Juli 5. RGE. 65
" Nov. 6. FME. 65
" Dez. 11. RGE. 39
1903. Jan. 31. RGE. 31
Seite
1903. April 23. RGE. 52
" Juni 9. RGE. 32 56
" Okt. 5. RGE. 12
1904. März 5. RGE. 12
" April 28. RGE. 48
" Juni 13. RGE. 12
1905. Jan. 31. RGE. 34. 56
" Mai 10. RGE. 12
1906. Juni 26. OLG. Dresden 31
" Sept. 21. RGE. 63
1908. März 2./30. RGE. 52

Sachregister
zum Wechselstempelgesetz.

Die Zahlen bezeichnen die Seiten.
W. = Wechsel; WSt. = Wechselstempel; WStG. = Wechselstempelgesetz.

A.

Abkürzungen bei Entwertung der Marken 44.
Ablösung von Marken nach der Verwendung 48.
Abschrift eines W. im Strafverfahren 66.
Akzeptant eines unversteuerten W. 31.
Aktiengesellschaft, Versteuerung der W. der A. 60.
Annahme, Versendung des W. zum Zwecke der Annahme 31. Präsentation des W. zur — 31. — auf Schecks und Platzanweisungen 73. 75. Tag der — 18.
Anweisungen 73. 74. 78.
Anzeigepflicht 68.
Aufhebung bestehender Landesstempelabgaben 79.
Aufsichtsführung 69.
Aus-den-Händen-Geben des W. 26. 27. 31. 36. 38. 53. 73. — zwecks Versendung zum Akzept 30.
Ausführung des W.-Geschäfts 12.
Ausland, was darunter zu verstehen 15. vom — auf das — gezogene W. 11 — die Gesetze des — entscheidend 14. 77. — vom — auf das Inland gezogene im — domizilierte W. 33. — vom Aussteller nicht direkt in das — remittierte W. 15. 88.

Ausländische Währungen 21.
Aussteller des W. 26. 30.
Ausstellungsort fälschlich als solcher angegeben 54.
Avalwechsel 16.

B.

Beamte, deren Prüfungs- und Anzeigepflicht 68.
Beaufsichtigung des Stempelwesens 68.
Befreiungen von der WSt.-Steuer 11. 72.
Beglaubigungsatteste auf W. 80.
Benachbarte Orte 73. 78.
Beitreibung der W.-Summe 23. — der WSt.-Strafe 51.
Berechnung der Abgabe 17. 88.
Betrag des WSt. 17.
Bevollmächtigter, als Aussteller eines W. 11. 61. — der Rechtsanwalt als — 25. 38.
Beweislast 34. 35.
Beweismittel 66.
Blankett 41. 56. — Ergänzungsmarken zum Blankett 43.
Bleistiftnotizen u. Bleistiftzusätze auf W. 12.
Börsenkurs, maßgebend zur Umrechnung 21.
Bürgschaft für einen W. 13. Haftung aus der — 23. 57. — für einen trockenen W. 56.

C.

Check siehe Scheck.

D.

Datum, als Erfordernis eines W. 13. — der Verwendung der W.-Stempelmarke 44.
Debit und Vertrieb der Marken und Blanketts 42.
Diskontierung eines W. 20. 53.
Dispositionsscheine 78.
Domizilierte W., vom Ausland auf das Inland gezogen, im Ausland domiziliert 33.
Durchkreuzung der Rückseite des W. 33.

E.

Eigene W. 11.
Einwand der Mangelhaftigkeit des W. 55.
Entwertung der WSt.-Marken 43.
Erfüllung der WSt.-Pflicht 41.
Ergänzungsmarken 43.
Erfordernisse eines W. 16.
Erlaß der Strafe 65.

(Die Zahlen bezeichnen die Seiten.)

Ermächtigung des Reichskanzlers 9. 85.
Erstattung der WSt.-Marken 83. — des W.-St. 18. 83.
Erstattungsverfahren 83.
Erwerber eines ungestempelten W. 37.

F.

Fahrlässigkeit 51.
Fälschung der Annahmeerklärung oder des Giro 60.
Firmeninhaber, dessen strafrechtliche Verantwortlichkeit 60.
Firmenstempel, dessen Aufdrückung als Unterzeichnung 39.
Fiskus, am Umlauf des W. beteiligt 26.
Formvorschriften, deren Verabsäumung bei Entwertung der Marken 45. 46.
Freiheitsstrafe 63.

G.

Geldauszahlungen 72.
Geldstrafe 51. 65.
Geltungsbereich des W.-StG. 15. 86.
Genossenschaft als Kontravenientin 60.
Gesamtschuldner 22. 61. 76.
Gesetzeskraft 87.
Gezogene W. 11. 18.
Guthaben 77. 79.

H.

Haftung für den WSt. 22. — gesamtschuldnerische 61. 76.
Hinterziehung 60. 63.

J.

Indossament, inländisches 30, an welcher Stelle das erste inländische Indossament niederzuschreiben 44. — auf Verpflichtungsscheinen 72. — auf Anweisungen 72. 75.
Inhaber des W. 25. 48.
Inhalt der Schrift entscheidend 11.
Inland 15, vom — auf das Ausland gezogene W. 11, was unter Inland zu verstehen 15, inländische Operationen mit einem ausländischen W. 14.
Inländer, Zwangsvollstreckung gegen — 63.
Irrtum bei WSt.-Vergehen 48. 51.

K.

Kassierung der WSt.-Marken 43.

Kautionswechsel 16.
Klage wegen des Anspruchs auf Zahlung des W.=St. 50.
Kurs, maßgebend für die Umrechnung 21.

L.

Landesabgabe 79.

M.

Makler 51.
Mangelhafter Wechsel 53, dessen spätere Ausfüllung 60.
Mangel, äußerlich nicht erkennbar 53.
Marken 42, deren Art und Vertrieb 42, deren Entwertung 43, deren Erstattung 83, aus einem Blankett herausgeschnittene 42, deren Aufkleben an der vorschriftsmäßigen Stelle 43, deren richtige Datierung 44. — deren Ablösung nach Verwendung 48. — auf die richtige Verwendung der — von Gerichten und Notaren zu achten 68.
Mehrzahl von Kontravenienten 67.
Milderung der Strafe 65.
Mittelwerte für Umrechnung fremder Währung 21, wenn — nicht festgesetzt ist 21.

N.

Nachbarorte 73. 78.
Niederschlagungsbefugnis 94.
Notare, deren Prüfungs- und Anzeigepflicht 69.
Notadresse 34.

O.

Objekt für die Stempelpflicht 88.
Ordnungsstrafe 60.

P.

Platzanweisungen 73.
Postbeamte, die die Protestaufnahme von Amts wegen veranlassen 26.
Präsentation zur Annahme 30. 91. — zur Zahlung 40.
Prokurist als Beteiligter 59.
Prolongationswechsel 29.
Promissory-Note, amerikanische 14.
Protest eines W. 20. 23. 24. Veranlassung des — seitens der Postbeamten 25, Vermerk über die Versteuerung des W. im — 69. Strafbarkeit des Extrahenten eines — 24. Rechtsanwalt als Beauftragter zur Protestauf-

nahme 25. Protestmangels Annahme 32. — über ein unversteuertes Wechselduplikat 35.
Protestregister 71.
Protestgebühren 80.
Prüfung der Wechsel und Anweisungen 69.

R.

Rasuren 44.
Rechtsanwalt als Beauftragter zur Protestaufnahme 25, als Beauftragter zur Einklagung des W. 38.
Rechtsweg 50.
Remittent, Angabe des — fehlt 14.
Respekttage 17. 19.

S.

Scheck 72. 77. 78. — muß Anweisung auf das Guthaben enthalten 78.
Schreibfehler in der Jahreszahl auf dem W. 13.
Sicherheitswechsel, deren Versteuerung 16. 22. 28.
Sicherstellungsstempel, landesgesetzlicher 80.
Sichtwechsel 11. 16. 17. 88.
Stempelabgaben, landesgesetzliche 80. Betrag der Stempelabgabe 17, deren Berechnung 17, deren Umrechnung 21, Art der Entrichtung 41, für Platzanweisungen und Schecks 73.
Strafbescheid unterbricht die Verjährung 65.
Strafbestimmungen 51.
Strafe wegen WSt.-Hinterziehung 51. 60. — bei gemeinschaftlicher Kontravention mehrerer 60, wem die — zufällt 66, deren Minderung und Erlaß 65, nur vom Fehlbetrag zu entrichten 88, — gegen juristische Personen 61.
Strafverfahren bei WSt.-Vergehen 65. 87. 51.
Subhastation eines Grundstücks 63.

T.

Tag der Annahme 18.
Teilnehmer am Umlauf 22, für fremde Rechnung 23, durch Beitreibung der Wechselvaluta 23, Fiskus als — am Wechselumlauf 26.
Trockene W. 18.

U.

Übergangsbestimmungen 85.
Umlauf des W. 22. — Fiskus am — beteiligt 26, das zum — bestimmte

Exemplar zu versteuern 34. Teilnehmer am — 22.
Umrechnung fremder Währung 21.
Umtausch verdorbener Marken 83.
Umwandlung einer Geldstrafe 63.
Ungültigkeit eines W. 13.
Unterbrechung der Verjährung 63. 65. 49.
Unterhändler 51.
Unterzeichnung des W. 36. 39. — unvollständiger W. 55.
Unversteuertes Wechselduplikat 35, dessen Verwahrung 40.
Unvollständiger Wechsel 14. 15. 55. 37.

V.

Väterliche Gewalt, Aussteller des W. steht unter — 12.
Verabredung über Versteuerung 15. 32. 34.
Verantwortlichkeit des Firmeninhabers 61, des Verwahrers 40.
Verfalltag des W. 17. 50.
Verhaftung für die Entrichtung der Abgabe 21, für die W.-Stempelstrafe 36. 51. 61.
Verjährung der W.St.-Hinterziehung 63, Unterbrechung der — 63. — des Anspruchs auf den W.-Stempel 49. 86. — der Strafverfolgung 49. 63. — der Klage gegen den Fiskus 50.
Verpfändungserklärungen auf einem W. 82.
Verpflichtungsscheine 73.
Verwahrer des W. 40.
Verweisung zum Zivilprozeß 50. 67.
Verwendung der W.-Stempelmarke 45.
Vollmacht zur Ausstellung eines W. 12. 33. 61.
Vollstreckung der Strafe 51. 66.
Vorstandsmitglieder einer Genossenschaft sämtlich in Strafe zu nehmen 60. — desgl. einer Aktiengesellschaft 60.
Vorzeigen des W. 39.

W.

Währung, fremde 21.
Wechsel, gezogene 11. — eigene 11. — vom Ausland auf das Ausland gezogene 11. — vom Inland auf das Ausland gezogene 11. — auf Sicht 11. 12. — vom Bevollmächtigten ausgestellt 12. — ge-

fälschte 12. — postdatierter 12. — auf eigene Order ausgestellter trockener 13. — ungültiger 13. — ohne Angabe des Remittenten 14. — auf mehrere Personen gezogen 14. — unvollständige 14. 55. — ausländischer, nach welchen Gesetzen er zu beurteilen 14. — ausländische auf einen Inländer gezogene 14. — dessen Vorlegung zum Zweck der Einklagung 23. 29. 37 und zum Zweck der Diskontierung 53. — zum Zweck der Zahlung 25. — bei denen Fiskus am Umlauf beteiligt 26. — Prolongationswechsel 29. — vom Ausland auf das Inland gezogene im Ausland domizilierte 33. — mangelhafter 55, in mehreren Exemplaren ausgefertigter 31, ausgestellt von einem unter väterlicher Gewalt Stehenden 12, vom Aussteller nicht direkt in das Ausland remittiert 15.

Wechselabschrift 36. 66.

Wechselbürge 23.

Wechselerklärung 34. 57. 92, was unter einer — zu verstehen 13.

Wechselstempelgesetz 10.

Wechselstempelmarken — deren wirksame Verwendung 41. — deren Verwendung nach Abrede 32. — unvorschriftsmäßige Verwendung 41. Art der — 43. Entwertung der — 43. Vertrieb der — 42.

Wechselstempelsteuer, Befreiungen 11. 72. — deren Betrag 17. — dafür haftbar 21, Zeitpunkt für deren Entrichtung 26. 36. — wenn ein W. in mehreren Exemplaren ausgefertigt ist 34. — Art der Entrichtung der — 41, fließt zur Reichskasse 82, deren Berechnung 20. — deren Verjährung 49.

Wechselstempelgesetz, dessen Geltungsbereich 15, dessen Inkrafttreten 85.

Wechselsumme 18.

Weitere Abgabe 17. 22. 26.

Z.

Zahlung auf den W. 23. 36, was darunter zu verstehen 38.

Zahlungsversprechen an Order 74.

Zahlungszeit 18.

Zwangsvollstreckung wegen der W.-Stempelstrafe 66.

Druck von A. W. Hayn's Erben, Potsdam.

Guttentag'sche Sammlung

Deutscher Reichsgesetze.

Text-Ausgaben mit Anmerkungen. Taschenformat.

1. **Verfassung** des Deutschen Reichs. Von Dr. L. von Rönne. 9. Aufl. von Landrat P. von Rönne. 1904. 2 M. 40 Pf.

2. **Strafgesetzbuch** für das Deutsche Reich. Von Dr. H. Rüdorff. 22. Aufl. von Dr. H. Appelius. 1907 mit Novelle v. 17. II. 08 1 M. 50 Pf.

3. **Militärstrafgerichtsordnung** nebst Einführungsgesetz Von Wirkl. Geheimen Kriegsrat Dr. jur. A. Romen u. Kriegsgerichtsrat Dr. jur. Carl Rissom. 1909. Im Druck.

4. **Handelsgesetzbuch** vom 10. Mai 1897 unter Ausschluß des Seerechts. 13. Aufl. herausgegeben von Geh. Justizrat Prof. Dr. A. Mosse 1905. 3 M.

5. **Allgemeine Deutsche Wechselordnung.** 10. Aufl. von Justizrat Dr. J. Stranz und Rechtsanwalt Dr M. Stranz, und das Reichsgesetz über die Wechselstempelsteuer von Geh. Regierungsrat P. Loeck. 10. Aufl. 1909. 3 M.

5a. **Wechselstempelsteuergesetz** apart. 10. Aufl. 1 M. 25 Pf

6. **Reichsgewerbeordnung** nebst Ausführungsbestimmungen. Von Berger und Wilhelmi. 17. Aufl bearbeitet von Oberverwaltungsgerichtsra H. Spangenberg. 1907. 3 M.

Nachtragsband: enth. Novelle „Kleiner Befähigungsnachweis" von Geh. Ober-Regierungsrat **Spielhagen.** 1908. 30 Pf.

Ergänzungsband: **Preußische Ausführungsanweisung.** 1904. 2 M.

7. **Post- und Telegraphen-Gesetzgebung.** Nebst Weltpostvertrag und internationalem Telegraphenvertrag. 6. Aufl. von Geh. Ober-Postrat Dr. **M. König.** 1908. 4 M.

8. Die Reichsgesetze über den **Unterstützungswohnsitz, die Freizügigkeit, den Erwerb und Verlust der Bundes- und Staatsangehörigkeit.** Von Geheimrat Dr. **J. Krech,** Mitglied d. Bundesamtes für das Heimatwesen. 7. Aufl. 1908. 3 M.

9. Sammlung **kleinerer strafrechtlicher Reichsgesetze.** Bearbeitet von **M. Werner,** Geh. Ober-Regierungsrat. 2. Aufl. 1903. 3 M.

10. Das **Reichsbeamtengesetz** von **J. Pieper.** 2. Aufl. 1901. 4 M. 50 Pf.

— In der Fassung von 1907 siehe Nr. 82.

11. **Zivilprozeßordnung mit Gerichtsverfassungsgesetz** in den neuesten Fassungen. Von **R. Sydow.** Fortgeführt von **L. Busch.** 11. Aufl. 8°. 1909. 6 M.

12. **Strafprozeßordnung und Gerichtsverfassungsgesetz nebst den Gesetzen, betr. die Entschädigung der im Wiederaufnahmeverfahren freigesprochenen Personen und die Entschädigung für unschuldig erlittene Untersuchungshaft.** Von Dr. **A. Hellweg,** Reichsgerichtsrat. 15. Aufl. 1908. 2 M.

13. **Konkursordnung und Anfechtungsgesetz.** Von **R. Sydow.** Fortgeführt von **L. Busch.** 10. Aufl. 1906. 2 M. 25 Pf.

14. **Gerichtsverfassungsgesetz** mit Einführungsgesetz. Herausgegeben von **R. Sydow.** Fortgeführt von **L. Busch.** 9. Aufl. 1905. 1 M. 50 Pf.

15. **Das Deutsche Gerichtskostengesetz** nebst den Gebührenordnungen für Gerichtsvollzieher, Zeugen und Sachverständige. Von **R. Sydow.** Weiter bearbeitet von **L. Busch.** 8. Aufl. 1907. Mit Nachtrag v. 1. VI. 1909. 2 M.

16. **Rechtsanwaltsordnung.** Von **R. Sydow.** 6. Aufl. von Justizrat **M. Jacobsohn.** 1907 1 M. 20 Pf.

17. **Die Deutsche Gebührenordnung für Rechtsanwälte und das Preußische Gebührengesetz vom 27. September / 6. Oktober 1899.** Von **R. Sydow.** Fortgeführt von **L. Busch.** 8. Aufl. 1909. 2 M.

18. Reichsstempelgesetz (Börsensteuer, Frachturkunde, Kraftfahrzeuge, Personenfahrkarte, Tantieme für Aufsichtsratsmitglieder). Vom 15. Juli 1909. Von **P. Loeck**, Geh. Regierungsrat. 10. Aufl. 8°. M. Pf.

19. Die Seegesetzgebung. Von Dr. **W. E. Knitschky.** 4. Aufl. bearbeitet von Oberlandesgerichtsrat **Otto Rudorff** in Hamburg. 1908. 6 M.

20. Krankenversicherungsgesetz. Von weil. Dr. **E. von Woedtke.** 11. Aufl. von Geh. Reg.-Rat Dr. **G. Eucken-Addenhausen.** 1905. 3 M.

21. Die Konsulargesetzgebung. Von Professor Dr. **Ph. Zorn.** 2. Aufl. 1901. 3 M.

22. Patentgesetz. Nebst Ausführungsbestimmungen, völkerrechtlichen Verträgen und der Patentanwalts-Ordnung. 7. Aufl. bearbeitet von **R. Lutter**, Geh. Reg.-Rat im Kaiserl. Patentamt. 1908. 2 M. 80 Pf.

23. Gewerbe-Unfallversicherungsgesetz. Von weil. Dr. **E. v. Woedtke.** 9. Aufl. von **Franz Caspar**, Direktor im Reichsamt des Innern. 1907. 2 M. 50 Pf.

24. Aktiengesellschaft und Kommanditgesellschaften auf Aktien. Von Justizrat Dr. **H. Veit Simon** und Amtsrichter **L. Keyssner.** 1909. 6. Aufl. Im Druck.

25. **Brausteuergesetz** vom 15. Juli 1909 Von **A. Dücke**, Oberzollrevisor. 2 Aufl. 1909. Im Druck.

26. **Die Reichsgesetzgebung über Münz- und Notenbankwesen, Papiergeld, Prämienpapiere und Reichsschulden.** Von Dr. jur. **R. Koch**, Präsident des Reichsbankdirektoriums. 6. Aufl. 1909. Im Druck.

27. **Die Gesetzgebung, betr. das Gesundheitswesen** im Deutschen Reich. Von Dr. jur. **C. Goesch** und Dr. med. **J. Karsten.** 1888. 1 M. 60 Pf.

28. **Bau-Unfallversicherungsgesetz.** Vom 30. Juni 1900. Von **R. Chrzescinski**, Kaiserl. Regierungsrat. 3. Aufl. 1900. 2 M.

29. **Erwerbs- und Wirtschaftsgenossenschaften.** Von **L. Parisius** und Dr. **H. Crüger.** 12. Aufl. von Dr. **H. Crüger.** 1907. 1 M. 50 Pf.

30. **Invalidenversicherungsgesetz** vom 13. Juli 1899. Von weil. Dr. **E. v. Woedtke.** 10. Aufl. von Regierungsrat **H. Follmann.** 1906. 4 M.
Siehe auch Handausgabe von Freund Seite 24.

31. **Gewerbegerichtsgesetz.** Von Stadtrat **L. Mugdan.** 6. Aufl. bearbeitet von **W. Cuno**, Erstem Bürgermeister zu Hagen i. W. 1906. 2 M. 20 Pf.

32. **Reichsgesetz, betr. die Gesellschaften mit beschränkter Haftung.** Von **L. Parisius** und Dr. **H. Crüger.** 9. Aufl. von Dr. **H. Crüger.** 1908. 1 M. 40 Pf.

33. **Vereins- und Versammlungsrecht.** Von Dr. **E. Ball.** 2. Aufl. von Dr. **F. Friedenthal.** 1907. 2 M. 50 Pf.
Reichs-Vereinsgesetz vom 19. April 1908 vide Nr. 88.

34. **Die Abzahlungsgeschäfte.** Gesetz vom 16. Mai 1894. 2. vermehrte Aufl. besorgt von Dr. **E. Wilke,** Landgerichtsrat. 1901. 1 M. 20 Pf.

35. **Die Reichs-Eisenbahngesetzgebung.** Von **W. Coermann,** Kaiserl. Amtsrichter. 1895. 2 M. 25 Pf.

36. **Gesetze, betr. die privatrechtlichen Verhältnisse der Binnenschiffahrt und der Flößerei.** Von **E. Löwe,** Landgerichtsrat. 4. Aufl. 1909. 3 M.

37. **Gesetz zur Bekämpfung des unlauteren Wettbewerbes.** 4. Auflage. Von Justizrat **Pinner.** 1909. 1 M.

38/39. **Bürgerliches Gesetzbuch nebst Einführungsgesetz** von Dr. **A. Achilles.** In Verbindung mit Professor Dr. **André,** Kammergerichtsrat **Ritgen,** Oberlandesgerichtsrat **Strecker,** Ministerialrat Dr. **Unzner** herausgegeben von Geh. Ober-Justizrat **Greiff.** 6. Aufl. 8°. 1909. 6 M. 50 Pf.

40. **Gesetz, betr. die Pflichten der Kaufleute bei Aufbewahrung fremder Wertpapiere (Depotgesetz).** Mit Erläuterungen. Von **F. Lusensky,** Geh. Ober-Regierungsrat. 2. Aufl. 1905. 1 M.

41. **Börsengesetz.** In der Fassung der Novelle vom 8. Mai 1908. 2. Aufl. Von Wirkl. Geh. Ob.-Regierungsrat **Th. Hemptenmacher,** Staatskommissar an der Berliner Börse. 1908. 2 M.

42. **Grundbuchordnung** nebst den preußischen Ausführungsbestimmungen. Mit Einleitung. Von Prof. Dr. **O. Fischer.** 5. Aufl. 1909. 2 M.

43. **Zwangsvollstreckung in das unbewegliche Vermögen** im Reiche und in Preußen. Mit Einleitung, Kosten- und Gebührentabellen. Von Dr. **J. Krech,** Kaiserl. Geh. Regierungsrat und Professor Dr. **O. Fischer.** 5. Aufl. 1907. 2 M.

44. Das Reichsgesetz über das **Auswanderungswesen** vom 9. Juni 1897. Von Professor Dr. **Felix Stoerk.** 1899. 2 M. 25 Pf.

45. Das **Entmündigungsrecht** unter Berücksichtigung der für Preußen geltenden Vorschriften nebst der preußischen Justiz-Ministerial-Verfügung vom 28. November 1899. Von Landgerichtsrat Dr. **P. Koll** in Cöln. 1900. 1 M. 50 Pf.

46. Die Gesetze des Reiches und Preußens über die **freiwillige Gerichtsbarkeit.** Von **Herm. Jastrow,** Amtsgerichtsrat. 4. Aufl. 1906. 3 M.

47. Das **deutsche Vormundschaftsrecht** und das preuß. Gesetz über die Fürsorgeerziehung Minderjähriger nebst den dazu gehörigen preußischen Nebengesetzen. Von **Max Schultzenstein,** Oberverwaltungsgerichtsrat und Amtsgerichtsrat Dr. **Paul Köhne.** 2. Aufl. 1901. 3 M.

48. Gesetze und Verordnungen, betr. den **Drogen-, Gift- und Farbenhandel** außerhalb der Apotheken. Von Dr. **Broh,** Rechtsanwalt. 1899. 1 M. 25 Pf.

49. Deutsche **Kolonialgesetzgebung.** Von Professor Dr. **Philipp Zorn.** 1901. 4 M. 50 Pf.

50. Der **Viehkauf** (Viehgewährschaft) nach dem Bürgerlichen Gesetzbuche. Nebst Verordn. betr. die Hauptmängel und Gewährsfristen beim Viehhandel. Von Rechtsanwalt Dr. **H. Stölzle** und Königl. Kreistierarzt **H. Weiskopf.** 4. Aufl. 1908. 4 M.

51. **Hypothekenbankgesetz** vom 13. Juli 1899. Von Dr. **H. Göppert,** Gerichts-Assessor. 1900. 1 M. 80 Pf.

52. Gesetz, betreffend die gemeinsamen **Rechte der Besitzer von Schuldverschreibungen.** Von Dr. **Heinrich Göppert,** Gerichts-Assessor. 1900. 2 M.

53. **Reichspreßgesetz** vom 7. Mai 1874. Kommentar von **A. Born,** Polizeiassessor. 1900. 1 M. 50 Pf.

54. Die Reichsgesetzgebung über den Verkehr mit Nahrungsmitteln, Genußmitteln und Gebrauchsgegenständen. Von Dr. Georg Lebbin, Nahrungsmittelchemiker. 1900. 2 M. 25 Pf.

55. Das Recht der Beschlagnahme von Lohn- und Gehaltsforderungen. Von Justizrat Georg Meyer. 3. Aufl. 1908. 2 M. 50 Pf.

56. Gesetz, betr. die Bekämpfung gemeingefährlicher Krankheiten. Nebst Ausführungsbestimmungen. Von Dr. Bruno Burkhardt, Regierungsrat, Mitglied des Kais. Gesundheitsamts. 1900. 1 M. 40 Pf.

57. See-Unfallversicherungsgesetz. Von Dr. Max Mittelstein, Oberlandesgerichtsrat in Hamburg. 1901. 2 M.

58. Das Recht der unehelichen Kinder nach dem BGB. Von Hermann Jastrow, Amtsg.-Rat. 1901. 1 M. 80 Pf.

59. Reichsgesetz über die Beurkundung des Personenstandes und die Eheschließung. Von Dr. F. Fidler, Amtgerichtsrat. 1901. 1 M. 80 Pf.

60. Gesetz, betreffend das Urheberrecht an Werken der Literatur und der Tonkunst. Von Landrichter Otto Lindemann. 2. Aufl. 1907. 1 M. 60 Pf.

61. Gesetz über das Verlagsrecht. Von Justizrat Ernst Heinitz. 1901. 1 M. 50 Pf.

62. Über die privaten Versicherungsunternehmungen. Von H. Königs, Reichsgerichtsrat. 2. Aufl. in Bearbeitung.

63. Gesetzestafel des Deutschen Reichsrechts. Systematisch geordnete Nachweisung des z. Z. geltenden Reichsrechts. Ergänzungsband zu der Guttentag'schen Sammlung Deutscher Reichsgesetze. Von Hugo Bruhns, Syndikus. 1902. 8°. 2 M. 50 Pf.

64. Gesetzsammlung betr. den Handel mit Drogen und Giften. Reichsgesetzl. Bestimmungen und Anhang mit den landesgesetzl. Verordnungen sämtlicher Bundesstaaten. Von Rechtsanwalt H. Sonnenfeld, Syndik. d. Berl. Drogisten-Innung. 1902. 3 M.

65. Das Weingesetz in der Fassung v. 1909. Mit Ausführungsbestimmungen von Dr. Georg Lebbin, Handels- u. Gerichtschemiker. 2. Aufl. 1909. Im Druck.

66. Die Eisenbahn-Gesetzgebung. Von W. Pietsch, Geh. exp. Sekretär im Reichs-Eisenbahn-Amt. 1902. 5 M.

67. Militär-Strafgesetzbuch. In Vorbereitung.

68. Das Fleischbeschaugesetz. Vom 3. Juni 1900. Von Dr. Georg Lebbin, Gerichtschemiker und Rechtsanwalt Dr. Georg Baum. 1903. 4 M.

69. **Reichsgesetz über die Naturalleistungen der bewaffneten Macht im Frieden** nebst den in Preußen geltenden Bestimmungen. Von Regierungsassessor Dr. **Walter v. Hippel.** 1903. 1 M. 25 Pf.

70. **Das Reichs-Haftpflichtgesetz,** betr. die Verbindlichkeit zum Schadensersatz für die bei dem Betriebe von Eisenbahnen, Bergwerken, Steinbrüchen, Gräbereien und Fabriken herbeigeführten Tötungen und Körperverletzungen, vom 7. Juni 1871. Von Regierungsrat Dr. **G. Eger.** 1903. Preis 3 M.

71. **Kinderarbeit in gewerblichen Betrieben,** v. 30. März 1903. Von **H. Spangenberg,** Oberverwaltungsgerichtsrat. 2. Aufl. 1904. 1 M. 60 Pf.

72. **Unfallversicherungsgesetz für Land- und Forstwirtschaft** von weil. Dr. **E. von Woedtke,** fortgesetzt von Dr. **Alfred Radtke,** Geh. Regierungsrat und Senatspräs. im Reichsversicherungsamt. 2. Aufl. 1904. 4 M. 50 Pf.

73. **Entschädigung für unschuldig erlittene Verhaftung und Bestrafung.** Nebst Anhang, enth. die dazu gehörigen Nebengesetze über Schadensersatz. Von Dr. jur. **A. Romen,** Wirkl. Geh. Kriegsrat und vortr. Rat im Kriegsministerium. 1904. 2 M.

74. Die **Kaufmannsgerichte** nebst den preuß. Ausführungsbestimmungen. Von Prof. Dr. **Max Apt,** Syndikus der Korporation der Berliner Kaufmannschaft. 3. Aufl. 1905. 2 M.

75. Reichsgesetz über die **Konsulargerichtsbarkeit.** Von Dr. jur. **A. F. Vorwerk,** Rechtsanwalt in Schanghai. 2. Ausgabe, mit dem Schutzgebietsgesetz und der Ausführungsverordnung, betr. die Rechtsverhältnisse in den Schutzgebieten. 1908. 2 M.

76. **Die Rechtshilfe im Verkehr mit den ordentlichen Gerichten nach deutschem Reichsrecht.** Von Landrichter Dr. **A. Friedländer.** 1906. 1 M. 80 Pf.

77. **Das Reichserbschaftssteuergesetz.** Vom 3. Juni 1906. Von **Ulrich Hoffmann,** Geh. Registrator im Kgl. Preuß. Finanzministerium. 1906. 2 M. 60 Pf.

78. **Zigarettensteuergesetz.** Vom 15. Juli 1909. Von Dr. **Cuno,** Regierungsassessor. 2. Aufl. 1909. Im Druck.

79. **Die Militärpensionsgesetze** vom 31. Mai 1906 nebst Ausführungsbestimmungen. Zum Gebrauch für Heer, Marine und Schutztruppe von Dr. jur. **A. Romen,** Wirklicher Geheimer Kriegsrat.

a) I. Teil: Offizierpensionsgesetz. 1907. 3 M. 50 Pf.

b) II. Teil: Mannschaftsversorgungsgesetz. 1908. 3 M. 50 Pf.

80. Reichsgesetzgebung über **gerichtliche Registerführung.** Von **Otto Lindemann,** Landrichter. 1906. 3 M.

81. Gesetz, betr. **Urheberrecht an Werken der bildenden Künste und der Photographie.** Von Dr. **Ludw. Fuld,** Rechtsanwalt. 1907. 1 M.

82. **Reichsbeamtengesetz in der Fassung vom 18. Mai 1907 und seine Ergänzungen** von Geheimrat Professor Dr. **Ad. Arndt.** 1908. 3 M.

83. Reichsgesetz über **den Versicherungsvertrag** nebst Einführungsgesetz. Von Dr. **Paul Hager** und Dr. **R. Behrend,** Regierungsräte im Kaiserl. Aufsichtsamt f. Privatversicherung. 1908. 5 M.

84. **Sammlung kleinerer privatrechtlicher Reichsgesetze** von Landrichter **Georg Müller.** 1908. 6 M. 50 Pf.
Enthält eine Fülle von Gesetzen, die anderweit fast garnicht oder nur schwer zu beschaffen sind.

85. **Scheckgesetz** mit Einleitung usw. Von Prof. Dr. **Max Apt.** 5. Aufl. Mit Postscheckordnung v. 6. XI. 1908. 1909. 2 M.

Postscheckordnung vom 6. XI. 08. Apart mit Erläuterungen u. Ausführungsbestimmungen. (30 Pf.)

86. **Die Auslieferungsverträge des Deutschen Reiches** von Landrichter **A. Cohn.** 1908. 4 M.

87. **Gesetz zum Schutz der Warenbezeichnungen.** Von Geh. Reg.-Rat, Mitgl. des Patentamts Dr. **Freund** u. Rechtsanwalt **Magnus.** 5. Aufl. 1909. 3 M. 50 Pf.

88. **Vereinsgesetz** vom 19. April 1908. Von Dr. jur. **A. Romen,** Wirkl. Geh. Kriegsrat. 2. Aufl. 1908. 1 M. 50 Pf.

89. **Vogelschutzgesetz** vom 30. Mai 1908 nebst den das Flugwild betr Bestimmungen der Preußischen Jagdordnung von Dr. jur. **Leo von Boxberger.** 1908. 1 M.

90. Die Haager Abkommen über das **Internationale Privatrecht** von Dr. **G. A. E. Bogeng.** 1908. 2 M. 20 Pf.

91. **Eisenbahn-Verkehrsordnung** vom 23. Dez. 1908. Mit Ausführungsbestimmungen. Von Regierungsassessor bei der Eisenbahndirektion Breslau Dr. **Ernst Blume.** 1909. 2 M. 50 Pf.

92. Gesetz, betr. den **Verkehr mit Kraftfahrzeugen.** Von Amtsrichter **Kirchner.** 1909. 2 M. 80 Pf.

93. Gesetz über die **Sicherung der Bauforderungen** vom 1. Juni 1909 v. Justizrat Dr. **E. Harnier.** 2. Aufl. 1909. 1 M. 30 Pf.

94. **Haftpflicht der Reichs- und Staats-Beamten** v. Dr. **H. Delius.** 2. Aufl. 1909. Im Druck.

Guttentag'sche Sammlung

Preußischer Gesetze.

Text-Ausgaben mit Anmerkungen. Taschenformat.

---

1. Die **Verfassungs-Urkunde** für den Preußischen Staat. Mit Einleitung, vollständigem Kommentar. Von Prof. Dr. **Adolf Arndt.** 6. Aufl. 1907. 3 M.

2. Preußische **Beamten-Gesetzgebung.** Enthaltend die wichtigsten Beamtengesetze in Preußen. Von **C. Pfafferoth.** 4., neubearb. Aufl. 1905. Mit Anhang: Abänderung vom 27. Mai 1907. 2 M.

3. **Die Aufnahme des Nottestaments** durch die bestellten Urkundspersonen. Anweisung mit Musterbeispielen und Abriß des Erbrechts von Amtsgerichtsrat **C. Kurtz.** 1904. 1 M. 50 Pf.

4. **Gebührenordnung** für **Notare** vom 25. Juni 1895. Von **R. Sydow.** 3. Aufl. bearbeitet von Justizrat Dr. **Rausnitz.** 1908. 1 M. 60 Pf.

5. **Gesetz vom 24. April 1854 (betr. die außerehel. Schwängerung).** Von Dr. **Schulze.** 1873. 75 Pf. Gültiges Recht siehe: Reichsgesetze Nr. 58.

6. Die Preuß. **Ausführungsgesetze und Verordnungen zu den Reichs-Justizgesetzen.** Von **R. Sydow.** 3. vermehrte Aufl. 1895. 2 M. 40 Pf. S. Seite 25, Busch-Eylau, Ausführungsgesetze.

7. Allg. **Gerichtsordnung** und Preuß. **Konkursordnung.** Von **F. Vierhaus.** Vergriffen.

8. **Vormundschaftsordnung.** Von **F. Schultzenstein.** Gültiges Recht siehe: Reichsgesetze Nr. 47.

9. Die Preußische **Grundbuchgesetzgebung.** Von Prof. Dr. **Fischer.** Vergriffen. Siehe: Reichsgesetze Nr. 42.

10. **Einkommensteuergesetz.** Von **A. Fernow,** Geh. Ober-Finanzrat. 7. Aufl. 1908/9. Mit Nachtrag v. 22. III. u. 26. V. 09. 3 M. 25 Pf.

11. **Gewerbesteuergesetz.** Von **A. Fernow,** Geh. Ober-Finanzrat. 4., vermehrte Aufl. 1905. 2 M.

12. **Allgemeines Berggesetz** für die Preußischen Staaten vom 24. Juni 1865. Von **W. Westhoff** und **W. Schlüter.** 2. Aufl. 1907. 5 M.

13. **Ergänzungssteuergesetz** (Vermögenssteuergesetz). Von **A. Fernow,** Geh. Ober-Finanzrat. 4. vermehrte Aufl. 1907. 2 M. 40 Pf.

14. **Kommunalabgabengesetz.** Vom 14. Juli 1893 und Gesetz wegen Aufhebung direkter Staatssteuern Von Dr. **F. Adickes,** Oberbürgermeister. 4. Aufl. 1906. 1 M. 50 Pf.

15. Die **Kreisordnungen** für den Preußischen Staat. Von **O. Kolisch,** Landgerichtsrat. 1894. 4 M.

16. **Konzessionierung gewerblicher Anlagen.** Preuß. Ausführungs-Anweisung zu §§ 16 u. ff. der Gewerbe-Ordnung. Von Dr. **W. v. Rüdiger,** Geh. Regierungs- u. Gewerberat. 2. Aufl. 1901. 2 M.

17. **Preußisches Gerichtskostengesetz.** Mit Kostentabellen. Von Dr. **P. Siméon**, Landgerichtsrat. 5. Aufl. 1908. 2 M. 60 Pf.

18. **Preußisches Stempelsteuergesetz** vom 30. Juni 1909. Mit Ausführungsbestimmungen und Tabellen. Von **P. Loeck**, Geh. Regierungsrat. 6. Aufl. mit Anhang. 8°. 1907/09 6 M.

19. **Das Jagdscheingesetz.** Mit ausführlichen Erläuterungen. Von **F. Kunze**, Wirklichem Geh. Ober-Regierungsrat. 2. Aufl. 1899. 2 M.

20. **Die preußischen Erbschaftssteuergesetze.** Unter Berücksichtigung der Novelle vom 31. Juli 1895. Von **U. Hoffmann**, Geh. Registrator im Königl. preuß. Finanzministerium. 1905. 4 M. (Reichs-Erbschaftssteuergesetz s. Reichsgesetze Nr. 77).

21. **Gesetz über die Handelskammern.** Von **F. Lusensky**, Geh. Regierungsrat 2. Aufl. 1909 ca. 3 M.

22. **Gesetz, betr. Anstellung und Versorgung der Kommunalbeamten.** Von Dr. **W. Ledermann**, Magistratsassessor zu Berlin. 1899. 1 M. 25 Pf.

23. **Ausführungsgesetz zum Bürgerlichen Gesetzbuche.** Von Landrichter Dr. **P. Siméon.** 2. Aufl. 1905. 1 M. 80 Pf.

24. **Die Hinterlegungsordnung** in der Fassung des Ausführungsgesetzes z. BGB. v. 20. Sept. 1899 nebst Ausführungsbestimmungen. Von Regierungsrat Dr. **Georg Bartels.** 2. Aufl. 1908. 2 M.

25. Preußische Kommunalbeamtengesetzgebung. Von Magistr.-Assess. Dr. **Fr. Kremski**, Berlin. 1901. 3 M.

26. Gesetze über das Diensteinkommen der Lehrer und Lehrerinnen, Ruhegehalt und Fürsorge für Hinterbliebene. Tabelle zur Berechnung der Ruhegehalts-, Witwen- u. Waisenbezüge. Von Dr. **Ed. Cremer**, Beigeordneter. 1900. 2 M. 40 Pf.

27. Gesetz, betreffend die Warenhaussteuer. Von Geh. Ober-Finanzrat Dr. **G. Strutz**. 1900. 1 M. 20 Pf.

28. Gesetz über die Fürsorgeerziehung Minderjähriger. Von Landgerichtsdirektor Dr. **P. F. Aschrott**. 2. umgearbeitete Aufl. 1907. 2 M. 80 Pf.

29. Gesetz, betr. die ärztlichen Ehrengerichte, das Umlagerecht und die Kassen der Aerztekammern. Von Amtsgerichtsrat Dr. **F. Fidler**. 1901. 1 M. 50 Pf.

30. Die das Preußische Staatsschuldbuch und Reichsschuldbuch betr. Gesetze nebst Ausführungsbestimmungen. Von Wirkl. Geh. Ober-Finanzrat **J. Mücke**, Mitglied der Staatsschuldenverwaltung. 1902. 2 M.

31a. **Die geltenden Preußischen Gesindeordnungen.** Herausgegeben in zwei Bänden von **Stephan Gerhard**, Rechtsanwalt in Berlin. 1902.

Band I: Gesindeordnung für die altpreußischen Provinzen vom 8. XI. 1810, mit Erläuterungen unter Berücksichtigung der Ergänzungsgesetze und der Rechtsverhältnisse der Gesindevermieter, sowie die Gesindeordnungen für Neuvorpommern und Rügen und für die Rheinprovinz. 2 M. 50 Pf.

31b. **Band II:** Gesindeordnungen für Hannover, Schleswig-Holstein, Hessen-Nassau und den Regierungsbezirk Hohenzollern. 2 M. 50 Pf. Siehe auch Seite 24: Ratgeber von Grieben.

32. **Die Städteordnung für die sechs östlichen Provinzen Preußens** vom 30. Mai 1853. Von **Dr. jur. Walter Ledermann,** Magistrats-Assessor zu Berlin. 8°. 1902. 6 M.

33. **Rentenguts- und Anerbenrechts-Gesetzgebung in Preußen.** Von Landgerichtsrat **M. Peltasohn** und Rechtsanwalt **Bruno Peltasohn.** 1903. 3 M.

34. Sammlung der wichtigsten **preußischen** Strafgesetze nebst Anhang: Gesetz betr. polizeiliche Strafverfügungen vom 23. April 1883. Von **Otto Lindemann,** Amtsrichter. 1903. 2 M. 50 Pf.

35. **Geschäftsordnung für Gerichtsvollzieher.** Gerichtsvollzieherordnung und Gebührensätze von Amtsgerichtssekretär **Emil Exner.** 1904. 3 M. 50 Pf.

36. **Polizeiverordnungen in Preußen.** Von **Otto Lindemann,** Landrichter. 1904. 1 M. 50 Pf.

37. Gesetz über die **Enteignung von Grundeigentum** vom 11. Juni 1874. Von Landrichter **O. Meyer.** 1905. 2 M.

38. **Kreis- und Provinzial-Abgabengesetz.** Vom 23. April 1906. Von **Fr. Schmidt,** Gemeindevorsteher. 1906. 1 M. 25 Pf.

39. Gesetz betr. die **Unterhaltung der öff. Volksschulen.** Von **Dr. A. Marcks,** Reg.-Rat. 1906. 2 M.

40. **Verwaltungsstrafverfahren** bei Zuwiderhandlungen gegen die Zollgesetze und indirekte Reichs- und Landesabgaben, sowie die Bestimmungen über die Schlacht- und Wildpretsteuer vom 26. Juli 1897. Von **Dr. Richard Katzenstein,** Gerichtsassessor. 1907. 3 M. 60 Pf.

41. Die **preußischen Jagdpolizeigesetze.** Von **Fr. Kunze,** Wirkl. Geh. Oberregierungsrat und **R. Kühnemann,** Rechtsanwalt. 2. Aufl. 1907. 3 M. 60 Pf.

42. Die Gesetzgebung über die **Allgemeine Landesverwaltung** und über die **Zuständigkeit der Verwaltungs- und Verwaltungsgerichtsbehörden.** Von Rechtsanwalt **Dr. Karl Friedrichs.** 1908. 3 M.

43. Gesetz betr. die **Zulassung einer Verschuldungsgrenze** für land- und forstwirtschaftlich benutzte Grundstücke v. 20. August 1906 nebst Ausführungsvorschriften. Von Dr. jur. **R. Leweck,** Syndikus der Ostpreuß. Landschaft. 1908. 2 M. 40 Pf.

44. **Quellenschutzgesetz** vom 14. Mai 1908 nebst den Ausführungsbestimmungen von **Carl Voelkel,** Geheimer Bergrat. 1909. 1 M.

Guttentag'sche Sammlung von Text-Ausgaben mit Sachregister ohne Anmerkungen.

Taschenformat, elegant in Leinen gebunden.

Reichs-Justizgesetze: Gerichtsverfassungsgesetz. Zivilprozeßordnung. Konkursordnung. Strafprozeßordnung. 2. Aufl. In einem Bande geb. 3 M. 80 Pf.

Zivilprozeßordnung mit **Gerichtsverfassungsgesetz** und **Einführungsgesetzen**. 1909. 2 M.

Konkursordnung mit **Einführungsgesetz.** 80 Pf.

Bürgerliches Gesetzbuch nebst **Einführungsgesetz.** 10. Abdruck. 2 M. 50 Pf.

Handelsgesetzbuch nebst **Einführungsgesetz** u. **Seerecht.** 7. Abdruck. 1 M. 80 Pf.

Ausführungsanweisung zur Gewerbeordnung vom 1. Mai 1904 nebst der preuß. technischen Anleitung. 2 M.

Militärstrafgerichtsordnung nebst **Einführungsgesetz** u. Ges., betr. Dienstvergehen der richterlichen Militärjustizbeamten u. unfreiwillige Versetzung derselben usw. **Militär-Strafgesetzbuch** *) mit Abdruck der entsprechenden Bestimmungen des Reichs-Strafgesetzbuchs. 2. Aufl. 1 M. 50 Pf. *) Ist auch einzeln zu haben. Preis 1 Mk.

Wechselordnung in der Fassung der Bekanntmachung v. 3. Juni 1908. Mit Anhang: **Wechselprozeß und Ausführungsanweisung.** 1908. 1 M.

Die Preußischen Ausführungsgesetze zum Bürgerlichen Gesetzbuche und Nebengesetze. Text-Ausgabe ohne Anmerkungen. 5. Aufl. Taschenformat. Geb. in ganz Leinen Preis 1 M. 80 Pf.

Reichsfinanzgesetze v. 15. Juli 1909 einschließlich der **Reichsstempelgesetze** u. des **Erbschaftssteuergesetzes.** 1909. Geb. in ganz Leinen. M. Pf.

Guttentag'sche Sammlung von Text-Ausgaben mit Sachregister ohne Anmerkungen.

Die Preußischen Ausführungsgesetze, Verordnungen und ministeriellen Verfügungen zu dem Bürgerlichen Gesetzbuche und den Reichs-Justizgesetzen nebst anderen zugehörigen Gesetzen. Von **L. Busch.** 2. Aufl. von Gerichtsassessor **O. Eylau.** 8°. Preis geb. 4 M. 50 Pf.

Preußische Bürgerliche Gesetzsammlung. Sammlung der noch geltenden Landesgesetze privatrechtlichen Inhalts. Herausgegeben von den Gerichtsassessoren **D. Fischer** und **Dr. F. Schroeder.** 8°. 2 Bände Preis geb. in ganz Leinen 20 M.

Erster Band: **Das Allgemeine Landrecht mit den Einführungs-Patenten.** Preis 6 M.

Zweiter Band: **Gesetze von 1773—1902.** Preis 14 M.

Der Post-Überweisungs- und Scheckverkehr. Vortrag von Geh. Ober-Postrat **Max Aschenborn,** Vortragender Rat im Reichspostamt, nebst einem Abdruck der **Postscheckordnung** mit Ausführungsbestimmungen und Formularen. 30 Pf.

Preußisches Baupolizeirecht. Mit Kommentar der Baupolizeiverordnung für die Vororte von Berlin. Vom 28. Mai 1907. Von Gemeinde-Baurat **Carl Saß,** Königlichen Reg.-Baumeister a. D. Preis 6 M.

Fluchtliniengesetz. — Das Gesetz, betreffend die **Anlegung** und **Veränderung** von Straßen und Plätzen in Städten und ländlichen Ortschaften vom 2. Juli 1875. Des Kommentars von weil. Oberverwaltungsgerichtsrat R. Friedrichs. Sechste, völlig neubearbeitete Auflage. Von Senatspräsident Dr. jur. Hugo von Strauß und Torney. 1909. Im Druck.

Invalidenversicherungsgesetz vom 13. Juli 1899. Handausgabe mit Anmerkungen herausgegeben von Dr. Richard Freund, Vorsitzendem der Landes-Versicherungsanstalt Berlin. 3 Aufl. geb. 5 M.

Wie leitet man eine Versammlung? Geschäftlicher Handweiser für Vorsitzende. Von einem Mitgliede des deutschen Reichstages und des preußischen Abgeordnetenhauses. 2. Aufl. 1908. kart. 1 M.

Praktischer Ratgeber für Dienstherrschaften nach dem Preuß. Gesinderecht unter Berücksichtigung der neueren Entscheidungen bearbeitet von H. Grieben, Verwaltungsdir. a. D. u. Bürgermeister. 1908. 1 M.

Das Recht der Handlungsgehilfen und Handlungslehrlinge. Von Rechtsanwalt Hugo Horrwitz. 2. Aufl. 1905. (203 S.) Geb. in Leinen 3 M.

Die Registratur. 2. Auflage. 1906. Von Hermann Kollrack, Kgl. Polizeisekretär am Berliner Polizeipräsidium. 8°. (84 S.) Kart. 1 M. 40 Pf.

Die Pflichten des Waisenrates. Ein praktischer Leitfaden für Waisenräte und Verwaltungsbeamte. Von F. Baum, Geh. Justizrat und Vormundschaftsrichter. Achte vermehrte und verbesserte Auflage. 1906. 8°. (46 S.) 60 Pf.

Der Vormund, Gegenvormund, Pfleger u. Familienrat. Nach dem Bürgerlichen Gesetzbuch, dem Reichsgesetz über die Angelegenheiten der freiwilligen Gerichtsbarkeit und dem Ausführungsgesetz zum BGB. Ein praktischer Leitfaden. Von F. Baum, Geh. Justizrat und Vormundschaftsrichter. 1899. 8°. (64 S.) 50 Pf.

Schlagwort-Register.

R. = Nummer der Sammlung Deutscher **Reichsgesetze**.
P. = Nummer der Sammlung **Preußischer** Gesetze.
S. = Seite.

Abzahlungsgeschäfte R. 34.
Aerztekammern P. 29.
Aerztl. Ehrengerichte P. 29.
Aktienrecht R. 24, 26.
Altersversicherungsges R. 30.
Anerbenrechtsgesetz P. 33.
Anfechtungsgesetz R. 13.
Ansiedelungsgesetz s. S. 23 Baupolizeirecht.
Arbeiterschutzgesetz R. 6.
Arbeiterversicherungsgesetze R. 20, 23, 28, 30, 57.
Arzneimittel R. 6, 64.
Ausführungsanweisung zur Gew.O. S. 22.
Ausführungsgesetze z. BGB. P. 23, S. 22.
Ausführungsgesetze zu den Reichsjustizgesetzen P. 6, S. 23.
Auslieferungsverträge R. 86.
AuswanderungsgesetzR.9,44.
Automobilges. R. 18.

Bankgesetz R. 26.
Baufluchtengesetz S. 23.
Bauunfallversicherungsgesetz R. 28.
Baupolizeirecht S. 23.
Beamtengesetze R. 10, 82, 92, P. 2.
Bekämpfung gemeingefährlicher Krankheiten R. 56.
Belagerungszustand P. 34.
Berggesetz P. 12.
Beschlagnahme von Lohn- und Gehaltsforderungen R. 55.
Beurkundung des Personenstandes R. 59.
Binnenschiffahrtsgesetz R. 36.
Blei- u. zinkhaltige Gegenst. R. 9.
Börsengesetz R. 41.
Börsensteuergesetz R. 18.
Brausteuererhebung R. 25.
Bundes- und Staatsangehörigkeit R. 8.
Bürgerliche Gesetzsammlung für Preußen S. 24.
Bürgerliches Gesetzbuch R. 38/39, S. 22, 23.
Bürgerliches Rechts-Lexikon S. 31.

Chausseegeld P. 34.
Civilprozeßordnung R. 11, S. 22.

Dampfkesselbetrieb R. 6, P. 34.
Deichgesetz S. 23 (Baupolizeirecht).
Depotgesetz R. 40.
Diensteinkommen der Lehrer und Lehrerinnen P. 26.
Dienstboten siehe Gesinde.
Ratgeber für Dienstherrschaften S. 24.
Drogenhandel R. 48, 64.

Eheschließungsgesetz R. 59.
Einkommensteuergesetz P. 10.
Eisenbahngesetzgebung R. 66, 35.
Eisenbahnverkehrsordnung R. 91.
Elektrizitäts-Diebstahl R. 2.
Enteignung von Grundeigentum P. 37.
Entmündigungsgesetz R. 45.
Entschädigung freigesprochener Personen R. 12.
Entschädigung unschuldig Verhafteter u. Verurteilter R. 73.
Entziehung elektr. Arbeit R. 2.
Erbschaftssteuergesetz R. 77, P. 20.
Ergänzungssteuergesetz P. 13.
Erwerbs- und Wirtschaftsgenossenschaften R. 29,

Fahrkartensteuer R. 18.
Farbengesetz R. 9, 48.
Farbenhandel R. 48.
Feingehalt der Gold- und Silberwaren R. 9.
Feld- u. Forstpolizeiges. P. 34.
Feuerversicherung P. 34.
Fischereigesetz P. 34.
Fleischbeschauges. R. 9, 54, 68.
Flößereigesetz R. 36.
Forstdiebstahl P. 34.
Frachturkundensteuer R. 18,
Freiwillige Gerichtsbarkeit R. 46.
Freizügigkeit R. 8.
Fürsorgeerziehung Minderjähriger R. 47, P. 28.

Gast- u. Schankwirtschaftsgehilfen R. 6.
Gebrauchsgegenstände, Verkehr mit R. 9, 54.
Gebrauchsmusterschutzgesetz R. 9, 84.
Gebührengesetz, preußisches, für Rechtsanwälte und Gerichtsvollzieher R. 17.
Gebührenordnung für Gerichtsvollzieher R. 15.
Gebührenordnung für Notare P. 4.
Gebührenordnung für Rechtsanwälte R. 17.
Gebührenordnung für Zeugen und Sachverständige R. 15.
Gehaltsforderungen, Beschlagnahme von R. 55.

Genehmigung gewerblicher Anlagen P. 16.
Genossenschaftsgesetz R. 29.
Genußmittel, Verkehr mit R. 9, 54.
Gerichtsbarkeit, freiwillige R. 46.
Gerichtskostengesetz, deutsches R. 15.
Gerichtskostengesetz, preußisches P. 17.
Gerichtsordnung, Preußische P. 7.
Gerichtsverfassungsgesetz R. 14, 11, 12, S. 22.
Gerichtsvollzieher-Gebührenordnung R. 15.
Geschäftsordnung für Gerichtsvollzieher P. 35.
Gesellschaften mit beschränkter Haftung R. 32.
Gesetzbuch, Bürgerliches R. 38/39, S. 22, 23.
Gesetzestafel des deutschen Reichsrechts R. 63.
Gesetz-Sammlg., preuß. S. 23.
Gesindedienstpflichten P. 34.
Gesindeordnungen, preußische P. 31 a, 31 b, S. 24.
Gesundheitswesen R. 27.
Gewerbebetrieb im Umherziehen R. 6, P. 34.
Gewerbegerichte R. 31.
Gewerbeordnung R. 6, S. 22.
Gewerbesteuergesetz, preußisches P. 11.
Gewerbe-Unfallversicherungsgesetz R. 23.
Gifthandel R. 48, 64.
Gold- u. Silberwaren-Feingehalt R. 9.
Grundbuchordnung R. 42,
Grundbuchgesetzgebung, Preußische P. 9.
Grundeigentum, Enteignung von P. 37.

Haftpflichtgesetz R. 70.
Handelsgesetzbuch R. 4, S. 22,
Handelskammergesetz P. 21.
Handfeuerwaffen R. 9.
Handlungsgehilfen S. 24.
Handwerkergesetz R. 6.
Hilfskassen, eingeschr. R. 20.
Hinterlegungsordnung P. 24.
Hypothekenbankgesetz R. 51.

Jagdpolizeigesetz P. 34, 41.
Jagdscheingesetz P. 19, 34.
Inhaberpapiere mit Prämien R. 9.
Internat. Privatrecht R. 90.
Invalidenversicherung R. 30. S. 24.

Kaufleute, Pflichten bei Aufbewahrung von Wertpapieren R. 40.
Kaufmannsgerichte R. 74.
Kiautschou-Gebiet, militär. Strafrechtspflege im R. 3.

Kinder, Recht d. unehel. R. 58.
—, Unterbringung verwahrloster R. 47.
Kinderarbeit, gewerbl. R. 2, 71.
Kinderschutzgesetz R. 71.
Kolonialgesetzgebung R. 49.
Kommunalabgabengeſ. P. 14.
Kommunalbeamtengeſ. P. 22.
Kommunalbeamtenrecht P. 25.
Konkursordnung R. 13, S. 22.
Konkursordnung, Preuß. P. 7.
Konsulargerichtsbarkeit R. 75.
Konsulargesetzgebung R. 21, 75.
Konzessionierung gewerbl. Anlagen P. 16.
Kraftfahrzeuge R. 18.
Krankenversicherungsgesetz R. 20.
Kreisabgabengesetz P. 38.
Kreisordnungen P. 15.

Ladenschluß R. 6.
Landesgesetze, privatrechtliche. (Bürg. Gesetzsamml.) S. 23.
Landestrauer P. 34.
Landesverwaltungges. P. 42.
Landrecht, preußisches S. 23.
Lehrergehalts- u. -Pensionsgesetze P. 26.
Literaturschutz R. 60.
Lohnforderungen, Beschlagnahme von R. 55.
Lotteriespiel. P. 34.

Mannschaftsversorgungsges. R. 79 b.
Mantelgesetz R. 23.
Margarinegesetz R. 9, 54.
Markenschutzgesetz R. 87.
Medizinalgesetzgebung R. 27.
Militärpensionsgesetze R. 79.
Militärische Geheimnisse, Verrat R. 9, 84.
Militärstrafgerichtsordnung R. 3, S. 22.
Militärstrafgesetzbuch R. 67, S. 22.
Minderjährige, Fürsorgeerziehung für R. 47, P. 28.
Mineraliengewinnung und Aneignung P. 34.
Mobiliar-Feuerversich. P. 34.
Modellschutzgesetzgeb. R. 9.
Münzwesen R. 26.
Musterschutzgesetz R. 9.

Nahrungsmittelgesetze R. 9, 54, 65.
Naturalleistung für die bewaffnete Macht R. 69.
Notare, Gebührenordnung für preußische P. 4.
Notenbankwesen R. 26.
Nottestament P. 3.

Patentgesetz R. 22, 9.
Personenstandsges. R. 59, 9, 2.
Photographieschutz R. 81, 9.

Polizeiverordnungen i. Preußen P. 36.
Postgesetze R. 7.
Postscheckordnung R. 85, S. 23.
Preßgesetz R. 9, 53.
Preußische Verfassung P. 1.
Privatrechtliche preußische Landesgesetze S. 23.
Privatrechtliche Reichsgesetze R. 84, 90.
Provinzialabgabenges. P. 38.

Quellenschutzgesetz P. 44.

Rayongesetz R. 84.
Reblausgesetz R. 84, P. 34
Rechte der Besitzer v. Schuldverschreibungen R. 52.
Rechtsanwalts-Gebührenordnung R. 17.
Rechtsanwaltsordn. R. 16.
Rechtshilfe R. 76.
Rechtslexikon S. 23.
Rechtsmittel S. 29, 30.
Registerführung, gerichtliche R. 80.
Registratur S. 24.
Reichsbeamtengesetz R. 10, 82.
Reichseisenbahngesetzgebung R. 35, 66.
Reichserbschaftssteuer R. 77.
Reichsfinanzgesetze S. 23.
Reichsgewerbeordnung R. 6, S. 22.
Reichsgrundbuchordn. R. 42,
Reichs-Justizgesetze S. 22, R. 11, 12, 13.
— —, Ausführungsgesetz dazu S. 22.
Reichskassenscheine R. 9.
Reichsmilitärgesetz R. 9a.
Reichspreßgesetz R. 53.
Reichsschuldbuch P. 30.
Reichsseuchengesetz R. 9, 55.
Reichsstempelgesetz R. 18.
Reichsverfassung R. 1.
Rentengutsgesetze P. 33.
Rinderpest R. 9.

Saccharingesetz R. 9, 54.
Schadensersatz an unschuldig Verhaftete u. Verurteilte R. 73.
Scheckgesetz R. 85.
Schlachthäuser P. 34.
Schlachtviehgesetz R. 9, 54, 68.
Schonzeit des Wildes P. 34.
Schuldverschreibungsgesetz R. 52.
Schulunterhaltungsgesetz P. 39.
Schutztruppe, Strafverfahren R. 3, Pension R. 79.
Schwängerung, außereheliche R. 58, P. 5.
Seegesetzgebung R. 19.
See-Unfallversicherungsgesetz R. 57.
Seuchengesetz R. 56.
Sklavenhandel R. 9.

Sozialpolitische Gesetze R. 20, 23, 28, 30, 57, 72.
Sprengstoffgesetz R. 2, 9.
Staatsangehörigkeit, Erwerb und Verlust R. 8.
Staatsschuldbuch P. 30.
Staatssteuern, Gesetz betr. Aufhebung direkter P. 14.
Städteordnung für die 6 östlichen Provinzen P. 32.
Stempelsteuergesetz f. Preußen P. 18.
Stempelsteuergesetz für das Reich R. 18.
Steuergesetze R. 5, 18, 25, P. 10, 11, 13, 14, 18, 20, 27.
Strafgesetzbuch R. 2.
Strafgesetze preuß. P. 34.
Strafprozeßordnung R. 12, S. 24.
Strafrechtliche RG. R. 9.
Straßen- und Baufluchtengesetz S. 24.
Süßstoffe, künstliche R. 9, 54, 64.

Tantièmensteuer R. 18.
Telegraphengesetze R. 7.
Testamentsrecht P. 3.

Uneheliche Kinder R. 58.
Unfallversicherungsgesetze R. 23, 28, 57, 72.
Unlauterer Wettbewerb R. 37.
Unterbringung verwahrloster Kinder R. 47, 28.
Unterhaltung d. Volksschulen P. 39.
Unterstützungswohnsitz R. 8.
Urheberrechtsgesetze R. 9, 60, 22, 81.

Vereinsgesetz R. 88.
Vereins- u. Versammlungsrecht R. 33, P. 34.
Verfälschung v. Nahrungsmitteln R. 54, Wein R. 65.
Verfassung, Reich R. 1.
Verfassung, preußische P. 1.
Verkehrsabgaben P. 34.
Verlagsrecht R. 61.
Vermögenssteuergesetz P. 13.
Verrat militärischer Geheimnisse R. 2, 9.
Versammlung, wie leitet man eine S. 24.
Verschuldungsgrenze P. 43.
Versicherungsvertrag R. 83.
Versicherungsunternehmungen, private R. 62.
Versorgung der Kommunalbeamten P. 22.
Verwaltungsstrafverfahren P. 40.
Verwendung gesundheitsschädlicher Farben, Nahrungsmittel, Wein R. 54, 65.
Viehkauf (Viehgewährschaft) und Viehhandel R. 50.
Viehseuchengesetz R. 84.

Vogelschutzgesetz R. 89.
Vormundschaftsordnung, preußische P. 8.
Vormundschaftsrecht, Deutsches R. 47, S. 25.

Waisenrat S. 35.
Wald- und Wassergenossenschaft P. 34.
Wandergewerbebetrieb P. 34.
Warenzeichenrecht R. 9, 87.
Warenhaussteuergesetz P. 27.
Wechselordnung R. 5, S. 22.
Wechselstempelsteuerges. R. 5.
Weingesetz R. 9, 54, 64, 65.
Wertpapiere, Depotgesetz R. 40.
Wettbewerb, Bekämpfung unlauteren R. 9.
Wild-Schonzeit P. 34.
Wuchergesetz R. 2.

Zigarettensteuergesetz R. 78.
Zuständigkeitsgesetz P. 42.
Zwangserziehung R. 47.
Zwangsversteigerung an Immobilien R. 43.
Zwangsvollstreckungsgesetz R. 43.

9. 75 000. VIII. 09.

FSC
www.fsc.org
MIX
Papier | Fördert
gute Waldnutzung
FSC® C083411

Kolibri 360 GmbH
Ferdinand-Jühlke-Straße 7
99095 Erfurt, Deutschland
produktsicherheit@kolibri360.de